지방자치론

제 2 판

남재걸

LOCAL
AUTONOMY

제2판 머리말

　이 책이 초판으로 세상에 나온 지도 어느덧 3년의 세월이 흘렀습니다. 그동안 우리나라 지방자치 현장은 새로운 과제를 마주하며 끊임없이 진화해 왔고, 그에 발맞추어 관련 법령과 제도 역시 부분적으로 개정·보완되었습니다. 이번 개정판에서는 이러한 지방자치의 변화상을 충실히 반영하고자 하였습니다.

　우선, 강원특별자치도와 전북특별자치도의 설치에 따라 제·개정된 법률들과 그에 따른 지방자치법 개정 내용을 제6장에서 다루었습니다. 지방의회 영역에서는 '교섭단체' 구성 근거와 지방의회 '인사청문회' 제도가 명문화됨에 따라, 제10장에서 관련 내용을 기술하였습니다. 또한 주민투표법은 투표대상, 개표요건, 확정요건 등이 변경되었기에, 해당 내용을 제13장 제3절에서 반영하였습니다.

　아울러 「지방자치분권 및 지방행정 체제개편에 관한 특별법」이 「지방자치분권 및 지역균형발전에 관한 특별법」으로 변경됨에 따라, 이 책 전반에 걸쳐 바뀐 법률 명칭과 세부 내용을 추가하였습니다. 한편, 지방소멸 문제에 대응하고자 마련된 '지방소멸대응기금'을 제16장에 별도의 참고사항으로 수록함으로써, 지방자치 현안과 해결 대안을 폭넓게 이해하는 데 도움이 되도록 하였습니다.

　지방재정 분야에서는 지방재정영향평가, 지방재정투자심사, 지방재정관리제도 등 최근 개정된 지방재정법상의 주요 사항을 제17장과 제18장 관련 절에 정리하였으며, 제4편 지방재정 전반에 걸쳐 예산과 재정 통계 자료를 최신 통계로 업데이트하여, 현행 제도와 재정 상황을 명확히 파악할 수 있도록 하였습니다.

　이 밖에도 변화된 지방자치 관련 통계와 현황자료를 가능한 한 최신 정보로 교체하였습니다.

　이 개정판이 지방자치를 학습하거나 현장에서 실무와 연구를 병행하는 독자 여러분께 소중한 길잡이가 되기를 진심으로 희망합니다. 끝으로, 이 책이 출판되기까지 아낌없는 지원을 보내주신 박영사 관계자 여러분께 깊은 감사를 드리며, 본서를 펼쳐 보시는 모든 독자분의 행복과 건승을 기원합니다.

2025년 2월
단국대학교 죽전캠퍼스 연구실에서
남 재 걸

머리말

1991년 지방의회가 구성되면서 부활한 우리나라의 지방자치는 지난 30년간 누적된 학습과 경험을 바탕으로, 국가 차원에서는 권력 구조나 국가운영의 본질적인 요소로 자리잡고 있으며, 지역 차원에서는 자율과 참여를 통한 내생적 발전을 이루는 데 필수불가결한 제도로 받아들여지고 있다. 또한, 우리는 매일 일상생활 속에서 지방자치와 연관을 맺고 살아가고 있으며, 알게 모르게 생활자치를 실천하고 있다.

그러나 지방자치가 우리와 친숙해지고 국가운영의 중요한 제도적 틀로 자리매김한 것에 비하여, 우리나라의 지방자치제도를 종합적으로 이해하고 학습하는 데 필요한 교과서는 많지 않다.

이 책은 우리나라의 지방자치제도를 종합적으로 소개하는 교과서를 제공하고자 하는 목적에서 집필되었다. 대체로 국내에 소개된 지방자치론은 이론이나 논리를 중심으로 적절한 지방자치제도를 찾아가는 일반론적 접근과 현행 법률과 제도를 주로 설명하는 법·제도적 접근으로 크게 양분될 수 있다. 전자에 치우치면 현행 지방자치제도에 대한 설명이 부족하고, 후자를 강조하면 이론적인 부분에 대한 깊이 있는 자료의 제공이 어려워진다. 필자도 두 가지를 조화하고자 노력하였지만, 현행 법률과 제도에 대한 설명이 다소 부각된 것은 인정하지 않을 수 없다. 그것은 최근 우리나라 지방자치제도의 변화 모습을 포착하여, 행정 실무자나 학습자에게 현행 법·제도에 대한 깊이 있는 이해를 제공하기 위해서이다. 특히, 지방자치론을 학습하는 수험생에게도 체계적인 지식을 습득할 수 있도록 지원하기 위해서이다.

이 책의 구성은 '편', '장', '절'로 나누어진다. '편'은 제1편 지방자치의 본질과 이론, 제2편 지방자치제도, 제3편 지방정부, 제4편 지방재정, 제5편 정부 상호 간 관계 총 5편으로 나누었다. '편'은 다시 총 20개의 '장'으로 구분하였는데, '장'은 '편'

별 구분 없이 번호를 매겼다. '절'은 하나의 학습단위로 논리적 응집성이 강하며, 주관식 서술을 학습하기에 용이하도록 구성하였으므로, '절'을 단위로 학습하기를 권한다. 또한, 지방자치 관련 법규는 비교적 잦은 개정이 이루어지므로 독자가 책을 접하는 시기에 현행 법규의 내용을 확인하기 바란다.

교과서를 만든다는 것은 그 분야에서 수많은 학자의 축적된 연구와 노력의 결실에 기초한 작업이라고 생각한다. 이 책은 지방자치와 지방자치법을 연구한 선학 연구자분들의 연구결과에 크게 의존하였음을 밝히고, 그분들께 진심으로 감사드린다.

아무쪼록 이 책이 독자 여러분들의 기대에 부응하길 바란다. 끝으로 책의 출판을 위하여 지원을 아끼지 않으신 박영사 대표이사님과 편집부 여러분께 감사를 드린다.

2022년 1월 15일
남 재 걸

차례

1편 지방자치의 본질과 이론

2편   지방자치제도

3편 **지방정부**

<table>
<tr><td>4편</td><td>지방재정</td></tr>
</table>

5편 정부 상호 간 관계

01 편

지방자치의
본질과 이론

제1장

지방자치의 본질과 역사

제1절   **지방자치의 개념**

I   지방자치의 개념

지방자치란 "국가의 하위 단위에서 일정한 지역의 주민이 자치기구를 구성하여 그 지역의 공공문제를 스스로 처리하는 것"을 의미한다.[1] 지방자치의 개념을 구성하는 '국가, 지역, 주민, 자치기구, 공공문제, 스스로'라는 용어를 중심으로 좀 더 구체적으로 정의를 살펴보고자 한다.

첫째, 지방자치는 국가의 존재를 전제로 고려되어야 한다. 국가 없는 지방은 있을 수 없기 때문이다.

둘째, 지방자치는 일정한 지역을 기초로 이루어지며, 이는 지방자치를 하기 위한 공간적 범위를 의미한다.

셋째, 주민은 지방자치의 주체이다. 주민이 없으면 지방자치는 성립될 수 없다. 국가에 국민이 있듯이 지방정부에는 주민이 있다.

넷째, 자치기구는 지방자치를 위한 주민의 대표기관 즉, 지방정부를 의미한다. 지방정부는 주민이 민주적 절차에 의하여 구성한 것이어야 한다.

다섯째, 공공문제는 지역사회와 관련된 각종 해결과제뿐 아니라 공익 가치를 추구하는 활동과 관련된 것을 의미한다(남재걸, 2019: 4).

여섯째, 스스로 처리한다는 것은 국가나 다른 지방정부로부터의 간섭이 없다는

---

1) 한편, 지방행정은 그 쓰임에 따라 의미가 다양함. 자치활동에 대립하는 의미의 행정활동이라는 의미로 사용되거나, 국가의 지방 행정활동을 의미하기도 하며, 지방자치의 의미로 사용되기도 하며, 이상의 세 가지 모두를 포괄하는 의미로 사용되기도 함(최창호·강형기, 2019: 50).

것이며, 재정적 역량뿐 아니라 조직, 인사 기타 영역에서 자주적인 권한을 가지고 있다는 의미이다.

현대사회에서 지방자치의 중요성이 강조되는 이유는 지방자치가 행정의 효율적인 수행 형식에 그치는 것이 아니라, 국가권력 구조나 운영에서 본질적인 원리의 하나로 기능하기 때문이다. 오늘날 지방자치는 민주국가의 기초 원리이며 수직적 권력분립의 제도적 장치이다.

Ⅱ   국가와 사회 그리고 지방자치

지방자치는 국가 내에서 이루어지며, 국가가 그 활동을 제도적으로 보장한다. 그런데 '국가는 왜 지방자치를 보장하는가?', '국가에 지방자치가 왜 필요한가?'에 대한 의문을 해소하는 것이 지방자치를 이해하는 첫걸음일 것이다.

국가는 사회를 기초로 하여 사회 구성원인 개인이 능력을 발휘하게 하고, 사회 전체의 질서를 유지하고, 외국으로부터 사회를 보호하기 위해 존재한다. 국가는 한 편으로는 사회가 자율적으로 기능하게 하고, 다른 한편으로는 사회를 통합·조정하기 위하여 헌법이나 법률 등의 규범을 마련한다.

이러한 국가의 역할이 어떤 성과를 달성하기 위해서는 힘에 의한 강제보다는 사회의 다양한 행위자들의 자율적인 활동이 필요하다. 사회의 자율적인 활동은 사회의 다양한 세력들이 적극적으로 관심을 표명하고 참여하는 것이 전제되어야 하며, 이러한 경우에 국민 통합은 강화되고 국가정책의 실효성도 높아질 것이다.

사회의 자율성을 바탕으로 국가로의 참여와 투입이 정치·경제·사회·문화·교육 등 전반에서 역동적이고 활발히 진행되기 위해서는 사회에 좀 더 조직적이고 체계적인 기구가 필요하다. 지방정부는 지역의 주민이 만든 자치기구이며, 해당 지역의 문제를 스스로 해결하기 위해 조직과 재원을 가지고 있으며, 주민대표성과 민주적 정당성을 가지고 조례라는 규범을 가진 합리적이고 체계적인 조직체이다.

특히, 현대 국민국가는 중앙정부를 구성하는 거대한 관료조직이 움직인다. 그런데 개인 그리고 개인들의 집합체인 사회는 무수히 많은 수가 존재하지만 국가에 비하여 지나치게 파편화되어 있다. 국가가 거대한 관료조직을 바탕으로 획일성, 강제성을 강조하며 사회를 통제하려고 할 때 사회가 직접 이를 방어하기는 쉽지 않다.

▼ 그림 1-1 지방분권 국가에서 지방자치 기능 모형

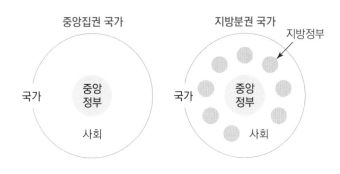

<그림 1-1>에서 보는 바와 같이, 지방분권 국가에서 지방자치는 다원화된 사회
와 단일화된 중앙정부를 연결하는 매개체 기능을 수행한다(아키즈키 겐고, 2008: 30).

결국, 지방자치는 사회의 다양성을 국가에 전달하는 투입 기능을 수행하며, 지
역사회에서 생활 민주주의를 실천하게 하며, 국가의 독단으로부터 사회를 보호하
는 견제 기능도 수행한다. 이것이 국가가 지방자치를 보장하고 국가에 지방자치가
필요한 이유이다. 따라서 국가를 대표하는 중앙정부의 활동과 사회를 대표하는 지
방정부의 자치활동 사이에 합리적인 경계선을 찾고, 이를 어떻게 제도적으로 보장
할 것인가에 대한 것이 현대 지방자치의 핵심 과제 중 하나이다.

제2절 지방자치의 이념(필요성)

I 의의

지방자치의 이념에 관한 논의는 "지방자치제도란 어떠한 논리적 배경을 바탕으로
지속하고 있는가?"에 대한 의문에 답하기 위한 것이다. 학계에서는 이를 지방자치의
필요성이나 효용(최창호·강형기, 2019), 지방자치의 의의(이달곤 외, 2012), 지방자치의 가치
(강용기, 2014; 김현조, 2009) 등과 함께 다루고 있다. 여기서는 통치 구조적 측면, 행정
관리적 측면, 국가와 사회의 관계적 측면으로 나누어 지방자치의 이념을 살펴보고자 한다.

Ⅱ 통치 구조적 측면: 민주주의와 권력분립

지방자치의 이념은 현대 민주국가를 형성·유지하는 통치 구조적 측면에서 찾아볼 수 있다. 오늘날 지방자치제도는 정치적 다원주의와 기능적 권력분립을 실현하기 위한 통치 구조상의 불가결한 제도적 장치로 인식되고 있기 때문이다(허영, 2019: 866).

1. 지방자치와 민주주의[2]

지방자치는 지역적 민주주의의 표현이자 국가 민주주의의 구성원리로 간주한다. 지역 문제에 대한 지역주민들의 자치능력 향상을 통해 민주정치에 필요한 민주시민의식 함양에 지방자치가 큰 역할을 할 수 있기 때문이다. 지방자치가 민주정치 발전에 이바지하는 측면을 보다 구체적으로 살펴보면 다음과 같다(김병준, 2010: 18–20; 안용식 외, 2007: 58–60; 김석태, 2019).

첫째, 국가라는 거대한 응집된 기관은 파편화된 국민을 조종하기 쉬워 자칫 독재 정부로 흘러 민주주의를 저해할 수 있다. 이러한 문제를 해결하기 위하여 국가와 국민 사이에 중간 기구가 필요하며, 이 중간 기구가 국가의 독재나 독단적 결정을 제어하는 기능을 할 수 있다. 여기서 중간 기구가 바로 지방정부이다.

둘째, 주민에게 지리적으로 근접한 지방정부의 존재는 민주주의의 중요한 요소인 주민참여를 쉽게 한다. 이러한 참여를 통하여 지역주민들은 스스로 문제를 해결하는 자기 결정, 자기 집행 그리고 자기 책임을 통하여 '풀뿌리 민주주의'를 실현하게 된다.

셋째, 지방정부는 지역주민에 의하여 직접 선출된 지방자치단체장과 지방의회 의원들에 의해 운영되므로 지역주민의 의견을 반영하기 유리하다. 특히, 지방정부는 국가보다 소규모의 지리적 공간으로 구성되어 주민과 지역 정치인과의 긴밀성

---

2) 토크빌(Tocqueville, Alexis de, 2000)과 팬터브릭(Panter–Brick, Keith, 1954)은 지방자치와 민주주의의 상관관계를 강조하지만, 랭그로드(Langrod, Georges, 1953)와 벤슨(Benson, G. C. S., 1941)은 지방자치와 민주주의는 본질적인 상관관계가 없다고 주장함. 이러한 상반된 주장은 1952년 헤이그에서 열린 제2회 국제정치학회에서 '민주주의의 토대로서 지방자치(Local Self–government as a Basis for Democracy)'가 의제로 채택된 이후에 랭그로드(1953)와 팬터브릭(1954)의 논쟁에 잘 나타나 있음(안용식 외, 2007: 55; 강용기, 2014: 72).

이 더 높고 소통이 용이하다.

넷째, 지방정부에의 참여, 선거 등을 통하여 지역주민들은 자연스럽게 민주주의를 학습하게 되어, 지방자치 그 자체가 '민주주의 훈련장'이자 '민주주의의 초등학교'가 된다.

그러나 지방자치와 민주주의의 긍정적 관계를 부정하는 견해도 있어, 이를 요약하면 다음과 같다(김석태, 2019; 김병준, 2010: 21－24; 안용식 외, 2007: 56－58).

첫째, 국가의 독단적 결정을 방지하기 위하여 지방정부가 존재해야 한다는 주장은 민주주의가 성숙하기 이전인 프랑스 혁명이나 20세기 이전의 이야기라는 것이다. 의회민주주의가 발달한 현재는 각 지역에서 선출된 국회의원들이 국가의 독단적 결정을 견제하고 있다. 또한, 중간 기구가 필요하다면 어느 정도의 면적과 인구를 가진 지방정부이어야 하는지에 대해 불명확하다는 문제가 있다.

둘째, 바쁜 현대인이 일상에서 지방정부에 참여한다는 것이 현실적으로 어렵다는 점이 지적된다. 더군다나 지리적으로 근접한 정부에 더 많은 참여가 있다고 보는 것은 단정에 불과할 수 있다.

셋째, 일부 사례 연구에 따르면 지방정부의 정책 결정이 소수의 지역사회 엘리트들에 의해 장악되는 경우가 존재한다는 것이다. 또한, 지역사회에서 특정 집단(특정 학교 동문회, 문중 등)이 지역의 주요 정책 결정에 보이지 않는 힘으로 작용하는 때도 많다.

넷째, 지방자치를 통하여 학습하는 민주주의는 대통령 선거나 국회의원 선거와 같은 중앙정치를 통해서도 가능하다. 지방자치를 통하여 주민들은 자기 지역 이익을 중요시하는 관행을 습득하며, 지방자치제도는 지역이기주의를 고착화하는 제도적 장치의 역할을 할 수도 있다.

이러한 지방자치와 민주주의의 긍정적 관계를 부정하는 주장은 지방자치가 민주주의에 부정적인 영향을 미친다는 것이 아니라, 지방자치 자체가 민주주의를 보장하는 제도적인 장치는 결코 아님을 강조한 것이다.

그러나 오늘날 지방자치는 국민주권의 기본원리에서 출발하여 주권의 지역적 주체로서의 주민에 의한 자기통치의 실현이라는 측면에서 민주주의를 위한 중요한 요소임을 부정하기는 어려울 것으로 보인다(최창호·강형기, 2019: 56; 허영, 2019: 868).

2. 지방자치와 권력분립

일반적으로 말하는 몽테스키외(Montesquieu)의 권력분립은 입법권, 행정권 및 사법권 사이의 수평적 3권분립을 의미하지만, 지방자치에서의 권력분립이란 국가와 지방정부 사이의 수직적 권력분립을 의미한다(홍정선, 2018: 16; 김배원, 2008: 222). 국가운영을 담당하는 중앙정부가 아닌 독립된 법인격을 가진 지방정부에 일정한 자치권 배분을 권력분립적 요소로 보기 때문이다.

그런데 구체적으로 수직적 권력분립이 무엇을 의미하는 것인가에 대해서는 좀 더 살펴볼 필요가 있다. 즉, 수평적 권력분립에서 권력의 내용인 3권은 명확하지만, 수직권 권력분립은 그 내용이 행정권만을 의미하는 것인지 입법권과 사법권도 포함되는 것인지에 대해 의문을 가질 수 있다. 이는 뒤에서 논의하는 자치권의 본질에 관한 학설에 따라 달리 주장될 수 있을 것이다. 그러나 일반적으로 현대 단일국가에서 입법·행정·사법의 체계성과 통일성이라는 관점에서는 수직적 권력분립이라고 하더라도 사법권은 그 대상에서 제외되는 경우가 많고, 입법권도 국회가 정한 법률이 지방의회가 정한 조례보다 우월한 효력을 부여함에 따라 제한되는 것이 현실이다.

지방자치학자들은 수직적 권력분립을 간단히 '지방분권'으로 표현하고 있다(최창호·강형기, 2014: 746; 이달곤 외, 2012: 56). 그리고 국가와 지방 간의 집권과 분권을 의사결정권(decision making)이 어디에 있느냐에 따라 구분하고 있다. 결국, 지방자치학자들 논의의 핵심은 입법·사법·행정권 중에서 행정 권한을 중심으로 분권의 문제를 다루고 있다고 볼 수 있다. 이는 현행 헌법과 지방자치법의 규정을 충실히 따르는 현실주의적 논의라고 볼 수 있다.

생각건대, 수직적 권력분립은 수평적 권력분립과 다른 시각에서 바라보아야 한다고 본다. 수평적 권력분립이 '견제와 균형'의 원리라면, 수직적 권력분립 또는 지방분권은 '다양성과 부분 의사의 존중'의 원리가 적용되어야 한다고 본다. 지방자치제도는 국가와 지방의 권력적 대등 관계에서 필요한 상호 견제와 균형을 위한 제도가 아니라 지방의 다양성이나 정치적 다원주의를 지원하고, 전체 의사의 우월성이 아니라 지역의 부분 의사를 존중하는 측면에서 제도의 설계가 이루어져야 하기 때문이다.

Ⅲ 행정 관리적 측면: 보충성, 형평성, 효율성

행정 관리적 측면에서의 지방자치는 국가와 지방의 사무를 구분하고, 해당 지방의 사무는 그 지방에서 처리하고 그 결과에 대하여 주민에게 책임을 지는 행정 시스템과 관련된다. 행정 관리적 측면에서 지방자치의 이념은 보충성, 형평성, 효율성을 들 수 있다.

1. 보충성

보충성 또는 보충성의 원칙(principle of subsidiarity)이란 국가 기능은 지방정부 기능을 뒷받침해 주는 데 그쳐야지 지방정부 기능을 무시하고 그것을 자신의 기능으로 흡수해서는 안 된다는 것이다(허영, 2018: 872). 다시 말하면, 지방정부에서 처리하는 사무는 원칙적으로 지역주민을 위한 사무이므로 지역주민과 근접한 지방정부에서 처리하는 것이 지방자치의 이념에 부합한다는 것이다. 이를 보충성의 원칙이라고 부르는 이유는 지방정부의 사무는 원칙적으로 지방의 사무이며, 국가는 이에 대해 보충적 역할 수행이 적절하다는 것이다. 보충성의 원칙은 사실 국가와 지방정부가 각각 어떠한 기능을 수행해야 하느냐에 대한 것을 알려 주는 일종의 기능 배분의 원칙이자 이념이다.

2. 형평성

형평성(equity)은 사회적 가치의 공정한 배분을 의미하지만, 실제 형평성에 관한 기준을 정하기는 어렵다. 왜냐하면, 형평성 개념 자체가 가치판단을 함축하고 있기 때문이다.[3] 지방자치의 이념으로서의 형평성은 국가의 지방정부에 대한 행정·재정적 지원은 지방정부 간 공정한 배분이 되어야 한다는 것이다. 수도권과 비수도권 그리고 도시와 농촌 간 지역 격차의 시정이나 일부 지역에 대한 특별한 지역발전 정책을 수립하는 경우, 교부세나 국가보조금 등에 대한 차등적 지원은 합리적인 차등이어야 한다는 것이다(강용기, 2014: 56). 형평성은 지방정부라는 지역 상호 간의

---

3) 행정학에서 주로 논의되는 형평성의 기준으로는 수평적 형평과 수직적 형평, 벤담(Bentham)의 공리주의와 롤스(Rawls)의 정의론 등이 있음(남재걸, 2018: 49).

형평성뿐만 아니라 각 지방에 거주하는 주민들에게 동질적인 생활환경 조성이나 공공 서비스의 질에 대한 형평성을 함께 고려하는 이념이라고 볼 수 있다.

3. 효율성

행정 관리적 측면에서 지방자치의 이념으로 가장 많이 논의되는 것은 효율성이다. 그런데 학자들이 논의하는 지방자치의 이념이나 가치 또는 효용으로서의 효율성은 최광의의 효율성 개념으로 이해되어야 한다(김병준, 2010: 25; 안용식 외, 2007: 60). 지방자치의 이념으로 효율성을 제시하는 논거는 다음과 같다.

첫째, 지방자치는 지방정부가 지역사회의 문제에 적극적으로 대응하게 한다. 지방자치단체장이나 지방의회 의원은 주민에 의해 선출되므로 지역주민의 요구에 민감하게 반응할 수밖에 없다.

둘째, 지방정부는 하나의 독립된 단일기관이므로 주민이 필요로 하는 행정을 종합적으로 처리할 수 있다. 예를 들면, 중앙정부는 여성가족부, 환경부 등으로 분리되어 있지만, 지방정부는 시장·군수·구청장의 지휘 아래 종합적인 지원이 가능하다. 이러한 기관 단위의 종합행정은 일사불란한 대응으로 주민에 대한 반응성을 높일 뿐 아니라 행정의 효율성도 높일 수 있다.

셋째, 지역사회에서는 주민들의 자발적 참여에 의한 행정서비스를 생산하는 것이 가능하고 이는 행정비용을 절감할 수 있다(김병준, 2010: 27). 예를 들면, 자율방범대, 쓰레기 줍기 행사, 한 부모 가정 돕기 등을 통하여 주민들이 자발적으로 문제해결이 가능하게 한다.

넷째, 거대한 중앙정부보다는 상대적으로 소규모인 지방정부에서 행정이나 정책 실험이 가능하다. 예를 들면, 현재 대통령제 정부형태를 취하고 있는 우리나라에서 의원내각제를 도입하고자 할 때, 먼저 지방정부에 이와 유사한 형태를 적용하여 실험하는 방법도 있을 수 있다.

마지막으로 지방정부 상호 간에 경쟁을 통하여 더욱 품질 높은 공공 서비스를 공급할 수 있다.

그러나 지방자치가 효율성을 보장하는 장치는 아니라고 주장하는 학자들은 지방자치가 국가 차원에서는 엄청난 비효율성이 유발될 수 있음을 강조한다.

우선, 지방자치는 지방정부 상호 간의 갈등과 마찰, 지역이기주의로 인하여 국가 전체 차원의 이익을 저해할 수 있다.

둘째, 지방자치는 중앙정부에 의한 일사불란한 집행을 어렵게 하는 측면이 있다. 국가계획을 집행하는 데 있어서 지방의 저항이나 갈등으로 인한 비용 발생이 크다는 점이 자주 지적된다.

셋째, 지방정부 간 경쟁이 효율성에 이바지할 수도 있지만, 오히려 불필요한 경쟁과 마찰로 인하여 낭비를 초래할 수도 있다.

이와 같이 지방자치와 효율성의 관계도 지방자치와 민주주의의 관계와 마찬가지로 지방자치라는 제도 자체보다는 그 운영에 따라 결과가 달라질 수 있음에 주의할 필요가 있다.

Ⅳ | 국가와 사회의 관계 측면: 공동체 활성화

앞서 지방자치의 개념 논의에서 다루었듯이, 지방정부의 존재 이유를 국가와 사회의 관계라는 시각에서 찾을 수 있다.[4] 거대한 관료제의 통치조직과 권력을 가진 국가는 다양한 사회의 의견을 수렴하기에는 너무나 크고 방대하다. 따라서 지방정부라는 중간적인 매개체를 통하여 사회의 의견을 수렴하고 시민에 대한 반응성을 높일 수 있다고 본다(아키즈키 겐고, 2008).

이러한 측면에서 지방자치의 필요성을 국가의 하위 단위에 존재하는 공동체의 역할과 관련하여 지방정부를 설명하는 것이 적절할 것이다. 왜냐하면, 국가와 사회의 중간 매개체라는 측면에서 지방정부는 하나의 정부이기 이전에 지역사회 공동체의 한 형태이기도 하기 때문이다.[5] 지방자치 또는 지방정부의 역할과 관련하여 공동체 논의는 크게 두 가지로 구분된다. 하나는 지방정부 자체를 공동체로 바라보는 시각이며, 다른 하나는 지방정부의 관할 지역 내의 각종 공동체에 대한 논의이다.

---

4) 국가와 사회의 관계에서 지방정부의 존재 이유를 찾는 시각은 크게 양자의 대립적인 이원론과 교차 관계적 이원론으로 나눌 수 있음. 전자는 지방자치와 민주주의 관계에서 설명하였듯이 국가권력에 대한 견제장치로서의 지방정부의 기능이며, 후자는 국가권력에 대한 투입 기능으로서의 지방정부의 기능과 연관된다고 볼 수 있음(허영, 2019: 875).

5) 최근 활발한 공동체 논의의 쟁점은 국가에 귀속된 하위 영역 또는 개인의 사적 영역으로 의미가 축소된 사회를 공동생활의 장 또는 담론의 장으로 만들려는 노력으로 요약될 수 있을 것임(김영일, 2009: 113).

1. 공동체로서의 지방정부

지방정부 자체를 주민들의 공동체로 바라보는 시각은 지방자치학계의 전통적인 인식이라고 볼 수 있다. 현재도 많은 학자가 지방자치 기능으로 공동체 의식 함양, 애향심의 제고, 지역 정체성 확립, 지역 공동체 형성, 지역 고유의 문화발전 등을 제시하고 있기 때문이다(최창호·강형기, 2014: 63; 강용기, 2014: 67; 김현조, 2009: 55). 하나의 시·도나 시·군·구에 소속되고 있다는 인식은 주민들의 공동체 의식이나 지역 정체성을 형성하게 된다.

이러한 지역주민들의 의식은 과거 국가가 국가 정체성을 기초로 하였던 것과 마찬가지로, 각 지역주민은 지역 정체성에 대해 분명한 인식을 하게 된다(김영일, 2009: 116). 따라서 국가와는 다른 지역이라는 또 하나의 정치적 행위자 또는 정치적 단위를 등장시켜 국가에 대한 투입 기능뿐 아니라 견제 기능도 활성화하게 된다.

2. 지방정부와 지역사회 공동체

오늘날 국가에 대응하여 사회의 중심적 기능을 수행하던 지방정부에 대한 새로운 역할 논의가 대두되고 있다. 그것은 지방정부 자체만으로 사회 공동체 기능을 수행하기에는 한계가 있으며, 지방정부 하위 단위 수준에도 다양한 공동체를 활성화할 필요가 있으며, 그 역할을 지방정부가 수행해야 한다는 것이다.

세계화, 고령화와 저출산, 개인주의 경향의 강화와 각종 사회관계망의 확산 등과 같은 환경의 변화는 우리가 기대하던 국가와 사회의 관계에서 지방정부의 역할 변화 그리고 사회에 대한 새로운 접근을 요구하고 있다. 특히, 개인주의 성향이 더욱 강화되는 사회는 국가와 지방정부의 개입으로 문제를 해결하기에는 한계에 도달하였으며, 사회 스스로 문제를 해결하는 자생적 노력이 요구된다. 따라서 지방정부 그 자체로 지역사회 공동체의 임무를 수행하기에는 한계가 있으며, 그 하위 단위에서 소규모 공동체 활동의 필요성이 제기되고 있다.

사회 내에 새로운 자생적이고 자율적인 공동체의 형성과 활성화를 통하여 '국가-지방정부-사회' 관계에서 '국가-지방정부-공동체-사회' 관계로 변모하기 위해서는 지역사회 공동체를 가까이서 지원하는 지방정부의 필요성이 강하게 요구된다.

제3절 　지방자치권의 성질

Ⅰ　의의

지방자치는 국가의 하위 단위에서 일정한 지역을 중심으로 이루어진다. 국가에 국권이 있듯이, 지방정부도 일정한 지역을 중심으로 공공문제를 스스로 처리할 수 있는 권한을 가지기 때문에 자치가 가능할 것이다. 그렇다면, 지방정부가 가지는 자율적 통치권인 자치권의 성질을 알아볼 필요가 있다. 자치권이 지방정부 고유의 권한인지 아니면 국가로부터 부여받은 권한인지에 따라 지방자치제도의 설계나 법적 해석이 달라질 수 있기 때문이다.

Ⅱ　지방자치권의 성질

지방자치권의 성질에 대해서는 고유권설, 전래설, 제도적 보장설, 신고유권설이 대립하고 있다.

1. 고유권설

고유권설은 자치권은 국가의 인정 때문에 부여된 것이 아니라, 지방의 고유한 권한이라고 보는 견해이다. 이 설의 논거는 크게 두 가지 근원을 두고 있다.

1) 자연법사상

지방자치권의 근원은 프랑스 혁명 시대에 자연인에게 주어진 불가침의 기본적 인권을 강조한 자연법사상을 법인인 지방정부로 확대한 것으로 본다(홍정선, 2018: 8). 즉, 국민 개개인이 기본권을 하늘로부터 부여받았다는 천부인권설의 논리와 마찬가지로, 자치권도 국가 이전의 천부적 권리로 지방정부가 고유하게 보유하고 있다는 것이다.

2) 지역사회의 역사적 존재성

지역사회는 국가가 성립되기 이전부터 존재하였으므로 그 결사체인 지방정부는 고유한 자치권을 가진다는 것이다(최창호·강형기, 2014: 51). 즉, 본래 지역사회는 자생적으로 생성된 것이지 국가의 지원 때문에 만들어진 것이 아니며, 오히려 국가는 지역사회의 지원 때문에 만들어진 것이라는 것이다.

이러한 고유권설에 따르면 지방정부는 입법권과 행정권뿐만 아니라 사법권까지도 독자적으로 보유할 수 있다고 본다. 나아가 고유권설에서는 지역적 사무의 규율에서는 지방정부의 자치 입법권이 오히려 국가법령보다 우선한다고 주장한다[6](김부찬, 2006: 30). 이러한 고유권설은 관료적 중앙집권제에 대한 저항 논리로 그 의의가 있다고 본다(김동희, 2019: 78).

2. 전래설(자치위임설)

전래설에서는 국가의 주권이나 통치권에서 유래하는 것이 자치권이라는 것이다. 즉, 지방정부는 국가의 창조물이고 자치권은 국가로부터 수여된 것이므로 헌법에서 그 권한의 범위를 자유롭게 정할 수 있다는 것이다(김철수, 2013: 1554). 이 학설은 근대 통일국가이론과 민주주의 국가 관념에 기초한 국가권력의 단일성으로 인하여 국가영역 내에서 국가로부터 나오지 않는 고권은 있을 수 없음을 강조한다. 따라서 지방정부는 국가에 의해 설립되고 국가에 의하여 주어진 권한을 갖게 된다는 것이다. 이 학설은 자치위임설이라고 부르기도 한다(홍정선, 2018: 9; 허영, 2019: 866).

3. 제도적 보장설

제도적 보장설은 본질적으로 전래설에 따라 자치권은 국가에 의해서 법적으로 부여된 것이라고 본다. 그러나 본 학설이 전래설과 다른 점은 자치권이 헌법상 제도로서 규정되어 있는 이상 입법자가 이를 법률로써 폐지할 수 없고, 이를 제한하더라도 그 본질적 내용은 침해할 수 없다는 것이다(김동희, 2019: 79).

독일학자 칼 슈미트(Carl Schmitt)에 의하여 주창된 제도적 보장설은 독일과 우리나라에서 많은 학자의 지지를 받아 왔다. 제도적 보장은 객관적 제도를 헌법에 규

---

6) 이러한 입장에서 지방정부가 제정한 조례를 보는 견해가 '조례 자주입법설' 내지 '조례법률설'임
(제10장 제5절 조례의 제정·개정·폐지권 참조). 즉, 이 설은 지방정부는 지역적 사항에 관한 한
국가와 대등한 입법권이 있고, 그 입법권에 따라 제정된 조례는 국가의 법령과 대등한 것으로 봄
(김부찬, 2006: 30).

정하여 당해 제도의 본질을 유지하려는 것이다. 이러한 제도적 보장은 주관적 권리 (직접 자기를 위하여 일정한 이익을 주장할 수 있는 법적인 힘)가 아닌 객관적 법규범이 라는 점에서 기본권과 구별된다. 제도적 보장을 통하여 헌법이 보장하려는 것은 특 정 제도의 본질적인 내용이지 기존 제도의 현상유지가 아니다. 따라서 제도적 보장 에서는 최소한 보장의 원칙이 적용되며 제도의 본질적인 내용을 침해하지 아니하 는 범위 내에서 법률로써 그 제도의 내용을 자유로이 바꿀 수는 있다(권영성, 2002: 186).

4. 신고유권설

제도적 보장설은 '헌법이 보장하는 지방자치제도의 본질적 내용이 도대체 무엇인 가?'에 대한 질문에 구체적으로 답하기 어렵다는 한계가 있다. 즉, 제도적 보장설에 서 말하는 지방자치제도의 본질적 내용이 너무 추상적이고 명확하지 않아서 그 구 체적 내용을 확정하기 곤란하다는 것이다. 이러한 제도적 보장설의 문제점을 비판하 면서, 일본 학자들을 중심으로 '신(新)고유권설'이라고 불리는 수정된 학설이 주장되 어 일본에서 지배적인 견해로 발전하였다[7](백윤철, 2016; 허전, 2014; 홍정선, 2018).

신고유권설은 자치권의 근거를 자연법에서 찾는 것이 아니라, 헌법이 정하는 기 본권 보장과 국민주권원리의 규정을 근거로 재구성하려는 것이다. 이 설에 따르면 자치권은 실정 헌법 해석상의 자연권으로 이해된다. 즉, 지방정부는 헌법이 보장하 는 기본권을 근거로 주민의 자기결정권을 내포한 고유의 단체 기본권을 가진다는 것이다. 또한, 지방정부는 주민에게 주권행사의 기회를 직접 제공할 수 있어 국민 주권원리의 실현에 적합한 장치이므로 보장하여야 한다는 것이다(허전, 2014: 470).

이러한 신고유권설에서는 중앙정부와 지방정부가 각각 병립·대등함을 전제로 한 다. 따라서 기관위임사무는 자치사무로 바꾸거나 지방정부에 위탁하는 방식을 취하여 야 하며, 중앙정부가 기획·입안하고 지방이 집행하는 시스템에서 지방이 기획·입안 하고 국가가 이를 지원하는 시스템으로 전환해야 한다고 본다(백윤철, 2016: 175).

---

7) 신고유권설은 일본에서 지방자치의 위기에 대한 문제의식으로 자치권 확보의 중요성을 주장하는 논리적 근거로 등장하게 되었음.

5. 소결

자치권의 성질과 관련하여 제도적 보장설이 학계의 통설[8]이며 헌법재판소[9]의 일관된 입장이다.

그러나 최근 제도적 보장설에 대한 비판이 다양하게 제기되고 있는데, 대체로 다음과 같은 논리적 근거가 제시되고 있다. 아래 논거들은 단순히 제도적 보장설에 대한 비판점도 있지만, 자치권의 성질에 대한 현대적 논의의 방향성과 내용을 동시에 제시하고 있다고 볼 수 있다.

첫째, 독일과 우리나라의 지방자치 역사에 대한 차별성이다. 제도적 보장설은 현재 독일에서 통설로 받아들여지고 있는데, 독일에서 이 설에 따라 보장되는 지방자치의 본질적 내용은 지방자치의 역사적 발전과정에서 형성된 것이지 이론적으로 만들어진 것이 아니라는 것이다. 그러나 우리나라의 경우 지방자치제도는 헌법에 따라 비로소 창설된 제도이어서 제도적 보장설에서 말하는 역사적 전통에 따른 본질적 내용을 찾을 수 없다는 것이다(오동석, 2000: 225). 즉, 우리나라에서는 그 본질적 내용이 무엇인지에 대해 역사적으로 누적된 경험 없이 이론적·추상적인 것으로 만들어진 것이다. 따라서 지방자치의 본질적 내용이 무엇인지 확정되지 않은 상황에서 이 설을 적용하기에는 무리가 있다는 것이다(김동희, 2019: 79).

둘째, 제도적 보장설 자체에 대한 비판이다. 제도적 보장설이 주장하는 "기본권 보장＝최대한 보장, 제도 보장＝최소한 보장"이라는 도식이 부적절하다는 것이다(김배원, 2008: 225). 제도적 보장설에서 기본권은 개인이 가지는 주관적 권리이므로 입법자는 이를 최대한 보장하여야 하며, 혼인·가족제도 및 대학 제도 등의 각종 제도는 사회의

---

8) 그러나 전래설이 법학계의 다수설이라고 보는 견해도 있음(홍정선, 2018: 9). 한편, 전래설은 자치권의 '연원'에 대한 개념이고, 제도적 보장은 자치권의 '보장'에 관한 개념으로 서로 이질적인 내용이므로 병렬적으로 설명하는 것이 적절하지 못하다는 주장도 있음(홍정선, 2018: 9; 김배원, 2008: 225).

9) 헌법재판소는 "제도적 보장은 객관적 제도를 헌법에 규정하여 당해 제도의 본질을 유지하려는 것으로서, 헌법제정권자가 특히 중요하고 또 가치가 있다고 인정되고 헌법적으로 보장할 필요가 있다고 생각하는 국가 제도를 헌법에 규정함으로써 장래의 법 발전, 법 형성의 방침과 범주를 미리 규율하려는데 있다. … 제도적 보장은 기본권 보장의 경우와는 달리 그 본질적 내용을 침해하지 아니하는 범위 안에서 입법자에게 제도의 구체적인 내용과 형태의 형성권을 폭넓게 인정한다는 의미에서 '최소한 보장의 원칙'이 적용될 뿐이다."(헌법재판소 1997. 4. 24. 95헌바48)라고 하여 이를 분명히 하고 있음.

객관적 질서와 관계된 것으로 입법자는 그 본질적인 내용을 침해하지 않는 한(최소한 보장) 기본권보다 더 큰 입법 형성의 자유를 가진다는 것이다. 그런데 지방자치에 대한 제도적 보장은 개인의 기본권 침해와 연관될 수 있다는 측면이 주목받으면서 제도 보장은 최소한의 보장이라는 공식이 부적절하다는 것이다. 즉, 지방자치제도의 보장은 개인의 기본권과 관련된 부분에서는 최대한 보장해야 한다는 것이다(김기진, 2017: 52).

이러한 논의의 연장선에서 셋째는 지방자치와 기본권 실현과의 불가분의 관계를 인정하는 논의가 활발하게 전개되면서 제도 보장설에 대한 비판이 강하게 제기된다. 지방자치는 지역주민의 참여와 선거를 통하여 실현될 수 있는 제도이기 때문에 선거권과 공무담임권의 실현과 불가분의 관계에 있다는 것이다. 또한, 헌법상 거주이전의 자유, 거주지 선택의 자유, 평등권 등을 보장하기 위해서는 국가 내의 어느 지역에서나 생활 환경적 여건이 조성되어야 하는데, 이는 지방자치 기능과 불가분의 관계에 있다는 것이다(허영, 2019: 870-1; 방승주, 2006: 76). 헌법재판소도 지방정부를 없애거나 합치는 것은 단순한 자치권의 침해뿐 아니라 대상 지역주민들의 기본권을 침해할 수도 있다고 판시한 바 있다(헌법재판소 1994. 12. 29. 94헌마201; 헌법재판소 1995. 3. 23. 94헌마175).

넷째, 일본 학자들이 주장하는 신고유권설의 영향이다. 봉건사회를 경험한 일본에서조차도 국가 중심의 국정 운영 논리에 몰입된 지방자치의 현대적 위기에 직면하게 되고, 이를 극복하기 위하여 전술한 신고유권설이 제기되었다. 즉, 제도적 보장설이 가진 한계를 극복하고 지방자치의 현대적 중요성을 포착할 수 있는 새로운 자치권의 성질에 대한 논리가 필요하였으며, 이에 일본 학자들은 헌법에 대한 적극적 해석을 통하여 기본권 보장과 국민주권의 원리에 따라 자치권의 자연권적 성격을 찾았다. 이러한 경향은 국내 법학자와 지방자치학자들에게도 영향을 미친 것으로 보인다(김명식, 2015: 75; 헌법재판소, 2019).

이와 같은 전통적인 제도적 보장론을 극복하기 위한 견해들의 대체적인 공통점은 현대적 의미의 자치권을 기본권 보장과 관련해서 찾고 있다는 것이다. 따라서 오늘날의 지방자치는 기본권을 '최대한 보장'할 수 있는 통치시스템의 일부로 이해되어야 하며, 이러한 목적을 달성하기 위하여 지방자치제도가 설계되어야 한다는 것이다(김명식, 2015: 77).

지방자치의 두 가지 역사적 흐름: 주민자치와 단체자치

Ⅰ 의의

지방자치는 연혁적으로 영국의 자치 경험을 바탕으로 발달한 '주민자치'와 독일과 프랑스의 지방분권 역사를 기초로 하는 '단체자치'에서 그 유래를 찾을 수 있다. 지방자치의 주요 행위자 집단을 국가-지방정부-주민으로 설정할 때, 지방정부와 주민의 관계를 개선하는 것이 더 나은 자치라는 사상으로 발전된 것이 주민자치이며, 국가와 지방정부 간의 관계를 개선하여 지방분권을 이루는 것이 더 나은 자치라는 사상으로 발전된 것이 단체자치이다.

지방자치의 역사를 주민자치와 단체자치로 단순 구분하여 살펴보는 것은 다양한 형태로 생성·발전된 지방자치를 두 가지 계보로 분류화하여 각각의 특성에 대한 이해를 돕고, 특정 국가가 채택한 지방자치제도가 두 가지 흐름과 어떤 관계가 있는지 확인하는 데 용이하기 때문이다.

Ⅱ 주민자치와 단체자치

1. 주민자치[10]

영국을 중심으로 발달한 자치 사상을 이념적 기초로 하는 '주민자치'는 지역주민 스스로에 의한 자율적인 사무처리가 그 '주민들의 고유 권한'이라는 관점에서 출발하였다. 따라서 지방자치제도는 주민이 스스로 다스리는 '민주주의 원리'를 충실히 실현하는 장치로 여겼다. '주민자치' 논의의 무게중심은 자치행정에의 주민참여였으며, "어떻게 주민이 스스로 다스리는 합리적인 절차와 제도를 만드느냐"에 대한 고민이 역사적 발전과정에서 쟁점이었다.

---

10) 지방자치 교과서뿐 아니라 행정실무에서 사용되는 '주민자치'라는 용어는 한편으로는 '단체자치'에 대비되는 개념으로, 다른 한편으로는 지역주민 스스로의 의사와 책임으로 처리하는 활동을 포괄하는 용어로 사용되어 중의적 의미를 내포하고 있다고 볼 수 있음.

이러한 측면에서 '주민자치'를 정치적 의미[11]의 자치라고도 한다. '단체자치'
와 달리 '주민자치'에서 지방정부는 주민의 자치기구로서의 성격만을 가지므로
이원적 기관형태(집행기관과 지방의회로 분리)나 자치사무와 위임사무의 구별이 있
을 수 없다. 한편, 지역주민이 가지는 고유의 자치권 보장을 강조하는 '주민자치'
는 개별 사무별로 주민 자치권의 고유성을 보장하는 형태인 개별적 수권방식을 채
택하였다.[12]

2. 단체자치

독일과 프랑스를 중심으로 발달한 지방분권 사상을 이념적 기초로 하는 '단체자
치'는 지역에 관한 사무의 자율적인 처리가 '지방정부의 고유 권한'이라는 관점에서
출발하였다. 따라서 지방자치제도는 국가와 지방과의 관계에서 지방정부에 독립된
법인격을 부여하고 자율적인 사무처리 권한을 부여하는 것과 관계된 '지방분권'을

▌표 1-1 주민자치와 단체자치의 비교

구분	주민자치	단체자치
발달 국가	영국	독일, 프랑스
이념적 원리	민주주의 (정치적 의미의 자치)	지방분권 사상 (법률적 의미의 자치)
자치의 중점	주민의 권리 보호	국가에 대한 지방정부의 독립과 권리 보호
지방정부의 형태	기관통합형	기관대립형
사무의 구분	사무 구분 없음	자치사무와 위임사무 구분
권한 배분 방식	개별적 수권방식	포괄적 수권방식

11) 김병준 교수(2010: 16)는 '단체자치'를 법률적 의미의 자치, '주민자치'를 정치적 의미의 자치로 구분하
는 것은 지나친 분류화의 결과로 부적절하다는 의견을 제시하며, 두 형태의 지방자치가 모두 법률적인
면과 정치적인 면을 함께 가지고 있기 때문이라고 설명함. 그러나 뒤에서 논의하는 바와 같이 오늘날
'단체자치'와 '주민자치'의 구분 자체가 지방자치를 연혁적으로 이해하기 위한 수단에 불과하다는 측면
에서는 정치적 의미와 법률적 의미로 구분하는 것도 의의가 있다고 볼 수 있음.

12) 개별적 수권방식 또는 개별적 지정방식은 각 지방정부의 사무를 개별 법률에 따라 명확히 함으로
써 중앙과 지방 간의 책임 한계가 분명하여 자치권을 강하게 보장하는 효과가 있음. 반면에 포괄
적 수권방식 또는 포괄적 지정방식은 일반 법률로 지방정부의 사무를 일괄적으로 규정하여 지방
의 사무범위가 더 클 것 같이 보이지만, 실제는 각 업무 영역별로 제정된 개별 법령에서 실질적인
사무의 배분이 이루어지면서 지방정부의 자치사무영역이 축소되는 경우가 일반적임(상세한 내용
은 제5장 제1절 사무배분의 방식과 원칙 참조).

실현하는 장치로 여겨졌다. '단체자치' 논의의 무게중심은 국가와 지방정부와의 관계에서 지방의 자치권을 보호하고 실현하는 것이다.

이러한 측면에서 '단체자치'를 법률적 의미의 자치라고도 한다. '단체자치'에서는 지방정부의 자치기구는 고유사무와 국가에서 위임한 사무를 처리하여야 하므로 이원적(집행기관과 지방의회)으로 구성된다. 한편, 단체자치는 국가로부터 지역의 사무 처리 기능을 부여받게 되므로 국가의 권한에 속하는 사무를 제외하고는 지방정부의 권한 사항으로 부여하는 포괄적 수권방식을 통하여 상호 권한을 배분하게 된다.

Ⅲ 주민자치와 단체자치의 통합

주민자치와 단체자치는 유럽 각 나라의 역사적 전통이나 정치 사상과 불가분의 관계가 있는 것으로 이들 나라의 지방자치제도 발전에 많은 영향을 미친 것은 사실이다. 그러나 오늘날에는 이러한 획일적인 구분에 대한 비판이 제기되고 있다(최창호·강형기, 2014: 83). 왜냐하면, 현대 자유민주주의 국가에서의 지방자치는 민주주의를 실현하기 위한 제도적 장치로 간주하여 '단체자치'적 요소와 '주민자치'적 요소의 적절한 조화가 모색되고 있기 때문이다(헌법재판소 2006. 2. 23. 2005 헌마 403).

또한, 지방자치를 두 계보로 나누는 형식논리보다는 지방자치의 이념이나 본질을 올바르게 파악하고, 지방자치제도를 합리적으로 설계하고 운영하는 것이 더 중요하기 때문이다. 특히, 현실적으로 모든 현대국가에서는 이러한 두 개념의 특징을 적절히 혼합하여 채택하고 있기도 하다.

따라서 오늘날 대부분 학자는 두 계보의 차이를 역사적 발전과정의 차이에 불과한 것으로 보고, 양 개념을 통합적으로 이해할 것을 강조하고 있다(최창호·강형기, 2014: 83; 임승빈, 2014: 11).

제5절 　우리나라 지방자치의 발전과정

I 대한민국 건국 이전의 지방자치

우리나라는 중앙집권 통치체제의 전통이 강한 국가이지만, 지방분권적 요소가 전혀 없었던 것은 아니다. 고려 시대의 사심관 제도, 조선 시대의 향청, 향약 그리고 갑오개혁 때 시도된 향회 등은 지방자치와 유사한 제도로 볼 수 있다.

고려의 사심관 제도는 고려 초기 건국 공신에게 그 출신 지방의 통치를 맡기는 제도이다. 조선의 향청은 조선 초기의 유향소를 개칭한 것으로 지방의 세력가로 구성되어 수령에 대한 자문, 풍속 교정 등의 기능을 수행하였다. 향약은 공동체를 결속시키고 사회 안정을 도모하는 향촌 사회 자치조직이었다. 특히, 향회는 갑오개혁 때 시도된 제도로 지방의 주요 공공사항에 대한 의결권을 가진 일종의 지방의회와 유사 기능을 가졌지만 시행되지는 못하였다[13](남재걸, 2014: 109).

일제 강점기에는 도(道: 도지사) − 부(府: 부윤) · 군(郡: 군수) − 읍(邑: 읍장) · 면(面: 면장)으로 행정 구역이 구성되고, 지방자치의 단위인 도 − 부 − 읍에 각 의결기관으로 도회, 부회, 읍회를 두어 임기 4년의 명예직 의원으로 구성하였다.[14] 도회, 부회, 읍회의 의장은 집행기관의 장인 도지사, 부윤, 읍장이 겸임하였으며, 의원 선거권은 납세액 5원 이상을 납부하는 남성인 주민으로 한정하였다.

미 군정기(1945년 9월~1948년 8월)에는 경기도와 전라남도 관할이던 서울시와 제주도를 분리하였으며, 도회, 부회, 읍회, 면협의회를 해산하고 도지사, 부윤, 읍장, 면장이 의결기관의 기능을 겸하도록 하였다.

---

13) 1895년 11월 향회조규(鄕會條規)와 향약변무규정(鄕約辨務規程)을 통하여 향회를 지방자치의 새로운 표준으로 삼고자 하였음. 말단 행정단위인 이(里), 면, 군에 각각 그 주민으로 구성되는 이회(里會), 면회(面會), 군회(郡會)를 두고, 여기서 공공적 성질을 지닌 주요 사안을 의결하고, 집행기관인 집강(執綱: 면회의 집행기구) 및 존위(尊位: 이회의 집행기구)는 종래 관에서 임명하던 예를 폐지하고 1년을 임기로 하여 이민합동회의(里民合同會議)에서 선출하도록 하였음. 또한, 집강과 존위가 임무를 제대로 수행하지 못하면 회의를 통하여 임기와 관계없이 교체할 수 있도록 하였음. 그러나 당시 향회 제도는 법규만 존재하고 시행까지는 이르지 못하였음(남재걸, 2014: 109).

14) 도회 의원의 3분의 1은 도지사가 임명하며, 3분의 2는 부회, 읍회, 면협의회(면장의 자문기구) 의원에 의한 간접선거로 실시됨. 부회와 읍회 의원의 경우는 25세 이상 남성이며 연 5원 이상 납세자에게 선거권과 피선거권이 부여됨(최창호 · 강형기, 2019: 117).

Ⅱ 지방자치의 시작: 제1·2공화국(1949. 7 ~ 1961. 5)[15]

1948년 제정 헌법과 함께 출범한 제1공화국, 1960년 4·19혁명 이후 출범한 제2공화국에서는 현대적 지방자치가 최초로 시행되었다. 제정 헌법에 규정된 지방자치에 관한 규정을 시행하기 위하여 지방자치법이 1949년 7월 4일 제정·공포되었다. 지방자치법은 제1공화국 시절에 4차례, 제2공화국의 시작과 함께 1차례 개정이 있었지만, 자치 계층은 변함이 없었으며 주로 정치적 의도에 의한 지방자치단체장의 임명방식이 여러 차례 변화를 거듭하였다. 제1·2공화국 당시의 지방자치제도의 특징은 다음과 같다.

▼ 그림 1-2 제1·2공화국의 지방자치 계층과 지방자치단체 구성방식

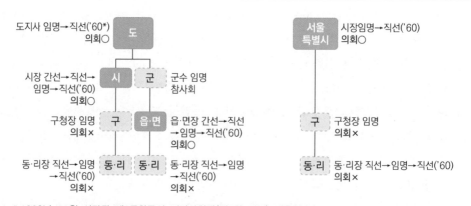

* 1960년 11월 시작된 제2공화국의 지방자치법(제5차 개정) 내용임

ⓐ 지방자치단체의 종류로 도와 서울특별시, 시·읍·면을 두도록 하였다. 따라서 당시의 '군'은 지방자치단체가 아니라 하나의 행정 계층으로 존재하였다.

ⓑ 지방의회 의원은 직선제에 따라 선출되었으나, 지방자치단체장은 임명제, 간선제(지방의회에서 선출) 및 직선제 등이 채택되었다. 제1공화국 시절에는 도지사와 서울특별시장은 대통령이 임명하였으며, 시·읍·면장은 간선제(지방의회에서 선출) → 직선제 → 임명제(특별시장·도지사·시장은 대통령이, 읍·

---

15) 우리나라 지방자치 선거의 변화 과정은 제13장 제4절 지방자치 선거 부분을 참고 바람.

면은 도지사가 임명)를 시행하였다. 그러나 제2공화국에서는 모든 지방자치단체장을 직선제로 선출하였다.

ⓒ 지방자치단체의 기관구성 형태는 제1·2공화국 모두 기관대립형(의결기관과 집행기관을 분리)을 채택하였다.

ⓓ 지방자치단체장이 간선제 또는 임명제로 선출된 경우에는 지방의회의 지방자치단체장 불신임제도가 시행되었다. 이 경우 지방자치단체장은 의회를 해산할 수 있었다. 그러나 지방자치단체장을 직선한 경우에는 불신임제도, 지방의회 해산제도가 시행되지 않았다.

ⓔ 시·읍·면에 두는 동장(洞長)과 리장(里長)의 직선제도 시행되었다. 1949년 제정 지방자치법부터 동장과 리장에 대한 직선제가 규정되었으나, 1958년 제4차 개정에서는 임명제로 전환하였고, 1960년 제2공화국에서는 다시 직선제가 시행되었다.

ⓕ 실제 지방선거가 시행되어 서울특별시·도의회, 시·읍·면의회 그리고 서울특별시장과 도지사, 시·읍·면장을 주민 직선으로 선출하기도 하였다.[16]

ⓖ 제1공화국에서 지방자치제도와 지방선거의 실시는 집권세력에 의해 중앙정치적 목적을 이루기 위한 수단으로 이용된 경우가 대부분이었다(김병준, 2010: 133-5). 그러나 제2공화국에서는 지방자치단체장과 지방의원을 모두 직선으로 선출하는 명실상부한 자치제도를 만들고 선거를 시행하였으나, 5개월 후인 1961년 5월 16일 군사 쿠데타로 중단되었다.

---

16) 제1차 시·읍·면의회의원 선거와 제1차 도의회의원 선거가 1952년 4월과 5월에 각각 시행되었고, 제2차 시·읍·면의회의원 선거, 제2차 도의회의원 선거, 제1차 서울시의회의원 선거 그리고 제1차 시·읍·면장 선거가 1956년 8월에 있었으며, 제3차 시·읍·면의회의원 선거, 제3차 도의회의원 선거, 제2차 서울시의회의원 선거 그리고 제1차 서울시장·도지사 선거, 제2차 시·읍·면장 선거가 1960년 12월에 시행되었음(제13장 제4절 지방자치 선거, 표 13-3 우리나라 지방선거 변화 과정 참조).

Ⅲ 지방자치의 중단: 제3 · 4 · 5공화국(1961. 5. 16 ~ 1988. 4. 30)

▼ 그림 1-3 임시조치법 시행 당시의 지방자치 계층과 단체장 임명방식

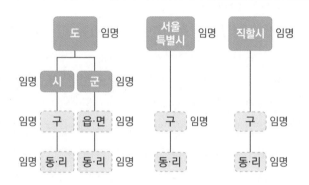

1961년 5월 16일 박정희를 중심으로 한 군의 일부 조직이 쿠데타를 일으키고, 당일 그 지휘부는 '군사혁명위원회 포고 제4호'를 발표하여 지방의회를 해산시켰다. 또한, 동년 10월에 지방자치법을 대신하여 '지방자치에 관한 임시조치법'이 시행되면서 지방자치는 전면 중단되었다. '지방자치에 관한 임시조치법'은 부칙에서 "이 법은 지방자치법이 개정 · 공포됨으로써 폐지된다"라고 규정하여 지방자치법이 개정되기 전까지는 지방자치법을 대신하여 시행되었다. 박정희 정부 이후 들어선 제5공화국의 전두환 정부에서도 지방자치는 유사한 중단의 과정을 밟았다. 결국, 1961년 5월부터 1988년 4월까지 약 27년간 지방자치는 암흑기를 맞이하였다. 당시 임시조치법에서 나타난 명목상의 지방자치단체와 그 계층 그리고 지방자치단체장 임명방식 등의 특징은 다음과 같다.

ⓐ 도와 특별시는 지방자치단체로 유지하고, 읍 · 면 자치제는 폐지하고 '군' 자치제를 추가하여 시 · 군 자치제를 도입하였다.

ⓑ 모든 지방자치단체장은 임명제[17]로 전환하였다. 따라서 임시조치법에 지방자치단체는 규정되어 있지만, 지방자치는 시행되지 않았다.

---

17) 이는 지방자치에 관한 임시조치법에 규정하지 않고 1961년 6월 6일 제정 · 시행된 '국가재건비상조치법' 제20조에서 규정하였음.

ⓒ 이 시기에는 헌법 본문에 지방자치에 관한 규정을 두었지만, 부칙에서 지방
자치를 실시하지 못하도록 별도의 규정을 두었다. 제3공화국 헌법(제5차 개
정헌법, 1962년 12월)은 부칙에서 "지방의회의 구성 시기에 관하여는 법률로
정한다."라고 하여 집권 권력자의 의지나 상황 논리에 의해 결정될 수 있도
록 하거나, 제4공화국 헌법(제7차 개정헌법, 일명 유신헌법, 1972년 12월)은 "지
방의회는 조국 통일이 이루어질 때까지 구성하지 아니한다"라고 규정하여
사실상의 지방자치를 완전히 폐지하였다. 또한, 제5공화국 헌법(제8차 개정헌
법)은 "이 헌법에 의한 지방의회는 지방자치단체의 재정자립도를 감안하여
순차적으로 구성하되, 그 구성 시기는 법률로 정한다"라고 규정하여 지방자
치의 실시를 가능한 한 뒤로 미루고자 하였다.

Ⅳ   지방자치의 부활(1988. 5. 1 ~)

1987년 6월 항쟁에서 표출된 실질적 민주주의를 열망하는 국민적 저항운동을
통하여, 대통령 직선제와 지방자치제 시행을 포함하는 헌법 개정이 그해 10월에 이
루어져 다음 해 2월 25일에 시행되었다. 1988년 5월 1일 현재의 지방자치제도의
골격을 가진 지방자치법이 시행되면서 지방자치는 부활의 길을 맞이하였다.

지방자치법의 전부개정 이후에도 지방자치의 실시는 정치 세력 간의 이해관계
로 몇 차례의 지방자치법 개정을 거듭하였다. 1991년에 지방의회의원 선거[18]가 시
행되어 지방의회만을 구성하고 지방자치단체장은 임명직으로 운영되었으며, 4년
후인 1995년 제1회 전국 동시 지방선거를[19] 통하여 지방의회 의원과 지방자치단체
장을 모두 직선으로 선출하게 되었다. 따라서 1995년은 지방자치의 부활 원년이라
고 할 수 있다.

---

18) 1991년 3월 26일에 기초지방의회 의원 선거가 시행되고, 같은 해 6월 20일에 광역지방의회 의원
    선거가 시행되었음.

19) 1995년에 선출된 지방의회 의원과 지방자치단체장의 임기는 3년으로 하여 1998년에 제2회 전국 동
    시 지방 선거가 실시되었으며, 이후 4년마다 지방선거가 시행되어 2018년에는 제7회 전국 동시 지
    방선거가 시행되었음(제13장 제4절 지방자치 선거, 표 13-3 우리나라 지방선거 변화 과정 참조).

제2장

지방자치 이론

제1절 지방정부론

I 의의

오늘날 지방정부는 주민 생활에 직접적인 영향을 미치고 있다. 주민은 지방정부에 출생과 사망 사실을 등록하고, 각종 생활 서비스를 받고, 세금도 낸다. 그런데 이러한 중요성에도 불구하고 지방정부의 성격이나 특성에 대한 논의는 국가와 비교하면 상대적으로 활발하지 않았다. 그것은 한편으로는 지방정부가 국가가 지니는 권력적 속성과 국가 내에 존재하는 사회와 공동체라는 속성을 동시에 지니고 있어 독자적인 연구의 대상으로 삼지 않았기 때문으로 보이며, 다른 한편으로는 20세기 중반까지 냉전과 이념적 갈등, 그리고 국가론이나 '국가는 무엇인가?'에 대한 관심 속에서 지방정부가 상대적으로 소외되었던 것으로 보인다.

그러나 1970년대 중반 이후 국가와 차별화되는 지방정부에 관한 관심이 높아지게 되었다. 이러한 배경에는 산업화에 따른 도시화와 이에 따른 인구 집중으로 인한 도시문제의 해결 그리고 도시민에 대한 사회복지 서비스 공급에 있어서 지방정부의 역할이 관심의 대상이 되었기 때문이다(Stoker, 1991: 4-16).

지방정부론은 국가라는 거대한 집단 내에서 지방정부의 본질이나 성격을 탐구하는 것이다. 즉, 국가의 존재를 전제하고, 지방정부의 존재와 기능이 가지는 성격이 무엇인지에 대한 논의이다. 국가론에 대응하는 지방정부론에 대한 논의는 다양하지만, 여기서는 다원주의, 네오마르크스주의 그리고 이 둘이 혼재한 이중국가론에 대해 살펴본다.

Ⅱ 다원주의와 지방정부

1. 의의

다원주의는 권력의 원천은 다양하고 권력의 소유도 사회에 분산되어 있다고 본다. 다원주의에서 국가란 다양한 이익집단들의 경쟁과 갈등의 장이 발생하는 곳이고, 여기서 중앙정부는 중립적인 존재이며, 지방정부는 여러 이익집단 중의 하나로 인식된다(이종수, 1993: 849).

다원주의자들은 정치과정을 중심으로 국가와 지방의 관계를 설명하려 한다. 다원주의에서 정책 결정은 다양한 이익집단들이 서로 경쟁하는 과정에서 이루어지므로 권력(power)은 여러 이익집단에 분산되어 있다(원구환, 2007: 76). 따라서 국가를 포함한 어떠한 단체도 독점적 지배권을 가질 수 없으며, 권력의 집권화를 부정한다(Stoker, 1991: 233). 다원주의 시각은 자유민주주의 이데올로기를 강조하는 기존의 주류이론과 불가분의 관계에 있다고 볼 수 있다(강명구, 1993: 21).

2. 주요 내용

지방정부를 보는 다원주의의 시각은 다음과 같다.

우선, 여러 지방정부의 존재는 다양성, 권력의 분산 등과 같은 다원주의 가치를 실현하기에 적절하다는 것이다(Stoker, 1991: 234). 다원주의 이론의 핵심은 다양한 이익집단의 존재와 권력의 분산이다. 이러한 전제는 소수의 특수이익에 좌우되지 않는 선의의 경쟁에 의한 권력 구조를 형성할 수 있기 때문이다. 따라서 지방정부의 존재와 지방자치는 다원주의가 강조하는 권력의 분산, 다양한 이익집단의 요구를 수렴하기에 적절한 제도적 장치라는 것이다.

둘째, 지방정부는 권력의 독점화나 독재화를 방지해 준다는 것이다. 다원주의에서 지방정치는 그 자체가 권력의 분산을 의미하며, 활발한 지방정치를 통하여 사회적 가치들은 합리적으로 배분될 수 있다고 본다.

셋째, 지방정부는 지역주민과 정치인들에게 민주주의 교육의 장이 된다는 것이다. 지역사회에서의 활발한 정치적 담론은 개인에게 사익을 초월할 수 있는 심성을 배양시켜 줄 수 있다고 본다. 또한, 지방정부는 지역 정치인들에게 정치적 수련장이 된다는 것이다(이종수, 1993: 850).

넷째, 지방정부는 주민의 요구를 수렴하고 선택권을 부여하며, 이를 통하여 정치적 지지를 확보하기에 적절하다는 것이다.

3. 평가

다원주의가 추구하는 다양성, 선의의 경쟁, 다양한 권력의 존재, 다원적 민주주의 등은 지방정부의 존재 및 가치와 밀접한 연관성을 가진다. 따라서 지방자치와 민주주의 관계성에도 다원주의자는 긍정적 태도를 보이게 된다. 특히, 오늘날 지방자치를 강조하는 많은 논리적 근거는 다원주의적 가치를 함축하고 있다고 볼 수 있다.

그러나 지방정부에 대한 다원주의 논리는 다음과 같은 비판이 제기된다. 우선, 다원주의가 내포한 지역 정치 메커니즘에 대한 지나친 낙관론의 문제이다. 다원주의는 지역 정치가 민주적으로 작동하리라 낙관하지만, 우파에서는 지역 정치 메커니즘보다는 시장이 더 나은 제도적 장치라고 비판하고, 좌파에서는 실제 정치 현실에서는 특정 이익집단이 배제되어 불평등이 심화된다고 비판한다(Stoker, 1991: 237).

다음으로 다원주의와 평등과의 상호관계 문제가 제기된다. 전체 국민에게 평등한 서비스(결과의 평등)를 제공하기 위해서는 중앙정부의 개입(지방의 다양성을 훼손할 수 있음)을 통하여 지방정부 간 재정력이나 행정력 등 역량의 평등이 이루어져야 한다. 중앙정부의 개입을 최소화하고 지방정부에 다양성을 보장(기회의 평등)한다면 지방정부의 역량 차이로 인하여 지역별 서비스 격차가 발생하여 불평등이 유발될 수 있기 때문이다(원구환, 2007: 77).

Ⅲ 네오마르크스주의(Neo-Marxism)와 지방정부

1. 의의

마르크스주의는 경제 관계가 정책 결정이나 문화와 같은 다른 영역을 지배한다는 논리에 따라 경제 영역에서 지배적인 권력을 가진 자본가 계급이 정책 결정을 주도한다고 본다. 마르크스의 계급이론에 따르면 자본주의 사회에서 국가정책은 자본가 계급의 이해를 반영하게 되며, 국가는 자본가 계급이 노동자 계급을 착취하기 위한 도구에 지나지 않는다.

전통적 마르크스주의는 지방정부나 분권화 등에 대해 특별한 관심을 기울이지 않았다(이종수, 1993: 851). 국가는 자본가 계급의 이익을 증가시킬 목적으로 활용되는 수단에 불과하므로 중앙정부를 중심으로 하는 통일적 국가를 상정하고 이에 따른 국가, 자본, 사회의 관계를 주로 다루었기 때문이다.

그러나 1970년대부터 국가론에 관한 관심이 증대하면서 네오마르크스주의 학자들이 지방국가라는 새로운 개념을 제시하고 기존 마르크스주의 이론을 지방정부에 접목하려고 노력하였다.

2. 주요 내용

1970년대 후반에 네오마르크스주의자들은 지방 수준에서 이루어지는 국가 기능을 분석하면서 자본주의 국가의 정치·경제적 모순을 발견하려고 시도하였다. 이중 코크번(C. Cockburn, 1977)[1]은 지방국가(local state)라는 개념을 사용하면서 국가가 전국적 수준에서 자본가의 이익을 대변한다면, 지방국가는 지방적 수준에서 자본가의 이익을 보존하는 역할을 담당한다고 보았다. 즉, 코크번에게 지방국가는 지방적 수준에서 자본주의적 사회관계를 재생산하여 자본가 계급의 이익을 대변하는 기능을 담당한다고 보았다(강명구, 1993: 2).

이후 1980년대 후반에 던칸과 구드윈(Duncan and Goodwin, 1988)은 코크번의 하향식 시각을 비판하고 지역공간에 대한 분석을 중심으로 자본가 계급에 대한 지방국가의 상대적 자율성을 강조하였다. 이들은 지역공간에는 노동의 공간적 분화, 시민 상호 간의 신뢰도의 차이 등으로 인하여 각각의 특수한 사회관계(social relation)가 존재하며, 이로 인하여 지역 간에는 불균등한 성장이 나타난다고 본다. 중앙정부는 다양한 지역공간을 관리하고자 하며, 지방국가는 자기 지역공간의 사회관계에 따른 요구에 반응하고자 한다. 여기서 지방국가는 중앙정부의 정책을 수행하는 매개자 역할과 지역 내의 사회관계에서 나타나는 다양한 요구를 대변해야 하는 대표자 역할이라는 이중적 역할을 담당한다. 따라서 지방국가는 국가 자본주

---

1) 코크번은 런던지역 람버스 버러(London Borough of Lambeth)를 실증적으로 연구한 자료를 제시하였으며, 그녀의 주장을 도구주의적 지방국가론(instrumental local state)으로 부르기도 함.

의에 대한 후원자인 동시에 장애물이 되어 국가에 대해 상대적인 자율성을 가질 수 있게 된다고 본다.

한편, 지방국가는 해당 지방의 사회관계, 계급 특성, 문화적 특성에 따라 다양성을 나타내게 된다. 이러한 다양성은 지방국가 간 불균형적인 발전을 이끌게 되고, 각 지방국가 간 정치투쟁이나 계급의식 등이 상이하게 나타나게 만든다고 본다 (Duncan & Goodwin, 1988: 32−43; Stoker, 1991: 250−52).

3. 평가

마르크스·네오마르크스주의자들은 국가와 마찬가지로 지방국가도 특정의 자본가 세력으로부터 자유로울 수 없다는 것은 유사하다. 그러나 지방에 대해 무관심했던 전통적 마르크스주의와 달리, 네오마르크스주의는 지방의 주택이나 사회복지정책 등에 대한 사례 연구를 통하여 지역사회에서의 사회관계나 계급갈등 등에 대한 유용한 결과를 제시하였다는 측면에서 그 의의가 있다.

그러나 지역사회를 지나치게 계급 투쟁적 시각으로 바라본 것과 학자들이 제시한 실증근거가 선택적으로 제시되었다는 점에 대한 비판이 제기된다. 즉, 지역사회에서는 다양한 형태의 갈등이나 협력이 발생할 수 있으며, 그 양상은 반드시 이념이나 계급적 갈등보다는 생활 속에서 소비나 공공 서비스와 관련된 것이 더 많을 수 있다. 또한, 지역사회에서 사회관계에 따른 이념투쟁이나 계급갈등은 쉽게 나타나지 않으며, 지방선거에서 비지역적 요소가 큰 영향을 미치거나 전국적 정당이나 대중 매체의 영향을 받는 경우가 많을 수 있다.

Ⅳ 이중국가론(The Dual State Theory)[2]

1. 의의

이중국가론은 국가를 하나의 통합된 단위로 보는 것에 반대하고 중앙정부와 지방정부로 구분하여 각각의 차별적 역할을 상정한 이념형 모델이다. 기존의 지방정

---

2) 이원국가론으로 번역되기도 함(이종수, 1993).

부에 대한 국가이론들은 지방정부와 중앙정부를 구분하지 않고 지방정부를 단순히 중앙정부에 포함된 하나의 속성이나 도구 역할을 강조하였다. 그러나 이중국가론 은 국가에 대한 지방정부의 자율성을 강조하고 중앙정부와 차별화되는 지방정부 수준의 독특한 기능이나 정책 결정 과정이 존재한다고 본다(김시윤, 1991: 20).

이중국가론은 기존의 다원주의나 마르크스주의의 장점을 살리면서 단점을 극복 하는 일종의 대안이론으로 손더스(Peter Saunders, 1981)에 의하여 제시되었다. 손더 스는 기존 다원주의의 지방정부에 대한 지나친 관심과 마르크스주의의 지나친 무 관심을 극복하고, 지방정부 자체의 독특한 특성을 발견하여 중앙정부와의 차별성 을 제시하고, 지방정부의 본질을 이해하고자 하였다(이종수, 1993: 853).

2. 주요 내용

손더스는 조직, 기능, 이익 중재 방식, 이념이라는 네 가지 차원으로 나누어 중 앙정부와 차별화되는 지방정부의 본질을 설명하고자 하였다. 네 가지 차원의 설명 을 살펴보면 다음과 같다(Stoker, 1991: 245-50).

첫째, 이중국가의 조직적 차원에 대한 설명이다. 조직적인 측면에서 이중국가는 중앙정부와 지방정부로 구분되고, 중앙정부는 지방정부를 통제하려 하며, 지방정부 는 중앙정부로부터 자율성을 확보하려고 한다는 것이다. 또한, 중앙정부는 계급적 구조가 어느 정도 구조화되어 있는 반면에 지방정부는 권력의 핵심에 도달하고자 하는 다양한 정치집단들이 서로 경쟁하는 환경적 특성이 있다고 본다.

둘째, 이중국가의 기능적 차원에 대한 설명이다. 중앙정부는 사회적 투자 기능 을, 지방정부는 사회적 소비 기능을 담당한다고 본다. 여기서 사회적 투자(social investment)란 사회간접자본이나 사회적 하부구조의 공급을 통하여 직접적인 자본 축적과 생산을 지원하는 지출을 의미한다. 즉, 도로, 항만, 철도 등의 물적 자본과 과학기술, 연구개발 지원 등의 인적자본을 위한 지출로 세분될 수 있다(O'Connor, 1973: 5). 사회적 소비(social consumption)란 노동자들에 의하여 집단으로 소비되는 것으로 대중교통, 초·중등교육 시설, 여가시설, 육아시설, 병원과 의료시설, 실업보 험 등을 의미한다. 사회적 투자가 생산 지향적인 데 비하여 사회적 소비는 노동력 의 재생산을 위한 소비 지향적인 성격을 가진다.[3]

셋째, 이익 중재 방식에 대한 설명이다. 사회적 투자는 조합주의적[4] 방식, 사회적 소비는 다원주의적 방식에 의하여 정책이 결정된다고 본다. 중앙정부 수준에서 이루어지는 사회적 투자는 국가이익을 보호하고 계급갈등을 극복하기 위하여 관료 집단, 자본가 집단, 전문가 집단 등이 상호 협조하에 이루어지는 것이 필요하므로 조합주의적 방식을 채택하는 것이 바람직하다고 본다. 반면에 지방 수준에서의 사회적 소비는 다양한 주체들의 개방적이고 경쟁적인 참여에 의한 다원주의 방식을 따르는 것이 적절하다고 본다(King, 1986: 125).

넷째, 이념적 차원에 대한 설명이다. 중앙정부는 주로 경제적 능률성이나 시장 경제와 사유재산권 보호에 집중하는 반면, 지방정부는 지역주민들의 요구에 대응한 적절한 서비스 공급에 집중하는 차별성을 가진다고 본다.

┃표 2-1 손더스의 이중국가론 모델

차원	수준		긴장관계
조직	중앙(광역)정부	지방정부	중앙통제 ↔ 지방자율
경제적 기능	사회적 투자	사회적 소비	경제 정책 ↔ 사회 정책
이익 중재 방식	조합주의	경쟁(다원주의)	합리성 ↔ 민주적 책임성
이념적 원칙	사적 소유권	시민의 권리	이익 ↔ 주민요구

자료: Saunders(1981: 32, Table 1)

3. 평가

이중국가론은 중앙정부와 지방정부의 차이점을 다양한 차원에서 분석하여 중앙 정부와 차별화되는 지방정부의 정치 · 경제적 맥락에 대한 체계적인 설명을 제공하 였다(이종수, 1993: 854). 또한, 이중국가론은 다원주의와 마르크스주의 같은 하나의 관점으로 국가와 지방을 보는 한계를 극복하기 위한 시도라는 데 의의가 있다.

그러나 이중국가론은 다음과 같은 측면에서 비판을 받는다. 첫째, 중앙정부는 사

---

3) 결국, 이중국가론에서는 국가와 지방의 정책과정 자체가 다름을 강조하는데, 국가 수준의 정책과정의 특징은 생산을 위한 요구를 조정하는 것이며, 지방 수준에서는 소비를 위한 요구를 조정하는 것으로 봄. 다만, 이러한 이분법적인 구분을 현실에 적용하는 것은 한계가 있을 수 있음(김시윤, 1991: 20).

4) 조합주의(corporatism)란 중요한 공공정책을 기업가 단체의 대표, 노동자 단체의 대표, 정부의 대표가 공동으로 결정하는 정책 결정 양식을 의미함. 국가와 이익집단 간에는 이익의 상호교환이 형성됨. 국가는 이익집단에 지지와 협조를 요구하거나 일정한 부담을 지우고, 이익집단은 국가로부터 해당 분야에 대한 독점권을 부여받는 형식으로 이루어짐(남재걸, 2019: 141).

회적 투자 기능을, 지방정부는 사회적 소비 기능을 전담한다는 주장에 대한 비판이다. 특정 정책이 사회적 투자 기능인지 소비 기능인지에 대한 구분은 명확하지 않으며, 시대적 환경이나 일국의 정치·경제적 환경에 따라 사회적 투자와 소비 기능이 달리 해석될 수 있기 때문이다(Dunleavy, 1984: 71). 예를 들면, 교통 정책이나 교육 정책이 사회적 투자 기능인지 사회적 소비 기능인지 구분하기 어려운 경우가 많다.

둘째, 정책 결정 방식에서 지방정부가 다원적이거나 경쟁적이지 않다는 실증연구가 많다는 점이다. 지방정부의 정책 결정이 오히려 조합주의적인 요소가 많다는 실증적 연구들이 있으며, 이원국가론이 지방정부의 민주성을 과장하고 있다는 비판도 제기된다(이종수, 1993: 854).

셋째, 지방정부의 기능과 정치적 환경에 대한 분석을 중심으로 이루어져 지방정부 내부 관료들의 특성을 반영하지 못했다는 비판이다(Dunleavy, 1984: 73). 기존 연구들이 국가 관료의 역할에 대해 비교적 치밀한 분석에 기초하고 있다면, 이중국가론은 지방정부 내부에 대한 분석이 부족한 추상적인 이념형이라는 비판을 받는다.

제2절 정부 간 관계의 이론 모형

I 의의

정부 간 관계(IGR: Inter-Governmental Relations)는 하나의 국가 내에서 중앙정부와 일정한 자치권을 보유한 여러 계층의 지방정부들 간에 형성되어 있는 관계를 의미한다(김병준, 2010: 564). 앞에서 살펴본 지방정부의 성격 논의가 국가 내에서 지방정부의 존재 이유나 특성과 관련된 논의라면, 정부 간 관계는 제도의 현실적인 설계에서 중앙정부와 지방정부 상호 간의 권력 관계 설정을 의미한다.

각국의 정부 간 관계는 그 나라의 역사, 문화, 권력 관계 등에 따라 다양하게 나타나며, 이를 일정한 분류 기준에 의하여 모형화한 것이 정부 간 관계의 이론 모형이다. 따라서 여기서 소개된 이론 모형은 정부 간 관계를 바라보는 사고의 틀을 제공하는 데 의의가 있다고 볼 수 있으며, 현실에서 정부 간 관계는 그 수만큼이나 다양할 것이다.

Ⅱ 단방제 국가에서의 정부 간 관계론

단방제 국가에서 중앙정부와 지방정부 간의 관계는 '상호 간의 권력 관계'를 기준으로 크게 대리인 모형(agent model), 지배인 모형(stewardship model), 동반자 모형(partnership model), 권력－의존 모형(power－dependency model)으로 나눌 수 있다(Elcock, 1994; Rhodes, 1981).

1. 대리인 모형(Agent Model)

지방정부가 중앙정부의 대리인이라고 보는 견해이다. 따라서 중앙정부의 명령과 지시를 수행하는 것이 지방정부의 역할이라고 본다. 지방정부는 중앙정부의 부서에 지나지 않으며 국가정책을 집행하는 수단에 불과하며 지방정부의 자율권은 인정되지 않는다.

2. 지배인 모형(Stewardship Model)

지방정부는 중앙정부가 정해 준 기본원칙의 범위 내에서 상대적 자율성을 가진다고 보는 견해이다. 지방정부는 상당한 수준의 자율성을 가지지만 이러한 자율성은 중앙정부가 허용한 한도 내에서 존재한다는 것이다. 또한, 중앙정부는 지방정부에게 준 권한을 언제든 회수할 수 있는 권한을 가진다. 중세 귀족사회에서 귀족인 토지주와 그 토지를 소작하는 지배인과의 관계에 가깝다고 보아 지배인형으로 이름 붙였다. 즉, 지주는 지배인에게 기본적인 원칙을 정해 주고, 지배인은 그 원칙 내에서 자율권을 가지고 행동한다. 이들의 관계에서 토지주는 언제든 지배인의 권한을 뺏을 수 있는 권한을 가진다.

3. 동반자 모형(Partnership Model)

중앙정부와 지방정부를 동반자적이고 대등한 관계로 보는 것이다. 지방정부는 자율적으로 사무를 처리할 수 있는 고유한 자치사무를 가지며, 중앙사무의 경우는 중앙정부와 기능적 협력 관계를 통하여 처리하게 된다. 이 모형은 기본적으로 중앙과 지방을 대등하다고 전제하므로, 양자는 때로는 갈등 관계와 때로는 상호협력적인 관계를 맺게 된다. 한편, 대등한 관계를 강조하므로 중앙정부의 통제에 대해서는 그 수용 여부를 지방정부가 결정할 수 있다고 본다.

4. 권력-의존 모형(Power-dependency Model)

권력-의존 모형은 기존의 대리인 모형과 동반자 모형이 비현실적임을 비판하고 현실 설명력을 높이기 위하여 로즈(Rhodes, 1981)에 의하여 제시된 모형이다. 로즈는 대리인 모형은 지나치게 중앙정부 중심적인 관계를 설정하고, 동반자 모형은 대등한 관계를 강조하여 모두 현실을 설명하기에 부족하다고 보았다.

로즈는 중앙정부와 지방정부는 각각 동원 가능한 자원이 서로 다르므로 서로에게 필요한 자원을 교환하는 과정을 통하여 상호의존적임을 강조하지만, 기본적으로 중앙정부의 우월한 입장은 인정한다. 즉, 중앙정부는 법적 자원이나 재정적 자원에서 우월한 위치에 있지만, 지방정부는 현장의 정보와 서비스 공급 조직이라는 자원을 지니고 있다. 따라서 지방정부는 중앙정부에 예속되지 않고, 그렇다고 대등하지도 않으며, 상호의존성을 지닌다는 것이다. 이 모형은 상호의존 모형(reciprocal relationship model) 또는 로즈(Rhodes) 모델이라고 부르기도 한다.

Ⅲ 연방국가에서의 정부 간 관계론

라이트(Wright, 1988)는 연방국가인 미국에서 정부 상호 간의 권력관계와 기능적 상호의존관계를 기준으로 연방정부, 주정부, 지방정부의 관계를 조정권위형, 중첩권위형, 내포권위형으로 구분하였다.

1. 조정권위 모형(Coordinate-authority Model)

조정권위 모형에서 연방정부와 주정부는 대등한 권한을 가지고 지방정부는 주정부에 귀속되어 행정기관의 역할을 하고 있다. 여기서 주정부는 독자적인 자치권을 가지고 있으며, 연방정부에 의하여 주정부의 권한이 축소될 수 없다. 연방정부와 주정부는 협력이나 상호의존관계가 형성되지 않으며, 상호 독립적이다. 그러나 지방정부는 주정부에 귀속되어 하나의 행정기관으로서 존재하게 된다.

제1편 지방자치의 본질과 이론

2. 중첩권위 모형(Inclusive-authority Model)

연방정부, 주정부, 지방정부는 모두 독립된 존재로서 일정한 권한을 가지는 모형이다. 따라서 이들 상호 간에는 협력과 경쟁 관계가 형성된다. 라이트(Wright)는 본 모형이 미국의 정부 간 관계를 가장 잘 설명[5]하고 있으며, 이상적인 관계로 설명하고 있다.

3. 내포권위 모형(Overlapping-authority Model)

연방정부, 주정부, 지방정부가 수직적 포함관계를 형성하는 모형이다. 여기서 정부 간 관계는 종속적이며, 하위정부는 행정적 관리체계로서의 성격을 가진다.

▼ 그림 2-1 라이트(Wright)의 정부 간 관계 모형

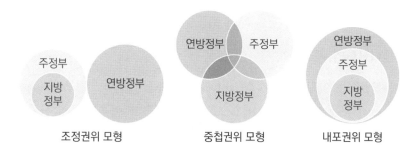

조정권위 모형　　중첩권위 모형　　내포권위 모형

자료: Wright, 1988: 40.

제3절　보충성의 원칙

I　개념 및 유래

1. 개념

보충성의 원칙(principle of subsidiarity)이란 "상위의 사회적 단위는 개인이나 하

---

5) 그러나 일반적으로 미국의 정부 간 관계를 바라보는 견해는 다양하며, 어느 특정 모형이 현재의 정부 간 관계를 모두 설명하기는 어렵다고 볼 수 있음.

위의 사회적 단위가 그 기능을 수행하지 못할 경우만 개입해야 한다는 원칙"이다. 보충성의 원칙은 개인을 우선시하고 존중한다. 개인은 사회의 가장 기본적인 구성체이며 사회가 그 가치를 인정받는 출발점이다. 이러한 개인에서 출발하여 개인과 개인이 모인 가족, 지역사회, 지방정부, 국가 등으로 이어지는 공동체 단위 상호 간의 관계를 규율하는 것이 보충성의 원칙이다.

최근 지방자치의 지도원리로 보충성의 원칙이 논의되고 있다. 보충성의 원칙을 지방자치에 접목하면, 지방정부의 기능이 지역에 존재하는 다양한 사회구성체의 기능에 비하여 보충적인 것처럼, 중앙정부 기능은 지방정부 기능 대비 보충적이어야 한다는 것이다. 따라서 중앙정부 기능은 지방정부 기능을 보완해 주는 데 그쳐야지 지방정부 기능을 무시하거나 흡수하는 것은 허용되지 않는다는 것이다(허영, 1985: 132).

2. 유래

1) 가톨릭교회의 사회회칙

보충성의 원칙은 아리스토텔레스(Aristotles), 토마스 아퀴나스(Thomas Aquinas), 존 로크(John Locke) 등에 의해 철학적 개념으로 다루어졌으며, 이후 가톨릭 신학의 사회이론에서 그 체계성을 갖추게 되었다.[6] 보충성 원칙의 개념을 처음으로 체계적으로 제시한 것은 1931년 로마교황 피우스 11세(Pius XI)가 반포한 사회회칙 '사십 주년(Quadragesimo Anno; the 40th Year)'에서 찾아볼 수 있다.[7] '사십 주년'에는 기본적으로 개인을 모든 질서의 중심으로 보고, 국가 중심주의에 의한 개인과 사회의 권위가 훼손되는 것을 방지하고자 하는 내용을 담고 있다. '사십 주년'의 제79절에서는 "… 개인이 자력으로 완수할 수 있는 일을 개인에게서 빼앗아 사회에 제공하는 것이 큰 잘못인 것과 같이, 사회의 더욱 작은 단위의 조직이 할 수 있는 일을 보다 큰 단위의 조직이 빼앗는 것은 부당하고 악이며 사회에 혼란을 야기 …"라고 보충성의 원칙을 다루고 있다.

---

6) 오늘날에 논의되는 보충성의 원칙 유래를 가톨릭 사회이론에서 찾는 것이 학자들의 일반적인 견해로 보임(홍성방, 2007; 홍석한, 2019; 한귀현, 2012). 그러나 이 원칙이 가톨릭 사회이론에서 유래되었다 하더라도 종교적인 원리라는 의미로 해석되어서는 안됨. 왜냐하면, 가톨릭교회에서도 이 원칙을 종교적인 교리에 의존하기보다는 일반적이고 추상적인 이성적 관점에서 접근하였기 때문임(홍성방, 2007: 604).

7) 사십 주년은 로마교황 레오 13세의 사회문제에 대한 회칙인 '새로운 사태' 반포 40주년을 기념한 것임(홍성방, 2007: 605).

2) '유럽 지방자치 헌장'과 '세계 지방자치 헌장'

보충성의 원칙이 지방자치의 지도원리로 도입된 것은 유럽평의회에서 1985년 10월에 채택되어 1988년 9월에 시행된 '유럽 지방자치 헌장(European Charter of Local Self-Government)'이다. 이 헌장에는 "원칙적으로 공적 책임은 주민에게 가장 가까운 단체가 우선하여진다. 다른 단체에 책임을 맡길 때는 해당 업무의 정도나 본질 그리고 효율성이나 경제성 등을 고려해야 한다(article 4-3)"라는 규정을 두어 보충성의 원칙을 간접적으로 표현하고 있다. 이 자치헌장에서는 보충성의 원칙 (principle of subsidiarity)이라는 용어를 직접 사용하지는 않고 있다.

그러나 1997년 만들어진 '세계 지방자치 헌장 초안(The Draft World Charter of Local Self-Government)'에서는 직접 보충성의 원칙을 언급하고 있다. 이 헌장은 '유럽 지방자치 헌장'을 기초로 작성되었음에도 보충성의 원칙이라는 용어를 직접 사용한 것은 시간이 지남에 따라 보충성의 원칙이 강조되어 가고 있음을 보여준다.

II 내용 및 기능

1. 내용

보충성의 원칙이 지니는 구체적인 내용은 다음과 같다.

첫째, 어떤 자율적인 행위나 의사결정은 개인이나 소규모 공동체가 상위 단위의 공동체보다 우선되어야 한다는 것이다. 개인이나 소규모 공동체가 스스로 할 수 있는 일에 더 큰 단위의 공동체가 개입하는 것은 부적절하다는 것이다. 개인이나 소규모 공동체의 자율성이 우선 고려되어야 한다는 것이다.[8]

둘째, 개인이나 소규모 공동체가 스스로 해결할 수 없는 문제의 경우에만 상위 단위 공동체가 개입하여 문제해결을 지원할 수 있음과 동시에 지원할 의무도 부담 한다는 것이다.[9] 즉, 부적절한 상위 단위 공동체의 간섭으로부터 개인은 보호되어

---

8) 개인이나 소규모 공동체가 해결할 수 있는 과제의 경우에는 국가나 상위 단위의 공동체는 특별한 책임을 지지 않는다는 것을 뜻하기도 함. 따라서 보충성의 원칙은 국가나 상위 단위 공동체에 권한뿐 아니라 책임도 집중되지 않도록 하여야 한다는 의미를 내포하고 있음(홍석한, 2019: 12).

9) 여기서 개인이나 낮은 단위의 사회조직에 스스로 해결할 수 없는 부담 또는 과중한 부담의 기준이 무엇이냐는 것이 문제가 될 수 있음. 가장 약한 개인을 기준으로 할 것인지, 아니면 개인들의

야 하지만, 개인의 능력을 넘어서는 문제나 부담은 사회가 지원하거나 지원해야 할 의무가 있다는 것이다.

셋째, 상위 단위 공동체가 개인이나 소규모 공동체를 지원하는 경우, 그 개입의 정도는 부족한 부분을 보충하거나 보조하는 한도에 그쳐야 한다는 것이다(한귀현, 2012: 249).

2. 기능

지방자치와 관련하여 보충성의 원칙은 국가와 지방정부가 각각 어떠한 기능과 역할을 담당해야 하는지를 규정하는 기능 배분의 원칙이다. 따라서 보충성의 원칙은 지방의 자율성을 보장하기 위하여 중앙정부에 의한 개입이나 규제에 대한 한계를 설정함과 동시에 일정한 경우에 국가의 개입 의무나 개입 요구에 대한 정당성을 부여하는 원칙이 된다(홍석한, 2019: 13).

보충성의 원칙이 지니는 지방자치와 관련된 기능을 좀 더 구체적으로 살펴보면, 소극적 기능과 적극적 기능으로 세분될 수 있다. 소극적 기능이란 국가는 지방정부가 감당할 수 있는 사무는 자율에 맡겨져야 하며, 지방정부가 자율적으로 사무를 수행할 수 없는 경우에만 국가의 개입이 정당화된다는 것이다. 적극적 기능이란 지방정부 스스로 해결할 수 없는 문제는 지방정부가 국가의 개입을 요구할 수 있으며 국가도 이를 해결할 의무를 진다는 것이다.

이렇게 국가가 개입하는 경우 필요한 최소한의 개입에 그쳐야 한다. 또한, 국가 차원에서 통일적인 정책수행이 필요하더라도 보충성의 원칙을 지키는 범위 내에서 가능하다는 것이다.

한편, 보충성의 원칙은 국가와 지방정부와의 관계뿐 아니라 지방정부와 지역사회 공동체나 개인과의 관계에서도 적용된다. 특히, 최근 다양한 지역공동체가 활발히 활동하고 있으며 이들과 지방정부와의 관계설정에도 이러한 보충성의 원칙이 고려되어야 할 것이다.

평균을 기준으로 할 것인지, 가장 강한 개인을 기준으로 할 것인지 등이 고려될 수 있으며, 이러한 측면에서 보충성의 원칙은 때에 따라 정반대의 의미로 왜곡될 수 있음에 주의할 필요가 있음 (홍성방, 2007: 606; 한귀현, 2012: 249).

Ⅲ 우리나라 지방자치에 있어서 보충성의 원칙 적용

1. 헌법상 원리의 논의

우리 헌법 제8장 제117조와 제118조에서 언급된 지방자치에 관한 규정에서 보충성의 원칙을 도출할 수 있는가에 대한 문제가 제기된다. 본 헌법 조항은 지방자치의 본질적 내용은 언급하고 있지만 이로부터 직접 보충성의 원칙을 도출할 수는 없다는 것이 헌법학자들의 견해로 보인다(한귀현, 2012: 253; 홍성방, 2007: 603; 홍석한, 2019: 18). 따라서 보충성의 원칙은 지방자치의 본질이나 가치에 따라 요청되는 기본원리라고 보아야 할 것이다(한귀현, 012: 253; 김석태, 2005: 105).[10]

2. 지방자치법과 보충성의 원칙

지방자치법에서는 중앙과 지방, 광역과 기초 간의 사무 배분의 원칙으로 보충성의 원칙을 규정하고 있다. 즉, 지방자치법 제11조 제2항에서 "국가는 … 사무를 배분하는 경우 지역주민 생활과 밀접한 관련이 있는 사무는 원칙적으로 시·군 및 자치구의 사무로, 시·군 및 자치구가 처리하기 어려운 사무는 시·도의 사무로, 시·도가 처리하기 어려운 사무는 국가의 사무로 각각 배분하여야 한다"라고 하여 보충성의 원칙을 규정하고 있다.

또한, 지방자치법 제14조 제3항에서는 "시·도와 시·군 및 자치구는 사무를 처리할 때 서로 겹치지 아니하도록 하여야 하며, 사무가 서로 겹치면 시·군 및 자치구에서 먼저 처리한다"라고 하여 보충성의 원칙을 더욱 명확히 하고 있다.

한편, 학자들은 보충성의 원칙을 지방자치법에 적용하여 적극적인 지방자치를 실현할 필요가 있다는 주장을 전개하고 있다. 이들은 구체적으로 국가가 지방에 영향을 미치는 정책에 대해 지방의 참여를 보장하고, 지방자치단체 간에도 능력에 따라 권한과 기능을 배분하는 차등적 분권제도를 도입하고(김석태, 2005: 107), 주민참

---

10) 한편, 헌법재판소는 출범 초기인 1989년 판례(헌법재판소 1989. 12. 22. 88헌가13결정)에서 '보충의 원리'를 언급한 것 외에는 직접 언급한 판례는 없으며, 간접적으로 보충성의 원칙을 수용한 것으로 해석되는 판례(헌법재판소 2009. 6. 25. 2007헌바39; 헌법재판소 2009. 6. 25. 2007헌바99 등)는 다수 발견됨. 결국, 헌법재판소는 보충성의 원리를 헌법상의 원리로 인정하고 있지만, 이를 확고하게 수용하거나 이에 대한 높은 규범력을 부여하는 것은 아니라고 할 수 있음(홍성한, 2019: 18; 홍성방, 2007: 603).

여제도를 더욱 활성화하고(채원호, 2019; 정극원, 2006), 사무구분 체계와 지방자치단체에 대한 국가의 관여도 재검토(한귀현, 2012)해야 한다고 주장한다.

제4절 티부 모형(Tiebout Model)

I 의의

공공재는 비경합성과 비배제성이라는 특성상 일단 공급되면 시민들을 소비로부터 배제하는 것은 어렵다. 또한, 시민들은 공공재에 대한 자신의 선호를 나타내지 않고 무임승차하려는 경향을 보인다. 따라서 응익원칙[11]에 의한 시장가격을 적용할 수 없어 효율적인 공급을 어렵게 한다.

그러나 우리가 일반적으로 받아들이고 있는 이와 같은 공공재 공급의 비효율성에 대해 티부(Charles M. Tiebout, 1956)는 새로운 가설을 제시하고 이를 증명한다. 즉, 티부는 지방정부에 의하여 지역공공재의 공급이 이루어질 때 응익원칙에 의한 가격설정이 가능하다는 것을 증명하였다. 티부에 따르면 시장에서 소비자의 구매 행위와 유사하게 시민들은 자신이 거주할 지역을 선택할 때에 그 지역의 지방세와 공공 서비스의 정도를 고려하여 자신의 선호를 가장 잘 충족시켜 주는 지방정부를 선택하게 된다는 것이다. 시민들이 '지방정부 쇼핑'이라는 자신의 선호를 나타냄으로써 최적 수준의 지방 공공재를 공급할 수 있게 된다는 것이다.[12]

티부의 이러한 연구결과는 국가 공공재와 달리 지방 공공재의 경우에는 효율적 공급이 가능하다는 새로운 시각을 제시할 뿐 아니라, 지방분권에 대한 논리적 기초 제공에 크게 이바지하였다.

---

11) 공공 서비스의 이익을 받는 자가 그 이익의 양에 따라 비용을 부담하는 원칙을 의미함.
12) 우리나라에서 티부 모형과 유사한 형태는 교육 서비스를 선호하여 일부 인기 학군 지역으로 이주하는 현상, 세금이 적게 나오는 지역을 선택하여 자동차를 등록하는 경우 등을 들 수 있음. 다만, 이러한 현상이 나타나기 위해서는 지방정부가 재정정책의 자율을 가지고 있어야 할 것임.

Ⅱ 주요 내용

1. 발에 의한 투표

티부는 각 지방정부가 독자적으로 지역 공공재 공급에 관한 결정을 내리는 분권화된 체제가 공공재의 효율적인 배분을 가져온다는 것을 입증하였다. 즉, 여러 개의 지방정부가 존재하고 사람들이 자유롭게 이주할 수 있다면, 지역 공공재의 배분이 효율적으로 이루어지게 된다는 것을 입증하는 모형을 제시하였다.

티부에 의하면 사람들이 제약 없이 자유롭게 다른 지역으로 이주할 수 있다면 각 개인은 자신이 선호하는 재정정책이 시행되는 지역에서 거주하는 것을 선택하게 될 것이라고 하며 이를 '발에 의한 투표(voting with the feet)'라고 표현하였다(Tiebout, 1956). 모든 사람이 자유롭게 자신이 선호하는 지역으로 발에 의한 투표가 가능하다면 지역공공재의 공급과 조세부담 등에 대해 비슷한 선호를 나타내는 사람들끼리 같은 지역에 모여 살게 될 것이다. 왜냐하면, 사람들의 지방정부 재정 프로그램에 대한 선호는 각자의 소득 수준과 체계적인 관계가 있기 때문이다.

티부 모형에 의하면 더 이상 주민들의 이동이 발생하지 않는 경우를 최적의 자원 배분이 이루어진 균형 상태로 본다. 따라서 이러한 균형 상태에서는 지역 공공재 공급의 파레토 효율성이 달성된 것이라고 할 수 있다. 결국, 자유로운 이동성이 보장되어 발에 의한 투표가 가능하다면 최적의 자원 배분이 이루어질 수 있다고 본다.

티부 모형이 현실에서 실현된다면 지방정부의 자율적인 재정운영이 사회 후생을 극대화한다는 데에 의문을 제기할 수 없을 것이다. 그러나 본 모형은 아래에서 설명하는 몇 가지 엄격한 가정을 전제로 이루어질 수 있다.

2. 티부 모형의 가정

티부 모형은 다음과 같은 가정을 전제하여 성립된다.

1) 다수의 지역사회(지방정부)가 존재

지역 공공 서비스의 소비자이자 유권자인 시민들이 선택할 수 있는 지방정부의 수가 많아야 한다.

2) 완전한 정보

각 지역이 제각기 다른 재정 프로그램을 제시하여 경쟁하는 체제가 이루어지기 위해서는 모든 사람이 지역마다 재정 프로그램이 어떻게 다른지에 대해 정확하게 알고 있다는 것이 전제되어야 한다.

3) 완전한 이동성

각 개인은 자신이 선호하는 재정정책이 시행되는 지역으로 자유로운 이동이 가능해야 하며, 이동에 있어서 어떠한 비용도 소요되지 않아야 한다. 따라서 이사 비용도 고려되지 않는다.

4) 규모의 경제가 존재하지 않음

공공재를 생산하는 데 소요되는 단위당 비용이 불변으로 유지된다는 뜻이다. 만약 규모의 경제가 있다면 규모가 큰 일부 지방정부만이 존재하는 상황이 나타나 경쟁체제의 성립이 어려워질 것이다.

5) 외부성이 존재하지 않음

각 지역이 수행한 사업에서 나오는 혜택을 그 지역주민들만 누릴 수 있다는 가정이 필요해진다. 왜냐하면, 인근 지방정부에 거주하는 주민이 정(+)의 외부효과를 누리게 되면 거주지를 바꾸지 않기 때문이다.

6) 고용기회는 거주지 결정에 영향을 미치지 않음

사람들이 거주지를 결정할 때 자신의 직장 위치는 고려대상에서 제외되며, 순전히 지방정부의 재정정책에 따라 이동이 이루어진다는 것이다. 결국, 시민들은 일터인 직장에 다니면서 생계를 유지하는 것이 아니라, 주식이나 채권의 배당수입에 의존하여 생계를 유지하는 것으로 전제된다.

Ⅲ 티부 모형의 한계와 정책적 함의

티부 모형의 한계와 정책적 함의는 다음과 같다.

1. 한계

1) 비현실적 가정

티부 모형의 기본가정은 완전경쟁 시장의 성립조건과 매우 유사하다. 완전경쟁 시장이 성립하는 데 필요한 조건이 충족되기가 어려운 것처럼, 티부 모형의 기본가정의 충족도 매우 어렵다. 또한, 고용기회가 거주지역의 결정에 영향을 미치지 않는다는 가정도 비현실적이다. 이는 모든 시민이 배당수입이나 연금 수급자인 경우만이 가능하기 때문이다.

2) 공평성의 문제

티부 모형의 기본가정이 충족되면 효율성의 측면에서는 만족할 만한 결과를 얻을지 모르지만, 공평성의 측면에서는 바람직하지 못한 결과를 얻을 수 있다. 티부적인 세계에서는 부유한 사람들과 가난한 사람들이 따로 떨어져 끼리끼리 모여 살고 불평등한 공공 서비스에 대한 수혜가 있을 수 있기 때문이다. 만일 소득과 공공 서비스에 대한 수요가 정(+)의 관계를 보이는 경우, 부유한 사람들의 지역은 공공 서비스의 질이 좋지만, 가난한 사람들의 지역은 공공 서비스의 질이 열악할 수 있다(하연섭, 2015: 401).

2. 정책적 함의

1) 재정 분권화를 위한 정책

티부 모형은 재정분권을 통하여 각 지역주민의 선호에 대한 대응성을 높일 수 있으며, 지방정부 간 경쟁을 촉진하여 지방 공공재의 효율적인 배분이 가능함을 증명한 것이다. 따라서 본 모형은 지방세 및 지방재정조정제도 등 지방정부의 재정에 영향을 미치는 각종 제도가 지방의 자율성을 증진하고 지역 간 경쟁을 촉진시킬 수 있도록 설계될 필요가 있음을 시사한다.

2) 주민 이동성의 촉진

티부 모형이 가정한 거주 이동성의 촉진은 주민들이 원하는 지방정부를 쉽게 선택하게 하며 지방정부 간 경쟁을 촉진하는 요인이 된다. 따라서 수도권 광역교통망과 같은 교통망의 확충은 지방정부 간 경쟁을 촉진하는 요인이 될 수 있을 것이다.

3) 재정정보의 공개

주민들이 어떤 지역으로 이동할 것인지를 결정하기 위해서는 각 지방정부가 제공하는 조세정책이나 공공 서비스에 대한 정보가 공개되어야 한다. 따라서 지방정부 재정정보의 공개는 재정정책의 투명성이라는 목적도 있지만, 지방정부 선택을 위한 자료가 될 수도 있다는 함의를 제공한다.

4) 시·군·구 통합의 문제점 제기

지방정부 통합의 논리로 가장 많이 제시되는 것은 규모의 경제를 통한 행정 효율성의 증진이다. 그러나 티부 모형에 따르면 지방정부의 통합은 주민들의 지방정부 선택의 범위를 좁히고, 지역 공공재의 경쟁적 공급을 어렵게 할 수 있다는 문제점이 제기된다.

오츠(Oates)의 분권화 정리

공공재 공급에서 지방정부의 역할을 강조한 것으로 티부 모형 외에 오츠(Wallace E. Oates)의 분권화 정리(Decentralization Theorem)도 많이 인용된다. 오츠는 중앙정부의 일률적 지역 공공재 공급이 비용 절약(규모의 경제)이나 외부효과가 없다면, 지방정부가 공공재를 공급하는 것이 최소한 같거나 더 효율적이라는 것을 증명하였다. 즉, 중앙정부는 공공재를 획일적으로 공급하지만, 지방정부는 주민의 선호를 반영하여 공급하므로 더 파레토 효율적이라는 것을 증명한 것이다. 다만 공공재의 공급비용은 중앙정부와 지방정부가 같고 외부효과가 없다는 가정이 전제된 것이다(Oates, 1972, 1993; 전상경, 2009).

제5절   **로컬 거버넌스(Local Governance)**

I   거버넌스, 뉴거버넌스 그리고 로컬 거버넌스

1. 거버넌스(Governance)

1970년대부터 서구에서는 공공부문의 전통적 관리방식이 새로운 과제 수행에 적합하지 않다고 인식되기 시작했다. 정부 기능은 기존의 질서유지 중심에서 보건, 실업·연금보험 등 사회복지 분야로 크게 확대되었다. 그러나 정부는 여전히 표준화된 절차, 계층제적 관료제의 경직성, 폐쇄적 조직구조 등으로 인하여 고객의 요구에 대한 민감성과 서비스 제공의 효율성에 문제를 노출하게 되었다.

이러한 배경 아래에 1980년대에 들어오면서 정부(government)와 구별되는 국정관리방식으로 거버넌스(governance)라는 용어가 널리 사용되게 되었다. '정부 없는 거버넌스(governance without government)' 또는 '정부에서 거버넌스(from government to governance)로'라는 구호는 행정이 새로운 방식으로 변해 가는 모습을 표현한 것이라 할 수 있다.

거버넌스는 논자에 따라 다양하게 정의되지만 "공공문제 해결에 전통적 정부 관료제뿐 아니라 시장과 네트워크의 활용을 강조하는 행정관리방식"으로 요약된다(정정길 외, 2014: 256). 따라서 거버넌스 논의의 핵심은 기존의 정부 관료제에 의존하던 방식에서 탈피하여 시장과 네트워크를 활용하여 어떻게 효율적이고 민주적인 정책관리를 하느냐의 문제이다.

2. 뉴거버넌스(New-Governance)

한편 1990년대에 들어오면서 공공문제가 더욱 복잡 다양화되면서 이를 해결하고 적절한 공공 서비스를 공급하기 위해서는 시장과 시민사회의 참여와 이들 사이의 상호작용이 중요하게 인식되었다. 이러한 요구에 따라 거버넌스의 유형으로 뉴거버넌스가 활발히 논의되기 시작하였다. 뉴거버넌스는 기존의 거버넌스에 비하여 정부 이외의 기관이나 시민사회의 역할이 강조되고 이들 상호 간에 이루어지는 협력적 네트워크의 중요성이 더욱 부각되는 것을 의미한다.

따라서 뉴거버넌스는 정부 관료제가 여전히 네트워크의 주도권을 가진 전통적 거버넌스와 구별된다고 볼 수 있다. 또한, 뉴거버넌스는 계층제 중심의 수직적 모형보다는 네트워크 중심의 수평적 모형을 강조하며, 시장 및 시민사회와의 신뢰와 협동에 의한 참여와 조정, 연결과 네트워크를 강조한다.

학자들에 따라서는 거버넌스와 뉴거버넌스를 구분하지 않는 경우도 있다. 구분하지 않는 학자들은 통상 거버넌스에 뉴거버넌스가 포함된다고 본다. 한편, 로컬 거버넌스는 뉴거버넌스의 시각에서 접근하지만 뉴 로컬 거버넌스로 부르지는 않고 있다. 이하 이 책에서 거버넌스라는 용어는 뉴거버넌스를 포함하는 것으로 본다.

3. 로컬 거버넌스(Local Governance)

이렇게 전개된 뉴거버넌스에 지역(local)이라는 공간 개념을 도입한 것이 로컬 거버넌스이다. 여러 학자의 정의를 종합하면, 로컬 거버넌스란 "지역사회의 공공문제에 관심을 가진 정부, 기업, 시민단체 등 다양한 구성원들이 수평적 관계에서 상호작용을 통하여 지역의 의사결정 과정에 참여하고 문제를 해결하는 사회적 조정장치"로 정의될 수 있다(남재걸, 2016: 203).

Ⅱ 로컬 거버넌스의 내용

1. 거버넌스의 일반적 내용

학자들은 대체로 '계층제를 중심으로 한 정부 관료제', '시장', '네트워크'라는 세 가지를 제시하고 이들을 중심으로 거버넌스의 특징을 설명한다(Rhodes, 1996; Pierre & Peters, 2000; 정정길 외, 2014; 남궁근, 2014). '계층제를 중심으로 한 정부 관료제'는 대의민주주의 국가에서 공공 서비스의 기본적인 공급방식이었으나 명령과 통제에 의존하면서 오늘날 새로운 행정환경에 적절히 대응하지 못하고 있다는 것이다.

'시장'은 가격과 교환을 매개로 경쟁을 통한 문제해결을 선호하므로 정부가 최소화되어야 함을 강조하지만 빈번한 시장실패로 인하여 공공문제의 해결에는 한계를 나타내었다는 것이다.

그러나 '네트워크'는 다양한 행위자들의 참여와 이들 상호 간의 의존성과 신뢰를 바탕으로 조정과 문제해결을 이루는 현대 행정에 적절한 관리방식이라는 것이다.

이러한 학자들의 논의를 종합하면 다음과 같은 다섯 가지 거버넌스의 일반적 특징을 도출할 수 있다(정정길 외, 2014: 262).

1) 행정의 파트너로서 다양한 행위자의 참여

거버넌스를 통한 공공문제 해결이나 공공 서비스의 공급을 위해서는 지방정부 뿐 아니라 준정부기관, 시민단체 등 다양한 관련 행위자들이 참여하는 것이 전제되어야 한다. 공공문제는 관련 행위자들 상호 간에 이해관계가 내포된 문제이므로 이들의 참여와 협력 없이는 실질적인 문제해결이 어렵기 때문이다. 따라서 거버넌스에서는 시민이나 각종 사회단체를 수동적인 통치의 대상으로 보지 않고 통치의 주체이자, 행정의 파트너이며, 서비스의 공동생산자로 간주한다.

2) 지방정부로부터의 일정한 자율성

거버넌스에 참여하는 행위자들 상호 간의 네트워크는 지방정부의 명령이나 공식적인 권위에 의하여 형성되는 것이 아니라 자율적 필요성에 의하여 형성된다. 이들은 지방정부로부터 상당한 자율성을 가지는 상호의존적인 행위자들이므로 수평적 관계에 의한 네트워크가 형성된다. 또한, 네트워크에 연결된 행위자들은 각자의 달성하고자 하는 목표가 있으며 이러한 목표의 달성은 다른 행위자와 상호의존적인 교환을 통하여 가능하므로 구성원들 사이에 자발적인 조정이나 협조가 발생한다.

3) 신뢰에 기초한 상호작용

네트워크에 연결된 행위자들은 각자 자신의 이익을 극대화하기 위하여 행동한다. 그러나 행위자들은 각자의 이익만을 위해 행동하는 경우는 갈등과 충돌로 인하여 연결망 붕괴에 따른 손실이 발생하는 것을 점차 깨닫게 된다. 결국에는 네트워크 내에서 행위자들 간 상호의존성으로 인하여 서로에게 이득이 되는 전략을 선택하게 되며, 시간이 지남에 따라 신뢰 관계가 형성된다.

4) 협상과 타협을 통한 문제해결

거버넌스에서는 공공문제의 해결과 행정 서비스의 공급을 정부 기관이 독점하거나 시장에 전적으로 맡기기보다는 지방정부와 시장 그리고 시민사회가 함께 협력적인 상호조정과 협의를 통하여 이루어지는 것을 중시한다. 따라서 거버넌스의 문제해결 과정은 필연적으로 정치성을 수반할 수밖에 없다. 거버넌스에서 강조하는 협력과 조정은 개별 행위자들의 경쟁적 이익과 목표를 바탕으로 이루어지는 것이므로 정치적 과정이 매우 중요하다.

5) 지방정부와 공무원의 역할: 조정자

거버넌스에서 지방정부와 관료는 공공문제 해결과 서비스 공급을 위해 다양한 주체 상호 간에 네트워크가 제대로 작동될 수 있도록 이해관계를 조정하거나 협상을 유도하는 조정자 역할을 하게 된다.

2. 로컬 거버넌스의 특징

일반적인 거버넌스와 다른 로컬 거버넌스의 특징은 크게 두 가지 영역에서 찾을 수 있다. 하나는 로컬이라는 의미에서 도출되는 것이며, 다른 하나는 다층적 거버넌스이다.

1) 로컬(Local)의 의미

로컬 거버넌스에서 '로컬'의 의미는 무엇일까? 여기서 로컬은 통상 지역 또는 지방으로 번역된다. 그런데 지역이나 지방이라는 용어가 그 공간적 범위를 확정하기 어렵듯이, 로컬도 어느 정도의 공간 크기를 의미하는지는 일률적으로 말하기 어렵다.[13]

여기서 로컬의 의미를 두 가지 측면으로 나누어 좀 더 세밀히 분석할 필요가 있

---

13) 영국학자들의 학술 서적에서 local은 기초 지방정부를 가리키고, 광역 지방정부는 region으로 불리는 경우가 많으며, local은 작은 단위, region은 더욱 큰 단위로 사용되는 경우가 많지만, 항상 그런 것은 아님. 한편, region이 초국가적 수준의 지역을 나타내는 예도 있음. 단위를 명확히 하기 위하여 기초 지방정부를 lower level local government, 광역을 upper level local government로 쓰기도 함.

다. 하나는 로컬 거버넌스가 다루는 공공문제 또는 정책의 이슈(issue/agenda)를 중심으로 살펴보는 것이다. 로컬 거버넌스에서 참여한 행위자들이 관심을 가지는 이슈는 주로 지역사회의 정책이 될 것이다. 전국적이거나 세계적인 관심 사항이라 하더라도 해당 이슈가 지역사회에서 어떻게 연관되거나 해결되어야 하는지 등을 다루기 때문이다. 따라서 로컬 거버넌스의 정책 이슈라는 측면에서, 로컬은 지방정부 또는 그 하위 수준의 공간 범위를 의미한다고 볼 수 있다.

다른 하나는 로컬 거버넌스의 참여자를 중심으로 살펴보는 것이다. 로컬 거버넌스의 참여자는 주로 지역사회 행위자가 되겠지만 중앙정부의 관련 부처, 공공기관, 정부 관료, 국회의원 등 전국적 기관이나 인물이 참여할 수도 있다. 지역사회의 문제해결을 위하여 초국가적 기구, 중앙정부, 국회의 참여가 필요한 경우가 많기 때문이다. 따라서 로컬 거버넌스의 참여자라는 측면에서는 로컬의 의미를 특정 공간 범위로 한정하기는 어렵다.

2) 다층적 거버넌스(Multi-level Governance)

다층적 거버넌스란 두 개 이상의 거버넌스 계층 수준에서 행위자 간 상호연계를 통해 서로 연결되어 나타나는 거버넌스의 한 유형으로 정의된다(Richards & Smith, 2002: 72). 즉, 유럽 연합(EU)과 같은 초국가-국가-광역-기초-근린사회로 이어지는 다양한 수준에서의 거버넌스가 서로 연결되는 것을 다층적 거버넌스라고 볼 수 있다. 다층적 거버넌스는 EU의 활발한 전개와 90년대 초반부터 EU 회원국들의 지방정부에서 나타난 독특한 형태의 거버넌스를 연구하는 과정에서 등장한 개념이다(Marks, 1992).

오늘날 많은 거버넌스가 다층성을 지니고 있다. 그런데 로컬 거버넌스에서는 그 다층성이 더 부각된다. 로컬 거버넌스가 일반적 거버넌스와 다른 것은 특정 공간영역을 염두에 두고 있다는 것인데, 특정 공간은 다른 더 작거나 큰 공간영역과 연계성을 가지는 경우가 많으며, 이는 다층적 거버넌스로 연결된다(박재욱, 2016: 47). 지방 수준에서 나타나는 많은 다층적 거버넌스는 중앙정부, 지방정부 그리고 지역 내의 지역 공동체 등과의 복합적 네트워크 형태로 주로 나타난다. 더 확대된 형태로는 중앙정부, 다른 지방정부, 외국의 중앙정부와 지방정부, 외국의 지방정부 수장과 시민사회 행위자, 초국가·세계적(global) 차원의 정부(지역통합체의 정부나 정부 간 국제기구 등) 및 시민사회 행위자와 연결된 다양한 종류의 연계도 나타날 수 있다(차재권, 2018: 172).

Ⅲ 로컬 거버넌스의 공헌과 한계

1. 공헌

로컬 거버넌스의 공헌은 다음과 같다.

첫째, 행정관리 및 정책관리의 범위를 지방정부 조직 내부에서 시장, 시민사회 등과의 관계로 확장했다는 것이다. 기존에는 정책실패의 원인이 지방정부 내부의 문제로 인식되었으나 로컬 거버넌스의 등장은 행정이나 정책과정이 자유시장, 준공공기관, 시민사회 등 사회 전 범위와 관련된다는 인식을 하게 되었다.

둘째, 정책의제설정, 정책형성 및 정책집행의 과정에서 민간부문과의 협력을 중시하게 되었다. 로컬 거버넌스가 등장하면서 민간단체의 참여에 의한 외부주도형 의제설정의 중요성이 주목받고, 정책형성 단계에서도 민간부문 참여자들의 영향력에 관한 관심이 증대되었다. 또한, 관료제를 통한 정책집행이 압도적이었던 관행에서 벗어나 다양한 형태의 민관 협력 메커니즘이 중시되었다.

셋째, 지방정부와 민간부문의 협력은 상호 신뢰 회복에 이바지하게 되었다. 협력 초기에는 상호 갈등과 불신이 나타나지만, 지방정부와 민간부문 간 상호의존성으로 인하여 서로에게 이득이 되는 전략을 선택하게 되며, 시간이 지남에 따라 신뢰 관계가 증대된다는 것이다. 이러한 상호협력과 신뢰성의 회복은 결국 정책의 문제해결력을 증대시키는 결과를 나타낼 수 있다.

마지막으로 이러한 로컬 거버넌스의 공헌은 신공공관리론이 강조한 행정의 능률성이나 효율성뿐 아니라 민주성, 신뢰성을 강조하게 되면서 관료제의 민주성 확보를 위한 이론적 기초를 제공하고 있다는 것이다. 참여, 협력, 신뢰, 네트워크 등을 강조하는 로컬 거버넌스는 전통적 관료제와 시민사회의 단절성을 극복하는 대안으로서의 가치가 크게 주목받고 있다.

2. 한계

로컬 거버넌스는 다음과 같은 한계가 지적된다.

첫째, 책임성에 대한 문제이다. 지방정부를 비롯한 다양한 참여자들의 특정 정책에 대한 협력은 그 정책의 결과에 대한 책임의 귀속문제가 발생한다. 지방정부와 정부로부터 일정한 자율성을 확보한 행위자들 간의 협력으로 이루어진 어떤 결과에 문제가 발생하였을 때 책임 소재가 불분명하며 책임의 전가 현상이 발생할 수 있다는 것이다.

둘째, 지방정부와 다른 행위자들 간에 수평적 관계가 형성되기 어렵다는 것이다. 지방정부는 법률·조례 및 정책에 대한 실질적인 담당자이며, 예산이라는 막강한 재정을 가진 기관이다. 그런데 이러한 지방정부와 시민사회가 상호협력하는 것은 가능하지만, 시민사회가 지방정부로부터 일정한 자율성을 가지거나 정부와 힘의 균형을 이루기는 현실적으로 어렵다는 것이다. 결국, 외형상 로컬 거버넌스로 볼 수 있어도, 실질적으로는 정부 주도의 협력이나 정부 주도의 거버넌스가 될 가능성이 있다는 것이다.

셋째, 로컬 거버넌스가 지방행정에 정착되기 위해서는 상당한 기간이 필요하다는 것이다. 행정의 내부혁신은 내부의 제도나 조직, 문화와 일하는 방식의 개선을 추진하면 되지만, 로컬 거버넌스는 시민사회와의 관계 변화를 수반하므로 지역사회 전체의 문화와 연계되어 있기 때문이다. 특히 로컬 거버넌스에서 강조하는 지방정부와 시민사회 간의 신뢰 관계 형성은 비교적 장기간의 상호작용이 필요하며, 여기서 장기간의 정도는 그 지방의 행정문화뿐 아니라 사회문화와 연관되어 결정될 수 있을 것이다.

| 제6절 | **공동체주의와 지역공동체** |

  의의

공동체는 오랜 사상사적 전통을 가진 개념이다.[14] 그러나 공동체주의라는 특정

---

14) 플라톤과 아리스토텔레스의 국가철학에 관한 저술들에서 공동체에 관한 논의를 찾을 수 있음. 이들은 개인의 자유와 본질은 오직 폴리스 공동체에서 전개될 수 있다고 보았지만, 노예나 이방인은 이 공동체로부터 배제됨. 이후 많은 학자에 의하여 공동체 논의가 있었지만, 1887년 현대 사회

한 사조는 최근의 현상으로, 서구사회의 개인주의적 자유주의에 부적합성과 이론
적 한계를 비판하면서 1980년대 등장하였다. 공동체주의는 사회에 팽배한 개인주
의와 자유주의 조류를 비판하면서, 사회계약론의 전통에 근거하여 현대적 자유주
의를 재구성한 롤스(John Rawls)의 1971년 저작 정의론(A Theory of Justice)을 주요
비판 대상으로 삼았다(박정순, 1999: 267).

1982년 샌델(Michael Sandel)이 '자유주의 그리고 정의의 한계(Liberalism and the
Limits of Justice)'를 출판하면서 본격적인 공동체주의가 논의되기 시작하였고, 이후
일단의 학자들의 논의는 오늘날의 공동체주의를 형성하게 되었다.[15] 공동체주의는
개인의 권리에 기초한 자유주의의 이론적 모순과 현실적인 문제점을 비판하고 윤리
와 도덕의 기초로서 공동체를 강조하였다. 공동체주의는 당시에 팽배한 자유주의 그
리고 신자유주의 사조에 따른 경쟁과 시장 중심주의에 대해 비판하고 자아 형성을
위한 공동체의 역할과 시민적 덕성(civic virtues)[16]을 강조하였다(설한, 2000: 212).

최근 우리나라에서도 진정한 지방자치의 활성화를 위해서 지방자치단체와 지역
사회 간 관계 논의가 활발해지면서 지역공동체의 중요성이 주목받고 있다.

II | 공동체주의 특징

공동체주의는 자유주의를 비판하면서 등장하였다. 따라서 자유주의와의 비교를
통하여 그 특징을 도출할 수 있다. 여기서는 공동체주의의 특징을 개인에 대한 관
점과 정부에 대한 관점으로 간단히 살펴보고자 한다.

학의 창시자 중 한 명인 페르디난트 퇴니스(Ferdinand Tönnies)가 게마인샤프트(Gemeinshaft: 공
동사회, 혈연·지연 공동체)와 게젤샤프트(Gesellschaft: 이익사회, 집합사회)를 제시하면서 이론적
확장을 봄. 한편, 마르크스와 엥겔스의 1840년대의 저작들에서 유토피아적 공동체 개념이 제시되
고 사회주의와 공산주의 운동과의 개념적 연계성으로 인하여 자유주의 진영에서 상대적으로 공동
체에 대한 논의는 활발하지 못하였음(Rosa, et al., 2017: 28-45).

15) 공동체주의 진영 학자로는 샌델 외에도 매킨타이어(Alasdair MacIntyre), 테일러(Charles Taylor),
왈저(Michael Walzer) 등을 들 수 있음(박정순, 1999).

16) 개인의 이익보다는 공동체의 이익에 우선권을 부여하고자 하는 의지 및 심리상태와 연관됨. 따라
서 공동체 내에서 경쟁보다 협동, 개인적 합리성보다 사회적 합리성, 사익보다 공익을 추구하는
시민적 자질로 볼 수 있음.

1. 개인에 대한 관점: 자아의 연고성

자유주의에서 개인의 자아는 자신의 주위 환경(이웃, 문화 등)으로부터 독립적임을 강조한다. 즉, 이미 개인은 자신이 처한 상황이나 환경에 앞선 무연고적 자아(unencumbered self)를 지니고 있다고 본다(Sandel, 2008: 25; 홍정우, 2011: 284). 자유주의에서 개인은 공동체나 사회보다 우위에 존재하며, 사회와 공동체는 개인적 자아가 어느 정도 완성된 개인들 간의 결합에 따라 생겨난 것이다. 자유주의에서는 독립적인 자아를 가진 인간이 자신의 욕구를 혼자서는 만족하게 할 수 없으므로 사회적 집단이나 공동체를 형성하게 된다고 본다. 이러한 생각은 사회를 개인들의 총합으로 보는 18세기 사회계약론의 사상적 기초가 된다(Rosa, et al., 2017: 87).

그러나 공동체주의에서는 그 사회의 관습, 환경, 목적 등에 의해 자아가 구성된다는 자아의 연고성을 강조한다. 인간 자아는 사회와 문화적인 맥락과 타인과 관계 속에서 형성된다고 본다. 따라서 인간 자아 정체성에서 사회적 관계나 공동체의 가치 등은 중요한 부분을 차지한다고 본다(김영일, 2009: 105).

결국, 자유주의에서는 어느 정도 완성된 자아를 가진 개인이 자신의 선호에 따라 공동체를 선택하지만, 공동체주의에서는 개인이 공동체에 의해 자아를 형성하게 된다(이종수, 2010: 8). 따라서 공동체주의에서 사회와 공동체는 성공적 인격 형성의 전제가 된다(Rosa, et al., 2017: 86).

2. 정부에 대한 관점: 중립성에 반대

자유주의에서는 개인의 자유와 권리를 강조하며, 정부는 개인의 자유와 권리를 보호하는 수단으로 기능을 수행해야 한다고 본다. 따라서 자유주의에서 정부의 역할은 최소한에 그쳐야 하며, 중립적일 것이 요구된다. 정부는 좋은 삶이 무엇인지 제시해 줄 수 없고 개인이 스스로 선택해야 한다.

그러나 공동체주의에서는 공동선(common good)을 추구한다. 공동체주의는 공동체가 추구하는 공동선에 대해 참여자들이 함께 토론하고 소속된 공동체 미래의 운명을 함께 모색하는 것을 강조한다. 그런데 이러한 토론과 운명을 모색하는 작업을 위해서 개인에게는 공적 사안에 대한 지식, 소속감, 타인에 대한 배려, 소속된 공동체와의 도덕적 연결 등이 필요하다. 이를 위하여 시민들은 시민적 덕성(civic virtues)

을 습득해야 하며, 정부는 시민들이 이러한 성품을 학습하도록 지원해야 한다. 또한, 공동체주의에서 정부는 구성원 상호 간에 서로 돌봄의 임무를 수행할 수 있도록 지원함과 동시에 무임승차의 문제가 발생하지 않도록 조정하는 기능을 수행한다(이종수, 2015: 52). 따라서 공동체주의에서 정부는 중립적일 수 없다(Sandel, 2008: 70).

결국, 자유주의는 정부 권력으로부터 개인의 자유와 권리를 찾는 데 주력하여 공적 기관을 신뢰하지 않는다. 반면에 공동체주의는 더 나은 정부나 사회를 만드는 조건을 찾는 데 주력하여 공적 기구를 상대적으로 신뢰하며 공동선을 위하여 정부의 적극적인 개입을 지지한다(이종수, 2010: 9).

Ⅲ 지역공동체

1. 의의

지역공동체란 지역(local)이라는 '지리적 공간'과 공동체(community)의 합성어이다. 지역공동체의 구성요소로 학자들은 지리적 영역(locality), 공동의 유대감(common ties), 사회적 상호작용(social interaction)을 주로 제시한다(Hillery, 1955; 한국지방행정연구원, 2013: 7). 따라서 지역공동체는 '같은 지리적 공간을 배경으로 공통의 가치를 공유하는 사회적 조직'으로 간단히 정의될 수 있다(한국지방행정연구원, 2013: 7).

이러한 정의를 따를 경우, 어느 정도로 형성되거나 어느 정도로 활발한 활동을 하는 '사회적 조직'을 지역공동체로 볼 것인가에 대한 명확한 기준을 설정하기 어렵다. 특히, 실제 실무를 담당하는 공무원의 관점에서 주민 간 동호회를 만들면 이를 사회적 조직으로 볼 것인가에 대한 의문이 생기기 때문이다. 따라서 특정 국가나 지역에서 지방행정이나 지방자치 등이 추구하는 가치 또는 이념 등에 따라 관련 지역공동체의 구체적 범위가 결정될 것으로 보인다.[17]

---

17) 2000년 이후 중앙정부와 지방자치단체 차원에서 마을 만들기, 마을공동체 사업, 사회적 기업, 협동조합 등 다양한 형태의 지역공동체 활성화 사업을 실시하고 있으며, 초기에는 경제적 이익을 창출할 수 있는 지역공동체에 대한 정부 지원으로 시작하였으나, 최근 지원 대상 범위가 경제적 이익 창출에 한정되지 않고 주민 상호 간의 관계성 증진이나 공론장의 활성화를 유도할 수 있는 지역공동체에도 지원을 확대되는 추세임(남재걸, 2018).

2. 지역공동체의 기능

지역공동체의 기능은 다음과 같이 정리될 수 있다.

첫째, 참여적 공론장의 역할을 하는 것이다. 공동체주의에서 말하는 공론장은 공동체의 공공선과 각종 도덕적 판단에 대해 구성원들이 함께 참여하고 토론하는 공론장을 의미한다(전지훈·강현철, 2015: 229). 자유주의는 모든 사회가 따라야 하는 보편적인 정의가 있는 것처럼 말하지만, 공동체주의에서 정의는 특정 사회의 공유된 이해를 기반으로 문화적 환경과 역사적 맥락 등을 통해 형성되는 것으로 본다. 따라서 구성원의 참여를 통한 공론장은 가치의 공유와 새로운 가치의 창출을 위하여 필요하다.

둘째, 지역주민들의 자아 확장성, 자기 결정성 및 자기 실현성을 지원할 수 있는 효과를 기대할 수 있다. 지역공동체는 개인과 개인의 만남과 연대를 통하여 개인의 정서적 회복에 도움을 줄 뿐 아니라 스스로가 가지고 있는 자아의 영역을 확장할 수 있는 좋은 지평이 될 수 있다. 특히 가정이나 개인의 사적 이익에 매몰되어 있는 시민이 이웃과 지역사회를 자신의 영역으로 고려하면서 지역사회에 대한 애정과 이웃에 대한 사랑이 강화될 수 있다. 또한, 개인과 개인 간 의사소통의 활성화를 통하여 지역사회의 다양한 이슈에 대해 스스로 결정에 참여할 수 있도록 하여 자기 결정성을 높일 수 있다는 것이다.

셋째, 지방정부의 역할 변화에 대한 새로운 방향을 제시해준다. 중앙정부의 권한이 지방정부에 이양되는 분권이 이루어지더라도 진정한 의미의 실질적인 지역민에 의한 자치가 이루어지지 않는다면 이것은 중앙집권보다 더 무서운 지방정부의 독재가 될 수 있을 것이다. 지역주민 상호 간에 담론의 장과 관계의 장을 마련하는 지역공동체를 활성화하는 정책은 지방정부와 주민과의 사이에 틈새를 메우는 작업이기도 하다.

넷째, 지역 기반 거버넌스 및 사회자본(social capital)의 확충에 이바지한다. 지역공동체는 지역사회에 기초를 두고 있다. 지역사회에 형성된 다양한 지역공동체는 공동체 상호 간의 협력적 거버넌스를 형성하는 기초가 된다. 또한, 확장된 네트워크를 바탕으로 공유된 이해와 상호 연결망을 통하여 사회 전체의 숙의적 대화망을 가능하게 할 수 있다. 특히 지역 주민들 상호 간 신뢰에 바탕을 둔 네트워크 활성화는 사회자본 확충에도 기여하게 된다.

Ⅳ 결론

지방정부는 지역사회 문제해결을 위해서 개인주의적인 접근과 공동체주의적인 접근을 함께 할 필요가 있다. 자유시장 영역이나 경쟁이 필요한 부분에서는 개인주의적인 접근이 요구되지만, 기후변화·환경이나 형평성과 같은 문제를 해결하기 위해서는 공동체주의적인 접근이 요구된다.

한편, 우리나라 지방자치가 부활한 지 30년이 지나면서 지방정부가 국가로부터 권한을 이양받는 분권의 이슈도 중요하지만, 이제는 지방정부에의 시민참여가 더욱 활성화되어야 한다는 인식이 부각되고 있다. 즉, 우리의 지방자치 현실은 주민에 의한 자치가 되기에는 아직 참여가 부족하다는 것이다.

그런데 주민참여를 체계적이고 조직적으로 유도하기 위해서는 지역공동체를 활성화하는 것이 필요하다. 위에서 논의했듯이 지역공동체는 참여의 공론장 역할을 하고, 지역주민들의 자아 확장성과 자기 결정성을 지원하며, 지역사회 거버넌스 확립에 이바지하기 때문이다.

제7절 사회자본(Social Capital)[18]

Ⅰ 문제의 제기

최근 사회자본(social capital)에 대한 논의가 학문과 행정 실무의 양 측면에서 활발하게 논의되고 있다. 본래 보르디외(Pierre Bourdieu, 1986)와 콜만(James Coleman, 1990)에 의해 사회학적으로 체계화된 이 개념은 퍼트넘(Robert Putnam, 1995)과 후쿠야마(Francis Fukuyama, 1995) 등에 의해 다양한 학문 분야로 확장되었으며, 지방자치에도 적지 않은 영향을 미치고 있다.

특히, 사회자본이 구성원 상호 간의 협동을 강화하는 데 기여하여 사회발전을 지원할 것이라는 긍정적 측면에 대한 연구결과가 주목받으면서, 사회자본이 마치

---

18) 사회자본 부분은 『행정학』(남재걸, 2019: 111-121)의 내용을 편집한 것임.

사회발전과 민주주의 성공의 결정적인 독립변수인 것처럼 통용되고 있는 것이 현실이다. 그러나 사회자본을, 자본주의 이데올로기를 사회관계에까지 확장하고 이를 개발도상국에 강요하는 신자유주의자들의 무기(Fine, 2001)라고 보는 견해가 있다. 또한, 사회자본이 오히려 지역이기주의, 지대추구행위 그리고 정실주의의 원천으로 작용할 수도 있다는 부정적 견해(김상준, 2004: 64)들이 제기된다.

따라서 사회자본에 대한 긍정적 측면과 부정적 측면에 대한 이해가 필요하고, 더불어 사회자본을 바탕으로 국가나 지역사회 발전에 어떻게 적용할 것인가에 대한 고민이 필요하다.

Ⅱ　사회자본의 내용

1. 개념

사회자본의 개념은 학문 분야와 학자에 따라 다양하게 정의되고 있어 이들의 공통점을 모아 정리하면, 사회자본이란 "사회 구성원들 간의 상호작용 과정을 통하여 창출되는 무형의 자산"으로 정의될 수 있다.

용어 자체로 살펴보면, '사회(social)'와 '자본(capital)'이 결합한 것이다. '사회'는 두 사람 이상이 관계되는 영역을 의미하는 것이며, '자본'이란 사람과 사람 간의 상호관계에서 발생하는 무형의 자원(신뢰, 정보공유, 상호 공감 등)을 의미한다. 여기서 말하는 '자본'은 금전이나 사회간접자본(SOC)과 같은 물리적 자본이나 개인의 역량을 의미하는 인적자본과는 다른 것으로 사람과 사람과의 관계에서 얻을 수 있는 것이라는 점이 특징이다.

2. 구성요소

사회자본의 개념을 "사회 구성원들 간의 상호작용 과정을 통하여 창출되는 무형의 자산"으로 정의할 때, 이러한 무형의 자산을 구성하는 요소들은 무엇인가에 대한 의문이 제기된다. 퍼트넘(Putnam, 1995)은 네트워크, 사회적 신뢰, 규범을 구성원들을 협동할 수 있게 하는 사회자본의 구성요소로 보았다. 학자들은 대체로 퍼트넘이 제시한 세 가지 구성요소에는 동의하면서 참여, 호혜성(reciprocity)[19] 등을 제시하기도 한다(김태룡, 2014: 449). 여기서는 퍼트넘이 제시한 구성요소를 중심으로 살펴본다.

1) 네트워크에의 참여(participation in networks)

네트워크란 구성원들 상호 간의 관계구조를 의미한다. 사회 구성원들은 그들 간의 일정한 유대를 기반으로 상호작용이 발생하고 이러한 상호작용의 모습은 연결망의 형태로 나타난다. 그런데 이러한 연결망에의 참여는 구성원 상호 간의 신뢰와 호혜성에 대한 믿음을 바탕으로 이루어진다.

2) 신뢰(trust)

신뢰는 나의 이해와 관심을 고려하여 타인이 행위를 할 것이라는 기대로 정의된다(Lin, 2001). 신뢰는 구성원 상호 간의 장기적인 관계를 통하여 형성될 수 있으며 공동체 구성원의 연대감을 강화하고 협력을 가능하게 하는 요인이다. 그러나 강한 신뢰가 언제나 사회적으로 긍정적인 효과를 나타내는 것은 아니라는 것에 주의할 필요가 있다. 한편 사회자본에서 강조되는 신뢰는 구성원 개인 간의 사적 신뢰와 공동체 자체에 대한 신뢰를 의미하는 공적 신뢰로 구분될 수 있다.

3) 사회적 규범(social norms)

사회적 규범은 구성원들이 공유하고 있는 가치를 의미한다. 이러한 규범은 그 사회나 공동체가 나아가야 할 목표를 나타내는 역할을 함과 동시에 구성원들 간의 상호작용을 규율하는 규칙이기도 하다. 결국, 사회적 규범이란 구성원의 행위와 상호작용을 지배하는 성문화되지 않은 공통된 가치를 의미한다.

3. 유형

사회자본의 유형에 관한 논의는 다양하게 진행되고 있지만 여기서는 가장 대표적인 분류인 교량형 사회자본과 결속형 사회자본으로 나누어 살펴보고자 한다

---

19) 호혜성은 타인에게 선물을 주거나 받았을 때 상대방에게 '유사 가치를 되돌려 주어야 하는 도덕적 의무'와 '답례를 받을 것이라는 기대'와 연관된 것으로 설명될 수 있음.

(Onyx & Bullen, 2000; Putnam, 2000).

1) 교량형 사회자본(bridging social capital)

교량형 사회자본은 다양한 사회·문화적 배경을 가진 사람들 간의 네트워크를 통하여 이루어지는 무형의 자원을 의미한다. 교량형 사회자본은 그라노베터(Granovetter, 1973)가 말하는 약한 연결망(weak tie)에 대응된다고 볼 수 있다. 교량형 사회자본은 이질적인 사람들과의 일시적 관계를 나타내지만, 질적 차원의 빈약함을 폭넓고 새로운 관계망으로 보완한다. 결국, 교량형 사회자본은 개인들이 세계관을 확대하고 새로운 자원이나 정보를 얻을 열린 기회를 제공한다. 그러나 교량형 사회자본은 비밀을 공유하고 정서적 지원을 제공하는 데에는 한계가 있다.

2) 결속형 사회자본(bonding social capital)

결속형 사회자본은 유사한 배경과 특성을 가진 사람들 상호 간에 연대와 신뢰에 바탕을 둔 무형의 자원이다. 결속형 사회자본은 그라노베터(Granovetter, 1973)의 강한 연결망(strong tie)과 유사하다. 결속형 사회자본은 학연, 지연, 혈연으로 연결되고 정서적으로 밀접하고 끈끈하게 연결된 구성원들 사이에서 발견된다. 이러한 관계를 통하여 사적 유대는 강화되는 경향이 있고 지속적인 상호 교환성(reciprocity)과 강한 정서적 지지를 제공한다. 그러나 결속형 사회자본은 관계망을 형성하는 개인들의 다양성을 감소시키고, 집단에서의 강력한 충성심으로 말미암아 외부집단에 대한 적대감을 발생시킬 수 있다. 따라서 결속형 사회자본에서 편협함, 분파주의, 공동체의 폐쇄성이 많이 나타날 수 있다.

4. 순기능과 역기능

행정학 분야에서 사회자본 연구는 퍼트넘의 이론을 따르는 경우가 많아 주로 순기능에 초점을 맞추고 있다. 그러나 사회자본에 대한 긍정적 측면과 부정적 측면을 모두 이해하는 것이 필요하다. 사회자본의 순기능과 역기능을 위에서 언급한 구성요소(네트워크에의 참여, 신뢰, 사회적 규범)를 중심으로 논의하고자 한다.

1) 순기능

사회자본의 순기능으로는 첫째, 사회자본이 강조하는 구성원들의 네트워크 참여는 공동체의 민주주의 실현이라는 측면에서 큰 의의가 있다. 공동체 구성원들의 광범위한 참여를 통하여 민주적 거버넌스를 구축할 수 있게 만든다.

둘째, 구성원 상호 간에 구축된 신뢰는 거래비용을 감소시키고 정보의 흐름을 촉진한다.

셋째, 공유하는 사회적 규범은 일탈하는 사회 구성원을 제재하는 메커니즘으로 작용한다. 후쿠야마(Fukuyama, 1997, 1999)는 구성원들이 공유하는 규범은 부패를 억제하고 내부 갈등을 줄이고, 조정을 쉽게 하며 결속력을 강화하는 작용을 하게 된다고 보았다.

2) 역기능

사회자본의 역기능으로는 첫째, 사회자본에서 강조하는 구성원의 참여는 개인으로서는 그의 행동이나 선택을 강요하여 사적 자유가 제한될 수도 있다.

둘째, 구성원 상호 간 지나치게 강한 신뢰는 오히려 내부적 부패를 증가시키는 요인이 될 수도 있다. 또한, 내부인 상호 간의 신뢰 관계에 의한 거래는 외부인과의 경제적 거래를 배제하는 작용을 할 수 있다.

셋째, 사회적 규범을 공유하는 강한 결속력은 집단의 폐쇄성으로 이어져 주류사회나 다른 집단에 대해 배타적인 행위를 유발할 수 있다.

Ⅲ 사회자본과 사이버 공동체

1. 의의

일반적 공동체와 다른 사이버 공동체와 사회자본과의 관계에 관한 논의가 최근 활발하다. 그 이유는 전통적인 면대면 사회관계와 가상공간 내에서 형성되는 인터넷 이용자 간의 사회적 관계에는 일정한 차이가 존재한다는 것이다. 또한, 사이버 공동체의 확대는 물리적 거리를 축소하고 무한한 확장 가능성 등으로 인하여 전통적 사회자본 논의에 영향을 미칠 것으로 예상하기 때문이다.

2. 사회자본과 사이버 공동체의 관계에 관한 논의

양자의 관계에 관한 논의는 크게 사회자본 강화론, 사회자본 쇠퇴론, 보완론의 세 가지로 구분할 수 있다(송경재, 2006; 한국교육학술정보원, 2006).

1) 사회자본 강화론

사회자본 강화론은 사이버 공동체를 활용하는 사람들이 그렇지 않은 사람들에 비해서 사이버 공간을 매개로 하여 의사소통과 신뢰의 형성이 촉진된다고 보는 관점이다. 강화론을 주장하는 학자들의 실증연구는 가상공동체가 형성된 마을의 경우에 약한 연결망이 형성되고, 인터넷이 연결되지 않은 가구에 비해 이웃에 대해 더 많이 알고 대화하고 있음을 발견하였다(Hamton & Wellman, 2003).

2) 사회자본 쇠퇴론

사이버 공동체가 면대면 의사소통의 기회를 줄여 사회자본의 형성을 방해하거나 쇠퇴시킬 것이라는 관점이다. 사이버 공동체는 공동체 삶의 형성을 실제 공간과 괴리시켜 신뢰 관계의 형성, 사회적 규범의 공유를 더 약화할 것으로 본다. 이러한 근거로는 사회 구성원 상호 간의 정보격차, 면대면 접촉기회의 축소 등을 제시하고 있다. 쇠퇴론을 지지하는 실증연구로는 스위스의 인터넷 사용자 조사를 통하여 사이버 공동체가 사회적 연결망 형성과 유의미한 관계를 찾지 못했으며 사회연결망을 형성하는 데 도움이 되지도 않는다는 것을 발견한 연구가 있다(Franzen, 2003).

3) 사회자본 보완론

사이버 공동체가 기존의 사회자본을 강화하거나 쇠퇴하는 역할을 하는 정도의 힘을 발휘하지는 못하지만, 기존의 사회적 관계를 유지하는 데 유용한 도구로서 작동한다는 관점이다. 즉, 온라인에서의 활동이 오프라인에서의 시민참여, 네트워크 형성, 자발적 참여를 일정 정도 보완해 주는 역할을 할 수 있다는 것이다.

Ⅳ 사회자본과 자치행정

1. 적용 영역

사회자본의 적용 영역과 그 개념의 구체성에 대해서는 학자들의 논의가 활발하며 아직 하나의 공감대나 결론에 도달한 것으로 보기는 어렵다. 그러나 여기서는 퍼트넘의 이론과 최근 지방자치학계의 일반적인 논의를 바탕으로 지방행정에의 적용 영역에 대해 논의하고자 한다.

사회자본을 행정실무에 적용하는 영역으로는 크게 세 가지로 구분하여 살펴볼 수 있다.

첫째는 지방정부라는 전체 측면에서 사회자본을 바라보는 것이다. 이러한 시각에서는 특정 지방정부의 발전이라는 의미를 사회자본의 축적 정도에 비례한다고 보는 것이다. 따라서 자치행정의 역할은 각종 조례와 규칙 등 제도의 신뢰성 확보, 참여 민주주의, 올바른 사회적 규범의 제고 등을 위한 지원일 것이다.

둘째는 지방정부보다 하위의 지역사회나 지역공동체 단위에서의 사회자본을 바라보는 것이다. 사회자본 이론에서는 특정 지역이 다른 지역과 차별화되는 중요한 요소가 사회자본의 축적 정도로 보고 있다. 최근 마을 만들기 사업에서 해당 지역이 지닌 사회자본의 수준에 따라 사업의 성패가 결정될 수 있다는 연구결과들은 이러한 노력의 필요성을 잘 알려 주는 사례이다. 따라서 행정은 지역사회 구성원 상호 간의 상호작용을 장려하고, 마을 만들기, 마을 기업, 지역공동체 등에 대한 육성정책을 통하여 마을의 무형적 역량을 키울 수 있도록 지원할 필요가 있다.

셋째는 지방정부 내부에서의 사회자본에 관한 논의이다. 지방정부 관료제 내부에서 상호 간의 신뢰성 확보, 적극적인 의견의 개진, 각종 정부 규범에 대한 전체적 공감대의 형성 등은 행정에 중요한 요소가 된다. 즉, 공무원들이 복지부동이라는 비공식적인 규범을 공유하는 경우와 희생과 봉사라는 규범을 공유할 때 국민에 대한 서비스는 달라질 것이다.

2. 확보 방안

1) 지방정책의 방향 설정

사회자본의 축적이 진정한 지역발전의 길이라는 방향 설정이 필요하다. 따라서 지방정부는 사회자본과 같은 무형적 자산에 대한 중요성을 고려하는 정책 방향의 설정이 필요하다.

2) 정부와 공무원의 역할

사회자본 형성을 위하여 지방정부는 뉴거버넌스와 신공공서비스론의 접근방법이 필요하다. 뉴거버넌스에서 정부는 정책의 성과나 결과보다는 과정을 강조하며, 정부, 시민사회 등과의 상호협력 관계를 강조하며, 공무원은 다양한 행위자 간 협력을 유도하는 조정자의 임무를 수행하며, 상호 간의 신뢰에 바탕을 둔 협력적 관계를 중시한다.

또한, 신공공서비스론은 공익을 주어진 것으로 보기보다는 시민들이 공유하고 있는 가치에 관한 대화와 담론의 결과물로 보고 있으며, 관료조직의 성과나 효율성보다는 '사람'을 중시한다. 관료는 사회의 새로운 방향을 잡고 통제하는 것이 아니라 공유된 가치를 가진 시민들이 지역사회의 문제해결 과정에서 서로 협상하고 중재하는 과정에서 봉사하는 행위자임을 강조한다.

V 결론: 한계와 전망

사회자본 논의는 개념적으로 불명확하지만, 그 현실적 유용성으로 인하여 광범위하게 사용되고 있는 것에 대한 우려가 제기되고 있다. 우선, 사회자본을 실제 측정하는 것이 어렵다는 것이다. 퍼트넘(Putnam, 1996)은 신문 구독률, 타인 및 제도에 대한 신뢰도 조사, 공동체에 대한 참가의 정도 등을 측정 척도로 제시하였다. 그러나 이러한 것이 지역사회의 무형적 자산을 측정하는 포괄성을 가지고 있다고 보기는 어렵다.

둘째, 사회자본 이론이 가지는 이데올로기적인 비판이다. 사회자본 이론은 자본주의 지배세력들이 새로운 자본이라는 개념을 도입하여 이를 사람과 사람의 관계 측면에까지 파고들어 그들의 이데올로기를 개발도상국에 강요하는 신자유주의의 문화적 무기라는 비판도 제기된다(Fine, 2001).[20]

셋째, 사회자본 이론은 승자를 옹호하는 보수적 프레임을 만들 수 있다는 것이다. 사회자본은 단기간에 이루어질 수 없으며 누적적이고 장기간의 과정이 필요하다. 따라서 사회자본 이론은 진화적 속성도 가지고 있다고 볼 수 있어, 사회진화론이 식민지 개척에 활용되었듯이 서구사회의 발전은 우수한 사회자본의 결과라는 잘못된 인식을 심어줄 수 있다.

그러나 사회자본은 경제적 효율성과 경쟁을 강조하는 기존의 성장과 발전 논의와 차별화되는 것으로 지역사회의 총체적 역량을 강화하는 데 이바지할 것으로 기대된다. 특히 사회자본을 적절히 사용할 때는 자유주의와 자본주의 시장경제의 부각으로 침체한 지역사회 공동체성을 회복할 수 있는 이론으로 자치행정에서 활용 가치는 더 높아질 수 있을 것이다.

제8절	**생활자치**[21]

I 의의

최근 주민과 지방정부의 관계를 넘어 주민과 주민과의 관계성이나 상호작용에도 의미를 부여하고, 이를 자치행정의 영역으로 포용할 수 있는 현대적 자치 개념으로 생활자치가 부각되고 있다.

생활자치란 "주민들 상호 간에 자발적인 의사소통의 과정을 통하여 지역의 공공복리를 추구하는 일체의 활동"으로 정의될 수 있다. 기존의 자치활동은 주민과 정부와의 관계에 집중하였으나, 생활자치에서는 '주민들 상호 간의 관계'까지 자치활동을 확장하였다. 삶의 현장에서 주민들이 자기 결정성, 자아 확장성, 타인과의

---

20) 그러나 이러한 비판에 대하여 사회자본 이론은 고도로 발달한 자본주의의 병폐인 가족과 공동체성의 해체를 치유하기 위한 실천적 동기에서 비롯된 것으로 보는 견해도 있음(Coleman, 1990; 김상준, 2004: 76).

21) 생활자치 부분은 '생활자치' 개념 정립을 위한 시론적 고찰(남재걸, 2018)을 재편집한 것임.

연계와 공감이라는 관계성 속에서 자기 삶의 만족도를 높이는 과정을 생활자치의 내용으로 간주한다.

특히, 공공성이 생활의 영역으로 확장되고 있어, 주민과 주민과의 관계로 형성되는 일상적 삶의 세계가 생활자치의 영역으로 포용되어야 한다고 본다. 따라서 생활자치를 위하여 지방정부는 확장된 공공성의 영역을 새로운 자치의 영역으로 고려하는 정책이 필요하다.

Ⅱ | 생활자치의 개념적 요소

생활자치의 개념적 요소로는 '생활세계', '주민들 상호 간의 의사소통(관계성)' 그리고 '공공성'이 제시된다.

1. 생활세계

생활세계란 주민들의 일상생활이 이루어지는 장소를 의미하며, 생활자치가 이루어지는 유무형의 공간을 의미한다. 하버마스(Jürgen Habermas)는 '생활세계'를, 기든스(Anthony Giddens)는 '생활정치'를 담론의 중심으로 두었다(Jürgen Habermas, 1987; Giddens, 1991). 이들이 말한 생활은 일상적 삶이 이루어지는 장소를 의미하는 것으로 해석된다. 즉, 정치의 지평이 먼 곳에 있는 것이 아니라 사람과 사람이 만나는 생활 속에 있다는 것이다.

일상생활의 자치란 지방의회 의결 사항이나 집행부의 각종 주민 참여 정책과 같은 거창한 자치가 아니라 주민의 일상생활 속에서 개인적이고 지역적인 문제, 각종 공동체와 관련된 내용에 대한 주민들 상호 간의 의사소통과 담론의 과정인 것이다.

2. 주민들 상호 간의 의사소통(관계성)

생활자치의 개념요소로 두 번째 쟁점은 어떤 활동들을 생활자치 활동으로 볼 것인가의 문제이다. 여기서 예측되는 활동은 크게 두 가지로 구분할 수 있을 것이다. 하나는 지방정부와 주민과의 관계 측면이다. 이는 전통적 의미의 주민자치에 부합하는 것으로 볼 수 있다. 주민이 마을 안길 포장을 지방정부에 요구하는 것이나, 주민참여예산을 위하여 주민이 예산과정에 참여하는 것이 여기에 해당한다. 다른 하나는 주민과 주민 상호 간의 관계이다. 이는 전통적인 자치의 개념에서는 소홀한 부분이다. 생활자치는 이러한 주민들 상호 간의 관계성이 이루어지는 생활세계의 일정 부분을 자치의 영역으로 포용해야 한다고 본다.

3. 공공성

생활자치는 공공성의 개념을 가급적 확장하고자 한다. 명확한 공적 영역에만 지방정부가 개입하는 것이 아니라 공과 사를 명확히 구분하기 어렵거나 공·사가 혼재된 영역에서도 정부의 역할이 필요하다고 본다.

생활자치가 강조하는 공공성 논의는 주로 오늘날 주류 질서로 자리 잡은 신자유주의의의 중심 담론인 자유, 개인, 시장, 경쟁이 가져올 결과에 대한 문제 제기에서 시작된다. 즉, 생활자치는 개인주의와 경쟁지향 논의의 팽배 그리고 신자유주의 조류에 따른 정부 역할 축소 등을 비판하고, 일상생활 속에서도 공공성의 개념을 적용하는 접근이 필요하다는 입장이다(이상봉, 2011: 26; 임의영, 2017: 1-2).

Ⅲ | 생활자치의 필요성

1. 공·사 이분법적 틀의 해체와 재구성

현대 자치행정은 정부의 영역과 시민의 영역이라는 이분법적 틀의 한계를 극복할 필요가 있다. 기존에 공적 영역에서 배제되거나 간과되었던 각종 생활영역에서의 주제들에 관한 관심이 증대되고 있다. 사회와 가정, 남성과 여성, 지역사회 공동체 등 공적 영역과 사적 영역이라는 이분법적 접근으로는 해결하기 어려운 이슈들이 대두되고 있다. 또한, 주민과 주민 간의 관계, 공감과 연대 등 전통적으로 사적 영역으로 간주하는 영역에 대한 공적 접근이 요구되고 있다. 특히, 인구 감소와 고령화 현상이 신자유주의와 개인주의 조류와 결합하면서 기든스가 말한 자기실현, 자아발견이라는 새로운 사회적 관심이 무의식 또는 의식 중에 유발되고 있다. 이러한 문제에 대응하기 위해서는 공과 사를 엄격히 구분하는 사고적 틀로는 해소할 수 없을 것이다.

2. 국가와 사회에 대한 새로운 사고와 접근

지역사회 주민들이 일상적 삶 속에서 자치를 추구하는 생활자치는 주민과 주민과의 만남과 대화 그리고 정치적 담론을 통하여 공동체를 활성화하는 결과를 초래한다. 생활자치는 공동체를 강화하고 이를 통하여 주민들의 담론과 자치를 이끌어내는 것이다. 즉, 사회 내부에 새로운 공동체 그룹을 형성하고 이러한 공동체의 자율적 형성과 성장을 통하여 현대사회의 부족한 부분을 보충하고자 하는 것이다. 사회 내에 새로운 자율적이고 자활적인 공동체 형성을 통하여 국가─지방정부─사회라는 관계에서 국가─지방정부─공동체─사회라는 관계로 사회의 자율적인 영역을 확장시키고자 한다.

3. 지방자치의 역사와 한국적 특수성

1991년 지방의회가 재구성되고 1995년에 시장, 군수, 구청장과 시·도지사를 주민이 직접 선거로 선출하면서 지방자치의 틀을 만들었다. 그러나 지방자치단체에 의한 '지방자치'를 넘어 지방의 주인인 주민들에 의한 '자치'에는 이르지 못하고 있다는 평가를 받고 있다.

지난 30년간 지방자치의 이슈를 이끌었던 '분권' 아젠다에서 지방정부와 시민과의 관계성에 더 관심을 기울여야 할 때이다. 지역사회의 이슈를 지방정부로 흡수하거나 공동체를 활성화하여 지역사회 자체의 자치 역량이나 자생력을 지원할 필요가 있다. 이를 통하여 지방정부와 지역사회 간의 간격을 줄일 필요가 있다.

Ⅳ 현실 적용 그리고 유용성과 한계

1. 현실 적용

위에서 정의된 생활자치를 바탕으로 한 지방정부의 정책은 주로 공동체 활성화가 주를 이룬다. 시민과 시민과의 관계는 둘 이상의 주민이 모이는 것이며, 이는 공동체로 접근하는 것이 가장 이상적이기 때문이다. 최근 각 지방정부뿐 아니라 중앙정부에서도 공동체 활성화 정책을 활발히 시행하는 것은 이러한 주민과 주민의 관계에 대한 새로운 이해를 바탕으로 하고 있다고 볼 수 있을 것이다.

그런데 현실 행정에서 생활자치와 관련된 정책갈등도 있을 수 있다. 그것은 어떤 공동체는 정책 대상 공동체로 인정하고 어떤 공동체는 정책 대상 외로 두느냐의 문제가 제기되기 때문이다. 예를 들면, 조기 축구회에서 축구장 대여를 위하여 지방정부에 보조금을 신청하거나, 노인 바둑회에서 바둑을 두는 조용한 장소를 대여하기 위하여 지방정부에 보조금을 신청하는 경우에 이를 지원하느냐?에 대한 문제는 생활자치를 현실에서 어떻게 인정하느냐의 문제와 연관될 수 있다.

2. 생활자치 개념의 유용성과 한계

위에서 논의된 생활자치의 특징은 주민들 상호 간의 관계성에 지방행정의 관심을 더 집중하자는 것이다. 정부와 주민의 관계 측면에서 주민과 주민의 관계 활성화로 자치의 무게중심을 이동할 필요가 있다는 것을 강조한다. 이러한 생활자치 개념은 학술적인 측면뿐 아니라 현실적으로 어떠한 유용성과 한계를 가질 것인가에 대한 검토가 필요하다.

생활자치 개념의 유용성으로 첫째, 현대사회에서 학술적 논쟁이 격화되고 있는 자유주의와 공동체주의 간 갈등을 현실에서 조화할 방안의 하나라고 볼 수 있다.

둘째, 생활자치는 지역주민들의 자아 확장성, 자기 결정성 및 자기 실현성을 지원할 수 있는 효과를 기대할 수 있다. 개인과 개인의 의사소통 활성화를 통하여 지역사회의 다양한 이슈에 대해 스스로 결정에 참여할 수 있도록 하여 자기 결정성을 높일 수 있다는 것이다.

셋째, 생활자치는 지방정부의 역할 변화에 대한 새로운 방향을 제시해 준다. 생활자치에서는 지역주민 상호 간에 담론의 장과 관계의 장을 마련하는 정책적 방향이 강조되기 때문이다.

넷째, 사회자본(social capital) 확충에 이바지할 것이다. 도로나 항만의 건설, 주택보급의 증대, 문화와 예술회관의 건립 등이 지역발전의 모습으로 간주하던 시대와 달리 최근에는 지역 주민들 상호 간의 신뢰와 네트워크 그리고 규범의 공유라는 사회자본의 정도가 중요하게 고려되어 진다.

그러나 생활자치 개념이 가지는 한계도 예상할 수 있다. 첫째는 구체적 실천방안에 대한 정책대안 마련과 실행이 쉽지만은 않을 것이다. 공동체에 대한 지원은 그 지원을 받고자 하는 수요자인 주민들의 정책 흡수력에 어느 정도 달려 있다고 볼 수 있다. 따라서 주민들이 공동체 관련 정책을 일상적 정책으로 받아들이고 활용하기까지 상당한 시간이 소요될 수 있을 것이다.

둘째는 주민들의 무관심을 극복하는 것이다. 지역의 모든 주민이 적극적으로 관계를 형성한다고 보기 어렵다. 주민들 상호 간의 연결망 구축과 담론의 장을 만드는 것이 오히려 다리를 건설하거나 도로를 포장하는 그것보다 훨씬 더 어려운 행정이 될 가능성을 배제하기 어려운 것이 현실이다.

02편

지방자치제도

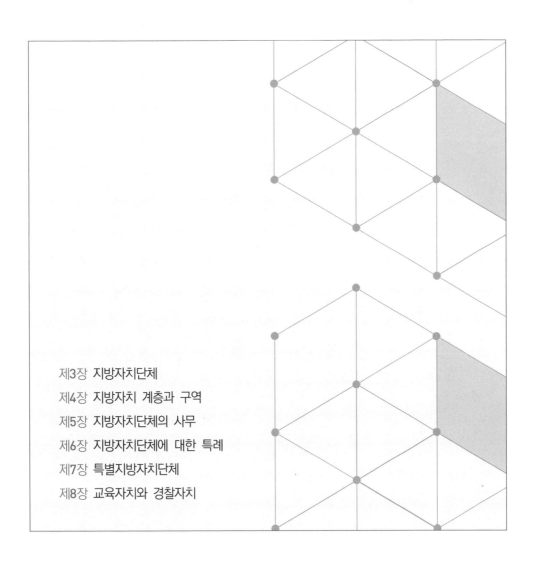

제3장

지방자치단체

제1절   지방자치단체의 개념 및 종류

I   지방자치단체의 개념

1. 개념

지방자치를 수행하기 위해서는 국가(nation)의 하위 수준에서 일정한 구역을 책임지는 체제 단위가 필요하다. 이 단위를 지방정부 또는 지방자치단체라고 부른다. 지방정부 또는 지방자치단체란 "일정한 구역과 주민을 기초로 하고, 국가로부터 부여된 일정한 자치권을 행사하는 공공 법인체"로 정의될 수 있다. 지방정부 또는 지방자치단체는 구역, 주민 그리고 자치권을 그 구성요소로 한다.

우리나라 헌법이나 지방자치법에서는 지방정부라는 용어를 사용하지 않고 지방자치단체라고 표현하고 있다. 따라서 지방자치단체는 우리나라 지방자치의 체제 단위를 표현하는 법적 용어이다.[1]

2. 구별할 개념: 지방행정기관

지방행정기관이란 국가 또는 지방자치단체의 사무를 지역적으로 처리하기 위하여 현지에 설치된 행정기관이다. 지방행정기관은 법인이 아니며, 국가의 하급기관

---

[1] 한편, 행정학자들은 독자적인 자치권의 부여 자체만으로 학술적으로 정부라는 명칭을 사용할 수 있다는 견해를 취하면서 '지방정부'라고 부르는 경우가 다수임(이달곤 외, 2012; 김병준, 2010; 이승종, 2014; 전상경, 2011). 그러나 법학자들은 헌법과 법률이 부여하는 자치권의 범위(자치입법권과 자치사법권의 존재 여부 등)를 고려하여 법적 용어인 '지방자치단체'라고 부르는 것이 바람직하다는 입장을 취함(홍정선, 2009). 이 책에서는 법적·공식적 명칭인 '지방자치단체'라고 부르고자 함.

인 경우도 있으며, 지방자치단체의 하급기관인 경우도 있다. 지방행정기관은 일반
지방행정기관과 특별지방행정기관으로 구분된다.

1) 일반지방행정기관

일반지방행정기관은 관할 구역 안의 사무를 포괄적이고 종합적으로 처리하는 지
방행정기관이다. 예를 들면, 행정시, 행정구, 읍·면·동 등이 대표적이다. 지방자치
단체가 국가나 상급자치단체의 기관위임사무를 수행하는 경우에는 국가나 상급자치
단체의 일반지방행정기관으로서 지위에 서게 된다. 지방자치제가 부활하기 이전인
1961~1991년까지 시·도 및 시·군·구 등은 모두 국가의 일반지방행정기관이었다.

2) 특별지방행정기관

특별지방행정기관은 지방에 있는 중앙부처 소속 전문분야의 행정기관을 말한
다. 지방경찰청, 지방병무청, 지방노동청, 지방환경청 등이 여기에 해당한다. 특별
지방행정기관은 중앙부처의 행정기관이므로 중앙부처 소속의 직원이 근무하게 되
며, 모든 행정 권한은 해당 중앙부처에 종속된다. 특별지방행정기관은 법적으로 독
립성을 부여받지 않은 행정기관일 따름이다. 따라서 지방분권이 확대됨에 따라 특
별지방행정기관을 폐지하고 그 업무를 해당 지역의 지방자치단체에 이관해야 한다
는 주장이 제기되고 있다.

Ⅱ 지방자치단체의 특징

지방자치단체의 특징은 법인, 통치기관 및 구성요소 등을 들 수 있다.

첫째, 지방자치단체는 법인이다. 지방자치단체가 법인이라는 것은 독립적인 (자
치)행위의 주체가 된다는 것이며, 국가나 지방자치단체의 조직상 구성 부분인 하부
행정기관과 구별된다. 지방자치단체는 법인이므로 국가와 별개로 독자적인 행위를
하며, 권리 및 의무의 주체가 되고, 소송의 당사자가 되며, 고유한 명칭을 가진다.
지방자치단체는 법인 중에서 공적 목적을 위하여 지방자치법에 따라 설립된 공법
인이다. 지방자치법(제3조 제1항)에서는 지방자치단체가 법인임을 명시하고 있다.
한편, 지방자치단체는 단일의 권리주체이므로 외부에 대한 행정행위는 대표기관인

지방자치단체장에 의한 행위로 간주된다(홍정선, 2018: 105). 현실에서 지방자치단체의 행정행위는 자신의 기관을 통하여 이루어지며, 그 행위는 법령이나 조례에서 정한 사무의 범위 내에서 가능하다.

둘째, 지방자치단체는 통치기관이다. 지방자치단체가 일반적인 사회단체, 민간회사 등과 구별되는 것은 일정한 지역의 주민에 대한 통치권을 행사하는 공적인 단체라는 것이다. 지방자치단체의 통치권은 헌법으로 보장받고, 지방자치법, 지방세법 등 법령에 규정된 권한이다.

셋째, 지방자치단체는 구역, 주민, 자치권을 그 구성요소로 한다. 지방자치단체는 자치 구역이라는 국토의 일부 공간에서, 그 공간에 주소를 둔 주민들이, 국가로부터 부여받은 자치권을 행사한다. 세 가지 구성요소 중 어느 하나가 모자라면 지방자치단체가 될 수 없다.[2]

Ⅲ 지방자치단체의 종류

지방자치단체는 그 조직과 수행사무가 일반적인지 보통지방자치단체와 특정한 목적 사무 수행을 위해 필요한 경우에 설치되는 특별지방자치단체로 구분된다.

1. 보통지방자치단체

보통지방자치단체란 그 존립목적이나 수행 기능이 포괄적이고 종합적인 성격을 지닌 지방자치단체이다. 우리나라의 광역지방자치단체인 특별시, 광역시, 특별자치시, 도 및 특별자치도와 기초자치단체인 시, 군, 자치구는 모두 보통지방자치단체이다.[3] 이 책에서 논의하는 자치 구역, 계층, 사무, 자치권 등은 특별한 언급이 없으면 보통지방자치단체를 염두에 둔 설명이다.

---

2) 다만, 특별지방자치단체의 경우에는 주민을 구성요소로 하는 경우와 보통지방자치단체를 구성요소로 하는 경우로 나눌 수 있음(김동희, 2014: 56; 이기우·하승수, 2007: 64; 홍정선, 2018: 125). 우리나라 현행 지방자치법상 특별지방자치단체의 구성요소는 주민이라기보다 보통지방자치단체로 보아야 할 것임. 왜냐하면, 특별지방자치단체의 설치, 운영, 규약 등에 대해 구성 지방자치단체장과 의회가 그 권한을 행사하며, 구역 내 주민이 직접 지방의회 의원이나 지방자치단체장을 선출하는 권한을 행사할 수 없기 때문임(지방자치법 제202조−제205조). 특별지방자치단체에 관해서는 제7장을 참조 바람.

3) 이하 이 책에서는 광역지방자치단체는 '광역자치단체'로, 기초지방자치단체는 '기초자치단체'로 약칭함.

2. 특별지방자치단체

특별지방자치단체는 특정한 목적을 수행하기 위하여 설치된 지방자치단체이다. 따라서 그 구역이나 사무, 조직, 기능 등이 특수한 지방자치단체를 의미한다. 2021년 1월 지방자치법 전부개정으로 특별지방자치단체에 대한 구체적인 내용(설치, 규약, 집행조직 등)이 신설되면서 이 제도가 실현될 수 있게 되었다. 특별지방자치단체에 관해서는 제7장에서 상세히 살펴보고자 한다.

제2절   **지방자치단체의 구성요소**

［ I ］ 개요

지방자치단체는 구역, 주민, 자치권을 구성요소로 한다. 지방자치단체 구역의 넓고 좁음, 주민의 범위, 자치권의 정도 등은 그 나라 국민이나 해당 지역주민들의 제도 선택의 결과라고 볼 수 있다. 여기서는 우리나라 보통지방자치단체를 중심으로 살펴보고자 한다.

［ II ］ 구역

구역은 지방자치단체의 자치권이 미치는 지리적인 영역을 의미한다. 따라서 모든 지방자치단체는 배타적인 자신의 구역을 가진다. 구역은 지방자치단체 주민의 범위를 결정한다.

우리나라에서는 지방자치단체의 구역으로 육지에 대해서는 명확한 경계선을 설정하였지만, 해상에 대해서는 경계를 구분하지 않고 있다. 해상에 대해 경계선을 구분하지 않는 것은 해상을 지방자치단체의 구역으로 인정하지 않는 것은 아니며 일종의 행정적 조치의 미비라고 볼 수 있다. 왜냐하면, 어업권과 관련된 서로 다른 지방자치단체 소속 어민들 상호 간에 해상경계에 대한 법적 분쟁은 발생하고 있기 때문이다.[4] 결국, 우리나라 지방자치단체 간 해상경계선은 없지만, 해상경계는 존재한다.

한편, 해상경계선이 없으므로 특정 바다 지역을 매립할 경우 그 지역이 어느 지방자치단체 관할 구역인지가 문제될 수 있다. 이를 해결하기 위하여 지방자치법에서는 공유수면을 매립할 경우 그 매립지가 속할 지방자치단체는 행정안전부 장관이 결정하도록 하고 있다(지방자치법 제4조). 이러한 해상경계선의 불비로 인하여 공유수면 매립지에 대한 분쟁도 발생된다. 예를 들면, 평택·당진항 매립지에 대한 평택시와 당진시의 분쟁, 새만금 매립지에 대한 군산시, 부안군, 김제시 간의 분쟁 등이 있다.[5]

Ⅲ 주민

주민은 지방자치단체가 가지는 자치권의 주체이자 객체이며, 지방자치의 가장 중요한 요소이다. 주민이 없으면 지방자치가 성립될 수 없기 때문이다. 지방자치법은 "지방자치단체의 구역 안에 주소를 가진 자는 그 지방자치단체의 주민이 된다"라고 규정하고 있다(제16조).

1. 주민과 국민

주민은 국민이라는 용어와 법적으로 엄격히 구분된다. 국민은 대한민국 국적을 가진 자를 말하며, 국적법에서 그 요건을 정하고, 대한민국 국민의 권리 의무는 일반 법률에서 다루고 있다. 그러나 주민은 지방자치단체의 구역 안에 주소를 가진 자를 말하며, 지방자치법, 주민투표법, 주민등록법, 주민소환에 관한 법률 등에서 주민이 될 수 있는 조건, 권리와 의무를 구체적으로 규정하고 있다.

2. 외국인

지방자치단체에 주민등록을 하면 외국인도 주민이 될 수 있다(주민등록법 제10조 제1항 제9호). 주민에게 인정되는 지방선거(지방의회 의원, 지방자치단체장 및 교육감 선

---

4) 대표적인 사례는 전라남도와 경상남도 어민 간의 해상경계분쟁임(조정찬, 2005).

5) 공유수면의 경계문제는 본 편 제4장 제4절 우리나라 지방자치 구역의 경계 및 구역변경 부분을 참고 바람.

거)에서 선거권, 주민투표권, 주민발안권, 주민소환권 등은 일정한 조건(영주의 체류자격 취득일 후 3년이 경과하고 해당 지방자치단체의 외국인등록 대장에 올라 있는 사람)을 갖춘 외국인인 주민에게도 인정된다(지방자치법 제17조 제3항, 공직선거법 제15조, 지방교육자치에 관한 법률 제49조). 다만, 피선거권은 외국인에게는 부여하지 않고 있다. 공직선거법(제16조)에서는 지방자치단체장과 지방의원의 피선거권이 있는 사람을 '해당 지방자치단체의 관할 구역에 주민등록이 되어 있는 주민으로서 18세 이상의 국민'으로 한정하고 있기 때문이다.

ⅠⅤ 자치권

자치권이란 지방자치단체가 그 존립목적을 실현하기 위해 가지는 자율적 통치권을 의미한다. 지방자치단체가 가지는 자치권의 성질에 관해서는 앞에서 논의한 바와 같이, 국가에 의해서 법적으로 부여된 것이라고 보는 제도적 보장설이 오늘날 일반적으로 받아들여지고 있다. 따라서 어떠한 자치권을 부여할 것인가는 각국의 특성에 따라 달라질 수 있다. 통상 자치권은 자치입법권, 자치행정권, 자치사법권으로 구분된다.

1. 자치입법권

국가가 법률이나 명령으로 공적 권위를 행사하듯이 지방자치단체도 구역 내에서 효력을 발휘할 수 있는 공적 권위를 가진 규정을 만들어 운영할 필요가 있다. 이렇게 지방자치단체가 구역 내에서 공적 권위를 가진 일종의 지역 차원의 법률이나 규칙을 만들 수 있는 권한을 자치입법권이라 한다.

우리나라의 지방자치단체는 자치입법권으로 조례와 규칙에 관한 권한을 가진다. 조례는 해당 지방의회가 법령의 범위에서 제정한다. 다만, 주민의 권리 제한 또는 의무 부과에 관한 사항이나 벌칙을 정할 때는 법률의 위임이 있어야 한다(지방자치법 제28조). 규칙은 지방자치단체장이 법령이나 조례가 위임한 범위에서 그 권한에 속하는 사무에 관하여 제정하는 것을 말한다. 그러나 지방자치단체가 가지는 조례와 규칙에 관한 권한은 일정한 입법한계를 가진다. 그것은 법률이나 명령, 상급 지방자치단체의 조례나 규칙을 위반하여서는 아니 된다는 것이다.[6]

2. 자치행정권

자치행정권이란 지방자치단체가 자기 권한에 속하는 사무를 스스로 처리할 수 있는 권한을 의미한다(김병준, 2010: 334). 지방자치단체가 자기구역 내에서 수행하는 관리행정, 규제행정, 집행행정에 대한 권한을 의미한다. 이러한 자치행정권은 자치조직권, 자치인사권, 자치재정권을 포함한다.

1) 자치조직권

자치조직권이란 지방자치단체가 자신의 기관형태, 행정기구 및 구역 등을 스스로 조직화할 수 있는 권한을 의미한다. 자치조직권은 지방자치단체가 사무를 효율적이고 민주적으로 수행하기 위하여 자신의 정부 구조, 조직, 행정 구역 등에 대한 독자적인 결정 권한과 관계된다. 지방자치법에서 규정하고 있는 자치조직권의 구체적 내용으로는 지방자치단체 기관구성 형태에 대한 자율권(제8조), 행정 구역 경계변경(제7조), 지방의회의 조직과 구성권(제64조, 제102~4조, 제41조), 집행기관의 조직과 구성권(제125~134조) 등이 있다.

2) 자치인사권

자치인사권이란 지방자치단체가 그 소속 공무원에 대한 임면·교육훈련·복무·징계 등에 관한 사항을 처리하는 권한을 의미한다. 지방자치법에서는 집행부 공무원에 대한 최고관리자는 지방자치단체장이지만, 지방의회 사무직원에 대한 최고관리자는 지방의회 의장임을 명시하고 있다(지방자치법 제118조 및 제103조).

3) 자치재정권

자치재정권이란 지방자치단체가 사무 수행에 필요한 경비를 자주적으로 조달 및 사용하는 권리를 말한다. 자치재정권은 지방자치단체가 독자적인 행정 수행에 필요한 재원에 관한 권한을 의미하며, 지방세 및 세외수입 등의 부과·징수를 할 수 있는 권한을 포함한다.

---

6) 상세한 내용은 제3편 제10장 제5절 조례의 제정·개정·폐지권, 제11장 제2절 지방자치단체장 부분의 규칙제정권을 참고 바람.

3. 자치사법권

자치사법권이란 지방자치 구역 내에서의 분쟁에 대하여 국가법원으로부터 독립
적인 자치법원이 판결하도록 하는 것을 의미한다. 자치사법권은 독립적인 법원, 검
찰청, 교정시설의 운영이 이루어지는 경우(영국의 북아일랜드 지역)도 있지만 대체로
지방자치단체의 조례를 위반한 자에게 벌금이나 구류 등의 처벌을 내리는 수준의
자체 판결(미국의 일부 지방정부)을 하는 정도이다. 우리나라는 자치사법권을 인정하
지 않고 있다.

제4장

지방자치 계층과 구역

제1절 지방자치 계층

Ⅰ   의의

지방자치 계층이란 보통지방자치단체 상호 간의 수직적 구조를 의미한다. 지방자치 계층은 같은 자치 구역 내에 몇 개의 보통지방자치단체가 존재하느냐를 기준으로 단층제와 중층제로 구분된다. 하나의 자치 구역 내에 하나의 보통지방자치단체가 모든 지방사무를 맡아서 처리하는 경우를 단층제, 하나의 자치 구역 내에 둘 이상의 보통지방자치단체가 지방사무를 분담하여 처리하는 경우를 중층제라고 부른다.

지방자치제를 시행하는 국가에서는 지방자치 계층을 단층제, 중층제 또는 혼합형을 선택하게 된다. 단층제는 중앙정부 아래에 하나의 계층만 존재하는 것이며, 중층제는 둘 이상의 계층을 설치하는 것이며, 혼합형은 일부 지역은 단층제를 일부 지역은 중층제를 실시하는 것이다.

우리나라는 중층제인 자치 2층제와 단층제를 혼합하고 있다. 제주특별자치도와 세종특별자치시는 단층제이며, 나머지 지역은 모두 자치 2층제를 실시하고 있다.

한편, 지방행정 계층은 지방자치 계층과 구별해야 할 개념이다. 지방행정 계층이란 지방자치단체와 지방행정기관을 포함한 계층을 의미한다. 예를 들면, 경기도 용인시 수지구 죽전동으로 이어지는 계층구조의 경우, 지방자치 계층은 2층제(경기도-용인시)이지만, 지방행정 계층은 4층제(경기도-용인시-수지구-죽전동)가 된다.

Ⅱ 단층제와 중층제의 장단점 비교

단층제의 장점은 중층제의 단점에 해당하며, 단층제의 단점은 중층제의 장점에 해당한다.

1. 단층제의 장점

지방자치 계층을 단층제로 설계했을 때의 장점이자 중층제의 단점은 다음과 같다.

첫째, 단층제는 중층제에 비하여 행정의 지연과 비효율을 줄일 수 있다. 중층제의 기초자치단체는 중앙정부와 상급자치단체에 의한 이중적 감독을 받아야 하며, 일반적인 보고사항도 상급자치단체를 거치게 됨에 따라 행정의 지연이나 정보의 왜곡이 발생할 수 있다.

둘째, 단층제는 행정 책임을 명확히 할 수 있다(김병준, 2010: 175). 중층제의 경우는 상급자치단체와 하급자치단체 간 권한, 관할 구역 및 기능의 중첩으로 인하여 상호 책임 전가의 가능성이 크다.

셋째, 단층제는 각 지방자치단체의 특수성을 살리는 데 유리하다. 국가와 개별 지방자치단체가 직접 연결됨으로 인하여 자치단체별 특별한 권한이나 지위를 부여하기가 쉽기 때문이다. 우리나라의 제주특별자치도와 세종특별자치시도 개별 지방자치단체의 특수성을 반영한 단층제 운영이라고 볼 수 있다.

넷째, 단층제는 행정의 신속성을 확보하는 데 유리하다. 중층제의 경우는 행정정보나 명령이 경유하는 지방자치단체가 많으므로 업무 수행의 신속성이 저해될 수 있다.

2. 단층제의 단점

지방자치 계층을 단층제로 설계할 경우의 단점이자 중층제의 장점은 다음과 같다.

첫째, 단층제의 가장 큰 단점은 광역행정의 어려움이다. 개별 지방자치단체들이 모두 자치권을 가진 하나의 정부이므로, 둘 이상의 지방자치단체에 걸친 광역적 업무의 처리를 위해서는 상호협력이 필요하다. 중층제의 경우 광역적 업무는 상급자치단체가 수행하게 된다.

둘째, 단층제는 지방자치단체 간 갈등이 발생하였을 때 이를 조정하는 데 어려움이 따른다. 중층제의 경우는 기초자치단체들의 상황을 잘 아는 광역자치단체가 이를 조정할 수 있지만, 단층제의 경우는 지역 사정을 잘 알지 못하는 국가가 직접 조정업무를 맡아야 한다.

셋째, 단층제는 지방자치단체가 재난이나 행정적 공백 상태가 발생하였을 때 중앙정부가 직접 개입하여 처리해야 한다. 중층제의 경우는 기초자치단체와 광역자치단체 간 기능의 적절한 분업을 통하여 이러한 문제점에 대응하기 용이하다.

넷째, 위의 세 가지 이유로 인하여, 중앙정부의 행정 부담이 과도하게 증대될 수 있으며, 중앙정부의 권한과 역할이 지나치게 강화되어 지방자치에 부정적 영향을 미칠 수 있다.

Ⅲ 우리나라의 지방자치 계층구조

우리나라 지방자치단체는 광역자치단체와 기초자치단체로 구분된다. 광역자치단체에는 특별시, 광역시, 특별자치시, 도, 특별자치도가 있으며, 기초자치단체에는 시, 군, 구(자치구)가 있다. 세종특별자치시와 제주특별자치도는 단층제를 취하고 있으며, 나머지 특별시, 광역시, 도 및 특별자치도(전북, 강원)는 자치 2층제를 취하고 있다.

〈그림 4-1〉에 나타난 바와 같이 특별시, 광역시, 특별자치시, 도, 특별자치도는 정부의 직할(直轄)로 두고, 시는 도 또는 특별자치도의 관할 구역 안에, 군은 광역시·도 또는 특별자치도의 관할 구역 안에 두며, 자치구는 특별시와 광역시의 관할 구역 안에 둔다. 다만, 특별자치도의 경우에는 법률이 정하는 바에 따라 관할 구역 안에 시 또는 군을 두지 아니할 수 있다(지방자치법 제3조). 현재 제주특별자치도의 경우는 지방자치단체인 시와 군을 두지 아니하고 행정시를 설치하고 있으며(제주특별자치도 설치 및 국제자유도시 조성을 위한 특별법 제10조), 강원특별자치도와 전북특별자치도는 지방자치단체인 시와 군을 두고 있다.

한편, 지방자치단체 내의 하부 행정 구역으로 지방자치단체가 아닌 구, 행정시, 읍·면·동, 통·리가 있다. 특별시·광역시 또는 특별자치시가 아닌 인구 50만 명 이상의 시에는 자치구가 아닌 구를 둘 수 있도록 하고 있다(지방자치법 제3조 제3

항). 이렇게 인구 50만 명 이상 시에 설치된 구는 자치구와 구분하기 위하여 일반
구 또는 행정구로 불린다. 제주특별자치도는 그 관할 구역에 지방자치단체가 아닌
행정시를 두고 있다(제주특별자치도 설치 및 국제자유도시 조성을 위한 특별법 제10조).

▼ 그림 4-1 우리나라의 지방자치와 지방행정 계층구조

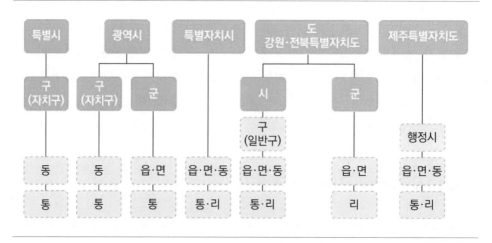

일반구와 행정시 외에 지방자치단체의 하부 행정 구역은 읍·면·동과 통·리가
있다. 군에는 읍·면, 자치구에는 동을 두며, 시에는 도시의 형태를 갖춘 지역에는
동을 그 밖의 지역에는 읍·면을 둔다(지방자치법 제3조 제3항 및 제4항). 또한, 동에
는 통을 두고, 읍·면에는 리를 둔다.

IV 외국의 지방자치 계층

1. 미국

미국은 연방정부－주정부(State)－지방정부(Local Government)로 이루어진 연방
제 국가이다. 따라서 미국에서의 지방자치란 주정부 아래 수준에서 이루어지는 자
치를 의미한다. 미국은 주마다 자치제도에 차이가 있으며, 기초 지방정부를 부르는
명칭이 일정하지 않다.

미국의 주정부는 대체로 광역 지방정부인 카운티(County)와 그 아래에 도시화의

정도와 규모 등 지역 특성을 고려하여 타운십(Township), 시티(City), 타운(Town), 빌리지(Village), 버러(Borough) 등을 둔 자치 2층제를 기본으로 하고 있다.[1] 한편, 카운티와 시티가 통합한 통합시와 카운티에 속하지 않는 독립시는 단층제로 운영된다.

▼ 그림 4-2 미국의 지방자치 계층구조

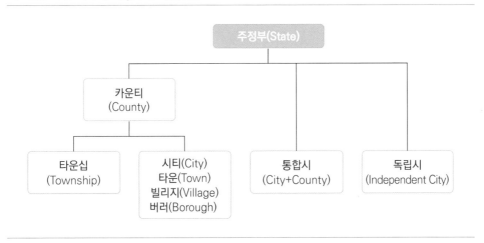

2. 영국

영국은 위임정부(Devolved Administration)와 지방정부로 이루어져 있다. 위임정부란 준연방제(quasi-federalism) 형태의 분권화를 이룬 스코틀랜드, 웨일즈, 북아일랜드 정부를 말하며, 지방정부는 잉글랜드 지역과 3개의 위임정부 내의 지방자치단체를 구성하는 정부를 의미한다.

잉글랜드는 자치 2층제를 주로하고 단층제를 혼합하고 있으며, 스코틀랜드, 웨일즈, 북아일랜드는 단층제이다. 잉글랜드 지역은 크게 대도시권역, 비대도시권역, 런던권역 그리고 통합 지방정부로 구분된다. 대도시권역과 비대도시권역은 광역 지방정부인 카운티(County)와 기초 지방정부인 디스트릭트(District)가 있으며, 런던권역은 광역인 런던대도시(Greater London)와 기초인 32개의 런던자치구(Borough)와 특별한 지위의 런던중심자치구(City of London)가 있다. 이들은 모두 자치 2층제

---

1) 본래의 기초 지방정부는 뮤니시펄리티[Municipality(그림 4-2에서 시티, 타운, 빌리지, 버러)]이며, 타운십은 카운티의 공간적 영역을 구성하며 주의 행정보조기관이었다가 지방정부로 형성된 것임.

이다. 그러나 1990년대 중반 이후 지방정부를 통합하여 이루어진 55개의 통합시 (Unitary Authority)는 단층제이다.

한편, 스코틀랜드는 32개, 웨일즈는 22개, 북아일랜드는 11개의 지방정부가 모두 단층제로 운영되고 있다.

▼ 그림 4-3 영국(잉글랜드)의 지방자치 계층구조

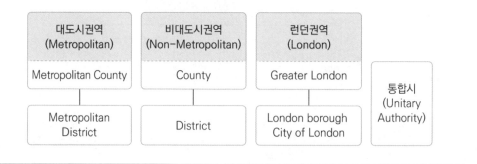

3. 독일

독일은 연방정부-주정부-지방정부로 이루어진 연방제 국가이다. 따라서 독일에서의 지방자치란 주정부 아래 수준에서 이루어지는 자치를 의미한다. 그런데 독일은 크게 두 가지 유형의 주정부(Land)가 있다.

하나는 일반적인 형태로 13개의 주정부 아래 중층제 또는 단층제의 지방정부를

▼ 그림 4-4 독일의 지방자치 계층구조

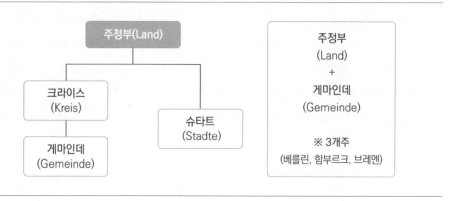

구성하는 것이다. 중층제는 광역 지방정부인 크라이스(Kreis), 기초 지방정부인 게마인데(Gemeinde)로 이루어졌으며, 단층제는 주로 도시 지역이며 크라이스에 속하지 않는 슈타트(Kreisfreie Stadte)로 구성되어 있다. 슈타트는 크라이스와 게마인데를 합친 기능을 수행한다. 다른 하나는 특수한 형태로 주정부와 기초 지방정부인 게마인데를 합친 형태로 운영되는 3개주가 있다.

4. 프랑스

프랑스의 지방자치 계층은 대부분 지역이 자치 3층제이며, 일부 대도시의 경우는 자치 2층제를 이루고 있다(배준구, 2011 & 2012). 자치 3층제에서는 최상위에 레지옹(Region), 그 아래에 데파르뜨망(Department), 기초정부인 코뮌(Commune)이 있다. 자치 2층제에는 레지옹 아래에 데파르뜨앙과 코뮌이 합쳐진 형태인 기초 지방정부가 설치된 것인데 대도시인 파리, 리용, 마르세이유가 여기에 해당된다.[2]

▼ 그림 4-5 프랑스의 지방자치 계층구조

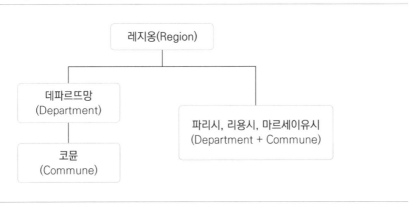

5. 일본

일본 지방정부의 계층구조는 기본적으로 자치 2층제를 채택하고 있으나, 수도인 동경의 도심지역은 특별지방자치단체인 특별구를 설치하고 있어 단층제라고 할 수

---

2) 이러한 3개의 대도시 아래에는 아롱디스망(Arrondissement)이라는 우리나라의 자치구와 유사한 제도를 두고 있음. 아롱디스망은 민선의 지방의회를 가지고 단체장(의장)은 지방의회에서 간선됨. 그러나 아롱디스망은 법인격이 없어 지방자치 정부는 아님(배준구, 2000).

있다. 광역 지방정부에는 도(都: 동경도)·도(道: 북해도)·부(府: 오사카부, 교토부)·현 (縣), 기초 지방정부에는 시(市)·정(町)·촌(村)이 있다.

기초 지방정부인 시·정·촌은 권한과 기능에는 큰 차이가 없으나, 인구 규모에 따라 큰 것은 시, 작은 것은 촌으로 분류된다. 한편, 기초 지방정부인 시(市)는 인구 규모에 따라 지정시(인구 50만 명 이상), 중핵시(인구 30만 명 이상), 특례시(인구 20만 명 이상)로 차별화하여 광역 지방정부의 사무 일부를 이양받아 수행하고 있다.

▼ 그림 4-6 일본의 지방자치 계층구조

* 특별구는 우리나라의 대도시 자치구와 유사하며, 일본 지방자치법에서는 이를 특별지방자치단체로 명시 하고 있으며, 여기서도 특별지방자치단체로 보고자 함.

제2절　　우리나라 지방자치단체 및 하부 행정 구역의 설치

I　　의의

지방자치법에서는 지방자치단체의 설치를 법률로 정하도록 규정하고 있다. 즉, 지방자치법 제5조 제1항에 따라 지방자치단체를 폐지하거나 설치하거나 나누거나 합칠 때는 법률로 정한다. 그런데 국회가 법률로 정하더라도 입법자에게 무한한 재량을 부여하기보다는 입법자 스스로가 지킬 기준을 설정할 필요도 있다. 특히, 지방자치단체의 설치와 관련해서는 주민에게 자신이 속한 지방정부의 변화에 대한 합리적인 예측 가능성을 부여할 필요가 있기 때문이다.

그러나 한편으로는 지방자치단체의 설치는 국가 전체의 균형발전이나 정치적 상황 등이 고려되어, 그 설치 기준을 구체적으로 입법화하기 어려운 측면이 있는 것도 사실이다. 우리나라에서는 광역자치단체의 설치 기준은 법률에 제시되지 않고 있으며, 기초자치단체 중에서 시의 설치 기준만을 지방자치법에 정하고 있다.

한편, 지방자치단체 내의 하부 행정 구역의 설치에 관해서는 일반구와 읍의 설치 기준과 설치 방법, 그리고 면·동 및 통·리의 설치 방법을 지방자치법에서 정하고 있다. 지방자치단체 내의 하부 행정 구역의 설치는 지방자치단체의 자치조직권으로 보아 자율성을 부여할 필요성도 있지만, 국가 전체 행정 구역의 통일성과 행정 구역의 마구잡이 설치를 방지하기 위하여 지방자치법과 같은 법 시행령에서 그 기준과 방법 등을 규정하고 있다.

Ⅱ 지방자치단체의 설치

1. 설치 기준

1) 광역자치단체의 설치 기준

현행 법률에 광역자치단체에 대한 설치 기준은 없다. 광역자치단체의 설치는 인구나 면적 등의 행정적 기준보다는 국가 전체에 미치는 정치·경제·문화적 영향을 우선하여 고려되기 때문으로 보인다. 통상 인구 100만 명 이상의 시는 지역 여건이나 정치적 고려 등을 반영하여 광역시로 승격되었으나, 1996년 7월 울산광역시 출범을 마지막으로 광역시 설치는 중단되었다. 현재 인구 100만 명 이상 시(수원시, 고양시, 용인시, 창원시)에서는 광역시 승격을 요구하고 있다.

2) 기초자치단체의 설치 기준

(1) 자치구 및 군의 설치 기준

자치구는 특별시와 광역시의 관할 구역 안에, 군은 광역시·도 또는 특별자치도 관할 구역 안에 설치된다(지방자치법 제3조 제2항). 그런데 현행 법령상 자치구와 군의 설치 기준은 없다. 자치구와 군의 설치는 일반적으로 기존의 자치구에서 새로운 자치구를 분리·설치하는 분구, 기존의 군에서 새로운 군을 분리·설치하는 분군을 가정할 수 있다.[3]

자치구 및 군의 설치는 인구·면적 등 수치상의 지표만으로 요건을 정하기는 어려우며, 재정여건, 주민편의 및 정치적 고려 등을 종합적으로 검토할 사항이므로 이를 법령에 규정하지 않은 것으로 판단된다(행정안전부, 2010: 21).

(2) 시의 설치 기준

지방자치단체인 시[4]는 도의 관할 구역 안에 설치된다(지방자치법 제3조 제2항). 시의 경우는 도시화를 통하여 읍이나 군이 그 실체를 유지하면서 승격하는 것이므로 지방자치법 및 같은 법 시행령에 그 설치 기준을 비교적 명확히 규정하고 있다.

지방자치법은 시의 설치 기준으로 두 가지를 규정하고 있다. 하나는 일반적인 '시'(통상 일반시로 부름) 설치 기준이며, 다른 하나는 '도농복합형태의 시' 설치 기준이다. 일반시와 도농복합형태의 시 중에서 어떠한 조건이든 충족되면 시로 설치되며, 시 설치 이후에는 모두 동일하게 '시'라는 명칭을 사용하게 된다.

이렇듯 시 설치 기준이 크게 두 가지로 구분된 것은 급격한 도시화에 대응한 우리나라 시 설치 정책의 변화 과정에서 빚어진 현상으로 시대변화의 맥락이 담겨있기 때문이다.[5]

① 일반시의 설치 기준

일반시의 설치 기준으로 "그 대부분이 도시의 형태를 갖추고 인구 5만 이상이 되어야 한다"(지방자치법 제10조 제1항)라고 규정하고 있다. 따라서 일반시로 설치되기 위해서는 첫째, 인구 5만 이상[6]이라는 조건을 충족하여야 하며, 둘째, '그 대부분이 도시의 형태'를 갖추어야 하는데, 여기서 '그 대부분이 도시의 형태'는 지방자

---

3) 가장 최근의 사례는 1995년 서울특별시 성동구(75만 명)를 성동구(40만 명)와 광진구(35만 명)로, 부산광역시 동래구(57만 명)를 동래구(32만 명)와 연제구(25만 명)로 분구하였으며, 2003년 충청북도 괴산군(77천 명)을 괴산군(46천 명)과 증평군(31천 명)으로 분군(分郡)함. 당시 행정안전부에서는 분군의 기준으로 인구 10만 명 이상 또는 15개 읍·면 이상을 관할하는 군, 분구의 기준으로 특별시는 인구 70만 명, 광역시는 인구 50만 명 이상을 설정함(행정안전부, 2010: 21).

4) 제주특별자치도에 설치된 지방자치단체가 아닌 행정시(제주시, 서귀포시)와 구별 바람.

5) 따라서 지방자치법 제10조 제1항과 제2항에 대한 이해를 위해서는 조문의 내용이나 문구보다는 당시 시대적 맥락을 살펴볼 것을 권함.

6) 시 설치 조건에 인구수를 주요 기준으로 한 것은 당시 일본(1947년 4월 지방자치법 제정)과 우리나라(1949년 8월)가 모두 프로이센 지방자치법을 모방하면서 도입된 것으로 보이며, 5만 명으로 설정한 것과 관련하여 일본의 제도를 모방한 것이라는 주장도 있으나(이경운, 2004: 45), 일본은 3만 명으로 설정하고 있어 사실과 다른 것으로 확인되며, 당시 입법자들이 도시의 규범적 크기를 임의로 설정한 것이 지금까지 유지되어 온 것으로 보임(남재걸, 2012: 68).

치법 시행령(제9조)에서 규정된 시가지 구성 인구비율 등을 충족하여야 한다.[7]

한편, 일반시 설치조건은 지방자치법 제정 당시(1949. 8. 15)부터 지금까지 이어오고 있다. 지방자치법 제정 이후부터 1993년 이전에 시로 승격된 모든 시는 이 규정에 따라 설치되었다.[8]

② 도농복합형태의 시 설치 기준

전술한 일반시의 설치는 기존 군(郡)에서 도시화 된 지역을 분리하여 시로 설치하여 주변의 농촌 지역과 분리하는 형식으로 이루어졌다. 그러나 이러한 도농 분리 방식으로 설치된 시와 그 주변 군 지역 간 분리에 따른 비효율성[9] 문제가 제기되었다. 이에 1994년 3월 지방자치법 개정을 통하여 제10조 제2항의 도농복합형태의 시 설치 규정을 도입하게 되었다.

지방자치법 제10조 제2항에서 규정된 도농복합형태의 시 설치 기준은 다음과 같으며, 다음 기준 중 하나만 충족하면 된다.

ⓐ 일반시로 설치된 시와 군을 통합한 지역

ⓑ 인구 5만 이상의 도시 형태를 갖춘 지역이 있는 군

ⓒ 인구 2만 이상의 도시 형태를 갖춘 2개 이상의 지역 인구가 5만 이상인 군. 이 경우 군의 인구는 15만 이상으로서 대통령령으로 정하는 요건을 갖추어야 한다.[10]

ⓓ 국가의 정책으로 인하여 도시가 형성되고, 도의 출장소가 설치된 지역으로서 그 지역의 인구가 3만 이상이며, 인구 15만 이상의 도농 복합형태의 시의 일부인 지역

---

7) 지방자치법 시행령에서는 ⓐ 시가지 구성 인구비율이 60% 이상, ⓑ 상공업 및 도시산업 종사 가구 비율이 60% 이상, ⓒ 1인당 지방세 납세액, 인구밀도 및 인구증가 경향 등을 요건으로 규정함.

8) 이 기간에 강릉시, 원주시 등 총 55개 지역이 시로 설치되었으며, 당시 시설치는 군(郡) 지역 중에서 도시화한 읍을 시로 별도 설치하여 기존 농촌 지역인 군과 분리하는 경우가 대부분 있었음. 예를 들면, 강릉시(1955. 8. 13일 설치)의 경우는 강릉군 강릉읍을 중심으로, 경기도 성남시(1973. 7. 1일 설치)의 경우는 광주군의 일부 도시화된 면(面)을 중심으로 설치되었음(남재걸, 2012: 69).

9) 도농분리 방식은 1990년대 들어 군지역의 행정·재정력 약화, 생활권과 행정권의 분리, 경상경비의 과다지출, 지역투자의 효율성 저하, 군지역의 종속성 등으로 인하여 비효율성을 증가시킨다는 비판을 받게 되었음. 무엇보다 도농통합방식이 도입된 현실적인 이유는 1995년 6월 민선 지방자치단체장 선출 이후에는 행정 구역 개편을 추진한다는 것이 사실상 어렵다는 판단 아래 도농통합을 추진한 것으로 보임(남재걸, 2012: 78; 최창호·강형기, 2019: 157).

10) 이 기준은 1995년 8월 4일 지방자치법 개정으로 도입된 것임. 본 규정이 추가된 것은 ⓐ 와 ⓑ 조건에 의하여 인구 12만 또는 13만 명 정도의 도농복합형태의 시가 설치되자, 인구 15만 명 이상의 거대 군에서의 반발 때문임. 이 기준에 의하여 1996년 3월 1일 용인·파주·논산·이천·양산

ⓐ기준은 도농 분리지역을 도농 통합지역으로 전환시키기 위한 것으로, 군의 도시 지역 일부(읍 지역)를 시로 승격시킨 경우에 그 시와 기존 군의 통합을 유도하기 위한 것이다.

ⓑ와 ⓒ 기준은 제10조 제1항의 일반시 설치 조건을 완화한 것으로, '도시 형태'에 대한 시행령 조건도 완화하였다.

ⓓ기준은 충청남도 계룡시(기존 논산군 두마면 일원) 설치를 위한 목적으로 만든 규정이다.[11]

2. 지방자치단체의 설치 방법

광역자치단체와 자치구·군의 설치 기준은 법령에 규정되어 있지 않아 국회에 광범위한 재량이 부여된다. 시 설치 기준은 지방자치법과 같은 법 시행령에 규정되어 있어, 이를 충족한 경우에 국회의 법률 제정으로 시 설치가 가능하다.

그러나 모든 지방자치단체의 설치를 위해서는 법률 제정 이전에 반드시 거쳐야 할 절차가 있다. 지방자치법 제5조 제3항 규정에 따르면, 지방자치단체를 새로 설치하는 경우(폐지하거나 나누거나 합칠 때도 같음)에는 관계 지방의회의 의견을 들어야 하며, 다만, 주민투표를 한 경우에는 지방의회 의견청취를 생략할 수 있도록 하고 있다.

1) 지방의회의 의견청취 또는 주민투표

지방자치단체를 폐지하거나 설치하거나 나누거나 합칠 때는 '관계 지방의회'의 의견을 들어야 한다(지방자치법 제5조 제3항 제1호). 여기서 '관계 지방의회'란 해당 지방자치단체의 의회와 그 상급 지방자치단체의 의회를 말한다(지방자치법 시행령 제3조). 그러나 주민투표법 제8조에 따른 '국가정책에 관한 주민투표'를 실시한 경우에는 지방의회의 의견청취를 생략할 수 있도록 하고 있다(지방자치법 제5조 제3항).[12] 지방의회 의견청취는 지방자치법에 별도의 정족수 규정이 없어, 일반 의결

등 5개 시가 설치되었음(남재걸, 2012: 79).

11) 이 기준은 2003년 2월 지방자치법 개정으로 추가된 것임. 충남 논산군 두마면 일원에 육·해·공군의 본부가 이전함에 따라 충청남도에서는 직할 출장소를 설치하였고, 이 지역에 대한 특별한 행정 지원 체계를 구축하기 위한 지역구 국회의원들의 노력으로 도입되었음(남재걸, 2012: 79). 시 설치 기준이 마치 충남 계룡시 지역을 설명하는 문구처럼 되어 법률규정으로는 다소 부적절한 조문으로 볼 수 있음.

정족수(과반수의 출석과 과반수의 찬성)가 적용될 수 있을 것이다.

2) 법률의 제정

지방의회 의견청취 또는 주민투표를 통하여 지방자치단체를 새롭게 설치하는 것에 대해 지역의 의사를 확인한 경우, 정부에서 법률안을 제출하거나 국회의원 발의를 통하여 법률을 제정하게 된다.[13]

III 지방자치단체 하부 행정 구역의 설치

1. 설치 기준

1) 자치구가 아닌 구(일반구)의 설치 기준

특별시·광역시 또는 특별자치시가 아닌 인구 50만 명 이상 시에는 자치구가 아닌 '구'(일반구 또는 행정구)를 둘 수 있다(지방자치법 제3조 제3항). 그리고 일반구에는 '동(洞)'을 두지만, 해당 시가 도농복합형태의 시로 설치된 경우에는 일반구 밑에 읍·면을 둘 수 있다(제3조 제4항).[14]

이렇듯 50만 이상 시에 일반구를 설치할 수 있도록 한 것은 대도시 행정수요의 특수성을 반영한 것이다. 그러나 최근 교통·통신의 발달이라는 측면에서 일반구 설치에 대한 문제점이 제기되고 있다.[15]

2) 읍(邑)의 설치 기준

읍(邑)은 면(面)과 함께 농촌 지역에 설치되는 행정 구역이지만 면보다 더 도시

---

12) 그런데 주민투표법 제7조에 따른 '지방정책에 관한 주민투표'를 실시한 경우에 지방의회의 의견청취를 생략할 수 있을 것인지가 의문이 될 수 있음(홍정선, 2018: 141). 주민투표에 관해서는 제3편 제13장 제3절 우리나라의 주민참여제도 부분을 참고 바람.

13) 통상 법률의 명칭은 '○○○도 ○○○시(군) 설치에 관한 법률'로 함.

14) 행정 구역 조정업무 처리에 관한 규칙(제7조, 행정안전부령)에서는 일반구를 설치할 때는 구당 평균 인구가 20만 명 이상이 되도록 하고 있음. 예를 들면, 인구 55만 명 시의 경우는 2개의 일반구를 설치할 수 있을 것임(다만, 행정안전부 장관의 승인을 얻고 해당 시 조례로 정해야 함).

15) 일반구가 설치되었던 경기도 부천시는 일반구 제도를 폐지하였으며, 경기도 용인시와 화성시에서는 인구증가로 인하여 새로운 일반구 설치를 요구하고 있지만, 행정안전부에서는 승인 보류 중에 있음.

의 형태를 갖추고 있는 지역이다. 지방자치제가 시행된 제1·2공화국 시기에 읍은
하나의 자치단체로 존재하였으며, 읍장을 주민 직선으로 선출하거나 읍에 지방의
회를 둔 예도 있었다. 그러나 지방자치제가 부활되면서 읍은 지방자치단체의 하부
행정 구역이 되었다.

읍은 기본적으로 군(郡)의 하부 행정 구역이지만, 도시의 형태를 갖추지 않은 지
역을 가진 도농복합형태의 시, 행정시(제주특별자치도), 특별자치시에도 설치될 수
있도록 하고 있다(지방자치법 제3조 제4항, 제주특별자치도 설치 및 국제자유도시 조성을
위한 특별법 제16조, 세종특별자치시 설치 등에 관한 특별법 제6조).

지방자치법에서는 읍의 설치 기준으로 "읍은 그 대부분이 도시의 형태를 갖추
고 인구 2만 이상이 되어야 한다"(제10조 제3항)라고 규정하고 있다.[16] 그러나 이러
한 기준을 충족하지 못하더라도 읍으로 승격될 수 있는 예외적 기준으로, ⓐ 군 사
무소 소재지의 면, ⓑ 읍이 없는 도농 복합형태의 시에서 그 시에 있는 면 중 1개
면은 읍으로 할 수 있도록 규정하고 있다(지방자치법 제10조 3항).

3) 면(面)·동(洞)의 설치 기준

면은 농촌 지역(군, 도농 복합형태의 시에서 도시가 아닌 지역), 동은 도시 지역(시 및
자치구)에 설치하는 하부 행정 구역이다. 법률에 규정된 면과 동의 설치 기준은 없다.

한편, 지방자치단체는 조례로 정하는 바에 따라 2개 이상의 면이나 동을 각각
하나의 면이나 동으로 운영할 수 있으며, 특히, 동의 경우는 하나의 동을 두 개 이
상의 동으로 운영할 수도 있다(지방자치법 제7조 제3항 및 제4항). 이렇게 운영되는
면을 '행정면', 동을 '행정동'[17]이라고 한다.

---

16) 여기서 '도시의 형태'란 ⓐ 시가지 거주 인구비율이 40% 이상, ⓑ 상공업 및 도시산업 종사 가구
비율이 40% 이상을 의미함(지방자치법 시행령 제9조 제3항).

17) 예를 들면, 서울시 종로구 청운효자동은 행정동인데, 이는 청운동, 효자동, 신교동, 궁정동, 옥인
동, 통인동, 창성동, 누상동, 누하동 등 9개의 소규모 법정동(도로명 주소 이전에 주소로 쓰이거나
각종 공적 장부나 지도에 기록된 구역 단위임)을 하나의 행정동으로 운영하는 것임. 반면, 서울시
강남구 일원동은 법정동이지만 인구증가에 따라 하나의 동으로 운영할 수 없어, 일원본동, 일원1
동 그리고 일원2동으로 나누어 3개의 행정동으로 운영됨.

4) 통(統)·리(里)의 설치 기준

통은 동의 하부 행정 구역이며, 리는 읍과 면의 하부 행정 구역이다. 통과 리의 명칭과 구역을 변경하거나 폐지하거나 설치하거나 나누거나 합칠 때는 그 지방자 치단체의 조례로 정한다(지방자치법 제7조 제2항).[18]

현재 읍·면·동과 통·리는 각각 동일 수준의 하부 행정 구역이다. 읍·면 아래 에는 리를 두고, 동 아래에는 통을 두고 있다.[19]

▌표 4-1 **지방자치단체 및 하부 행정 구역의 설치 기준 및 방법**

구분	설치 기준(지방자치법)[20]	설치 방법
광역 지자체	없음	법률
시	• 일반 시: 대부분이 도시의 형태를 갖추고 인구 5만 이상 • 도농복합형태의 시: 일반시로 설치된 시와 군을 통합한 지역, 인구 5만 이상의 도시 형태를 갖춘 지역이 있는 군 등	법률
군 및 자치구	없음	법률
일반구(행정구)	• 인구 50만 이상의 시	• 장관승인 • 조례
읍	• 대부분이 도시의 형태를 갖추고 인구 2만 이상	• 장관승인 • 조례
면·동	없음	• 장관승인 • 조례[21]
통·리	없음	조례

---

18) 지방자치법 제7조 제2항에서는 리에 관한 규정만을 두고 있지만, 이 규정은 통에도 적용되어야 할 것임.

19) 그런데 지방자치법 제7조 제4항 및 제5항에서는 동과 리를 함께 규정하고 있어 지방행정 계층의 수준이 서로 맞지 않다는 문제점이 제기됨. 이는 지난 70년간 변화된 지방행정의 현실을 지방자 치법이 반영하지 못하고 있기 때문이며, 현실과 동떨어진 조항이므로 개정이 요구됨. 현재와 같은 조문이 된 것은 과거 지방자치법 제정 당시에 도시 지역에 동과 농촌 지역의 리가 같은 수준의 하 부 행정 구역이었으나, 도시 지역의 동은 인구증가에 따라 하나의 말단 행정기관으로 승격되고, 그 아래에 통이 새로운 행정 구역으로 설정되었지만, 농촌 지역의 리는 여전히 말단 행정기관인 읍이 나 면에 소속된 자연촌락으로 존재하고 있기 때문임. 관련 조항의 전면 조정 및 개정이 요구됨.

20) 지방자치법 외에도 지방자치법 시행령(대통령령)이나 행정 구역 조정업무 처리에 관한 규칙(행정 안전부령) 등에서 관련 설치 기준을 상세히 규정한 경우도 있으나, 여기서는 지방자치법에 규정된 기준만을 제시함.

21) 행정면이나 행정동의 경우는 모두 해당 지방자치단체의 조례로 가능함(지방자치법 제7조 제3항 및 제14항).

2. 설치 방법

자치구가 아닌 구와 읍·면·동을 폐지하거나 설치하거나 나누거나 합칠 때는 행정안전부 장관의 승인을 받아 그 지방자치단체의 조례로 정한다(지방자치법 제7조 제1항). 다만, 제주특별자치도의 경우에는 읍·면·동을 폐지하거나 설치하거나 나누거나 합칠 때는 행정안전부 장관의 승인이 필요하지 아니하되, 도지사는 그 결과를 행정안전부 장관에게 보고하여야 한다(제주특별자치도 설치 및 국제자유도시 조성을 위한 특별법 제16조).

통과 리를 폐지하거나 설치하거나 나누거나 합칠 때는 그 지방자치단체의 조례로 정한다(지방자치법 제7조 제2항).

| 제3절 | **지방자치 구역** |

I 의의

지방자치 구역은 지방자치단체의 자치권이 미치는 장소적 범위를 의미한다. 국가에 국토가 있듯이 지방자치단체에는 담당 자치 구역이 있다. 지방자치단체의 구역은 주민 및 자치권과 함께 지방자치단체의 구성요소이고, 자치권을 행사할 수 있는 장소적 범위를 말하며, 다른 지방자치단체와의 관할범위를 구분해 준다. 따라서 모든 지방자치단체는 배타적인 자신의 자치 구역을 가진다. 또한, 자치 구역은 주민을 결정하는 주소의 기초가 된다.

한편, 자치 구역은 행정 구역과 구별되는 개념이다. 자치 구역은 지방자치단체의 관할 구역을 의미하며, 행정 구역은 행정기관의 권한이 미치는 일정한 구역을 의미한다. 따라서 지방자치단체도 행정기관의 일종이므로 행정 구역은 자치 구역을 포함하는 개념이다(김석태, 2012: 14).

지방자치 구역과 관련된 쟁점으로, 첫째는 자치권이 미치는 공간적 범위인 자치구역의 면적 범위를 어느 정도로 하는 것이 적당할 것인가의 문제이다. 이는 그 나라의 지방자치제도가 추구하는 목적이나 정치 상황 등과 밀접한 연관성을 가지며, 지방자치 구역의 특성에서 살펴본다. 둘째는 실제 지방자치 구역을 설정한다면 그 구역설정의 기준은 어떤 것이 되어야 하느냐의 문제이다. 과거에는 하천이나 산맥 등 자연환경을 기준으로 하였다면 현대적 기준은 무엇인지에 대한 고민이다. 지방자치 구역의 설정 기준에서 살펴본다. 셋째는 자치 구역의 변화와 관련된 것이다. 국가의 국토가 변화하는 것은 전쟁이나 큰 사건에 의해서지만, 자치 구역의 변경은 규정된 절차와 방법이 미리 정해질 필요가 있다. 이에 대한 것은 다음 절에서 다루기로 한다.

II 지방자치 구역의 특성

지방자치 구역은 그 나라 지방자치제도가 추구하는 목적이나 가치 그리고 주민의 정체성 등과 밀접한 연관성을 가진다.

첫째, 지방자치 구역은 지방자치단체의 기능 및 계층구조와 밀접한 관련성을 가진다. 지방정부가 수행하는 행정 기능의 내용은 그 관할 지역의 공간 범위와 연관된다. 공간이 넓으면 광역적 기능(광역교통, 지방과학기술정책 등)을, 좁으면 근린자치의 기능(쓰레기 처리, 자율방범 등)을 수행하는 것이 적당하기 때문이다. 또한, 자치 구역은 지방자치 계층의 문제와도 깊은 관련성을 가진다. 지방정부의 행정 기능 수행을 위하여 자치 계층을 단층제(하나의 자치단체에서 처리)로 할 것인지 또는 다층제(광역자치단체와 기초자치단체 등으로 분리 처리)로 할 것인지를 고려해야 하며, 다층제로 할 경우는 광역자치단체의 구역과 기초자치단체의 구역 간 중첩이 발생한다.

둘째, 지방자치 구역은 자치행정이 추구하는 민주성과 능률성이라는 두 가지 상반되는 가치와 밀접한 연관성을 가진다. 주민참여와 주민자치의 활성화를 위해서는 좁은 자치 구역이, 행정비용을 절약하고 경제적 효율을 위해서는 넓은 자치 구역이 유리할 수 있다. 1994~1995년 행정 구역을 통합하여 51개의 도농복합형태의 시를 설치한 경우와 2010년 마산·창원·진해시를 창원시로 통합한 것은 민주성보다는 능률성을 강조한 결과라고 볼 수 있다(남재걸, 2012: 78-83). 그러나 자치 구역이 넓거나 좁은 것이 반드시 행정의 능률성이나 민주성과 비례한다고 단정하기는 어렵다. 정치, 행정 및 경제 환경 등에 따라 다른 결과가 나타날 수 있기 때문이다.

셋째, 지방자치 구역은 주민들의 정체성 및 공동체 의식과 연관된다. 지방자치

구역은 주민들 상호 간에 소속감, 정체성, 연대의식이 형성되는 기초적 단위이다. 특정 지역이 하나의 구역으로 설정되거나 새로운 명칭이 부여되면 시간이 지남에 따라 주민들이 가지는 지역의 명칭이나 문화 등에 대한 정체성, 삶의 터전에 대한 공동체 의식은 더욱 강해지는 경향을 보인다. 따라서 지방자치 구역의 변경은 관련 주민들의 지역 정체성을 고려할 필요가 있다. 실제 행정 구역 통합과정에서 중앙 및 지방정부의 입장에서는 위의 두 가지 이유를 주로 제시하지만, 주민들은 세 번째 특성에 관심을 더 많이 가지는 경향이 있다(김태운·남재걸, 2011). 한편, 지방자치 구역이 내포한 주민 정체성이나 공동체 의식은 자치 구역의 변경을 어렵게 하는 보수적 속성과도 연관된다(최창호·강형기, 2019: 141).

Ⅲ 지방자치 구역의 설정 기준

'어느 정도의 면적 규모가 지방자치를 위하여 적절한가?'에 대한 논의는 여러 연구자에 의해 다양한 견해가 제시되었다. 20세기 후반까지 학자들의 노력은 일반적이고 보편적인 기준을 발견하는 데 집중하였다. 밀스포(Arthur Millspaugh, 1936: 78)는 ⓐ 공동체의 형성, ⓑ 행정의 경제성과 능률성 확보, ⓒ 자주적 재원조달 능력, ⓓ 주민의 접근성을 제시하였다. 또한, 페슬러(James Fesler, 1964: 50)는 ⓐ 자연지리적 조건과 교통통신의 발달 수준, ⓑ 행정 능률성 증진, ⓒ 필요 재원조달 능력, ⓓ 주민의 참여와 주민통제 활성화를 제시하였다. 국내의 최창호 교수(1981: 81)는 ⓐ 공동사회, ⓑ 행정량, ⓒ 재정적 자주성, ⓓ 편의성, ⓔ 주민참여 및 통제를 제시하였다. 이러한 학자들의 기준을 종합하면, 자치 구역은 ⓐ 주민의 공동체 형성을 고려해야 하며, ⓑ 행정의 능률성 확보에 유리하고, ⓒ 재정적인 자립 가능성이 있으며, ⓓ 행정의 민주성 확보를 위한 주민참여와 통제를 할 수 있도록 설정되어야 한다는 것이다.

그러나 위에서 제시된 기준들은 지나치게 일반적이어서 실제 구역설정에 도움이 되지 않거나, 기준들 상호 간 모순되는 것들이 발견된다는 비판이 제기되었다(최창호·강형기, 2019: 151; 김병준, 2010: 200). 예를 들면, 효율성이나 경제성을 기준으로 할 때 우리나라 소규모 지방자치단체 간 통합을 추진하여야 한다는 견해와 이에 반대하는 견해가 동시에 나올 수 있다는 것이다(김병준, 2010: 200). 또한, 구역설정의 기준으로 재정력을 제시하지만, 오늘날 대부분 국가에서 지방자치단체가 재정적인 자립성을 갖추기는 쉽지 않다는 것이다.

따라서 최근 학자들은 자치 구역설정을 위한 일반적인 기준을 찾기보다는 해당 국가나 지역의 역사성, 현실적 정치·경제 상황, 지방자치단체의 기능 및 계층구조 등을 종합적이고 구체적으로 고려할 필요가 있음을 강조한다.

Ⅳ 우리나라 지방자치 구역

지방자치단체는 자신의 관할 구역 내에서 헌법 제117조 제1항과 지방자치법 제13조 및 기타 개별 법률들이 부여한 자치권한을 가진다. 헌법 제117조 제1항에서 "지방자치단체는 주민의 복리에 관한 사무를 처리하고 재산을 관리하며, 법령의 범위안에서 자치에 관한 규정을 제정할 수 있다."라고 규정한 것은 국가가 지방자치단체에게 관할 구역 내에서 자치권을 행사할 수 있는 권한을 부여한 것으로 해석된다.

또한, 지방자치단체는 지방자치법 제13조 제1항에 따라 자기 관할 구역의 자치사무와 법령에 따라 지방자치단체에 속하는 사무를 처리할 권한을 가지며, 같은 조 제2항에서 예시하는 지방자치단체의 구역, 조직 및 행정관리 등에 관한 사무를 처리할 권한을 가진다.

한편, 지방자치 구역에 관하여 지방자치법에서는 "지방자치단체의 명칭과 구역은 종전과 같이하고"(제5조 제1항)라고 규정하고 있는데, 여기서 '종전'이라는 기준은 1948년 8월 15일[22] 당시 존재하던 구역경계가 원천적인 기초라는 의미이다. 본 규정은 대한민국 법률이 제정되기 이전부터 지방자치단체의 자치 구역 경계에 대하여 법적 효력을 부여하고 있는 것이며, 법률이나 대통령령에 따라 달리 정하여지지 않는 한, 현재까지 유지된다는 원칙을 규정한 것이다(헌법재판소 2015. 7. 30, 2010헌라2). 지방자치법(제5조 및 제6조)에서는 시대 환경 변화에 따라 지방자치 구역의 변경이 불가피한 때를 대비하여 구역변경의 방법을 비교적 구체적으로 규정

──────────

22) 처음으로 대한민국 지방자치단체의 구역에 관하여 정한 구 '지방행정에 관한 임시조치법'(1948. 11. 17일 제정)에서는 시·도 그리고 시에 두는 구, 도에 두는 부·군·도의 위치와 관할 구역은 대통령령으로 정하도록 하였는데, 같은 법에 따른 대통령령인 '지방행정기관의 명칭·위치 및 관할 구역에 관한 건'(1948. 11. 18일 제정)은 시·도 그리고 구·부·군·도의 위치 및 관할 구역은 단기 4281년 8월 15일 현재에 의하도록 규정하였음. 따라서 단기 4281년 8월 15일에 해당하는 1948년 8월 15일 당시의 관할 구역 경계가 지방자치단체의 구역을 정하는 기준이 된 것임(헌법재판소 2015. 7. 30. 2010헌라2).

하고 있다. 이에 관해서는 다음 절에서 살펴본다.

▌표 4-2 우리나라 지방자치 구역 및 인구 현황

구분 시·도		시·군·구				행정시· 행정구		읍·면·동	인구수
		계	시	군	구	시	구		
계(17)		226	75	82	69	2	32	3,533	51,325,32
특별시	서울	25			25			426	9,386,034
광역시	부산	16		1	15			205	3,293,362
	대구	9		2	7			150	2,374,960
	인천	10		2	8			155	2,997,410
	광주	5			5			97	1,419,237
	대전	5			5			82	1,442,216
	울산	5		1	4			56	1,103,661
특별자치시	세종							24	386,525
도 특별자치도	경기	31	28	3			17	574	13,630,821
	강원특별 자치도	18	7	11				193	1,527,807
	충북	11	3	8			4	153	1,593,469
	충남	15	8	7			2	208	2,130,119
	전북특별 자치도	14	6	8			2	243	1,754,757
	전남	22	5	17				297	1,804,217
	경북	22	10	12			2	322	2,554,324
	경남	18	8	10			5	305	3,251,158
특별자치도	제주					2		43	675,252

※ 자료: 행정안전부. 2024 지방자치단체 행정 구역 및 인구 현황(2023. 12. 31. 기준이며, 인구수는 주민등록 기준임).

우리나라 지방자치 구역은 주로 하천과 산맥 등 자연·지리적 조건을 기초로 형성되어 고대로부터 일제 강점기를 거쳐 1948년 8월 15일 당시까지 이어져 온 전통적 행정 구역경계를 시대적 환경과 주민 및 국민적 요구에 따라 변경되어 온 결과이다.

현재 우리나라의 지방자치 구역은 17개의 광역자치단체와 226개의 기초자치단체를 합쳐 총 243개의 지방자치단체로 이루어져 있다. 지방자치 구역 내의 행정 구역으로는 행정시가 2개(제주시, 서귀포시), 행정구(일반구) 32개이며, 일선 행정기관이 있는 읍·면·동은 총 3,491개이다.

제4절 우리나라 지방자치 구역의 경계 및 구역변경

I 지방자치 구역의 경계: 해상경계와 매립지 구역결정

1. 의의

우리나라 지방자치단체의 자치권은 육지와 바다에 걸쳐 그 영향이 미친다. 그런데 지방자치 구역은 이웃 자치단체와 분쟁이 발생하지 않도록 그 경계를 명확히 할 필요가 있다. 육지의 자치 구역은 지적 공부상[23]에 지방자치단체 간 관할 구역 경계가 비교적 명확히 존재한다. 따라서 육지의 자치 구역 경계에 대해 학술적으로나 실무에서 논쟁의 대상이 되는 경우는 거의 없다.

그러나 바다에 대해서는 육지에 상응하는 자치 구역의 경계선이 존재하지 않는다. 해상에 대해 공식적 경계선이 존재하지 않는 것은 바다를 지방자치단체의 구역으로 인정하지 않는 것이 아니며, 일종의 행정적 조치의 미비라고 볼 수 있다. 자치권이 미치는 관할 구역의 범위에는 육지는 물론 바다도 포함되므로, 공유수면에 대해서도 지방자치단체의 자치권한이 존재한다고 보아야 한다는 것이 헌법재판소의 일관된 태도이며(헌법재판소 2004. 9. 23. 2000헌라2; 헌법재판소 2006. 8. 31. 2003헌라1; 헌법재판소 2015. 7. 30. 2010헌라2), 지방자치법을 연구하는 학자들의 다수 견해이다(홍정선, 2018: 127; 최우용, 2011: 99).

바다에 대한 명확한 해상경계가 존재하지 않음으로 인하여 공유수면의 경계 문

---

23) 그러나 지적 공부상 기재에 명백한 오류가 있거나 그 기재 내용을 신뢰하기 어려운 경우는 지형도, 기타 역사적·행정적 관련 자료 등을 종합하여 판단하게 됨(헌법재판소 2008. 12. 26, 2005헌라11; 헌법재판소 2019. 4. 11. 2016헌라8).

제와 공유수면을 매립했을 때 그 매립지 경계에 대한 문제가 쟁점이 된다.

2. 해상경계: 공유수면의 경계문제

해상에 경계선이 존재하지 않음으로 인하여 어민들 간 법적 분쟁이 자주 발생하고 있다. 어민들은 통상 불문법상 관습에 근거하여 어업권의 범위를 주장하지만, 인접 지방자치단체 어민과 이에 대한 견해가 다를 수 있기 때문이다. 어민들 상호간 어업권에 대한 갈등은 헌법재판소에서 지방자치단체 상호 간의 권한쟁의심판으로 최종 판단하고 있다.[24]

이러한 분쟁에 대해 헌법재판소는 '불문법상 해상경계'의 존재 여부를 우선 고려한다. 해상경계에 관한 불문법이 존재한다면 이에 따라야 하며, 만약 불문법이 존재하지 않는다면, 분쟁이 발생한 자치단체들에 대한 '형평의 원칙'에 따라 해상경계선을 획정하게 된다.

헌법재판소는 형평의 원칙을 적용하는 기준으로 ⓐ 지리상의 자연적 조건, ⓑ 관련 법령의 현황, ⓒ 연혁적인 상황, ⓓ 행정권한 행사 내용 및 사무처리의 실상, ⓔ 주민의 편익 등을 제시하고 있다(헌법재판소 2015. 7. 30. 2010헌라2).[25]

3. 매립지 구역결정

위에서 논의된 바와 같이, 우리나라는 육지와 같은 명시적인 해상경계선이 존재하지 않음으로 인하여, 바다를 매립하여 육지가 되었을 경우 해당 매립지가 어느

---

24) 최근 해상경계와 관련된 권한쟁의 사례로는 옹진군과 태안군 등 간의 권한쟁의(2005헌라2), 홍성군과 태안군 등 간의 권한쟁의(2010헌라2), 고창군과 부안군 간의 권한쟁의(2016헌라8; 2018헌라2) 등을 들 수 있음.

25) 헌법재판소가 실제 소송사건에서 적용한 형평 원칙 고려 기준은 첫째, 자연 지리적 조건으로는 등거리 중간선 원칙임. 공유수면의 해상경계선은 각 지방자치단체로부터 비슷한 거리만큼 떨어진 중간지점에 위치하는 것이 적당하다는 것임. 둘째, 사건 공유수면에 도서들의 존재를 고려하는 것임. 해당 도서들의 면적, 주민들의 거주 역사와 현재의 현황, 거주 주민의 수, 주민들의 생활에서 그 섬이 이용되어온 양상 및 지방자치단체의 고유한 역사에서 그 섬이 가지는 생활 권역상 비중 등을 기초적 자료로 검토하고, 이를 근거로 해당 도서들이 지방자치단체 주민들의 핵심 생활조건을 이루고 있는지를 고려하는 것임. 셋째, 인접 지역에 대한 행정 구역의 관할 변경도 고려되어야 함. 분쟁사건이 발생한 바다지역에 인접한 도서나 육지의 관할 구역 변경의 역사성을 검토하게 됨. 넷째, 지방자치단체의 행정권한의 행사 연혁이나 사무 처리의 실상, 주민들의 편익을 고려하는 것임(헌법재판소 2015. 7. 30. 2010헌라2).

지방자치단체에 속하는지에 대한 결정을 어떻게 할 것인가에 대한 문제가 제기된다.[26] 이에 대해 지방자치법 제5조 제4항~제10항에서 매립지 구역결정 절차를 규정하고 있다.[27]

매립지가 속할 구역에 대한 결정권자는 행정안전부 장관이다. 그 절차는 우선, 매립면허관청이나 관련 지방자치단체장은 바다를 매립하고 준공검사를 하기 이전에 행정안전부 장관에게 그 매립지가 속할 지방자치단체 결정 신청을 하여야 한다. 이러한 신청 사실에 대해 행정안전부 장관은 관보나 인터넷 홈페이지에 게재하여 다른 지방자치단체 등으로부터 이의 제기를 받는다. 그런데 다른 지방자치단체 등으로부터 이의가 없으면 행정안전부 장관이 직권으로 매립지가 속할 지방자치단체를 결정하고, 이의가 있으면 지방자치단체분쟁조정위원회의 심의·의결에 따라 행정안전부 장관이 결정한다.

행정안전부 장관의 결정에 이의가 있는 경우, 관계 지방자치단체장은 그 결과를 통보받은 날부터 15일 이내에 대법원에 소송을 제기할 수 있다(지방자치법 제5조 제9항). 소송결과 대법원의 인용 결정이 있으면 그 취지에 따라 행정안전부 장관은 다시 결정하여야 한다(제5조 제10항).

II | 지방자치단체의 명칭과 구역변경

1. 지방자치단체의 명칭변경

1) 의의

지방자치단체는 외부에 대하여 다른 자치단체와의 차별성이나, 자체의 고유성을 나타내고, 안으로는 주민에게 일체감을 주기 위하여 고유한 명칭을 필요로 한

---

26) 매립지 구역결정과 관련된 지방자치단체 간 분쟁으로 새만금지역에 전라북도 부안군, 김제시, 군산시 간 분쟁, 경기도 평택시와 충남 당진시 간 평택당진항 매립지 분쟁, 인천시 연구수와 중·남·남동구간의 송도 매립지 관할 분쟁, 경상남도 사천시와 고성군 간 분쟁 등 비교적 잦은 소송이 발생하고 있음.

27) 본 조항에서는 육지의 경우 '지적공부에 등록이 누락된 토지'(공간정보의 구축 및 관리 등에 관한 법률 제2조 제19호)에 대한 관할 지방자치단체의 결정에 대한 절차도 함께 규정하고 있음. 다만, 이 책에서는 매립지를 중심으로 서술하고자 함.

다. 지방자치단체의 명칭은 지적 공부상의 표시, 도로교통, 주소 및 우편배달 등 다양한 공공적인 요소와 밀접한 관련성을 갖게 된다. 특히, 최근에는 지방자치단체의 명칭이 경제적 이익과 관련되어 무형의 자산으로도 인식하고 있다(강지은, 2016; 김수진, 2009). 지방자치법에서는 지방자치단체의 명칭과 한자 명칭에 대한 변경을 규정하고 있다.

2) 명칭변경

지방자치단체의 명칭은 광역자치단체의 경우 서울특별시, 세종특별자치시, 경기도, 제주특별자치도 등이며, 기초자치단체의 경우는 '서울특별시 구로구', '경기도 용인시', '전라남도 신안군'처럼 광역자치단체의 명칭과 함께 사용된다.[28] 우리나라에는 243개의 지방자치단체가 있으며, 그 명칭의 변경은 다른 지방자치단체 주민들에게도 혼란을 가져올 수 있어, 국회가 법률로 정하도록 하고 있다(지방자치법 제5조 제1항). 가장 최근에 지방자치단체 명칭변경의 사례는 2018년 7월 '인천광역시 남구'의 명칭을 '인천광역시 미추홀구'로 변경한 것이며, '인천광역시 남구 명칭변경에 관한 법률' 제정을 통하여 이루어졌다.

그러나 한글 명칭은 그대로 두고 한자 명칭을 변경하는 것은 대통령령으로 가능하다(지방자치법 제5조 제2항). 지방자치단체의 명칭과 한자 명칭의 변경은 해당 지방자치단체의 중요한 사항에 대한 변화이므로 주민투표를 거치거나 관계 지방의회의 동의를 얻어야 한다(제5조 제3항 제3호).

2. 지방자치단체의 구역변경

1) 의의

지방자치단체의 구역변경이란 지방자치단체 자치 구역의 공간 범위를 변경하는 것을 의미하다. 구역변경은 협의로는 경계변경을 의미하고, 광의로는 지방자치단체를 폐지하거나 설치하거나 나누거나 합치는 경우를 포함하는 개념이다(최우용, 2011: 95). 여기서는 구역변경을 광의로 해석하여 설명하고자 한다.

---

28) 지방자치단체 중에는 한글 명칭이 같은 사례가 있음. 경상남도 고성군(固城郡)과 강원도 고성군(高城郡)은 한글 명칭은 같으나 한자 명칭이 다름.

현행 지방자치법상 구역변경은 크게 법률의 형식으로 이루어지는 구역변경과 대통령령의 형식으로 이루어지는 구역변경으로 구분된다.

2) 법률에 의한 구역변경

지방자치단체를 '폐지하거나', '설치하거나', '나누거나', '합치는 경우'[이를 폐치 (廢置)·분합(分合)으로 간단히 표현하기도 함]에는 법률에 의한 구역변경이 이루어진다(지방자치법 제5조 제1항). 이러한 폐치·분합은 구체적으로 지방자치단체를 없애고 다른 지방자치단체에 편입하거나(폐지), 다른 지방자치단체와 합쳐서 새로운 지방자치단체를 만들거나(통합 및 새로운 설치), 하나의 지방자치단체를 두 개 이상의 지방자치단체로 나누는 것(분리 및 새로운 설치) 등을 의미한다.

또한, 광역자치단체 상호 간에 관할 구역변경을 통하여 기초자치단체 자체(전부 또는 대부분의 구역)의 상급 광역자치단체를 변경하는 경우에도 법률의 형식으로 이루어진다(지방자치법 제5조 제1항). 예를 들면, 경상북도 군위군이 대구광역시 군위군으로 변경되는 경우이다. 다만, 기초자치단체의 계속성을 유지하면서 그 일부 구역에 대한 관할 구역변경은 대통령령의 형식으로 가능하다(제2항).

(1) 지방의회의 의견청취 또는 주민투표

법률의 형식으로 이루어지는 구역변경의 경우에는 관계 지방의회의 의견청취 또는 주민투표의 절차를 거치도록 하고 있다(지방자치법 제5조 제3항). 여기서 '관계 지방의회'란 해당 지방자치단체의 의회와 그 상급 지방자치단체의 의회를 말한다(지방자치법 시행령 제3조). 그러나 주민투표법 제8조에 따른 '국가정책에 관한 주민투표'를 실시한 경우에는 지방의회의 의견청취를 생략할 수 있도록 하고 있다(지방자치법 제7조 제3항).

지방의회 의견청취는 지방자치법에 별도의 정족수 규정이 없어, 일반 의결정족수(의원 과반수의 출석과 과반수의 찬성)가 적용될 수 있을 것이다. 그러나 2021년 1월 지방자치법 전부개정으로, 뒤에서 다루는 지방자치단체의 관할 구역 경계변경의 의결정족수가 과반수의 출석과 출석의원 3분의 2 이상의 동의로 개정됨에 따라, 경계변경보다 더 중요한 지방자치단체를 폐지하거나 설치하거나 나누거나 합칠 때와 구역변경의 경우를 과반수의 찬성으로 결정하는 것은 논리적 모순이 있다.[29]

---

29) 물론 지방자치법 제5조 제3항에서는 '관계 지방의회'이고, 제6조 제1항은 경계변경을 '신청하는 지

(2) 법률의 제정

지방의회 의견청취 또는 주민투표를 통하여 관계 지방자치단체가 합의된 것이 확인된 경우, 정부에서 법률안을 제출하거나 국회의원 발의를 통하여 법률을 제정하게 된다.

3) 대통령령에 의한 구역변경: 지방자치단체의 경계변경

지방자치법에서는 지방자치단체의 구역변경 중 '관할 구역 경계변경'은 대통령령으로 정하도록 하고 있다(제5조 제2항). 여기서 '관할 구역 경계변경'이란 관련 지방자치단체 공간 범위에 대한 기본적 틀을 유지하되, 극히 제한적으로 이루어지는 구역변경으로 이해된다(홍정선, 2018: 144). 예를 들면, 같은 아파트 단지이지만 동별로 소속 지방자치단체가 다른 경우, 생활권과 관할 구역이 일치하지 않는 경우 등이다.[30]

불합리한 관할 구역 경계로 인한 주민불편 민원 사례가 증가함에 따라, 2021년 1월 전부개정된 지방자치법 제6조에서 비교적 상세히 경계변경 절차를 규정하고 있다. 지방자치단체의 관할 구역 경계변경 절차는 다음과 같다.

우선, 지방자치단체장은 지방의회 재적의원 과반수의 출석과 출석의원 3분의 2 이상의 동의를 얻어, 행정안전부 장관에게 경계변경 조정을 신청할 수 있다. 위례 신도시(경기도 성남시 및 하남시와 서울시 송파구에 걸친 신도시개발)와 같이 신도시개발 이후에 지방자치단체 간 경계조정 갈등이 발생하는 것을 미리 방지하기 위하여, 관계 중앙행정기관의 장 또는 둘 이상의 지방자치단체에 걸친 개발사업 등의 시행자는 관계 지방자치단체장에게 경계변경에 대한 조정 신청을 요구할 수 있다(지방자치법 제6조 제2항).

경계변경에 대한 조정 신청을 받은 행정안전부 장관은 관계 당사자 간 경계변경을 협의할 수 있도록 '경계변경 자율협의체'를 구성·운영할 것을 관계 지방자치단체장에게 요청하여야 한다(지방자치법 제6조 제4항). 관계 지방자치단체는 협의체

방자치단체의 지방의회만' 해당하는 것이므로 의결정족수가 다를 수 있으나, 주민의 관점에서 관련 규정을 재검토할 필요가 있을 것으로 생각됨.

30) 2020년 7월 현재 전국에 약 55개 지역에서 경계조정의 필요성을 호소하고 있는 것으로 나타났음. 대표적인 주민불편 사례로는 서울시 노원구와 경기도 의정부시 간 수락 리버시티 아파트, 서울 중구와 종로구 간 광화문빌딩(12층까지는 종로구 관할, 13층부터는 중구관할) 등임(행정안전부 내부자료).

구성·운영 요청을 받은 후 지체 없이 협의체를 구성해야 한다(지방자치법 제6조 제5항). 또한, 관계 지방자치단체장은 협의체의 협의 결과를 행정안전부 장관에게 알려야 한다(제6조 6항).

행정안전부 장관은 관계 지방자치단체가 협의체를 구성하지 못하거나, 관계 지방자치단체가 합의 하지 못한 경우에는 중앙분쟁조정위원회의 심의·의결을 거쳐 경계변경에 대하여 조정할 수 있다(지방자치법 제6조 제7항).

행정안전부 장관은 ⓐ 협의체의 협의 결과 관계 지방자치단체 간 경계변경에 합의하고 관계 지방자치단체장이 그 내용을 알린 경우, ⓑ 중앙분쟁조정위원회가 경계변경이 필요하다고 의결한 경우, 지체 없이 그 내용을 검토한 후 이를 반영하여 경계변경에 관한 대통령령안을 입안하여야 한다(지방자치법 제6조 제9항).

Ⅲ 지방자치단체 내 행정 구역의 명칭과 구역변경

1. 의의

지방자치단체의 자치 구역 내에는 자치구가 아닌 구(일반구 또는 행정구라 불림)와 읍·면·동이 있고, 그 아래에 통·리가 있다. 지방자치단체의 자치 구역 내 명칭과 행정 구역설정은 지방자치단체의 자치조직권의 일종으로 자율적인 구역설정 권한이 주어지는 것이 바람직하다. 그러나 국가 전체의 통일성을 유지하고 지방자치단체의 과도한 행정 구역 증설을 방지하기 위하여 행정 구역의 폐치·분합의 경우에는 중앙정부에서 일정한 통제를 하고 있다.

2. 행정 구역의 명칭과 구역변경

자치구가 아닌 구와 읍·면·동의 명칭변경은 해당 지방자치단체의 조례로 정하고, 그 결과를 광역자치단체장에게 보고하여야 한다(지방자치법 제7조 제1항). 통과 리의 명칭변경은 해당 지방자치단체의 조례로 정한다(제7조 제2항).

한편, 자치구가 아닌 구와 읍·면·동을 폐지하거나 설치하거나 나누거나 합칠 때는 행정안전부 장관의 승인을 받아 해당 지방자치단체의 조례로 정한다. 다만, 단순한 구역의 변경(경계변경)은 그 지방자치단체의 조례로 정하고, 그 결과를 광역자치단체장에게 보고하여야 한다(지방자치법 제7조 제1항). 통과 리의 구역을 변경하거나 폐지하거나 설치하거나 나누거나 합칠 때는 그 지방자치단체의 조례로 정한다(제7조 제2항).

▌표 4-3 **지방자치단체 구역변경의 절차와 형식**

자치 구역 및 행정 구역변경	절차 및 형식	근거 규정 (지방자치법)
• 지방자치단체의 명칭변경 • 지방자치단체를 폐지하거나 설치하거나 나누거나 합치는 경우 • 광역자치단체 상호 간 기초자치단체 관할 구역 변경	• 지방의회 의견청취 또는 주민투표 • 법률	제5조 제1항
• 지방자치단체의 한자 명칭변경	• 지방의회 의견청취 또는 주민투표 • 대통령령	제5조 제2항 제3항 제3호
• 지방자치단체의 관할 구역 경계변경	• 지방의회 동의(과반수 출석 × 2/3 동의) • 대통령령	제5조 제2항 제3항 제2호 제6조 제1항
• 자치구가 아닌 구와 읍·면·동을 폐지하거나 설치하거나 나누거나 합치는 경우	• 행정안전부 장관 승인 • 조례	제7조 제1항
• 자치구가 아닌 구와 읍·면·동의 명칭과 구역의 변경	• 조례 • 광역단체장에게 보고	제7조 제1항
• 통·리의 명칭과 구역의 변경 등	• 조례	제7조 제2항

제5장

지방자치단체의 사무

제1절 **사무배분의 방식과 원칙**

I 사무배분의 의의와 성격

국가 전체에 존재하는 공공사무를 민주적이고 효율적으로 처리하기 위해서는 그 사무를 처리할 권한을 가진 주체가 중앙정부인지 지방정부인지에 대해 명확히 할 필요가 있다. 이것이 국가와 지방 간 사무배분이다. 그런데 공공사무 중에서 어떤 것은 국가가 처리하고 어떤 것은 광역자치단체 또는 기초자치단체가 처리해야 하는가에 대한 명쾌하고 규범적인 정답을 찾기는 어렵다. 왜냐하면, 국가와 지방 간 사무의 배분은 다음과 같은 여러 가지 변수와 밀접히 연관되어 있기 때문이다.

첫째, 사무배분의 문제는 특정 국가의 중앙집권 또는 지방분권의 문제와 연관된다. 중앙집권을 추구하는 국가에서는 국가사무를 증대시킬 것이며, 지방분권을 추구하는 경우에는 국가사무를 축소하고 지방사무를 증대시킬 것이다.

둘째, 사무배분은 지방자치 계층구조, 지방자치 구역, 자치권의 범위 등과 밀접한 연관성을 가진다. 단층제의 계층구조를 가진 경우에는 국가와 지방지치단체와의 이원적 배분이 고려되며, 중층제인 경우에는 국가－광역자치단체－기초자치단체 간의 삼원적인 사무배분이 고려되어야 한다(최창호·강형기, 2019: 240). 또한, 지방자치 구역이 넓다면 광역적인 사무를 처리하기에 쉬울 것이며, 그 반대의 경우에는 국가나 광역자치단체가 광역적 사무를 처리해야 할 것이다. 지방자치단체에 주어진 자치권이 크다면 그 반대의 경우에 비하여 자치사무의 범위가 상대적으로 넓을 가능성이 크다.

셋째, 사무배분은 자원배분과 밀접한 연관성을 가진다. 사무가 많다는 것은 그

것을 처리할 인적·물적 자원이 더 소요된다는 것을 의미한다. 따라서 국가와 지방 간의 사무배분은 지방세, 보조금 등의 자원배분이 함께 고려되어야 한다.

넷째, 사무배분은 행정환경의 변화가 반영되어야 한다. 국가에서 처리되어야 할 것으로 간주되었던 사무가 시대변화에 따라 지방에서 처리하는 것이 적절할 수 있으며 그 반대의 경우도 있을 수 있다. 따라서 배분된 사무는 행정환경의 변화와 주민의 행정수요에 대응하여 재배분될 수 있는 특성도 지니고 있다. 여기서 행정환경은 저출산·고령화 등 행정 서비스와 직접 관련된 것뿐만 아니라 정치·경제적 환경과 같은 거시적이고 이념적인 환경도 포함될 수도 있을 것이다(김병준, 2010: 358).

Ⅱ 사무배분의 방식

국가와 지방자치단체 간 사무배분은 '법률에서 어떠한 방식으로 지방자치단체의 사무를 규정하느냐?'에 따라 크게 개별적 지정방식, 포괄적 지정방식, 절충형 방식으로 구분할 수 있다.[1]

1. 개별적 지정방식

개별적 지정방식은 국회가 지방자치단체별로 수행할 사무를 개별 법률을 제정하여 지정해주는 방식이다. 특정 지방자치단체가 만들어지거나 새로운 사무를 요구하게 되면, 개별 법률을 제정하여 해당 지방자치단체에서 수행할 사무가 무엇인지 구체적으로 부여하게 된다. 예를 들면, 새로운 지방자치단체 설치를 위한 법률을 제정할 때 같은 법률에 해당 지방자치단체가 수행할 사무를 구체적으로 지정해주는 방식이다.

개별적 지정방식은 각 지방자치단체의 사무를 개별 법률에 따라 명확히 함으로써 중앙과 지방 간의 책임 한계가 분명하며, 개별 지방자치단체의 특수성을 반영하기에 쉬운 장점이 있다. 그러나 이 방식은 개별 법률을 제정해야 하므로 법률 제·개정 시에 자치단체와 국회의 행정 부담이 가중되며, 지나친 개별성으로 통일성이

---

1) 학자에 따라서는 이를 개별적 수권방식, 개괄적 수권방식, 절충적 수권방식으로 구분(최창호·강형기, 2019: 241)하거나, 개별적 배분방식, 포괄적 배분방식, 혼합방식으로 구분(김병준, 2010: 360-5)하기도 함.

저해되어 지역별 사무의 배분이 혼란스러울 수 있으며, 특정 지역의 정치력이 강할 경우에는 더 많은 사무와 재정을 배분받아 다른 지역과의 형평성 문제가 나타날 가능성이 크다는 단점도 있다.

2. 포괄적 지정방식

포괄적 지정방식은 지역적 성격을 가진 사무를 모든 지방자치단체의 사무로 일괄 지정하는 방식이다. 다만, 법률이나 명령으로 국가사무나 다른 지방자치단체의 사무로 규정된 것은 제외된다. 포괄적 지정방식은 "지방자치단체는 지역적 공공사무를 처리한다"와 같은 조항을 지방자치의 일반 법률에 규정하여 관련 사무를 원칙적으로 모두 지방자치단체의 사무로 함을 명확히 하게 된다. 그렇지만 각 업무 영역별로 제정된 법령에서 실질적인 사무의 배분이 이루어짐에 따라, 지방자치단체의 자치사무 영역이 축소되는 경우가 많이 발생하게 된다.[2] 따라서 포괄적인 지정방식이 자치사무의 범위를 확대하는 듯 보이지만, 이러한 개별법령에서의 규정으로 인하여 개별적 지정방식이 자치사무의 범위가 더 넓은 것이 일반적이다.

특정 사무를 국가가 수행하고자 할 때 개별적 지정방식은 모든 지방자치단체의 관련 법률을 모두 개정해야 하지만, 포괄적 지정방식의 경우에는 특정 사무를 규정하고 있는 해당 법령만을 개정하면 되므로 사무 지정에 대한 융통성과 탄력성이 높을 수 있다.

그러나 포괄적 지정방식은 구체적인 사무에서 국가사무와 지방사무 간의 명확한 구분이 어려우며, 실질적인 사무배분은 그 사무를 규정하고 있는 개별법령에서 이루어지는 경우가 많아 개별법령의 개정 등을 통한 중앙정부의 자치권 침해 현상이 나타나기 쉽다는 단점도 있다.

3. 절충형 방식

절충형 방식은 위의 두 가지 방식을 혼합한 사무 배분 방식이다. 위의 두 가지

---

2) 예를 들면, 지방자치의 일반법인 지방자치법에 지역적 공공사무는 지방자치단체의 사무라고 명시하더라도, 어떤 사무도 절대적인 '지역적 공공사무'라고 보기는 어려운 경우가 대부분이므로 개별법령(지방공기업법, 농어업인 삶의 질 향상 및 농어촌지역 개발촉진에 관한 특별법 등)을 만들 때 중앙부처와 지방자치단체의 사무 권한을 규정하면서 중앙부처의 권한을 더 넓게 설정하게 됨.

방식을 어떻게 혼합하느냐에 따라 다양한 형태의 방식이 있을 수 있으므로 일괄적으로 설명하기는 어렵다. 최근 각국은 개별적 지정방식이나 포괄적 지정방식의 어느 하나를 채택하기보다는 혼합하여 사용하는 경향이 나타나고 있다.

영국의 경우는 전통적으로 개별적 지정방식을 사용하였으나, 2000년 이후에는 지방자치법(Local Government Act) 및 각종 법률에서 지방자치단체나 그 종류별 일반적 사무나 권리를 명시하는 경향이 나타나고 있으며, 법률의 위임에 따라 중앙정부와 지방자치단체 간의 분권 협상(Devolution Deal)을 통한 사무의 배분도 이루어지고 있다.[3]

일본은 지방자치법에서 광역자치단체와 기초자치단체로 나누어 자치사무를 일괄하여 지정하고, 중앙정부의 위임사무(이른바 일본의 법정 수탁사무)는 같은 법 별표에서 각 개별법의 근거 조문을 붙여 열거하는 방식인 포괄적 열거 지정방식을 채택하고 있다(최창호·강형기, 2019: 242).

우리나라는 지방자치법(제13조 제2항)에서 지방자치단체가 처리할 7대 분야 61개의 사무를 포괄적으로 예시하고 있다. 이러한 우리나라의 예시적인 사무배분의 방식은 절충형 방식에 속하다고 볼 수 있는데, 학자들은 '포괄적 예시주의' 또는 '예시적 개괄 수권방식', '예시적 열거주의' 등으로 부르고 있다(김병준, 2010: 366; 최창호·강형기, 2019: 242; 안용식 외, 2007: 423).

Ⅲ 사무배분의 원칙

국가와 지방자치단체 간 그리고 광역자치단체와 기초자치단체 간에 사무를 배분하는 경우에 적용되는 원칙들을 정리하면 다음과 같다.[4]

---

3) 프랑스도 전통적으로 포괄적인 지정방식이었으나, 1983년 '코뮌, 데파르트망, 레지옹, 국가 간 권한 배분에 관한 법'을 제정하면서 지방자치단체가 수행할 사무를 예시적으로 제시하는 절충형 방식(예시적 포괄주의)을 취하게 되었음(박응격, 2011: 213).

4) 지방자치론 교과서에서 자주 언급되는 것으로 '슈프(Carl S. Shoup)의 원칙'이 있음. 슈프의 원칙이란 슈프가 1949년 연합군 총사령부의 초청으로 전후 일본의 조세제도를 전면 개편하면서 사무배분의 원칙으로 '행정책임 명확화의 원칙', '능률의 원칙', '기초자치단체 우선의 원칙'을 제시한 것을 의미함(최창호·강형기, 2019: 245; 김병준, 2010: 370).

1. 보충성의 원칙

보충성의 원칙(principle of subsidiarity)이란 기초자치단체에서 처리할 수 있는 사무를 광역자치단체나 중앙정부에서 처리해서는 안 된다는 것을 의미한다. 왜냐하면, 주민과 근접한 기초자치단체에서 더욱 많은 사무를 처리하는 것이 지방자치의 원리에 더 부합하기 때문이다. 이를 보충성의 원칙이라고 부르는 이유는 지방자치단체의 사무는 원칙적으로 기초자치단체의 사무이며 광역자치단체와 중앙정부는 이에 대해 보충적인 임무를 수행하는 것이 바람직하다는 것을 강조하기 때문이다. 이 원칙은 '현지성의 원칙', '기초자치단체 우선의 원칙'이라고 불리기도 한다.

지방자치법 제11조 제2항에서 "국가는 … 사무를 배분하는 경우 지역주민 생활과 밀접한 관련이 있는 사무는 원칙적으로 시·군 및 자치구의 사무로, 시·군 및 자치구가 처리하기 어려운 사무는 시·도의 사무로, 시·도가 처리하기 어려운 사무는 국가의 사무로 각각 배분하여야 한다"라고 하여 보충성의 원칙을 규정하고 있다. 또한, 제14조 제3항에서는 "시·도와 시·군 및 자치구는 사무를 처리할 때 서로 겹치지 아니하도록 하여야 하며, 사무가 서로 겹치면 시·군 및 자치구에서 먼저 처리한다"라고 하여 보충성의 원칙을 더욱 명확히 하고 있다.

2. 명확성의 원칙

명확성의 원칙이란 기관 간 사무가 서로 겹치지 않도록 배분되어야 한다는 것을 의미한다. 즉, 사무의 소관이 중앙정부인지 광역자치단체인지 기초자치단체인지가 명확하게 구분지어져야 한다는 것을 의미한다. 이를 '비경합성의 원칙' 또는 '불경합성의 원칙'이라고 부르기도 한다. 만일 사무가 서로 겹치게 되면, 위에서 언급한 보충성의 원칙에 의하여 기초자치단체가 우선하여 처리하게 된다.

지방자치법 제11조 제1항 및 제14조 제3항 전단에서도 사무가 서로 중복되거나 겹치지 않아야 함을 규정하고 있다.

3. 효율성의 원칙

효율성의 원칙이란 사무 배분 시에는 그 사무처리에 드는 경제적 비용을 고려해야 한다는 것을 의미한다. 지방자치단체의 재정력이나 인구수 등을 고려하여 최소의 비용으로 최대의 효과를 거둘 수 있는 지방자치단체에 배분하는 것을 고려해야 한다는 것이다. 이를 '경제성의 원칙' 또는 '능률성의 원칙'이라고 부르기도 한다.

지방자치법 제1조에서는 이 법의 제정 목적으로 "… 지방자치행정을 민주적이고 능률적으로 수행하고 …"라고 하여 행정의 능률성을 강조하고 있다.

4. 종합성의 원칙

종합성의 원칙이란 특정의 사무만을 배분하지 않고 서로 연관된 사무를 함께 포괄적으로 배분해야 한다는 것을 의미한다. '포괄성의 원칙'이라고도 불린다. 하나의 사무에는 연관된 다양한 사무가 있을 수 있는데, 이를 별도의 기관에서 처리하게 하는 것이 아니라 하나의 지방자치단체에서 종합적으로 처리하는 것이 바람직하다는 것이다. 예를 들면, 도로를 관리하는 데 신호등 설치, 건널목, 과속단속 카메라 등을 각각 중앙정부, 광역자치단체, 기초자치단체가 나누어서 해서는 안 된다는 것이다(김병준, 2010: 375). 이 원칙은 국가의 특별지방행정기관이나 특정의 업무를 수행하는 특별지방자치단체보다는 될 수 있는 대로 보통지방자치단체를 중심으로 사무를 배분해야 한다는 것이다.

지방자치법 제11조 제3항에서는 "국가가 지방자치단체에 사무를 배분하거나 지방자치단체가 사무를 다른 지방자치단체에 재배분하는 때에는 사무를 배분 또는 재배분받는 지방자치단체가 그 사무를 자기의 책임으로 종합적으로 처리할 수 있도록 관련 사무를 포괄적으로 배분하여야 한다"라고 하여 종합성의 원칙을 규정하고 있다.

5. 재정확보의 원칙

재정확보의 원칙이란 사무를 배분하는 경우에는 해당 사무의 처리를 위한 재정을 확보할 수 있도록 하여야 한다는 것이다. 만일 국가가 지방자치단체에 사무를 이양하면서 그에 합당한 재정 지원이나 재원 이양이 없다면 지방자치단체의 재정 부담이 가중되고 지방자치를 훼손할 수 있기 때문이다. 이를 '충분재정의 원칙'이라고도 한다(김병준, 2010: 375).

'지방자치분권 및 지역균형발전에 관한 특별법' 제33조 제2항에서는 "국가는 지방자치단체에 이양한 권한 및 사무가 원활히 처리될 수 있도록 대통령령으로 정하는 바에 따라 행정적·재정적 지원을 병행하여야 한다"라고 하여 국가의 재정지원 의무를 명시하고 있다.

제2절 지방자치단체 사무의 종류

I 의의

하나의 국가에서 공공부문의 사무는 그 처리 주체를 기준으로 중앙정부가 중심이 되어 처리하는 국가사무와 지방자치단체에서 처리하는 지방사무로 구분할 수 있다. 지방자치단체에서 처리하는 지방사무는 다시 그 사무의 특성에 따라 자치사무와 위임사무로 구분한다. 자치사무는 그 지방자치단체가 자기 책임과 부담하에 처리하는 지역적 특성을 가진 사무이다.

위임사무는 중앙정부나 광역자치단체의 사무이지만 법령에 따라 해당 지방자치단체 또는 그 장에게 위임하여 처리하는 사무를 말한다. 위임사무는 다시 단체위임사무와 기관위임사무로 구분된다. 단체위임사무는 법령에 따라 국가 또는 광역자

▼ 그림 5-1 우리나라 공공사무의 분류

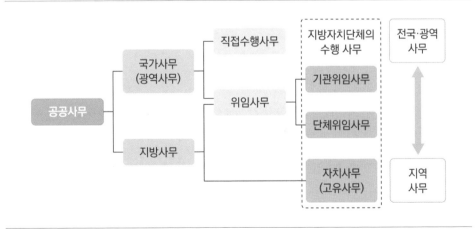

치단체로부터 해당 '지방자치단체(지방의회＋지방자치단체장)'에 위임된 사무이며, 기관위임사무는 해당 '지방자치단체장(집행부)'에게 위임된 사무이다.

Ⅱ 자치사무(고유사무)

1. 의의

자치사무는 지방자치단체가 자기의 책임과 부담하에 처리하는 사무로서 그 지방자치단체의 존립목적에 필요한 사무이다. 지방자치단체 본연의 사무라는 의미에서 고유사무라고 부르기도 한다. 지방자치단체가 지역 내의 사무를 자기의 책임과 부담으로 스스로 처리하는 것은 당연한 논리이므로, 지방자치의 이념에 가장 적합한 사무가 자치사무이다. 지방자치법 제13조 제1항에서는 '지방자치단체는 관할 구역의 자치사무'를 처리한다고 규정하고 있다.

자치사무는 목록으로 정할 수 없다는 것이 특징이다. 왜냐하면, 지방자치단체는 법령에서 제외하고 있는 사무가 아니면 원칙적으로 지역 내의 사무를 스스로 처리할 수 있기 때문이다. 즉, 자치사무는 법령에 따라 주어진 사무도 있지만 대부분 그 지방자치단체의 필요와 재정력에 의하여 결정되는 것이며, 시대에 따라 그 사무의 내용도 새로 생겨나기도 또 폐기될 수도 있기 때문이다(홍정선, 2018: 476).

2. 종류와 예시

자치사무는 법령의 규정 여부를 기준으로 법령상 자치사무와 임의적 자치사무로 구분된다.

1) 법령상 자치사무[5]

법령상 자치사무란 법령에서 구체적으로 지방자치단체의 자치사무임을 규정하고 있는 사무이다. 즉, 법령에서 해당 사무의 구체적인 내용을 규정하고 그 처리의 권한이나 의무 이행을 지방자치단체장 또는 지방자치단체에 부여하고 있는 것을

---

5) 기존의 분류방식은 이를 의무적 자치사무(필요적 자치사무)로 명명하였으나, 법령에는 의무만을 규정하지 않고 권한을 규정한 예도 많아 이를 포괄하기 위하여 법령상 자치사무로 이름 짓고자 함.

의미한다.[6] 따라서 법령상 자치사무에는 지방자치단체에 의무를 부과한 경우와 재량을 규정한 경우가 모두 포함된다.[7]

2) 임의적 자치사무

지방자치단체가 스스로 사무를 발굴하여 자기 책임으로 처리하는 사무이다. 지역축제 운영, 지역 문화예술 활성화, 마을 공동체 지원, 지역 학생에게 장학금 지원, 가로등 설치 등을 들 수 있다. 임의적 자치사무는 무궁무진하게 발굴될 수 있으며, 지방자치단체의 노력 여하에 따라 사무가 생겨나고 없어질 수 있을 것이다.[8]

3. 비용의 부담

지방자치단체의 자치사무 처리에 수반되는 비용은 해당 지방자치단체가 부담하는 것이 원칙이다. 즉, 지방자치단체의 관할 구역 자치사무에 필요한 경비는 그 지방자치단체가 전액을 부담한다(지방재정법 제20조). 국가나 광역자치단체에서 자치사무의 경비를 지원하는 것은 가능하다.[9]

---

6) 이러한 의미에서 지방자치법 제13조 제2항에서 포괄적으로 예시한 것은 자치사무와 단체위임사무를 포함하고 있지만, 자치사무에 해당한다고 볼 수 있는 사무라도 법령상 자치사무로 분류하기는 어려울 것으로 보임. 왜냐하면, 구체적으로 그 사무의 내용을 적시하는 것이 아니라 포괄적으로 사무의 명칭을 나열하고 있기 때문임.

7) 예를 들면, 약사법에서는 약국 개설자가 같은 법(제76조 제1항 제3호, 제81조 제1항)을 위반한 경우에 지방자치단체장이 업무의 정지를 명하거나 과징금을 부과할 수 있도록 하고 있는데, 판례에 따르면 동 사무도 법령이 규정하고 있는 지방자치단체 고유의 자치사무임(대법원 2014. 10. 27. 선고 2012두15920). 또한 지방자치법(제7조 제1항)에서 지방자치단체에 자치구가 아닌 구와 읍·면·동의 명칭과 구역의 변경 권한을 부여하고 있는데, 동 사무도 지방자치단체 고유의 자치사무라고 봄(대법원 2016. 7. 22. 선고 2012추121).

8) 실제 실무에서 임의적 자치사무를 판단하기도 쉽지는 않음. 대법원 판결(대법원 2013. 4. 11. 선고 2012추22)을 예로 들면, 수업료와 입학금 그 자체에 관한 사무는 교육·학예에 관한 사무로서 지방자치단체 중 특별시·광역시·도의 자치사무(지방교육자치에 관한 법률 제2조 및 제18조 제1항)에 해당하나, 수업료 및 입학금의 지원에 관한 사무는 주민의 부담 경감, 청소년의 기본적 교육여건 개선 및 평등한 교육을 받을 권리를 보장하는 것이므로, 기초자치단체 고유의 자치사무(지방자치법 제13조 제2항 제2호 라목에 해당)라고 함.

9) 예를 들면 지방자치단체의 자치사무에 해당하는 것이 국가에서 장려하는 특수시책이어서 국가가 국고보조금이나 특별교부세를 지원하는 경우가 이에 해당함.

4. 지방의회의 관여

자치사무는 지방자치단체가 자기의 책임과 부담으로 처리하는 자신의 사무이므로 지방의회가 당연히 관여하게 된다. 지방의회는 조례를 제정하거나 행정사무의 감사 및 조사(지방자치법 제49조) 등 자치사무에 대해서는 광범위한 관여가 가능하다.

5. 상급기관의 감독[10]

국가나 광역자치단체가 특정 지방자치단체의 자치사무를 감독하는 때에는 합법성 통제에 그쳐야 한다. 합법성 통제는 지방자치단체가 법령을 준수하며 사무처리를 하고 있는지를 감독하는 것이다.[11] 따라서 자치사무의 타당성이나 합목적성에 대한 국가나 광역자치단체의 감독은 배제된다. 이는 지방자치단체의 자치권에 대한 침해가 되기 때문이다.

지방자치법에서는 자치사무에 대한 국가나 광역자치단체의 감독은 법령에 위반되는 것에 한하여 가능하다는 규정을 두고 있다(지방자치법 제188조, 제190조, 제192조). 지방자치단체장의 명령이나 처분에 대한 국가나 광역자치단체의 감독 중에서 자치사무에 관해서는 법령에 위반되는 사항에 한정하고 있다(제188조 제5항). 또한, 행정안전부 장관이나 시·도지사는 지방자치단체의 자치사무에 관하여 보고를 받거나 서류·장부 또는 회계를 감사할 수 있으나, 이 경우 감사는 법령 위반사항에 대해서만 한다(제190조). 지방의회의 의결이 법령에 위반되는 경우에는 상급기관에서 해당 지방자치단체장에게 재의를 요구하게 할 수 있다(제192조).[12]

---

10) 상급기관의 감독은 이 책 제5편 제19장 지방자치단체에 대한 통제 부분을 참고 바람.

11) 지방자치법에서는 합(적)법성 통제를 '법령에 위반'으로 타당성이나 합목적성에 대한 통제를 '현저히 부당하여 공익을 해친'(제188조 제1항 및 제2항) 또는 '공익을 현저히 해친'(제21조 제1항, 제120조 제1항, 제192조 제1항)으로 표현하고 있음(홍정선, 2018: 681).

12) 이러한 명문의 규정이 없어 문제가 될 소지가 있는 조문은 지방자치법 제192조의 지방의회 의결에 대해 주무부 장관이나 시·도지사가 해당 지방자치단체장에게 재의를 요구하게 할 수 있는 조건에 '법령에 위반'되거나 '공익을 현저히 해친다고 판단'되는 경우로 하고 있는데, 자치사무에 관해서는 법령에 위반되는 것에 한정한다는 명문의 규정을 두고 있지 않음. 이에 대해서는 같은 법 제188조 및 제190조 그리고 지방자치제의 취지 등을 고려하여 자치사무에 관해서는 법령에 위반되는 것에 한정되는 것으로 해석되어야 할 것임(홍정선, 2018: 681).

Ⅲ 단체위임사무

1. 의의

단체위임사무는 국가 또는 광역자치단체의 사무이지만 법령에 의하여 해당 지방자치단체(지방의회 + 지방자치단체장)에 위임한 사무이다. 즉, 사무의 실체적 내용은 국가 또는 광역자치단체의 사무이지만 그 처리를 해당 지방자치단체에 위임한 것이다. 단체위임사무는 집행기관인 지방자치단체장에게 위임한 것이 아니라 지방자치단체 자체에 위임한 것이므로 지방의회의 관여가 가능하다. 전국적 또는 광역적 이해관계뿐 아니라 해당 지방자치단체의 의사도 일부 반영되는 성격의 사무가 단체위임사무라고 할 수 있다.

2. 지방자치법에서의 규정형식 및 예시

지방자치법에서 단체위임사무는 '법령에 따라 지방자치단체에 속하는 사무'(제13조 제1항 후단)[13], '지방자치단체 … 위임받아 처리하는 국가사무'(제185조 제1항), '시·군 및 자치구 … 위임받아 처리하는 시·도 사무'(제185조 제2항) 등 '지방자치단체', '시·도' 또는 '시·군 및 자치구'가 그 사무를 위임받는 주체로 표현된다. 이는 뒤에서 논하는 '지방자치단체장'(또는 '시·도지사' 또는 '시장·군수·구청장'으로 표현)이 위임받아 처리하는 기관위임사무와 구별된다.

이렇듯 지방자치법상 단체위임사무를 규정하고 있지만, 실제 우리나라 법령에서 어떤 사무가 단체위임사무에 해당하는지에 대한 판례는 없다. 따라서 지방자치법상 단체위임사무의 관념이 존재할 뿐 실제 법령에서 단체위임사무를 규정하고 있다고 판단되는 법령 규정은 현재로서는 찾아보기 어렵다(홍정선, 2018: 508).

3. 비용의 부담

단체위임사무는 전국적 또는 광역적 이해관계뿐 아니라 해당 지방자치단체의

---

13) 법령에 따라 지방자치단체에 속하는 사무에는 단체위임사무뿐 아니라 전술한 자치사무의 종류 중 법령상 자치사무도 이에 포함된다고 볼 수 있음(문상덕, 2004: 384).

이해관계도 포함되는 것이므로 그 사무처리에 드는 비용은 관련 정도에 따라 공동 부담하는 것이 원칙이다(지방재정법 제21조 제1항). 국가나 지방자치단체가 사무를 위임하는 경우에는 사무를 위임한 국가나 지방자치단체에서 그 경비를 부담하여야 한다(지방자치법 제158조 단서). 다만, 단체위임사무의 경우에는 위임받은 지방자치 단체에서도 사무 수행에 일정한 자율성이 부여되므로 이 부분 만큼은 자신의 경비 를 지출할 의무를 진다(지방자치법 제158조).

4. 지방의회의 관여

단체위임사무는 국가나 광역자치단체로부터 해당 지방자치단체 자체에 위임된 사무이므로 지방의회의 관여가 가능하다. 지방의회는 조례를 제정하거나 행정사무 의 감사 및 조사(지방자치법 제49조) 등 관여가 가능하다. 그러나 지방의회의 관여는 법령에서 위임한 범위 내에서 이루어지는 것이므로 자치사무보다는 부분적 관여라 고 할 수 있다.

5. 상급기관의 감독

단체위임사무에 대해서는 국가나 광역자치단체의 합법성뿐 아니라 타당성이나 합목적성에 대한 감독까지도 가능하다.[14) 왜냐하면, 단체위임사무는 국가 또는 광 역자치단체의 사무이지만 해당 지방자치단체에 위임된 것이기 때문이다.

단체위임사무의 감독에 대한 지방자치법상 근거로는 제185조(국가사무나 시·도 사무처리의 지도·감독), 제188조(지방자치단체장의 위법·부당한 명령·처분의 시정), 제 192조(지방의회 의결의 재의와 제소) 등이 있다. 이러한 규정들은 합(적)법성 통제를 '법령에 위반'으로, 타당성이나 합목적성에 대한 통제를 '현저히 부당하여 공익을 해친'(제188조 제1항 및 제2항) 또는 '공익을 현저히 해친'(제192조 제1항)으로 표현하 고 있다(홍정선, 2018: 695).

---

14) 여기서 합목적성 감독이란 법령에서 추구하는 목적을 달성하고자 하는 다양한 정책대안 중에서 해당 지방자치단체에서 선택된 대안이나 관련 행정조치들이 적절한 것인지 아닌지를 감독하는 것 을 의미함. 또한, 타당성 감독이란 법령이 추구하는 목표달성을 위한 객관적이고 신뢰할 수 있는 정책이나 수단을 선택하였느냐에 대한 감독을 의미함. 결국, 합목적성이나 타당성 감독은 정책대 안이나 부수적인 행정적 조치들이 합법성은 충족하지만, 행정적인 합리성을 충족하고 있는지에 대한 감독이라고 볼 수 있음.

Ⅳ 기관위임사무

1. 의의

기관위임사무는 국가 또는 광역자치단체의 사무이지만 법령에 의하여 해당 지방자치단체장(집행부)에게 위임된 사무이다. 기관위임사무는 해당 지방자치단체에 국한된 사무가 아니라 전국적 또는 광역적 이해관계를 가지는 통일적인 사무들이다. 국가 또는 광역자치단체의 사무가 해당 지방자치단체(지방의회＋지방자치단체장)가 아니라 해당 지방자치단체장에게 위임된 것이다.

결국, 기관위임사무를 수행하는 지방자치단체장은 국가나 광역자치단체 조직의 한 부분 또는 하급행정기관의 지위를 가진다고 볼 수 있다. 이러한 기관위임사무는 전국적 또는 광역적 필요에 의한 사무에 한정되어 최소한에 그쳐야 한다. 왜냐하면, 기관위임사무는 지방자치의 기본원리에 부합하지 않은 사무이기 때문이다.

2. 지방자치법에서의 규정형식 및 예시

지방자치법에서 기관위임사무는 '시·도지사와 시장·군수 및 자치구의 구청장에게 위임하여 수행'(제115조), '지방자치단체의 장은 … 법령에 따라 그 지방자치단체의 장에게 위임된 사무를 관리하고 집행'(제116조), '지방자치단체 … 장이 위임받아 처리하는 국가사무'(제185조 제1항), '시·군 및 자치구나 그 장이 위임받아'(제185조 제2항) 등 '시·도지사', '시장·군수·구청장' 또는 '지방자치단체의 장'이 그 사무를 위임받는 주체로 표현된다. 이는 전술한 '지방자치단체', '시·도' 또는 '시·군 및 자치구'가 그 사무를 위임받아 처리하는 단체위임사무와 구별된다.

현행 법령에서 자치사무를 제외한 대부분 국가 또는 광역자치단체의 위임사무는 기관위임사무이다. 예를 들면, 공직선거법에 따른 대통령 및 국회의원 선거 관련 지방 선거사무(헌법재판소 2008. 6. 26. 선고 2005헌라7), 광역자치단체의 조례에 의해 기초자치단체에 위임된 도로의 유지관리 사무(대법원 1996. 11. 8. 선고 96다21331) 등이다.

3. 비용의 부담

기관위임사무에 드는 비용은 전액을 위임기관이 부담하여야 한다. 기관위임사무는 전국적 또는 광역적인 이해관계나 통일성과 관련된 사무이므로 그 사무의 위임기관인 국가나 광역자치단체가 그 사무의 처리비용 전액을 부담하는 것이 원칙이다(지방자치법 제158조 단서). 지방재정법(제21조 제2항)에서도 "국가가 스스로 하여야 할 사무를 지방자치단체나 그 기관에 위임하여 수행하는 경우 그 경비는 국가가 전부를 그 지방자치단체에 교부하여야 한다"라고 규정하고 있다.

4. 지방의회의 관여

기관위임사무에 지방의회의 관여는 배제된다. 따라서 기관위임사무에 관하여 지방의회는 조례를 제정할 수 없는 것이 원칙이다(대법원 1992. 7. 28. 선고 92추31; 대법원 1995. 12. 12. 선고 95추32). 왜냐하면, 기관위임사무는 해당 지방자치단체의 사무라기보다는 국가나 광역자치단체의 사무이며, 지방자치단체에 위임된 것이 아니라 지방자치단체장에게 위임된 사무이기 때문이다.

그러나 기관위임사무이지만 지방자치단체의 예산이 투입되는 경우에는 해당 예산과 관련하여 지방의회의 관여가 가능하다고 보아야 할 것이다. 또한, 기관위임사무에서도 그에 관한 개별법령에서 일정한 사항을 조례로 정하도록 위임하고 있는 경우에는 그 개별법령의 취지에 부합하는 범위에서 조례를 제정할 수 있다(대법원 2007. 12. 13. 2006추52; 대법원 1999. 9. 17. 선고 99추30).

5. 상급기관의 감독

기관위임사무는 국가나 광역자치단체의 합법성뿐 아니라 타당성이나 합목적성에 대한 감독이 가능하다. 기관위임사무에 대한 상급기관의 감독은 단체위임사무보다 더 광범위하다. 왜냐하면, 기관위임사무는 해당 지방자치단체장이 국가 또는 광역자치단체의 하급행정기관의 지위에서 사무를 처리하기 때문이다. 따라서 기관위임사무는 지방자치법 이외에도 정부조직법 제6조(행정기관이 소관 사무의 일부를 지방자치단체나 타 행정기관에 위임 할 수 있음을 규정)와 '행정권한의 위임 및 위탁에 관한 규정(대통령령)'에 따라 위임기관인 국가와 광역자치단체에 의한 시정명령이나 취소·정지 등의 감독이 가능하다.

기관위임사무의 감독에 대한 지방자치법상 근거로는 제185조(국가사무나 시·도 사무처리의 지도·감독), 제189조(지방자치단체장에 대한 국가나 광역자치단체의 직무 이행명령)[15] 등이 있다.[16]

V 사무의 구분 실제

지방자치법을 근거로는 <표 5-1>과 같이 자치사무, 단체위임사무, 기관위임사무를 구분하지만, 이러한 기준을 적용해도 특정 사무가 어떤 사무에 해당하는지 구분하기 어려울 수 있다.

특정 사무가 자치사무인지 단체위임사무 또는 기관위임사무인지에 관한 판단이 어렵다면, 판례는 해당 법령의 규정형식과 취지를 우선 고려해야 하며, 다음으로 사무의 성질이 전국적인 통일적인 처리가 요구되는 사무인지 아니면 지역성이 강한 사무인지에 대한 고려가 있어야 하며, 사무처리에 드는 경비는 누가 부담하는가에 대해 검토해야 하고, 해당 사무의 처리에 따른 최종적인 책임의 귀속 주체가 누가 되는가에 대한 것도 종합적으로 검토해야 한다고 본다(대법원 2020. 9. 3. 선고 2019두58650).[17]

따라서 행정 실무에서 특정 사무가 어느 사무에 해당하는지는 판례에서 적시한 바와 같이 다양한 시각에서 검토해야 할 것이다.[18]

---

15) 지방자치법 제189조의 직무이행명령은 단체위임사무에는 적용되지 않고 기관위임사무에만 적용된다고 보는 것이 학자들의 일반적 견해로 보임(홍준형, 2004: 725; 홍정선, 2018: 703; 김남철, 2018: 275). 제5편 제19장 제14절 지방자치단체장의 부작위에 대한 통제 부분 참조.

16) 한편, 지방자치법 제188조 제1항부터 제4항(지방자치단체장의 위법·부당한 명령·처분의 시정과 관련된 규정) 규정의 대상사무에 자치사무와 단체위임사무는 포함되지만, 기관위임사무를 포함할 것인가는 학자들의 견해가 나누어짐(자세한 내용은 제5편 제19장 제3절 지방자치단체장의 명령·처분에 대한 통제 부분을 참조 바람).

17) 관련 판례: 대법원 2017. 12. 5. 선고 2016추5162; 대법원 2013. 5. 23. 선고 2011추56: 대법원 2010. 12. 9. 선고 2008다71575

18) 가족관계등록 업무를 예로 들면, 대법원은 구 호적법에서 호적 사무가 자치사무라고 판결하면서 그 비용부담이나 수입의 귀속 주체가 지방자치단체이며 구 지방자치법 제9조 제2항 제1호 (차)목에서 '호적 및 주민등록관리'를 예시한 것을 근거로 판결하였음(대법원 1995. 3. 28. 선고 94다45654). 그러나 2008년 1월부터 호적법이 폐지되고 가족관계의 등록에 관한 법률이 시행되면서 비용부담의 주체를 국가로 변경하고 2021년 1월 전부개정된 지방자치법에서는 '가족관계등록(호적)'을

▌표 5-1 지방자치단체 사무의 종류 비교

구분	자치사무 (고유사무)	위임사무	
		단체위임사무	기관위임사무
법적 근거	• 지방자치법 제13조 제1항 및 제2항	• 지방자치법 제13조 제1항 후단	• 지방자치법 제115조, 제116조
사무 성질	• 해당 자치단체가 자기의 책임과 부담하에 처리하는 사무 • 해당 자치단체에만 이해 관계가 있는 사무	• 법령에 의하여 국가 또는 광역자치단체로부터 위임된 사무 • 해당 자치단체와 전국적(광 역적)인 이해관계를 동시에 가지는 사무	• 법령에 의하여 지방자치단 체장에게 위임된 사무 • 전국적(광역적)인 이해관계 가 있는 사무
경비 부담	• 자치단체 자체 부담 • 국가, 광역자치단체에서 보조는 가능함	• 자치단체와 위임기관의 공동 부담이 원칙	• 전액 위임하는 기관에서 부담이 원칙
지방 의회 관여	• 완전한 관여	• 관여 가능	• 원칙적 관여 불가 • 다만, 감사는 가능, 국회와 상급 자치단체가 직접 감사하기로 한 사무 외에 는 가능(제49조 제3항)
	• 조례제정 가능	• 조례제정 가능	• 조례제정 대상 아님
상급 기관 감독	• 원칙적 감독 불가 • 단, 합법성에 대한 감독은 가능(제188조 제5항, 제 190조, 제192조)	• 합법성, 합목적성 감독 가능(제185조, 제188조, 제192조)	• 합법성, 합목적성 감독 가능(제185조, 제189조)
사무 예시	• 상하수도, 가로등 설치 등 자치단체 자체에서 운영하 는 사무, 읍·면·동의 명칭과 구역의 변경사무, 중고생의 수업료 및 입학금 지원 사무	• 판례 없음	• 대통령·국회의원선거 관련 지방선거업무, 법령 이나 조례로 위임받은 도로의 유지관리 사무

자치사무의 예시에서 제외하였음. 이제 이에 관한 판단도 달라질 수 있을 것임.

제3절 **우리나라 지방자치단체의 사무**

I 포괄적 예시

지방자치단체의 사무를 배분하는 방식은 법률에 지방자치단체의 사무를 규정하는 방식에 따라 개별적 지정방식, 포괄적 지정방식, 절충형 방식으로 구분될 수 있음을 앞에서 살펴보았다. 우리나라는 지방자치법(제13조 제2항)에서 지방자치단체가 처리할 7대 분야 61개의 사무를 포괄적으로 예시하고 있다.

지방자치법의 이러한 규정 방식은 다음과 같은 의미가 있다. 첫째, 지방자치단체의 사무를 포괄적 또는 개괄적으로 제시하고 있어, 사무의 주체가 명확하지 않다. 법률에 제시된 7대 분야 61개의 사무 중 어떤 것이 자치사무이고 어떤 것이 위임사무인지에 대한 구분이 없으며, 어떤 것이 광역자치단체 사무이고 어떤 것이 기초자치단체 사무인지에 대한 구분도 없다.[19]

둘째, 지방자치단체의 사무 중 일부를 예시로 제시하였다. 시간이 지남에 따라 없어지기도 하고 새롭게 만들어지기도 하는 지방자치단체의 사무를 모두 찾아내는 것은 불가능한 것이다. 따라서 지방자치단체가 처리하는 사무 일부를 예로 들고 있을 따름이다. 여기서 예시된 사무 외에도 지방자치단체가 처리할 수 있는 사무는 더 많을 것이다.

셋째, 예시된 모든 사무가 지방자치단체에서 처리될 수 있는 것은 아니다. 지방자치법 제13조 제2항 단서에서는 "다만, 법률에 이와 다른 규정이 있으면 그러하지 아니하다"라고 하여 예시된 사무들이 다른 법률에 의하여 지방자치단체의 사무가 되지 않을 수도 있음을 명확히 하고 있다.

---

19) 다만, 광역자치단체와 기초자치단체 간의 사무배분의 기준은 지방자치법 제14조 제1항에서 제시하고 있음.

〈지방자치단체의 사무 예시(지방자치법 제13조 제2항)〉

1. 지방자치단체의 구역, 조직, 행정관리 등[20]
   가. 관할구역 행정구역의 명칭·위치 및 구역의 조정
   나. 조례·규칙의 제정·개정·폐지 및 그 운영·관리
   다. 산하(傘下) 행정기관의 조직관리
   라. 산하 행정기관 및 단체의 지도·감독
   마. 소속 공무원의 인사·후생복지 및 교육
   바. 지방세 및 지방세 외 수입의 부과 및 징수
   사. 예산의 편성·집행 및 회계감사와 재산관리
   아. 행정장비관리, 행정전산화 및 행정관리개선
   자. 공유재산(公有財産) 관리
   차. 주민등록 관리
   카. 지방자치단체에 필요한 각종 조사 및 통계의 작성
2. 주민의 복지증진
   가. 주민복지에 관한 사업
   나. 사회복지시설의 설치·운영 및 관리
   다. 생활이 어려운 사람의 보호 및 지원
   라. 노인·아동·장애인·청소년 및 여성의 보호와 복지증진
   마. 공공보건의료기관의 설립·운영
   바. 감염병과 그 밖의 질병의 예방과 방역
   사. 묘지·화장장(火葬場) 및 봉안당의 운영·관리
   아. 공중접객업소의 위생을 개선하기 위한 지도
   자. 청소, 생활폐기물의 수거 및 처리
   차. 지방공기업의 설치 및 운영
3. 농림·수산·상공업 등 산업 진흥
   가. 못·늪지·보(洑) 등 농업용수시설의 설치 및 관리
   나. 농산물·임산물·축산물·수산물의 생산 및 유통 지원
   다. 농업자재의 관리
   라. 복합영농의 운영·지도
   마. 농업 외 소득사업의 육성·지도
   바. 농가 부업의 장려
   사. 공유림 관리
   아. 소규모 축산 개발사업 및 낙농 진흥사업
   자. 가축전염병 예방
   차. 지역산업의 육성·지원
   카. 소비자 보호 및 저축 장려
   타. 중소기업의 육성

파. 지역특화산업의 개발과 육성·지원
하. 우수지역특산품 개발과 관광민예품 개발
4. 지역개발과 자연환경보전 및 생활환경시설의 설치·관리
   가. 지역개발사업
   나. 지방 토목·건설사업의 시행
   다. 도시·군계획사업의 시행
   라. 지방도(地方道), 시도(市道)·군도(郡道)·구도(區道)의 신설·개선·보수 및 유지
   마. 주거생활환경 개선의 장려 및 지원
   바. 농어촌주택 개량 및 취락구조 개선
   사. 자연보호활동
   아. 지방하천 및 소하천의 관리
   자. 상수도·하수도의 설치 및 관리
   차. 소규모급수시설의 설치 및 관리
   카. 도립공원, 광역시립공원, 군립공원, 시립공원 및 구립공원 등의 지정 및 관리
   타. 도시공원 및 공원시설, 녹지, 유원지 등과 그 휴양시설의 설치 및 관리
   파. 관광지, 관광단지 및 관광시설의 설치 및 관리
   하. 지방 궤도사업의 경영
   거. 주차장·교통표지 등 교통편의시설의 설치 및 관리
   너. 재해대책의 수립 및 집행
   더. 지역경제의 육성 및 지원
5. 교육·체육·문화·예술의 진흥
   가. 어린이집·유치원·초등학교·중학교·고등학교 및 이에 준하는 각종 학교의 설치·운영·지도
   나. 도서관·운동장·광장·체육관·박물관·공연장·미술관·음악당 등 공공교육·체육·문화시설의 설치 및 관리
   다. 시·도유산의 지정·등록·보존 및 관리
   라. 지방문화·예술의 진흥
   마. 지방문화·예술단체의 육성
6. 지역민방위 및 지방소방
   가. 지역 및 직장 민방위조직(의용소방대를 포함한다)의 편성과 운영 및 지도·감독
   나. 지역의 화재예방·경계·진압·조사 및 구조·구급
7. 국제교류 및 협력[21]
   가. 국제기구·행사·대회의 유치·지원
   나. 외국 지방자치단체와의 교류·협력

---

20) 모든 지방자치단체의 공통사무임(지방자치법 제14조 제1항 단서 참조).
21) 2021년 1월 지방자치법 전부개정 시에 추가된 내용임.

Ⅱ 지방자치단체 종류별 사무

1. 지방자치단체 공통사무

지방자치법(제13조 제2항)에서 예시된 사무 중에서 제1호 "1. 지방자치단체의 구역, 조직, 행정관리 등"에 대한 사무는 모든 지방자치단체의 공통사무로 규정하고 있다(지방자치법 제14조 제1항 단서).

2. 시 · 도 사무

지방자치법(제14조 제1항 제1호)에서는 시 · 도에서 처리할 사무 배분 기준을 제시하고 있다. 모두가 광역적으로 처리되어야 할 사무들이다.

〈지방자치법 제14조 제1항 제1호 시 · 도 사무의 배분 기준〉

1. 시 · 도
   가. 행정처리 결과가 2개 이상의 시 · 군 및 자치구에 미치는 광역적 사무
   나. 시 · 도 단위로 동일한 기준에 따라 처리되어야 할 성질의 사무
   다. 지역적 특성을 살리면서 시 · 도 단위로 통일성을 유지할 필요가 있는 사무
   라. 국가와 시 · 군 및 자치구 사이의 연락 · 조정 등의 사무
   마. 시 · 군 및 자치구가 독자적으로 처리하기 어려운 사무
   바. 2개 이상의 시 · 군 및 자치구가 공동으로 설치하는 것이 적당하다고 인정되는 규모의 시설을 설치하고 관리하는 사무

---

3. 시 · 군 및 자치구 사무

위에서 제시된 시 · 도가 처리하는 것으로 되어 있는 사무(지방자치법 제14조 제1항 제1호)를 제외한 사무는 시 · 군 및 자치구의 사무이다. 다만, 인구 50만 명 이상의 시에 대해서는 도가 처리하는 사무 일부를 직접 처리하게 할 수 있다(제14조 제1항 제2호).

4. 자치구에서 처리하지 아니하고 특별시 · 광역시에서 처리하는 사무

지방자치법 제2조 제2항에서는 대도시 행정 및 자치구의 특수성을 반영하여 "자치구의 자치권의 범위는 법령으로 정하는 바에 따라 시 · 군과 다르게 할 수 있

다"라고 규정하고 있다. 또한, 같은 법 시행령(제9조 및 별표 2)에서 구체적으로 자치구에서 처리하지 아니하고 특별시·광역시에서 처리하는 사무를 제시하고 있다.[22]

결국, 지방자치법 시행령(제10조 및 별표 2)에 나타난 사무 범위만큼 자치구 자치권의 범위가 시·군보다 축소되었다고 볼 수 있다.[23]

Ⅲ 국가사무의 처리 제한

국가사무란 국가 전체에 걸쳐서 통일성을 유지해야 하는 사무나 외교, 국방 등 국가의 존립에 필요한 사무로 중앙행정기관에 속하는 사무이다. 국가사무는 중앙행정기관이 직접 수행하거나 지방자치단체나 그 장에게 위임하여 처리하기도 한다.

지방자치법(제15조)에서는 지방자치단체가 처리할 수 없는 국가사무로 다음과 같은 사무를 예시하고 있다. 다만, 법률에 이와 다른 규정이 있는 경우에는 지방자치단체도 국가사무를 처리할 수 있도록 하고 있다(제15조 단서).

〈지방자치단체가 처리할 수 없는 국가사무(지방자치법 제15조)〉

1. 외교, 국방, 사법(司法), 국세 등 국가의 존립에 필요한 사무
2. 물가정책, 금융정책, 수출입정책 등 전국적으로 통일적 처리를 할 필요가 있는 사무
3. 농산물·임산물·축산물·수산물 및 양곡의 수급조절과 수출입 등 전국적 규모의 사무
4. 국가종합경제개발계획, 국가하천, 국유림, 국토종합개발계획, 지정항만, 고속국도·일반국도, 국립공원 등 전국적 규모나 이와 비슷한 규모의 사무
5. 근로기준, 측량단위 등 전국적으로 기준을 통일하고 조정하여야 할 필요가 있는 사무
6. 우편, 철도 등 전국적 규모나 이와 비슷한 규모의 사무
7. 고도의 기술이 필요한 검사·시험·연구, 항공관리, 기상행정, 원자력개발 등 지방자치단체의 기술과 재정능력으로 감당하기 어려운 사무

---

22) 자치구에서 처리하지 아니하고 특별시·광역시에서 처리하는 사무는 지방자치단체의 인사 및 교육 등에 관한 사무(임용시험, 교육훈련 등), 매장 및 묘지 등에 관한 사무, 지방토목·주택건설 등에 관한 사무(국민주택, 아파트 지구 개발 계획 등), 도시계획에 관한 사무(도시계획 수립·시행 등), 상수도사업 및 공공하수도에 관한 사무 등임(지방자치법 시행령 제10조 및 별표 2).

23) 시와 군은 자치권의 범위가 거의 같다고 볼 수 있으나, 시·군과 자치구는 자치권의 범위에서 상당한 차이가 있음. 여기서 나타난 사무 범위의 차이뿐 아니라 지방세에서도 시·군세와 자치구세 간의 차별성이 큼. 대도시 내에 별도의 자치단체인 자치구 설치가 바람직한지에 대한 논의가 자주 제기되는 것을 고려하면, 시·군과 자치구를 차별화하는 것은 합리적이라고 생각됨.

지방자치단체가 처리할 수 없는 국가사무의 내용을 살펴보면, 중앙정부가 수행하는 것이 당연한 사무들을 정리해 놓은 것으로 볼 수 있다. 문제는 이렇듯 지방자치법상 반드시 국가가 처리할 사무는 많지 않은데, 뒤에서 살펴보듯이 다른 법령에서 규정된 내용을 종합하면 국가사무의 수가 지방사무의 수보다 두 배 이상 많다는 것이다.

Ⅳ 사무의 현황 및 과제

1. 현황

지방자치가 추구하는 본래의 목적을 달성하기 위해서는 국가가 처리할 사무와 지방이 처리해야 할 사무를 합리적으로 배분하는 것이 필요하다. 2013년 기준으로 우리나라 법령에서 규정되어 있는 사무는 총 46,005개이며, 이 중에서 국가사무는 68%(31,161개), 지방사무는 32%(14,844)를 차지하고 있다(대통령소속 지방자치발전위원회, 2017: 101). 즉, 국가와 지방의 사무가 68:32로 배분되어 있다. 결국, 243개의 지방자치단체는 전체 법령상 사무 중에서 32%의 사무에 대한 권한을 가지고 있다는 것을 의미한다. 그런데 나머지 68%의 사무도 국가가 그 권한을 가지지만 그 중 상당 부분을 지방에 위임하여 처리하고 있는 것이 현실이다.

그런데 국가사무로 법령에 규정되어 있으나 지방에서 그 권한과 책임으로 처리하는 것이 더 합리적이라고 판단되는 사무는 지방에 이양[24]하는 작업이 필요하다. 구체적으로 국가사무의 지방 이양의 대상이 되는 사무는 ⓐ 국가가 직접 처리하고 있는 사무(예를 들면, 특별지방행정기관의 사무) 중에서 지방에 이양하는 것이 더 적절한 사무, ⓑ 국가가 권한을 가지고 그 사무의 처리는 지방에 위임하여 처리하는 이른바 위임사무 등이 해당한다.

2. 국가사무의 지방 이양 추진

지방자치제 부활 이후 국가사무의 지방 이양 필요성에 대해서는 학계와 정치권

---

24) '사무위임'이란 규정상 자신의 권한에 속하는 사무를 자체의 의사로 하급자나 하부기관에 이전하고 그 수임 받은 사람이나 기관은 수임받은 권한 범위 내에서 사무를 처리하게 하는 것을 의미함. 반면에 '사무이양'은 특정 사무에 대한 권한 자체를 하급자나 다른 기관에 이전하는 것을 의미함.

에서 지속적으로 논의되었다. 2020년 1월 '중앙행정 권한 및 사무 등의 지방 일괄
이양을 위한 물가안정에 관한 법률 등 46개 법률 일부 개정을 위한 법률'(약칭: 지방
일괄이양법)이 제정되어 46개 법률에 명시된 400개 사무가 지방에 이양된다. 지방일
괄이양법은 400개 사무의 관련 법률에 대해 구체적으로 개정 조문을 명시하여 46
개의 법률을 일괄적으로 개정한 것이다. 예를 들면, 특별·광역시도, 지방도, 시·군·
구 도에 대한 도로의 유지관리는 해당 지방자치단체의 사무이지만, 해당 도로의 교
통안전 관리는 경찰청 사무(국가사무)로 이원화되었으나 도로교통법의 관련 규정을
개정하게 하여 도로 관련 사무를 자치단체로 일원화하였다.

이러한 노력에도 불구하고 여전히 국가사무의 지방사무로의 이양은 미흡한 실
정이며 지속적인 이양 노력이 요구된다(최철호, 2020).

3. 개선 대안: 기관위임사무 폐지론

학계와 정부에서는 위임사무를 폐지하고 새로운 법정수임사무의 개념을 도입하
자는 주장이 제기되고 있다(행정안전부, 2011: 최창호·강형기, 2019: 292; 안재헌, 2016:
51). 즉, 단체위임사무와 기관위임사무를 폐지하고 단체위임사무는 자치사무로 전
환하고, 기관위임사무 일부는 자치사무로 전환하고 일부는 법정수임사무로 하며
나머지 사무는 국가에서 직접 수행하는 것으로 변경되어야 한다는 것이다.

▼ 그림 5-2 지방자치단체 사무 개편 대안[25)]

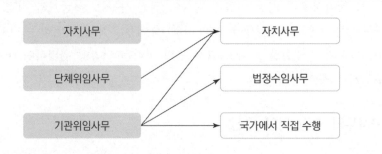

자료: 국회 행정안전위원회, 2011: 36

---

25) 일본의 경우는 2000년부터 기관위임사무를 폐지하고 '자치사무'와 '법정수탁사무'로 이원화 하였
   음. 여기서 '법정수탁사무'란 원래 국가사무로서 지방이 처리하도록 법령이 지정한 것을 의미함
   (최철호, 2020: 13).

여기서 법정수임사무란 국가사무이나 적정한 처리를 위하여 법령 또는 조례에 따라 시·도 또는 시·군 및 자치구가 수임한 사무를 의미한다. 법정수임사무를 기관위임사무와 비교하면 기관위임사무는 중앙행정기관의 법령 제·개정에 의한 일방적인 신설이 가능하나, 법정수임사무는 지방자치법 시행령에 법정수임사무 목록을 명시하여 중앙행정기관의 일방적인 법정수임사무 증설을 방지할 수 있고, 기관위임사무의 경우에는 지방의회의 조례제정이나 행정사무감·조사가 불가능하나, 법정수임사무는 지방의회의 조례제정이나 행정사무감·조사가 가능하게 되어 지방자치단체의 자율성이 강화되는 측면이 있다(국회 행정안전위원회, 2011: 36).

이러한 논의는 지난 10년간 지속해서 제기되고 있으며, '지방자치분권 및 지역균형발전에 관한 특별법'에서는 "국가사무 또는 시·도의 사무로서 시·도 또는 시·군·구의 장에게 위임된 사무는 원칙적으로 폐지하고 자치사무와 국가사무로 이분화하여야 한다"(제33조 제1항)라고 규정하고 있다. 그러나 아직 기관위임사무 폐지와 같은 구체적인 변화는 나타나지 않고 있다.

제6장

지방자치단체에 대한 특례

제1절 **광역자치단체에 대한 특례**

I 서울특별시의 특례

1. 의의[1]

국가 수도에 대한 특례 부여는 그 나라의 역사적 전통이나 정치체제 등에 따라 다양하게 나타난다. 우리나라 수도인 서울특별시도 조선왕조 이후 각 분야에서 중심적 역할을 해온 역사성, 국가 주요 시설과 외국공관이 밀집한 수도로서의 특성, 인구 1000만 명이 넘는 대도시로서의 특성, 지방자치단체로서의 특성 등을 종합적으로 고려하여 특례의 내용이 결정될 필요가 있다(김익식 외, 1990: 3).

현행 지방자치법(제197조 제1항)에서는 "서울특별시의 지위·조직 및 운영에 대해서는 수도로서의 특수성을 고려하여 법률로 정하는 바에 따라 특례를 둘 수 있다"라고 하여, 서울특별시가 대한민국 수도의 지위와 특례를 가짐을 명시하고 있다. 또한, '서울특별시 행정특례에 관한 법률'에서 구체적인 서울특별시의 특례를 규정하고 있다.

---

1) 수도 서울특별시는 1946년 8월 10일 '서울시 헌장'(미군정기타 제0호)에서 경성부를 서울시라 칭하였으며, 같은 해 9월 28일 '서울특별시의 설치 법률'(군정법률 제106호)에 따라 경기도로부터 분리되어 수도로서 특별시의 지위를 부여받았음(같은 법 제2조). 1961년 5·16 군사 쿠데타 이후인 1962년에 '서울특별시 행정에 관한 특별조치법'이 제정되어 행정조직과 운영에 있어 특별한 지위를 인정받았음. 1988년 지방자치법에 수도로서의 특수성을 인정하는 규정을 두고, 1991년 '서울특별시 행정특례에 관한 법률'이 제정·시행되었으며 기존의 특별조치법은 폐지됨.

2. '서울특별시 행정특례에 관한 법률'에 따른 특례[2]

'서울특별시 행정특례에 관한 법률'(약칭: 서울특별시법)에서 규정하고 있는 특례
는 행정 운영상의 특례와 수도권 광역행정 운영상의 특례로 구분된다.

1) 행정 운영상의 특례

① 지방채 발행: 지방자치단체장은 지방채 발행 한도액을 초과하거나 외채를 발
행하는 경우에는 행정안전부 장관의 승인을 받아야 하는데(지방재정법 제11조), 서울
특별시가 이러한 승인 신청을 하는 경우 행정안전부 장관은 국무총리에게 보고하
여야 한다(서울특별시법 제4조 제1항).

② 자치사무에 대한 감사: 행정안전부 장관은 광역자치단체의 자치사무가 법령
에 위반되면 감사를 실시할 수 있는데(지방자치법 제190조), 서울특별시의 경우 국무
총리의 조정을 거치도록 하고 있다(서울특별시법 제4조 제2항).

③ 국가공무원 임용권 등: 지방자치단체 소속 국가공무원에 대한 임용권은 대통
령(5급 이상)이나 소속 장관(6급 이하)에게 있지만(지방자치법 제125조 제6항), 서울특
별시의 경우는 4급 이하 일반직 국가공무원의 임용권을 서울특별시장이 행사한다
(서울특별시법 제4조 제5항 및 같은 법 시행령 제3조).

④ 서훈의 추천: 서훈의 추천은 중앙행정기관의 장 등이 하도록 하고 있으나(상훈법
제5조 제1항), 서울특별시장이 서훈 추천을 할 수 있도록 하고 있다(서울특별시법 제4조
제7항).

---

2) 이 법률 이외에 지방자치법 등에 규정된 서울특별시의 조직 및 인사 등에 대한 특례는 다음 표와 같음.

서울특별시 특례	근 거	다른 광역자치단체
부시장 3명(정무직 국가공무원)	지방자치법 123조 및 같은 법 시행령	2명(일반 고위공무원, 별정 1급 상당). 단, 경기도는 3명
서울특별시장 장관급 연봉	지방공무원보수규정 별표 12	차관급 연봉
의회사무처장 직급(1급)	지방자치단체의 행정기구와 정원기준 등에 관한 규정 제15조, 제20조 제6 항, 제18조 제3항 및 제10조 제1항	2급 또는 3급
지역본부장 직급(1~2급)		2급
사업본부장 직급(1~2급)		3~4급
사업소장 직급(3~5급)		4~5급
공무원교육원장 직급(2급)		3급
본청 실·본부장(1~2급) 국장(2~3급)		2급 또는 3급

2) 수도권 광역행정 운영상의 특례

수도권 지역에서 서울특별시와 관련된 도로·교통·환경 등에 관한 계획을 수립하고 그 집행을 할 때 관계 중앙행정기관의 장과 서울특별시장의 의견이 다른 경우에는 다른 법률에 특별한 규정이 없으면 국무총리가 이를 조정한다(서울특별시법 제5조 제1항).

Ⅱ 세종특별자치시의 특례

1. 의의

수도권의 과도한 집중에 따른 부작용을 바로잡고 국가 균형발전과 경쟁력 강화에 이바지할 목적으로 세종특별자치시가 설치되었으며, 이곳에 중앙부처와 공공기관이 다수 이전되었다.[3] 세종특별자치시는 충남 연기군과 공주시 일부 지역 그리고 충북 청원군 부용면 일원 지역을 통합하여 새로운 광역자치단체로 2012년 7월 1일 출범하였다.

지방자치법에서는 세종특별자치시에 법률이 정하는 바에 따라 특례를 둘 수 있도록 하고 있으며, 이에 따라 '세종특별자치시 설치 등에 관한 특별법'(약칭: 세종시법)에서 특례를 규정하고 있다.

2. 자치 특례

1) 단층제의 지방자치 계층

세종특별자치시는 정부 직할의 광역자치단체로 한다(지방자치법 제2조 제1항, 세종시법 제5조). 세종특별자치시는 기초자치단체인 시·군·자치구를 두지 아니하며, 도시의 형태를 갖춘 지역에는 동을 두고, 그 밖의 지역에는 읍·면을 두어(세종시법 제6조), 단층제의 지방자치 계층으로 운영된다.

---

3) '신행정수도 건설을 위한 특별조치법(2004. 1. 16일 제정)'으로 추진되던 수도 이전 작업이 헌법재판소의 위헌결정(2004. 10. 21. 2004헌마554·566)으로 중단됨에 따라 '신행정수도 후속대책을 위한 연기·공주지역 행정 중심복합도시 건설을 위한 특별법'을 제정(2005. 3. 18일)하고, 행복 도시의 명칭을 '세종시'로 확정하였음.

2) 세종특별자치시 지원위원회의 설치 및 특별지원

세종특별자치시가 지역발전과 국토균형발전에 이바지할 수 있도록 지원하기 위하여 국무총리 소속으로 세종특별자치시 지원위원회를 둔다(세종시법 제9조). 또한, 중앙행정기관의 장은 세종특별자치시에 대하여 그 관할 구역 안의 도시계획 등 각종 지역개발을 위하여 행정·재정상의 특별한 지원을 할 수 있다(제13조 제1항). 특히, 중앙행정기관의 장은 각종 시책사업을 시행하는 경우에는 세종특별자치시를 우선 지원할 수 있다(제13조 제2항).

3) 조직 특례 및 감사위원회의 설치

세종특별자치시에 두는 행정기구의 설치와 지방공무원의 정원은 인구 규모·면적·도시발전 단계 등 행정수요를 고려하여 대통령령으로 정하는 바에 따라 시 조례로 정할 수 있다(세종시법 제15조). 또한, 자치사무의 감사를 위하여 시장 소속으로 감사위원회를 두도록 하였다(제21조).

III 제주특별자치도의 특례

1. 의의

제주특별자치도는 종전 제주도 지역의 특성을 살려, 한편으로는 고도의 자치권이 보장되는 실질적인 지방분권을 보장하고, 다른 한편으로는 경제와 환경이 조화를 이루는 환경친화적인 국제 자유도시를 조성하고자 하는 목적에서 특별법에 따라 설치되었다.

지방자치법에서는 제주특별자치도에 법률이 정하는 바에 따라 특례를 둘 수 있도록 하고 있으며, 이에 따라 '제주특별자치도의 설치 및 국제자유도시 조성을 위한 특별법'(약칭: 제주특별법)에서 특례를 규정하고 있다. 제주특별법은 총 481개 조문의 방대한 규정으로 제주특별차지도의 설치·운영(제2편)외에도 국제자유도시의 개발 및 기반조성(제3편), 산업발전 및 자치분권 강화(제4편) 등으로 이루어졌다.

2. 주요 특례

1) 단층제의 지방자치 계층

제주특별자치도는 그 관할 구역에 기초자치단체인 시와 군을 두지 아니하고, 지방자치단체가 아닌 시(이를 행정시라 함)를 두고, 시장은 도지사가 임명한다(제주특별법 제10조 및 제12조). 따라서 제주시와 서귀포시는 지방자치단체가 아닌 행정시이다.

2) 제주특별자치도 지원위원회 설치 및 법률안 의견 제출

제주특별자치도가 특별법의 목적을 달성할 수 있도록 지원하기 위하여 국무총리 소속으로 제주특별자치도 지원위원회를 두도록 하였다(제주특별법 제17조). 또한, 도지사는 도의회의 동의를 받아 제주자치도와 관련하여 법률에 반영할 필요가 있는 사항에 대한 의견을 제주특별자치도 지원위원회에 제출할 수 있다(제19조 제1항).

3) 특별지방행정기관 기능 이양

기존 제주도에 설치되어 있던 특별지방행정기관으로서 국토관리, 중소기업, 해양수산, 보훈, 환경, 노동 사무를 수행하는 기관은 폐지하고 그 기능을 도에 이관하도록 하였다(제주특별법 제24조).

4) 주민참여의 특례

주민투표, 조례의 제정·개폐 청구, 주민소환 등에 대하여 특례를 두고 있다. 주민참여 관련 특례들은 청구권자의 수를 줄임으로써 주민참여제도의 실효성을 높이고자 하는 것이 대부분이다. 특이한 것은 '도 조례'로 정하는 예산 이상이 필요한 대규모 투자사업'의 경우는 주민투표에 부칠 수 있도록 하고 있는데(제주특별법 제28조), 이는 예산에 관한 사항은 주민투표의 대상이 될 수 없도록 하는 주민투표법(제7조 제2항)의 예외 규정이다.

---

4) 제주특별자치도 주민투표 조례 제4조 제2항에서는 '단일투자사업의 총사업비 중 제주자치도에서 부담하는 금액이 1천억 원 이상 소요되는 대규모 투자사업'에 대하여는 주민투표에 부칠 수 있도록 하고 있음.

5) 자치조직권 및 감사위원회 설치

자치조직권에 대한 특례로 부지사의 정수와 사무분장, 행정기구의 설치·운영 기준, 지방공무원의 정원기준, 직속기관·사업소·출장소의 설치요건, 하부행정기구의 설치 등(제주특별법 제44조 제1항)에 관하여 관련 법률에서의 제한 규정에도 불구하고 도 조례로 정할 수 있도록 하였다.

또한, 지방자치단체의 행정기구와 소속 공무원의 정원을 통제하는 기준인건비 제도의 적용을 배제하도록 하였다(제주특별법 제49조).

특히, 자치사무의 감사를 위하여 도지사 소속으로 감사위원회를 두도록 하였으며(제주특별법 제131조), 국회와 감사원 감사를 제외한 정부합동 감사를 할 수 없도록 하였다(제139조 제1항).

6) 교육 및 경찰자치

교육의원을 주민이 직선하도록 하였다. 타 지방자치단체의 경우는 교육감은 직선하지만, 교육의원 직선제는 폐지되고 그 역할은 광역지방의회가 담당한다. 그러나 제주특별자치도는 교육의원을 주민이 직선하도록 하였으며, 교육위원회는 도의회 의원 4명과 직선 교육의원 5명으로 구성 된다(제주특별법 제64조). 또한, 제주특별법에서 자치경찰제가 도입됨에 따라 2006년 7월 1일부터 시행되고 있다.

7) 재정에 관한 특례

보통교부세는 지방자치단체의 재정력을 고려하여 배분되는 것이 원칙인데, 제주특별자치도의 경우는 보통교부세 총액의 100분의 3을 보통교부세로 우선 교부받게 된다(제주특별법 제124조). 따라서 매년 고정된 보통교부세를 받는 것이다. 이는 기초자치단체를 없애고 특별자치도로 설치되면서 보통교부세 배분에서 불이익이 발생하지 않도록 특례조치를 마련한 것이다.[5]

또한, 지방세의 탄력세율 범위를 100%까지 확대할 수 있도록 하고 있다(제주특별법 제123조). 지방세법에서는 일부 지방세의 경우에 지방자치단체의 자율성을 위하여 50% 범위에서 법률에서 규정한 세율을 조정하는 탄력세율을 적용할 수 있도

---

5) 이 책 제4편 제16장 제2절 지방교부세 중 보통교부세 부분 참조.

록 하고 있는데, 제주특별자치도의 경우는 그 적용 폭을 100%까지 확대한 것이다.

아울러, 제주특별자치도의 경우는 지방의회의 의결로 외채발행과 발행 총액한도를 초과하는 지방채 발행이 가능하다(제주특별법 제126조). 지방재정법(제11조)에 따르면, 외채발행의 경우는 행정안전부 장관의 승인, 지방채 발행 총액한도를 초과하는 경우는 행정안전부 장관과의 협의가 필요하지만, 이에 대한 예외를 둔 것이다.

Ⅳ 강원특별자치도 및 전북특별자치도의 특례

1. 의의

강원특별자치도와 전북특별자치도는 기존 강원도와 전라북도의 지역 특성을 살리고 자치권을 강화하기 위하여 각각 특별법으로 설치되었다. 따라서 종전 강원도와 전라북도의 관할 구역은 그대로 두고, 특별자치도라는 특별한 법적 지위와 명칭을 갖게 되었다.

강원특별자치도(2023년 6월 설치)는 '강원특별자치도 설치 및 미래산업글로벌도시 조성을 위한 특별법'(이하 강원특별법)에 따라 '자치권 강화', '미래산업 글로벌 도시 개발 및 기반 조성', '산업발전 및 자치분권 강화' 등의 특례 적용을 받는다.

전북특별자치도(2024년 1월 설치)는 '전북특별자치도 설치 및 글로벌생명경제도시 조성을 위한 특별법'(이하 전북특별법)에 의해 '자치권 강화', '글로벌 생명경제 선도', '공정한 삶의 질 제고' 등의 특례 적용을 받는다.

2. 특례

강원특별법과 전북특별법은 해당 지역의 특수성과 미래 발전 가능성 등을 고려하여 특례를 규정하고 있다. 여기서는 두 개 특례법이 공통적으로 규정하고 있는 자치권 관련 부분을 살펴보고자 한다.

첫째, 주민투표에 관한 특례로 주민투표의 실시 요건을 완화하였다. 주민투표법

에서는 주민투표청구권자 총수의 20분의 1 이상 5분의 1 이하의 범위에서 도조례
로 정하는 수 이상의 서명으로 주민투표의 실시를 청구할 수 있도록 하고 있으나,
강원·전북특별법에서는 '30분의 1 이상 5분의 1 이하의 범위'로 완화하였다(강원특
별법 제14조, 전북특별법 제 106조).

　둘째, 소속 공무원의 인사교류 관련 규정이다. 특별자치도 도지사는 소속 공무
원 정수의 100분의 5의 범위에서 다른 지방자치단체, 국가기관, 공공단체, 국외 행
정기관 및 그 밖의 기관의 장과 협의를 거쳐 인사교류를 할 수 있도록 하였다. 또
한, 국가는 강원자치도 및 전북자치도와 인사교류에 적극 협력해야 한다는 의무 규
정을 두고 있다(강원특별법 제15조, 전북특별법 제99조).

　셋째, 지역인재 선발채용 관련 규정이다. 도지사와 도교육감은 7급 이하의 지역
인재를 선발하여, 3년의 범위에서 수습으로 근무하게 하고, 공무원으로 임용할 수
있도록 하였다(강원특별법 제16조, 전북특별법 제102조).

　넷째, 자치재정과 관련규정이다. 주민참여 예산제도의 실질화를 위하여 도지사
는 예산편성 과정에 주민이 공모방식 등에 의하여 참여할 수 있도록 해야하는 의
무조항을 신설하였다(강원특별법 제18조, 전북특별법 제107조). 또한, 특별자치도의 안
정적인 재정확보를 위하여 각종 국가보조사업의 수행 등에 소요되는 비용에 대하
여 지방자치분권 및 지역균형발전에 관한 특별법의 지역균형발전특별회계에 별도
계정을 설치해 지원할 수 있도록 하였다(강원특별법 제19조, 전북특별법 제116조).

　다섯째, 특별자치도 지원위원회 및 감사위원회 설치이다. 강원특별자치도와 전
북특별자치도의 출범을 지원하고 실질적인 지방분권 및 경쟁력 제고를 위하여 국
무총리 소속으로 지원위원회를 설치하도록 하였다(강원특별법 제11조, 전북특별법 제
12조). 또한, 자치사무의 감사를 위하여 도지사 소속으로 감사위원회를 두도록 하였
다(강원특별법 제21조, 전북특별법 제117조).[6]

---

6) 이 밖에도 강원특별법과 전북특별법의 공통적인 규정으로는 시·군 특례부여 지원(특별자치도 내
　시장과 군수는 시·군에 대한 특례 부여를 행정안전부장관에게 요청할 수 있도록 함. 강원특별법
　제17조, 전북특별법 제108조), 사회협약(특별자치도 도지사는 사회문제를 해결하기 위하여 분야
　별로 사회협약이 체결될 수 있도록 지원하여야 함. 강원특별법 제74조, 전북특별법 제109조), 해
　외협력(특별자치도는 외국의 지방자치단체와 경제·문화·교육·과학·기술·체육·환경·관광 등
　의 분야에서 상호협력·교류할 수 있음. 강원특별법 제75조, 전북특별법 제110조), 국가공기업의
　협조(특별자치도의 도지사는 지역에 소재한 공공기관 등에 업무협조를 요청할 수 있음. 강원특별
　법 제76조, 전북특별법 제11조) 등의 내용이 있음.

제2절 기초자치단체에 대한 특례

I 대도시 특례

1. 의의

우리나라에는 75개의 기초자치단체인 시가 있으며, 시의 평균 인구수는 약 33만 명이다(2019년 12월 말 기준). 그런데 문제는 시별 인구 편차가 심하다는 것이다. 인구 50만 명 이상 도시는 16개(100만 명 이상 도시 4개 포함)이며 인구수가 가장 많은 수원시는 120만 명이다. 반면에 인구 10만 명 미만 도시도 10개나 되며, 인구수가 가장 적은 충남 계룡시는 4.2만 명이다. 따라서 지방자치단체의 규모와 역량에 부합하는 기능과 권한이 부여되어야 한다는 차등적 분권의 필요성이 지속해서 제기되고 있다.[7]

이러한 요구에 대한 대응방안은 크게 두 가지로 고려될 수 있다. 하나는 일정한 기준 이상의 대도시에 대해 지방자치단체의 종류로 별도 설정하거나 광역시로 승격시키는 것이다. 예를 들면, 현재 지방자치법 제2조에서 규정하고 있는 지방자치단체의 종류에 새로운 것을 추가하거나, 일정 인구수 이상 대도시를 광역시로 승격하는 것이다. 그러나 이렇게 하기 위해서는 대도시를 도에서 분리해야 하는데, 도에서 지방세 수입이 가장 큰 대도시가 분리됨에 따른 잔여 도세의 취약, 광역행정의 어려움이 발생할 수 있다.

두 번째 방법은 대도시를 기초자치단체로 유지하되 다른 시에 비하여 더 많은 기능과 권한을 부여하는 것이다. 여기서 더 많은 기능과 권한은 중앙정부나 광역자치단체인 도의 그것을 이양하는 것이다.

우리나라 지방자치제도는 후자의 방법을 채택하고 있다. 인구 50만 명 이상 대도시에 대해서는 특례를 부여할 수 있도록 하고 있으며(지방자치법 제198조 제1항), 인구 100만 명 이상 대도시에 대해서는 새로운 종류의 지방자치단체로 인정하지는 않지만, 특례시라는 행정명칭을 부여하고 있다(제198조 제2항).[8]

---

7) 일본의 경우는 지정도시(인구 50만 명 이상), 중핵시(인구 30만 명 이상), 특례시(인구 20만 명 이상)로 구분하고 있음(일본 지방자치법).

8) 그러나 대도시라고 부르지만, 도대체 어느 정도의 인구가 있어야 대도시인지, 그리고 인구만을 기

2. 인구 50만 명 이상 시에 대한 특례

1) 근거 규정

지방자치법(제198조 제1항) 및 지방자치분권 및 지역균형발전에 관한 특별법(제58조 제1항)에서는 인구 50만 명 이상 대도시의 행정, 재정운영 및 국가의 지도·감독에 대해서는 그 특성을 고려하여 관계 법률로 정하는 바에 따라 특례를 둘 수 있도록 하고 있다.[9]

또한, 지방자치법 제14조(제1항 제2호)에서 다루고 있는 지방자치단체별 사무 배분의 기준에서는 "인구 50만 이상의 시에 대하여는 도가 처리하는 사무 일부를 직접 처리하게 할 수 있다"라고 도 사무의 이양 근거를 명시하고 있다.

2) 주요 특례

<표 6−1>에 정리된 바와 같이, 인구 50만 명 이상 시에는 자치구가 아닌 구를 둘 수 있도록 하고 있다. 또한, 도지사는 조정교부금과 별도로 인구 50만 명 이상 대도시가 징수하는 도세 중 10% 이하의 범위에서 일정 비율을 추가로 확보하여 해당 시에 직접 교부할 수 있다(지방자치분권 및 지역균형발전에 관한 특별법 제 61조 제1항). 이 외에도 온천법, 도시 및 주거환경정비법 등에서 60여 개 사무에 대한 특례를 두고 있다.

준으로 대도시라고 할 수 있는지, 경제가 활성화된 대도시에 특례를 부여해야 하는지 아니면 지방 소멸위기를 겪고 있는 경제력이 열악한 지역에 부여하는 것이 바람직한지, 만일 특례를 부여한다면 어떠한 기능과 권한을 어느 정도 부여할 것인지 등에 대한 쟁점이 여전히 남아 있음(하혜영, 2020; 국회 행정안전위원회, 2019).

9) '지방자치분권 및 지역균형발전에 관한 특별법' 제40조 제1항 단서에서는 "인구 30만 이상인 지방자치단체로서 면적이 1천 제곱킬로미터 이상이면 이를 인구 50만 이상 대도시로 본다"라고 하여 인구뿐 아니라 면적 기준도 함께 적용하고 있는데, 현재 이 단서에 해당하는 지방자치단체는 없으며 강원도 춘천시(281,291명, 1,116.37㎢)와 경북 경주시(255,402명, 1,324.86㎢)가 이 기준에 근접해 있음.

▌표 6-1 인구 50만 명 이상 대도시 특례 현황

관련 법률	사무명
지방자치법(제3조 제3항)	자치구가 아닌 구(일반구, 행정구) 설치
지방자치단체 기구정원규정(별표 3)	3·4급 직위 1개 추가 설치 가능(본청 실·국장)
지방자치단체출연 연구원의 설립 및 운영에 관한 법률(제4조)	지방연구원 설립 가능
지방자치분권 및 지역균형발전에 관한 특별법(제61조 제1항)	

자료: 국회 행정안전위원회(2019). 지방자치법 전부개정 법률안 검토보고서. 94-95쪽

3. 인구 100만 명 이상 시에 대한 특례

지방자치법(제198조 제2항)에서는 인구 100만 명 이상 대도시는 '특례시'라는 행정명칭을 부여하고, 그 특성을 고려하여 관계 법률로 정하는 바에 따라 추가로 특례를 둘 수 있도록 하고 있다. 그러나 행정명칭과 추가 특례의 부여가 인구 100만 명 이상 대도시에 새로운 지방자치단체의 한 종류로서 지위를 부여하는 것은 아니다.

'지방자치분권 및 지역균형발전에 관한 특별법'에서는 인구 100만 명 이상 특례시는 지역개발 채권을 발행할 수 있고, 부시장을 2명으로 하고, 자체 택지개발지구 지정권 등을 부여하고 있다.

▌표 6-2 인구 100만 명 이상 대도시 특례

관련 법률	사무명
지방자치분권 및 지방행정체제개편에 관한 특별법 제41-43조	
지방공기업법	• 지역개발 채권 발행 권한(단, 사전에 지방의회 승인 필요)
건축법	• 50층 이하의 건축물 허가 권한
택지개발촉진법	• 택지개발촉진법에 따른 예정지구의 지정 (단, 도지사가 지정한 경우에 한함, 지정시 도지사와의 협의 필요)
농지법	• 도지사를 경유하지 않고, 농지전용허가 신청서 제출
개발제한구역의 지정 및 관리에 관한 특별조치법	• 개발제한구역의 지정 및 해제에 관한 도시관리계획 변경 결정 요청 (단, 사전에 도지사와 협의 필요)

관련 법률	사무명	
지방자치법	• 정원 범위내에서 5급 이하 직급별·기관별 정원 책정	
	• 일반직, 별정직 또는 계약직 지방공무원으로 보하는 부시장 1명 증원	
	• 기구·정원은 인구, 도시 특성, 면적 등을 고려 대통령령으로 정함	
소방기본법	• 화재 예방·경계·진압 및 조사와 화재, 재난·재해 그밖의 위급한 상황에서의 구조·구급 등의 업무	창원시에 한함
지방세기본법	• 소방분 지역자원시설세를 시세로 전환	
개별법령 규정		
지방자치단체 기구정원규정	• 3·4급(실·국장) 직위 3개(인구 120만 이상은 4개), 의회사무국장 3급 및 담당관 5급 가능	
지방재정투자사업 심사규칙	• 투융자심사 제외대상 상향(40억 → 100억 원)	

자료: 국회 행정안전위원회(2019). 지방자치법 전부개정법률안 검토보고서. 90쪽

Ⅱ 시·군·자치구에 대한 특례

위에서 살펴본 바와 같이 지방자치법 및 기타 특별법 등에서는 인구 50만 명 및 100만 명 이상에 대한 특례를 부여하고 있다. 그런데 인구 규모 외에 다른 요소를 특례 부여의 기준으로 고려해야 한다는 주장이 지속해서 제기되고 있다. 주민등록 인구는 포괄적인 행정수요를 대표하면서 전국 공통의 기준으로서 사용됐기에 명확하고 이해하기 쉬운 지표라는 장점이 있다. 그러나 주민등록 인구만으로는 주간 활동인구와 야간 거주인구의 차이, 산업·경제적인 변수 등 모든 행정수요를 포괄하기는 어려운 측면이 있는 것도 사실이다(하혜영, 2020).

또한, 주민등록 인구는 주로 수도권에 집중되어 있으므로 지역균형발전을 위해서는 인구 50만 명 이상의 도청 소재지 또는 인구 50만 명 이상의 비수도권 대도시에도 특례를 부여하여 지방 대도시의 성장역량을 높여야 한다는 주장도 제기되었다. 특히, 일부 지역에서는 인구 50만 명 미만의 도시에도 지역균형발전을 고려한 특례를 부여할 것을 요구하고 있으며, 인구 3만 명 미만과 자립기반이 열악한 군 지역에 대한 특례가 필요하다는 주장도 제기되었다(국회 행정안전위원회, 2019: 91).

이러한 요구를 반영하여, 2021년 1월 전부개정된 지방자치법(제198조 제2항)에서

는 실질적인 행정수요, 지역균형발전, 지방소멸위기 등을 고려하여 시·군·자치구
에도 행정·재정 운영 및 국가의 지도·감독 등에 대하여 그 특성을 고려하여 관계
법률로 정하는 바에 따라 추가로 특례를 둘 수 있는 근거를 마련하였다. 또한, 인
구 50만 명 이상 대도시와 100만 명 이상 대도시의 기준 등에 대해서는 대통령령
으로 정하도록 하고 있다(제198조 제3항).

제7장

특별지방자치단체

제1절　특별지방자치단체의 필요성·유형 및 해외사례

Ⅰ　개념

특별지방자치단체는 특정한 목적을 수행하기 위하여 설치된 지방자치단체이다. 따라서 그 구역이나 사무, 조직, 기능 등이 특수한 지방자치단체를 의미한다. 예를 들면, 지방자치단체인 A시와 B시를 구역으로 설정하고 경찰업무만을 수행하는 ○○ 특별지방자치단체를 설치하는 경우를 가정해 볼 수 있다. 이렇게 되면 기존의 A시와 B시는 보통지방자치단체로서의 일반적인 행정 기능을 수행하고, 두 개 시의 경찰업무는 새롭게 만든 ○○ 특별지방자치단체가 수행하게 된다.

Ⅱ　필요성 및 한계

1. 필요성

특별지방자치단체가 필요한 이유로 첫째, 보통지방자치단체에 대한 보완적 기능의 필요성 때문이다. 원칙적으로 보통지방자치단체는 해당 구역 내 업무를 완결적으로 수행한다. 그러나 보통지방자치단체가 독자적으로 처리하기에는 행·재정적 능력이 부족하거나 사무 특성에 따라 공동처리가 불가피한 경우 특별지방자치단체의 설치가 요구된다(금창호, 2019: 16).

둘째, 광역적 행정수요에 대응하기 위함이다. 특별지방자치단체는 교통과 통신의 발달, 생활권의 변동, 지리적 영향 등 기존 행정 구역을 넘어서는 광역행정 수요에 대응할 필요성에서 설치가 요구되는 경우가 많다.

셋째, 지방행정의 효율성 증대에 대한 요구이다. 최근 저출산 고령사회의 대두에 따른 지방소멸의 위기, 지방재정의 압박 등 단일의 보통지방자치단체가 대응하기 어려운 지방 행정환경에 직면하고 있다(국회행정안전위원회, 2019: 120). 따라서 지방자치단체 상호 간 강력한 제도적 협력을 통하여 더욱 효율적인 행정 서비스를 제공하기 위하여 특별지방자치단체의 필요성이 강조된다.

넷째, 실질적인 지방분권의 실현을 위한 제도적 장치일 수 있다. 국가와 지방 간의 권한 분산이라는 측면에서 특별지방자치단체의 설치를 통하여 분권의 문제를 새로운 차원에서 접근하는 것이다. 특히, 영국의 지방정부 연합기구(Combined Authorities: CA)는 광역적 업무의 수행뿐 아니라 국가사무를 이양 받아 처리하고 있다.

2. 한계

특별지방자치단체 제도의 한계로는 ⓐ 특별지방자치단체의 난립으로 인하여 기존의 보통지방자치단체 중심의 자치제도에 혼란을 초래할 수 있으며, ⓑ 보통지방자치단체와 특별지방자치단체 간에 조정이 곤란하여 갈등이나 할거주의가 발생하거나, ⓒ 행정과 서비스 공급의 책임소재가 불분명하거나, ⓓ 특별지방자치단체가 수행하는 특수 업무에 대한 이해 당사자들의 주장이 강하게 표출·반영되는 현상 등을 들 수 있다(최창호·강형기, 2019: 181).

지방 차원에서 행정 서비스의 공급은 원칙적으로 종합 기능을 수행하는 보통지방자단체에 의하여 이루어지는 것이 원칙이며, 특별지방자치단체는 예외적으로 불가피한 경우에 설치되는 것이 바람직하다. 그러나 해외사례를 살펴보면, 마구잡이 설치로 인하여 문제점이 야기된 경우가 적지 않다. 예를 들면, 과거 영국의 경우 기존의 보통지방자치단체들이 중앙정부나 주민들로부터 신뢰를 얻지 못하여 특별지방자치단체가 지나치게 많이 설치된 사례가 있었다(금창호, 2019: 15).

Ⅲ 특별지방자치단체의 유형

특별지방자치단체의 유형은 크게 설립 목적에 따른 분류와 사무 범위에 따른 분류로 구분된다(금창호, 2019: 12-15).

1. 설립 목적에 따른 분류

특별지방자치단체를 설치하는 목적을 기준으로 사무처리단체와 기업경영단체로 구분된다(최창호·강형기, 2019: 181). 사무처리를 목적으로 하는 특별지방자치단체는 특정의 행정사무나 광역적인 행정사무를 수행하기 위해 설치된다. 예를 들면, 영국의 소방특별구나 지방정부 연합기구 등이 이에 속한다.

기업경영 형태는 기업성이나 응익성이 높은 행정 서비스 공급을 위해 특별지방자치단체를 설치하는 경우이다. 예를 들면, 3개의 지방자치단체에 걸쳐서 대규모 도시개발 사업이 진행되는 경우에 광역개발사업단이라는 특별지방자치단체를 만드는 형태이다.

▌표 7-1 설립 목적에 따른 특별지방자치단체의 유형

유형	설립 목적	사례
사무처리단체	특정 또는 광역적인 행정사무의 처리를 목적으로 함	소방특별구, 지방정부 연합기구, 광역연합 등
기업경영단체	기업성이나 응익성이 높은 행정 서비스 공급을 목적으로 함	광역개발사업단, 공원 및 레크리에이션 사업구, 상하수도사업구 등

자료: 최창호·강형기, 2019: 181; 금창호, 2019: 13

2. 사무 범위에 따른 분류

특별지방자치단체가 수행하는 사무의 수를 기준으로 단일 사무단체와 복합 사무단체로 구분된다. 단일 사무단체는 특별지방자치단체가 단일의 사무를 관장하는 것이며, 복합 사무단체는 특별지방자치단체가 다수의 사무를 관장하는 것이다. 전자의 예로는 학교구, 소방구, 경찰구 등을, 후자의 예로는 일본의 광역연합, 영국의 지방정부 연합기구 등을 들 수 있다.

▌표 7-2 사무 범위에 따른 특별지방자치단체의 유형

유형	사무 범위	사례
단일 사무단체	단일사무를 관장하기 위하여 설립	학교구, 소방구, 일부사무조합 등
복합 사무단체	다수사무를 관장하기 위하여 설립	광역연합, 지방정부 연합기구 등

자료: 금창호, 2019: 15

Ⅳ 외국의 특별지방자치단체

1. 영국

영국 잉글랜드 지역의 특별지방자치단체는 연합 청소기구, 연합 소방구조기구, 지방정부 연합기구, 연합 경찰기구 등이 있다.

1) 연합 청소기구(Joint Waste Authorities)

연합 청소기구는 두 개 이상의 지방정부가 연합하여 청소업무(쓰레기 수거, 처리, 재활용 등)를 수행하는 단일사무단체의 형태이다. 연합 청소기구의 설립은 법률(Local Government and Public Involvement in Health Act 2007)에 근거를 두고 있으며, 지방정부 상호 간 합의에 따라 제안서를 작성하여, 중앙정부의 승인을 받아야 한다. 연합 청소기구는 지방정부가 함께 청소업무를 수행함으로써 비용을 절감하는 것이 가장 큰 목적이라고 할 수 있어, 시가지가 좁은 런던지역에 주로 설립되는 경향이 있다.

연합 청소기구는 참여 지방정부의 전체 지역 또는 특정 지역만을 포함하는 것도 가능하다. 소요비용은 참여 지방정부가 공동으로 부담하는 것이 원칙이며, 구체적으로 지방정부 간 분담 비율은 가구 수, 쓰레기양 등을 고려하여 차별적으로 하고 있다.

연합 청소기구의 의사결정기구인 이사회(Memberships)는 각 지방정부별로 2명 정도의 지방의회 의원이 참여하게 되며, 의장과 부의장은 위원 중에서 참여 지방정부 별로 순환하면서 맡는 것이 일반적이다. 한편, 내부 기구의 구성은 완전한 자율성을 가지고 있다.

2018년 현재 잉글랜드 지역에는 6개의 연합 청소기구가 운영 중이며, 4개가 런던지역에 있다.

2) 연합 소방구조기구(Combined Fire and Rescue Authorities)

연합 소방구조기구는 2개 이상 지방정부의 소방구조 기능(소방안전관리, 소방 및 구조활동 등)이 합쳐진 기구로 법률(Fire and Rescue Services Act 2004)에 따라 설치된 단일 사무단체이다. 연합 소방구조기구의 운영 재원은 참여 지방정부에서 지방세 수입 비율, 인구 규모 등을 고려하여 차별적으로 부담하며, 매년 지출 비용을 고려하여 참여 지방정부에 부담금을 통보하며, 최종 부담액은 지방정부와 소방기구의 협의를 거쳐 결정된다.

연합 소방구조기구의 최고 의사결정기구인 이사회는 12명에서 25명으로 참여 지방의회 의원들로 구성된다. 선발되는 지방의원의 수는 주로 참여 지방정부의 유권자 수에 비례하여 결정된다. 2018년 현재 연합 소방구조기구는 24개가 운영되고 있다.

3) 지방정부 연합기구(Combined Authorities)

지방정부 연합기구는 2개 이상 지방정부가 교통, 경제개발, 재생사업 등을 공동으로 처리하기 위하여 만든 지방정부의 광역연합이자 복합 사무단체이다. 이 기구는 법률(Local Democracy, Economic Development and Construction Act 2009)에 근거를 두고 있으며, 설립과 해산 시에는 반드시 영국 의회의 승인을 받도록 하고 있다.[1] 비교적 최근에 도입된 지방정부 연합기구는 지방정부 간 연계 협력을 실질화하여 광역행정의 효과를 높이는 데 그 목적이 있다. 또한, 중앙행정 권한의 이양을 통하여 자율성과 동시에 책임성을 강화하며, 연합한 지방정부 상호 간의 협업 및 공동의 의사결정을 통한 지역의 공동이익 및 발전을 유도하는 것이 목적이다.

지방정부 연합기구의 초기 법적 사무는 교통, 도시재생, 경제개발 사무였으나, 이후 다양한 형태로 확대되었다. 특히, 중앙정부와의 분권 협상(Devolution Deal)[2]을 통하여 참여 지방정부가 가지고 있는 권한보다 더 많은 권한을 이양받은 예도 있다. 지방정부 연합기구는 두 개 이상 지방정부의 전체 구역에 포함되어야 하며, 다른 지방정부 연합기구의 일부 구역이 포함되어서는 안 된다. 또한, 런던시에는

---

1) 지방정부 연합기구는 다음과 같은 과정을 통해 설립됨. 첫 번째는 검토 단계(Review)로 설치가 고려되는 지방정부 그룹에서는 경제개발, 교통, 도시재생 등에 대한 다양한 거버넌스 리뷰를 작성하여 검토하여야 함. 두 번째, 의견수렴 및 컨설팅(Consulting)으로, 설치하고자 하는 연합기구(Combined Authority)에 대한 구체적인 제안서(Proposal)를 작성하여, 관련 내용을 지역에 중요 행위자와 주민들의 의견을 수렴하는 단계임. 세 번째, 관련 의회의 동의임. 이 단계에서는 관련 지방의회에서 투표를 거쳐서 결정하는데, 대부분 만장일치임. 마지막 단계는 영국 의회의 승인으로 중앙정부에 제출하고 영국 의회의 승인을 받으면 지방정부 연합기구가 설립됨.

2) 분권 협상은 지방정부 연합기구와 중앙정부의 여러 부처가 참여하는 합동팀이 협상·합의하는 것임. 협상 결과는 참여 지방의회의 인준절차를 거치면 최종 효력이 발생하게 됨. 다만, 일부 지역이라도 반대를 하면 그 협상 자체의 효력이 발생하지 못하게 됨.

지방정부 연합기구의 설치를 허용하지 않고 있다.

지방정부 연합기구의 구성은 먼저 주민투표를 거쳐 직선 시장을 선출할 것인지에 대하여 결정해야 하며, 이에 따라 직선 시장을 선출하는 연합기구와 직선 시장을 선출하지 않는 연합기구로 구분된다. 참여 지방정부에서는 소속 지방의원 1명을 지명하며, 지명된 의원은 연합기구 의사결정기구의 구성원이 된다.

2018년 현재 총 9개의 지방정부 연합기구가 출범하였으며, 그중 7개의 연합기구는 주민 직선의 시장을 선출하고, 중앙정부와 분권 협상을 체결하였다.[3]

2. 일본

일본의 특별지방자치단체는 특별구, 재산구, 지방공공단체조합(일부사무조합, 광역연합) 등으로 구분될 수 있다. 그러나 우리나라의 특별지방자치단체와 유사한 형태는 지방공공단체조합이다.

1) 특별구

특별구는 도쿄도[4] 내부의 제한적 자치권을 지닌 구를 말한다. 특별구는 모두 23개로 이루어졌으며, 각각 선거에 의한 구장·의회, 조례제정권, 과세권을 갖고 있지만, 다른 지방자치단체에 비하여 자치권의 제한이 있다. 특별구는 지방자치법에 그 설치 근거를 두고 있으며, 담당 사무는 상·하수도의 정비·관리, 폐기물 처리 관련 업무, 소방에 관한 사무 등이다. 특별구는 특별구세, 지방교부세, 도쿄도의 재정조정제도에 의한 재정지원 등이 재원이다.

---

3) 2011년 구성된 영국 최초의 지방정부 연합기구인 맨체스터 지방정부 연합기구(Greater Manchester Combined Authority)는 직선 시장과 10명의 구성 지방의회로부터 지명된 의원으로 구성된 총 11명이 의사결정을 하게 되고, 이들은 모두 내각(각 부서)을 구성하고 있음. 재원은 중앙정부의 포괄보조금(사용 용도를 지정하지 않음)이나 목적 보조금(사용 용도를 특정함), 관할 구역으로부터의 지방세, 구성 지방정부의 분담금, 지방채 등으로 조달함(남재걸, 2021).

4) 일본의 도쿄도는 특별구가 설치된 지역, 다마지역, 도서 지역으로 크게 나누어 볼 수 있으며, 23개 특별구가 설치된 도쿄의 동쪽지역(628km², 950만 명)은 서울의 면적·인구(605km², 960만 명)와 유사하며, 다마지역은 도쿄의 서쪽 지역으로 면적은 특별구 지역보다 크지만 인구는 420만 명 수준이며 26시와 3개의 정 그리고 1개의 촌으로 구성됨. 도서 지역은 2정 7촌이 있음.

2) 재산구

재산구는 시·정·촌 등 지방자치단체 간 합병과정에서 기존 지방자치단체 재산이나 공공시설의 관리·처분을 위하여 법률에 근거하여 설치되는 특별지방자치단체이다. 재산구가 소유하는 재산에는 산림이 가장 많고 전답, 택지, 용수로, 늪지, 묘지, 온천, 상수도 등이 있다. 재산 및 공공시설에 관리에 필요한 재원은 재산구가 부담하도록 하고 있다. 2017년 현재 재산구 총수는 3,995개이며, 이 중 680개 재산구가 의회를 설치하고 있다(금창호, 2019: 212).

3) 지방공공단체조합

지방공공단체조합은 2개 이상 지방자치단체가 특정 사무를 공동처리하기 위하여 설립하는 법인격을 가진 특별지방자치단체이다. 조합은 법률에 근거를 두고 있으며, 지방자치단체장과 조합 의회를 두며, 조례제정권을 가진다.

일본의 지방공공단체조합은 일부사무조합과 광역연합의 두 종류가 있다. 일부사무조합과 광역연합의 참여 지방자치단체는 보통지방자치단체(도·도·부·현, 시·정·촌)와 특별구이다. 일부사무조합의 설치 목적은 참여 지방자치단체 사무의 일부를 공동처리이며, 광역연합은 광역적으로 행정처리가 필요하다고 인정되는 사무처

┃표 7-3 일본의 일부사무조합과 광역연합 비교

구분	일부사무조합	광역연합
참여 자치단체	보통지방자치단체(도·도·부·현, 시·정·촌), 특별구	
설치 목적	자치단체 사무의 일부를 공동 처리	광역적으로 행정 처리가 필요하다고 인정되는 사무
처리 사무	참여 자치단체의 공통사무	광역계획을 작성하고, 연락 조정을 도모하며, 종합·계획적 사무처리 (참여 자치단체 간 동일한 사무가 아니어도 가능)
국가 또는 광역으로부터 사무위임	불가능	가능
재원	참여 자치단체의 부담금, 수수료 등 세외수입 (지방세 수입은 없으며, 교부세는 참여 자치단체에 교부함)	

자료: 일본 지방자치법; 금창호, 2019: 202

리를 위해서 설치된다(금창호, 2019: 204). 일부사무조합이 처리하는 사무는 참여 지방자치단체의 공통사무이고, 광역연합은 광역계획을 작성하고 그와 관련된 연락조정을 도모하며 종합·계획적 사무처리와 관련된 업무를 수행한다. 일부사무조합의 경우는 국가나 광역자치단체로부터의 사무위임이 불가능하지만, 광역연합의 경우는 가능하다. 일부사무조합과 광역연합의 재원은 참여 지방자치단체의 부담금, 수수료 등 세외수입이며, 지방세 수입은 없으며, 교부세는 참여 지방자치단체에 교부된다.

제2절　우리나라의 특별지방자치단체

Ⅰ　개요

2021년 1월 전부개정된 지방자치법에 특별지방자치단체 관련 구체적인 내용이 규정되어 제도의 실현이 가능하게 되었다. 본래 지방자치법에 특별지방자치단체 설치 근거가 마련된 것은 1988년이었으나, "특별지방자치단체의 설치·운영에 관하여 필요한 사항은 대통령령으로 정한다"라고 하면서, 32년간 대통령령에 관련 규정을 두지 않아 제도의 실현이 불가능하였다.

최근 지방자치의 활성화를 위하여 특별지방자치단체의 필요성이 강조되면서 지방자치법 전부개정에 주요 내용으로 도입되었다. 우리나라에 최초로 도입된 특별지방자치단체를 지방자치법 관련 규정 내용을 중심으로 살펴보고자 한다.

Ⅱ　특별지방자치단체 설치

1. 설치 목적: 특정한 목적과 광역적 사무

지방자치법(제199조 제1항)에서는 "2개 이상의 지방자치단체가 공동으로 특정한 목적을 위하여 광역적으로 사무를 처리할 필요가 있을 때는 특별지방자치단체를 설치할 수 있다"라고 하여, 설치의 조건으로 '2개 이상의 지방자치단체'가 필요하며, 사무 범위는 '특정한 목적'과 '광역적 사무'라는 조건이 충족되어야 한다.

2. 2개 이상의 구성 지방자치단체의 참여 및 법인으로 설립

지방자치법에서는 특별지방자치단체 설치에 참여하는 지방자치단체를 구성 지방자치단체라고 부르고 있다. 따라서 특별지방자치단체를 설치하기 위해서는 2개 이상의 구성 지방자치단체의 참여가 필수적이다. 또한, 특별지방자치단체는 독립된 행정 단일체로서 권리능력이 있는 법인으로 설치되도록 하고 있다(지방자치법 제199조 제3항).

3. 설립 절차: 규약 → 구성 자치단체 의회 의결 → 행정안전부 장관 승인

특별지방자치단체의 설립 절차는 ⓐ 2개 이상의 구성 지방자치단체가 상호 협의 과정을 통하여 규약을 정하고, ⓑ 구성 지방자치단체의 지방의회 의결을 거치고, ⓒ 행정안전부 장관의 승인을 받아야 한다(지방자치법 제199조 제1항). 행정안전부 장관은 특별지방자치단체의 설치를 승인하는 경우에는 해당 사무와 관련된 중앙행정기관의 장 또는 관계 시·도지사에게 그 사실을 알려야 한다(제199조 제2항).

한편, 행정안전부 장관은 공익상 필요하다고 인정될 때에는 관계 지방자치단체에 대하여 특별지방자치단체의 설치, 해산 또는 규약 변경을 권고할 수 있다. 이 경우 행정안전부 장관의 권고가 국가 또는 시·도 사무의 위임을 포함하고 있을 때는 사전에 관계 중앙행정기관의 장 또는 시·도지사와 협의하여야 한다(지방자치법 제200조).

4. 구역

구역은 특별지방자치단체의 영향력이 미치는 공간적 범위이다. 특별지방자치단체의 구역은 구성 지방자치단체의 구역을 합한 것으로 하는 것이 원칙이다. 그러나 특별지방자치단체의 사무가 구성 지방자치단체 구역의 일부에만 관계되는 등 특별한 사정이 있을 때는 해당 지방자치단체의 일부만을 구역으로 할 수 있다(지방자치법 제201조).[5)]

---

5) 2024년 12월 대전시, 세종특별자치시, 충청남도 및 충청북도 등 4개 광역지자체가 연합하여 우리나라 최초의 특별지방자치단체인 '충청광역연합'을 출범시킴. 규약에 따르면 '충청광역연합'은 21개 사무를 처리함(1. 초광역 도로망 구축에 관한 사무/2. 초광역 철도망 구축에 관한 사무/3. 광역

Ⅲ 특별지방자치단체 규약과 기관구성

1. 규약

특별지방자치단체는 권한의 범위와 내용 및 기관의 구성과 운영 등에 대한 기본적 내용을 담고 있는 규약에 따라 설치·운영된다. 특별지방자치단체의 규약은 필수적 사항과 임의적 사항으로 구분한다. 필수적 사항은 모든 특별지방자치단체가 규약 제정 시에 반드시 포함되어야 할 사항들을 말하고, 임의적 사항은 설치기관 간 협의에 따라 추가할 수 있는 사항을 말한다(금창호, 2018). 지방자치법에서는 규약에 반드시 포함되어야 할 다음과 같은 필수적 사항을 규정하고 있다(지방자치법 제202조 제1항).

---

1. 특별지방자치단체의 목적
2. 특별지방자치단체의 명칭[6)]
3. 구성 지방자치단체
4. 특별지방자치단체의 관할 구역
5. 특별지방자치단체의 사무소의 위치
6. 특별지방자치단체의 사무
7. 특별지방자치단체의 사무처리를 위한 기본계획에 포함되어야 할 사항
8. 특별지방자치단체의 지방의회 조직, 운영 및 의원의 선임방법
9. 특별지방자치단체의 집행기관 조직, 운영 및 장의 선임방법
10. 특별지방자치단체의 운영 및 사무처리에 필요한 경비의 부담 및 지출방법
11. 특별지방자치단체의 사무처리 개시일
12. 그 밖에 특별지방자치단체의 구성 및 운영에 필요한 사항

철도 사업의 건설·운영에 관한 사무/4. 초광역 대중교통망 구축에 관한 사무/5. 광역간선급행버스체계 구축·운영에 관한 사무/6. 도심항공교통 활용 촉진 및 지원에 관한 사무/7. 초광역 산업발전 선도사업 육성에 관한 사무/8. 초광역 주요 산업 연계 및 육성에 관한 사무/9. 초광역 첨단바이오산업 육성에 관한 사무/10. 초광역 미래모빌리티 부품산업 육성에 관한 사무/11. 초광역 첨단 코스메틱산업 육성에 관한 사무/12. 초광역 R&D 혁신체계 구축에 관한 사무/13. 초광역 국제교류 및 협력에 관한 사무/14. 초광역 지역기업 육성 및 통상 지원에 관한 사무/15. 초광역 지역인재 양성에 관한 사무/16. 초광역 농식품산업 육성에 관한 사무/17. 초광역 지역문화 진흥 및 생활문화 지원에 관한 사무/18. 초광역 관광체계 구축에 관한 사무/19. 초광역 환경 대응체계 구축에 관한 사무/20. 초광역 자연생태계 보전에 관한 사무/21. 그 밖에 각 구성단체가 합의하여 연합에 이관한 사무).

위에서 제시한 사항 이외에는 구성 지방자치단체 상호 간의 협의로 규약 내용을 임의로 추가할 수 있다.

구성 지방자치단체가 특별지방자치단체의 규약을 변경하고자 할 때는 구성 지방자치단체의 지방의회 의결을 거쳐 행정안전부 장관의 승인을 받아야 한다(지방자치법 제202조 제2항). 여기서 규약 변경의 주체가 특별지방자치단체가 아니고 구성 지방자치단체인 것은 규약의 제정 및 변경 권한이 구성 지방자치단체에 주어지기 때문이다. 그런데 구성 지방자치단체는 2개 이상이므로 규약 변경에 상호 협의하고, 그 협의가 이뤄진 규약을 각각의 지방의회에서 의결을 거쳐, 행정안전부 장관에게 승인 요청 절차를 거치게 된다.

2. 기본계획의 수립 · 변경

특별지방자치단체의 장은 소관 사무를 처리하기 위한 기본계획을 수립하고, 기본계획에 따라 사무를 처리해야 한다(지방자치법 제203조 제1항 및 제2항). 특별지방자치단체의 장이 수립한 기본계획은 특별지방자치단체 의회의 의결을 받아야 한다. 기본계획을 변경하는 경우에도 또한 같다(제203조 제1항).

특별지방자치단체의 사무나 기본계획에 포함되어야 할 사항, 사무처리를 위한 경비의 부담이나 지출 등 중요한 사항에 대해서는 규약으로 정하도록 하고 있다. 그런데 추가로 기본계획을 수립 · 시행하도록 하는 것은 특별지방자치단체의 특정 업무에 대한 사무처리가 보통지방자치단체의 종합적인 사무처리와 중복되거나 충돌로 인한 혼란을 방지하려는 조치로 보인다.

한편, 특별지방자치단체의 장은 구성 지방자치단체의 사무처리가 기본계획의 시행에 지장을 주거나 지장을 줄 우려가 있을 때는 특별지방자치단체의 의회 의결을 거쳐 구성 지방자치단체장에게 필요한 조치를 요청할 수 있도록 하고 있다(지방자치법 제203조 제3항).

---

6) 특별지방자치단체의 명칭을 규약으로 정하게 됨에 따라 다양한 명칭이 난립하여 국민에게 혼란을 줄 수 있으니, 보통지방자치단체와 같이 특별지방자치단체도 명칭만으로 알아볼 수 있도록 하는 것이 필요하다는 주장이 있음(문상덕, 2019: 10). 따라서 행정안전부에서는 규약을 승인할 때 명칭에 대한 각별한 주의가 필요할 것으로 생각됨.

3. 의회

특별지방자치단체의 의회 의원은 구성 지방자치단체의 의회 의원으로 구성된다. 구성 지방자치단체의 의회 의원은 특별지방자치단체의 의회 의원을 겸할 수 있도록 하고 있다(지방자치법 제204조 제2항). 그런데 구성 지방자치단체 의회 의원 전원으로 특별지방자치단체의 의회를 구성할 것인지, 아니면 그 일부로 구성할 것인지, 만일 일부의 의원만으로 구성된다면 그 일부를 어떻게 선출할 것인지 등에 대한 것은 구성 지방자치단체 상호 간의 협의에 따라 규약으로 정하도록 하고 있다.[7]

특별지방자치단체 의회가 의결할 중요한 사항에 대해서는 특별지방자치단체의 장에게 미리 통지하고, 특별지방자치단체의 장은 그 내용을 구성 지방자치단체장에게 통지하여야 한다. 그 의결의 결과에 대해서도 또한 같다(지방자치법 제204조 제3항).

지방의회는 규약으로 정하는 사무 범위 내에서 조례를 제정할 수 있다(지방자치법 제210조).

4. 단체장

특별지방자치단체의 장은 규약으로 정하는 바에 따라 특별지방자치단체의 의회에서 선출된다(지방자치법 제205조 제1항). 특별지방자치단체의 장은 해당 의회에서 간선제로 선출되며, 구체적으로 어떠한 방법으로 선출할 것인지에 대해서는 규약으로 정하도록 하고 있다.

구성 지방자치단체장이 특별지방자치단체의 장을 겸할 수도 있다(지방자치법 제205조 제2항). 이는 특별지방자치단체의 의회에서 특별지방자치단체의 장을 간선할 때 구성 지방자치단체장이 후보자가 될 수 있는 길을 열어 놓은 것이다.

한편, 특별지방자치단체의 장은 규약에서 정하는 사무 범위 내에서 규칙을 제정할 수 있다(지방자치법 제210조).

---

7) 현실에서는 의원 선출의 방법보다는 각 구성 지방자치단체에서 참여하는 의원의 수를 결정하는 합의가 어려울 수 있음. 예를 들면, 각 구성 자치단체가 같은 수의 의원을 참여시키는 방법, 각 구성 지방자치단체의 의회 의원의 수에 비례하여 의원을 참여시키는 방법, 인수 수에 비례하여 참여시키는 방법 등이 있을 수 있으며, 더 많은 의원을 참여시키고자 하는 구성 지방자치단체 간 서로 다른 주장이 제기될 수 있을 것임.

5. 공무원

특별지방자치단체는 법인으로 독립적인 행정 단일체이므로 소속 공무원을 채용할 수 있으며, 구성 지방자치단체로부터 파견된 공무원이 근무할 수도 있다. 지방자치법(제205조 제3항)에서는 "특별지방자치단체의 의회 및 집행기관의 직원은 규약으로 정하는 바에 따라 특별지방자치단체 소속인 지방공무원과 구성 지방자치단체의 지방공무원 중에서 파견된 사람으로 구성한다"라고 하여 이 부분을 명확히 규정하고 있다.

Ⅳ 특별지방자치단체 운영 등

1. 경비의 부담

특별지방자치단체의 주요 재정수입은 ⓐ 제공하는 행정 서비스에 대한 이용자들의 사용료, 수수료 등의 수입, ⓑ 구성 지방자치단체의 분담금, ⓒ 국가 또는 시·도로부터 재정적 지원으로 구분된다. 보통지방자치단체와 달리 지방세 과세권은 주어지지 않고 있다(지방자치법 제210조).

특별지방자치단체의 주요 재정수입의 구체적인 내용은 다음과 같다.

첫째, 특별지방자치단체는 지방세 과세권은 없지만, 지방세외수입에 대한 징수권은 가진다. 즉, 행정 서비스의 수혜자로부터 그 편익에 대한 대가를 받는 것은 가능하다. 또한, 특별지방자치단체는 지방채를 발행할 수 있다(지방자치법 제210조).

둘째, 특별지방자치단체는 구성 지방자치단체가 처리해야 할 특정의 사무를 수행하기 위하여 설립된 것이므로, 그 사무 수행에 필요한 비용은 구성 지방자치단체가 부담하는 것이 원칙이다. 따라서 지방자치법(제206조 제1항)에서는 "특별지방자치단체의 운영 및 사무처리에 필요한 경비는 구성 지방자치단체의 인구, 사무처리의 수혜 범위 등을 고려하여 규약으로 정하는 바에 따라 구성 지방자치단체가 분담한다"라고 규정하고 있다. 이 경우 구성 지방자치단체에서는 일반회계가 아닌 별도의 특별회계를 설치하여 지원토록 하고 있다(지방자치법 제206조 제2항).

셋째, 국가 또는 시·도가 특별지방자치단체에 사무를 위임하는 경우에는 그 사무를 위임한 국가 또는 시·도가 그 사무를 수행하는 데 필요한 경비를 부담하여야 한다(지방자치법 제158조 및 제206조 제3항). 그러나 지방자치법에서 특별지방자치단체가 국가와 광역자치단체로부터 지원을 받을 수 있는 근거 규정은 있지만, 구체적으로 지원받기 위해서는 지방교부세법, 지방재정법 등에서 관련 규정의 도입이 필요하다.

2. 사무처리 상황 등의 통지

특별지방자치단체는 2개 이상의 구성 지방자치단체가 합의에 따라 새롭게 설치한 자치단체이다. 구성 지방자치단체는 소요비용 일부를 부담하게 된다. 따라서 구성 지방자치단체장은 특별지방자치단체의 중요한 사무처리 상황에 대해 통보받을 권리를 가진다. 지방자치법(제207조)에서도 "특별지방자치단체의 장은 대통령령으로 정하는 바에 따라 사무처리 상황 등을 구성 지방자치단체장 및 행정안전부 장관(시·군 및 자치구만으로 구성하는 경우에는 시·도지사를 포함한다)에게 통지하여야 한다"라고 규정하고 있다.

3. 가입 및 탈퇴

특별지방자치단체에 가입하거나 특별지방자치단체에서 탈퇴하려는 지방자치단체장은 해당 지방의회의 의결을 거쳐 특별지방자치단체의 장에게 가입 또는 탈퇴를 신청하여야 한다(지방자치법 제208조 제1항). 가입 또는 탈퇴의 신청을 받은 특별지방자치단체의 장은 특별지방자치단체 의회의 동의를 받아 신청의 수용 여부를 결정하되, 특별한 사유가 없으면 가입하거나 탈퇴하려는 지방자치단체의 의견을 존중하여야 한다(제208조 제2항). 이러한 가입과 탈퇴 절차는 설치 절차를 준용하고 있어, 행정안전부 장관의 승인이 필요하며, 승인하는 경우에 행정안전부 장관은 그 사실을 관계 중앙행정기관의 장 또는 시·도지사에게 알려야 한다(제208조 제3항, 제199조 제1항 및 제2항).

4. 해산

구성 지방자치단체는 특별지방자치단체가 그 설치 목적을 달성하는 등 해산의 사유가 있을 때는 해당 지방의회의 의결을 거쳐 행정안전부 장관의 승인을 받아 특별지방자치단체를 해산하여야 한다(지방자치법 제209조 제1항). 구성 지방자치단체는 제1항에 따라 특별지방자치단체를 해산할 때는 상호 협의에 따라 그 재산을 처분하고 사무와 직원의 재배치를 하여야 하며, 국가 또는 시·도 사무를 위임받았을 때는 관계 중앙행정기관의 장 또는 시·도지사와 협의하여야 한다. 다만, 협의가 성립하지 아니할 때는 당사자의 신청을 받아 행정안전부 장관이 조정할 수 있다(제209조 제2항).

5. 보통지방자치단체 적용 규정의 배제

지방자치법 중에서 지방자치단체의 사무(제11~제14조), 지방자치단체장과 지방의회 의원의 선거(제17조 제3항), 주민소환권(제25조), 부단체장 및 지방자치단체장 권한대행에 관한 조항(제123조 및 제124조), 지방세(제152조) 등에 관한 조항은 특별지방자치단체에는 적용을 배제하고 있다(지방자치법 제210조).

이는 특별지방자치단체가 특정한 사무를 수행하고, 단체장과 지방의원을 주민 직선으로 선출하지 않음에 따라 주민소환권이 적용되지 않으며, 보통지방자치단체와 같은 부단체장이나 단체장 권한대행 조항을 적용하지 않으며, 지방세를 부과하지 못하기 때문이다.

V 보통지방자치단체와 비교

특별지방자치단체와 보통지방자치단체의 특징을 비교하면 <표 7-4>와 같다.
보통지방자치단체는 법률로 설치되고 특별지방자치단체는 행정안전부 장관의 승인으로 설치된다. 지방자치단체 구성 요소인 구역, 주민, 자치권이라는 측면에서도 양자는 구별된다. 보통지방자치단체는 관할 구역 전체에 그 권한이 미치지만, 특별지방자치단체는 구성 지방자치단체의 전부 또는 일부를 관할 구역으로 정할 수 있다. 보통지방자치단체의 구성원은 지역 내의 주민이지만, 특별지방자치단체는 구성 지방자치단체가 구성원이다.

또한, 보통지방자치단체는 포괄적이고 종합적으로 사무를 처리하지만, 특별지방자치단체는 규약으로 정하는 사무만을 처리한다. 보통지방자치단체와 특별지방자치단체는 조례 및 규칙 제정권과 사용료, 수수료, 분담금 등을 부과하거나 지방채를 발행할 수 있다. 그러나 특별지방자치단체는 규약에서 정하는 사무 범위 내에서 조례와 규칙을 제정할 수 있으며, 지방세를 부과·징수할 수 없다.

　지방의회 의원과 단체장의 선출 방식에서 양자는 큰 차이를 보인다. 보통지방자치단체의 의회 의원은 주민의 직접선거로 선출되지만, 특별지방자치단체의 의회 의원은 규약으로 정하는 바에 따라 구성 지방자치단체의 의회 의원으로 구성한다. 보통지방자치단체의 장은 주민의 직접선거로 선출되지만, 특별지방자치단체의 장은 그 의회에서 간선된다. 특히, 보통지방자치단체의 직원은 그 소속 공무원으로 구성되지만, 특별지방자치단체는 그 소속 공무원과 구성 지방자치단체로부터 파견된 공무원으로 구성된다.

▌표 7-4 보통지방자치단체와 특별지방자치단체의 특징 비교

구분	보통지방자치단체	특별지방자치단체
설치	• 법률	• 행정안전부 장관 승인
구성원	• 구역 내의 주민	• 구성 지방자치단체
구역	• 관할 구역 전체	• 구성 지방자치단체의 전부 또는 일부
사무	• 구역 내 종합적 사무	• 규약에서 정하는 사무만 가능
입법	• 조례 및 규칙 제정권	• 조례 및 규칙 제정권 단, 규약에서 정하는 사무 범위 내
재정	• 지방세 부과·징수 • 사용료·수수료·분담금·지방채	• 구성 지방자치단체의 분담금 • 사용료·수수료·분담금·지방채
의회	• 의결기관 • 주민의 직접선거	• 의결기관 • 주민의 간접 대표로 구성 – 구성 지방자치단체 의회 의원
단체장	• 지방자치단체 대표권 • 주민의 직접선거	• 특별지방자치단체 대표권 • 특별지방자치단체 의회에서 간접 선출
직원	• 지방자치단체의 공무원	• 특별지방자치단체 소속 공무원과 구성 지방자치단체에서 파견된 공무원
주민참여	• 단체장 및 선출직 지방의원에 대한 주민소환 가능	• 주민소환 불가

제8장

교육자치와 경찰자치

제1절　교육자치

I　의의

　　교육·과학 및 체육에 관한 사무를 수행하기 위하여 지방자치단체에 별도의 기관을 두도록 하고 있다(지방자치법 제135조 제1항). 즉, 지방자치단체의 사무 중 교육·과학 및 체육과 관련된 사무[1]는 지방자치단체장이 담당하지 않고, 교육감을 대표기관으로 하는 별도의 기관에서 수행한다. 이를 교육자치라 부르며, 지방교육자치에 관한 법률에서 규정하고 있다.

　　그런데 교육자치는 광역자치단체인 특별시·광역시·도에 실시되며, 기초자치단체에는 인정되지 않는다. 교육자치 사무를 관장하는 집행기관은 주민 직선으로 선출되는 교육감이며, 의결기관은 별도로 구성되지 않고 광역지방의회에서 담당한다. 즉, 지방자치단체의 일반 사무뿐 아니라 교육자치와 관련된 사무의 최고의결 기관은 지방의회이다. 과거에는 교육자치 사무의 의결기관으로 '교육위원회'[2]가 별도로 구성되었으나 2014년 7월 1일부터 폐지되고, 지방의회에서 이를 맡게 되었다. 다만, 제주특별자치도의 경우에는 교육의원을 주민 직선으로 선출(5명)하고 도의회에 상임위원회인 교육위원회가 설치되는 등 기존 교육위원회 제도가 유지되고 있다(제주특별법 제63조 및 제64조).

---

1)　지방자치법(135조)에서는 '교육·과학 및 체육에 관한 사무', 지방교육자치에 관한 법률(제2조)에서는 '교육·과학·기술·체육 그 밖의 학예(이하 "교육·학예"라 한다)에 관한 사무'로 표현하고 '교육·학예에 관한 자치'를 공식적인 용어로 사용함.

2)　교육위원회는 별도로 선출된 교육의원과 시·도의회 의원으로 구성되었으며, 시·도의회 내에 설치되는 교육·학예 등을 심의·의결하는 상임위원회였음.

교육자치는 지방자치와 분리된 별도의 자치가 아니며, 지방자치 일부로 사무의 영역에 따른 기능적 자치로 이해된다. 지방자치가 국가로부터 독립된 주체에 의한 자치를 보장하는 것을 의미하는 수직적 분권의 문제라면, 교육자치는 지방자치의 영역 내에서 무엇에 대한 자치인지와 같은 기능적 분립의 문제인 것이다(조성규, 2011: 64; 홍정선, 2018: 446; 이승종, 2014: 119).[3]

II 교육감

교육자치는 지방자치 사무 중에서 교육·학예 사무를 별도로 독립된 집행기관에서 수행하는 것이다. 지방자치단체의 교육·학예 사무를 관장하는 기관설치와 그 조직 및 운영 등에 관하여서는 "지방자치단체의 장" 또는 "시·도지사"는 "교육감"으로, "지방자치단체의 사무"는 "지방자치단체의 교육·학예에 관한 사무"로, "자치사무"는 "교육·학예에 관한 자치사무"로, "행정안전부 장관"·"주무부장관" 및 "중앙행정기관의 장"은 "교육부 장관"으로 본다(지방교육자치에 관한 법률 제3조). 따라서 교육감의 지위는 지방자치단체장의 지위와 유사하다. 다만, 그 관장 사무와 하급행정기관의 차이가 있을 뿐이다.

1. 선출, 지위 및 권한

1) 선출

교육감은 주민의 보통·평등·직접·비밀선거에 따라 선출한다(지방교육자치에 관한 법률 제43조). 그런데 교육감 선거에서 정당은 후보자를 추천할 수 없다(제46조 제1항). 또한, 후보자는 특정 정당을 지지·반대하거나 특정 정당으로부터 지지·추천받고 있음을 표방(당원경력의 표시를 포함한다)하여서는 아니 된다(제46조 제3항).

---

3) 교육자치를 바라보는 학자들의 관점으로는 ㉠ 지방자치와 연관하여 교육자치를 이해하는 입장(조성규, 2011; 이승종, 2014: 119; 홍정선, 2018: 447), ㉡ 지방 교육행정 기능이 일반적인 지방 행정 기능으로부터 분리하여 독립성이 보장되어야 함을 강조하는 입장, ㉢ 교육행정기관과 교육주체와의 관계에서 교육주체의 자치를 강조하는 입장(이기우, 1997)으로 나누어짐. 교육자치를 지방자치의 틀 안에서 접근하여 교육사무의 지방분권, 주민참여 등이 강조되어야 한다는 ㉠ 관점이 지방자치학자와 지방자치법학자들의 일반적인 견해임(이승종, 2014: 119).

교육감의 임기는 4년으로 하며, 교육감의 계속 재임은 3기에 한정한다(제21조).

2) 지위

교육감은 교육·학예에 관한 사무와 관련하여 지방자치단체의 대표기관의 지위에 있다. 또한, 교육·학예에 관한 사무와 관련하여 지방자치단체의 최고 행정청의 지위, 자치권의 행사기관의 지위에 있으며, 기관위임사무와 관련하여서는 국가 행정기관의 지위도 가진다. 따라서, 기본적으로 지방자치단체장과는 사무의 영역에서만 구분될 뿐 같은 지위를 가진다.

3) 권한

지방자치단체장의 관장 사무는 지방자치법 제13조에서 포괄적으로 예시하고 있다. 그러나 교육감의 관장 사무는 한정적으로 열거되고 있다(지방교육자치에 관한 법률 제20조). 교육자치가 지방자치의 틀 내에서 기능적 분리로 이해되므로 당연한 결과라고 볼 수 있다.

교육감은 교육·학예에 관한 다음 각호의 사항에 관한 사무를 관장한다.

<교육감이 관장하는 교육·학예 사무(지방교육자치에 관한 법률 제20조)>
1. 조례안의 작성 및 제출에 관한 사항
2. 예산안의 편성 및 제출에 관한 사항
3. 결산서의 작성 및 제출에 관한 사항
4. 교육규칙의 제정에 관한 사항
5. 학교, 그 밖의 교육기관의 설치·이전 및 폐지에 관한 사항
6. 교육과정의 운영에 관한 사항
7. 과학·기술교육의 진흥에 관한 사항
8. 평생교육, 그 밖의 교육·학예진흥에 관한 사항
9. 학교체육·보건 및 학교환경정화에 관한 사항
10. 학생통학구역에 관한 사항
11. 교육·학예의 시설·설비 및 교구(敎具)에 관한 사항
12. 재산의 취득·처분에 관한 사항
13. 특별부과금·사용료·수수료·분담금 및 가입금에 관한 사항
14. 기채(起債)·차입금 또는 예산 외의 의무부담에 관한 사항
15. 기금의 설치·운용에 관한 사항
16. 소속 국가공무원 및 지방공무원의 인사관리에 관한 사항
17. 그 밖에 해당 시·도의 교육·학예에 관한 사항과 위임된 사항

또한, 교육감은 교육규칙 제정·공포권, 소속직원에 대한 인사권, 시·도의회에 교육·학예에 관한 의안 발의권, 재의 요구권 및 선결처분권 등을 가진다.

2. 부교육감 및 하급교육 행정기관

1) 부교육감

교육감 소속하에 국가공무원으로 보하는 부교육감 1인(인구 800만 명 이상이고 학생 150만 명 이상인 시·도는 2인)을 둔다(지방교육자치에 관한 법률 제30조 제1항). 부교육감은 고위공무원단에 속하는 일반직공무원 또는 장학관으로 보하며, 해당 시·도의 교육감이 추천한 사람을 교육부 장관의 제청으로 국무총리를 거쳐 대통령이 임명한다(제30조 제2항).

2) 하급 교육행정기관

시·도의 교육·학예에 관한 업무 분담을 위하여 1개 또는 2개 이상의 시·군 및 자치구를 관할 구역으로 하는 하급 교육행정기관으로서 교육지원청을 둔다(지방교육자치에 관한 법률 제34조 제1항). 교육지원청에는 장학관인 교육장을 둔다. 교육장은 유치원 및 초·중·고등학교의 운영·관리에 관한 지도·감독권, 그밖에 조례로 정하는 사무에 대한 권한을 가진다(제35조).

III   교육자치와 교육재정

교육자치를 수행하기 위한 재정이 지방교육재정이다. 지방교육재정은 광역자치단체에서 별도의 교육비특별회계로 운영한다(지방교육자치에 관한 법률 제38조). 지방교육재정의 주요 재원은 중앙정부가 지원하는 지방교육재정교부금과 지방자치단체로부터의 전입금이다.[4]

---

4) 이 책 제4편 제16장 제5절 지방교육재정에 대한 조정제도를 참조 바람.

제2절 자치경찰제

Ⅰ 의의

우리나라의 자치경찰제 도입은 해방 후 미 군정 시절부터 논의가 있었다. 참여정부(노무현 대통령: 2003년~2008년)를 기준으로 그 이전에는 주로 정치적 동기(국가경찰의 독재정권과의 결탁과 중앙정치 개입의 힘을 분산시키기 위함)에서, 그 이후는 분권적 동기(치안 사무를 지방자치 사무에 포함하여 완전한 자치를 실현하고자 하기 위함)에서 자치경찰제 도입이 추진되었다(양영철, 2016: 99). 자치경찰제 도입을 위한 여러 차례의 격론을 겪은 끝에, 2006년 제주특별자치도에 자치경찰제가 도입되었으며, 2020년 12월 기존 '경찰법'에 자치경찰 관련 내용을 추가하여 '국가경찰과 자치경찰의 조직 및 운영에 관한 법률'(약칭: 경찰법)로 개정됨에 따라, 자치경찰제가 시행되게 되었다.

우리나라의 자치경찰제는 광역단위에서 시행되며, 자치경찰 사무는 지역의 생

▼ 그림 8-1 국가경찰과 자치경찰 비교

활안전·교통·경비업무 등이다. 자치경찰 사무는 시·도지사-시·도자치경찰위원회-시·도경찰청-경찰서-파출소·지구대의 조직체계로 이루어진다. 시·도경찰청장은 국가경찰 사무에 대해서는 경찰청장의 지휘·감독을, 자치경찰 사무에 대해서는 시·도자치경찰위원회의 지휘·감독을 받는다(경찰법 제28조 제3항).

그런데 자치경찰 사무를 수행하는 경찰공무원이라도 비상사태 등 전국적 치안유지를 위해 필요한 경우에는 국가경찰 지휘체계인 경찰청장의 지휘·명령을 받는다(경찰법 제32조).

Ⅱ 자치경찰제 도입 필요성 및 문제점 논의

그동안 논의된 자치경찰제의 도입 필요성 및 예상 문제점에 대한 논의를 살펴보고자 한다. 예상 문제점은 자치경찰제 실시과정에서 주의요소로 검토되어야 할 것이다.

1. 자치경찰제 필요성

자치경찰제 도입이 필요하다는 주장은 ⓐ 주민 생활 중심의 치안 서비스 제공에 유리하고, ⓑ 일반 지방행정과 치안행정의 결합으로 자치단체와 경찰 간의 갈등과 비협조를 해소하여 종합적인 지방자치를 구현하는 데 유리하며, ⓒ 중앙집권적 관료주의 폐해를 없애고 지역주민에 의한 감시와 통제를 할 수 있으며, ⓓ 지역주민의 참여를 유도하여 지역 치안협력체계 구축이 쉽고, 생활범죄에 대한 대응력을 높일 수 있으며, ⓔ 지역 단위로 다양한 치안정책 도입과 자치경찰 간 상호경쟁을 통해 경찰개혁과 발전에 유리하다는 것이다(행정자치부, 2008: 23).

2. 자치경찰제의 예상 문제점

그러나 이러한 필요성에 대한 반대 견해는 자치경찰제가 ⓐ 지역주의 폐해가 심한 현실여건에서 경찰에 대한 지역 정치 세력의 영향력 증대로 정치적 중립성을 약화하며, ⓑ 지역이기주의와 정치적 선심 행정의 영향으로 법 집행력 및 법 집행의 공정성을 약화키고, ⓒ 지역 세력과의 유착 가능성이 커져 경찰의 부정부패 가능성이 있으며, ⓓ 지역 우선주의 경찰운영으로 대규모 집회시위 등 국가적 치안 수요와 범죄의 조직화, 광역기동화, 국제화 등 광역 치안 수요에 대한 효율적인 대응이 곤란하며, ⓔ 지방재정의 빈곤과 지역 간 불균형으로 경찰운영 수준과 치안 서비스의 지역 편차 심화 등은 주의할 필요가 있다는 것이다(행정자치부, 2008: 24).

Ⅲ 자치경찰 사무 및 시 · 도자치경찰위원회

1. 자치경찰 사무

자치경찰은 관할 지역의 생활안전 · 교통 · 경비 · 수사 등에 관한 사무를 담당한다. 구체적으로 자치경찰 사무는 ⓐ 지역 내 주민의 생활안전 활동에 관한 사무, ⓑ 지역 내 교통활동에 관한 사무, ⓒ 지역 내 다중운집 행사 관련 혼잡 교통 및 안전관리 사무, ⓓ 학교 · 가정 · 교통 · 아동 등 관련 범죄에 대한 수사사무[5] 등이다(경찰법 제4조 제1항 제2호).

2. 시 · 도자치경찰위원회

1) 개요

우리나라 자치경찰제의 핵심 기관은 광역자치단체장 소속으로 설치되는 시 · 도자치경찰위원회이다. 본 위원회는 자치경찰 사무를 독립적으로 수행하는 합의제 행정기관이다(경찰법 제18조). 본 위원회는 자치경찰 사무에 대해서는 시 · 도경찰청장을 지휘 · 감독한다(제28조 제3항).

2) 구성

위원회는 위원장 1명을 포함한 7명의 위원으로 구성하되, 위원장과 1명의 위원은 상임으로 하고, 5명의 위원은 비상임으로 한다(경찰법 제19조 제1항). 또한, 양성평등을 위하여 위원은 특정 성(性)이 10분의 6을 초과하지 아니하도록 노력하여야

---

5) 수사사무는 자치경찰 사무로 구분되지만, 국가수사본부장의 지휘 · 감독을 받음(경찰법 제16조 제2항 및 제28조 제3항).

한다(제19조 제2항).

위원회의 위원은 ⓐ 시·도의회가 추천하는 2명, ⓑ 국가경찰위원회가 추천하는 1명, ⓒ 해당 시·도 교육감이 추천하는 1명, ⓓ 시·도자치경찰위원회 위원추천위원회6)가 추천하는 2명, ⓔ 시·도지사가 지명하는 1명을 시·도지사가 임명한다(경찰법 제20조 제1항).

위원장은 시·도지사가 임명하고, 상임위원은 위원회의 의결을 거쳐 위원 중에서 위원장의 제청으로 시·도지사가 임명한다. 위원장은 시·도자치경찰위원회를 대표하고 회의를 주재하며 위원회의 의결을 거쳐 업무를 수행한다(경찰법 제22조 제1항).

국가나 지방자치단체의 공무원은 위원이 될 수 없으며, 위원장과 상임위원이 되면 해당 지방자치단체의 공무원으로 임명된다(경찰법 제20조 제3항). 위원장과 위원의 임기는 3년으로 하며, 연임할 수 없다(제23조 제1항).

3) 시·도자치경찰위원회의 소관 사무

위원회의 소관 사무는 자치경찰 사무에 관한 목표 수립 및 평가, 자치경찰 사무 담당 공무원에 대한 인사관리, 자치경찰 사무 감사, 자치경찰 사무에 관한 규칙의 제정·개정 또는 폐지, 국가경찰·자치경찰 사무의 협력·조정과 관련하여 경찰청장과 협의 등의 업무이다(경찰법 제24조 제1항).

본 위원회는 자치경찰 사무에 대해 심의·의결을 통하여 시·도경찰청장을 지휘·감독한다. 또한, 위원회는 정기적으로 경찰서장의 자치경찰 사무 수행에 관한 평가 결과를 경찰청장에게 통보하여야 하며 경찰청장은 이를 반영하여야 한다(경찰법 제30조 제4항).

4) 시·도자치경찰위원회의 심의·의결 및 재의 요구

위원회는 소관 사무에 관한 심의·의결권을 가진다(경찰법 제24조 제1항 및 제25조 제1항). 위원회 회의는 재적 위원 과반수의 출석과 출석위원 과반수의 찬성으로 의

---

6) 본 추천위원회를 별도로 구성하여 위원을 추천하도록 하는 것은 일반 지역주민들의 의견이 수렴될 수 있도록 하기 위한 제도적 장치로 볼 수 있음.

결한다(제24조 제2항).

시·도지사는 위원회의 의결이 적정하지 아니하다고 판단될 때에는 재의를 요구할 수 있다(경찰법 제24조 제3항). 위원회의 의결이 법령에 위반되거나 공익을 현저히 해친다고 판단되는 경우, 행정안전부 장관은 미리 경찰청장의 의견을 들어 국가경찰위원회를 거쳐 시·도지사에게 재의를 요구하게 할 수 있고, 경찰청장은 국가경찰위원회와 행정안전부 장관을 거쳐 시·도지사에게 재의를 요구하게 할 수 있다(제24조 제4항). 한편, 위원회의 위원장은 재의 요구를 받은 날부터 7일 이내에 회의를 소집하여 재의결하여야 한다. 이 경우 재적 위원 과반수의 출석과 출석위원 3분의 2 이상의 찬성으로 전과 같은 의결을 하면 그 의결사항은 확정된다(제24조 제5항).

5) 시·도자치경찰위원회의 사무기구

위원회의 사무를 처리하기 위하여 사무기구를 둔다(경찰법 제27조 제1항). 사무기구에는 경찰공무원을 두어야 한다(제27조 제2항).

03편

지방정부

제9장

지방정부의 기관구성 형태

제1절　지방정부의 기관구성 유형

Ⅰ　의의

국가와 마찬가지로 지방정부도 주민의 대표로 구성된 의결기관과 행정 집행 기능을 수행하는 집행기관이 필요하다. 지방정부의 기관구성 형태란 의결기관과 집행기관의 구성방식을 의미한다.

의결기관과 집행기관을 어떠한 형태로 구성할 것인가는 각국의 역사와 문화뿐만 아니라 해당 지방의 특성이 고려되기도 한다. 즉, 모든 지방정부를 같은 형태로 구성하는 국가가 있는 반면에 지방정부 구성에 대한 권한을 지방정부에 부여하기도 한다.

이렇듯 나라마다 그리고 지방마다 다양성을 가진 지방정부의 형태를 분류·유형화하기는 매우 어려운 작업이다. 그러나 여기서는 의결기관과 집행기관이 단일기관으로 구성되는지 아니면 분리되어 각각의 기능을 수행하는지에 따라 기관통합형과 기관대립형으로 구분하여 살펴보고자 한다.

Ⅱ　기관통합형

기관통합형은 의원내각제와 유사한 구조이며, 주민 직선으로 선출된 의회가 의결 기능과 집행 기능을 함께 수행하는 형태이다. 대체로 지방의회의 의장이 지방자치단체장 직을 수행한다.

기관통합형은 의회 의장이 지방정부의 대표가 되고 지방의원 중 일부가 내각을 구성하는 영국의 의원내각제형,[1] 지방의원 모두가 집행 기능을 나누어 행사하는 미국의 위원회형,[2] 그리고 의장이 집행기관의 장 및 지방정부를 대표하는 지위를 겸하고 의장 밑에 집행의 사무조직을 두는 프랑스의 의회의장형으로 구분된다.

기관통합형의 장점으로는 ⓐ 의결을 담당한 주체가 집행을 담당하므로 책임정치의 실현과 정책의 일관성 유지에 유리하며, ⓑ 의결기관과 집행기관 간의 불필요한 갈등을 줄일 수 있으며, ⓒ 다수의 위원이 의결과 집행에 관여하게 되어 민주적이고 신중한 행정에 유리한 점 등을 들 수 있다.

반면에 단점으로는 ⓐ 지방의회 의원이 집행부서를 장악하므로 행정의 전문성이 부족할 수 있으며, ⓑ 지방의회와 주민들의 의견이 상반되어 충돌하면 이를 견제·중재할 기관이 부재하여 의회에 의한 권력 남용 현상이 초래될 수 있으며, ⓒ 선거로 선출된 의원은 각자의 정치적 기반과 색채가 강하여 행정의 총괄조정이 어렵다는 점을 들 수 있다.

Ⅲ 기관대립형

기관대립형은 대통령중심제와 유사한 구조이며, 의결기관과 집행기관을 분리하여 상호 견제와 균형을 이루는 형태이다. 의결기관인 지방의회 의원과 집행기관의 장은 주민의 직접선거로 선출되는 것이 일반적이며, 우리나라와 일본에서 채택하고 있으며, 미국의 '시장 – 의회형' 그리고 독일의 '이원제 시장형' 등도 기관대립형에 해당한다.

기관대립형의 장단점은 기관통합형의 그것과 정반대이다. 즉, 기관대립형의 장점으로는 ⓐ 집행기관을 전담하는 행정가가 존재하므로 행정의 전문성을 기할 수 있으며, ⓑ 지방의회와 주민들의 의견이 상반되는 경우 이를 중재하거나 견제와 균형의 원리에 따라 권력의 편중이나 남용을 방지할 수 있으며, ⓒ 집행기관의 장에

---

1) 이를 의회형이라고 부르기도 함. 집행기관이나 지방정부의 수장은 별도로 존재하지 않으며, 의회 의장이 지방정부를 대표함. 의회에 전문기능별로 분과위원회가 설치되며, 각 분과위원장이 해당 행정부서 국장이 되어 행정부서를 장악하는 형태임. 예를 들면, 의회 의장은 지방자치단체장이 되고, 지방의회 문화예술 위원회의 의장이 문화예술 국장이 됨.

2) 미국의 위원회형(Commission Model)은 대선거구제 방식으로 선출되는 3~9명의 소수 위원으로 구성되며, 각 위원이 집행부의 각 부서를 분담하여 집행 기능을 수행함. 인구 5만 미만의 지방정부에서 주로 채택하며, 이러한 유형은 채택률이 급감하여 현재는 약 2% 정도 소수의 지방정부만 채택하고 있음. 위원회형은 의원내각제형과 달리 소수로 구성되고 위원회 내부에 별도의 위원회를 구성하지 않음.

의하여 행정의 총괄조정에 유리하다는 점을 들 수 있다.

그러나 기관대립형의 단점으로는 ⓐ 의결기관과 집행기관의 분리로 인하여 상호 책임을 전가하는 현상이 초래될 수 있고, ⓑ 두 기관 간 불필요한 갈등이 유발될 수 있으며, ⓒ 행정이 지방자치단체장 주도하에 독단적으로 흐를 가능성 등을 들 수 있다.

기관대립형은 집행기관의 수장인 시장과 의결기관인 의회가 분리하여 상호 견제와 균형의 관계에 있는 '시장 – 의회형'이 대부분이다. '시장 – 의회형'은 집행기관과 의결기관 중 어느 기관의 권한이 더 강한가를 기준으로 집행기관이 더 강한 강시장형과 지방의회가 더 강한 약시장형으로 구분된다.

1. 강시장형

집행기관의 장은 지방정부 행정 전반에 대한 책임을 지고, 폭넓은 인사권, 예산편성 및 집행권, 의회 의결사항에 대한 거부권 등을 가진다. 오늘날 복지국가 경향과 행정 능률성의 강조 등으로 인하여 우리나라를 비롯한 많은 나라에서 강시장형을 채택하고 있다(최창호 · 강형기, 2019: 309).

2. 약시장형

집행기관의 장은 제한된 범위에서의 예산 및 인사권을 가지며, 의회의 의결사항에 대한 거부권을 행사하지 못하는 것이 일반적이다. 즉, 의회가 예산을 편성하거나 행정관료의 임명권을 가지기도 하며, 행정관료가 시민에 의하여 직접 선출되기도 한다.

제2절 외국과 우리나라 지방정부의 기관구성 형태

Ⅰ 외국 지방정부의 기관구성 형태

각국은 독특한 역사 · 문화적 환경을 배경으로 자국의 지방정부의 기관을 구성하고 있다. 외국 지방정부의 기관구성 형태는 '어떠한 유형을 채택하고 있는지', '지방정부가 기관구성에 대한 자율권을 가지는지'를 중심으로 살펴볼 필요가 있다.

　미국과 독일처럼 연방제 국가에서는 주정부 또는 지방정부가 스스로 기관구성 형태를 자율적으로 결정할 수 있는 권한을 부여하고 있다. 지방정부가 가지는 자율성으로 인하여 비교적 다양한 형태의 기관구성이 이루어지고 있다. 미국의 경우는 기관대립형과 기관통합형뿐 아니라 그 중간 형태도 출현하고 있으며, 독일도 기관대립형과 기관통합형이 공존하고 있다.

　그러나 영국, 프랑스와 일본과 같은 단방제 국가에서는 국회가 정한 법률로서 기관구성 형태를 규정하고 있어, 지방정부가 선택할 수 있는 기관구성 형태가 제한적이다. 영국의 경우 2000년 법률 개정으로 지방정부의 기관구성 다양화를 추진하였으나 각 지방정부가 선택할 수 있는 유형은 모두 기관통합형의 변형으로 제한적이다. 프랑스는 기관통합형, 일본은 기관대립형을 법률로 채택하고 있다.

1. 미국

　미국 지방정부의 기관구성 형태는 다양하지만, 크게 기관대립형인 '시장 – 의회형', 기관통합형인 '위원회형', 그 중간 형태인 '의회 – 관리자(지배인)형'으로 구분될 수 있다.

　'시장 – 의회형'은 시장을 주민 직선으로 선출하고 시장과 의회가 상호 견제와 균형의 권한을 가진다. '위원회형'은 위원회가 직접 집행부 역할을 하며, 위원회의 위원장이 시장을 겸임한다. 양자를 혼합한 '의회 – 관리자(지배인)형'[3]은 의회에서 임명하는 별도의 전문관리자를 두어 행정부의 관리를 맡기는 형태이다.

　미국은 지방정부가 자율적으로 기관구성 형태를 결정할 수 있으며, 이러한 자율성은 지방정부별로 기관구성이 다양하게 나타나는 배경이 된다.

2. 영국

　영국은 전통적으로 기관통합형인 의원내각제형을 취하였으나, 2000년 법률 개

---

　3) 의회 – 관리자(지배인)형을 기관대립형으로 분류하는 학자(최창호·강형기, 2019: 309; 안용식 외, 2007: 235; 김병준, 2010: 164), 기관통합형으로 분류하는 학자(김지수·박재희, 2020: 50)가 있음. 오늘날 미국의 지방정부 구성이 기관대립형과 기관통합형의 양극단에서 양자가 혼합된 중간 형태로 수렴하는 경향을 보이는 것을 고려하면, 어느 한쪽으로 분류하는 것보다는 중간형 또는 절충형으로 보는 것이 적절할 것으로 생각함.

정으로 '시장 – 내각형', '의회리더 – 내각형', '위원회형', '장관으로부터 승인받은 기타 협약형'을 주민투표나 지방의회 의결로 선택할 수 있도록 하고 있다. 이러한 형태들은 모두 지방의회 중심 기관통합형의 기본 틀은 유지하고 있다.

'시장 – 내각형'은 시장을 주민 직선으로 선출하지만, 시장은 지방의회 구성원이기도 하며, 시장이 의원을 지명하여 내각을 구성한다. '의회 리더 – 내각형'은 전통적인 의원내각제형으로 의회 리더는 의원 중 의회에서 간선으로 선출되며 지방의회 구성원이며, 리더가 의원을 지명하여 내각을 구성한다. '위원회형'은 전통적인 위원회형으로 의회에서 선출된 의장이 각 위원회를 집행부로 구성하여 운영하는 형태이다. '장관으로부터 승인받은 기타 협약형'은 지방정부가 원하는 기관구성을 내무부 장관에게 신청하여 승인을 받은 형태로 위 세 가지의 변형으로 볼 수 있다.

각 지방정부는 위의 네 가지 유형만을 선택할 수 있도록 법률로 정하고 있다.

3. 독일

독일 지방정부의 기관구성 형태는 기관대립형인 '이원제 시장형', 기관통합형인 '남독일 시장형'과 '의회형'이 있다. 세 가지 유형 모두 시장과 의회 의장은 주민 직선으로 선출되며, 부단체장은 지방의회에서 선출된다.

'이원제 시장형'은 주민 직선의 시장이 집행부 수장이 되고, 의회 의장은 의원 중에서 선출된다. 의회가 부단체장 선출 및 상임위원회 구성의 권한이 있지만, 시장은 의회 의결에 대한 이의제기권, 상임위원회 의장 역할 수행권을 가진다(김지수·박재희, 2020: 55). '남독일 시장형'은 주민 직선으로 선출된 시장이 의회 의장의 역할을 겸임하며, 강시장형을 취한다. '의회형'은 주민 직선으로 선출된 시장이 의회 의장의 역할을 겸임하는 것은 '남독일 시장형'과 같으나, 의회의 권한이 강하며, 다수의 부단체장을 통해 전문성을 보강한다(김지수·이재용, 2019: 313).

독일에서 지방자치는 주(Land)의 권한이므로 개별 주의 지방자치법에 따라 지방자치의 권한 범위가 다르며, 기관구성 형태 역시 주법에 따라 결정된다(김지수·박재희, 2020: 54).

4. 프랑스

프랑스 지방정부의 기관구성은 모두 기관통합형을 취하고 있다. 지방의회에서 선출된 의장[4]이 집행기관의 장 및 지방정부의 수장이 된다. 지방의회의 상임위원회, 특별위원회 등의 의장은 시장으로부터 위임권을 받은 부시장들이다(임승빈 외, 2019: 139). 다만, 레지옹(Region)과 데파르뜨망(Department)에서는 국가위임사무는 국가에 의해 임명된 지방 장관(프레페, Préfet)이 국가대표기관으로서 임무를 수행한다. 기초 지방정부인 꼬뮌(Commune)에는 프레페가 없으며, 의회 의장인 시장이 중앙정부에서 위임한 국가사무를 수행한다(외교부, 2018: 51).

프랑스 지방정부의 기관구성 형태는 법률로 정하고 있다.

5. 일본

일본 지방정부의 기관구성은 모두 기관대립형을 취하고 있으며, 시장과 의회 의원은 모두 주민 직선으로 선출된다. 시장의 권한이 의회보다 강한 강시장 형태를 취하고 있으나, 의회는 시장에 대한 불신임권을 가진다.

일본 지방정부의 기관구성 형태는 법률에서 정하고 있다.

Ⅱ | 우리나라 지방정부의 기관구성 형태

1949년 지방자치법이 제정된 시점부터 2021년까지 우리나라는 기관대립형만[5]을 채택하였다. 다만, 제주특별자치도의 경우에는 기관구성을 달리할 수 있도록 하였으나(제주특별법 제8조), 기관대립형을 그대로 취하고 있다. 따라서 2021년 현재까지 전국의 243개 지방자치단체가 모두 일률적인 기관구성 형태를 취하고 있다.

---

4) 의장 겸 시장이 지방의회에서 선출되는 것은 형식적인 절차이고 실질적으로는 지방선거에서 '정당 명부식 후보자'를 선출하므로, 다수당 정당 명부의 1순위가 실질적 리더가 되며, 주민들은 선거에서 이기는 다수당에서 누가 의장 겸 시장이 될 것인지를 알고 있음. 따라서 선거 후에 다수 득표를 받은 정당 명부가 의회의 과반수를 확보하게 되어 실질적으로는 강력한 의장 겸 시장이 됨(임승빈 외, 2019: 139).

5) 1952년 제1차 지방선거에서 기초자치단체장인 시·읍·면장을 지방의회에서 간선하고 광역자치단체장을 임명제로 하였으며, 1956년 제2차 지방선거에서는 광역자치단체장을 임명제로 하였고, 지방자치제 부활을 위하여 지방의원을 선거한 1991년 지방선거에서는 지방자치단체장을 임명제로 한 경우는 있었으나, 모두 기관대립형으로 볼 수 있음. 지방자치단체장이 주민 직선이 아니어도 기관대립형임에는 변함이 없었음(본 편 제13장 제4절 지방자치 선거 부분 중 <표 13-3> 참고 바람). 왜냐하면, 지방의회와 집행부가 별도로 구성되었고, 지방의원이 집행부를 장악하는 형태는 아니었기 때문임.

그러나 최근 지방자치단체별 다양성이 없는 일률적인 기관구성 형태에 대한 반성과 기관구성에 대한 자율권을 지방자치단체에 부여하지 않은 것에 대한 문제점이 제기되면서, 이른바 지방자치단체 기관구성 다양화 논의가 본격화되었다. 국내에서 기관구성 다양화를 주장한 학자들의 논거는 ⓐ 지방분권이라는 차원에서 지방자치단체에 기관구성의 자율권을 부여해야 하며, ⓑ 주민투표를 통하여 주민이 스스로 기관구성 형태를 선택할 수 있는 진정한 풀뿌리 민주주의를 실현할 수 있는 계기가 되며, ⓒ 현재 제왕적 지방자치단체장이라 불릴 정도의 권한집중 문제를 개선할 필요가 있으며, ⓓ 지역별 인구, 면적, 사회 및 경제 환경 등 그 특성에 맞는 차별화된 기관구성을 통하여 행정운영의 탄력성을 높일 수 있다는 것이다(김지수·이재용, 2019: 6; 김순은, 2016).

이러한 요구를 반영하여, 2021년 1월 지방자치법 전부개정을 통하여 지방자치단체별로 기관구성 형태를 달리 정할 수 있는 법적 근거를 마련하였다. 전부개정된 현행 지방자치법 제4조 제1항에서는 "지방자치단체의 의회와 집행기관에 관한 이 법의 규정에도 불구하고 따로 법률로 정하는 바에 따라 지방자치단체장의 선임방법을 포함한 지방자치단체의 기관구성 형태를 달리할 수 있다."라고 하여, 지방자치단체 기관구성 형태를 지금까지의 지방자치법 규정과 달리 정할 수 있는 길을 열어두고 있다. 또한, 지방자치법 제4조 제2항에서는 지방의회와 집행기관의 구성을 달리하려는 경우에는 주민투표법에 따른 주민투표를 거치도록 하고 있다.

향후 지방자치단체 기관구성 형태에 관한 법률이 제정되어 개별 지방자치단체가 기관구성 형태를 선택할 수 있을 것으로 기대된다. 미국처럼 지방자치단체에 기관구성에 대한 완전한 자유를 줄 것인지, 아니면 영국처럼 법률에 규정된 몇 가지 형태 중에 지방자치단체가 선택하게 할 것인지 등 다양한 방식이 논의될 수 있을 것으로 보인다(박지수·박재희, 2020; 임두택, 2016).

제3편 지방정부

제10장

지방의회

제1절　지방의회의 지위

Ⅰ　의의

자치권의 주체인 주민은 '모든 자치 권력의 원천'으로서 자치 권력의 정당성 근거가 된다. 그러나 오늘날 주민이 직접 의사를 결정하고 집행하는 것은 불가능하며, 주민 대표를 선출하고 그 대표들이 참여하는 대의기관을 통하여 이루어진다.

헌법(제118조)과 지방자치법(제38조)은 지방자치단체에서 주민의 대의기관을 지방의회라고 부르고 있다. 지방의회는 주민 직선으로 구성되는 지방자치단체 최고 의사결정 기관이다. 지방자치제도를 실시하면서 지방자치단체장을 주민 직선이 아닌 간선이나 임명제를 취하고 있는 나라는 있어도, 지방의회 의원을 주민 직선으로 선출하지 않는 나라는 없다.

지방의회의 지위는 지방정부의 기관구성 형태에 따라 달라질 수 있다. 기관통합형에서 지방의회는 지방정부 자체이므로 집행기관의 기능을 함께 수행한다. 기관통합의 의미는 의결기관과 집행기관을 통합하여 하나의 기관으로 만든다는 의미이기 때문이다. 그러나 기관대립형에서 지방의회는 의결기관의 기능을 수행한다.

여기서는 기관대립형을 취하는 우리나라 지방의회의 지위를 중심으로 살펴보고자 한다.

Ⅱ 지방의회의 지위

1. 주민 대표기관

지방의회는 주민 대표기관의 지위를 갖는다. 지방의회는 주민에 의하여 선출된 의원으로 구성되며, 대의제도를 실현하는 기관이다. 주민의 대표기관으로서의 지방의회 지위에 관해서는 다음 두 가지 사항을 살펴볼 필요가 있다.

첫째, 지방의회는 주민의 대표기관이지만(지방자치법 제37조), 지방자치단체를 대표하는 기관은 지방자치단체장이다(제114조). 주민 대표기관으로서 지위는 지방자치단체장과 지방의회 모두에게 속하는 것이지만, 구체적인 공·사법상의 법률관계에서 당해 지방자치단체의 법적인 행위를 하는 것은 법령에서 달리 정하지 않는 한 지방자치단체장의 권한이다(홍정선, 2018: 249). 지방자치법에서는 지방의회에 고유한 법적 권리능력을 부여하지 않고 있다.

둘째, 지방의회를 구성하는 지방의원은 주민 전체의 대표자이지 본인의 선거구 주민만을 대표하는 것은 아니다. 따라서 지방의회는 특정 지역의 이익이 아니라 해당 지방자치단체의 전체지역을 위한 주민의 대표기관이다.

2. 의결기관

지방의회는 당해 지방자치단체 최고의 의결기관이다. 지방의회는 지방자치단체의 중요한 의사를 최종적으로 결정하는 권한을 가진다. 주민의 대표로 구성되는 지방의회에 의사결정 권한을 부여하는 것은 지역민의 자유와 권리를 보장하기 위한 장치이다. 지방의회 의결권의 범위는 지방자치법 제47조에 열거되어 있다. 여기에 열거되지 않은 사항이라도 지방자치단체의 조례로 정하여 지방의회의 의결사항으로 할 수 있도록 하고 있다(지방자치법 제47조 제2항).

3. 자치입법기관

지방의회는 조례의 제정, 개정 및 폐지에 대한 권한을 가진 자치입법기관이다. 헌법(제117조 제1항)에서 지방자치단체는 "법령의 범위안에서 자치에 관한 규정을 제정할 수 있다"라고 규정하고 있으며, 지방자치법에서는 구체적으로 "지방자치단체는 법령의 범위에서 그 사무에 관하여 조례를 제정할 수 있다. 다만, 주민의 권리 제한 또는 의무 부과에 관한 사항이나 벌칙을 정할 때는 법률의 위임이 있어야 한다"(제28조), "시·군 및 자치구의 조례나 규칙은 시·도의 조례나 규칙을 위반해서는 아니 된다"(제30조)라고 하여, 지방의회 자치입법권의 범위와 한계를 명확히 하고 있다.

자치입법기관으로서의 지방의회의 지위는 전술한 의결기관의 지위에 포함되어 논의될 수도 있을 것이다(지방자치법 제39조 제1항 제1호 관련).

4. 행정 감시 및 통제기관

지방의회는 집행기관의 행정을 감시 및 통제하는 기관의 지위를 가진다. 기관대립형의 우리나라 지방자치제도 아래에서는 집행기관을 견제하기 위한 지방의회의 행정 감시 및 통제 기능이 중시된다.

제2절 **지방의회의 구성**

I 의의

헌법 제118조 제1항에서는 "지방자치단체에 의회를 둔다"라고 하고 있으며, 제119조에서는 지방의회의 조직, 권한 그리고 의원 선거에 관한 사항은 법률로 정하도록 하고 있다. 이를 정한 법률은 공직선거법과 지방자치법이 대표적이다. 공직선거법에서는 지방의원의 선거구와 의원정수를 규정하고 있으며, 지방자치법에서는 지방의회의 조직이나 선거에 관한 원칙을 규정하고 있다.

지방의회의 구성에 있어서 핵심은 주민 대표성을 확보하는 것이다. 대표성 확보의 장치는 크게 세 가지로 나누어 볼 수 있다.

첫째, 의원 선출 방식이다. 지방자치를 실시하고 있는 나라에서는 거의 모두 주민이 보통·평등·직접·비밀선거로 지방의원을 선출한다. 우리 지방자치법(제38조)에서도 이를 명확히 규정하고 있어 의문에 여지가 없다.

둘째, 선거구의 문제이다. 선거구는 투표가치의 평등요소인 인구비례(인구 대비 당선인 수) 문제나 게리맨더링(gerrymandering) 현상(특정 후보자나 정당에 유리하도록 선거구를 획정하는 것)에 유의해 획정되어야 한다. 소선거구제로 할 것인지 중·대선거구제로 할 것인지 선택에서 정치적 이슈가 존재한다. 이에 관해서는 제13장 제4절 지방자치 선거 부분에서 다루기로 한다.

셋째, 지방의회 의원 정수의 문제이다. 지방의원 정수란 지방의회를 구성하는 의원의 수를 의미한다. 즉, 지방의원 정수는 지방의회의 규모와 관련이 된다. 이에 관해서는 여기서 상세히 살펴보고자 한다.

Ⅱ 지방의원의 정수

1. 관련 쟁점

지방의원 정수에서 쟁점이 되는 사항은 누가 의원 정수를 결정하는가와 대의회제로 할 것인지 소의회제로 할 것인지에 대한 문제이다.

첫째, 지방의회 의원 정수 결정과 관련하여 이를 해당 지방자치단체 또는 상급자치단체 조례로 정하는 경우와 국회의 법률로 정하는 경우가 있다. 미국과 영국은 의원 정수의 결정이 지방정부의 재량이지만, 우리나라의 경우는 법률(공직선거법 제26조)과 상급자치단체 조례로 정하고 있다. 즉, 광역지방의회 의원 정수(선거구)와 기초지방의회 의원의 시·도별 총 정수는 국회가 법률(공직선거법 별표 2·3)로 정하고, 기초지방의회 의원의 지역선거구와 선거구별 정수는 해당 시·도 조례로 정하도록 하고 있다.

둘째, 의원의 정수가 많은 대의회제와 정수가 적은 소의회제 중에 어느 것을 선택할 것인가의 문제는 의원의 주민 대표성, 의원의 위상, 재정부담, 집행부 견제 및 업무의 능률성 등을 고려하여 선택된다(이청수, 2016: 61; 이승종, 2014: 107). 일반적으로 대의회제는 주민 의견수렴이 쉽지만, 의원의 위상이 낮아질 수 있고, 유급제 의원의 경우 재정부담이 증대되며, 집행부에 대한 정보 요구나 통제가 지나쳐 집행부 업무의 능률성이 떨어질 수 있다. 반면에 소의회제는 의원의 위상이 상대적으로 강하고, 재정부담이 크지 않은 장점은 있지만, 주민과의 접촉 빈도가 줄어들고, 집행부 견제가 미흡할 수 있다는 단점이 있다. 우리나라의 기초지방의회는 2018년 선거 기준으로 지방의원 1인당 주민 수는 약 17,000명으로[1] 외국과 비교하면 과다하다는 지적이 있을 정도의 소의회제로 운영된다(이승종, 2014: 107).[2]

셋째, 지역구와 비례대표 의원의 정수배분이다. 최근 각국은 지방의원의 전문성과 다양성을 높이기 위하여 지역구 의원뿐 아니라 비례대표 의원도 선출하고 있다. 지역구 의원 대비 비례대표 의원의 비율이 높으면 의원의 전문성과 다양성은 높아질 수 있지만, 지역정치가 정당정치에 예속되어 비례대표 의원이 주민보다는 정당에 충성하는 문제점이 제기될 수 있다. 우리나라도 광역 및 기초지방의회 의원 선거에서 비례대표 의원을 선출하고 있으며, 비례대표 의원의 정수는 광역지방의회는 지역구 의원 정수의 10%, 기초지방의회는 전체 의원 정수의 10%로 정하고 있다(공직선거법 제22조 제3항 및 제4항).

2. 광역지방의회 의원 정수

광역지방의회는 1개의 선거구에서 1명의 의원을 선출하는 소선거구제를 취하고 있다(공직선거법 제26조 제1항). 시·도별 지역구 시·도의원의 총 정수는 그 관할 구역 안의 자치구·시·군 수의 2배수로 하되, 인구·행정 구역·지세·교통, 그 밖의 조건을 고려하여 100분의 14의 범위에서 조정할 수 있다. 다만, 각 자치구·시·군에서 최소 1명의 광역 지방의원은 선출되도록 한다(공직선거법 제22조 제1항). 광역지방의회 지역구 의원의 최소 정수는 19명으로 한다. 따라서 산정기준에 의하여 산정된 의원정수가 19명 미만이 되는 광역지방의회는 그 정수를 19명으로 한다(공직선거법 제22조 제2항). 다만, 세종특별자치시 지역구 의원의 수는 16인으로 한다(세종시법 제19조 제2항).

광역지방의회의 비례대표의원 정수는 지역구 의원 정수의 10%로 한다(공직선거법 제22조 제4항). 다만, 제주특별자치도의 경우는 지역구 의원 정수의 20%로 하여

---

1) 총인구에서 세종특별자치시와 제주특별자치도의 인구를 제외하고, 이를 기초지방의회 의원 총수 (2, 927: 공직선거법 별표 3)로 나눈 것임.

2) 최초 지방의회가 구성된 1952년 4월 25일 시·읍·면의원 선거에서는 17,544명의 의원이 선출되어 당시 우리나라 인구 21,144,210명을 고려하면, 의원 1명 당 인구 1,205명으로 현재보다 상대적으로 의원 비율이 높음. 이는 당시 면의회까지 구성되었으므로 지방의회의 개수가 많았기 때문이며, 지방의회 자체를 대의회제로 보기는 어려움.

비례대표의원의 수를 증원하였다(제주특별법 제36조 제2항).

3. 기초지방의회 의원 정수

기초지방의회 의원의 지역선거구는 중선거구제를 채택하여, 하나의 지역구에서 선출할 의원은 2인 이상 4인 이하이다(공직선거법 제26조 제2항). 시·도별 기초지방의회 의원의 총 정수는 공직선거법(제23조 및 별표 3)에서 정하고, 개별 기초지방의회 의원 정수는 당해 시·도의 총 정수의 범위 내에서 인구와 지역 대표성을 고려하여 시·도조례로 정한다(제23조 제1항 및 제26조 제2항).

각 기초지방의회 의원의 최소 정수는 7인(지역구＋비례대표)이다(공직선거법 제23조 제2항). 비례대표의원은 기초지방의회 의원 정수(지역구 의원정수가 아님)의 10%로 한다(제23조 제3항).[3]

Ⅲ 지방의원 구성의 양성평등 노력

지역 정치에서 여성 정치인의 진출을 확대하기 위하여 공직선거법에서는 지방의원 구성의 양성평등 규정을 두고 있다.

1. 비례대표 지방의원 선거

정당이 비례대표 지방의회 의원 선거에 후보자를 추천하는 때에는 그 후보자 중 100분의 50 이상을 여성으로 추천하되, 그 후보자 명부 순위의 매 홀수에는 여성을 추천하여야 한다(공직선거법 제47조 제3항). 따라서 각 정당의 비례대표 지방의원 중에는 반드시 여성 의원이 50% 이상이 되도록 해야 하며, 이는 지방정치에 여성 의원의 진출 기회를 증대시키기 위한 강력한 조치로 볼 수 있다.

---

3) 공직선거법 제23조 제3항 단서에서는 "이 경우 단수는 1로 본다"라고 하여, 기초지방의회에 비례대표 의원은 최소 1명이 선출되도록 함(총 7명인 경우는 0.7명으로 이는 1명이 되며, 총 32명인 경우는 3.2명으로 4명이 됨).

2. 지역구 지방의원 선거

지역구 지방의원 선거에서 각 정당은 전국 지역구 총수의 100분의 30 이상을 여성으로 추천하도록 노력하여야 한다(공직선거법 제47조 제4항). 이 규정의 실효성을 높이기 위하여 국회의원 지역구(군 지역은 제외)마다 광역 또는 기초 지방의원 중 1명 이상을 여성으로 추천하는 것을 의무화하고 있다(제47조 제5항).

Ⅳ   지방의회 의원

1. 의원의 지위

1) 지방의회의 구성원: 정무직 지방공무원

현재 지방의회 의원에게는 매월 의정활동비와 월정수당 그리고 활동에 따라 필요경비를 보상하는 여비가 별도로 지급된다(지방자치법 제40조 제1항).

지방의회 의원은 지방의회의 구성원으로서 지위를 가진다. 지방의회 의원이 가지는 각종 권리와 의무는 주민 대표기관인 지방의회의 구성원으로서 지위에서 나온다고 볼 수 있다. 또한, 지방의회 의원은 정무직 지방공무원이다(지방공무원법 제2조 제3항). 따라서 의원은 주민 전체 그리고 국민 전체에 대한 봉사자이다(헌법 제7조 제1항).

2) 유급직

현재 지방의회 의원에게는 매월 의정활동비와 월정수당 그리고 활동에 따라 필요경비를 보상하는 여비가 별도로 지급된다(지방자치법 제40조 제1항).

지방자치법 제40조(의원의 의정활동비 등)

① 지방의회의원에게는 다음 각호의 비용을 지급한다.

  1. 의정(議政) 자료를 수집하고 연구하거나 이를 위한 보조 활동에 사용되는 비용을 보전(補塡)하기 위하여 매월 지급하는 의정활동비
  2. 지방의회의원의 직무활동에 대하여 지급하는 월정수당
  3. 본회의 의결, 위원회 의결 또는 지방의회의 의장의 명에 따라 공무로 여행할 때 지급하는 여비

지방의회가 부활한 1991년 당시의 지방의원은 무보수 명예직으로 출발하였으나, 1994년 지방자치법 개정으로 의정활동비와 회의수당이 지급되었다. 그 후 2003년 지방자치법 개정으로 '명예직' 조항이 삭제되었으며, 2005년에는 '회기수당'을 '월정수당'으로 변경하여 사실상의 월정보수제로 유급직화되었다(김희곤, 2006: 416; 홍정선, 2018: 391).[4]

지방의원을 명예직과 유급직 중 어떤 것으로 할 것인지 대해서는 각각의 장단점을 검토할 필요가 있다. 지방의원을 명예직으로 하는 것이 바람직하다는 견해는 ⓐ 지역을 위해 무보수로 봉사하는 것은 지역주민으로서 의무이자 명예이며, ⓑ 업무량이 상근하면서 전업으로 할 정도로 많지 않으며, ⓒ 무급이므로 의원정수를 확대하여 참여의 폭을 넓힐 수 있으며, ⓓ 지방자치단체의 재정부담이 경감된다는 것이다.

반면에 유급직이 바람직하다는 견해는 ⓐ 행정 기능의 확대 및 전문화로 의정활동의 영역이 넓고 투입시간이 많으며, ⓑ 경제관념에 따라 일한 만큼 보수가 지급되어야 하며, ⓒ 경제적 지원을 통하여 유능한 인재의 의회진출을 유도할 필요가 있으며, ⓓ 의원들의 사기와 품위유지를 위하여 필요하다는 것이다(김희곤, 2006: 418).

지방의원을 유급직으로 전환한 것은 우리나라 지방자치제도의 특성에서 그 원인을 찾아야 한다. 기관대립형을 취하고 있는 우리의 경우,[5] 이른바 제왕적 지방자치단체장에 대한 견제와 균형이라는 입장에서 지방의원의 업무량을 책정해야 한다. 따라서 소의회제로 운영되는 우리나라에서 지방자치단체장을 중심으로 한 집행부를 견제하기 위해서는 지방의원을 본업으로 수행해야 하므로, 유급직이 바람직하다고 볼 수 있다.

---

4) '서울특별시의회 의원 의정활동비 등 지급에 관한 조례'에 따르면 월정수당은 3,864,590원, 의정활동비는 월 150만 원임.

5) 영국, 독일, 프랑스 등 유럽 국가들은 무보수 명예직이 많으며 미국의 일부 지역과 일본은 유급제를 채택하고 있는 것으로 알려졌지만(이시우, 2004: 179), 이는 그 나라의 지방자치제도의 특성상 지방의회 의원의 지위와 역할이라는 측면에서 살펴볼 것이지 단순히 명예직인지 유급직인지로 구분하는 것은 의미 있는 구분이 아니라고 봄.

3) 정책지원 전문인력의 지원

그동안 지방의원의 전문성 제고와 집행부에 대한 효율적인 견제를 위하여 국회의원의 개인 보좌관제도(국회의원 수당 등에 관한 법률 제9조)와 유사한 제도를 지방의원에게도 도입해야 한다는 주장이 꾸준히 제기되었으나, 지방재정 부담의 증가 및 주민 반대 정서 등의 이유로 보류되었다(류춘호, 2017: 4).[6]

그러나 2021년 1월 지방자치법 전부개정으로 지방의원에 대한 정책지원 전문인력제도가 도입되었다. 이 제도는 기존에 지방의회에서 주장한 의원의 개인 보좌관은 허용하지 않지만, 의정활동의 전문성과 효율성 증진을 위하여 지방의회에 정책지원 전문인력을 둘 수 있도록 하고 있다. 즉, 개정 지방자치법(제41조)에서는 지방의회 의원 정수의 2분의 1 범위 내에서 해당 지방자치단체의 조례로 정하는 바에 따라 지방의회에 정책지원 전문인력을 둘 수 있도록 규정하고 있다. 또한, 정책지원 전문인력은 지방공무원으로 보하며, 직급이나 임용절차 등은 대통령령으로 정하도록 하고 있다(제41조 제2항).

2. 의원의 권리와 의무

1) 권리

의원은 직무를 자유로이 수행하기에 필요한 권리를 가진다. 지방자치법에서는 의원 개인의 권리로 임시회 소집 요구권(제54조), 의안 발의권(제76조), 청원 소개권(제85조), 모욕한 의원에 대한 징계 요구권(제95조), 회기 중 직무로 인한 상해·사망 보상금 수급권(제42조) 등을 규정하고 있다.

그러나 헌법(제44조 및 제45조)에서 보장하고 있는 국회의원에 대한 '면책특권'과 형사절차상의 '불체포특권'은 지방의원에게 인정되지 않는다. 다만, 지방의원이 체포·구금된 경우에는 수사기관의 장이, 형사사건으로 소추되어 판결이 확정된 때에는 법원장이, 해당 지방의회 의장에게 이를 통지하도록 하고 있다(지방자치법 제45조).

---

6) 제주도의 경우 제주특별법 제39조에 따라 의원정수 1/2 범위(21명限)에서 정책 연구위원 제도를 운영 중이며, 서울시 등 일부 시·도의회는 의원의 의정활동을 지원하기 위하여 시간선택제 임기제 공무원을 활용하였음.

2) 의무

(1) 겸직금지 의무

지방의원은 겸직금지의 의무를 지닌다. 지방의원에 대한 겸직금지는 ⓐ 기관대립형의 조직형태에 따른 권력분립을 보장하고, ⓑ 직무에 전념하기 위하여 다른 전임직위를 맡는 것을 금지하고, ⓒ 직무수행의 공정성을 확보하기 위한 것이다(김명용, 2004: 196－7). 지방의원의 겸직금지 대상은 다음과 같다(지방자치법 제43조 제1항).

---

1. 국회의원, 다른 지방의회 의원
2. 헌법재판소 재판관, 각급 선거관리위원회 위원
3. 국가·지방공무원(단, 정당의 당원이 될 수 있는 교원은 제외함)
4. 공공기관의 임직원
5. 지방공사와 지방공단의 임직원
6. 농업협동조합, 수산업협동조합, 산림조합, 엽연초생산협동조합, 신용협동조합, 새마을금고(중앙회와 연합회를 포함)의 임직원과 중앙회장이나 연합회장
7. 정당의 당원이 될 수 없는 교원
8. 다른 법령에 따라 공무원의 신분을 가지는 직
9. 그 밖에 다른 법률에서 겸임할 수 없도록 정하는 직

지방의원이 위에서 정하는 직을 겸직하게 되면 의원의 직에서 당연퇴직하게 된다(지방자치법 제90조 제1호).

한편, 2021년 지방자치법 전부개정을 통하여 지방의회 의원의 겸직금지에 관한 규정을 추가 신설하였다(제43조 제5항 및 제6항). 지방의회 의원이 ⓐ 해당 지방자치단체가 출자·출연(재출자·재출연을 포함한다)한 기관·단체, ⓑ 해당 지방자치단체의 사무를 위탁받아 수행하고 있는 기관·단체, ⓒ 해당 지방자치단체로부터 운영비, 사업비 등을 지원받고 있는 기관·단체, ⓓ 법령에 따라 해당 지방자치단체장의 인가를 받아 설립된 조합의 임직원, 대표, 임원, 상근직원 또는 그 소속 위원회(자문위원회는 제외한다)의 위원이 된 경우에는 그 겸한 직을 사임하여야 한다. 만일 사임하지 아니하면 지방의회 의장은 사임할 것을 권고하여야 한다. 이 경우 지방의회 의장은 윤리심사 자문위원회의 의견을 들어야 하며 그 의견을 존중하여야 한다(제43조 제6항).

(2) 영리행위 금지의무

지방의원은 직무수행의 공정성을 확보하고 이익충돌을 방지하기 위하여 영리행위 금지의무를 지닌다. 지방자치법에서 정하고 있는 영리행위 등 금지는 크게 세 가지로 구분된다.

첫째, 지방의원은 지위를 남용하여 재산상의 권리·이익 또는 직위를 취득하거나 타인을 위하여 그 취득을 알선하여서는 아니 된다(지방자치법 제44조 제3항).

둘째, 지방의원은 해당 지방자치단체 및 관련 공공단체와 영리를 목적으로 하는 거래를 하여서는 아니 된다(지방자치법 제44조 제4항).

셋째, 지방의원은 소관 상임위원회의 직무와 관련된 영리행위를 하지 못하며, 그 범위는 해당 지방자치단체의 조례로 정한다(지방자치법 제44조 제5항).

(3) 성실의무, 청렴의무, 품위유지의무

지방의원은 공공의 이익을 우선하여 양심에 따라 그 직무를 성실히 수행하여야 한다(지방자치법 제44조 제1항). 또한, 지방의원은 청렴의 의무를 지며, 의원으로서의 품위를 유지하여야 한다(제44조 제2항).

(4) 기타 의무[7]

① 회의에서 질서유지 의무: 지방의회 의장이나 위원장은 지방의원이 본회의나 위원회의 회의장에서 회의장의 질서를 어지럽히면 경고 또는 제지하거나 발언의 취소를 명할 수 있으며, 이를 따르지 아니한 의원이 있으면 그 의원에 대하여 당일의 회의에서 발언하는 것을 금지하거나 퇴장시킬 수 있다(지방자치법 제94조).

② 모욕 등 발언 금지의무: 지방의회의 의원은 본회의나 위원회에서 다른 사람을 모욕하거나 다른 사람의 사생활에 대하여 발언하여서는 아니 된다(지방자치법 제95조 제1항).

③ 발언 방해 등의 금지의무: 지방의회의 의원은 회의 중에 폭력을 행사하거나

---

7) 지방자치법상 명문 규정은 없지만, 대의민주주의 원칙에 근거하여 지방의원의 본회의 및 위원회에서의 출석 의무를 지닌다고 보아야 할 것임(홍정선, 2018: 396). 국회의원의 경우는 출석 의무 관련 규정(국회법 제32조 제1항, 제155조 제12호)을 두고 있음. 지방자치법에서 관련 규정의 부재는 아마도 지방자치법 제정 시에 지방의원을 무보수 명예직으로 하여 출석 의무를 부여하지 않은 것이 그대로 이어온 것으로 추측됨.

소란한 행위를 하여 다른 사람의 발언을 방해할 수 없으며, 의장이나 위원장의 허가 없이 연단(演壇)이나 단상(壇上)에 올라가서는 아니 된다(지방자치법 제96조).

④ 윤리강령 및 윤리실천규범 준수 의무: 지방의회는 지방의회 의원이 준수하여야 할 지방의회 의원의 윤리강령과 윤리실천규범을 조례로 정하여야 한다(지방자치법 제46조 제1항). 지방의원은 지방의회가 정한 윤리강령과 실천규범을 준수할 의무를 진다.

3. 의원 임기의 개시와 자격의 소멸

1) 임기개시

지방의원의 임기는 총선거에 의한 전임의원의 임기만료일의 다음 날부터 개시된다. 다만, 의원의 임기가 개시된 후에 실시하는 선거는 당선이 결정된 때부터 개시되며 전임자의 잔임 기간으로 한다(공직선거법 제14조 제2항).

2) 자격의 소멸

지방자치법에서 규정하고 있는 지방의원 자격의 소멸 사유는 임기만료, 사직, 퇴직, 자격심사에 의한 자격상실, 주민소환 등이 있다. 지방자치법에 규정은 없지만, 지방의원의 사망, 선거무효 판결, 당선무효 판결 등에 의해서도 그 직을 상실하게 된다.

(1) 임기만료

지방의원의 임기는 4년으로 한다[8](지방자치법 제39조). 지방의원은 임기가 만료되면 그 신분을 상실하게 된다.

(2) 사직

사직은 지방의원이 본인의 희망에 의하여 의원직에서 사퇴하는 것을 말한다. 지방의원은 의원직에서 스스로 퇴직하고자 하여도 일정한 절차를 거쳐야 한다. 이는 일반직공무원이 공직을 사퇴할 경우 범죄사실 여부 등에 대해 확인절차를 거치는

---

8) 우리나라의 경우 1949년 지방자치법 제정된 이래, 1956년부터 1958년까지 임기를 3년으로 한 것을 제외하면, 의원의 임기는 4년으로 규정하고 있음.

것과 마찬가지이다.

지방의원이 사직서를 제출하면, 지방의회는 그 의결로 소속 의원의 사직을 허가할 수 있다.[9] 다만, 폐회 중에는 의장이 허가할 수 있다(지방자치법 제89조).

(3) 퇴직

지방의회 의원이 다음 각호의 어느 하나에 해당할 때에는 의원의 직에서 퇴직한다(지방자치법 제90조).

---

1. 의원이 겸할 수 없는 직에 취임할 때
2. 피선거권이 없게 될 때(그 지방자치단체의 구역 밖으로 주민등록을 이전하였을 때를 포함한다)
3. 징계에 따라 제명될 때

의원은 위의 퇴직 사유에 해당하고 이에 다툼이 없는 경우에는 별도의 절차를 요하지 아니하고 당연히 의원의 직에서 퇴직하게 된다. 다만, 징계에 의한 제명은 재적의원 3분의 2 이상 찬성이 필요하다(지방자치법 제100조 제2항).

(4) 자격심사에 의한 자격상실

지방의원은 자격심사에 의해서도 자격이 상실될 수 있다. 여기서 자격이란 의원이 그 신분을 얻고 유지하기 위하여 요구되는 것을 의미한다(피선거권의 유무, 겸직 금지 위반 여부 등).

지방의회 의원은 다른 의원의 자격에 대하여 이의가 있으면 재적의원 4분의 1 이상 찬성으로 지방의회 의장에게 자격심사를 청구할 수 있다(지방자치법 제91조 제1항). 심사대상인 지방의회 의원은 자기의 자격심사에 관한 회의에 출석하여 의견을 진술할 수 있으나, 의결에는 참여할 수 없다(제91조 제2항). 자격상실 의결은 재적의원 3분의 2 이상 찬성이 필요하다(제92조 제1항).

---

9) 법조문이 "허가할 수 있다"라고 규정되어, 지방의회와 의장의 허가가 재량 사항인지 의무사항인지에 대해 논란이 있을 수 있음. 이는 사직의 사유가 무엇인지에 따라 다를 것임. 사직의 사유가 개인의 건강이나 공직선거법 제53조에 따른 공무원 등 입후보를 하려는 경우에는 의무사항으로 보아야 할 것임. 그러나 본인이 징계 사유에 의한 제명 의결(지방자치법 제98조, 제99조, 제100조)을 회피할 목적으로 사직서를 제출한 경우에는 사직허가를 보류하고 징계절차를 우선하여 진행하게 되는 경우는 재량 사항으로 보아야 할 것임.

(5) 주민소환

지역구 지방의원(비례대표 지방의원은 제외됨)은 주민소환 투표에 의하여 그 직을 상실할 수 있다(지방자치법 제25조 제1항, 주민소환에 관한 법률 제7조). 주민소환 투표로 주민소환이 확정된 때에는 주민소환 투표대상 지방의원은 그 결과가 공표된 시점부터 그 직을 상실한다(주민소환에 관한 법률 제23조 제1항).

제3절   지방의회의 조직

I   의의

지방의회는 다수의 의원으로 구성된 합의체의 최고 의사결정 기관이다. 지방의회가 주민 의견을 수렴하고, 집행부를 견제하며, 합의제 의결기관의 임무를 수행하기 위해서는 합리적인 조직에 의한 효율적인 운영이 필요하다.

지방자치법에서는 의장과 부의장을 두어 지방의회를 대표하게 하고, 위원회를 두어 의회운영의 효율성을 높이고, 사무기구를 두어 지방의회의 사무를 처리하고 지방의원의 의정활동을 지원하고 있다.

II   의장과 부의장

1. 권한과 임기

지방의회의 의장은 의회를 대표하고, 의사(議事)를 정리하며, 회의장 내의 질서를 유지하고, 의회의 사무를 감독한다(지방자치법 제58조). 의장의 권한을 구체적으로 살펴보면 다음과 같다.

첫째, 기관대립형을 채택하고 있는 우리나라에서 지방의회 의장은 의회를 대표한다. 의장은 의회에서 의결된 조례안이나 예산안을 지방자치단체장에게 이송하며, 확정된 조례를 지방자치단체장이 공포하지 아니하면 의장이 공포한다(지방자치법 제32조 제6항). 또한, 의장은 지방자치단체장이나 조례로 정하는 수 이상의 지방의회

의원이 요구하면 15일 이내에 임시회를 소집하여야 한다(제54조 제3항).

둘째, 의장은 의사(議事)의 전 과정을 운영한다. 예를 들면, 의회의 개·폐회 선포, 회의의 개의·정회·산회 선포, 의안의 위원회 회부, 토론의 진행 및 종결, 표결의 선포, 표결의 진행결과에 대한 선포, 회의록의 서명 등의 권한을 가진다.

셋째, 의장은 회의장 내의 질서유지권을 가진다(지방자치법 제94조 및 제97조). 예를 들면, 의장의 허가에 의한 연단이나 단상에의 등단, 회의장 출입 인원 제한, 회의 공개 여부 결정 등의 권한을 가진다.

넷째, 지방자치단체장이 집행부를 총괄하듯이, 의장은 의회운영에 관한 모든 사무를 총괄·감독한다. 의장은 지방의회 사무직원을 지휘·감독하고 임면·교육·훈련·복무·징계 등에 관한 사항을 처리하며(지방자치법 제103조 제2항), 의회 사무처장·사무국장 또는 사무과장은 의장의 명을 받아 의회의 사무를 처리한다(제104조 제1항). 부의장은 의장이 부득이한 사유로 직무를 수행할 수 없을 때는 그 직무를 대리한다[10](제59조). 의장과 부의장이 모두 부득이한 사유로 직무를 수행할 수 없을 때는 임시의장을 선출하여 의장의 직무를 대행한다(제60조). 의장과 부의장의 임기는 2년이다(제57조 제3항).

2. 선출

지방의회는 의원 중에서 시·도의 경우 의장 1명과 부의장 2명을, 시·군 및 자치구의 경우 의장과 부의장 각 1명을 무기명투표로 선출한다[11](지방자치법 제57조 제1항). 지방의회 의원 총선거 후 처음으로 선출하는 의장·부의장 선거는 최초 집회 일에 실시한다(제2항). 의장과 부의장 선거는 재적의원 과반수의 출석과 출석의원 과반수의 찬성을 얻은 의원이 당선된다(제64조).

지방의회의 의장이나 부의장이 궐위(闕位)된 경우에는 보궐선거를 실시한다(지

---

10) 광역자치단체와 같이 부의장이 2명인 경우는 누가 의장을 대리할 것인지에 관해서 지방자치법에 규정된 것은 없음. 따라서 이는 해당 지방자치단체의 조례로 정하는 자치사무로 보아야 할 것임.

11) 한편, '지방자치분권 및 지역균형발전에 관한 특별법'(제55조 제1항)에서는 통합 지방자치단체를 설치하는 경우에는 해당 지방자치단체가 설치된 후 최초로 실시하는 임기만료에 의한 선거에 의하여 새로운 지방의회가 구성될 때까지 폐지 지방자치단체의 수만큼의 부의장을 무기명투표로 선거하여야 하며, 이 경우 부의장은 폐지 지방자치단체의 지방의회 의원 중에서 폐지 지방자치단체별로 각 1명을 선출하도록 하고 있음.

방자치법 제61조 제1항). 보궐선거로 당선된 의장이나 부의장의 임기는 전임자 임기의 남은 기간으로 한다(제2항).

3. 불신임

지방의회 의장과 부의장의 위법행위와 직무 태만을 방지하기 위하여 불신임제도를 두고 있다(지방자치법 제62조). 지방의회의 의장이나 부의장이 법령을 위반하거나 정당한 사유 없이 직무를 수행하지 아니하면 지방의회는 불신임을 의결할 수 있다. 불신임의결은 재적의원 4분의 1 이상의 발의와 재적의원 과반수의 찬성으로 이루어지며, 불신임의결이 있으면 의장이나 부의장은 그 직에서 해임된다.

Ⅲ 위원회

1. 의의

의회에 두는 위원회는 의안이 양적으로 확대되고 질적으로 전문화되면서 의안 처리를 좀 더 능률적이고 합리적으로 심의하고자 하는 데 목적이 있다. 또한, 위원회는 본회의 대비 활발한 토론에 상대적으로 유리하고, 본회의에서의 부담을 줄여 효율적으로 의사 운영에 도움을 줄 수 있다(최창호·강형기, 2019: 331). 그러나 위원회와 집행부서 및 이익단체와 긴밀한 관계가 형성되어 의회의 견제 기능이 약화하거나 의안 처리의 공정성이 침해될 수 있으며, 의원들의 폭넓은 심의 기회를 박탈하게 된다는 단점도 제기된다(안용식 외, 2007: 265).

지방자치법(제64조 제1항)에서는 "지방의회는 조례로 정하는 바에 따라 위원회를 둘 수 있다"라고 규정하고 있다. 따라서 위원회의 설치 여부는 지방자치단체의 자율적인 조직권이다. 위원회는 본회의 심의에 앞서 예비적으로 의안을 심사하도록 소수의 의원으로 구성되며 합의제로 운영된다.

개별 지방의원이 어느 위원회에 소속될 것인지는 본회의에서 선임한다(지방자치법 제64조 제3항). 또한, 위원회 위원의 임기에 관하여는 지방자치법에 특별한 규정이 없으므로 조례로 정할 사안이다.

2. 종류

지방자치법(제64조 제2항)에서는 위원회의 종류로 상임위원회와 특별위원회를 제시하고 있다. 상임위원회는 소관 의안과 청원 등을 심사·처리하며, 특별위원회는 특정한 안건을 일시적으로 심사·처리한다.[12)]

1) 상임위원회

상임위원회는 지방자치단체의 조례로 설치할 수 있다. 일반적으로 상임위원회는 집행기관의 실·국·과의 기능이나 사무의 종류에 따라 구분하여 설치되고 있다.

2) 특별위원회

특별위원회는 여러 개의 상임위원회 소관과 관련되거나 특별한 사안에 대한 조사 등이 필요한 경우에 조례로 정하는 바에 따라 설치할 수 있다(지방자치법 제64조 제2항 제2호).

지방자치법(제65조)에서는 윤리특별위원회에 관하여 별도로 규정을 두고 있다. "지방의회 의원의 윤리강령과 윤리실천규범 준수 여부 및 징계에 관한 사항을 심사하기 위하여 윤리특별위원회를 둔다"라고 하여 윤리특별위원회 설치를 의무화하고 있다. 지방의원의 윤리가 자주 사회적 이슈로 제기됨에 따라 2021년 1월 지방자치법 전부개정을 통하여 윤리특별위원회 설치가 임의규정에서 강행규정으로 바뀌었으며, 윤리특별위원회에 윤리심사 자문위원회를 설치하도록 하였다(제66조).

윤리심사 자문위원회는 지방의회 의원의 겸직 및 영리행위 등에 관한 지방의회 의장의 자문에 응하고, 지방의회 의원의 윤리강령과 윤리실천규범 준수 여부 및 징계에 관한 윤리특별위원회를 자문하기 위하여 설치된다(지방자치법 제66조 제1항). 윤리심사 자문위원회의 위원은 민간전문가 중에서 지방의회 의장이 위촉한다.

윤리특별위원회는 지방의회 의원의 윤리강령과 윤리실천규범 및 징계에 관한 사항을 심사하기 전에 윤리심사 자문위원회의 의견을 들어야 하며 그 의견을 존중하여야 한다(지방자치법 제65조 제2항).

---

12) 특별위원회에 회부된 안건과 상임위원회 소관 사항과의 사이에 경합 관계가 생기는 경우는 특별위원회가 우선될 것임. 왜냐하면, 의회가 특정한 안건이라고 인정하여 특별위원회를 설치하였다면 그 특정한 안건이 상임위원회의 소관 사항이라도 특별위원회에 이양될 수 있기 때문임(행정안전부, 2010: 151).

3. 전문위원

전문위원제도를 통하여 지방의회의 의정활동을 지원하고 있다. 전문위원이란 위원회의 위원장과 위원의 자치입법활동을 지원하기 위하여 의원이 아닌 전문지식을 가진 사람을 말한다(지방자치법 제68조 제1항).

전문위원의 중요 역할은 조례안의 입안 및 검토, 청원의 심사, 행정사무 감사 및 조사, 정책의 분석·평가 및 연구, 국내·외의 법제와 그 운용 등에 관한 조사 및 연구, 의원의 법제 활동에 관한 지원 등 주로 지방의원의 전문성을 요구하는 조사·분석 업무를 지원하는 것이다.

전문위원의 가장 중요한 역할은 상임위원회 의안 심의절차에 포함된 '전문위원 검토보고서'를 작성하는 것이다. '전문위원 검토보고서'란 위원회로 회부된 안건에 대해 전문위원이 전문적이고 객관적인 입장에서 조사·연구·검토하여 이를 위원들에게 보고하고 위원회 회의장에서 구두 보고하는 문서이다(정창수, 2019: 200).

행정안전부에서는 지방의회에 두는 전문위원의 직급과 정수를 통제하고 있다. 즉, '지방자치단체의 행정기구와 정원 기준 등에 관한 규정(대통령령)'에서 위원회에 두는 전문위원의 직급 및 정수기준을 두고 있다(제15조 제2항 및 별표 5). 동 규정에서는 지방의원의 정수에 연동하여 둘 수 있는 전문위원의 직급별 수를 제한하고 있다.[13]

4. 위원회 운영

1) 개회 요건

회기 중 또는 폐회 중에 위원회를 개최하기 위해서는 ⓐ 본회의의 의결이 있거나, ⓑ 의장 또는 위원장이 필요하다고 인정할 때, ⓒ 재적 위원 3분의 1 이상의 요구가 있는 때에 개회한다. 다만, 지방자치단체장은 의회가 폐회 중이면 의장 또는 위원장에게 이유서를 붙여 위원회의 개최를 요구할 수 있다(지방자치법 제70조).

---

13) 광역자치단체의 경우는 4급과 5급 이하 전문위원으로 총 6~23명, 기초자치단체의 경우는 5급과 6급 이하 전문위원으로 총 2~11명을 둘 수 있도록 하고 있음.

2) 회의 비공개 원칙

회의 공개 원칙인 본회의와 달리 위원회의 회의는 비공개 원칙이다. 이는 위원들의 다양하고 자유로운 토론을 유도하고 위원회 운영을 원활하게 하고자 하는 취지로 보인다.[14] 따라서 해당 지방의회 의원이 아닌 주민이 위원회에서 방청하고자 하는 경우는 위원장의 허가를 받아야 한다(지방자치법 제69조 제1항). 위원장은 질서 유지를 위해 필요할 때에는 방청인의 퇴장을 명할 수 있다(제69조 제2항).

3) 심사독립의 원칙

위원회는 본회의로부터 회부된 안건을 심사할 때 독립된 위치에서 자유로운 판단에 따라 심사한다. 본회의나 다른 위원회로부터 간섭이나 제약을 받지 않는 것이 원칙이다(안용식 외, 2007: 290). 지방자치법(제81조 제1항)에서는 "위원회에서 본회의에 부칠 필요가 없다고 결정된 의안은 본회의에 부칠 수 없다"라고 심사독립의 원칙을 규정하고 있다.

그러나 위원회의 결정이 본회의에 보고된 날부터 폐회나 휴회 중의 기간을 제외한 7일 이내에 의장이나 재적의원 3분의 1 이상이 요구하면 그 의안을 본회의에 부치도록 하고 있다(지방자치법 제81조 제1항 단서).

Ⅳ | 지방의회의 사무기구

집행기관의 조직과 별도로 지방의회의 사무를 담당하는 사무조직이 필요하다. 지방자치법(제101조)에서는 시·도의회에는 사무처를, 시·군·자치구의회에는 사무국 또는 사무과를 조례로 정하는 바에 따라 둘 수 있도록 하고 있다.[15]

의회에 근무하는 사무직원은 지방공무원으로 보하고, 그 정수는 조례로 정한다

---

14) 위원회의 회의가 공개되어야 한다는 주장도 있음. 그 근거로 "오늘날 지방행정이 확대되고 전문화됨에 따라 지방의회의 의사 형성절차가 대부분 본회의가 아닌 개별 위원회에서 일어나고, 또한 위원회에서 심의된 안건 대부분이 본회의에서 별다른 논의 없이 형식적인 의사 절차를 거쳐 의결된다는 점"을 제시(김봉철, 2011: 246)하고 있음.

15) '지방자치단체의 행정기구와 정원 기준 등에 관한 규정(대통령령)'에서 기초자치단체 중 지방의원의 정수가 10인 이상인 시·자치구·군(군의 경우 인구 10만 이상)은 사무국을, 지방의원의 정수가 10인 미만인 시·군·자치구의 경우는 사무과를 둘 수 있도록 하고 있음(제15조 제1항 및 별표 4).

(지방자치법 제102조 제3항 및 제103조 제1항). 사무직원들은 의장의 명을 받아 의회의 사무를 처리한다(제104조 제1항).

지방의회 사무기구의 사무직원에 대한 인사권자는 지방의회 의장이다. 지방의회 의장은 지방의회 사무직원을 지휘·감독하고 법령과 조례·의회 규칙으로 정하는 바에 따라 그 임면·교육·훈련·복무·징계 등에 관한 사항을 처리한다(지방자치법 제103조 제2항). 이는 2021년 1월 지방자치법 전부개정을 통하여 새롭게 도입한 것이며, 기존 사무직원의 임명권은 지방자치단체장의 권한이었다. 기관대립형을 취하고 있는 우리나라에서 지방의회 사무직원에 대한 인사권을 지방의회 의장이 행사하도록 한 것은 바람직한 개정으로 보인다.

V 교섭단체

1. 의의

지방의회의 원내교섭단체란 같은 정당이나 정치적 뜻을 같이하는 의원들로 구성되는 원내 정치단체를 말한다. 지방의회에서 심의하고 의결할 사항을 분업적이고 효율적인 처리를 위하여, 의견을 같이하는 의원들로 구성된 조직체가 원내교섭단체이다.

원내교섭단체는 정당 또는 단체의 원활하고 능률적인 원내활동을 보장하기 위한 것이며, 의원들의 다양한 의사를 통합하고 그룹화하여 효율적인 의회운영을 가능하게 하는 장치이다.

현실에서 원내교섭단체는 동일정당 소속 의원들로 구성되어 정당의 정책을 실현하는 결사체의 역할을 하는 경우가 많다. 따라서 의원의 교섭단체 기속이 지나치면 자유의사 표현이 어려울 수 있다. 또한, 소규모 지방의회에서는 교섭단체의 존재가 오히려 심도 있는 전체회의의 저해요인이 될 수 있다.

2. 법적 근거 및 현황

그동안 지방자치법에는 지방의회의 교섭단체에 대한 명문 규정을 두고 있지 않았으나, 2023년 3월 지방자치법 개정으로 교섭단체 규정이 명문화되었다. 현행 개정 지방자치법(제63조의2)에서는 지방의회에 교섭단체를 둘 수 있도록 하고, 교섭단체의 구성인원은 해당 지방자치단체의 조례로 정하도록 규정하고 있다. 구체적으로 "조례로 정하는 수 이상의 소속의원을 가진 정당은 하나의 교섭단체가 된다"라고 규정하고, 소수정당 소속이나 무소속 의원이 교섭단체를 구성할 수 있도록 "다른 교섭단체에 속하지 아니하는 의원 중 조례로 정하는 수 이상의 의원은 따로 교섭단체를 구성할 수 있다"라고 명시화하였다(지방자치법 제63조의2).

지방자치단체별로 의원 정수의 차이가 크기 때문에 교섭단체 구성인원 등에 대한 일괄적인 기준을 적용하기는 어려워 조례로 정하도록 한 것이다. 지방자치단체별로 교섭단체의 구성기준은 12명 이상(경기도 의회), 3명 이상(세종시 의회), 의원 정수의 10% 이상(경상남도 의회) 등 다양하다.

제4절　지방의회의 권한

I　의의

지방의회의 권한은 대의민주주의 이념 그리고 기관구성의 형태에 따른 의회의 역할과 불가분의 관계에 있다. 대의민주주의 이념의 관점에서 지방의회는 주민의 의사를 대변할 책임을 지며 이에 응당한 권한을 가진다. 기관구성의 형태 측면에서 지방의회는 집행기관의 정책에 대해 지원하거나(기관통합형), 독립성의 원칙에 따라 지방자치단체장의 정책에 대한 견제와 감시를 해야(기관대립형) 할 책임을 지며, 이러한 책임을 수행하는 데 필요한 권한을 부여받는다.

따라서 지방의회는 대의민주주의 이념과 기관구성의 형태에 따른 역할이 각각 어떤 비중을 가지고 제도화되고 운영되느냐에 따라 그 실제의 권한이나 기능이 달라질 수 있다. 여기서는 지방자치법이 규정하고 있는 내용을 중심으로 지방의회의 권한을 살펴보고자 한다.

Ⅱ 의결권[16]

주민 대표기관인 지방의회는 지방자치단체의 중요한 의사를 최종적으로 결정하는 권한을 가진다. 주민의 대표로 구성되는 지방의회에 의사결정 권한을 부여하는 것은 지역민의 자유와 권리를 보장하기 위한 장치이다. 지방의회 의결권과 관련해서는 그 대상 사무와 대상 사항의 두 가지 측면에서 살펴볼 필요가 있다(최창호·강형기, 2019: 336).

1. 의결 대상 사무

지방자치단체의 사무는 자치사무(고유사무), 단체위임사무, 기관위임사무로 구분되며, 이중 지방의회 의결권은 자치사무와 단체위임사무에 한정된다. 기관위임사무는 원칙적으로 지방의회의 관여가 불가능하다. 그러나 기관위임사무라고 하더라도 그 경비의 일부를 해당 지방자치단체가 부담하는 때에는 그 부담하는 부분에 대해서는 지방의회가 관여할 수 있을 것이다(최창호·강형기, 2019: 337).

2. 의결 대상 사항

지방의회가 관여하는 사무에 해당한다면, 그 모든 사무가 지방의회의 의결사항에 해당하느냐에 대한 문제가 제기된다. 지방의회의 관여가 가능한 모든 사무에 대한 의사결정 권한을 부여하는 것은 능률성이 떨어지고 업무가 지체될 가능성이 있다. 즉, 주민 대표기관인 지방의회는 중요한 사안을 의결하고 일상적이며 경미한 사안은 집행기관이 수행하는 것이 바람직할 수 있다. 따라서 지방자치법 제47조에서는 지방의회의 의결사항을 열거하고 있다.

---

16) 지방의회의 의결권을 결의권과 비교하여 설명하기도 함(최창호·강형기, 2019: 339; 안용식 외, 2007: 271; 임승빈, 2014: 285). 지방자치법, 조례 등 관련 법규에 근거하여 의사를 결정하는 행위를 의결, 법령과 무관하게 지방의회의 의사를 결정하는 행위를 결의라고 볼 수 있음. 따라서 결의는 법령이나 조례에 의하여 효력이 발생하지 아니하는 의사 형성 행위에 지나지 않기 때문에 의원들의 집합체인 의회는 언제든지 결의를 할 수 있을 것임. 지방의회 결의 사례로는 '평등한 도시 만들기 결의', '환경보호선언' 등임.

〈지방자치법 제47조(지방의회의 의결사항)〉

① 지방의회는 다음 각 호의 사항을 의결한다.

　1. 조례의 제정·개정 및 폐지

　2. 예산의 심의·확정

　3. 결산의 승인

　4. 법령에 규정된 것을 제외한 사용료·수수료·분담금·지방세 또는 가입금의 부과와 징수

　5. 기금의 설치·운용

　6. 대통령령으로 정하는 중요 재산의 취득·처분

　7. 대통령령으로 정하는 공공시설의 설치·처분

　8. 법령과 조례에 규정된 것을 제외한 예산 외의 의무부담이나 권리의 포기

　9. 청원의 수리와 처리

　10. 외국 지방자치단체와의 교류·협력

　11. 그 밖에 법령에 따라 그 권한에 속하는 사항

② 지방자치단체는 제1항 각 호의 사항 외에 조례로 정하는 바에 따라 지방의회에서 의결되어야 할 사항을 따로 정할 수 있다.

그러나 열거되지 않은 사항이라도 지방자치단체의 조례로 정하여 지방의회의 의결사항으로 할 수 있도록 하고 있다.[17] 따라서 지방의회는 의결 대상 사항을 정할 수 있는 권한을 가지고 있다.

한편, 2023년 3월 지방자치법 개정을 통하여 지방의회 인사청문회 관련 규정이 신설되었다. 즉, 지방자치단체의 장은 ⓐ 정무직 부시장·부지사, ⓑ 제주특별자치도의 행정시장, ⓒ 지방공사 사장과 지방공단의 이사장, ⓓ 지방자치단체 출자·출연 기관의 기관장 등의 직위 중 조례로 정하는 직위의 후보자에 대해 지방의회에 인사청문을 요청할 수 있도록 하고, 이 경우 지방의회의 의장은 인사청문회를 실시한 후 그 경과를 지방자치단체의 장에게 송부하도록 하였다(지방자치법 제47조의2).

---

17) 2021년 4월 현재 13개 기초자치단체에서는 제47조 제2항에 따른 지방의회의 의결사항을 별도로 정하고 있음. 예를 들면, 경기도 구리시의 경우 '구리시의회 의결사항에 관한 조례'에서 '타 지방자치단체와의 교류·협력에 관한 사항', '공유재산을 이용한 민자 유치사업', '연간사용료 1천만 원 이상인 공유재산의 사용허가 또는 대부(임대)계약' 등을 의회 의결사항으로 별도로 정하고 있음.

Ⅲ 조례의 제정 · 개정 · 폐지권

조례란 지방의회가 제정하는 자치법규이다. 국회가 법률을 제정하듯이 지방의
회는 조례를 제정한다. 조례의 제정 · 개정 · 폐지권은 지방의회의 고유이며 가장 강
력한 권한이다.

지방의회의 권한 중 조례의 제정 · 개정 · 폐지권은 다음 절에서 상세히 살펴본다.

Ⅳ 집행부 통제권

지방의회는 주민을 대신하여 집행부의 모든 행정을 감시한다. 지방의회는 주민
의 가장 중심적인 대의기관으로서 지방행정 전반에 대한 통제권을 가진다. 지방의회
의 집행부 통제권은 의회주의의 본질에서 나오는 당연한 기능이다. 지방의회의 집행
부 통제권은 집행부 견제를 통하여 지방자치단체장의 권력 행사에 대한 절차적 정
당성을 확보함과 동시에 의회와 집행부 상호 간 견제와 균형을 위한 수단이다.

1. 행정사무 감사권 및 조사권

1) 의의

행정사무 감사권이란 지방의회가 정기적으로 집행부의 행정작용 전반을 조사하
는 권한을 말한다. 반면에 행정사무 조사권이란 지방의회가 집행부의 행정작용 중
특정 사안을 조사할 수 있는 권한을 말한다. 전자는 집행부의 행정작용 전반이 대
상인 반면에 후자는 특정 사안이 대상이 된다. 또한, 전자는 매년 1회 정기적으로
실시되지만 후자는 본회의 의결 시에 실시된다.

지방의회의 행정사무 감사권 및 조사권은 첫째, 행정운영의 실태를 파악하고 여
기에서 얻은 정보를 예산심사 등 의정활동에 반영하고, 둘째, 잘못된 지방행정을
바로잡아 자치행정과 지역발전에 이바지하며, 셋째 집행기관을 견제함과 아울러
대안을 제시하고, 넷째 자치행정의 민주성, 능률성 및 책임성 향상에 이바지하여
주민 중심의 행정을 이루는 것 등에서 그 목적과 의의를 찾을 수 있다(김인룡 · 김용
민, 2006: 86; 홍준현, 2011: 164).

2) 행정사무[18)]의 범위

지방자치법 제49조 제1항에서 규정한 지방의회의 감사권 및 조사권의 대상 행정사무는 자치사무(고유사무)를 의미한다. 단체위임사무와 기관위임사무의 감사권에 대해서는 같은 법 제49조 제3항에서 다음과 같이 별도로 규정하고 있다.

제49조 ③ 지방자치단체 및 그 장이 위임받아 처리하는 국가사무와 시·도의 사무에 대하여 국회와 시·도의회가 직접 감사하기로 한 사무 외에는 그 감사를 각각 해당 시·도의회와 시·군 및 자치구의회가 할 수 있다. 이 경우 국회와 시·도의회는 그 감사결과에 대하여 그 지방의회에 필요한 자료를 요구할 수 있다.

따라서 단체위임사무 및 기관위임사무[19)]에 대한 행정사무 감사권은 원칙적으로 국회와 상급자치단체의 의회가 가진다. 해당 지방의회는 국회와 상급자치단체의 의회가 직접 감사하기로 한 사무 외의 사무에 대하여 감사권[20)]을 가질 따름이다.[21)]

본 조항에 따라 감사가 이루어지는 경우, 국회와 시·도 의회는 그 감사결과에 대하여 그 지방의회에 필요한 자료를 요구할 수 있다.

---

18) 여기서 행정사무에 대한 감사는 회계감사와 직무감찰을 포함하는 개념으로 이해됨(김유환, 2001: 16)

19) 기관위임사무에 대한 해당 지방의회가 감사권을 가질 수 있는 논리는 기관위임사무 수행을 위하여 해당 지방자치단체의 예산이 투입되는 때가 있고, 기관위임사무가 주민의 이해와 관련이 있을 수 있고, 그 집행이 해당 지방자치단체의 집행부에서 수행하기 때문임(박균성, 2019: 129). 그러나 이 경우에도 지방의회의 감사권은 합법성 감사에 그친다고 보는 것이 타당할 것임. 단체위임사무는 지방의회가 관여할 수 있으므로 합목적성 감독을 할 수 있다고 하더라도, 기관위임사무는 지방의회가 합목적성 판단까지 할 이유가 없다고 생각함. 합목적성 판단은 어디까지나 위임자인 국가나 광역자치단체의 몫이라고 보는 것이 타당함(김유환, 2001: 12).

20) 그런데 본 조항은 단체위임사무와 기관위임사무의 감사권에 관해서만 규정하고 조사권에 관한 규정은 없음. 여기서 지방의회의 행정사무 조사권을 배제할 논리적 근거를 찾기 어려우며 감사권과 같이 해석되어야 할 것으로 보임.

21) 본 조항을 다음과 같이 해석하기도 함. 타당한 해석이라고 봄. "본 조항의 반대해석과 동조 제1항과의 체계 연관적 해석상, 국가나 상급 지방자치단체의 의회는 자치사무에 대한 감사권을 가지지 못한다고 하여야 할 것이다. 이것은 국회나 상급 지방자치단체 의회가 통상적인 지방자치단체 사무에 대한 감독권을 가지지 못한다는 사실의 당연한 논리적 결과이며 그 때문에 국회나 상급자치단체 의회가 감사권을 가지기 위해서는 명시적인 법률의 수권을 요한다고 하여야 할 것이다."(김유환, 2001: 13). 한편, 지방자치법 제190조에서는 자치사무에 대한 행정안전부 장관이나 시·도지사의 감사는 법령 위반사항에 한정하고 있음.

3) 행정사무 감사 및 조사의 절차

행정사무 감사는 매년 1회, 시·도는 14일의 범위에서 시·군·자치구에서는 9일의 범위에서 실시한다. 행정사무 조사는 특정 사안에 관하여 본회의 의결로 본회의나 위원회에서 실시한다(지방자치법 제49조 제1항). 행정사무 조사를 발의할 때는 이유를 밝힌 서면으로 하여야 하며, 재적의원 3분의 1 이상의 찬성이 있어야 한다(제2항).

4) 행정사무 감사 및 조사의 방법

자치사무에 대한 감사 및 조사와 위임사무에 대한 감사를 위하여 필요하면 현지확인을 하거나 서류제출을 요구할 수 있다. 또한, 지방자치단체장 또는 관계 공무원이나 그 사무에 관계되는 사람을 출석하게 하여 증인으로서 선서한 후 증언하게 하거나 참고인으로서 의견을 진술하도록 요구할 수 있다(지방자치법 제49조 제4항).

감사 및 조사의 실효성 확보를 위하여 지방자치법에서는 ⓐ 거짓 증언을 한 사람을 고발할 수 있도록 하고 있으며, ⓑ 서류제출을 요구받은 자가 정당한 사유 없이 서류를 정해진 기한까지 제출하지 아니한 경우, ⓒ 출석요구를 받은 증인이 정당한 사유 없이 출석하지 아니하거나, ⓓ 선서 또는 증언을 거부한 경우에는 500만원 이하의 과태료를 부과할 수 있다(제49조 제5항).

5) 행정사무 감사 및 조사 결과 처리

지방의회는 본회의의 의결로 감사 또는 조사 결과를 처리한다. 지방의회는 감사 또는 조사 결과 해당 지방자치단체나 기관의 시정이 필요한 사유가 있을 때는 시정을 요구하고, 그 지방자치단체나 기관에서 처리함이 타당하다고 인정되는 사항은 그 지방자치단체나 기관으로 이송한다(지방자치법 제50조).

2. 서류제출 요구권

지방의회는 집행기관에 대한 서류제출 요구권을 가진다. 이는 지방의회의 정보접근권을 보장하기 위한 것이다.[22]

---

22) 행정실무에서는 지방의회와 집행기관 간 갈등이 첨예하게 대립하는 사안이 아닌 경우, 공문이나 특별한 절차 없이, 지방의회 의원은 전화, 이메일, 방문 등을 통하여 필요한 자료를 요구·열람하

본회의나 위원회는 그 의결로 안건의 심의와 직접 관련된 서류제출을 해당 지방자치단체장에게 요구할 수 있다(지방자치법 제48조 제1항). 의회가 폐회 중에는 의장이 서류제출을 해당 지방자치단체장에게 요구할 수 있다(제3항). 서류제출을 요구할 때에는 서면, 전자문서 또는 컴퓨터의 자기테이프·자기디스크, 그 밖에 이와 유사한 매체에 기록된 상태 등 제출 형식을 지정할 수 있다(제4항).

3. 행정사무 처리상황의 보고 및 질의응답

지방자치단체장이나 관계 공무원은 지방의회나 그 위원회에 출석하여 행정사무의 처리상황을 보고하거나 의견을 진술하고 질문에 답변할 수 있다. 지방자치단체장이나 관계 공무원은 지방의회나 그 위원회가 요구하면 출석·답변하여야 한다. 다만, 특별한 이유가 있으면 지방자치단체장은 관계 공무원에게 출석·답변하게 할 수 있다(지방자치법 제51조).

Ⅴ 자율권

지방의회는 집행기관이나 외부의 간섭을 받지 않고 자주적으로 문제를 처리할 수 있는 자율권을 가진다. 지방의회의 자율권은 권력분립의 원리에 기초한 것으로 의회의 자치를 확보하기 위한 당연한 권리이다. 지방자치법에서는 지방의회의 규칙 자율권, 조직 자율권, 신분 자율권, 의사 자율권, 질서 자율권을 규정하고 있다.

1. 규칙 자율권

지방의회는 지방자치법에서 정한 것 외에 필요한 내부운영과 회의에 관한 규칙을 제정할 수 있다(지방자치법 제52조 및 제83조).[23] 지방의회는 자신의 업무를 스스

는 경우가 빈번함. 그러나 이러한 경우에 집행기관은 최소한 부서장(과장 또는 국장)이나 부단체장의 구두 승인을 받고 의원에게 제공하는 것이 일반적임.

23) 지방자치법에서는 제52조에서 내부운영에 관한 규칙제정권을, 제83조에서 회의에 관한 규칙제정권을 규정하고 있음. 그러나 양자를 별도로 규정하기보다는 제53조에 통합하는 것이 바람직할 것으로 생각함. 왜냐하면, 내부운영규칙은 회의규칙을 포함하는 것으로 이해되기 때문임(김유환, 2004: 231).

로 처리할 수 있는 절차적 자율권을 가지며, 규칙 자율권은 이러한 권한을 보장하기 위하여 인정된 것이다.

2. 조직 자율권

지방의회는 독자적으로 내부 조직을 구성할 조직 자율권을 가진다. 지방의회의 조직 자율권은 선출권과 사무기구 설치권으로 구분된다. 선출권은 지방의회가 법령에 따라 내부 기관 구성원을 선출하는 권한을 의미한다. 지방의회는 ⓐ 의장·부의장의 선거 및 보궐선거, 임시의장의 선출(지방자치법 제57조, 제61조, 제60조), ⓑ 위원회 위원의 선임(제64조 제3항), ⓒ 결산 시 검사위원의 선임(제150조 제1항) 권한을 가진다.

또한, 지방의회는 사무를 처리하기 위하여 조례로 정하는 바에 따라 사무처(광역지방의회)나 사무국·사무과(기초지방의회)를 설치할 수 있는 권한을 가진다(지방자치법 제102조).

3. 신분 자율권

지방의회는 의원의 사직허가, 자격심사, 징계에 관한 심사·의결할 수 있는 신분 자율권을 가진다.

1) 사직 허가권

지방의회는 의원의 사직을 허가한다. 지방의원이 사직서를 제출하면, 지방의회는 그 의결로 소속 의원의 사직을 허가할 수 있다. 다만, 폐회 중에는 의장이 허가할 수 있다(지방자치법 제89조).

2) 자격 심사권

지방의회는 의원의 자격에 관하여 심사·의결할 권한을 가진다. 지방의회의 의원은 다른 의원의 자격(피선거권의 유무, 겸직금지 위반 여부 등)에 대하여 이의가 있으면 재적의원 4분의 1 이상의 찬성으로 의장에게 자격심사를 청구할 수 있으며(지방자치법 제91조 제1항), 의회는 재적의원 3분의 2 이상의 찬성으로 자격상실을 의결할 수 있다(제92조). 다만, 자격심사의 대상이 되는 지방의회 의원은 자기의 자격심사에 관한 회의에 출석하여 의견을 진술할 수는 있으나, 의결에는 참여할 수 없다(제91조 제2항).

3) 징계권

지방의회는 의원이 지방자치법이나 자치법규에 위배되는 행위를 하면 의결로써 징계할 수 있다(지방자치법 제98조). 지방의회의 의장은 징계요구가 있으면 윤리특별위원회에 회부한다(제99조 제1항). 윤리특별위원회는 징계에 관한 사항을 심사하기 전에 민간전문가로 구성된 윤리심사 자문위원회의 의견을 들어야 하며 그 의견을 존중하여야 한다(제65조 제2항).

지방의회 의원의 징계 종류로는 ⓐ 공개회의에서의 경고, ⓑ 공개회의에서의 사과, ⓒ 30일 이내의 출석정지, ⓓ 제명이 있다(지방자치법 제100조 제1항). 징계의 의결은 무기명투표로 표결하며(제74조), 제명의 경우는 재적의원 3분의 2 이상의 찬성(제100조 제2항), 그 밖의 징계는 일반 의결정족수인 재적의원 과반수의 출석과 출석의원 과반수의 찬성으로 의결한다(제73조).

4. 의사 자율권

지방의회는 의회의 개회·휴회·폐회와 회기는 지방의회가 자율적으로 결정한다(지방자치법 제56조). 또한, 지방의회의 회의는 공개하는 것이 원칙이지만, 자율적 결정에 따라 이를 공개하지 아니할 수 있다(제75조 제1항)

5. 질서 자율권

지방의회는 원내의 질서유지를 위해 필요한 조치를 할 수 있는 질서 자율권을 가진다. 지방의회의 질서 자율권은 크게 의원의 행위에 대한 질서와 방청인에 대한 질서로 구분된다.

의원의 행위에 대한 질서 자율권으로, 지방의회의 의장이나 위원장은 지방의회 의원이 본회의나 위원회의 회의장에서 지방자치법이나 회의규칙에 위배되는 발언이나 행위를 하여 회의장의 질서를 어지럽히면 경고 또는 제지를 하거나 발언의 취소를 명할 수 있다(지방자치법 제94조 제1항). 이러한 명에 따르지 아니한 의원이 있으면 의장이나 위원장은 그 의원에 대하여 당일의 회의에서 발언하는 것을 금지하거나 퇴장시킬 수 있다(제2항). 또한, 지방의회의 의원은 본회의나 위원회에서 타인을 모욕하거나 타인의 사생활에 대하여 발언하여서는 아니 된다(제95조 제1항). 지방의회의 의원은 회의 중에 폭력을 행사하거나 소란한 행위를 하여 타인의 발언을 방해할 수 없으며, 의장이나 위원장의 허가 없이 연단(演壇)이나 단상(壇上)에 올라가서는 아니 된다(제96조).

방청인에 대한 질서 자율권으로, 의장은 회의장의 질서를 방해하는 방청인에게 퇴장을 명할 수 있으며, 모든 방청인을 퇴장시킬 수도 있으며, 필요하면 경찰관서에 인도할 수도 있다(지방자치법 제97조). 방청인은 의안에 대하여 찬성·반대를 표명하거나 소란한 행위를 하여서는 아니 된다(제97조 제1항).

제5절 조례의 제정·개정·폐지권

Ⅰ 의의

조례는 지방의회가 제정하는 자치법규이다. 국회가 법률을 제정하듯이 지방의회는 조례를 제정한다. 조례의 제정·개정 및 폐지권은 지방의회의 고유 권한이자 가장 강력한 권한이다. 주민에 의한 조례의 제정·개정 및 폐지 청구권이 주어지지만, 최종적인 의결권은 지방의회가 가진다.

조례는 규범이므로 주민에게 강제력을 지닌다. 주민이 조례를 위반하면 과태료를 부과할 수 있다. 조례는 일반적으로 지방자치단체의 공간 범위 내에서 효력을 가지는 지역의 법이다.

지방자치단체에 자치입법권을 부여하는 것은, 지역의 문제는 해당 지역주민들이 자기 책임으로 스스로 규율할 수 있도록 하며, 지역의 특성을 고려한 탄력적인 입법을 가능하게 하며, 규범을 만드는 사람과 규범을 지키는 사람 사이의 간격을 줄여 지역사회 공동체를 활성화할 뿐 아니라 국가입법기관의 부담을 덜어 주려는 데 그 목적이 있다(문상덕, 2012; 최승원, 2012).

조례와 관련된 주된 쟁점으로 첫째는 국가의 법령과 조례와의 규범적 관계에 대한 논의이며, 둘째는 규범으로서의 조례의 입법 범위와 한계에 대한 것이며, 세 번째는 조례의 제정과 공포 과정에서 지방자치단체장의 거부권 등과 관계된 절차이다.

Ⅱ 조례의 규범적 성질

조례가 지방자치단체 내에서의 규범이라면 국가가 제정하는 법률 및 명령 등과 어떠한 위계 관계를 형성하는지를 알아볼 필요가 있다. 지방자치단체가 국가 또는 상급자치단체의 위임사무를 수행하는 경우에는 국가와 상급자치단체의 관련 규범을 위반해서는 안 될 것이다.

그런데 지방자치단체가 자치사무를 수행하는 경우에 조례의 규범적 지위나 성질에 대해 학자들 간 견해 차이가 있다. 주요 논의는 자치사무와 관련하여 법률우위의 원칙[24]과 법률유보의 원칙[25]이 어떻게 적용되느냐의 문제이며, 조례 법률설(조례 자주입법설), 조례 준법률설(전래적 자주입법설) 그리고 조례 행정입법설(조례 위임입법설)로 견해가 나누어진다(신봉기, 2001: 78; 조성규, 2019; 홍정선, 2018; 김동희, 2014).

1. 조례 법률설(조례 자주입법설)

지방자치단체의 자치권은 자연권적 고유권이므로 주민의 대표인 지방의회에서 제정된 조례는 지역 사무와 관련해서는 법률과 동등한 효력을 가진다는 견해이다.

따라서 헌법 제117조 제1항에서 '법령의 범위안'에서 그리고 지방자치법 제28조 제1항의 '법령의 범위'에서는 위임사무에 적용되고, 자치사무에는 적용이 배제(법률우위 원칙의 배제)되어야 한다고 본다. 또한, 지방자치법 제28조 단서(주민의 권리 제한·의무 부과·벌칙 부여 시 법률의 위임 필요)에서 말하는 법률유보의 원칙도 자치사무에는 적용되지 않는다고 본다.

---

24) 법률우위란 국회에서 제정한 법률이 다른 기관에서 제정한 법규(행정명령이나 조례)보다 우월한 효력을 갖는다는 원칙을 의미함.

25) 법률유보란 특정 사안을 조례로 규정하는 경우에는 해당 사안과 관련하여 반드시 법률의 위임이 있어야 한다는 것을 의미함.

2. 조례 준법률설(전래적 자주입법설)

지방자치단체의 조례제정권은 국가로부터 전래한 것으로 법률이 지방자치의 본
질적 내용을 침해하지 않는 한 법률이 조례에 우선한다고 본다.

따라서 헌법 제117조 제1항에서 '법령의 범위안'에서 그리고 지방자치법 제28조
제1항의 '법령의 범위'에서 및 같은 조 단서 조항은 위임사무에 대해서는 법률우위
와 법률유보가 모두 적용되겠지만, 자치사무에 관하여는 조례로 법령을 위반할 수
는 없지만, 법령의 개별적인 위임이 없어도 조례를 제정할 수 있다고 본다. 다시
말하면, 자치사무의 경우, 법률우위의 원칙은 받아들이되, 법률유보의 원칙은 적용
되지 않는다는 견해이다.

3. 조례 행정입법설(조례 위임입법설)

지방자치단체의 조례제정권은 국가로부터 전래한 것이라고 보는 것은 조례 준
법률설과 같지만, 자치입법권의 자주성을 강조하기보다는 조례도 행정기관의 명령
과 마찬가지로 행정입법에 속한다고 보는 견해이다.

따라서 헌법 제117조 제1항에서 '법령의 범위안'에서 그리고 지방자치법 제28조
제1항의 '법령의 범위'에서 및 같은 조 단서 조항은 국가와 지방자치단체 간의 규
범의 위계관계를 선언한 것이므로 조례는 법령의 하위 규범이라고 본다. 결국, 위
임사무이든 자치사무이든 조례의 경우도 행정입법에서 적용되는 법률우위의 원칙
과 법률유보의 원칙이 그대로 적용된다고 본다.

4. 소결

조례의 규범적 성질에 대한 논의는 지방자치권의 본질에 관하여 제도적 보장설
이 지배적인 견해가 되는 것과 같은 맥락에서 이해할 수 있다. 즉, 지방자치단체의
조례에 관하여 헌법상 규정되어 있는 이상, 입법자가 이를 법률로써 폐지할 수 없
고, 이를 제한하더라도 그 본질적 내용은 침해할 수 없다는 것이다. 따라서 헌법이
'법령의 범위안'이라고 규정하고 있으므로, 조례 법률설은 우리의 상황에서 받아들
이기는 어렵다.

조례 준법률설과 조례 행정입법설은 지방자치법 제28조 제2항 단서 조항인 주

민의 권리제한·의무부과·벌칙제정과 같은 침해적 행정에서 법률유보의 원칙을 어느 정도 적용하느냐에 대한 견해 차이로 보인다. 생각건대, 조례 행정입법설처럼 법률유보의 원칙을 엄격히 적용하게 되면 지역 사정에 따라 침해의 유형과 정도가 다를 가능성을 반영하지 못한 것으로 헌법적으로 보장된 지방자치의 자율성을 제한할 여지가 있을 수 있다(조성규, 2019a: 23; 류지태, 2004: 132). 그렇다고 조례 준법률설과 같이 침해행정에 법률유보의 원칙을 적용하지 않는 것은 국가행정과의 통일성이라는 측면에서 받아들이기 어려울 수 있다.

판례는 법률유보의 원칙에 따라 침해행정의 경우에 법령의 위임은 필요하다는 입장이다. 그러나 위임의 정도는 구체적이지 않더라도 포괄적이거나 추상적인 경우도 인정된다는 입장이다(대법원 1997. 4. 25. 선고 96추251; 헌법재판소 2016. 5. 26. 선고 2014헌마374; 헌법재판소 2008. 12. 26. 선고 2007헌마1422). 판례의 태도가 합리적이라고 본다.

Ⅲ 조례의 종류

조례는 지방자치단체의 제정의무를 기준으로 필수조례(의무조례)와 임의조례, 법령에 근거 여부를 기준으로 위임조례와 자치조례(직권조례)로 구분할 수 있다(홍정선, 2018: 322; 이혜영, 2016: 117; 강기홍, 2013: 246).[26]

1. 필수조례(의무조례)와 임의조례

필수조례 또는 의무조례란 지방자치단체가 제정할 의무가 있는 조례를 의미한다. 예를 들면, 지방자치법 제46조 제1항에서 지방의회는 지방의회 의원이 준수하여야 할 "윤리강령과 윤리실천규범을 조례로 정하여야 한다."라고 규정하고 있는 경우이다.

임의조례란 지방자치단체의 재량에 따라 제정 여부가 결정되는 조례를 의미한

---

26) 이러한 분류방법에 대한 비판적 견해도 있음. 즉, 이 분류방법은 같은 내용의 조례를 다른 이름으로 지칭하는 때도 있다는 것임. 예를 들면, 법령에 근거하여 조례의 제정을 지방자치단체에 위임하는 경우, 이때의 조례는 한편으로는 위임조례이지만, 다른 한편으로는 의무조례의 성격을 동시에 갖게 되기 때문임(강기홍, 2013: 246).

다. 예를 들면, 지방자치법 제13조 제2항의 사무 중 조례제정이 법령에 강제되어 있지 않지만, 지방자치단체가 재량에 따라 조례를 제정하는 경우가 이에 해당한다.

2. 위임조례와 자치조례(직권조례)

위임조례란 법령에서 직접 위임을 받아 제정하는 조례이다.[27] 반면에 자치조례는 지방자치단체의 자치사무에 관하여 법령의 위임 없이 지방의회의 판단에 따라 제정되는 조례이다.

실제 지방자치단체 조례의 대부분은 위임조례이다. 이는 지방자치법 제28조 제1항 단서에서 "주민의 권리 제한 또는 의무 부과에 관한 사항이나 벌칙을 정할 때는 법률의 위임이 있어야 한다."라고 하여 개별 법률에서 위임하는 경우가 많은 것이 그 원인으로 지적된다(홍정선, 2018: 323; 이혜영, 2016: 118). 왜냐하면, 조례로 인하여 주민의 권리 제한이나 의무의 부과가 있을 약간의 가능성이 있으면, 불필요한 논란의 여지를 제거하기 위하여 법령에 위임조항을 두기 때문이다.

IV 조례의 입법 범위와 한계

1. 조례의 입법 범위

1) 지방자치단체 소관 사무

지방자치단체의 조례제정은 해당 지방자치단체의 소관사무에 한정된다(지방자치법 제13조). 따라서 지방자치단체의 소관에 속하지 아니한 국가사무(제15조), 다른 지방자치단체의 소관에 속하는 사무(예를 들면, 기초자치단체의 소관에 속하는 사무에 관해 광역자치단체의 조례로 정하거나 광역자치단체의 소관에 속하는 사무에 관해 기초자치단체의 조례로 정하는 경우)에 대해서는 조례로 규정할 수 없다(제14조).

그러나 비록 지방자치단체의 소관사무이지만 개별 법률에 다른 규정이 있으면 조례로 정할 수 없으며(지방자치법 제13조 제2항 단서), 국가사무 또는 다른 지방자치

---

27) 이 책에서의 위임조례의 개념과 달리, 기관위임사무에 관한 규율을 조례로 위임하는 경우만을 위임조례로 부르는 경우도 있음(대법원 2007. 12. 13. 2006추52; 허영, 2020: 189; 법제처, 2018; 홍정선, 2018: 323).

단체의 소관에 속하는 사무이지만 개별법령에 특별한 규정이 있으면 조례로 제정할 수 있다(대법원 2007. 12. 13. 선고 2006추52).

2) 자치사무와 단체위임사무

지방자치단체의 조례제정은 자치사무와 단체위임사무에 한하며, 기관위임사무는 조례로 제정할 수 없는 것이 원칙이다.

자치사무는 당연히 조례제정이 가능하여야 하며, 단체위임사무는 지방자치단체에 위임된 사무이며 지방의회가 관여할 수 있으므로 조례의 규정대상이 된다.

그러나 법령에 의하여 '지방자치단체의 장'에게 위임된 기관위임사무는 지방자치단체장이 국가기관 또는 광역자치단체장의 지위에서 수행하는 사무일 뿐 해당 지방자치단체의 사무라고 할 수 없으므로 원칙적으로 조례의 제정범위에 속하지 않는다(대법원 2001. 11. 27. 선고 2001추47).[28]

3) 1천만 원 이하의 벌칙 규정

지방자치단체는 조례를 위반한 행위에 관하여 조례로써 1천만 원 이하의 과태료를 정할 수 있다(지방자치법 제34조). 조례로서 벌칙 제정권을 부여하는 것은 지방자치단체 행정의 실효성을 확보하려는 조치이다. 다만, 징역, 금고 등의 행정형벌을 규정할 수 없고, 행정질서벌의 일종인 과태료만을 부과할 수 있도록 한 것은 자치행정의 실효성 확보 수단으로 미약하다는 지적이 제기된다(백종인, 2003: 50).[29]

---

28) 그러나 기관위임사무라 하더라도 개별법령에서 일정한 사항을 조례로 정하도록 위임하고 있는 경우에는 조례의 제정이 가능함(대법원 2007. 12. 13. 2006추52).

29) 일본 지방자치법 제14조 제3항에서는 "보통지방공공단체는 법령에 특별한 규정이 있는 경우를 제외하고는 그 조례로 조례위반자에 대하여 2년 이하의 징역 또는 금고, 100만 엔 이하의 벌금, 구류, 과료 또는 몰수의 형 또는 5만 엔 이하의 과태료를 부과하는 취지의 규정을 둘 수 있다"라고 징역, 금고, 구류 등 다양하게 규정하고 있음.

2. 조례의 한계

1) 상위법규에 대한 한계

(1) 법령[30]우위의 원칙

헌법 제117조에서 지방자치단체는 "법령의 범위안에서 자치에 관한 규정을 제
정할 수 있다"라고 규정하고, 지방자치법 제28조 제1항에서는 "법령의 범위에서 그
사무에 관하여 조례를 제정할 수 있다"라고 규정하고 있다. 즉, 우리 헌법과 지방
자치법에서는 조례에 대하여 법령우위의 원칙을 명확히 하고 있다.

그런데 법령우위의 원칙을 받아들인다 하더라도 조례 규율 대상 사무에 대한 법
령상 규정이 있는 경우와 법령상 규정이 없는 경우로 나누어 살펴볼 필요가 있다.

① 조례 규율 사무에 대해 법령상 규정이 있는 경우

조례에 규율 사무(자치사무 또는 단체위임사무)에 대하여 법령상 명백한 규정이
있는 경우에는 지방자치법상의 '법령의 범위'에 대한 해석이 문제 된다. 2021년 1
월 지방자치법 전부개정 이전에는 헌법과 같이 '법령의 범위안'에서 라고 규정 하
였으나, 이를 '법령의 범위'로 개정하였다. 이러한 개정은 기존에 '법령의 범위안'에

대한 해석을 두고 '법령의 위임'이 있어야 한다는 것으로 해석할 것인지, '법령에
위반되지 않는 범위'로 해석할 것인지에 대한 논란을 의식하여, 후자로 해석될 수
있도록 개정된 것으로 보인다.

따라서 조례 규율 사무에 대해 법령상 규정이 있는 경우에는 '법령에 위반되지
않는 범위'에서 조례로 규정할 수 있다.[31] 다만, 이 경우에도 주민의 권리 제한이나

---

30) '법령'이란 헌법, 법률, 대통령령, 총리령·부령뿐만 아니라 헌법에 의하여 체결·공포된 조약과 일
   반적으로 승인된 국제법규도 포함됨. 따라서 자치법규에서 한·미 FTA와 같은 조약을 위반하는
   내용을 규정할 수는 없음(법제처, 2018: 36).

31) 이는 대법원 판례의 일관된 태도이기도 함(대법원 1997. 4. 25. 선고 96추244; 대법원 2006. 10.
   12. 선고 2006추38). "지방자치단체의 조례는 그것이 자치조례에 해당하는 것이라도 법령에 위반
   되지 않는 범위 안에서만 제정할 수 있어서 법령에 위반되는 조례는 그 효력이 없지만, 조례가 규
   율하는 특정 사항에 관하여 그것을 규율하는 국가의 법령이 이미 존재해도 조례가 법령과 별도의
   목적을 근거로 하여 규율함을 의도하는 것으로서 그 적용으로 법령의 규정이 의도하는 목적과 효
   과를 전혀 저해하는 바가 없는 때, 또는 양자가 같은 목적에서 출발한 것이라고 할지라도 국가의
   법령이 반드시 그 규정에 따라 전국에 걸쳐 일률적으로 같은 내용을 규율하려는 취지가 아니고

의무를 부과한다면, 제28조 제1항 단서에서 규정하고 있는, "주민의 권리 제한 또는 의무 부과에 관한 사항이나 벌칙을 정할 때에는 법률의 위임이 있어야 한다."라는 법률유보의 원칙에 위반되지 않아야 할 것이다.

② 조례 규율 사무에 대해 법령상 규정이 없는 경우

조례 규율 사무(자치사무 또는 단체위임사무)에 관하여 법령에 규정이 없는 경우에 해당 사무를 조례로 규율 할 수 있을 것인가에 대한 문제가 제기될 수 있다. 위에서 '법령의 범위'를 '법령에 위반되지 않는 범위'로 해석한다면, 지방자치단체에 그 지역 실정에 맞는 규율을 허용하는 것이 바람직할 것이다.[32] 다만, 이 경우에도 주민의 권리제한이나 의무부과를 하는 경우에는 제28조 제1항 단서의 법률유보 원칙에 위반되지 않아야 할 것이다(홍정선, 2018: 330).

(2) 상급 지방자치단체의 조례 및 규칙 위반 불가

지방자치법 제30조에서는 "시·군 및 자치구의 조례나 규칙은 시·도의 조례나 규칙을 위반해서는 아니 된다."라고 하여 광역자치단체와 기초자치단체 간 자치법규의 효력에 대한 우열관계를 명시하고 있다. 관할 구역이 중복되는 두 개의 지방자치단체가 동일 사안에 대한 서로 다른 규율은 불합리하다는 측면에서 행정의 통일성을 위한 조항으로 이해된다.

그러나 광역자치단체와 기초자치단체는 서로 별개의 독립적인 법인격을 갖는 공법인이며, 조례는 개별 지방자치단체의 자치권을 기초로 한 자치입법권이므로 상급자치단체에 의하여 그 권리가 침해되어서는 안 된다. 더군다나 광역자치단체와 기초자치단체는 상하 관계에 있지 않다. 그런데 이 조문은 광역자치단체가 기초자치단체보다 법적으로 상위에 지위를 갖는 것으로 오해할 소지가 있다(류지태,

---

각 지방자치단체가 그 지방의 실정에 맞게 별도로 규율하는 것을 용인하는 취지라고 해석되는 때에는 그 조례가 국가의 법령에 위반되는 것은 아니라고 보아야 할 것"임(대법원 2007. 12. 13. 선고 2006추52).

32) 국가가 공공기관의 정보공개에 관한 법률을 제정(1996년)하기 이전인 1991년에 충청북도 청주시에서 '청주시 행정정보 공개 조례'를 제정함에 따라, 법령에서 규정되지 않은 동 조례가 지방자치법을 위반한 것인지에 대한 판단에서, 대법원(1992. 6. 23. 선고 92추17)은 전국적인 통일을 필요로 하는 사무가 아닌 지역적 사무에 관하여 국가의 입법 미비가 지방자치단체의 자주적인 조례의 제정을 방해할 수 없으며, 이 내용은 주민의 권리제한이나 의무부과의 내용이 없고 주민의 알 권리를 보호하는 것이라는 취지에서 조례의 제정범위를 위반한 것이 아니라고 함.

2004: 140).

따라서 지방자치법 제30조에 대한 합리적인 해석이 필요하다. 이 조항은 기초자치단체의 모든 사무에 적용되는 것이 아니라, ⓐ 광역자치단체로부터 위임받은 사무, ⓑ 광역자치단체와 기초자치단체가 공동으로 수행하는 사무, ⓒ 법령에서 광역자치단체의 자치법규로 정하도록 규정한 사무와 관련된 기초자치단체의 자치법규는 각각 상급 지방자치단체의 자치법규를 위반해서는 안 된다는 의미로 보아야 할 것이다(법제처, 2018: 43). 이러한 경우에 해당되지 않는다면, 기초자치단체의 자치법규는 광역자치단체의 자치법규와는 적용 범위가 서로 다른 별개의 자치법규이므로 상하 관계에 있다고 볼 수는 없을 것이다. 결국, 광역자치단체의 조례나 규칙의 효력이 기초자치단체의 그것보다 언제나 우위에 있다고 할 수는 없다. 이는 법제처의 해석이기도 하다(법제처, 2018: 43).

2) 법률유보에 의한 한계

지방자치법 제28조 제1항 단서에서는 "주민의 권리 제한 또는 의무 부과에 관한 사항이나 벌칙을 정할 때는 법률의 위임이 있어야 한다."라고 하여 침해행정에 대한 법률유보의 원칙을 규정하고 있다.

이러한 지방자치법 제28조 단서 규정이 헌법 제117조 제1항에서 '법령의 범위 안'에서 조례를 제정할 수 있도록 한 규정보다 강화하여 '법률의 위임'을 요구하고 있다는 점에서 헌법의 취지를 제약하고 있어 위헌이라는 주장이 있다(이기우 · 하승수, 2007: 322; 김성호, 2002: 43). 그러나 해당 규정은 국민의 기본권 제한과 관련하여 법률유보의 원칙을 선언한 헌법 제37조 제2항의 "국민의 모든 자유와 권리는 국가안전보장, 질서유지, 공공복리를 위하여 필요한 경우에 한하여 법률로 제한할 수 있으며, 제한하는 경우도 자유와 권리의 본질적인 내용을 침해할 수 없다"라는 규정에 근거한 것으로, 헌법 제117조도 이 원칙에 따라 제한될 수밖에 없으므로 합헌으로 보는 것이 판례의 입장이다(대법원 1995. 5. 12. 선고 94추28; 대법원 2007. 12. 13. 선고 2006추52; 법제처, 2018: 44).[33]

---

33) 그런데 판례의 입장처럼 법률유보의 원칙을 적용하면, 개별 지방자치단체가 주민의 권리 제한 · 의무 부과 · 벌칙 제정을 위해 조례를 만들고자 할 때마다 국회에 근거입법을 제정해 달라고 요청하고, 근거 법률이 제정된 뒤 조례를 입법하여야 하는데, 이는 지방자치의 근본 취지에 부합하지 못

한편, 2021년 1월 지방자치법(제28조 제2항) 전부개정에서 "법령에서 조례로 정하도록 위임한 사항은 그 법령의 하위 법령에서 그 위임의 내용과 범위를 제한하거나 직접 규정할 수 없다."라는 규정을 추가하였다. 이는 법령에서 조례로 위임한 것은 관련 내용에 대해 지방자치단체에 규정 내용이나 범위에 대한 자율권을 부여한 것인데, 하위 법령에서 이를 다시 제한하거나 축소하는 것을 방지하기 위하여 명문의 규정을 만든 것이다.

Ⅴ 조례의 제정 및 공포 절차

1. 조례안의 발의

지방의회에서 의결할 조례안은 지방자치단체장, 조례로 정하는 수 이상의 지방의회 의원, 소관 지방의회 위원회에서 발의되어 지방의회 의장에게 제출된다(지방자치법 제76조 제1항). 또한, 일정 수 이상의 주민은 지방의회 의장에게 조례를 제정하거나 개정·폐지할 것을 청구할 수 있다.[34] 지방자치법(제19조)과 주민조례발안에 관한 법률(2021년 10월 19일 제정)에서 주민이 조례의 제정·개정·폐지를 청구할 수 있는 주민발안(주민발의) 제도를 규정하고 있다.

지방의회 의원이 조례안을 발의하는 경우에는 발의의원과 찬성의원을 구분하되, 해당 조례안 제명의 부제로 발의의원의 성명을 기재하여야 한다. 다만, 발의의원이 2명 이상이면 대표발의 의원 1명을 명시하여야 한다(지방자치법 제76조 제4항).

2. 조례안의 예고

지방의회는 심사대상인 조례안에 대하여 5일 이상의 기간을 정하여 그 취지, 주요 내용, 전문을 공보나 인터넷 홈페이지 등에 게재하는 방법으로 예고할 수 있다(지방자치법 제77조 제1항).

한다는 비판을 받을 수 있음(김상태, 2013: 223).

34) 주민의 조례안 발의와 관련해서는 제3편 제13장 제3절 우리나라의 주민참여제도, Ⅱ-2 조례의 제정·개정·폐지 청구(주민발안, 주민발의) 부분을 참고 바람.

3. 조례안의 의결

지방의회는 재적의원 과반수의 출석과 출석의원 과반수의 찬성으로 조례안을 의결한다(지방자치법 제73조 제1항). 지방의회의 의장은 의결에서 표결권을 가지며, 찬성과 반대가 같으면 부결된 것으로 본다(제2항).

한편, 지방의회는 새로운 재정부담이 따르는 조례나 안건을 의결하려면 미리 지방자치단체장의 의견을 들어야 한다(지방자치법 제148조). 또한, 자치구가 아닌 구와 읍·면·동을 폐지하거나 설치하거나 나누거나 합칠 때는 행정안전부 장관의 사전 승인을 받은 후에 조례로 정해야 한다(제7조 제1항).

4. 이송과 재의 요구 및 확정(지방자치법 제32조)

조례안이 지방의회에서 의결되면 지방의회의 의장은 의결된 날부터 5일 이내에 그 지방자치단체장에게 이송하여야 한다. 지방자치단체장은 이송받은 조례안을 20일 이내에 공포하거나 이의가 있으면 같은 기간에 이유를 붙여 지방의회로 환부(還付)하고, 재의(再議)를 요구할 수 있다. 이 경우 지방자치단체장은 조례안 일부에 대하여 또는 조례안을 수정하여 재의를 요구할 수 없다.

지방의회는 지방자치단체장의 재의 요구를 받으면 조례안을 재의에 부치고 재적의원 과반수의 출석과 출석의원 3분의 2 이상의 찬성으로 전(前)과 같은 의결을 하면 그 조례안은 조례로서 확정된다. 지방자치단체장이 이송받은 조례안을 20일 이내에 공포하지 않거나 재의 요구를 하지 아니하더라도 그 조례안은 조례로 확정된다.

한편, 조례를 제정하거나 개정하거나 폐지할 경우 조례안이 지방의회에서 이송된 날부터 5일 이내에, 시·도지사는 행정안전부 장관에게, 시장·군수 및 자치구의 구청장은 시·도지사에게 그 전문(全文)을 첨부하여 각각 보고하여야 하며, 보고를 받은 행정안전부 장관은 그 내용을 관계 중앙행정기관의 장에게 통보하여야 한다(지방자치법 제35조).

5. 공포

지방자치단체장은 확정된 조례를 지체 없이 공포하여야 한다. 만일 조례가 확정된 후 또는 확정된 조례가 지방자치단체장에게 이송된 후 5일 이내에 지방자치단체장이 공포하지 아니하면 지방의회의 의장이 공포한다(지방자치법 제32조 제6항).

조례의 공포는 해당 지방자치단체의 공보에 게재하는 방법으로 한다. 다만, 지방의회의 의장이 조례를 공포하는 경우에는 공보뿐 아니라 일간신문이나 게시판에도 게시할 수 있다(지방자치법 제33조 제1항).

6. 효력

조례와 규칙은 특별한 규정이 없으면 공포한 날부터 20일이 지나면 효력을 발생한다(지방자치법 제32조 제8항).

Ⅵ 조례(안)에 대한 통제[35]

지방자치법 제120조에서 규정하고 있는 지방자치단체장의 지방의회 의결에 대한 재의 요구와 제소, 제192조에서 규정하고 있는 상급기관에 의한 지방의회 의결사항에 대한 재의와 제소 등은 조례에도 적용된다(홍정선, 2018: 372).

1. 지방자치단체장의 재의 요구와 제소(지방자치법 제120조)

지방자치단체장은 조례안에 대한 재의 요구권을 가진다. 또한, 재의결된 조례가 법령에 위반된다고 인정되면 대법원에 소(訴)를 제기할 수 있으며, 필요하다고 인정되면 조례에 대한 집행정지 결정을 신청할 수 있다.

2. 상급기관의 관여(지방자치법 제192조)[36]

지방의회의 의결이 법령에 위반되거나 공익을 현저히 해친다고 판단되면 시·도에 대해서는 주무부 장관이, 시·군 및 자치구에 대해서는 시·도지사가 해당 지방

---

35) 1995년부터 2019년까지 25년간 조례안의 재의 요구는 총 1,095건으로 연평균 44건임. 지방자치단체장 자체 재의 요구가 547건(50.0%), 시·도지사 지시 431건(39.3%), 장관 지시 117건(10.7%) 순임. 조례에 대한 대법원 제소 건수는 총 164건으로 연평균 7건 내외이며 판결 결과는 무효 87건(53%), 유효 46건(28%), 기타 31건(19%)임(행정안전부, 2019 지방자치단체 조례·규칙 현황자료).
36) 제5편 제19장 제2절 지방의회 의결에 대한 통제 부분을 참고 바람.

자치단체장에게 재의를 요구하게 할 수 있다.

그런데 요구를 받은 지방자치단체장이 지방의회에 재의를 요구하게 되면 일반적인 재의 요구 절차대로 진행되지만, 만일 조례가 법령에 위반됨에도 불구하고 지방자치단체장이 재의 요구를 하지 아니하는 경우(재의 요구지시를 받기 전에 그 조례안을 공포한 경우를 포함한다)에는 상급기관에서 대법원에 직접 제소하거나 집행정지 결정을 신청할 수 있다.

또한, 재의결된 조례가 법령에 위반됨에도 지방자치단체장이 소를 제기하지 아니하면 상급기관에서 지방자치단체장에게 제소를 지시하거나 직접 제소 및 집행정지 결정을 신청할 수 있다.

제6절 지방의회의 회의 운영과 의사 원칙

I 의의

지방의회는 지방정치의 중심이며 합의제 기관이다. 지방의회는 다수의 의원으로 구성되며, 이들이 의회 내에서 대화와 타협을 통하여 주민 의사를 대변하고 결정하는 기관이다. 따라서 의회운영은 다수결 원칙에 따르게 된다. 그러나 다수결 원칙이 민주적 정당성을 확보하기 위해서는 합리적인 대화와 토론, 소수 의견에 대한 존중이 필요하다. 지방의회의 조직과 운영은 이러한 의회가 민주적으로 운영될 수 있도록 만드는 제도적 장치이다.

지방의회의 회의 운영과 의사 원칙에 관해서는 지방자치법이나 같은 법 시행령에서 비교적 상세히 규정하고 있다. 불필요한 소모적인 논쟁을 없애기 위한 것이다. 법령에 규정이 없는 사항에 대해서는 지방의회의 자율권에 의하여 조례나 의회규칙으로 정하거나 관행에 따른다.

Ⅱ 회의 운영

1. 회기

회기는 지방의회가 의안 처리를 위하여 집회 일부터 폐회 일까지의 활동 기간을 의미한다. 즉, 회기란 지방의회가 집회하여 활동하는 기간을 의미한다. 지방의회의 집회는 정례회와 임시회로 구분된다. 지방의회의 개회·휴회·폐회와 회기는 지방의회 의결로 정하고, 연간 회의 총일 수와 정례회 및 임시회의 회기[37] 등은 조례로 정한다(지방자치법 제56조).

2. 정례회

정례회는 부의 안건의 유무와 관계없이 정기적으로 소집되는 회의로서 지정한 일시, 장소에 모이는 것을 말한다(이종용, 2004: 233). 정례회는 지방의회 본래의 기능을 수행하기 위한 중요한 사항이므로 법률에서 매년 2회 개최하도록 하고 있다(지방자치법 제53조 제1항). 그 밖에 정례회의 집회일이나 정례회 운영에 필요한 사항은 해당 지방자치단체의 조례로 정하도록 하고 있다(제2항). 기존 지방자치법에서는 정례회의 집회일이나 운영은 대통령령으로 정하는 바에 따라 지방자치단체의 조례로 정하도록 하였으나, 2021년 1월 지방자치법 전부개정 시에 대통령령 규정을 삭제하여 지방의회의 자율성을 강화하였다.

3. 임시회

임시회란 필요에 따라 수시로 집회하는 것을 말한다. 임시회 소집은 집회일 3일 전에 공고하여야 하지만, 긴급할 때에는 그러하지 아니하다(지방자치법 제54조 제4

---

37) 현행 법령에서는 지방의회의 '연간 회의 총일 수(연간 총회기)'와 '정례회의 회기' 및 '임시회의 회기'에 대한 제한을 두고 있지 않음. 1956년 지방자치법 개정 시부터 회기에 대한 법정 일수나 상한선을 두었으나, 2005년과 2006년에 같은 법 개정으로 제한이 폐지되었음. 과거에 회기 제한을 둔 것은 1952~1956년의 지방의회 당시에 법정일 수 제한이 없었으나 그 결과 지방의회의 상설화, 의사 처리의 지연, 지방행정이 주민에 집중되지 않고 지방의회에 집중되는 등의 부작용이 문제 되었기 때문임(이종영, 2004: 245). 그러나 회의일수의 제한은 지방의회의 자율성과 지방자치제도의 보장에 대한 중대한 침해라는 비판이 제기되면서 이를 폐지하게 됨(홍정선, 2018: 285).

항). 지방의회의 임시회는 총선 후 최초로 집회되는 임시회, 지방자치단체장이나 일정 수 이상의 의원이 요구하여 집회되는 임시회, 그리고 지방자치단체를 폐지·설치·분리·통합으로 인하여 새롭게 설치된 경우에 최초의 임시회로 구분된다.

ⓐ 총선거 후 최초로 집회되는 임시회: 지방의회 사무처장·사무국장·사무과장이 지방의회 의원 임기개시 일부터 25일 이내에 소집한다(지방자치법 제54조 제1항).

ⓑ 지방자치단체장이나 일정 수 이상의 의원이 요구하여 집회되는 임시회: 지방의회 의장은 지방자치단체장이나 조례로 정하는 수 이상[38]의 지방의원이 요구하면 15일 이내에 임시회를 소집하여야 한다. 다만, 의장과 부의장이 부득이한 사유로 임시회를 소집할 수 없으면 의원 중 최다선 의원이, 최다선 의원이 2명 이상이면 그중 연장자의 순으로 소집할 수 있다(지방자치법 제54조 제3항).

ⓒ 지방자치단체를 폐지·설치·분리·통합에 따른 임시회: 지방자치단체를 폐지하거나 설치하거나 나누거나 합쳐 새로운 지방자치단체가 설치된 경우에 최초의 임시회는 지방의회 사무처장·사무국장·사무과장이 해당 지방자치단체가 설치되는 날에 소집한다(지방자치법 제54조 제2항).

4. 회의록의 작성 및 공개

회의록은 지방의회 회의에서의 토론 내용과 그 결과 등을 기록한 것이다. 지방의회는 회의록을 작성하고 회의의 진행내용 및 결과와 출석의원의 성명을 적고, 의장과 의회에서 선출한 의원 2명 이상이 서명하여야 한다(지방자치법 제84조 제1항 및 제2항). 의장은 회의록의 사본을 첨부하여 회의의 결과를 그 지방자치단체장에게 알려야 한다(제84조 제3항). 회의록은 의원에게 배부되고 주민에게 공개한다. 위원에게 배부하는 것은 회의록의 진실성을 확인하는 절차로 볼 수 있다. 다만, 비밀로 할 필요가 있다고 의장이 인정하거나 지방의회에서 의결한 사항은 공개하지 아니한다(제84조 제4항).

---

38) 2021년 1월 지방자치법 전부개정 이전에는 '재적의원 3분의 1 이상의 의원이 요구하면'이었으나, 지방자치단체의 자율권을 증대하기 위하여 조례 규정사항으로 개정됨.

Ⅲ 의사 원칙

의사 원칙이란 합의제의 최고 의사결정 기관인 지방의회가 의안심사와 의사 절차를 원만하게 진행하는 데 필요한 원칙이라고 볼 수 있다. 지방의회의 의사 원칙은 의안 처리의 효율성과 의사결정의 민주성을 조화시키는 것이 필요하다. 우리 지방자치법에서는 의안 발의, 정족수의 원리, 의사공개의 원칙, 회기계속의 원칙, 일사부재의의 원칙, 제척 원칙, 표결방법 등을 규정하고 있다.

1. 의안 발의

지방의회에서 의결할 의안에 대한 발의는 ⓐ 지방자치단체장이나, ⓑ 조례로 정하는 일정 수 이상 의원의 찬성으로,[39] 또는 ⓒ 소관 위원회가 할 수 있다(지방자치법 제76조).[40] 지방자치단체장, 일정 수 이상의 의원 그리고 소관 위원회가 의안을 발의하는 경우는 그 의안을 지방의회 의장에게 제출하여 한다(제76조 제3항).

한편, 일정 수 이상의 주민이 조례안을 제출한 경우에는 지방의회 의장 명의로 주민청구 조례안을 발의하여야 한다(주민조례발안에 관한 법률 제12조 제3항).

2. 정족수의 원리

1) 의사정족수

의사정족수란 지방 회의가 성립하기 위한 최소한의 출석의원 수를 의미한다. 지방의회는 재적의원 3분의 1 이상의 출석으로 개의(開議)한다(지방자치법 제63조 제1항). 회의 중 의사정족수에 미치지 못할 때는 의장은 회의를 중지하거나 산회(散會)를 선포한다(제2항).

---

39) 2021년 1월 지방자치법 전부개정으로 지방의회에 의안 발의 조건에 대한 자율권을 부여한 것임. 개정 전에는 "재적의원 5분의 1 이상 또는 의원 10명 이상의 연서로 발의한다"(개정전 지방자치법 제66조)로 하였음.

40) 지방의회에서 의결할 의안은 그 의안의 성질상 발안권자가 다를 수 있음. 예를 들면, 조례안의 경우는 지방의원 및 지방자치단체장 모두에게 발안권이 주어지지만, 의원의 징계나 의장의 불신임 결의 경우는 지방의원에게만 허용되며, 집행부의 사무 수행의 전제로서 의회의 의결을 필요로 하는 경우는 지방자치단체장에게만 허용됨(김희곤, 2004: 313).

2) 의결정족수

의결정족수란 지방의회의 의결이 성립하기 위한 최소한의 찬성의원 수를 의미한다. 지방의회의 의결정족수는 일반의결정족수와 특별의결정족수로 구분된다.

일반의결정족수는 지방자치법 제73조에서 규정하고 있는 "재적의원 과반수의 출석과 출석의원 과반수의 찬성으로 의결"하는 경우이다. 의장은 의결에서 표결권을 가지며, 찬성과 반대가 같으면 부결된 것으로 본다(지방자치법 제63조 제2항).

특별의결정족수는 의안 처리의 신중을 위하여 일반의결정족수보다 재적의원의 출석이나 찬성의원의 수를 더 강화한 경우를 말한다. 특별의결정족수는 특별한 규정이 있는 경우에 적용되며, 그렇지 않으면 일반의결정족수가 적용된다. 지방자치법에 규정된 특별의결정족수는 아래와 같다.

- 재적의원 과반수의 찬성: 사무소의 소재지 변경(제9조 제2항)
- 재적의원 과반수의 출석과 출석의원 3분의 2 이상의 찬성: 조례안 및 지방의회 의결에 대한 지방자치단체장의 재의 요구에 대한 재의결(제32조 제4항, 제120조 제2항, 제192조 제3항), 관할 구역 경계변경 동의(제6조 제1항)
- 출석의원 3분의 2 이상의 찬성: 비공개회의의 의결(제73조)
- 재적의원 3분의 2 이상의 찬성: 의원의 자격상실 의결(제92조 제1항), 의원의 제명 의결(제100조 제2항)

---

3. 의사공개의 원칙

지방자치법에서는 "지방의회의 회의는 공개한다."(제75조 제1항)라고 의사공개의 원칙을 규정하고 있다. 의사공개의 원칙은 대의제도의 기본원리이며, 주인인 주민이 지방의원의 의정활동에 대한 감시 및 비판을 보장하기 위한 제도적 장치이다.

그러나 예외적으로, ⓐ 의원 3명 이상이 발의하고 출석의원 3분의 2 이상이 찬성한 경우, ⓑ 의장이 사회의 안녕질서 유지를 위하여 필요하다고 인정하는 경우에는 공개하지 아니할 수 있다(지방자치법 제75조 제1항 단서).

4. 회기계속의 원칙

지방자치법(제79조)에서는 회기계속의 원칙을 채택하여 "지방의회에 제출된 의안은 회기 중에 의결되지 못한 것 때문에 폐기되지 아니한다."라고 규정하고 있다. 따라서 회기 내에 의결하지 못한 의안은 다음 회기에 계속 심의·의결할 수 있다. 그러나 회계계속의 원칙은 지방의회 의원의 임기 기간 내에서만 효력이 있어야 한다. 따라서 지방의회 의원의 임기가 끝나며 의안은 폐기된다(지방자치법 제79조 단서). 이는 의회 구성 자체가 변경되기 때문이다. 선거에 의한 대의민주주의의 본질상 당연한 결과라고 볼 수 있다.

5. 일사부재의의 원칙

지방자치법(제80조)에서는 "지방의회에서 부결된 의안은 같은 회기 중에 다시 발의하거나 제출할 수 없다."라고 일사부재의의 원칙을 채택하고 있다. 일사부재의의 원칙은 의사 절차의 능률성을 도모하고 소수집단의 의도적인 방해 행위를 막기 위한 제도이다.

6. 제척 원칙

지방의회의 의장이나 의원이 혈연과 관계되거나 직접적인 이해관계가 있는 안건에 관한 의사에 참여할 경우 그 의사결정은 공정하지 못할 수 있다. 따라서 지방자치법(제82조)에서는 "지방의회의 의장이나 의원은 본인·배우자·직계존비속(直系尊卑屬) 또는 형제자매와 직접 이해관계가 있는 안건에 관하여는 그 의사에 참여할 수 없다. 다만, 의회의 동의가 있으면 의회에 출석하여 발언할 수 있다."라고 제척 원칙을 규정하고 있다.

지역사회는 대부분 지연과 혈연으로 관계가 형성된 경우가 많다. 지방의원이 이러한 전통적인 관계에 뿌리를 두고 당선되는 경우, 각종 의사결정이 자유롭지 못할 수 있어 이를 방지하기 위하여 제척 원칙을 두고 있다.

7. 표결방법

표결이란 의원이 안건에 대한 찬성과 반대의 의사를 표명하고 그 수를 집계하는 것을 의미한다. 지방의회 본회의에서는 기록표결로 가·부를 결정하는 것이 원칙이다(지방자치법 제74조). 기록표결이란 표결에 참여한 개별 의원이 어떤 의사표시를 하였는지를 회의록에 기재하여, 그 정치적 책임을 명백히 밝히기 위한 것이다. 대체로 투표용지에 안건에 대한 가·부 등의 의사표시와 투표의원의 성명을 기재하는 경우가 많지만, 구체적인 기록표결의 방법은 조례 또는 회의규칙으로 정한다.

그러나 의장·부의장 선거, 임시의장 선출, 의장·부의장 불신임의결, 의원의 자격상실 의결, 징계 의결, 지방자치단체장의 지방의회 의결에 대한 재의 요구에 대한 의결, 그 밖에 지방의회에서 하는 각종 선거 및 인사에 관한 사항은 무기명투표로 표결하도록 지방자치법(제74조)에 규정하고 있다.

지방의회 표결방법에 대한 지방자치법 제74조 규정은 2021년 1월 지방자치법 전부개정으로 신설된 것이다.

제11장

집행기관

제1절 지방자치단체 집행기관 개요

I 의의

지방자치단체의 집행기관이란 지방의회의 의결사항과 지방자치단체의 사무 수행을 위한 행정조직체이다. 오늘날 행정이 양적으로 팽창하고 질적으로 전문화되면서 지방행정의 효율성 증진을 위해 집행기관의 중요성이 주목받고 있다.

우리나라 지방자치단체의 집행기관은 지방자치단체장, 보조기관, 소속행정기관, 하부 행정기관 등의 조직체로 구성되며, 이를 광의의 집행기관이라고 부를 수 있다. 협의의 집행기관이란 지방자치단체장을 의미한다(홍정선, 2018: 399).[1] 집행기관은 지방자치단체의 의사를 대외적으로 표시하는 권한을 가지는데, 이를 표현하는 주체는 집행기관의 장인 지방자치단체장이다. 지방자치단체장은 법적으로 당해 지방자치단체를 대표하고 그 사무를 총괄하는 권한을 가진다(지방자치법 제114조).

II 집행기관과 관련된 몇 가지 쟁점

지방자치단체의 집행기관과 관련하여 다음과 같은 쟁점을 검토할 필요가 있다.

첫째, 지방정부의 기관구성 형태에 따라 집행기관의 역할이 결정된다. 기관통합형을 취하는 영국의 지방정부는 지방의회가 입법권과 집행권을 함께 지니고 있다. 이 경우 주민은 지방의회에 가서 민원업무를 보게 된다. 그러나 기관대립형을 취하는 경우는 입법기관과 별도로 집행기관을 두게 된다. 기관대립형을 취하고 있는 우

---

1) 교육·과학 및 체육에 관한 사무의 경우는 교육감.

리나라의 경우는 지방의회와 집행기관을 구분하고 있으며, 집행기관이 지방자치단체의 의사를 대외적으로 표시하는 권한을 가지고 있다.

둘째, 국가사무와 자치사무 등 사무의 수직적 역할 구분과 관련하여, 집행기관의 장이 국가사무를 함께 수행하는 경우와 자치사무만 수행하는 경우로 구분될 수 있다. 프랑스의 경우 기관통합형이지만 광역인 레지옹(Region)과 준광역인 데파르뜨망(Department)에서는 국가위임사무는 국가에 의해 임명된 지방장관(프레페, Préfet)이 국가대표기관으로서 사무를 집행하고, 기초자치단체인 꼬뮌(Commune)에는 의회 의장인 시장이 자치사무뿐 아니라 국가사무를 함께 수행한다(외교부, 2018: 51). 우리나라 지방자치단체 집행기관의 지방자치단체장은 지방자치단체의 고유사무와 국가 또는 상급자치단체로부터 위임받은 단체위임사무와 기관위임사무도 처리한다.

셋째, 사무의 수평적 구분과 관련하여, 집행기관의 장이 모든 사무를 종합적으로 처리하는 경우와 교육이나 경찰 등의 업무는 별도의 기관에서 집행하는 경우로 구분된다. 우리나라에서는 교육·학예 사무는 주민 직선으로 선출한 교육감을 수장으로 하는 별도의 집행기관에서 담당하고, 자치경찰과 지방소방 업무는 광역자치단체장이 그 책임을 맡는다(소방기본법 제3조, 경찰법 제18조).

Ⅲ 우리나라 지방자치단체 집행기관의 구성

우리나라 지방자치단체 집행기관의 장 선출방법을 살펴보면, 1952년 제1대 지방선거에서는 기초자치단체장은 지방의회에서 간선제, 광역자치단체장은 대통령의 임명제로 운영하였다. 1956년 제2대 지방선거에서는 기초자치단체장(시·읍·면장)은 직선제, 광역자치단체장은 여전히 임명제로 운영하였다. 이후 4·19혁명 이후에 실시된 1960년 제3대 지방선거에서는 기초와 광역자치단체장 모두 직선으로 선출하였다.[2]

1991년 지방자치제 부활 이후 첫 번째 지방선거에서는 기초와 광역자치단체장은 모두 임명제로 하였으며, 이후 1995년 지방선거부터는 모든 지방자치단체장을

---

2) 지방자치단체장의 선거 변화 과정은 제13장 제4절 지방선거 부분 중 <표 13-3> 우리나라 지방선거 변화 과정을 참고 바람.

직선제로 선출하고 있다.

한편, 2010년부터 교육·학예에 관한 집행기관으로 광역자치단체에 교육감을 별도로 선출하고 있다. 지방자치단체에 지방의회라는 의결기관은 하나이지만 지방자치단체장과 교육감이라는 두 개의 서로 다른 집행기관이 존재하고 있다.

제2절   지방자치단체장

Ⅰ   의의

지방자치단체장은 지방자치단체의 일반적인 사무에 관한 집행기관의 장이다. 기관대립형 중에서 강시장형을 취하고 있는 우리나라 지방자치단체에서 지방자치단체장은 지방의회보다 더 폭넓은 권한을 가진다.

특히, 지방자치단체장은 지방자치단체의 법적 대표기관이며, 중앙정부나 광역자치단체의 하급행정기관 역할도 수행하는 이중적 지위를 가진다. 따라서 개별 지역 지방자치의 성공적 수행뿐 아니라 전국 또는 광역적 사무의 수행을 위해서도 지방자치단체장의 역할은 중요하다.

지방자치단체장은 광역자치단체장과 기초자치단체장으로 크게 구분되며, 광역자치단체장은 특별시에 특별시장, 광역시에 광역시장, 특별자치시에 특별자치시장, 도와 특별자치도에 도지사가 있으며, 기초자치단체장은 시에 시장, 군에 군수, 자치구에 구청장이 있다(지방자치법 제106조). 지방자치법에서는 지방자치단체장의 지위, 권한, 신분 등에 관하여 비교적 상세히 규정하고 있다. 여기서는 지방자치법 규정을 중심으로 지방자치단체장 관련 내용을 살펴본다.

Ⅱ   지방자치단체장의 지위

1. 지방자치단체의 대표기관

지방자치단체는 법인이지만 그 자체로 어떤 행위를 할 수 없으며, 대표자인 지방자치단체장을 통하여 그 법적 의사를 표시할 수 있다. 지방자치법에서는 지방자치단체를 법적으로 대표하는 자격을 지방자치단체장에게 부여하고 있다(제114조).

지방의회의 주민 대표성은 내부적인 의사 형성을 위한 대의민주적 대표성을 의미하는 것인데 반하여, 지방자치단체장의 대표권은 행정행위나 사법상의 행위를 대외적으로 유효하게 하기 위한 권한을 의미한다(이기우·하승수, 2007: 261). 우리나라에서는 지방자치단체장과 지방의회가 상호 견제와 균형을 유지하는 기관대립형을 취하고 있지만, 지방자치단체장에게만 지방자치단체를 대표할 권한을 부여하고 있다. 이는 기관대립형의 일반적인 형태라고 볼 수 있다.

2. 지방자치단체 집행기관의 수반

지방자치단체장은 지방자치단체 사무를 총괄한다(지방자치법 제114조 및 제116조). 지방자치단체장은 그 지방자치단체의 사무(자치사무와 단체위임사무)에 관한 최종 책임자이다. 지방자치단체 사무는 그 소속 공무원에 의하여 일상적으로 집행되지만 이를 최종적으로 조정하고 대외적으로 책임을 지는 것은 지방자치단체장이다.

지방자치단체장은 소속 직원(지방의회의 사무직원은 제외)을 지휘·감독하고 법령과 조례·규칙으로 정하는 바에 따라 그 임면·교육훈련·복무·징계 등에 관한 사항을 처리한다(지방자치법 제118조).

3. 국가 및 상급자치단체의 하급행정기관

지방자치단체장은 국가 또는 상급자치단체의 사무를 위임받아 처리하는 범위 내에서는 국가 또는 상급자치단체의 하급행정기관이 된다. 지방자치단체의 관할구역에서 시행하는 국가(또는 상급자치단체) 사무는 법령에 다른 규정이 없으면 그 지방자치단체장에게 위임하여 수행한다(지방자치법 제115조). 이는 이른바 기관위임사무에 대한 지방자치단체장의 지위를 의미한다. 즉, 지방자치단체장이 병무, 통계 등 전국적 통일을 요구하는 국가사무를 수행하는 경우는 국가의 하급행정기관의 지위를 가지게 된다는 것이다. 따라서 지방자치단체장은 기관위임사무를 수행하는 때에는 지방의회의 통제를 받지 않는 것이 원칙이다.

Ⅲ 지방자치단체장의 권한

지방자치단체장의 권한 범위와 관련하여 지방자치법은 권한의 내용을 개괄적으로 설명하고 있다(지방자치법 제114~제119조). 이는 지방의회의 의결사항을 열거적으로 설명한 것과 대비된다(제47조). 즉, 지방의회는 법률에 열거된 사항에 대한 의결권을 가지지만, 지방자치단체장은 구체적으로 열거되지 않은 사항에 대한 권한도 가지도록 규정하고 있다. 지방자치단체장은 집행기관 전체 사무의 집행권자이며, 지방자치단체 전체의 대표자이므로 일일이 그 권한이나 업무의 내용을 열거할 수 없기 때문이다.

1. 지방자치단체 대표권

지방자치단체장은 지방자치단체를 대표하는 권한을 가진다(지방자치법 제114조). 지방자치단체장은 대외적으로 지방자치단체를 대표하여 각종 법률관계를 형성한다.

2. 규칙제정권

1) 의의

지방자치단체 규칙은 지방자치단체장이 제정하는 법규범이다. 지방자치단체장은 법령 또는 조례의 범위에서 그 권한에 속하는 사무에 관하여 규칙을 제정할 수 있다(지방자치법 제29조). 따라서 규칙은 법률, 명령 및 조례보다 하위 지위에 있는 법형식이다. 국회가 정한 법률의 하위 규범으로 중앙정부의 대통령령이나 부령 등이 있듯이, 지방의회가 정한 조례의 하위 규범으로 지방자치단체 규칙이 있다.

2) 종류

지방자치단체의 규칙은 첫째, 제정 주체에 따라 지방자치단체장이 정하는 규칙과 시·도의 교육사무에 관해 교육감이 제정하는 교육규칙으로 구분된다(지방 교육 자치에 관한 법률 제25조).

둘째, 효력을 기준으로 법규로서 외부적인 효력을 갖는 것과 행정 내부적 효력을 갖는 행정규칙의 성질을 갖는 것으로 구분된다. 예를 들면, 지방세에 관한 '징수 조례 시행규칙'은 대외적 효력을 가지지만, '사무 전결 처리규칙'은 능률적인 사무

처리를 위하여 행정 내부의 결재권을 위임하는 규정이므로 내부적인 효력만을 가지게 된다.

셋째, 제정 근거를 기준으로 법령이나 조례의 위임에 따라 제정하는 위임규칙과 지방자치단체장이 직권으로 제정하는 직권규칙으로 구분된다.

3) 조례와의 관계

지방자치단체 영역 안에서는 조례가 기본적인 규범이 된다. 조례는 지방자치단체의 최고 의사결정 기관이고 주민의 대표로 구성된 지방의회에서 제정되기 때문이다. 특별히 법령에 따라 지방자치단체장의 전속적인 권한에 속하는 것이 아니면, 지방자치단체의 주요 사항은 조례로 정하고 조례가 위임하는 범위에서 규칙으로 정하는 것이 일반적인 원칙이라고 할 수 있다. 조례는 규칙에 상위 규범이며, 만일 조례와 규칙 사이에 충돌이 있으면 조례가 규칙에 우선한다(대법원 1995. 8. 22. 선고 94누5694; 대법원 1995. 7. 11. 선고 94누4615).

4) 규칙의 입법 범위와 한계

(1) 입법 범위

규칙제정권의 범위는 지방자치단체장의 권한에 속하는 모든 사무이다. 물론 교육·학예와 관련 사무는 시·도의 교육감이 교육규칙으로 제정하게 된다.

구체적으로 살펴보면 첫째, 지방자치단체의 자치사무와 단체위임사무 그리고 기관위임사무가 모두 규칙제정 대상이 된다. 기관위임사무는 해당 지방자치단체의 집행기관에 위임된 사무이므로 원칙적으로 조례로 규정할 수는 없으며, 지방자치단체장이 규칙으로 제정하여야 한다.

둘째, 지방자치단체장의 전속적 사무, 법령이나 조례에서 규칙으로 정하도록 한 사무, 조례의 시행을 위하여 필요한 사항 등은 규칙제정이 가능하다.

셋째, 법령에 개별적이고 구체적인 위임이 있으면 주민의 권리 제한이나 의무 부과와 같은 침해행정에 대한 규칙도 제정할 수 있다.

(2) 규칙의 한계

규칙의 제정은 다음과 같은 한계를 지닌다.

첫째, 규칙은 법률, 명령 그리고 그 제정을 위임한 조례를 위반해서는 안 된다.

둘째, 규칙은 광역자치단체의 조례 및 규칙을 위반해서는 안 된다(지방자치법 제30조). 이는 조례의 경우와 마찬가지로 기초자치단체의 모든 사무에 적용되는 것이 아니라, ⓐ 광역자치단체로부터 위임받은 사무, ⓑ 광역자치단체와 기초자치단체가 공동으로 수행하는 사무, ⓒ 법령에서 광역자치단체의 자치법규로 정하도록 규정한 사무와 관련된 기초자치단체의 규칙은 각각 상급 지방자치단체의 조례나 규칙을 위반해서는 안 된다는 의미로 해석된다(법제처, 2018: 43).

셋째, 법령에 개별적인 위임이 없는 한 규칙으로 벌칙을 규정할 수 없다. 지방자치법(제34조)에서는 조례를 위반한 행위에 관하여 조례로 1천만 원 이하의 과태료를 정할 수 있도록 하고 있으나, 규칙의 경우에는 이러한 위임규정이 없으며 규칙으로 벌칙 규정을 만들기 위해서는 개별적인 법령의 근거를 필요로 한다.

5) 규칙의 제정 절차

규칙의 제정권자는 지방자치단체장이다. 규칙의 제정은 집행기관 내부 행정절차에 의해서 규칙안이 만들어져, 지방자치단체장의 결재로 확정되고 공포 절차를 밟게 된다.

그런데 2021년 1월 지방자치법 전부개정을 통하여 규칙의 제정, 개정 또는 폐지와 관련된 주민 의견 제출이 가능하도록 하였다. 즉, 주민은 주민의 권리·의무와 직접 관련된 규칙 사항에 대하여 규칙의 제정, 개정 또는 폐지와 관련된 의견을 해당 지방자치단체장에게 제출할 수 있다(지방자치법 제20조 제1항). 지방자치단체장은 주민이 제출한 의견에 대해 의견이 제출된 날부터 30일 이내에 검토 결과를 그 의견을 제출한 주민에게 통보하여야 한다(제3항). 주민이 제출하는 의견이 법령이나 조례를 위반하거나 법령이나 조례에서 위임한 범위를 벗어나서는 안 된다(제2항).

이렇게 제시된 주민 의견의 일부 또는 전부를 규칙에 반영하는 경우, 집행기관 내부에서 만들어진 규칙안과 같은 절차로 진행되며 지방자치단체장의 결재로 확정된다.

규칙을 제정하거나 개정하거나 폐지할 때는 공포 예정일 15일 전에 시·도지사는 행정안전부 장관에게, 시장·군수 및 자치구의 구청장은 시·도지사에게 그 전문(全文)을 첨부하여 각각 보고하여야 하며, 보고를 받은 행정안전부 장관은 그 내용을 관계 중앙행정기관의 장에게 통보하여야 한다(지방자치법 제35조). 규칙의 공포는 해당 지방자치단체의 공보에 게재하는 방법으로 한다(제33조 제1항). 규칙은 특별한 규정이 없으면 공포한 날부터 20일이 지나면 효력을 발생한다(제32조 제8항).

3. 사무에 관한 권한

1) 사무의 총괄권

지방자치단체장은 지방자치단체의 사무를 총괄한다(지방자치법 제114조). 여기서 지방자치단체의 사무란 자치사무와 단체위임사무를 의미하며, 총괄이란 사무의 기본방향을 정하고 통일성과 일체성을 유지하는 것을 말한다(경건, 2004: 424; 홍정선, 2018: 414).

2) 사무의 관리 · 집행권

지방자치법(제116조)에서는 지방자치단체장의 사무관리권과 집행권에 관하여 규정하고 있다. 지방자치단체장이 관리하고 집행하는 사무는 '그 지방자치단체의 사무'와 '법령에 따라 그 지방자치단체장에게 위임된 사무'를 말한다. 전자는 자치사무와 단체위임사무를 의미하며, 후자는 기관위임사무를 의미한다(경건, 2004: 24).

결국, 지방자치단체장은 자치사무와 단체위임사무에 대한 총괄권, 사무관리와 집행권을 가지고, 기관위임사무에 대해서는 그 위임받은 범위 내에서 사무관리와 집행권만을 가진다.

4. 하부 행정기관과 소속직원에 대한 권한

지방자치단체장은 하부 행정기관인 구청장(자치구가 아닌 일반구), 읍장, 면장, 동장에 대한 지휘 · 감독권을 가진다(지방자치법 제133조).

지방자치단체장은 지방의회의 사무직원을 제외한 소속직원에 대한 지휘 · 감독권과 법령과 조례 · 규칙으로 정하는 바에 따라 그 임면 · 교육훈련 · 복무 · 징계권을 가진다(지방자치법 제118조). 광역자치단체장의 경우는 대통령이 임명하는 정무직 또는 일반직 국가공무원으로 보하는 부시장 · 부지사에 대한 임명 제청권을 가진다(제123조 제3항).

5. 재정에 대한 권한

지방자치단체장의 재정에 대한 권한은 첫째, 예산안 편성권이다. 지방자치단체장은 회계연도마다 예산안을 편성하여 시·도는 회계연도 시작 50일 전까지, 시·군 및 자치구는 회계연도 시작 40일 전까지 지방의회에 제출하여야 한다(지방자치법 제142조).

둘째, 지방채 발행권이다. 지방자치단체장이나 지방자치단체조합은 따로 법률이 정하는 바에 따라 지방채를 발행할 수 있다(지방자치법 제139조 제1항).

셋째, 채무부담의 원인이 될 계약의 체결권이다. 지방자치단체장은 따로 법률로 정하는 바에 따라 지방자치단체 채무부담의 원인이 될 계약의 체결이나 그 밖의 행위를 할 수 있다(지방자치법 제139조 제2항).

넷째, 보증채무부담행위에 대한 권한이다. 지방자치단체장은 공익을 위하여 필요하다고 인정하면 미리 지방의회의 의결을 받아 보증채무부담행위를 할 수 있다(지방자치법 제139조 제3항).

6. 지방의회에 대한 권한[3]

지방자치단체장은 지방의회에 독단적 결정을 견제하기 위하여 임시회 소집요구권(지방자치법 제54조), 의안의 발의권(제76조), 의회 출석 진술권(제51조), 예산안의 편성권(제142조), 조례 공포권(제32조), 지방의회 의결에 대한 재의 요구권(제120조, 제32조, 제121조, 제192조), 선결처분권(제122조) 등을 들 수 있다.

그러나 지방자치단체장의 지방의회 해산권은 인정되지 않고 있다.

7. 기초자치단체에 대한 지휘·감독권

광역자치단체장은 그 관할 기초자치단체에 대하여, ⓐ 기초자치단체의 사무에 대한 조언, 권고 및 지도권(지방자치법 제184조), ⓑ 기초자치단체에서 처리하는 국가의 단체위임사무와 기관위임사무에 대한 지도·감독권(제185조 제1항), ⓒ 기초자치단체에서 처리하는 시·도의 단체위임사무와 기관위임사무에 대한 지도·감독

(제185조 제2항), ⓓ 기초자치단체장의 명령이나 처분이 법령에 위반되거나 현저히 부당하여 공익을 해친다고 인정되는 경우에 대한 시정명령, 취소 및 정지권(제188조 제1항), ⓔ 기초자치단체장이 국가위임사무나 시·도위임사무의 관리와 집행을 명백히 게을리하는 경우에 대한 직무이행명령권(제189조 제1항), ⓕ 기초자치단체의 자치사무(법령위반 사항에 한정됨)에 대한 감사(제190조 제1항), ⓖ 기초지방의회의 의결이 법령에 위반되거나 공익을 현저히 해친다고 판단되어 재의 요구지시, 대법원(법령에 위반되는 경우)에 제소지시·직접제소·집행정지 신청(제192조) 등의 권한을 가진다.

Ⅳ　지방자치단체장의 신분 등

1. 지방자치단체장의 선출

지방자치단체장은 주민이 보통·평등·직접·비밀선거에 의해 선출한다(지방자치법 제107조). 지방자치단체장의 피선거권은 "선거일 현재 계속하여 60일 이상 해당 지방자치단체의 관할 구역에 주민등록이 되어 있는 주민으로서 18세 이상의 국민"에게 주어진다(공직선거법 제16조 제3항). 여기에는 '선거일 현재 계속 60일 이상 관할 구역에 주민등록', '18세 이상', '대한민국 국민'이라는 세 가지 조건이 포함되어 있다. 따라서 지방선거에서 외국인(일정한 조건을 갖춘 경우)은 선거권은 있지만, 피선거권은 주어지지 않는다(공직선거법 제15조 제2항).

현행 공직선거법에서는 "정당은 선거에 있어 선거구별로 선거할 정수 범위 안에서 그 소속당원을 후보자로 추천할 수 있다(공직선거법 제47조 제1항)"라고 하여 지방자치단체장에 대한 정당 공천제를 도입하고 있다. 지방자치단체장 선거에서 정당 공천제의 장점은 정당정치 발전에 이바지하며, 주민참여와 의견의 표출이 조직화되기 쉽다는 점을 들 수 있다. 그러나 후보자로 정당공천을 받기 위하여 지역구 국회의원이나 정당 지도자에게 맹종하는 현상이 나타날 수 있으며, 후보자 개인의 역량이나 업적보다는 소속 정당에 따라 선호가 결정되는 등 지방정치가 중앙정치에 예속될 수 있으며, 특히, 일부 지역에서 주민들의 정당 선호의 쏠림 현상이 심각한 상황에서 특정 정당의 공천은 당선을 보장하는 것이 되어 주민 의사가 왜

곡되는 결과를 초래하게 된다.[4]

2. 지방자치단체장 직의 인수위원회[5]

1) 개요

지방자치단체장 당선인은 단체장 직에 대한 인수와 관련 업무를 담당하기 위하여 '지방자치단체장의 직 인수위원회'를 설치할 수 있다(지방자치법 제105조 제2항). 인수위원회는 당선인으로 결정된 때부터 지방자치단체장의 임기 시작일 이후 20일의 범위에서 존속한다(제3항). 따라서 임기 시작 후 20일이 경과하면 인수위원회는 해산하여야 한다.

2) 인수위원회의 업무

인수위원회는 ⓐ 해당 지방자치단체의 조직·기능 및 예산 현황의 파악, ⓑ 해당 지방자치단체의 정책 기조를 설정하기 위한 준비, ⓒ 그 밖에 지방자치단체장의 직 인수에 필요한 사항에 대한 업무를 수행한다(지방자치법 제105조 제4항).

3) 인수위원회의 위원 구성

인수위원회는 위원장 1명 및 부위원장 1명을 포함하여 광역자치단체에는 20명 이내, 기초자치단체에는 15명 이내로 구성한다(지방자치법 제105조 제5항). 위원장·부위원장과 위원은 명예직으로 하고, 당선인이 임명하거나 위촉한다(제6항). 지방공무원 임용에 결격사유가 있는 사람은 인수위원회 위원장·부위원장과 위원이 될 수 없다(제7항).

---

4) 지방선거에서 정당참여 관련 논의는 본 편 제13장 제4절 지방자치 선거 부분을 참조 바람.

5) 지방자치단체장의 직 인수위원회는 2021년 1월 지방자치법 전부개정으로 도입됨. 이미 현장에서는 인수위원회제도가 운영되고 있었으나, 합리적이고 체계적인 인수위원회 운영을 유도하고 통일된 기준을 마련하기 위하여 도입됨. 그러나 인수위원회 위원의 수를 제한하는 등의 규정은 자치와 분권이라는 흐름에 역행하는 것으로 생각함.

3. 지방자치단체장 신분의 소멸

1) 임기만료

지방자치단체장의 임기는 4년으로 하며, 3기 내에서만 계속 재임(在任)할 수 있다(지방자치법 제108조).

2) 사임

지방자치단체장은 본인의 의사에 따라 사임하고자 할 때는 지방의회 의장에게 미리 사임 일(日)을 적은 서면(사임통지서)으로 알려야 한다(지방자치법 제111조 제1항). 여기서 '미리'라고 표현한 것은 단체장의 궐위에 따른 혼란을 최대한 방지하기 위한 것이다. 지방자치단체장은 사임통지서에 적힌 사임 일에 사임한다. 다만, 사임통지서에 적힌 사임 일까지 지방의회의 의장에게 사임통지가 되지 아니하면 지방의회의 의장에게 사임통지가 된 날에 사임한다(제111조 제2항).

3) 퇴직

지방자치법(제112조)에서는 지방자치단체장의 당연퇴직 사유로 ⓐ 겸임할 수 없는 직에 취임할 때, ⓑ 피선거권이 없게 될 때(그 지방자치단체의 구역 밖으로 주민등록을 이전하였을 때 등), ⓒ 지방자치단체의 폐지·설치·분리·합병으로 지방자치단체장의 직을 상실할 때를 규정하고 있다. 따라서 이러한 사유에 해당하면 지방자치단체장은 그 직을 상실한다.

4) 주민소환

주민소환투표 결과에 따라 지방자치단체장은 그 직을 상실하게 된다(지방자치법 제25조, 주민소환에 관한 법률 제23조).

5) 선거무효 또는 당선무효 소송의 확정판결

지방자치단체장은 그 선거에서 선거무효 또는 당선무효의 확정판결을 받게 되면 그 신분을 잃게 된다(공직선거법 제224조).

제3절　지방자치단체의 행정조직

Ⅰ　의의

지방자치단체의 집행기관은 그 사무처리를 위한 행정조직을 둔다. 따라서 행정조직은 집행기관이 그 권한에 속하는 사무를 처리하기 위한 행정기구이다.

행정조직은 해당 지방자치단체의 행정수요나 재정 능력 등을 고려하여 개별 지방자치단체가 조직의 규모나 수 등을 자율적으로 구성하는 것이 지방자치의 이념에 부합한다. 그러나 한편으로는 지방자치단체에 자율성을 부여하였을 경우, 지방자치단체 관료들의 조직 확대 욕구나 행정수요의 과다 예측 등으로 행정기구의 부적절한 팽창의 가능성이 있을 수 있다. 특히, 우리나라와 같이 지방자치단체의 기본적인 행정 서비스 공급에 드는 비용 중에서 자체수입으로 충당하지 못하는 부족한 부분을 보통교부세로 보충하고 있는 현실을 고려하면, 중앙정부의 입장에서는 지방자치단체 행정조직의 팽창을 우려하지 않을 수 없다.

지방의 자율성을 보장하고 합리적인 자치제도 운영을 위하여, 지방자치법에서는 행정기구의 설치 근거만을 규정(제125조)하고, 구체적인 설치 기준은 대통령령인 '지방자치단체의 행정기구와 정원 기준 등에 관한 규정'에서 정하고 있으며, 이에 따라 개별 지방자치단체에서는 조례로 행정조직을 설치토록 하고 있다.

그러나 지방행정 실무에서는 여전히 "중앙정부가 지나치게 지방자치단체의 자율성을 훼손하고 있다"라는 지방의 주장과 "지방자치단체 행정조직의 비대화를 막아야 한다"라는 행정안전부의 주장이 대립하고 있다. 지방자치단체의 행정조직과 관련된 규정은 지방의 자율성을 강화하는 방향으로 점진적 개선이 이루어지고 있는 과정으로 볼 수 있다.

Ⅱ　본청 행정기구

1. 개요

'본청'이란 지방자치단체장을 직접 보조하는 기관을 말한다(지방자치단체의 행정기구와 정원 기준 등에 관한 규정 제2조 제3호). 즉, 집행기관 중에서 지방자치단체장을 직접 보조하는 부군수, 실·국·과 등의 조직을 의미한다. 따라서 의회 사무기구, 소속 기관, 하부 행정기관은 제외된다.

본청 행정기구는 크게 보조기관(일종의 계선기관)과 보좌기관(일종의 참모기관)으로 구분된다. 보조기관이란 지방행정기관의 의사 또는 판단의 결정이나 표시를 보조함으로써 행정기관의 목적달성에 공헌하는 기관을 말한다(같은 규정 제2조 제8호). 부단체장 – 실장 – 국장 – 과장 등을 의미한다.

보좌기관이란 기관장이나 보조기관을 보좌함으로써 행정기관의 목적달성에 공헌하는 기관을 말한다(같은 규정 제2조 제9호). 예를 들면, 기획관, 비서관, 대변인, 담당관 등이 이에 해당한다.

본청 행정기구의 설치도 지방자치단체 자율에 맡겨진 것은 아니며, '지방자치단체의 행정기구와 정원 기준 등에 관한 규정'(별표 1~3)에서 일정한 기준을 제시하여 이를 통제하고 있다. 이 규정에서는 광역자치단체와 기초자치단체의 보조·보좌기관의 직급기준, 의사사무 기구의 설치 기준 및 직급기준, 사업소 및 출장소의 장 등의 직급기준 등을 제시하고 있다.[6]

---

6) 이러한 실장·국장·본부장·국장·담당관·과장 등의 직급 기준 제시는 실제 지방자치단체의 조직권에 대한 강한 통제로 볼 수 있음. 왜냐하면, 국 내의 과 설치 기준 등을 별도로 제시함에 따라 지방자치단체의 전체 조직구성이 결정되기 때문임. '지방자치단체의 행정기구와 정원 기준 등에 관한 규정'에서 제시한 행정기구 설치 요건(제6조)을 요약하면 다음과 같음.
ⓐ 국(局)은 소관 업무의 성질이나 양이 4개 과(課) 이상의 하부조직이 필요한 경우에 설치함.
ⓑ 실·본부(본부는 광역자치단체에 한함)는 업무의 성질상 국으로서는 그 목적달성이 곤란하다고 인정되는 경우에 설치함. 이 경우 실·본부 밑에는 국 또는 과를 둘 수 있음.
ⓒ 담당관은 전문적 지식을 활용하여 정책의 기획이나 계획의 입안·조사·분석·평가와 행정개선 등에 관하여 기관장이나 보좌기관(국장은 제외한다)을 보좌하는 데 필요한 경우에 설치하되, 특별한 경우를 제외하고는 기획업무를 담당하는 실장 밑에 설치하며, 담당관 밑에는 최소한 범위에서 하부조직(과는 제외)을 둘 수 있음.
ⓓ 과(課)는 특별한 때 외에는 12명(광역은 5급 4명 이상, 기초는 6급 4명 이상 포함) 이상의 정원이 필요한 업무량이 있는 때에만 설치함.
ⓔ 지방자치단체의 본청에 설치하는 실·국과 실·과·담당관은 그 행정사무를 총괄하는 부단체장의 지휘·감독하에 둠.
ⓕ 지방자치단체는 정책기획 기능과 집행 기능을 함께 수행하는 보조·보좌기관인 실·국과 실·과·담당관을 폐지하고 그 폐지된 기관과 같은 기능을 수행하는 별도의 사업소를 신설하여서는 아니 됨.

2. 부단체장

1) 부단체장의 권한과 기능

우리나라 지방자치단체 부단체장의 권한은 크게 두 가지로 구분될 수 있다.

첫째, 부단체장은 해당 지방자치단체장을 보좌하여 사무를 총괄하고, 소속직원을 지휘·감독한다(지방자치법 제123조 제5항). 지방자치단체장을 보좌하는 것이 부단체장의 가장 큰 권한이자 의무이다. 따라서 부단체장은 지방자치단체장의 권한에 속하는 사무를 위임전결 규정에 따라 처리하게 된다.

둘째, 부단체장은 지방자치단체장의 권한을 대행하거나 대리한다. 지방자치단체장이 ⓐ 궐위된 경우, ⓑ 공소 제기된 후 구금상태에 있는 경우, ⓒ 의료법에 따른 의료기관에 60일 이상 계속하여 입원한 경우, ⓓ 지방자치단체장이 선거에 입후보하여 예비후보자 또는 후보자로 등록한 경우에는 부단체장이 그 권한을 대행한다(지방자치법 제124조 제1항 및 제2항). 또한, 지방자치단체장이 출장·휴가 등 일시적 사유로 직무를 수행할 수 없으면 부단체장이 그 직무를 대리한다(제3항).[7]

위와 같은 권한을 행사하는 과정에서 부단체장은 다음과 같은 기능을 수행하게 된다(이경훈, 2001; 박해육 외, 2012). 첫째, 행정적 보좌 기능이다. 지방자치단체장은 행정 능률 제고보다는 민의의 수렴이나 정치적 해결을 중시하는 데 반하여, 부단체장은 행정 전문가로서 지방자치단체장을 보좌하게 된다.

둘째, 정치적 보좌 기능이다. 여기서 정치적 보좌 기능이란 정책추진에 있어 발생하는 다양한 이해관계자들의 갈등 조정이나 지방의회와 지방자치단체장과의 협력 관계 형성 등과 관련한 역할을 의미한다. 지방의회와 지방자치단체장 간 갈등이 발생하는 경우가 빈번하며, 이때 조정자로서의 부단체장의 역할이 강조되고 있다.[8]

셋째, 매개자 기능이다. 지방자치단체장이나 해당 지방자치단체가 중앙정부 또는 광역자치단체와의 원만한 관계를 유지하는 기능을 의미한다. 지방자치제가 시

---

7) 부단체장이 2명 이상이면 대통령령으로 정하는 순서에 따라 그 권한을 대행·대리하며, 부단체장이 직무를 수행할 수 없는 경우에는 해당 지방자치단체의 직제 순서에 따른 공무원이 그 권한을 대행·대리하게 됨(지방자치법 제124조 제4항 및 제5항).

8) 부단체장을 2명 이상 두는 광역자치단체와 100만 이상의 시에서는 1명의 부단체장은 행정 전문가로서 일반적인 행정적 보좌 기능에 집중하며, 나머지 부단체장은 특정 분야의 행정적 보좌 기능과 정치적 보좌 기능에 더욱 집중하도록 직제를 편성하고 있음.

작되면서 지방자치단체장과 중앙정부 또는 광역자치단체와 충돌하는 경우가 빈번하였다. 이때마다 상급기관에서 근무경험을 지닌 부단체장의 매개자로서의 보좌기능이 강조되고 있다.

넷째, 지방자치단체장에 대한 견제 기능이다. 지방자치단체장이 법령 또는 상급기관의 지침에 어긋난 지시를 하거나, 예산의 남용 및 재량권을 일탈 남용하는 경우, 부단체장은 이에 대한 견제장치로서 기능을 수행하게 된다. 지방자치단체의 중요 결정에 대한 지방자치단체장의 결재를 받는 품의 과정에서 부단체장의 견제 기능이 발휘될 수 있다.

2) 부단체장의 정수 및 공직 분류 등

현행 지방자치단체 부단체장의 정수, 공직 분류 및 임용절차 등은 지방자치법(제124조 및 같은 법 시행령)에서 규정하고 있다.

(1) 부단체장의 정수

지방자치법(제123조 제1항)에 규정된 부단체장의 정수를 살펴보면, 서울특별시의 부시장은 3명, 광역시·특별자치시의 부시장과 도 및 특별자치도의 부지사는 2명(인구 800만 이상의 광역시 및 도는 3명)으로 하며, 시·군·자치구의 경우는 1명(인구 100만 명 이상의 시의 경우 2명)이다.

(2) 부단체장의 공직 분류 및 임용

특별시·광역시 및 특별자치시의 부시장, 도와 특별자치도의 부지사는 대통령령으로 정하는 바에 따라 정무직 또는 일반직 국가공무원으로 보한다(지방자치법 제123조 제2항). 정무직 또는 일반직 국가공무원으로 보하는 부단체장은 시·도지사의 제청으로 행정안전부 장관을 거쳐 대통령이 임명한다. 이 경우 제청된 자에게 법적 결격사유가 없으면 시·도지사가 제청한 날부터 30일 이내에 그 임명절차를 마쳐야 한다(제3항).

광역자치단체장에게 부단체장 임명의 자율권을 강화하기 위하여, 부단체장을 2명 이상 두는 경우에 1명은 대통령령으로 정하는 바에 따라 정무직·일반직 또는 별정직 지방공무원으로 보할 수 있도록 하였으며, 정무직과 별정직 지방공무원으로 보할 때의 자격 기준은 해당 지방자치단체의 조례로 정하도록 하고 있다(지방자치법 제123조 제2항).

　기초자치단체인 시의 부시장, 군의 부군수, 자치구의 부구청장은 일반직 지방공
무원으로 보하되, 그 직급은 대통령령으로 정하며 시장·군수·구청장이 임명한다
(지방자치법 제123조 제4항).

▎표 11-1 부단체장의 정수 및 경력/특수경력직·국가/지방직 구분 등

구분	정수	분류 및 임용
특별시	3명	정무직 또는 일반직 국가공무원(시·도지사의 제청으로 행정안전부 장관을 거쳐 대통령이 임명)
광역시 특별자치도 특별자치시	2명 (인구 800만 이상의 광역시나 도는 3명)	단, 2명 이상이면 1명은 정무직·일반직 또는 별정직 지방공무원으로 보함.
시·군· 자치구	1명 (인구 100만 이상 시의 경우 2명9))	일반직 지방공무원(해당 자치단체장이 임명) 단, 2명 이상이면 1명은 일반직, 별정직 또는 임기제 지방공무원으로 보할 수 있음(이 경우 사무분장은 조례로 정함).

※ 자료: 지방자치법 제123조

Ⅲ　소속 기관

　지방자치단체의 소속 기관 또는 소속 행정기관이란 집행기관에 소속되지만, 전
문분야의 행정사무를 담당하는 별도의 기관을 의미한다. 지방자치법(제126~제130
조)이 규정하고 있는 소속 기관에는 직속 기관, 사업소, 출장소, 합의제 행정기관,
자문기관 등이 있다.

1. 직속 기관

　직속 기관이란 별도로 설치된 전문기관으로 지방농촌진흥기구·지방공무원 교
육훈련기관·보건환경연구원·보건소·지방소방학교·소방서와 공립대학·전문대학
을 말한다(지방자치단체의 행정기구와 정원 기준 등에 관한 규정 제2조 제5호). 지방자치

---

9) '지방자치분권 및 지역균형발전에 관한 특별법' 제60조 제1항.

단체는 대통령령이나 대통령령으로 정하는 바에 따라 지방자치단체의 조례로 직속
기관을 설치할 수 있다(지방자치법 제126조). 예를 들면, 서울특별시의 경우, 농업기
술센터, 인재개발원, 소방학교, 보건환경연구원, 서울시립대학교, 각종 소방서 등의
직속 기관을 설치하고 있다(서울특별시 행정기구 설치 조례 제22조 등).

2. 사업소

지방자치단체는 특정 업무를 효율적으로 수행하는 데 필요하면 대통령령으로 정하
는 바에 따라 그 지방자치단체의 조례로 사업소를 설치할 수 있다(지방자치법 제127조).
예를 들면, 서울특별시의 경우, 상수도사업본부, 한강사업본부, 아동복지센터, 어린이
병원, 역사박물관 등이 사업소이다(서울특별시 행정기구 설치 조례 제50조 등).

사업소가 특정 업무를 수행하기 위한 것이라면, 후술하는 출장소는 특정 지역을
위하여 필요한 경우에 설치된다.

3. 출장소

지방자치단체는 원격지 주민의 편의와 특정 지역의 개발촉진을 위하여 필요하
면 대통령령으로 정하는 바에 따라 그 지방자치단체의 조례로 출장소를 설치할 수
있다(지방자치법 제128조). 예를 들면, 경기도의 경기경제자유구역청, 기초자치단체
의 읍·면 출장소 등이다.

4. 합의제 행정기관

지방자치단체는 소관 사무의 일부를 독립하여 수행할 필요가 있으면 법령이나
그 지방자치단체 조례로 정하는 바에 따라 합의제 행정기관을 설치할 수 있다(지방
자치법 제129조). 서울특별시의 경우, 감사위원회, 시민감사옴부즈만위원회, 서울민
주주의위원회 등이 여기에 해당한다(서울특별시 행정기구 설치 조례 제122조 등).

5. 자문기관

지방자치단체는 그 소관 사무의 범위에서 법령이나 그 지방자치단체의 조례로
정하는 바에 따라 심의회·위원회 등의 자문기관을 설치·운영할 수 있다(지방자치

법 제130조 제1항). 자문기관은 법령이나 조례에 규정된 기능과 권한을 넘어서 주민의 권리를 제한하거나 의무를 부과하는 내용으로 자문 또는 심의 등을 하여서는 아니 된다(제2항).

지방자치단체는 자문기관 운영의 효율성 향상을 위하여 해당 지방자치단체에 설치된 다른 자문기관과 성격·기능이 중복되는 자문기관을 설치·운영해서는 아니 되며, 지방자치단체의 조례로 정하는 바에 따라 성격과 기능이 유사한 다른 자문기관의 기능을 포함하여 운영할 수 있다(지방자치법 제130조 제4항). 지방자치단체장은 자문기관 운영의 효율성 향상을 위한 자문기관 정비계획 및 조치결과 등을 종합하여 작성한 자문기관 운영 현황을 매년 해당 지방의회에 보고하여야 한다(제5항).

IV 하부 행정기관

1. 개요

우리나라 지방자치단체의 하부 행정기관이란 자치구가 아닌 구의 구청과 읍사무소, 면사무소, 동사무소를 의미한다. 하부 행정기관은 지방자치단체장의 지휘·감독을 받으면서 관할 지역의 사무를 스스로 처리하는 기관을 의미한다. 하부 행정기관은 지방자치단체의 사무를 지역별로 담당하는 일반지방행정기관이다.

하부 행정기관은 사무를 스스로 처리하는 점에서 지방자치단체장을 보조하는 보조기관과 구별되며, 처리하는 사무가 일반적이라는 점에서 사무가 전문적인 직속 기관과 구별된다.

2. 하부 행정기관의 장

자치구가 아닌 구에 구청장, 읍에 읍장, 면에 면장, 동에 동장을 둔다(지방자치법 제131조). 이들 하부 행정기관의 장은 모두 일반직 지방공무원으로 보하며, 해당 지방자치단체장이 임명 및 지휘·감독하며, 소관 국가사무와 지방자치단체의 사무를 맡아 처리한다(제132조 및 제133조).

자치구가 아닌 구, 읍, 면, 동에도 소관 행정사무를 나누어 수행하는 행정기구를 둘 수 있다(지방자치법 제134조).

3. 제주특별자치도의 특례

제주특별자치도의 경우 그 관할 구역에 지방자치단체인 시와 군을 두지 아니하고, 지방자치단체가 아닌 행정시를 두고 있다(제주특별법 제10조). 행정시에는 읍·면·동을 두도록 하고 있다(제16조). 따라서 제주특별자치도의 경우는 행정시와 그 소속 읍·면·동이 하부 행정기관이 된다.

제4절 **지방공무원**

I 지방공무원제도 개요

중앙정부에 의하여 임용된 공무원을 국가공무원, 지방자치단체에 의하여 임용된 공무원을 지방공무원이라 한다. 지방공무원과 관련된 법률은 지방자치법, 지방공무원법, 지방공무원 교육훈련법 등이 있다. 지방공무원 관련 법률은 국가공무원의 그것과 유사하게 규정되어 있으며, 이하에서는 국가공무원과 차별화되는 정원관리, 지방 인사행정기관을 중심으로 살펴보고자 한다. 지방공무원에 관하여 규정된 대통령령으로는 '지방자치단체의 행정기구와 정원 기준 등에 관한 규정', '지방공무원 임용령' 등이 있다. 각 지방자치단체에서는 법령에서 위임된 사항이나 법령에 위배되지 아니하는 범위에서 조례와 규칙으로 규정하고 있다.

지방공무원의 인사에 관한 최고 관리자는 소속 지방자치단체장과 지방의회 의장이다. 즉, 지방자치단체장은 집행부 소속 공무원에 대해, 지방의회 의장은 지방의회 사무직원에 대해, 임면(임용과 면직)·교육·훈련·복무·징계 등에 관한 사항을 처리한다(지방자치법 제118조 및 제103조, 지방공무원법 제6조).

II 지방공무원의 정원

지방공무원의 정원은 인건비 등 대통령령으로 정하는 기준에 따라 그 지방자치단체의 조례로 정한다(지방자치법 제125조 제2항). 그런데 조례로 정하지만 대통령령으로 정하는 기준을 따라야 한다. 여기서 대통령령은 '지방자치단체의 행정기구와 정원 기준 등에 관한 규정'이다. 이 규정에서는 지방자치단체에 정원 책정에 대한 일정 부분의 자율성을 부여하면서 방만한 인력운영을 방지하고자 기준인건비제도를 운영하고 있다.

기준인건비제도는 행정안전부에서 매년 제시하는 기준인건비를 기준으로 개별 지방자치단체가 스스로 정원을 관리하는 방식이다. 행정안전부에서는 개별 지방자치단체의 행정수요와 인건비를 고려하여 매년 인건비 총액을 제시하는데, 이를 기준인건비라 부르고, 이 범위 내에서 각 지방자치단체에서는 정원을 자율적으로 관리할 수 있는 방식이다.[10]

Ⅲ 지방자치단체에 두는 국가공무원

지방자치단체에는 지방공무원이 근무하고 중앙행정기관에는 국가공무원이 근무하는 것이 원칙이다. 그러나 중앙정부와 지방자치단체 상호 간의 의사소통 채널을 확보하고, 중앙정부로서는 국가정책의 일관성을 유지하고, 지방자치단체로서는 중앙정부의 행정역량을 학습하기 위하여, 지방자치단체의 특정 직위에 일정 수의 국가공무원이 근무할 수 있도록 하고 있다(김동건, 2008: 19).[11]

이러한 사항은 지방자치단체의 인사권이나 조직권을 침해할 수 있어 예외적으로 허용되어야 하므로, 법률에서 이를 규정하고 있다. 지방자치법(제125조 제5항)에서는 법률로 정하는 바에 따라 지방자치단체에 국가공무원을 둘 수 있도록 하고 있으며, '지방자치단체에 두는 국가공무원의 정원에 관한 법률'에서 구체적으로 정하고 있다.

---

10) 기준인건비를 이해하기 위해서는 인건비 총액에 대한 통제와 정원에 대한 통제로 구분하여 생각할 필요가 있음. 기준인건비 제도는 정원에 대한 자율성을 부여하되, 인건비 총액에 대해 통제를 하는 것임. 예를 들면, 6급 정원을 줄이고 그 하위직 정원을 늘리면 총 정원은 늘어나지만, 인건비 총액은 변함이 없거나 오히려 줄어들 수 있음.

11) 여기서 논하는 지방자치단체에 두는 국가공무원은 국가공무원이지만 지방자치단체의 소속직원으로 근무하는 경우를 의미함. 즉, 법적 신분만 국가공무원이지 보수나 지휘·감독권 등은 모두 지방자치단체장에게 있음. 이는 파견과는 다름. 파견은 자신의 소속을 바꾸지 않고 일시적으로 다른 기관에서 근무하거나 교육훈련을 받는 것을 의미함. 파견의 경우 보수는 원소속 기관에서 받고, 지휘 및 감독의 권한은 파견된 기관장에게 있음.

'지방자치단체에 두는 국가공무원의 정원에 관한 법률'(제2조)에서 규정하고 있는 지방자치단체에 두는 국가공무원의 정원은 ⓐ 지방자치법 제123조에 따른 광역자치단체의 부시장이나 부지사, ⓑ 연구직 공무원 또는 지도직 공무원인 국가공무원 179명 이내, ⓒ 일반 행정사무를 담당하는 광역자치단체 소속의 일반직 국가공무원 112명 이내로 명확히 규정하고 있다.

Ⅳ 지방 인사행정기관

지방자치단체의 집행부 소속 공무원과 지방의회 사무직원의 인사권이 각각 지방자치단체장과 지방의회 의장으로 이원화됨에 따라 기존 집행부 소속 공무원의 지방 인사행정기관과는 별도로 지방의회 사무직원에 대한 인사위원회, 소청심사위원회가 설치·운영된다. 여기서는 집행부 소속 지방공무원의 인사위원회와 소청심사위원회를 중심으로 살펴본다.

1. 인사위원회

지방자치단체장의 인사권 행사의 공정성과 중립성 확보를 위하여 각 지방자치단체에 인사위원회를 설치하도록 하고 있다(지방공무원법 제7조). 인사위원회의 위원장은 부단체장이 된다. 다만, 부단체장이 2명 이상인 광역자치단체의 경우는 국가공무원인 부단체장으로 한다(제9조).

인사위원회는 16명 이상 20명 이하의 위원으로 구성되며, 인구 10만 명 미만 지방자치단체의 경우는 7명 이상 9명 이하의 위원으로 구성할 수 있다(지방공무원법 제7조 제2항). 인사의 공정성, 투명성 및 주민 참여도를 높이기 위하여 인사위원 중 외부 위촉위원이 전체 위원의 2분의 1 이상을 차지하도록 하고 있다(제7조 제3항; 조선일, 2004: 140).[12]

---

12) 인사위원회는 지방자치단체의 인사에 관한 주요 사항을 의결하거나 사전심의하는 기능을 수행함. 구체적으로 인사위원회는 ⓐ 공무원 충원계획의 사전심의 및 각종 임용시험의 실시, ⓑ 임용권자의 요구에 따른 보직관리 기준 및 승진·전보 임용 기준의 사전의결, ⓒ 승진임용의 사전심의, ⓓ 공무원의 징계 의결 및 징계 부과금 부과 의결, ⓔ 인사와 관련된 조례안 및 규칙안의 사전심의, ⓕ 임용권자의 인사운영에 대한 개선 권고 등을 관장함(지방공무원법 제8조). 그러나 인사위원회의 구성과 운영에 관하여 ⓐ 비상설기관이므로 지방 인사행정과 관련된 중요한 결정이나 심의를

2. 지방 소청심사위원회

소청심사제도는 공무원이 '징계처분', '의사에 반하는 불리한 처분'이나 '부작위'에 대하여 이의를 제기하는 경우 이를 심사 및 구제하는 절차이다. 소청심사제도는 행정심판의 일종으로 행정소송 이전의 필수적인 전심 절차이므로 소청심사를 거치지 아니하고는 행정소송을 제기할 수 없다(지방공무원법 제20조의2). 소청심사의 대상은 '징계처분', '불리한 처분'이나 '부작위'[13] 등 위법적 사항에 한해 제기될 수 있으며, '부당한 사항'은 고충심사 대상이다.

지방공무원의 소청심사는 광역자치단체에 설치된 지방 소청심사위원회에서 관할 한다.[14] 지방 소청심사위원회는 16명 이상 20명 이하의 위원으로 구성하며, 외부에서 위촉되는 위원이 전체 위원의 2분의 1 이상이어야 한다(지방공무원법 제14조). 위원장은 심사위원회에서 위촉위원 중에서 호선한다. 지방 소청심사위원회의 결정은 처분행정청을 기속한다.

제3편

지방정부

하기에 한계가 있으며, ⓑ 지방자치단체장이 임명 또는 위촉하므로 독립성을 확보하기 어려우며, ⓒ 결과적으로 인사위원회가 지방자치단체장의 요구에 따라 징계, 승진 심사 등을 의결해주는 보조적인 기능을 수행한다는 비판이 제기됨(안용식 외, 2007: 360; 조선일, 2004).

13) 부작위는 행정청이 당사자 신청에 대하여 일정한 처분을 하여야 할 법적 의무가 있음에도 행정행위를 하지 않는 경우를 의미함. 예컨대, A 공무원이 1년간 휴직을 마치고 소속 기관에 복직 신청을 하였는데 소속 기관에서 아무런 행위를 취하지 않아 사실상 복직을 하지 못하게 된 경우에 A는 소속 기관의 부작위에 따른 이의신청(소청심사청구)을 할 수 있음.

14) 국가공무원의 경우는 행정기관 소속 공무원의 소청심사기관으로 인사혁신처에 소청심사위원회를 두고 있으며, 국회, 법원, 헌법재판소 및 선거관리위원회 소속 공무원의 소청심사기관으로는 국회사무처, 법원행정처, 헌법재판소사무처 및 중앙선거관리위원회 사무처에 각각 해당 소청심사위원회를 두고 있음.

제12장

의결기관과 집행기관의 관계

제1절 **의결기관과 집행기관의 일상적 관계**

I 의의

의결기관과 집행기관의 관계는 지방자치단체의 기관구성 형태에 따라 달라진다. 기관통합형을 취하는 경우 양 기관이 통합되어 있어 관계 문제 자체가 발생하지 않는다. 그러나 의결기관과 집행기관이 상호 독립적인 기능을 가지고 견제와 균형의 원리에 따라 상호작용이 이루어지는 기관대립형의 경우, 양자의 관계에 대한 세밀한 제도설계가 필요하다. 기관대립형에서 의결기관과 집행기관의 관계는 지방의회와 지방자치단체장과의 관계로 설명되기도 한다.

우리나라는 기관대립형을 취하면서 집행기관이 의결기관보다 권한의 비중이 높은 강시장형으로 볼 수 있다. 지방의회의 권한은 지방자치법 제47조에 열거된 사항과 자치사무 및 단체위임사무에 한정되지만, 지방자치단체장의 권한은 지방의회의 고유 권한을 제외한 지방자치단체의 모든 사무와 기관위임사무까지 광범위한 권한을 가진다. 또한, 지방자치단체장은 지방행정 전반을 통솔하고, 예산편성권, 예산집행권, 의회 의결사항에 대한 재의 요구권 및 선결처분권 등을 가진다.

의결기관과 집행기관의 일상적 관계는 양 기관이 각 기관에 주어진 독립적인 직무를 수행하면서 일상적으로 이루어지는 상호작용을 의미한다.

II 의결기관의 집행기관에 대한 관계

의결기관인 지방의회가 집행기관을 일상적으로 견제하는 제도적 장치 중 대표적인 것은 다음과 같다.

제3편 지방정부

첫째, 조례의 제정·개정 및 폐지, 예산의 심의·확정, 결산의 승인 그리고 지방자치단체의 중요 정책에 대한 의결권을 가진다(지방자치법 제47조).

둘째, 매년 1회 사무 감사와 특정 사안에 대한 사무조사를 통하여 집행기관을 감시한다(지방자치법 제49조).

셋째, 서류제출을 요구하거나(지방자치법 제48조), 지방자치단체장이나 관계 공무원이 지방의회에 출석·답변을 요구할 수 있다(제51조).

Ⅲ 집행기관의 의결기관에 대한 관계

집행기관이 지방의회의 독단적 결정을 견제하기 위한 일상적 권한으로 대표적인 것은 임시회 소집요구권(지방자치법 제54조), 의안의 발의권(제76조), 의회 출석진술권(제51조), 예산안의 편성권(제142조), 조례 공포권(제32조) 등이 있다.

제2절 의결기관과 집행기관의 비일상적 관계

Ⅰ 개요

의결기관과 집행기관의 비일상적 관계란 양 기관의 대립과 마찰이 강하게 표출되거나 비상 상황의 대처 수단으로 설계된 제도이다. 우리나라에서 양자의 비일상적 관계로는 지방자치단체장의 재의 요구와 선결처분권을 들 수 있다. 우리나라에서는 인정되지는 않지만 양 기관의 극단적 갈등에 대한 해결 수단으로 지방자치단체장 불신임권과 의회해산권이 있다.

Ⅱ 지방자치단체장의 재의 요구

지방자치단체장은 지방자치단체의 최고 의사결정 기관인 지방의회 의결에 따라 정책을 수행하여야 한다. 그런데 지방의회 의결이 위법·부당하거나 지방자치단체장이 집행하기 어려운 사항을 의결한 경우가 문제 될 수 있다. 이러한 경우를 대비하여 지방자치법에서는 지방자치단체장의 재의 요구권을 인정하고 있다. 지방자치단체장의 재의 요구권이란 지방의회의 의결에 이의가 있는 경우에는 그 의결사항을 의회에 반송하여 전과 다르게 의결하여 달라고 요구하는 것을 말한다.

현행 지방자치법상 지방의회 의결에 대한 지방자치단체장의 재의 요구로는 ⓐ 조례안에 대한 재의 요구(제32조), ⓑ 일반의결에 대한 재의 요구(제120조), ⓒ 예산상 집행 불가능한 의결에 대한 재의 요구(제121조), ⓓ 감독기관의 요구에 의한 재의 요구(제192조) 등 네 가지가 있다.[1] 이들 네 가지는 재의 요구의 사유만 다를 뿐 재의 요구 기한이나 방식(지방자치단체장은 지방의회 의결의 일부에 대하여 또는 그 의결을 수정하여 재의를 요구할 수 없음, 지방자치법 시행령 제69조), 지방의회 재의결을 위한 의사 및 의결정족수 등은 같다.

1. 조례안에 대한 재의 요구

지방자치단체장은 이송받은 조례안에 대하여 이의가 있으면 20일 이내에 이유를 붙여 지방의회로 환부(還付)하고, 재의를 요구할 수 있다. 이 경우 지방자치단체장은 조례안 일부에 대하여 또는 조례안을 수정하여 재의를 요구할 수 없다(지방자치법 제32조 제3항).

지방의회는 재의 요구를 받으면 조례안을 재의에 부치고 재적의원 과반수의 출석과 출석의원 3분의 2 이상의 찬성으로 전과 같은 의결을 하면 그 조례안은 조례로서 확정된다(지방자치법 제32조 제4항).

2. 일반의결에 대한 재의 요구

지방자치단체장은 지방의회의 의결이 월권이거나 법령에 위반되거나 공익을 현저히 해친다고 인정되면 그 의결사항을 이송받은 날부터 20일 이내에 이유를 붙여 재의를 요구할 수 있다(지방자치법 제120조 제1항).

이러한 지방자치단체장의 재의 요구에 대하여 재의한 결과 재적의원 과반수의 출석과 출석의원 3분의 2 이상의 찬성으로 전과 같은 의결을 하면 그 의결사항은

---

1) 이들 네 가지 재의 요구가 지방의회를 통제하기 위한 수단이라는 같은 목적이라면, 현행 지방자치법처럼 산발적으로 규정하기보다는 독일의 사례를 참고하여 하나의 조문으로 통일할 필요가 있다는 견해가 있음(김남철, 2004: 440).

확정된다(지방자치법 제120조 제2항). 지방자치단체장은 재의결된 사항이 법령에 위반된다고 인정되면 대법원에 소(訴)를 제기할 수 있다(제3항).

3. 예산상 집행 불가능한 의결의 재의 요구

지방자치단체장은 지방의회의 의결이 예산상 집행할 수 없는 경비를 포함하고 있다고 인정되면 그 의결사항을 이송받은 날부터 20일 이내에 이유를 붙여 재의를 요구할 수 있다(지방자치법 제121조 제1항). 또한 '법령에 따라 지방자치단체에서 의무적으로 부담하여야 할 경비', '비상재해로 인한 시설의 응급복구를 위하여 필요한 경비'를 줄이는 의결을 할 때도 재의를 요구할 수 있다(제2항).

지방자치단체장의 재의 요구에 대한 지방의회의 의사 및 의결정족수, 재의결의 효력 등은 일반의결에 대한 재의 요구와 같다(지방자치법 제121조 제3항).[2],[3]

4. 감독기관의 요구에 의한 재의 요구[4]

지방의회의 의결이 법령에 위반되거나 공익을 현저히 해친다고 판단되면 시·도에 대해서는 주무부 장관이, 시·군 및 자치구에 대해서는 시·도지사가 해당 지방자치단체장에게 재의를 요구하게 할 수 있고, 재의 요구 지시를 받은 지방자치단체장은 의결사항을 이송받은 날부터 20일 이내에 지방의회에 이유를 붙여 재의를 요구하여야 한다(지방자치법 제192조 제1항).

시·군 및 자치구의회의 의결이 법령에 위반된다고 판단됨에도 불구하고 시·도

---

2) 다만, '일부 재의 요구'와 관련하여 예산의 경우 예외로 볼 것인지가 논쟁이 됨. 즉, 현실에서 전체 예산안에 대한 재의 요구를 하기보다는 문제가 되는 일부 예산안에 대해 재의 요구를 하는 것이 합리적이라고 볼 수 있음. 그러나 지방자치법 시행령 제69조에 일부 재의 요구는 불가하다는 명문 규정이 있어, 이 규정을 예산상 집행 불가능한 의결에서는 제외할 것인지에 대해, 학설은 아직 명확하지 않으며, 판례는 일부 재의 요구를 인정함(이진수, 2015: 94).

3) 제121조에 대해서는 대법원에 제소 및 집행정지 신청에 관한 규정 및 판례는 없음. 그러나 동 조항이 제120조와 연관되어 해석되어야 할 여지가 있으므로 법령에 위반된다면 대법원에 제소와 집행정지 신청이 가능하다고 보아야 할 것임. 다만, 현실에서 예산상 집행할 수 없는 경비를 의결하였다 하여 그 자체가 법령에 위반된다고 판단할 수 있을 지는 의문임. 왜냐하면 법률상 필요한 경비를 지방의회가 의결하지 않았다고 하여 위법한 행위는 아니기 때문임. 예산 비법률주의를 취하는 우리나라의 경우 예산은 일종의 미래 집행계획 성격이 강하므로 그 자체로 위법성을 인정하기는 어려울 것으로 생각됨.

4) 감독기관의 요구에 의한 재의 요구의 자세한 내용은 제5편 제19장 제2절 지방의회 의결에 대한 통제를 참고 바람.

지사가 재의를 요구하게 하지 아니한 경우 주무부 장관이 직접 시장·군수 및 자치구의 구청장에게 재의를 요구하게 할 수 있고, 재의 요구 지시를 받은 시장·군수 및 자치구의 구청장은 의결사항을 이송받은 날부터 20일 이내에 지방의회에 이유를 붙여 재의를 요구하여야 한다(지방자치법 제192조 제2항).

재의 결과 재적의원 과반수의 출석과 출석의원 3분의 2 이상의 찬성으로 전과 같은 의결을 하면 그 의결사항은 확정된다(지방자치법 제192조 제3항). 지방자치단체장은 재의결된 사항이 법령에 위반된다고 판단되면 재의결된 날부터 20일 이내에 대법원에 소를 제기할 수 있다. 이 경우 필요하다고 인정되면 그 의결의 집행을 정지하게 하는 집행정지 결정을 신청할 수 있다(제4항).

┃표 12-1 지방의회 의결 등에 대한 재의 요구

구분	제32조 (조례안의 재의 요구)	제120조(일반의결에 대한 재의 요구) / 제121조(예산상 집행 불가능한 의결의 재의 요구)	제192조(감독기관의 요구에 의한 재의 요구)
대상	조례안	지방의회 의결	지방의회의 의결 등(제32조, 제120조, 제121조의 의결도 포함됨)
		예산 관련 의결	
재의 요건	이의가 있을 때	월권, 법령 위반, 공익을 현저히 해침	주무부 장관, 시·도지사가 법령위반, 공익을 현저히 해친다고 판단된 경우
		예산상 집행 불가능 경비포함, 의무적 부담경비와 응급복구비 삭감	
요구 권자	지방자치단체장	지방자치단체장	주무부 장관, 시·도지사의 요구에 따라 지방자치단체장
요구 기간	이송받은 날부터 20일 이내		
재의결 정족수	재적의원 과반수 출석, 출석의원 2/3 찬성		
대법원에 제소	가능[5]	재의결 사항이 법령에 위반되는 경우	
		재의결된 날부터 20일 이내, 지방자치단체장이 대법원에 제소	• 재의결된 날부터 20일 이내, 지방자치단체장이 대법원 제소 • 지방자치단체장이 제소하지 않을 경우 주무부장관, 시·도지사가 제소 지시 또는 직접 제소
집행정지 신청	가능[6]	가능	가능

※ 자료: 행정자치부, 2016: 121

---

5) 명문규정은 없으나 판례인정. 대법원 판례 참고(대법원 1999. 4. 72. 99추23).

6) 규정과 판례는 없으나 가능할 것으로 판단됨. 판례가 대법원에 제소할 수 있도록 인정하고 있는 한, 집행정지 신청은 불가능하다고 볼 수 있는 논리적 이유를 찾기 어려울 것으로 보임.

Ⅲ 선결처분권

1. 의의

선결처분이란 지방의회의 의결이 필요한 사항이지만 지방의회가 성립되지 않거나 의결을 기다릴 여유가 없을 정도의 긴급성이 요구되는 경우에 지방자치단체장이 독자적으로 판단하고 처분하는 것을 의미한다. 지방자치단체장의 선결처분권은 극히 예외적으로 허용되는 것이며, 반드시 지방의회의 사후 승인을 받아야 한다.

지방자치법에서는 제122조에서 본래의 의미인 일반적 선결처분권을 규정하고 있으며, 같은 법 제147조에서는 준예산 제도를 규정하고 있는데 이는 선결처분권의 특수한 형태로 볼 수 있다.

2. 일반적 선결처분권

1) 요건

지방자치단체장의 선결처분권에 대한 두 가지 요건이 있으며, 이 중 하나만 성립하여도 선결처분권을 행사할 수 있다.

첫째, 지방의회 의원이 구속되는 등의 사유로 의결정족수에 미달될 때이다(지방자치법 제122조 제1항 전단). 예를 들면, 7명의 의원으로 구성된 기초지방의회에서 의원 1명이 사망하고 3명이 구속되는 경우, 사망의원에 대한 보궐선거와 구속의원의 최종 판결까지 의결정족수에 미달하여 의회가 유효한 결정을 내리기 어려운 경우이다.

둘째, 지방의회의 의결사항 중 주민의 생명과 재산 보호를 위하여 긴급하게 필요한 사항으로서 지방의회를 소집할 시간적 여유가 없거나 지방의회에서 의결이 지체되어 의결되지 아니할 때이다(지방자치법 제122조 제1항 후단). 이 경우는 긴급하게 필요한 사항이 전제되어야 한다.

2) 의회의 승인

지방자치단체장이 선결처분을 한 경우에는 지체 없이 지방의회에 보고하여 승인을 받아야 한다(지방자치법 제122조 제2항). 의회의 승인을 받지 못하면 그 선결처분은 그때부터 효력을 상실한다(제3항).

3. 예산안에 대한 선결처분

지방의회가 새로운 회계연도가 시작될 때까지 예산안을 의결하지 못하면, 지방자치단체장은 예산안이 의회에서 의결될 때까지 전년도 예산에 준하여 집행한다. 이를 준예산 제도라고 부르며, 우리나라 중앙정부에서도 채택하고 있는 예산제도이다. 이러한 준예산 제도도 일종의 특수한 형태의 선결처분권으로 보고 있다(홍정선, 2018: 421; 최창호·강형기, 2019: 384).

지방자치단체장의 준예산 집행에는 일정한 제약이 따르는데, ⓐ 법령이나 조례에 따라 설치된 기관이나 시설의 유지·운영, ⓑ 법령상 또는 조례상 지출의무의 이행, ⓒ 이미 예산으로 승인된 사업의 계속 등의 목적을 위한 경비에 한하여 허용된다(지방자치법 제146조).[7]

Ⅳ 지방자치단체장 불신임권과 의회해산권

기관대립형의 경우 지방의회의 지방자치단체장 불신임의결과 지방자치단체장의 지방의회 해산권이 인정되기도 한다. 이는 양 기관의 극한 대립으로 인한 문제해결 수단으로 새로운 선거를 통한 주민의 판단을 다시 받기 위한 것이다.

우리나라에서는 제1공화국 시절, 지방자치단체장이 간선제 또는 임명제로 선출된 경우에는 지방의회의 지방자치단체장 불신임제도가 시행되었으며, 이 경우 지방자치단체장은 의회를 해산할 수 있었다. 그러나 지방자치단체장을 직선한 경우에는 불신임제도나 의회 해산제도는 시행되지 않았으며, 현재도 시행되지 않고 있다.

---

7) 준예산이 집행된 이후에는 일반적인 선결처분권과 달리 의회에서 별도의 사후 승인이 필요한 것은 아니며, 의회에서 다음 연도 예산이 의결되면 해당 예산에서 집행된 것으로 처리됨.

제13장

주민과 주민참여

제1절 주민의 권리와 의무

Ⅰ 의의

국민이 국가의 구성원이듯이, 주민은 지방자치단체의 구성원이다. 주민은 구역, 자치권과 함께 지방자치단체의 3대 구성요소 중 하나이다. 지방자치단체는 주민의 복리에 관한 사무를 처리하고 재산을 관리하기 위하여 주민에 의하여 설립된 단체 이다. 따라서 주민이 어떠한 의무와 권리를 가지고, 어떻게 그리고 어느 정도 지방 정부의 정책과정에 참여하도록 할 것인가는 지방자치제도 설계에 핵심 요소이다.

Ⅱ 주민 개념

주민은 지방자치단체의 구역에 '주소를 가진 자'를 말한다(지방자치법 제16조). 주 민인지 아닌지를 구별하기 위해서는 '주소를 가진 자'를 확인하는 방법이 필요하다. 주민등록법(제23조)에서는 '주민등록지를 공법(公法) 관계에서의 주소'로 하고 있다. 따라서 지방자치단체의 주민이란 "그 구역 내에 주민등록법에 의한 주민등록지를 갖고 있는 자"를 의미한다. 한편, 주민은 국민이라는 용어와 법적으로 엄격히 구분된 다. 국민은 대한민국 국적을 가진 자를 말하며, 국적법에서 그 요건을 정하고 있다.

지방자치단체 주민의 개념 규정은 주민으로서 누릴 수 있는 권리 및 의무와 관 련된다. 지방자치단체에 주민등록을 하면 외국인도 주민이 될 수 있다(주민등록법 제10조 제1항 제9호). 시·군·구의 주민은 동시에 그 시·군·구를 관할하는 시·도 의 주민이 된다.

그런데 모든 주민에게 같은 권리를 부여하는 것은 아니다. 특히, 선거권·피선거권, 주민투표, 주민발안, 주민소환 등 법령의 규정에 따른 참정의 권리에 대해서는 나이와 국적 등에 따라 일정한 제한을 두고 있다. 지방의회 의원이나 지방자치단체장 피선거권은 18세 이상의 국민에게 주어져, 18세 미만 국민인 주민과 모든 외국인인 주민에게는 피선거권을 부여하지 않고 있다(공직선거법 제16조 제3항). 지방선거에서 선거권은 18세 이상의 주민에게 주어져, 외국인에게도 허용된다. 다만, 외국인은 영주의 체류자격 취득일 후 3년이 경과하고, 해당 지방자치단체의 외국인등록 대장에 올라 있는 사람이라는 조건이 충족되어야 한다(제15조 제2항 제3호).

Ⅲ 주민의 권리

지방자치단체 주민의 권리는 크게 수익권과 참정권으로 구분할 수 있다. 수익권은 지방자치단체 구성원으로서 재산과 공공시설을 이용하거나 행정 서비스를 받을 수 있는 권리를 의미하며, 참정권은 지방자치단체의 행정이나 주요 결정에 참여할 수 있는 권리를 의미한다.

1. 수익권

1) 재산 및 공공시설 이용권

주민은 법령으로 정하는 바에 따라 소속 지방자치단체의 재산과 공공시설을 이용할 권리를 가진다(지방자치법 제17조 제2항). 여기서 재산이란 현금 외의 모든 재산적 가치가 있는 물건과 권리를 말하며, 공공시설이란 병원, 공원, 학교, 유치원 등 지방자치단체가 주민의 복지를 증진하기 위하여 설치한 시설을 의미한다(제161조 제1항).

재산 및 공공시설 이용권은 이용할 권리를 가진다는 것이지 무료 이용을 의미하는 것은 아니다. 또한, 재산 및 공공시설 이용권은 주민에게 이용 권리가 있다는 의미이며, 주민이 아닌 자는 이용할 수 없다는 의미는 아니다. 다만, 해당 지방자치단체의 주민이 아닌 경우는 재산이나 공공시설의 이용이 제한될 수도 있다.

2) 균등하게 행정의 혜택을 받을 권리

주민은 법령으로 정하는 바에 따라 해당 지방자치단체로부터 균등하게 행정의 혜택을 받을 권리를 가진다(지방자치법 제17조 제2항). 여기서 '행정의 혜택'이란 같은 조항에서 언급한 재산 및 공공시설 이용을 제외한 지방자치단체에서 제공하는 모든 종류의 행정 서비스를 의미하며, '균등하게'란 평등의 원칙을 천명한 것으로 볼 수 있다(홍정선, 2018: 161).

2. 참정권

참정권은 지방자치단체의 주인인 주민이 대표자를 선출하거나 주요 의사결정 등 지방자치단체 행정에 직접 참여할 수 있는 권리를 의미한다. 지방자치법 제17조 (제1항)에서는 "주민은 법령으로 정하는 바에 따라 주민 생활에 영향을 미치는 지방자치단체의 정책 결정 및 집행 과정에 참여할 권리를 가진다"라고 하여 참정권에 관한 일반적 사항을 규정하고 있다.

주민의 권리 중 참정권에는 ⓐ 선거권과 피선거권, ⓑ 공무담임권, ⓒ 주민투표권, ⓓ 조례제정·개정·폐지 청구권(주민발안권), ⓔ 주민감사청구권, ⓕ 주민소송권, ⓖ 주민소환권, ⓗ 청원권, ⓘ 규칙의 제정과 개정·폐지 의견 제출권 등이 있다.

Ⅳ 주민의 의무

주민의 의무는 개별법령이나 지방 자치법규에서 규정하게 되므로 모두 논의할 수는 없으며, 여기서는 대표적인 비용분담 의무와 지방 자치법규 준수 의무를 살펴본다.

1. 비용분담 의무

주민은 법령으로 정하는 바에 따라 소속 지방자치단체의 비용을 분담하여야 하는 의무를 진다(지방자치법 제27조). 비용분담은 지방세, 사용료, 수수료, 분담금의 형태로 이루어진다(제152~156조). 이러한 주민의 의무부담에 대하여 지방세는 법률로 정하고, 사용료·수수료·분담금은 조례로 정하도록 하고 있다.

한편, 사기나 그 밖의 부정한 방법으로 사용료·수수료 또는 분담금의 징수를 면한 자에게는 그 징수를 면한 금액의 5배 이내의 과태료를, 공공시설을 부정 사용한 자에게는 50만 원 이하의 과태료를 부과하는 규정을 조례로 정할 수 있다(지방자치법, 제156조 제2항).

2. 지방 자치법규(조례 · 규칙) 준수 의무

헌법 제117조에서는 지방자치단체는 법령의 범위안에서 자치에 관한 규정을 제정할 수 있도록 하고 있다. 지방자치단체의 주민은 자치에 관한 규정으로 지방의회가 제정한 조례와 지방자치단체장이 정한 규칙을 준수하여야 한다. 지방자치법(제34조 제1항)에서는 조례를 위반한 행위에 조례로써 1천만 원 이하의 과태료를 정할 수 있도록 하고 있다.

제2절 주민참여

I 의의

주민참여 개념은 학자마다 다르게 정의되는데, 여기서는 주민참여를 "정책과정에 영향력을 미치기 위한 일반 주민의 행위"로 정의하고자 한다. 주민참여 개념이 학자들 간 달리 정의되는 이유는 주민참여의 주체, 범위, 행위에 관해 견해를 달리하기 때문으로 보인다. 주민참여의 개념 구성에 학자들 간 쟁점이 되는 몇 가지 요소를 살펴보면 다음과 같다.

첫째는 주민참여의 '주체' 문제이다. 주민참여의 주체는 일반적으로 지방자치단체의 구성요소로서의 주민 개념과 일치한다. 또한, 관료나 지방의회 의원과 같은 공적 권한을 갖지 않는 주권자로서의 주민을 의미하는 것으로 해석된다(안용식 외, 2007: 135). 물론, 공무원이나 지방의회 의원도 권력적 지위가 아닌 일반 주민의 지위에서는 참여의 주체로서의 일반 주민이 될 수 있을 것이다.

둘째는 주민참여의 '범위' 문제이다. 주민참여를 정책 결정 과정에의 참여로 이해하는 입장(이승종, 2014: 156)과 정책의 결정, 집행, 평가 및 환류의 전 과정에 참여하는 것으로 보는 입장(안용식 외, 2007: 136; 최창호·강형기, 2019: 491; 김병준, 2010: 609)으로 구분된다. 주민참여를 정책 결정 과정에의 참여로 인식하는 것은 정부주도적 의사결정 구조에서 주민을 위한 행정을 지향하는 것을 강조하는 태도로 보인다(안용식 외, 2007: 136). 그러나 현대 지방행정에서 주민참여의 실효성을 극대화하기 위해서는 주민참여의 범위를 정책과정 전반으로 확대하여 보는 것이 바람직할 것으로 보인다.

셋째는 주민참여의 '행위' 문제이다. 행위 문제와 관련해서는 우선 합법적인 행위만을 의미하며 폭력이나 시위, 뇌물공여와 같은 비합법적인 행위는 제외된다(이달곤 외, 2012: 94; 김병준, 2010: 610). 또한, 민원서류의 발급과 같은 단순한 서비스 청구행위는 제외된다. 이는 정책과정에 영향력을 행사하는 것이 아니기 때문이다.

마지막으로 주민의 직접 참여행위를 의미하므로, 대표자 선출을 위한 선거에 참여하는 것은 포함되지 않는다는 견해(이달곤 외, 2012: 94; 최창호·강형기, 2019: 491)와 이를 포함시키는 견해(임승빈, 2014: 441; 강용기, 2014: 207)가 있다. 전자는 현대의 주민참여는 행정의 비대화를 감시 통제하고 책임성을 높이기 위하여 관료제의 업무처리 과정에 참여하는 것을 의미한다는 입장(최창호·강형기, 2019: 491)이며, 후자는 대의민주주의 시스템에 참여하거나 정치적 행위 또한 주민참여라는 입장이다. 참여행위를 좁게 보는 견해와 넓게 보는 견해의 차이로 보인다(김병준, 2010: 608). 주민참여의 범위로서 행위를 명확히 범주화하여 구분하기는 어렵다고 본다. 이론상 또는 강학상 주민참여의 개념을 좁게 보더라도, 현실에서 선거를 주민참여가 아니라고 볼 수는 없을 것이다. 여기서는 주민참여의 범위에 선거를 포함시켜 본 장 제4절에서 지방자치 선거를 다룬다.

Ⅱ 주민참여와 대의민주주의

주민참여는 직접민주주의 형식으로서 지방자치제도의 기본원칙인 대의민주주의 또는 대표민주주의와 충돌할 가능성을 갖는다.

이와 관련하여 우선 우리 헌법 규정을 살펴볼 필요가 있다. 헌법 제118조 제1항에서는 "지방자치단체에 의회를 둔다."라고 규정하고 있다. 이는 지방자치단체의 중요한 의사결정은 주민의 대의기관인 지방의회가 하도록 한다는 것으로 해석된다. 그런데 만일 지방자치단체의 주요 의사결정을 주민이 직접 하도록 하는 주민참여 방식을 취하면 위 헌법에 위반되는지가 문제 된다(홍정선, 2018: 219).

현대 직접민주주의 제도가 대의제 또는 대의민주주의 원칙을 위배할 정도의 강력한 직접 참여는 사실상 거의 불가능하다고 볼 수 있다. 최근 각국의 다양한 직접민주주의 제도들은 국민 직접통치제도로서의 의미가 많이 약화하고 대의민주주의와 조화될 수 있는 제도로 정착되어 가고 있다(허영, 2019: 738). 예를 들면, 주민발안이나 주민투표의 경우도 외형상 주민에게 조례안이나 중요사안에 대한 결정권을 주는 것처럼 보이지만 실질적으로는 대의기관에 의하여 조례의 내용이 확정되거나 주민에게 정책대안에 대한 선택권이나 가부 결정권만을 주는 것에 지나지 않는다.

따라서 헌법에서 지방자치단체에 지방의회를 두도록 하는 취지에 대한 본질적인 내용을 침해하지 않는 범위에서 주민의 직접 참여는 가능하다고 볼 수 있다(홍정선, 2018: 219).

한편, 더 나아가 주민참여는 대의민주주의의 문제점을 보완하는 장치로 볼 수 있다. 지방자치제도는 주민의 의사를 행정과 정책에 잘 반영될 수 있도록 정치·행정체제를 구축할 필요가 있다. 따라서 대의제 원칙을 취하더라도 주민의 의사를 반영할 수 있는 제도적인 장치의 보완이 필요하다. 특히, 최근 일회적 선거를 통한 다년간 위임의 문제, 유권자의 정치적 무관심, 주민과 대표 간의 갈등 및 의사소통의 문제 등 대의민주주의의 한계와 문제점이 주목받으면서 주민의 직접 참여의 필요성이 증대되고 있다.

결국, 주민참여는 대의민주주의를 무력화하는 것이 아니라 대의민주주의 원칙을 존중하면서 그 실효성을 보완하는 장치라고 할 수 있다.

Ⅲ 주민참여의 순기능과 역기능

1. 순기능

지방행정 및 정치에 대한 주민의 참여는 진정한 주민자치를 실현하는 데 꼭 필요한 것으로 다음과 같은 구체적인 순기능을 가진다.

ⓐ 주민참여는 대의민주주의의 한계를 보완한다. 상시적인 참여를 보장하는 주민참 여는 주민 대표를 선출하고 그 대표에게 결정권을 위임하는 대의제의 문제점을 보완하는 제도적 장치이다.

ⓑ 주민참여는 주민 갈등의 해소에 이바지한다. 주민참여는 각자의 의견을 표명할 기회를 제공함에 따라 관과 민의 갈등, 민과 민의 갈등을 해소할 수 있는 통로가 된다.

ⓒ 주민참여는 시장 중심의 특수이익을 견제하고 사회적 형평성 구현에 이바지한다. 주민참여는 기업과 시장 우위의 상황에서 소외된 일반 시민들의 의견과 이익을 표명할 수 있게 하는 장치로 유용하다(김병준, 2010: 616; 이달곤 외, 2012: 97).

ⓓ 주민참여는 지방정부의 정책역량을 높이고 행정 서비스의 질 향상에 기여한다. 주민참여의 확대는 주민과 정부 기관과의 의사소통과 정보교류의 장을 확장해 행 정수요 파악이 원활해지고 정보의 왜곡을 방지하여 관료제의 폐쇄성을 극복하게 한다. 또한, 시민의 이해와 협조를 통하여 정책추진이 쉽게 이루어지도록 한다.

ⓔ 주민참여는 주민의 민주 의식을 높이는 교육적 기능을 가진다(이달곤 외, 2012: 97). 각종 정책과정에서 주민참여의 경험은 관련 지식을 습득하게 하고 자치 역량을 배양하고 공동체 의식을 키우는 데 바탕이 된다.

2. 역기능

주민참여는 다음과 같은 역기능을 유발할 수도 있음에 주의해야 한다.

ⓐ 대표성 및 공정성의 문제가 제기된다. 적극적인 소수의 참여자가 참여하지 않는 다수에 대한 대표성을 가질 수 있느냐의 문제가 제기된다. 또한, 소수의 참여자가 자신들의 특수이익을 관철하고자 하는 경우는 공정성의 문제도 제기된다.

ⓑ 조작적 참여의 가능성이 우려된다(김병준, 2010: 620). 행정기관이 정책을 정당화하 기 위하여 주민들을 동원하거나 흡수·포섭하는 경우에 주민참여는 오히려 주민 에게 피해를 줄 수 있다.

ⓒ 주민참여로 인하여 비효율성이 우려된다. 주민참여의 과정에는 많은 시간과 노력 이 필요하다. 특히 주체 간 이해관계가 충돌하는 사안의 경우는 합의점을 찾기 어려울 수 있으며 정책이 표류할 수도 있다.

Ⅳ 주민참여의 유형

주민참여의 유형은 학자에 따라 다양하게 분류되지만, 여기서는 참여의 영향력 정도와 참여의 제도화 정도에 따른 유형 구분을 살펴본다.

1. 참여의 영향력 정도에 따른 분류

아른스타인(Sherry R. Arnstein)은 1960년대 후반 미국 연방정부의 사회정책 프로그램을 분석하여 주민참여의 영향력 정도를 기준으로 8단계의 '주민참여 사다리(Ladder of Citizen Participation)'를 제시하였다. 아른스타인은 주민참여를 총 8개의 단계로 나누고, 1~2단계를 비참여, 3~5단계를 형식적 참여, 6~8단계를 실질적 참여로 구분하였다.

1단계(조작: Manipulation)는 관료들에 의한 일방적인 교육, 설득이 이루어지고 주민은 단순히 참석하고 도장을 찍는 임무를 수행한다. 진정한 의미의 참여로 보기는 어려우며 권력자에 의해 참여의 왜곡이 나타난다.

▌표 13-1 아른스타인의 주민참여 8단계

8단계	주민통제(Citizen Control): 학교 및 지역사회개발에 주민들과 공동체가 통제해야 한다는 수요가 증가함	실질적 참여
7단계	권한위임(Delegated Power): 주민들과 정부 사이의 협상에서 주민들이 우월한 결정권을 행사함	
6단계	협력(Partnership): 주민들과 정부 사이의 협상을 통하여 권력을 재배분함	
5단계	회유(Placation): 명목적일지라도 어느 정도 주민들의 의견이 반영되는 단계임. 표출된 의견을 어느 정도 반영할 것인지는 여전히 정부가 가짐	형식적 참여
4단계	의견수렴(Consulting): 공청회, 설문조사 등을 통하여 의견을 수렴하지만, 의견이 반영되지는 않음	
3단계	정보제공(Informing): 관료가 주민에게 일방적으로 정보를 제공하고 환류 작용은 없음	
2단계	교정·치료(Therapy): 관료가 참여를 유도하여 주민들을 교정 또는 치료하는 과정으로 활용함	비참여
1단계	조작(Manipulation): 관료들에 의한 일방적인 교육, 설득이 이루어지고 주민은 단순히 참석하고 도장을 찍는 역할	

자료: Arnstein, 1969: 217

2단계(교정·치료: Therapy)에서는 관료가 참여를 유도하여 주민들을 교정 또는 치료하는 과정으로 활용한다. 어떤 측면에서는 조작 단계보다 더 낮은 단계에 위치할 수 있을 정도로 정부의 부정직하고 오만함이 나타난다.

3단계(정보제공: Informing)에서는 정부 관료가 주민에게 일방적으로 정보를 제공하고 환류 작용은 없다. 즉 정보의 일방적 흐름만이 있을 따름이며 주민에게는 환류나 협상을 할 수 있는 권한이 주어지지 않는다.

4단계(의견수렴: Consulting)에서는 공청회나 서베이(survey) 등을 통하여 의견을 수렴하지만 그러한 의견이 반영되지는 않는다. 즉 참여를 위한 참여, 겉치레 형식과 같은 참여만이 나타난다.

5단계(회유: Placation)는 명목적일지라도 어느 정도 주민들의 의견이 반영되는 단계이다. 주민들이 표출한 다양한 의견을 어느 정도 정책에 반영할 것인지에 대해서는 여전히 정부가 권한을 가진다.

6단계(협력: Partnership): 주민들과 정부 사이의 협상을 통하여 권력을 재배분하는 단계이다. 공동 정책협의회나 위원회 등을 통하여 계획이나 결정권의 공유에 대해 서로 합의하는 절차를 거치게 된다.

7단계(권한위임: Delegated Power)는 주민과 정부 사이의 협상에서 주민들이 우월한 결정권(dominant decision–making)을 행사하는 단계이다. 여기서 말하는 주민의 우월한 결정권은 지방정부의 업무 영역에서가 아니라 특정 계획이나 프로그램에서의 권한 행사이다.

8단계(주민통제: Citizen Control)는 주민들이 각종 지역사회개발에 주도적인 통제를 해야 한다는 수요가 증가하는 단계이다. 여기서 말하는 주민통제는 주민이 정부기관 자체를 통제하기보다는 학교나 지역사회 문제해결을 위한 각종 프로그램에 대한 전반적인 통제권을 공동체나 주민들이 행사하는 것을 의미한다.

2. 참여의 제도화 정도에 따른 구분: 제도적 참여와 비제도적 참여

주민참여는 제도화의 정도에 따라 제도적 참여와 비제도적 참여로 구분될 수 있다. 제도적 참여란 법령이나 자치법규 등의 법적 근거를 가진 참여이다. 여기에는 법규에 따라 규정된 주민발의, 주민투표, 주민소환, 공청회, 자문위원회 등이 있다.

비제도적 참여란 법규에 근거를 가지지 않는 참여이다. 여기에는 정부 기관 방문이나 각종 매체를 통한 의견의 개진, 집회에의 참여, 시민단체를 통한 시민운동 등을 들 수 있다.

제3절 우리나라의 주민참여제도

I 개요

우리나라의 주민참여제도의 구분은 지방자치법에 근거를 둔 주민참여제도와 그 외의 주민참여제도로 구분하거나, 주민 협조적 참여, 주민 감시적 참여, 주민 권력적 참여로 구분하기도 하며, 개별적 참여와 집합적 참여로 구분하기도 하며, 제도적 참여와 비제도적 참여로 구분하기도 한다(김병준, 2010: 626−9; 안용식 외, 2007: 140; 강용기, 2014: 204).

여기서는 지방자치법에 근거를 둔 주민참여제도와 그 외의 주민참여제도로 나누어 살펴보고자 한다. 지방자치법에 근거를 둔 주민참여제도는 대의민주주의를 보완하기 위하여 지방자치제도와 함께 설계된 것이므로 별도로 살펴볼 필요가 있기 때문이다.

II 지방자치법에 근거를 둔 주민참여제도

1. 주민투표

1) 의의

주민투표란 주민이 지방자치단체의 중요한 사안에 대하여 투표로써 직접 결정하는 제도를 의미한다. 현행 지방자치법(제18조)에서는 지방자치단체장은 주민에게 과도한 부담을 주거나 중대한 영향을 미치는 지방자치단체의 주요 결정사항 등에 대하여 주민투표에 부칠 수 있도록 하고 있다(제18조 제1항). 또한, 이 법률에서는 주민투표의 대상·발의자·발의요건, 그 밖에 투표절차 등에 관한 사항은 따로 법률로 정하도록 하고 있는데(제2항), 주민투표법에서 관련 내용을 구체적으로 규정하고

있다.[1]

1994년 지방자치법에 주민투표제도가 도입되어 1994~1995년 시·군 통합시에 주민투표가 활용되었으나, 구체적인 법률의 정비가 필요함에 따라 2004년 주민투표법이 제정되었다.

주민투표제도의 장단점을 살펴보면, 우선 장점으로는 ⓐ 주민의 자기결정권을 보장하여 정치적 만족감을 충족시키고, ⓑ 자치행정에 민주적 정당성을 부여하며, ⓒ 주민자치 능력을 향상하고, ⓓ 지방의회와 지방자치단체장의 대립 관계를 해결해주는 제도적 장치라는 점이다.

그러나 ⓐ 정치과열 현상이 유발될 수 있으며, ⓑ 합리적 판단보다는 대중 인기몰이 현상이 초래될 수 있고, ⓒ 전문적인 정책판단을 찬·반이라는 피상적 선택에 맡기는 위험성이 있으며, ⓓ 다수의 횡포에 의한 소수자의 권익이 무시될 가능성이 있고, ⓔ 지방의회와 지방자치단체장의 책임회피수단으로 이용될 수 있으며, ⓕ 지나치게 자주 사용될 경우는 대의민주제의 원칙을 훼손할 수도 있다는 단점이 있다(최창호·강형기, 2014: 464; 김병기, 2011: 44; 홍정선, 2018: 165).

2) 주민투표권자

주민투표의 투표권자는 18세 이상의 주민 중 투표인명부 작성기준일 현재 그 지방자치단체의 관할 구역에 주민등록이 되어 있는 사람이다. 외국인도 대한민국에 계속 거주할 수 있는 자격을 갖추고, 해당 지방자치단체의 조례로 정하는 사람은 투표권을 가진다(주민투표법 제5조 제1항). 주민투표권자의 나이는 투표일 현재를 기준으로 산정한다(제2항).

---

[1] 주민투표제도의 활성화를 위한 주민투표법 일부개정 법률안(정부 제출안)이 2021년 12월 현재 국회에 계류 중임. 이 개정안은 주민투표권자 연령을 19세에서 18세로 하향 조정하고, 전자서명을 이용하여 주민투표 청구를 위한 서명을 할 수 있도록 하며, 전체 투표수가 주민투표권자 총수의 3분의 1에 미달하는 경우 개표를 하지 아니하도록 한 규정을 삭제하고, 주민투표 결과 확정 요건을 완화(주민투표권자 총수의 1/3 이상 투표에 과반수 찬성 → 1/4 이상 투표 과반수 찬성)하는 내용임. 이 개정안이 국회를 통과할 경우 이 책의 내용과 큰 차이를 보일 수 있어, 현행 주민투표법을 확인 바람.

3) 주민투표의 두 종류와 내용

주민투표법에서 규정하고 있는 주민투표는 '지방정책에 관한 주민투표'와 '국가 정책에 관한 주민투표'로 나누어 볼 수 있다. 이 둘은 주민투표의 취지나 효력 등이 서로 달라 구별하여 알아볼 필요가 있다.

(1) 지방정책에 관한 주민투표

① 개념

지방정책에 관한 주민투표[2]란 해당 지방자치단체의 주요 결정사항에 대하여 투표 여부를 해당 지방자치단체가 스스로 결정하고 그 투표결과에 기속되는 제도이다. 주민투표법(제7조 제1항)에서는 "주민에게 과도한 부담을 주거나 중대한 영향을 미치는 지방자치단체의 주요 결정사항은 주민투표에 부칠 수 있다"라고 지방정책에 관한 주민투표를 규정하고 있다.

지방정책에 관한 주민투표는 주민이 직접 지방자치단체의 주요 결정사항을 결정하므로 진정한 의미에서 직접민주주의적인 요소라고 볼 수 있다.

② 투표 대상 및 실시지역

지방정책에 관한 주민투표의 대상은 주민에게 과도한 부담을 주거나 중대한 영향을 미치는 지방자치단체의 주요 결정사항이다.[3] 그러나 아래와 같이 법령에 위반되는 사항이나 국가사무에 속하는 사항 등은 주민투표에 부칠 수 없다(주민투표법 제7조 제2항).[4]

---

[2] 주민투표법 제8조는 조문의 제목을 '국가정책에 관한 주민투표'로 명명하고 있으나, 제7조는 '주민투표의 대상'이라고 하고 있어 강학상 적절한 명칭을 부여할 필요가 있음. 제7조의 규정을 학자와 실무에서는 '지방정책 주민투표'(홍정선, 2018: 166), '지방자치단체 조례 사항에 대한 주민투표'(김동건, 2006: 121), '지방자치단체의 주요 결정사항에 관한 주민투표'(최우용, 2004), '자치사무에 대한 주민투표'(행정안전부 내부자료) 등으로 불리고 있음. 이 책에서는 제8조의 '국가정책에 관한 주민투표'에 대응되는 '지방정책에 관한 주민투표'로 사용하고자 함.

[3] 2022년 주민투표법 개정 이전에는 '그 지방자치단체의 조례로 정하는 사항'이라는 조건이 있었으나, 동 법률 개정으로 삭제한 것임. 주민투표의 취지가 주민이 스스로 결정하게 만드는 것이고, 그 대상을 미리 예측하기 어려움이 있어 미리 조례로 정하는 범위로 한정하지 않는 것은 합리적이라고 사료됨.

[4] 이러한 주민투표 대상 제한에 대하여, ⓐ '법령에 위반' 사항이라는 판단은 법원의 판결로서 가능한 것이므로 사전에 누구도 판단하기 어려운 사항이므로 삭제되어야 하며(홍정선, 2018: 167), ⓑ 지방자치단체의 예산·회계·계약 및 재산관리에 관한 사항 등을 주민투표 대상에서 배제한 것은

〈주민투표 제외 사항(주민투표법 제7조 제2항)〉

1. 법령에 위반되거나 재판 중인 사항
2. 국가 또는 다른 지방자치단체의 권한 또는 사무에 속하는 사항
3. 지방자치단체가 수행하는 다음 각 목의 어느 하나에 해당하는 사무의 처리에 관한 사항
   가. 예산편성 · 의결 및 집행[5]
   나. 회계 · 계약 및 재산관리
3의2. 지방세 · 사용료 · 수수료 · 분담금 등 각종 공과금의 부과 또는 감면에 관한 사항
4. 행정기구의 설치 · 변경에 관한 사항과 공무원의 인사 · 정원 등 신분과 보수에 관한 사항
5. 다른 법률에 의하여 주민대표가 직접 의사결정주체로서 참여할 수 있는 공공시설의 설치에 관한 사항. 다만, 지방의회가 주민투표의 실시를 청구하는 경우에는 그러하지 아니하다.
6. 동일한 사항에 대하여 주민투표가 실시된 후 2년이 경과되지 아니한 사항

지방정책에 관한 주민투표는 그 지방자치단체의 관할 구역 전체를 대상으로 실시한다. 다만, 특정한 지역 또는 주민에게만 이해관계가 있는 사항인 경우 지방자치단체의 장은 그 지방자치단체의 관할구역 중 일부를 대상으로 지방의회의 동의를 얻어 주민투표를 실시할 수 있다(주민투표법 제16조).

③ 주민투표 청구

지방자치단체장은 주민 또는 지방의회의 청구에 의하거나 직권에 의하여 주민투표를 할 수 있다(주민투표법 제9조). 따라서 지방정책에 관한 주민투표는 주민의 청구, 지방의회의 청구 그리고 지방자치단체장의 직권 실시로 나누어진다.

주민은 주민투표청구권자 총수의 20분의 1 이상 5분의 1 이하의 범위 안에서 지방자치단체의 조례로 정하는 수 이상의 서명으로 그 지방자치단체장에게 주민투표의 실시를 청구할 수 있다(주민투표법 제9조 제2항).[6] 지방의회는 재적의원 과반수

'주민에게 과도한 부담'을 주는 사항에 해당하여 주민투표 자체를 유명무실화할 수 있으며(김병기, 2011: 51), ⓒ '국가사무에 속하는 사항'을 제외하는 것은 국가와 지방이 이해관계를 함께하는 사무(예를 들면, 핵폐기물 처리의 경우 국가사무이지만 특정 지방자치단체의 주민에게 과도한 피해를 줄 수 있음)를 배제하여 지방의 자율적인 투표권을 침해할 수 있어(김병기, 2011: 51), 주민투표 대상 제외 사항을 축소할 필요가 있다는 논의가 있음.

5) 이 조항에도 불구하고, 제주특별자치도의 경우는 도 조례(조례에서는 1천억 이상으로 설정함)로 정하는 예산 이상이 필요한 대규모 투자사업의 경우는 주민투표에 부칠 수 있도록 하고 있음(제주특별법 제28조 제1항).

6) 제주특별자치도의 경우 '50분의 1 이상 5분의 1 이하의 범위'(제주특별법 제28조), 강원특별자치

의 출석과 출석의원 3분의 2 이상의 찬성으로 그 지방자치단체장에게 주민투표의 실시를 청구할 수 있다(제5항). 주민의 청구나 지방의회의 의결이 있으면 지방자치단체장은 반드시 주민투표를 실시하여야 한다(제1항 단서).

지방자치단체장은 직권에 의하여 주민투표를 실시하고자 하는 때에는 그 지방의회 재적의원 과반수의 출석과 출석의원 과반수의 동의를 얻어야 한다(제6항).

④ 투표결과의 확정

주민투표에 부쳐진 사항은 주민투표권자 총수의 4분의 1 이상의 투표와 유효투표수 과반수의 득표로 확정된다. 다만, ⓐ 전체 투표수가 주민투표권자 총수의 4분의 1에 미달하는 경우, ⓑ 주민투표에 부쳐진 사항에 관한 유효득표수가 동수인 경우에는 찬성과 반대 양자를 모두 수용하지 아니하거나 양자택일의 대상이 되는 사항 모두를 선택하지 아니하기로 확정된 것으로 본다(주민투표법 제24조 제1항).[7]

⑤ 주민투표의 효과

지방정책에 관한 주민투표 때문에 확정된 결과는 구속력이 부여된다. 이는 주민투표결과에 구속력이 없는 국가정책에 관한 주민투표와 차별화되는 효과이다. 따라서 지방자치단체장과 지방의회는 주민투표 결과 확정된 내용대로 행정·재정상의 필요한 조치를 하여야 한다(주민투표법 제24조 제5항). 또한, 지방자치단체장과 지방의회는 주민투표 결과 확정된 사항에 대하여 2년 이내에는 이를 변경하거나 새로운 결정을 할 수 없다(제6항).

도와 전북특별자치도는 '30분의 1 이상 5분의 1 이하의 범위'(강원특별법 제14조, 전북특별법 제106조)로 완화하는 특례를 두고 있음.

7) 개정 이전 주민투표법(제24조 제2항)에서는 전체 투표수가 주민투표권자 총수의 3분의 1에 미달하는 때에는 개표하지 아니한다는 규정이 있었으나 이를 삭제함.

▌표 13-2 지방정책과 국가정책에 관한 주민투표 비교

구분	지방정책에 관한 주민투표(제7조)	국가정책에 관한 주민투표(제8조)
대상	주민에게 과도한 부담을 주거나 중대한 영향을 미치는 지방자치단체의 주요 결정사항	국가정책의 수립에 관한 사항
청구 요건	주민, 지방의회의 청구 및 지방자치단체장의 직권 발의	중앙행정기관의 장 요구 → 지방자치단체장의 공표 및 지방의회 의견청취 → 지방자치단체장 주민투표 발의 ※ 지방자치단체장은 거부 가능
실시 구역	관할 구역 전체를 대상(단, 지방의회의 동의를 얻은 경우는 관할구역 일부 대상으로 가능)	주민투표실시를 요구하는 중앙행정기관의 장이 정함
개표 요건	없음(주민투표권자 1/4 미만 투표 시에도 개표 함)	
결과 확정	주민투표권자 1/4 이상 투표, 과반수 찬성	확정요건 없음
투표 효력	주민투표결과 확정된 내용대로 행정·재정상의 필요한 조치를 하여야 함	결과에 구속성은 없음(국가정책 추진을 위한 참고자료)

자료: 주민투표법

(2) 국가정책에 관한 주민투표

① 개념

국가정책에 관한 주민투표란 국가정책의 수립에 관하여 해당 지역주민 의견을 듣기 위하여 중앙행정기관의 장 요구로 시행하는 주민투표를 의미한다. 국가정책에 대한 주민투표는 법적 구속력이 인정되지 않으며, 자문적 주민 의사 확인의 성격을 갖는다.

본 제도는 청구권자를 중앙행정기관의 장으로 한정하여 실시요건을 엄격히 제한하고 있어, 진정한 의미의 지방자치 행정으로 보기는 어려우며, 국가행정의 목적으로 지역주민의 여론을 수렴하는 제도로 볼 수 있다(최우용, 2004).

② 투표 대상 및 실시지역

중앙행정기관의 장은 지방자치단체를 폐지하거나 설치하거나 나누거나 합치는 경우 또는 지방자치단체의 구역을 변경하거나 주요시설을 설치하는 등 국가정책의 수립에 관하여 주민의 의견을 듣는 데 필요하다고 인정하는 때에는 주민투표의 실

시구역을 정하여 관계 지방자치단체장에게 주민투표의 실시를 요구할 수 있다. 이 경우 중앙행정기관의 장은 미리 행정안전부 장관과 협의하여야 한다(주민투표법 제8조 제1항).

국가정책에 관한 주민투표의 실시구역은 주민투표의 시행을 요구하는 중앙행정기관의 장이 정하게 된다.

③ 주민투표 청구

국가정책에 관한 주민투표는 중앙행정기관의 장이 행정안전부 장관과 협의하고, 주민투표의 실시구역을 정하여, 관계 지방자치단체장에게 주민투표의 시행을 요구하게 된다. 주민투표의 요구를 받은 지방자치단체장은 지체 없이 이를 공표하여야 하며, 공표일부터 30일 이내에 그 지방의회의 의견을 들어야 하고, 지방의회의 의견을 중앙행정기관의 장에게 통지하여야 한다(주민투표법 제8조 제3항).

그런데 중앙행정기관의 장의 요구에 대하여 지방자치단체장은 지방의회의 의견을 듣는 것은 의무이지만, 그 의견에 구속되는지는 주민투표법은 규정하고 있지 않다. 따라서 지방자치단체장의 지방의회 의견청취는 형식적 통과과정으로 볼 수 있어, 중앙행정기관의 장의 주민투표 요구에 대해 지방자치단체장은 거부할 수 있다고 해석된다(김병기, 2011: 49; 최우용, 2004: 41).

④ 투표결과의 확정

국가정책에 관한 주민투표는 지역주민에 대한 의견수렴의 성격이 있으므로 별도의 확정요건은 없다(주민투표법 제8조 제4항).

⑤ 주민투표의 효과

지방정책에 관한 주민투표와 달리 국가정책에 관한 주민투표는 구속력이 부여되지 않는다. 따라서 국가나 지방자치단체는 주민투표 결과를 정책 결정에 참고사항으로 활용하게 된다.

4) 전자서명 및 전자투표

개정 주민투표법(2023년 4월 시행)에서는 주민투표에 전자서명 및 전자투표의 방식을 도입할 수 있도록 하였다. 주민투표청구를 위한 주민투표청구권자의 서명 방식을 종전에는 서면에 의한 서명으로 한정하였으나, 행정안전부장관이 정하는 정보시스템을 이용하는 '전자서명법'에 따른 전자서명으로도 할 수 있도록 하였다(주민투표법 제10조 및 제12조). 또한, 지방자치단체의 장은 청구인대표자 또는 지방의회의 요구에 의하거나 직권으로 전자투표 및 전자개표를 실시할 수 있도록 하였으며, 관할 선거관리위원회는 전자투표를 실시하는 경우에도 현장 투표소를 설치·운영하도록 하였다(주민투표법 제18조의2).

2. 조례의 제정·개정·폐지 청구(주민발안, 주민발의)

1) 개요

조례의 제정·개정·폐지 청구란 일정 수 이상의 주민이 해당 지방의회에 조례의 제정, 개정 및 폐지를 청구할 수 있는 권리를 의미한다. 본 권한은 대의제하에서 지방의회와 지방자치단체장의 전유물인 의안 제출권이 주민에 의해 실현되는 것이므로 직접민주주의[8] 요소로 볼 수 있다. 이는 우리나라에서 채택하고 있는 주민발안 또는 주민발의의 일종으로 1999년 지방자치법 개정으로 도입되었다(최봉석, 2006: 182).[9]

2021년 1월 지방자치법 전부개정으로 본 청구권을 별도의 법률에서 규정하도록 하였으며, 2021년 10월 주민조례발안에 관한 법률이 제정되어 2022년 1월부터 시행되게 되었다. 기존 지방자치법 규정과 비교하여 현행 주민조례발안에 관한 법률

---

[8] 우리나라의 주민발안은 주민투표로 확정되는 것이 아니라 지방의회의장에게 제출되어 의회에서 다루는 형태이므로 직접민주주의 요소로 보기 어렵다는 견해도 있음(홍정선, 2018: 172). 그러나 주민에게 조례안의 제안권과 가부 결정권까지 부여하는 주민입법권은 현대의 대의제도에서 받아들이기 어려운 것이므로 주민발안 자체만으로 직접민주주의적인 요소로 보아야 한다고 보는 것이 다수의 견해로 보임(허영, 2019: 738; 임승빈, 2014: 444).

[9] 본 제도가 도입된 2000년부터 2023년 12월까지 총 419건의 주민청구안이 제출되었으며, 이 중 154건(36.8%)은 원안 또는 수정되어 반영되었지만, 나머지는 부결, 각하(반려), 철회 및 폐기되어 주민 의견이 반영되지 못하였음. 한편, 주민청구안이 22년과 23년에 각각 45건과 64건으로 증가하여 주민조례발안법 제정 이후 참여가 활발해지고 있음이 확인됨.

주민 조례제정·개폐 청구 현황(2000~2023)

총계	원안 의결	수정 의결	부결	각하·폐기·철회	진행 중	기타(오류)
419(100%)	46(11%)	108(25.8%)	49(11.7%)	156(37.2%)	52(12.4%)	8(1.9%)

자료: 행정안전부. (2024). 2023 지방자치단체 조례·규칙 현황(23년 12월 31일 기준)

내용의 가장 큰 차이점은 ⓐ 해당 지방자치단체장에게 청구하던 것을 지방의회 의장에게 청구하며, ⓑ 청구를 위한 연대 서명인 수를 완화하였으며, ⓒ 청구된 조례안에 대한 심사 및 의결 기한을 규정하였으며, ⓓ 청구권자가 전자적 방식 주민조례청구를 할 수 있도록 하였다.

본 청구권은 주민의 직접적인 의사를 반영할 수 있는 제도적 장치이며, 대의기구에 대해 주민 의사를 존중하도록 촉구하는 수단이 되기도 한다. 그러나 현행 조례의 제정·개정·폐지 청구는 조례의 제정·개정·폐지를 청구할 수 있는 권리일뿐, 주민이 직접 조례를 제정·개정·폐지할 수 있는 권리가 아니라는 한계가 있다(홍정선, 2018: 172).

2) 청구의 대상

청구의 대상은 지방의회의 조례제정권의 범위 내에서 모든 조례 규정사항이다. 여기서 조례 규정사항은 지방자치단체의 자치사무와 단체위임사무에 속하는 사항을 의미한다. 그러나 ⓐ 법령을 위반하는 사항, ⓑ 지방세·사용료·수수료·부담금의 부과·징수 또는 감면에 관한 사항, ⓒ 행정기구의 설치·변경에 관한 사항이나, ⓓ 공공시설의 설치를 반대하는 사항은 청구할 수 없다(주민조례발안에 관한 법률, 제4조). 이러한 제한을 두는 이유는 지방재정의 악화를 방지하고 지방자치단체장의 조직고권을 보호하고, 일부 주민들의 집단이기주의적인 행태로 인한 갈등을 방지하려는 조치로 보인다(최봉석, 2006: 196).

3) 청구의 주체 및 절차

조례의 제정·개정·폐지 청구는 지방자치단체의 18세 이상의 일정한 조건을 갖춘 주민[10](영주의 체류자격 취득일 후 3년이 경과한 외국인 포함)이 공동으로 행한다. 주민조례발안에 관한 법률에서는 조례청구를 위해 필요한 주민 서명 수의 상한만 규정하고 하한은 지방자치단체에서 조례로 정하도록 하고 있다(제5조).[11]

---

10) 조례의 제정·개정·폐지의 청구는 직접 주민투표로 이어지지 않고 지방의회에 의안으로 발의된다는 간접성으로 인하여 청구권자를 유소년, 영주권이 없는 거주 외국인 등으로 확대해야 한다는 의견도 있음(최봉석, 2006: 196).

11) 주민조례발안에 관한 법률 제5조에서는 청구 서명 요건을 인구수에 따라 세분화하여 상한선을 정

주민조례 청구는 지방의회 의장에게 한다. 지방의회 의장은 청구를 수리한 날부터 30일 이내에 지방의회 의장 명의로 주민청구 조례안을 발의하여야 한다(주민조례발안에 관한 법률 제12조 제4항). 지방의회는 주민청구 조례안이 수리된 날부터 1년 이내에 주민청구 조례안을 의결하여야 한다. 다만, 필요한 경우에는 본회의 의결로 1년 이내의 범위에서 한 차례만 그 기간을 연장할 수 있다(제13조 제1항).

3. 규칙의 제정 · 개정 · 폐지 의견 제출

1) 개요

규칙제정권은 지방자치단체장의 권한이다. 즉, 지방자치단체장은 법령 또는 조례의 범위에서 그 권한에 속하는 사무에 관하여 규칙을 제정할 수 있다(지방자치법 제29조). 그런데 규칙의 내용이 주민의 권리 · 의무와 직접 관련되는 사항인 경우, 주민이 지방자치단체장에게 의견을 제출할 수 있다(제20조).

본 제도는 2021년 1월 지방자치법 전부개정을 통하여 새롭게 도입되었다. 기존에는 조례에 대한 주민참여만을 인정하였으나, 집행부의 규칙제정에도 주민의 참정권을 인정한 것이다.

2) 의견 제출 대상 등

규칙의 제정 · 개정 · 폐지와 관련된 주민 의견 제출의 대상은 규칙의 내용이 주민의 권리 · 의무와 직접 관련된 사항이어야 한다(지방자치법 제20조 제1항).[12] 그런데 주민이 제출하는 의견이 법령이나 조례를 위반하거나 법령이나 조례에서 위임

하고 있음(서명비율은 청구권자 총수 대비 비율임).

구분(인구수)	서명비율(상한)
특별시 및 인구 800만 이상의 광역시나 도	1/200
인구 800만 미만의 광역시 · 도, 특별자치시, 특별자치도 및 인구 100만 이상의 시	1/150
인구 50만 이상 100만 미만의 시 · 군 및 자치구	1/100
인구 10만 이상 50만 미만의 시 · 군 및 자치구	1/70
인구 5만 이상 10만 미만의 시 · 군 및 자치구	1/50
인구 5만 미만의 시 · 군 및 자치구	1/20

12) 지방자치단체장이 제정하는 규칙은 내용상으로 '지방자치단체의 내부 조직이나 사무처리에 대한 규칙'과 '주민의 권리 · 의무에 영향을 미치는 규칙'으로 구분할 수 있음. 그런데 후자의 경우 지방자치단체장은 법령과 조례가 위임한 범위 안에서 규칙을 제정하므로 그 재량의 폭이 제한적임. 따라서 재량이 축소된 영역에 대한 주민 의견 제출의 실효성이 의문임.

한 범위를 벗어나서는 안 된다(제2항). 당연한 제한이다. 지방자치단체장은 제출된 날부터 30일 이내에 제출된 의견에 대한 검토 결과를 그 의견을 제출한 주민에게 통보하여야 한다(제3항).

한편, 주민 1명의 의견 제출도 가능한지 아니면 일정 수 이상의 주민이 함께 의견을 제출해야 하는지 등에 대한 상세한 내용은 지방자치단체의 조례로 정한다(지방자치법 제20조 제4항).

4. 주민감사청구

1) 개요

주민감사청구는 지방자치단체의 사무처리가 위법·부당한 경우에 주민이 직접 상급기관에 감사를 청구할 수 있는 제도이다. 청원법(제4조)에 따라 주민은 공무원의 비위 시정 등을 요구할 수 있으나, 주민의 권리와 부정·비리 감시에 대한 실효성을 높이기 위하여 1999년 주민감사청구제도가 도입되었다.[13] 주민감사청구는 주민의 힘으로 위법하고 부당한 사무처리의 시정을 요구하는 주민참여제도이다.

2) 청구의 대상 및 사유 등

주민감사청구의 대상은 해당 '지방자치단체와 그 장의 권한에 속하는 사무'이다(지방자치법 제21조 제1항). 여기서 사무의 범위는 자치사무, 단체위임사무 및 기관위임사무가 모두 포함된다(홍정선, 2019: 177).

감사청구 사유는 사무의 처리가 법령에 위반되거나 공익을 현저히 해친다고 인정되면 감사를 청구할 수 있다(지방자치법 제21조 제1항). 그러나 ⓐ 수사나 재판에 관여하게 되는 사항, ⓑ 개인의 사생활을 침해할 우려가 있는 사항, ⓒ 다른 기관에서 감사하였거나 감사 중인 사항(다만, 다른 기관에서 감사한 사항이라도 새로운 사항이 발견되거나 중요 사항이 감사에서 누락된 경우와 주민소송의 대상이 되는 경우는 그러하지 아니하다), ⓓ 동일한 사항에 대하여 주민소송이 진행 중이거나 그 판결이 확정된 사항은 감사청구 대상에서 제외된다(제2항).

---

13) 주민감사청구는 제도가 도입된 이후 2000년부터 2017년까지 18년 동안 총 358건이 청구됨(행정안전부 주민감사청구 현황자료).

또한, 주민감사의 청구는 사무처리가 있었던 날이나 끝난 날부터 3년이 지나면 제기할 수 없다(지방자치법 제21조 제3항).

3) 청구의 주체와 상대방

주민감사청구는 18세 이상의 주민이 공동으로 행한다. 시·도는 300명, 인구 50만 명 이상 대도시는 200명, 그 밖의 시·군 및 자치구는 150명 이내에서 그 지방자치단체의 조례로 정하는 수 이상의 18세 이상 주민이 연대 서명하여 청구할 수 있다(지방자치법 제21조 제1항). 일정한 조건을 갖춘 외국인인 주민도 청구의 주체가 될 수 있다(제2호).

청구의 상대방은 상급 감독기관으로 하고 있다. 즉, 시·도에서는 주무부 장관에게, 시·군 및 자치구에서는 시·도지사에게 감사를 청구할 수 있다. 따라서 해당 지방자치단체장은 감사청구의 상대방이 아니다. 감사 청구기관을 상급 감독기관으로 하는 것은 당해 지방자치단체의 감사기관에 의한 감사는 독립성과 중립성을 기대하기 어렵기 때문으로 보인다.[14)]

주무부 장관이나 시·도지사는 요건이 갖추어진 감사청구는 수리하고 그렇지 않은 경우는 각하할 수 있다. 주무부 장관이나 시·도지사는 감사청구를 수리한 날부터 60일 이내에 감사청구 된 사항에 대하여 감사를 끝내야 하며, 감사결과를 청구인의 대표자와 해당 지방자치단체장에게 서면으로 알리고, 공표하여야 한다(지방자치법 제21조 제9항). 한편, 주무부 장관이나 시·도지사는 주민감사청구를 처리(각하를 포함한다)할 때 청구인의 대표자에게 반드시 증거 제출 및 의견 진술의 기회를 주어야 한다(제11항).

5. 주민소송

1) 개요

주민소송이란 주민이 당해 지방자치단체의 위법한 재무행위에 대해 주민감사청

---

14) 이러한 상급 감독기관에 대한 감사청구는 주민자치의 본질을 훼손하고 있다는 비판이 제기됨. 상급 감독기관은 지방자치법 제188조의 시정명령이나 취소·정지권, 제190조의 사무·회계감사를 통하여 감독권 행사가 가능한데도 불구하고, 본 제도를 통하여 상급기관의 개입 가능성을 보다 확대하는 결과를 초래하기 때문이라는 주장임(김영조, 2008: 271).

구를 제기하였지만, 그 감사 행위 또는 감사결과 조치에 불만족 한 경우 법원에 재판을 청구하는 제도이다. 주민소송은 소송의 성격상 위법한 행위만을 대상으로 하며, 사무 분야는 재무행위 분야에 한정된다. 또한, 주민감사청구를 전심 절차로 하고 있다.

주민소송은 지방행정의 투명성과 공정성을 확보하기 위한 주민의 직접 참여 제도로 2005년에 도입되었다.15) 주민소송은 청구인인 주민의 법률상 이익의 침해를 전제로 하지 않는 객관소송으로서 행정소송법(제3조 제3호)에서 규정하는 민중소송(국가 또는 공공단체의 기관이 법률에 위반되는 행위를 한때에 직접 자기의 법률상 이익과 관계없이 그 시정을 구하기 위하여 제기하는 소송)에 해당한다.

2) 주민소송의 대상

주민소송은 감사청구를 한 주민만이 제기할 수 있도록 하여(지방자치법 제22조 제1항) 주민감사청구 전치주의를 채택하고 있다. 그런데 주민감사청구 한 모든 사항이 주민소송의 대상이 되는 것은 아니다. 감사가 청구된 사항 중 재무회계16)관련 사항만 해당한다. 따라서 감사청구한 주민은 재무회계 관련 행위에 대해 '위법한 행위'나 '업무를 게을리한 사실(이 경우는 위법 확인을 요구하는 소송)'에 대하여 해당 지방자치단체장을 상대방으로 하여 소송을 제기할 수 있다.

주민소송의 원고는 감사를 청구한 주민이 된다. 감사청구한 주민이라면 1인에 의한 제소도 가능하다. 주민소송의 피고는 해당 지방자치단체장이다.

---

15) 주민소송은 2023년 12월 31일 기준 총 45건이 제기되었는데, 이 중 5건은 재판이 진행 중이며 40건은 소송이 종결됨. 소송이 종결된 40건 중 37건은 원고인 주민이 패소하거나 각하되어 종결되었으며, 2건은 주민이 소를 취하였으며, 1건만 주민이 일부 승소함. 이는 현실적으로 주민이 지방자치단체의 위법한 재무행위에 대한 증거제시가 쉽지 않은 결과로 추측됨. 소송 사유로는 '불법 의정비 인상분 환수 요구'가 14건으로 가장 많았으며, 다음으로 '업무추진비 사용에 관한 예산 낭비 손해배상 청구' 4건으로 나타남(행정안전부 주민소송 현황자료).

16) 구체적으로 지방자치법(제22조 제1항)에서는 ⓐ 공금의 지출에 관한 사항, ⓑ 재산의 취득·관리·처분에 관한 사항, ⓒ 해당 지방자치단체를 당사자로 하는 매매·임차·도급 계약이나 그 밖의 계약 체결·이행에 관한 사항 또는 ⓓ 지방세·사용료·수수료·과태료 등 공금의 부과·징수를 게을리한 사항으로 규정하고 있음.

3) 판결에 따른 조치

주민소송에 대하여 법원에서 손해배상청구나 부당이득반환청구를 명하는 판결이 확정되면, 지방자치단체장은 그 판결이 확정된 날부터 60일 이내를 기한으로 하여 원인행위자(공무원, 사업자 등)에게 그 판결에 따라 결정된 손해배상금이나 부당이득반환금의 지급을 청구하여야 한다. 다만, 손해배상금이나 부당이득반환금을 지급하여야 할 당사자(원인행위자)가 지방자치단체장이면 지방의회 의장이 지급을 청구하여야 한다(지방자치법 제23조 제1항).

6. 주민소환[17]

1) 의의

주민소환은 주민이 스스로 선출한 공직자를 해직시키는 제도이다. 주민소환은 지방자치법(제25조)에 그 근거 규정을 두고 주민소환에 관한 법률에서 상세히 규정하고 있다. 주민소환에 관한 법률에 따르면, 주민소환권은 주민이 당해 지방자치단체장(교육감 포함) 및 지방의회 의원(비례대표 의원은 제외함)을 해직시킬 수 있는 제도이다. 주민소환제도는 2006년 지방자치법에 도입되었고, 2007년에 주민소환에 관한 법률이 제정되었다.[18]

주민소환은 대의제와 임기제로 인하여 지방 공직자에 대한 통제가 어려운 경우에 다수의 주민 의사에 의하여 부여된 민주적 정당성을 소환투표로 철회하는 제도이다. 결국, 주민소환제도는 대의민주주의가 작동하지 않는 비정상적인 상황으로부터 대의제를 보호하기 위한 최후의 수단이라고 볼 수 있다(김병기, 2011: 55).

---

17) 주민소환에 관한 법률 일부개정 법률안(의원발의)이 2024년 12월 현재 국회에 계류 중임. 이 개정안은 주민소환투표권자 연령을 18세로 하향 조정하고, 주민투표 청구 요건을 완화하는 안을 담고 있음. 한편, 동 법률에 대한 개정 필요성이 지속적으로 제기되고 있으며, 지난 21대 국회에서도 정부발의안으로 주민소환투표 결과 확정 요건을 완화(소환투표권자 총수의 1/3 이상 투표에 과반수 찬성 → 1/4 이상 투표 과반수 찬성)하고, 개표 요건을 완화(소환투표권자 총수의 1/3에 미달하는 경우 개표하지 않았으나 1/4에 미달하는 경우 개표하지 않도록 조정)하는 안이 국회에 계류되기도 했음. 따라서 현행 주민소환에 관한 법률을 확인 바람.

18) 주민소환은 2023년 12월 31일까지 총 138건이 청구되었고, 소환투표가 시행된 것은 11건이었음. 소환투표가 시행된 11건 중 2건은 소환되었고, 나머지 9건은 투표율 미달로 무산됨. 소환투표가 시행되지 못한 127건은 서명인 수가 미달한 사례가 66건(52%)이며, 나머지는 철회하거나 대상자가 공직을 사퇴한 경우 등임(행정안전부, 주민소환 현황자료).

주민소환제도의 기능으로는 ⓐ 임기제의 단점을 보완하고, ⓑ 직접민주제 원리에 충실하여 대의민주주의를 보완하며, ⓒ 주민의 지방행정에 대한 강력한 통제 수단이며, ⓓ 주민의 참정 기회를 확대시키고, ⓔ 지방행정의 책임성을 제고하며, ⓕ 선거실패를 보완하는 것 등을 들 수 있다(헌법재판소, 2009. 3. 26. 2007헌마843). 그러나 주민소환제로 인하여 ⓐ 지방행정이 정치화할 가능성이 있으며, ⓑ 주민 간 갈등으로 인하여 지방자치가 파행화할 우려가 있으며, ⓒ 선출직 공직자들이 소신껏 정책을 펼치기 어려울 수 있는 문제점도 고려되어야 한다.

2) 주민소환 대상자

주민소환의 대상자는 지방자치단체장, 지역구 지방의회 의원 그리고 교육감이다(지방자치법 제25조 제1항; 지방교육자치에 관한 법률 제24조의2 제1항). 비례대표 지방의회 의원은 소환대상에서 제외된다(지방자치법 제25조 제1항). 비례대표 지방의회 의원을 제외하는 것은 주민이 직접 선출하지 않고 해당 정당의 명부에 대한 투표에 의하므로 주민이 직접 선출하지 않은 공직자의 소환이 적절하지 않기 때문이다(김병기, 2011: 57).

또한, 선출직 공직자만을 대상으로 한 것은 일반 공직자의 경우에는 지방공무원법에서 규정하고 있는 징계의 절차에 의하여 해임이나 파면을 통하여 공직을 수행할 수 없도록 할 수 있기 때문이다(고문현, 2006: 251).

주민소환투표 시행 현황(2023년 12월 31일 기준)

지 역	대상	투표일	추진 사유	투표율(%)	투표결과
경기 하남	시장	2007.12.12.	화장장 건립 추진 관련 갈등	31.1%	소환무산(미개표)
	시의원			23.8%	소환무산(미개표)
	시의원			37.6%	소환(찬성 91.7%)
	시의원			37.6%	소환(찬성 83.0%)
제주	도지사	2009.08.26.	해군기지 건설 추진	11.0%	소환무산(미개표)
경기 과천	시장	2011.11.16.	보금자리 지정 수용	17.8%	소환무산(미개표)
강원 삼척	시장	2012.10.31.	원전 유치 강행	25.9%	소환무산(미개표)
전남 구례	군수	2013.12.04.	법정구속에 따른 군정 공백	8.3%	소환무산(미개표)
경북 포항	시의원	2019.12.18.	시설운영 주민피해 직무유기	21.75%	소환무산(미개표)
	시의원				
경기 과천	시장	2021.01.02	과천청사 유휴부지 주택 반대	21.7%	소환무산(미개표)

3) 주민소환의 사유

주민소환에 관한 법률에서는 소환투표의 사유를 명시하지 않고 있다. 우리나라 주민소환제도의 본질이 공직자의 법적 책임을 묻는 것이 아니라 정치적 책임을 묻는 것이므로 청구 사유에 제한을 두고 있지 않다(헌법재판소 2009. 3. 26. 2007헌마 843). 즉, 주민소환 투표의 과정에서 소환대상 공직자에 대한 실질적인 심사가 이루어지므로 소환 과정에서 유권자인 주민이 판단하도록 하는 것이 적절하다고 보기 때문이다. 또한, 주민소환이 상당수 주민의 서명을 요구하므로 소환 사유까지 명시하는 것은 제도의 활용률을 현저히 낮출 수 있다는 우려도 작용하였을 것으로 보인다(김병기, 2011: 58).

4) 주민소환 투표의 청구

주민소환의 투표권자는 해당 지방자치단체의 19세 이상의 일정한 조건을 갖춘 주민(영주의 체류자격 취득일 후 3년이 경과한 외국인도 포함)이다(주민소환에 관한 법률 제3조). 주민소환 청구권자는 주민소환 투표 청구일 현재 주민소환 투표권이 있는 사람이다(제3조 제1항). 일정 수 이상 주민[19]의 서명과 소환 사유를 서면에 구체적으로 명시하여 관할 선거관리위원회에 주민소환 투표의 실시를 청구할 수 있다(제7조 제1항).

한편, 주민소환 투표의 청구는 일정한 제한을 두고 있는데, ⓐ 선출직 지방 공직자의 임기개시일부터 1년이 경과하지 아니한 때, ⓑ 선출직 지방 공직자의 임기만료일부터 1년 미만일 때, ⓒ 해당 선출직 지방 공직자에 대한 주민소환 투표를 실시한 날부터 1년 이내인 때 중 어느 하나에 해당하는 때에는 주민소환 투표의 실시를 청구할 수 없다(주민소환에 관한 법률 제8조). 이러한 청구 기간상 제한을 둔 것은 소환청구의 남용을 방지하여 자치행정의 안정성을 확보하기 위한 것이다(홍정선, 2018: 202).

5) 주민소환 투표의 실시

소환청구를 받은 관할 선거관리위원회는 주민소환 투표청구가 적법하다고 인정

---

19) 광역자치단체장은 주민소환투표청구권자 총수의 100분의 10 이상, 기초자치단체장은 주민소환투표청구권자 총수의 100분의 15 이상, 광역 및 기초 지방의원은 주민소환투표청구권자 총수의 100분의 20 이상(주민소환에 관한 법률 제7조 제1항).

하는 경우에는 이를 공표하고, 주민소환 투표안을 공고하여야 한다(주민소환에 관한 법률 제12조). 한편, 주민소환 투표는 찬성 또는 반대를 선택하는 형식으로 실시한다(제15조 제1항).

6) 주민소환 투표의 효력

주민소환 투표대상자는 관할 선거관리위원회가 주민소환 투표안을 공고한 때부터 주민소환 투표결과를 공표할 때까지 그 권한 행사가 정지된다(주민소환에 관한 법률 제21조 제1항). 주민소환 투표안이 공고된 상태에서 공직자가 계속 자신의 공무를 수행하기 부적당하기 때문이다(헌법재판소 2009. 3. 6. 2007헌마843).[20]

주민소환은 주민소환 투표권자 총수의 3분의 1 이상의 투표와 유효투표 총수 과반수의 찬성으로 확정된다. 전체 주민소환 투표자의 수가 주민소환 투표권자 총수의 3분의 1에 미달하는 때에는 개표하지 아니한다(주민소환에 관한 법률 제22조). 주민소환이 확정된 때에는 주민소환 투표대상자는 그 결과가 공표된 시점부터 그 직을 상실한다(제23조 제1항). 또한, 주민소환으로 그 직을 상실한 자는 그로 인하여 실시하는 해당 보궐선거에 후보자로 등록할 수 없다(제2항).

7. 주민청원

1) 의의

주민청원권이란 주민이 지방자치단체에 대하여 희망 사항을 진술할 수 있는 권리이다. 청원권의 주체인 주민에는 외국인이 포함된다. 주민청원권은 헌법(제26조)에서 기본권으로 보장되고 있다.

헌법 제26조(청원권)
① 모든 국민은 법률이 정하는 바에 의하여 국가기관에 문서로 청원할 권리를 가진다.
② 국가는 청원에 대하여 심사할 의무를 진다.

---

20) 이러한 견해에 대해 반대 의견도 있음. 대통령에 대한 탄핵의결과 함께 헌법재판소의 탄핵심판까지 그 권한이 정지되는 것은 대통령의 직무집행이 헌법과 법률에 위배되는 때에 한정되는 법적 책임에 대한 문제인 데 반하여, 정치적 책임이 문제 되는 주민소환에서의 투표공고에 의한 지방자치단체장의 권한 정지는 공무담임권 침해와 지방행정 공백의 문제가 있다는 것임(김병기, 2011: 61).

또한, 청원에 관한 기본법인 청원법에서 국가기관 그리고 지방자치단체와 그 소속 기관에 대한 청원권 행사의 절차와 처리에 관하여 규정하고 있으며, 국회법(제123~제126조)과 지방자치법(제85~제88조)에서는 각각 국회와 지방의회에 대한 청원을 별도로 규정하고 있다.

따라서 지방자치단체의 집행기관에 대한 청원은 청원법에 따르고, 지방의회를 통한 청원은 지방자치법에 의한다. 여기서는 지방자치법에 규정한 지방의회에 대한 청원을 중심으로 논의하고자 한다.

2) 청원 방법

지방의회에 청원하려는 자는 지방의회 의원의 소개를 받아 청원서를 제출하여야 한다(지방자치법 제85조 제1항). 청원서에는 청원자의 성명 및 주소를 적고 서명·날인하여야 한다(제2항). 지방의회 의원의 소개를 반드시 받아서 청원할 수 있도록 한 것은 청원의 남용을 방지하기 위한 장치로 볼 수 있다. 그런데 지방의회 의원의 소개가 소개 의원의 찬성이나 동의를 전제로 하는 것인지, 아니면 청원내용에 반대하는 때도 포함되는 것인지에 대한 논란이 있을 수 있다(홍정선, 2018: 209). 이는 청원 사항의 처리 절차상 요식 행위에 지나지 않아 의원은 청원내용에 찬반과 무관하게 청원을 소개할 수 있다고 보아야 할 것이다.[21]

3) 청원 사항 및 처리

지방의회에 대한 청원 사항은 제한이 없으나, 재판에 간섭하거나 법령에 위배되는 내용의 청원은 수리하지 아니한다(지방자치법 제86조).

지방의회의 의장은 청원서를 접수하면 소관 위원회나 본회의에 회부하여 심사를 하게 한다(지방자치법 제87조 제1항). 지방의회가 채택한 청원으로서 그 지방자치단체장이 처리하는 것이 타당하다고 인정되는 청원은 의견서를 첨부하여 지방자치

---

[21] 그러나 현실에서는 의원들의 부동의로 청원이 반려되는 사례가 다수 발생하고 있음. 예를 들면, 1996년 11월 20일 청구인이 경기도 의왕시 주민 500여 명의 서명을 받은 청원서를 의왕시의회에 제출하였더니 소개 의원이 없다는 이유로 반려되어, 의원 전원(9인)을 찾아다니며 소개를 받으려고 하였으나 뜻을 이루지 못하였으며, 또한 행정 구역 개편에 관하여 의왕시 주민 10,000여 명의 서명을 받아 의왕시 의회에 청원하려고 하였으나 의원의 소개를 얻는 데 실패한 사례가 있음(헌법재판소 1999. 11. 25. 97헌마54; 한수웅, 2002).

단체장에게 이송한다. 지방자치단체장은 청원을 처리하고 그 처리결과를 지체 없이 지방의회에 보고하여야 한다(제88조).

Ⅲ 기타 주민참여제도

1. 지방 옴부즈만(Local Ombudsman): 시민고충처리위원회

1) 개요

본래 옴부즈만은 스웨덴 등 북유럽에서 의회에 설치되어 시민의 권익을 보장하는 역할을 수행하였다. 그러나 최근 일부 국가에서 이를 행정부에 설치하는 등 다양하게 변형된 형태들이 나타나고 있다. 우리나라에서는 국무총리 소속으로 설치된 국민권익위원회에서 국가 옴부즈만의 기능을 수행하고 있다. 국민권익위원회는 '부패방지 및 국민권익위원회의 설치와 운영에 관한 법률'(약칭: 부패방지권익위법)에 근거하여 설치되었다.

이 법에서는 지방자치단체에 지방 옴부즈만의 기능을 수행하는 시민고충처리위원회를 둘 수 있도록 하고 있다. 시민고충처리위원회란 "지방자치단체 및 그 소속 기관에 대한 고충 민원의 처리와 이에 관련된 제도개선을 위하여 설치되는 기관"을 말한다(부패방지권익위법 제2조 제9호).[22]

따라서 우리나라의 지방 옴부즈만은 부패방지권익위법에 따라 지방자치단체에 설치되는 시민고충처리위원회로 볼 수 있다.[23]

2) 지방 옴부즈만의 필요성

지방자치단체에 설치하는 지방 옴부즈만의 필요성은 다음과 같다.

---

22) 여기서 '고충 민원'이란 "행정기관등의 위법·부당하거나 소극적인 처분(사실행위 및 부작위를 포함한다) 및 불합리한 행정제도로 인하여 국민의 권리를 침해하거나 국민에게 불편 또는 부담을 주는 사항에 관한 민원을 말한다."(부패방지권익위법 제2조 제5호).

23) 한편, 주민이 행정제도 개선이나 정책 건의와 별개로, 개인적인 특정한 사실 또는 법률관계에 관한 확인이나 증명을 신청하는 민원을 주민참여로 볼 수 있을 것인가에 대한 의문이 제기될 수 있음. 개인적인 민원은 주민참여라기보다는 행정기관과 개인 간의 행정 서비스 청구와 제공 관계로 보아야 할 것임.

첫째, 권익구제의 효율성 측면에서 국가 옴부즈만보다는 현지 상황과 문제점을 더욱 잘 파악할 수 있는 지방 옴부즈만이 필요하다.

둘째, 주민의 고충 민원에 대한 해결 수단으로 필요하다. 지방자치단체의 위법·부당한 처분을 바로잡아달라는 취지의 고충 민원을 지방자치단체에 다시 제기하는 경우는 원처분기관에 재차 당해 민원처리를 요구하는 모순이 발생하게 된다. 이 경우에 비록 지방자치단체 소속이지만 지방 옴부즈만에서 더욱 객관적인 민원처리를 지원해 줄 수 있을 것이다.

셋째, 이러한 구제 방식은 사법구제 제도가 아닌 행정기관의 자체 시정 장치로서 소송비용과 노력을 절감하고, 행정에 대한 국민의 신뢰도를 높이는 효과를 기대할 수 있다.

넷째, 자치분권적 측면에서는 지방 옴부즈만이 지방분권 확대에 따른 강화된 행정권을 감시·견제함으로써 주민 권익 침해를 예방하고 피해가 발생하면 신속한 구제·보호 조치를 취할 수 있다.

3) 지방 옴부즈만 설치 및 역할

부패방지권익위법에서는 "지방자치단체에 시민고충처리위원회를 둘 수 있다"라고 규정하여 설치 여부는 지방자치단체의 재량에 맡기고 있다. 2019년 6월 현재 243개 지방자치단체 중에서 16.5%인 40개의 지방자치단체에서 지방 옴부즈만을 운영하고 있다(국민권익위원회, 2019: 4).[24] 아직 지방자치단체에 지방 옴부즈만 설치가 활발하지 않음을 알 수 있다.

시민고충처리위원회는 지방자치단체와 그 소속 기관에 관한 고충 민원의 조사와 처리, 시정 권고, 관련 제도개선 등의 업무를 수행한다. 따라서 시민고충처리위원회의 주요 업무는 고충 민원의 해결이다.

한편, 부패방지권익위법(제33조 제1항)에서는 시민고충처리위원회의 위원은 지방자치단체장이 지방의회의 동의를 얻어 위촉하며, 임기는 4년으로 하되 연임할 수

---

24) 현재 운영 중인 40개 지방자치단체에서도 부패방지권익위법을 따르지 않고 자체 조례로 운영되는 예도 있음(예를 들면, 위원의 임명에서 의회동의를 얻지 않거나, 임기규정을 지키지 않거나, 위원회인데도 불구하고 독임제로 운영하는 등). 그 명칭도 시민고충처리위원회, 옴부즈만, 시민 옴부즈만, 민원 옴부즈만, 청렴 옴부즈만 등 다양하게 사용되고 있음(국민권익위원회, 2019: 4).

없도록 하고 있다.

2. 주민참여예산제도

1) 개요

주민참여예산제도는 2005년 지방재정법 개정으로 도입되었으며, 2011년 의무규정으로 개정되면서 지방자치단체에 전면 시행되었다. 주민참여예산제도의 구체적인 내용은 각 지방자치단체의 조례로 정하고 있으며, 예산편성 단계에서의 주민참여를 다루고 있다. 대부분 지방자치단체는 주민참여예산 위원회를 구성·운영하고 있으며, 이를 통하여 주민의 의견을 수렴하고 있다(서정섭, 2018).

2) 근거

지방재정법은 주민참여의 원칙을 명시하고 있다. 즉, 지방자치단체장은 대통령령이 정하는 바에 따라 지방 예산편성 등 예산과정에 주민이 참여할 수 있는 절차를 마련하여 시행하여야 한다고 규정하고 있다(지방재정법 제39조). 또한, 이 법에서는 지방자치단체장 소속으로 주민참여예산 기구를 둘 수 있도록 하고, 주민참여예산제도의 구체적인 내용은 각 지방자치단체의 조례로 정하도록 하고 있다.[25]

3) 내용

(1) 주민참여예산 기구

지방재정법에서는 지방자치단체장 소속으로 주민참여예산 위원회 등 주민참여예산 기구를 둘 수 있도록 하였다(제39조 제2항). 주민참여예산 기구에서는 ⓐ 주민참여예산제도의 운영에 관한 사항, ⓑ 주민참여예산제도를 통하여 수렴한 주민의 의견서의 내용에 관한 사항, ⓒ 그 밖에 지방자치단체장이 주민참여예산제도의 운영에 필요하다고 인정하는 사항을 심의하게 된다. 주민참여예산 기구의 구성·운영과 그 밖에 필요한 사항은 해당 지방자치단체의 조례로 정하도록 하고 있다.

---

25) 강원특별자치도와 전북특별자치도의 경우는 각 설치 특별법에서 "도지사는 예산편성 과정에 주민이 공모방식 등에 의하여 참여할 수 있도록 하여야 한다."라고 별도로 주민의 공모방식에 의한 참여와 이에 대한 도지사의 의무를 규정하고 있음(강원특별법 제18조, 전북특별법 제107조).

(2) 주민참여의 방법과 절차

지방 예산편성 과정에서의 주민참여의 방법으로는, ⓐ 주요 사업에 대한 공청회 또는 간담회, ⓑ 주요 사업에 대한 서면 또는 인터넷 설문조사, ⓒ 사업공모, ⓓ 그 밖에 주민 의견수렴에 적합하다고 인정하여 조례로 정하는 방법 등이 있다(지방재정법 시행령 제46조 제1항).

(3) 의견서 제출과 평가

주민참여예산제도의 실질화를 위하여 지방자치단체장은 주민참여예산제도를 통하여 수렴한 주민의 의견서를 지방의회에 제출하는 예산안에 첨부하도록 하고 있다(지방재정법 제39조 제3항). 또한, 행정안전부 장관은 지방자치단체별 주민참여예산제도의 운영에 대하여 평가를 할 수 있도록 하였다(제4항).

3. 주민자치회

1) 의의

주민자치회란 읍·면·동에 설치되고 주민으로 구성되어 주민의 자치활동 강화에 관한 사항을 수행하는 조직을 말한다(주민자치회 표준조례안 제2조). 주민자치회는 1999년부터 시행되었던 읍·면·동 사무소 또는 주민자치센터에 설치한 '주민자치위원회'의 문제점과 한계를 극복하기 위하여 도입되었다. '지방자치분권 및 지역균형발전에 관한 특별법'에 그 법적 근거(제40조)를 두고 있다.

주민자치회는 기초자치단체인 시·군·구의 하위 행정단위에서의 자치를 활성화하기 위한 제도적 장치이다. 사실 우리나라의 기초자치단체는 외국보다 그 구역과 인구가 지나치게 커서 풀뿌리 민주주의 실현에 한계가 있다는 문제점이 지속해서 제기되었다. 이러한 문제점을 보완하기 위하여 읍·면·동 행정단위에서의 주민참여 확대와 자치의 실현을 위하여 '지방자치분권 및 지역균형발전에 관한 특별법'에 규정하게 되었다.[26]

---

26) 행정안전부에서는 2013년 7월부터 일부 지역을 선정하여 주민자치회 시범시행을 하고 있으며, 2023년 12월 현재 1,316개 읍·면·동(총 3,533개 중 37.2%)에서 시범시행 중임. 정부에서는 시범시행 지역을 지속해서 확대하고, 전국에 시행할 계획임(대통령소속 자치분권위원회, 2019). 시범시행 읍·면·동에서는 행정안전부가 발표한 표준조례안에 기초하여 조례를 제정하고 그에 따라 주민자치회를 운영하고 있음.

2) 읍 · 면 · 동 단위 자치조직의 역사('주민자치위원회' → '주민자치회'로 변경)

제1 · 2공화국 시절에는 읍과 면은 지방자치단체로 존재하였다. 그러나 1961년 5 · 16 군사 쿠데타 이후 읍과 면은 기초자치단체인 시와 군의 하부 행정 구역이 되었다. 한편, 동은 농촌 지역의 리와 동일 수준인 도시 지역의 하부 행정 구역 단위였으나, 도시인구 증가로 농촌 지역의 읍 · 면과 동일 수준의 하부 행정 구역이 되었다. 따라서 읍사무소, 면사무소 그리고 동사무소는 동일 수준의 하부 행정기관이 된 것이다.

1991년 부활한 지방자치제는 시 · 군 · 자치구 단위까지만 시행됨에 따라 읍 · 면 · 동은 기초자치단체의 하부 행정 구역을 이루고, 그 사무소는 여전히 하부 행정기관으로 남게 되었다.

1999년 김대중 정부가 들어오면서 읍 · 면 · 동 사무소의 기능 전환을 추진하였다. 교통과 통신의 발달이라는 행정환경의 변화에 맞추어 읍 · 면 · 동 사무소의 일부 기능을 시 · 군 · 구의 본청으로 가져가고, 읍 · 면 · 동 사무소는 규모를 축소하고, 거기에 주민자치센터를 설치하게 되었다. 또한, 읍 · 면 · 동 단위에서의 주민자치를 활성화하고 새롭게 설치된 주민자치센터의 운영을 심의하기 위하여 주민자치위원회를 설치하도록 하였다. 그러나 주민자치위원회는 주민자치센터 운영 프로그램에 대한 약간의 관여 이외에 주민자치 기능은 미약하였다(최근열, 2014: 220 – 221).

이에 읍 · 면 · 동 단위에서의 자치를 어떻게 실현할 것인가에 대한 논의가 활발하게 진행되었으며, 기존 주민자치위원회를 주민자치회로 변경하는 근거를 '지방자치분권 및 지역균형발전에 관한 특별법'에 마련하게 되었다.[27]

3) 주민자치회의 기능

지방자치분권 및 지역균형발전에 관한 특별법에서는 "주민자치회가 설치되는

---

27) 2010년 국회에서는 여야가 합의하여 '지방행정체제개편에 관한 특별법'을 제정하고, 이 법에서 읍 · 면 · 동 단위의 주민자치 활성화를 위하여 '주민자치회'를 구성 · 운영할 것을 규정하였음. 이때부터 학계에서나 행정안전부에서는 읍 · 면 · 동 단위의 자치를 어떻게 실현할 것인가에 대한 논의가 활발하게 진행되었으며, 이 법은 '지방분권촉진에 관한 특별법'과 통합되어 '지방분권 및 지방행정 체제개편에 관한 특별법'으로 개편되고, 다시 문재인 정부에서 '지방자치분권 및 지방행정 체제개편에 관한 특별법'으로 명칭이 변경되었으며, 2023년에는 '지방자치분권 및 지역균형발전에 관한 특별법'으로 변경되었음. 이러한 법률의 변화 과정에서 주민자치회에 관한 내용은 약간의 변동은 있었지만, 기본 틀은 유지되었음.

경우 관계 법령, 조례 또는 규칙으로 정하는 바에 따라 지방자치단체 사무의 일부를 주민자치회에 위임 또는 위탁할 수 있다."라고 규정하고 있다(제40조 제2항). 따라서 주민자치회는 지방자치단체의 사무 일부를 수탁받아 처리할 수 있는 법적 근거를 가지게 되었다. 같은 법에서는 주민자치회의 위원은 조례로 정하는 바에 따라 지방자치단체장이 위촉하도록 하고 있다(제40조 제4항).

지방자치분권 및 지역균형발전에 관한 특별법에서 명시적으로 규정하고 있는 주민자치회의 주요 업무는 ⓐ 자치회 구역 내의 주민화합 및 발전을 위한 사항, ⓑ 지방자치단체가 위임하거나 위탁하는 사무의 처리에 관한 사항, ⓒ 그 밖에 관계 법령, 조례 또는 규칙에서 위임하거나 위탁한 사항이다(제40조 제3항).

주민자치회의 가장 중요한 기능은 읍·면·동 단위에서 근린자치의 중심이 되는 것이다. 우리나라의 지방자치단체는 시·군·구 단위까지 이루어져 있어, 주민자치회를 통하여 그 하위 단위에서의 주민자치조직의 활성화를 기대하는 것이다.[28]

4. 반상회

반상회는 행정의 최하위 단위인 반(班)에서 이루어지는 월례 주민모임이다(김병준, 2010: 626). 반상회는 정부 정책을 알리고 주민의 협조를 구하는 정부 주도의 모임이지만, 최근에는 공동체의 각종 문제를 서로 토론하고 정부에 대한 정책 건의와 의견 제시의 장으로도 활용되고 있다(임승빈, 2014: 452).

5. 공청회

공청회는 일반 주민, 이해관계자와 전문가의 의견을 수렴하기 위한 모임이다. 일반적으로 정책토론회의 형식으로 지방자치단체장이나 지방의회 등의 주도로 열리는 경우가 많다. 일부 특정 사안에 대해서는 공청회 개최가 법적 의무사항으로 되어 있는 예도 있다.[29]

---

[28] 주민자치회 표준조례안에서는 구체적인 기능으로, ⓐ 주민자치 업무: 주민총회 개최, 자치(마을)계획 수립, 마을 축제, 마을신문·소식지 발간, 공동체 형성, 기타 각종 교육 활동, 행사 등 순수 근린자치 영역에서 수행하는 주민자치업무, ⓑ 협의업무: 읍·면·동(또는 동, 읍·면) 행정기능 중 주민생활과 밀접한 관련이 있는 업무에 대한 협의, ⓒ 수탁업무: 시·군·구 및 읍·면·동(또는 동, 읍·면) 행정기능 중 주민자치센터의 운영 등 주민의 권리·의무와 직접 관련되지 아니하는 업무의 수탁 처리를 규정하고 있음(23년도 주민자치 표준조례안, 제5조).

제4절 지방자치 선거

Ⅰ 의의

지방자치단체에는 주민의 복리에 관한 사무를 처리하고 재산을 관리하며, 법령의 범위안에서 자치에 관한 규정을 제정하기 위하여 의결기관인 지방의회와 집행기관인 지방자치단체장과 교육감을 둔다. 이러한 자치기구 구성을 위하여 지방의회 의원 선거와 지방자치단체장 선거 그리고 교육감 선거를 한다.

현대 민주정치에서 일반적으로 적용되는 보통선거, 평등선거, 직접선거, 비밀선거 등의 원칙들이 지방자치 선거에 그대로 적용된다. 지방자치 선거를 민주적이고 공정하게 치르기 위하여 공직선거법과 지방교육자치에 관한 법률에서 관련 내용을 비교적 상세히 규정하고 있다. 공직선거법은 대통령 선거, 국회의원 선거, 지방의회 의원 선거와 지방자치단체장 선거에 적용되며, 교육감 선거는 지방교육자치에 관한 법률에서 별도로 규정하고 있다.

Ⅱ 선거권과 피선거권

선거권과 피선거권은 지방자치단체에서 주민이 가지는 가장 기본적인 참여의 형식이다. 주민은 법령으로 정하는 바에 따라 그 지방자치단체에서 실시하는 지방의회 의원과 지방자치단체장의 선거에 참여할 권리를 가진다(지방자치법 제17조 제3항). 구체적으로 공직선거법에서 지방선거의 선거권과 피선거권을 규정하고 있는데, 일정한 조건을 갖춘 외국인에게도 지방선거의 선거권을 부여하고 있지만, 피선거권은 대한민국 국민에게만 인정하고 있다.

---

29) 예를 들면, 도시개발법 제7조 제1항에서는 시·도지사나 대도시 시장, 시장·군수 또는 구청장 등이 시 개발구역의 지정과 관련하여 공청회를 통하여 주민이나 관계 전문가 등으로부터 의견을 들을 것을 의무화하고 있음.

1. 선거권

지방선거와 국회의원 선거권의 차이는 지방선거의 경우 일정한 조건을 갖춘 외국인에게도 선거권을 준다는 것이다. 지방선거에서 선거권은 '18세 이상'으로서, '지방자치단체의 관할 구역에 주민등록이 되어 있는 사람' 또는 '영주의 체류자격 취득일 후 3년이 경과한 외국인으로서 지방자치단체의 외국인등록 대장에 올라 있는 사람'이다(공직선거법 제15조 제2항).

2. 피선거권

지방선거에서 피선거권은 "선거일 현재 계속하여 60일 이상 해당 지방자치단체의 관할 구역에 주민등록이 되어 있는 주민으로서 18세 이상의 국민"에게 주어진다(공직선거법 제16조 제3항). 여기에는 '선거일 현재 계속 60일 이상 관할 구역에 주민등록', '18세 이상', '대한민국 국민'이라는 세 가지 조건이 포함되어 있다. 18세 이상의 나이 조건과 외국인에게는 피선거권이 주어지지 않는 것은 국회의원 피선거권과 같지만, 60일 이상의 주민등록 요건이 있는 것은 차이점이다.

III 선거구[30)

지방선거도 국회의원 선거와 마찬가지로 선거구를 단위로 주민 대표를 선출한다. 선거구는 투표가치의 평등요소인 인구비례 문제나 게리맨더링(gerrymandering) 현상에 유의하여 획정되어야 한다. 지방선거에서 선거구와 의원정수의 문제는 지방의회 의원 선거와 관련되며, 각 지방자치단체에서 1인을 선출하는 지방자치단체장이나 광역자치단체마다 1인을 선출하는 교육감 선거에서는 특수한 경우를 제외하고는 논의 대상이 아니다.

---

30) 지방선거에서 선거구는 지방의원의 정수와 함께 논의되기도 함. 지방의원의 정수는 제10장 제2절 지방의회의 구성 부분에서 다루고 있음.

1. 소선거구제와 중·대선거구제

지방선거 선거구와 관련된 쟁점은 하나의 선거구에서 몇 명의 의원을 선출할 것인가이다. 지방선거 선거구제도는 ⓐ 소규모의 지역을 선거구로 하여 1인을 선출하는 선거구제를 소선거구제, ⓑ 중간 규모의 지역을 단위로 2~4인을 선출하는 중선거구제, ⓒ 해당 지방정부 행정 구역 전체를 하나의 단위로 하여 지방의원 모두를 선출하는 대선거구제로 구분된다.

소선거구제는 소규모의 지역 단위에서 선거가 이루어지므로 후보자에 대한 주민의 이해도가 높고 후보자도 지역사회에 관심과 애정이 높을 수 있으며, 선거유세 지역이 소규모이므로 인쇄물·현수막 등의 개수가 적어 선거비용을 절약할 수 있는 장점이 있다.

그러나 하나의 선거구에서 1인을 선출하므로 정치적 지명도가 높은 정당에 소속되거나 전국적인 유명 인물의 당선이 유리하여 지역에 기반을 둔 정치 신인이나 여성, 소수정당 출신의 당선이 어려울 수 있으며, 최고 득표자만 당선되므로 나머지 후보자에게 행사한 투표는 모두 사표(死票)가 되어 당선자의 주민 대표성이 낮을 수 있으며, 1인만 승리자가 될 수 있어 선거가 과열될 가능성이 있고, 당선자가 재선을 위하여 자신의 지역구에만 지나친 관심을 가져 소지역주의 현상이 유발될 수 있다는 단점이 제기된다.

중·대선거구제의 장점은 소선거구제의 단점이, 중·대선거구제의 단점은 소선거구제의 장점이 된다.

2. 우리나라의 지방선거 선거구

우리나라의 광역지방의원 선거구는 소선거구제, 기초지방의원 선거구는 중선거구제를 취하고 있다. 광역지방의원 지역선거구(의원정수)와 기초지방의원의 시·도별 총 정수는 국회가 법률(공직선거법)로 정하고, 기초지방의원의 지역선거구와 선거구별 정수는 해당 시·도 조례로 정한다. 또한, 광역지방의회와 기초지방의회 모두 비례대표를 선출한다.

1) 광역지방의회

광역지방의원 지역선거구는 소선거구제를 채택하고 있다(공직선거법 제26조 제1항). 따라서 하나의 지역구에서 선출할 광역지방의원은 1명이다. 광역지방의원의 지역선거구는 인구·행정 구역·지세·교통 그 밖의 조건을 고려하여 자치구·시·군을 구역으로 하거나, 이를 분할하여 획정한다(제22조 제1항).[31] 광역지방의원 지역선거구는 법률(제26조 제1항 및 별표 2)에서 정하고 있다. 다만, 세종특별자치시와 제주특별자치도의 경우는 해당 시·도 조례로 정하도록 하고 있다(세종시법 제19조 5항; 제주특별법 제37조 제1항).

광역지방의원 지역선거구와 관련하여 최근 쟁점이 되는 것은 투표가치의 평등을 위한 인구비례의 원칙이다. 헌법재판소가 광역지방의원 지역선거구 간 인구 편차를 상하 50%(인구비례 3:1)[32]로 변경하는 것이 타당하다는 헌법 불합치 결정(기존에는 인구편차 상하 60%, 인구비례 4:1)을 내림에 따라, 2022년 지방선거부터는 공직선거법 별표 2의 광역지방의원 지역선거구는 바뀐 인구 편차가 적용된다(헌법재판소 2018. 6. 28. 2014헌마189; 헌법재판소 2019. 02. 28. 2018헌마415).[33]

2) 기초지방의회

기초지방의원 지역선거구는 중선거구제를 채택하여, 하나의 지역구에서 선출할 의원은 2인 이상 4인 이하이다(공직선거법 제26조 제2항). 시·도별 기초지방의원의 총 정수는 공직선거법(제23조 및 별표 3)에서 정하고, 개별 기초지방의회 의원 정수와 지역구는 당해 시·도의 총 정수의 범위 내에서 인구와 지역 대표성을 고려하여 시·도조례로 정한다(제23조 제1항 및 제26조 제2항).

기초지방의원 지역구의 공정한 획정을 위하여 시·도에 '자치구·시·군의원선거구획정위원회'를 둔다(공직선거법 제24조의3).

---

31) 예를 들면, 경상북도 청송군의 경우는 1명의 도의원을 선출하므로 군 전체가 도의원 선거구이지만, 의성군의 경우는 2명의 도의원을 선출하므로 18개 읍면을 둘로 나누어 2개의 선거구에서 각 1명의 도의원을 선출하고 있음.

32) 해당 광역단체의 도의원 지역선거구들의 평균 인구수에서 인구 편차 비율 50%를 곱한 값에 평균 인구 수를 더하면 최대인구 선거구가, 빼면 최소인구 선거구가 나옴. 이때 최대인구와 최소인구 선거구 간의 차이가 인구비례인 3: 1이 됨[예를 들면, ○○도의 도의원 지역선거구 평균 인구수가 10만 명이라면, 10만 명의 50%는 5만 명이므로 최대인구는 15만 명(10만 명＋5만 명), 최소인구는 5만 명(10만－5만)이 됨. 이때 15만 명: 5만 명의 인구비례는 3: 1이 됨].

33) 헌법재판소는 인구 편차 상하 $33\frac{1}{3}$%(인구비례 2: 1)로 가는 것이 합리적이지만 급격한 조정에 따른 예기치 않은 어려움에 봉착할 가능성이 매우 크므로 50% 비율을 우선 적용하는 것으로 결정함(헌법재판소 2018. 6. 28. 2014헌마189).

Ⅳ 정당참여

지방의회 의원 선거나 지방자치단체장 선거와 관련하여 정당은 후보자 추천, 선거운동 등과 관련하여 많은 영향을 미칠 수 있다. 정당이 지방선거에 참여하는 방식은 크게 정당 공천제(정당이 후보자 추천 및 선거운동 가능), 정당 표방제(정당의 후보자 추천 불가, 후보자가 소속 정당 표방은 가능), 당적 보유제(정당의 후보자 추천 불가, 후보자가 자신의 소속 정당 표방 불가, 당적의 보유만 가능함)로 구분될 수 있다. 그런데 지방선거에서 정당참여 논의에서 쟁점이 되는 것은 협의의 정당참여로 볼 수 있는 정당 공천제이다. 여기서는 정당 공천제를 중심으로 정당참여를 서술하고자 한다.

1. 찬반 논의

지방선거에서 정당참여가 바람직한지에 대해 찬반 논쟁이 활발하게 전개되어 왔으며, 아직도 그 논의는 끊이지 않고 있다(황아란, 2016: 191; 육동일, 2009: 강재규, 2011: 215−19; 김병준, 2010: 290; 최창호·강형기, 2019: 407).

정당참여 찬성론은 ⓐ 다양한 주민 의견을 몇 개의 등록된 정당의 이름으로 조직화하여 수렴하기가 쉽고, ⓑ 정당의 정강이나 정책이 발표되고 이에 대한 지역민의 심판을 받음으로써 책임정치의 기초가 될 수 있으며, ⓒ 지역 정치에의 정당의 참여를 통하여 전국적인 정당정치의 제도화에 이바지할 수 있으며, ⓓ 정당을 통하여 후보자의 정치적 성향이나 정책 이해가 쉬우므로 후보자를 알기 위한 정보비용의 축소 효과를 기대할 수 있다는 점을 논거로 삼는다.

그러나 정당참여 반대론은 ⓐ 지방정부가 하는 일은 보수정당이나 진보정당에 따라 달라지는 것이 아니라 대부분 정책집행과 관련된 것이므로 정치적 개입 요소가 낮으며, ⓑ 정당이 지방의원과 지방자치단체장에 대한 공천권을 행사하므로 지방정치인은 지역민보다는 정당의 신임을 받고자 하는 지방정치의 중앙정치 예속화 및 정당공천 부패 현상이 초래될 수 있으며, ⓒ 인물 중심의 투표보다는 정당 중심의 투표가 이루어져 지역에 대한 이해도나 역량이 낮은 인물이 선출되는 현상이 나타나기 쉬우며, ⓓ 지방의회 내에서 정당 소속 의원 간의 대립이나 지방의회와 지방자치단체장 간의 마찰로 지방 행정 기능의 혼란이 초래될 수 있음을 근거로 든다.

2. 우리나라에서 지방선거에서의 정당참여

제1·2공화국 시기 지방선거에서는 정당의 선거참여에 대한 아무런 제한이 없었으며, 정치권에서도 특별한 관심을 가지지 않았으며, 정당은 당연히 참여하는 것으로 인식되었다(김병준, 2010: 291).

그러나 1991년 지방자치 부활에 따른 지방의회 의원 선거에서 정당공천과 관련 여당과 야당 간 격론이 벌어졌으며, 결국 광역지방의원 선거에서는 정당공천을 허용하고 기초지방의원 선거에서는 정당공천과 선거운동이 금지되었다.

1995년 지방자치단체장과 지방의회 의원을 동시에 선출하는 지방선거에서는 광역지방의원, 광역자치단체장 그리고 기초자치단체장의 경우는 정당공천을 허용하되, 기초지방의원만 정당공천을 금지하였다.

2003년 헌법재판소에서는 지방선거에 정당공천을 배제하는 것은 헌법위반이 아니라 국회의 입법형성 재량 사항이지만, 기초지방의회 의원의 경우만 정당공천을 배제하는 것은 헌법상 평등의 원칙 위배라고 판시하였다(헌법재판소 2003. 1. 30. 선고 2001헌가4; 헌법재판소 2003. 5. 15. 선고 2003헌가9·10병합). 이에 2005년 개정된 공직선거법(제47조 제1항)에서는 광역지방의원, 광역자치단체장 그리고 기초지방의원, 기초자치단체장 모두 정당 후보자를 추천할 수 있도록 허용하여 현재에 이르고 있다.

또한, 광역 및 기초지방의원 선거에서 비례대표제가 시행되고 있다. 현재의 비례대표제 방식은 유권자가 비례대표를 추천한 정당에 투표하고, 정당은 득표율에 따라 의석을 배분받는 정당투표제의 형식을 취하고 있다(공직선거법 제49조 제2항, 제146조 제2항, 제157조 제4항, 제190조의 2). 즉, 정당에서 지방의회 비례대표후보자 명부를 선관위에 등록하고, 유권자는 정당에 1표를 행사하는 방식이다.

한편, 교육감 선거의 경우에는 정당의 선거관여 행위를 금지하고 있다.[34] 정당은 교육감 선거에 후보자를 추천할 수 없다(지방교육자치에 관한 법률 제46조 제1항). 또한, 정당의 대표자·간부 등은 특정 후보자를 지지·반대하는 등 선거에 영향을 미치기 위하여 선거에 관여하는 행위를 할 수 없으며, 그 밖의 당원은 소속 정당의 명칭을 밝히거나 추정할 방법으로 선거관여행위를 할 수 없다(제2항). 특히, 후보자

---

34) 2007년 1월 개정된 지방교육자치에 관한 법률에서 교육감 주민직선제가 도입될 당시부터 정당 추천을 금지하고 있음.

는 특정 정당을 지지·반대하거나 특정 정당으로부터 지지·추천받고 있음을 표방해서는 안 된다(제3항).

Ⅴ 우리나라 지방선거 변화 과정

1949년 7월 지방자치법이 제정되었으나, 이승만 정부는 지방자치 선거를 계속 연기하였다. 그러던 중, 1950년 6·25전쟁이 발발하여 지방선거가 어려운 상황이었으나, 이승만 정부는 1952년에 지방선거를 강행하였다. 그 이유는 대통령인 이승만이 국회를 통한 간접선거로는 재집권이 어려워지자, 지방의원을 동원하여 직선제 개헌을 반대하는 국회를 압박하기 위한 수단으로 지방선거가 고려되었기 때문이다(손봉숙, 1985: 22). 이에 최초의 지방자치 선거인 시·읍·면의원 선거가 1952년 4월 25일, 도의원 선거가 같은 해 5월 10일에 시행되었다.[35] 4년 후, 1956년 8월에는 시·읍·면의원 선거와 서울시·도의원 선거가 시행되었으며, 최초로 지방자치단체장인 시·읍·면장 직접선거가 시행되었다.

1960년 4·19혁명 이후 제2공화국 시절에는 광역지방의원·광역자치단체장과 기초지방의원·기초자치단체장을 모두 직선으로 선출하였다. 그러나 5개월 후인 1961년 5·16 군사 쿠데타로 지방자치는 전면 중단되었다.

1991년 3월 26일 30년 만에 지방의회 의원 선거가 시행되었고, 지방자치단체장 선거는 4년이 유예되었다. 1995년 6월 27일에 광역지방의원·광역자치단체장과 기초지방의원·기초자치단체장에 대한 동시 선거가 시행되어, 직선제에 의한 지방자치단체가 구성되었다.

2010년 6월 2일에는 광역단위에서 교육위원과 교육감을 직선하여 교육자치를 실시하였고, 이후 교육위원제도는 폐지되고 교육감은 계속 직선으로 선출하고 있다. 우리나라 지방선거 실시 경과는 다음 <표 13-3>과 같다.

---

35) 당시 6. 25전쟁으로 서울특별시, 경기도, 강원도와 치안이 불안했던 전북 등 4개 지역은 선거를 시행하지 못하였음.

┃ 표 13-3 우리나라 지방선거 변화 과정

선거일	지방의회 의원	지방자치단체장	비고
1952. 4. 25 5. 10	시 · 읍 · 면의원 선거 도의원 선거		기초단체장: 간선제(지방의회) 광역단체장: 임명제
1956. 8. 8 8. 13	시 · 읍 · 면의원 선거 서울시 · 도의원 선거	시 · 읍 · 면장 선거	광역단체장: 임명제
1960. 12. 12 12. 19 12. 26 12. 29	서울시 · 도의원 선거 시 · 읍 · 면의원 선거	시 · 읍 · 면장 선거 서울시장 · 도지사 선거	4·19혁명 이후 실시
1991. 3. 26 6. 20	시 · 군 · 자치구의원 선거 시 · 도의원 선거		30년 만의 지방의회 구성 자치단체장은 임명제
1995. 6. 27	시 · 군 · 자치구의원 선거 시 · 도의원 선거	시 · 군 · 구청장 선거 시 · 도지사 선거	지방자치제 전면실시 제1대 동시 지방선거
1998. 6. 4	시 · 군 · 자치구의원 선거 시 · 도의원 선거	시 · 군 · 구청장 선거 시 · 도지사 선거	제2대 동시 지방선거
2002. 6. 13	시 · 군 · 자치구의원 선거 시 · 도의원 선거	시 · 군 · 구청장 선거 시 · 도지사 선거	제3대 동시 지방선거
2006. 5. 13	시 · 군 · 자치구의원 선거 시 · 도의원 선거	시 · 군 · 구청장 선거 시 · 도지사 선거	제4대 동시 지방선거
2010. 6. 2	시 · 군 · 자치구의원 선거 시 · 도의원 선거 교육위원 선거	시 · 군 · 구청장 선거 시 · 도지사 선거 교육감 선거	제5대 동시 지방선거
2014. 6. 4	시 · 군 · 자치구의원 선거 시 · 도의원 선거	시 · 군 · 구청장 선거 시 · 도지사 선거 교육감 선거	제6대 동시 지방선거
2018. 6. 13	시 · 군 · 자치구의원 선거 시 · 도의원 선거	시 · 군 · 구청장 선거 시 · 도지사 선거 교육감 선거	제7대 동시 지방선거
2022. 6. 1	시 · 군 · 자치구의원 선거 시 · 도의원 선거	시 · 군 · 구청장 선거 시 · 도지사 선거 교육감 선거	제8대 동시 지방선거

※ 자료: 국가기록원 홈페이지와 중앙선거관리위원회 사이버 선거 역사

제3편

지방정부

04편

지방재정

제**14**장

지방재정 개요

제1절　지방재정과 재정분권

Ⅰ　지방재정의 개념

　지방재정이란 "지방자치단체의 수입과 지출 그리고 중앙정부 및 상급자치단체와의 재정 관계와 자금 활동의 총체"로 정의된다. 지방자치단체는 지방세, 지방세외수입, 지방채, 중앙정부 및 상급자치단체로부터의 교부세·보조금 등을 재원으로 관할 구역의 공공 서비스 제공에 필요한 경비를 지출한다.

　국가재정이 국세에 의존하는 것에 비하여 지방재정은 중앙정부나 상급자치단체로부터의 교부세나 보조금이 상대적으로 큰 비중을 차지한다. 따라서 지방재정은 개별 지방자치단체 차원에서 수입과 지출 등의 재정활동을 넘어 중앙정부와 상급자치단체와의 재정적 관계도 포함되는 것이 특징이다.

Ⅱ　지방재정의 특징

　지방재정의 특징은 국가재정과 비교를 통하여 명확히 구별될 수 있다.

　첫째, 지방재정은 재정의 3대 기능 중 자원배분 기능이 상대적으로 강하다. 지방재정은 국가재정 대비 경제 안정화 및 소득재분배 기능은 미약하다고 볼 수 있다.

　둘째, 국가재정은 하나의 재정 주체를 중심으로 이루어지지만, 지방재정은 재정 주체가 다양하다는 특징이 있다. 또한, 재정 주체의 다양성뿐 아니라 개별 지방자치단체의 자치재정이 가지는 재정구조, 인구 및 경제적 규모 등의 다양성도 가진다.

　셋째, 지방재정은 지방세와 지방세외수입 등 자주재원뿐 아니라 교부세와 보조금 등 국가나 상급자치단체로부터의 의존수입이 존재한다. 따라서 재정운영에서 자율성과 의존성이 공존한다.

넷째, 지방재정은 국가재정 대비 공공 서비스의 이익을 받는 자가 그 이익의 양(量)에 따라 그 비용을 부담하는 응익원칙이 강하다. 이는 지방에서 공급되는 공공 서비스가 국가에서 공급되는 그것보다 상대적으로 순수 공공재로서의 성격이 약하며, 개별적인 보상 관계의 성격이 강하기 때문이다.

❙표 14-1 국가재정과 지방재정의 비교

구분	국가재정	지방재정
재정의 주요 기능	경제 안정화, 소득재분배, 자원배분	자원배분
재정 주체의 수	단일성	다양성
재원조달 방식	조세 의존성 강함	다양한 세입원(지방세, 지방세외수입, 교부세, 국고보조금 등)
재정운영의 자율성	자율성 강함	자율성과 의존성 공존
재정부담의 설계	응능원칙	응익원칙
보상 관계	일반적 보상 관계	개별적 보상 관계
서비스의 성격	순수공공재적 성격이 강함	순수공공재적 성격이 약함

출처: 임승빈(2012: 326); 차재권 외(2012: 10); 라휘문(2014: 28)

Ⅲ 지방재정의 기능

머스그레이브(Musgrave, 1959)에 의하면 정부의 재정 기능은 경제 안정화, 소득 재분배, 자원배분의 3대 기능으로 나눌 수 있다. 재정의 3대 기능 중에서 지방정부의 역할이 강조되는 것은 자원배분 기능이다. 경제 안정화 기능과 소득 재배분 기능은 중앙정부의 고유 기능으로 인식되어 오고 있었다. 그러나 최근에는 지방정부의 재정 규모가 확대되면서 경제 안정화 기능과 소득 재배분 기능에서도 지방정부가 일정한 역할을 할 수 있다는 견해도 있다(이달곤, 1998; 손희준 외, 2014: 30).

1. 경제 안정화 기능

경제 안정화 기능이란 물가의 안정, 완전고용, 국제수지의 균형을 달성하기 위하여 정부가 경제에 개입하는 것을 말한다. 이러한 경제 안정화를 위해서 정부가 추진할 수 있는 경제정책은 통화정책과 재정정책으로 크게 구분될 수 있다.

통화정책은 이자율과 통화량을 조절·통제하기 위해 통화 당국이 직접 사용하는 정책 도구를 말한다. 일반적인 수단으로는 크게 공개시장 조작(정부가 가지고 있는 국공채를 매각하거나 매입하는 형태로 시중의 통화량을 조절함)·재할인율 정책(중앙은행이 금융기관에 빌려주는 자금의 금리를 조절함으로써 시중의 통화량을 조절)·지급준비율 정책(시중은행이 고객 예금 중에서 중앙은행에 의무적으로 적립해야 하는 비율)으로 구분된다.

재정정책은 조세와 정부지출의 수준을 조작함으로써 경제 활동에 영향을 미치는 정책수단을 말한다. 예를 들어 개인 차원에서 조세의 감소는 소비의 증가를 가져올 것이고, 이것은 경제 활동을 촉진할 것이며, 기업 차원에서 조세 부담의 감소는 투자를 자극할 것이다. 대규모 공공사업 등을 통한 정부지출 증가는 경기를 확장하는 효과가 기대되며, 역으로 정부지출의 감소나 조세수입의 증가는 경제 활동을 위축시키는 효과를 유발할 수 있다.

그런데 대부분 나라의 지방정부에서는 독자적인 통화발행권이 없어 통화량이나 이자율을 통한 경제 안정화 정책에는 한계가 있다. 따라서 지방정부 수준에서의 경제 안정화 기능은 재정정책을 중심으로 살펴볼 필요가 있다. 그러나 지방정부 간 '개방성'과 '이동성'으로 인하여 특정 지방정부의 재정정책 효과 또한 제한적이다. 어떤 특정 지역주민들이 사는 재화의 많은 부분은 다른 지역에서 생산되기 때문이다. 만일 특정 지방정부가 지방채를 차입하여 경기를 부양하는 경우 적자 재정에 대한 부담은 그 지역주민들이 부담하고, 경기 부양의 효과는 주변 지역주민들과 공유하는 결과를 초래할 수도 있다(하연섭, 2014: 394). 따라서 경제 안정화를 위한 지방정부의 기능은 제한적일 수밖에 없다.[1]

2. 소득 재배분 기능

조세나 정부지출(사회복지비 등)과 같은 재정정책을 수단으로 하여 정부는 개인

---

1) 지방정부가 영역 내에서 제한적으로 수행 가능한 지역경제 안정화 기능으로는 지역 물가 안정대책, 지역전략산업 지원, 전통시장 기반확충 사업, 재정 지출 확대, 재정 조기 집행 등을 들 수 있음(국회예산정책처, 2024: 18).

소득의 변화를 유도하고 이를 통하여 소득배분 상태를 변화시킬 수 있다. 그런데 지방정부 간 개방성은 이러한 특정 지방정부 수준에서의 소득 재배분 정책효과를 제약하는 요인이 된다. 예를 들면, 어떤 지방정부에서 고소득자에게 높은 세금을 부과하고 이를 저소득자들을 위한 복지비용에 사용한다면, 그 지역에 거주하던 고소득자는 다른 지역으로 이주할 것이며, 다른 지역에 거주하던 저소득자들은 이 지역으로 이주할 가능성이 크다. 따라서 이 지역에는 저소득층이 증가하고 고소득층이 감소하는 결과를 초래하여, 고소득자에게 더 큰 조세 부담이 가중될 수 있다. 이러한 정책효과는 사회 전체적으로 이사비용이라는 사회적 비용을 추가로 유발하게 된다.

또한, 재정력이 부족하여 중앙정부의 재정 지원에 의존하는 지방정부를 가정해 보자. 이러한 지방정부에서 저소득층을 위한 별도의 예산 지원 정책을 사용하는 경우에는 그 비용은 다른 지역주민들이 부담하는 결과를 초래하게 된다. 따라서 지방정부 수준에서 소득 재배분 기능은 매우 한정적이라고 볼 수 있다.

그런데 최근의 고령화와 복지 수요의 증대 등으로 인하여 지방정부 수준에서의 소득 재배분 기능이 강조되고 있다. 왜냐하면, 지방정부는 중앙정부보다 지역주민들의 다양한 욕구 파악에 유리하여, 노약자, 저소득자 등 사회적 약자에 대한 복지 정책의 효과가 더 클 수 있기 때문이다. 결국, 지방정부 간 개방성, 지방정부 간 재정 역량의 차이라는 제약이 따르지만, 사회적 약자에 대한 지방정부 수준에서의 소득 재배분 기능은 점점 더 강조될 것이다.

3. 자원배분 기능

정부의 자원배분 기능이란 가격 기제에 따라 효율적인 자원배분이 불가능할 때 정부가 경제에 개입하여 사회 후생을 증가시키는 방향으로 자원을 배분하는 것을 말한다. 정부의 자원배분 기능을 위한 정책수단은 크게 두 가지로 구분된다. 하나는 국방, 국공립 교육, 고속도로의 건설 등과 같이 정부가 직접 재화와 서비스를 공급하는 경우와 각종 세금이나 벌금 등을 통하여 민간의 자원배분 과정에 간접적인 영향을 미치는 경우로 구분된다(하연섭, 2014: 15).

또한, 정부의 자원배분 기능은 그 주체에 따라 중앙정부 수준의 공공재와 지방정부가 공급하는 지역 공공재(local public goods)로 구분된다. 국가 수준의 공공재는 국방이나 외교 등이 있으며, 지역 공공재는 공원, 지방도로, 쓰레기 처리, 상·하수도 시설 등이 있다.

그런데 지역 공공재에 대한 주민들의 선호는 지역별로 지리적·사회적 환경에 따라 다를 수밖에 없다. 따라서 지역 공공재에 대한 자원배분 기능은 지방정부가 담당하는 것이 바람직하다.

Ⅳ 재정분권에 대한 찬반 논의

지방자치를 수행하기 위해서는 재정적인 뒷받침이 필수적이다. 재정 자율성 없는 지방자치란 있을 수 없다. 재정분권이란 중앙정부에서 지방정부로 재정책임을 이양하는 것을 의미한다. 즉, 지방정부 스스로 재원을 확보하고 그 지출을 결정하도록 하는 것이다.

지방자치와 재정분권은 동전의 양면과 같은 관계이다. 따라서 재정분권의 찬반 논의는 지방자치에 대한 찬반 논의와 다르지 않다. 재정이라는 차원에 좀 더 집중하여 지방자치의 문제를 다룰 따름이다.

1. 재정분권의 필요성

1) 주민 선호와 재정지출의 연계를 통한 자원 배분의 효율성 추구

중앙정부에 의한 일률적인 재화와 서비스의 공급은 각 지역주민의 다양한 선호를 모두 만족하게 하는 데 한계가 있다. 각 지역은 사회·경제적 환경뿐 아니라 자연환경도 다르므로 주민들의 행정 서비스에 대한 선호 또한 다르다. 하나의 개별 지역에서는 공공재에 대한 선호가 유사한 사람들이 모여 사는 경우가 많을 수 있다. 결국, 재정분권은 주민의 선호나 요구에 제대로 대응할 수 있는 공공 서비스의 제공을 통하여 자원 배분의 효율성 달성에 유리하다.

2) 다수의 지방정부 간 경쟁을 통한 효율성 추구

하나의 국가에서 지방정부는 다수가 존재한다. 그런데 지방정부 상호 간 더 나은 서비스를 제공하기 위하여 서로 경쟁한다면 공공 서비스의 독점적 공급에 의한 정부 실패의 문제는 발생하지 않을 것이다. 즉, 티부(Tiebout)의 '발에 의한 투표 모형'처럼 개별 시민들이 자신이 선호하는 서비스를 공급받기 위하여 지방정부를 선택할 수 있다면 지방정부 관료들은 상호경쟁을 통하여 더욱 나은 서비스를 공급하기 위해 노력할 것이다.

3) 주민의 관심과 참여 제고를 통한 민주성의 추구

국가재정은 국방이나 항만·공항 등 국가 전체적인 수요와 공급 차원에서 행정 서비스의 지출이 결정되는 경우가 많다. 또한, 재정수입과 재정지출의 큰 액수로 인하여 개인들은 본인이 낸 세금과 행정 서비스 간의 관계성에 대해 인식하기 어렵다. 일반 국민은 자신의 삶에 직접 영향을 미치지 않는 행정 서비스에 관한 관심이 낮으며, 관심을 가지더라도 의사결정에 직접적인 영향을 미치기는 쉽지 않다는 것을 인지하고 있기 때문이다.

그러나 지방정부가 제공하는 서비스는 국가재정보다 구체적이며 소규모인 경우가 많다. 따라서 지역주민들은 재정지출에 관심을 가지고 지방정부의 의사결정과정에 적극적으로 참여하고자 하는 경우가 많다. 특히 지방정부의 자주재원인 지방세와 세외수입은 주로 지역주민들이 부담하게 된다. 따라서 본인이 부담하는 세금과 각종 재정적 부담들이 실제 본인에게 어떠한 서비스로 공급되는지 관심을 가지고 주민참여가 촉진되는 측면이 있다.

4) 재정행정을 실험할 수 있게 함

국가재정은 그 영향력과 파급효과로 인하여 실험적이고 혁신적인 제도의 도입이 쉽지 않은 측면이 있다. 지방재정은 국가재정과 비교해 혁신적이고 실험적인 제도의 도입을 쉽게 한다. 미국에서 발전된 영기준예산(zero-base budgeting system)은 사기업에서 성공을 거둔 후 지방정부에서 도입되어 성공적으로 운영되자 연방정부에 도입된 사례이다(전상경, 2011: 61).

2. 재정분권에 대한 반대 논리

1) 규모의 경제

가장 일반적인 경제 논리인 '공공재 공급에 있어서 규모의 경제'이다. 즉, 특정

공공재의 1인당 공급비용을 줄이기 위해서는 여러 인접한 지방정부가 함께 그 공공재를 공급하는 것이 규모의 경제 논리에 따라 유리할 수 있다. 그러나 각 지방정부는 독자적인 의사결정 구조로 되어 있어 공공재의 공동공급을 어렵게 한다.

2) 조세 수출의 문제

조세 수출(tax export)[2]의 문제가 발생할 수 있다. 조세 수출이란 특정 지방정부가 부과하는 조세가 그 주민이 아닌 다른 지방정부 주민들이 부담하게 되는 결과를 초래하는 것을 의미한다. 조세 수출을 하는 지방정부의 입장에서는 그 주민들의 부담 없이 재정수입을 확보할 수 있다는 측면에서 유리하지만, 국가 전체로 보면 자원 배분의 효율성이 저해되는 효과를 초래한다. 왜냐하면, 조세 수출을 하는 지방정부의 주민이나 관료들은 공공재 공급에 대한 한계비용을 실제보다 더 낮게 인식하기 때문이다(전상경, 2013: 58).

3) 세무행정의 비효율성

세무행정은 전문성을 요구한다. 따라서 재정분권은 지방정부마다 세무행정 전문가를 필요로 하게 된다. 그런데 지방정부 수준에서 세무행정 전문가를 양성하기는 쉽지 않다. 특히, 세무 직렬의 인원이 적어 전문적인 역량을 높이기는 현실적으로 어려운 측면이 있다.

4) 세원의 지역 차별성

하나의 국가 내에서 지역별 세원은 큰 차이가 나는 경우가 많다. 예를 들면, 취득세는 재산을 취득하는 경우에 그 재산 가격에 비례하여 내는 세금으로 특별시세·광역시세·도세인데, 부동산 가격이 비싼 지역과 그렇지 못한 지역 간 취득세 수입

---

2) 우리나라에서 조세 수출의 사례는 컨테이너에 대한 지역자원시설세 부과 사례가 있었음. 지방세법 제142조에는 '컨테이너에 대한 지역자원시설세'를 규정하고 있는데, 이는 컨테이너를 취급하는 부두를 이용하여 입출항하는 컨테이너를 과세대상으로 하는 것임. 그런데 컨테이너세는 그 부두의 소재지 지방자치단체가 부과하여 수입을 얻지만, 납부 대상은 다른 지역에서 사업체를 운영하면서 해당 부두를 이용하는 사람들이 대부분임. 따라서 해당 부두 소재지 자치단체에는 조세 수출이 발생한다고 할 수 있음(전상경, 2013: 58). 부산광역시에서는 컨테이너세를 도입(부산항만의 배후도로를 건설하기 위한 경비에 충당하는 것을 목적)하였지만 약 15년간(1992~2006) 운영되다 여러 반발(화주와 운송업계)로 인하여 2007년부터 과세를 하지 않고 있음.

의 차이가 크게 발생한다.

세원의 지역 차별성은 지방정부 간 재정 격차를 심화시킬 수 있다(손희준 외, 2014: 25). 예를 들면, 국세를 지방세로 전환하여 재정 분권화를 추구할 경우, 서울시와 같은 세원이 풍부한 지방자치단체는 자체 지방세 수입이 증가하지만, 농촌 군 지역에서는 세원이 부족하여 더 가난해질 수 있다.

제2절 우리나라 지방재정의 현황과 쟁점

I 관련 법 규정

지방재정에 관한 일반적이고 기본적인 내용은 지방자치법과 지방재정법에서 규정하고 있다. 지방자치법은 '제7장 재무'에서 지방자치단체 재정운영의 원칙, 예산과 결산, 수입과 지출, 재산과 공공시설 등을 규정하고, 지방재정법에서는 구체적인 재정운영에 관한 내용을 규정하고 있다.

지방자치단체의 자체 세입인 지방세 관련 근거 법률로는 지방세기본법, 지방세법, 지방세특례제한법, 지방세징수법 등이 있으며, 국가 및 상급자치단체와의 재정관계 규정은 지방자치법, 지방재정법, 지방교부세법, 보조금 관리에 관한 법률 등이 있다. 기타 지방재정 관련 내용으로 지방공기업법, 지방자치단체를 당사자로 하는 계약에 관한 법률, 지방회계법 등이 있다.

II 지방재정 구조

1. 중앙정부 재정과 지방정부 재정

우리나라 재정은 중앙정부 재정과 지방정부 재정으로 크게 나누어 볼 수 있다. 중앙정부 재정은 다시 예산(일반회계와 특별회계)과 기금으로 나누어진다. 지방정부 재정은 일반재정과 교육재정으로 구분되고, 일반재정은 다시 중앙정부 재정과 유사하게 예산(일반회계와 특별회계)과 기금으로 나누어진다. 일반재정은 일반 지방자

▼ 그림 14-1 우리나라 재정구조

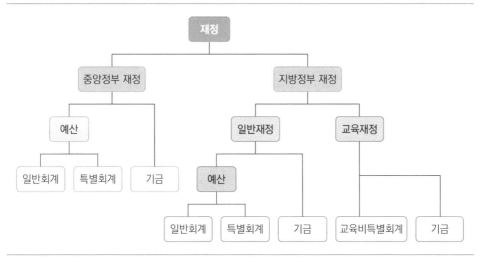

자료: 국회예산정책처, 2024: 1

치단체인 광역과 기초자치단체의 재정을 의미하고, 교육재정은 교육자치를 담당하는 시·도 교육감이 관장하는 재정을 의미한다.

한편, 중앙정부 재정에 포함된 자금 중 일부는 지방교부세, 국고보조금, 지방교육재정교부금의 형태로 지방자치단체에 이전되어 집행된다. 이렇게 중앙정부 재정이 지방자치단체로 이전되면 그 자금은 지방정부 재정이 된다. 따라서, 지방재정은 지방정부 자체의 재정뿐 아니라 중앙정부 재정의 일부가 지방정부 재정으로 이전되는 과정을 포함한다.

2. 지방정부 재정구조

1) 일반회계와 특별회계

일반회계란 지방자치단체의 지방세 등을 주요 세입으로 하여 지방자치단체의 일반적인 세출에 충당하기 위하여 설치된다. 통상 ○○자치단체 예산이라고 하면 일반회계를 지칭하는 경우가 대부분이다.

특별회계란 특정한 세입으로 특정한 세출에 충당함으로써 일반회계와 구분하여 처리할 필요가 있을 때 법률이나 조례에 근거를 두고 설치하는 것이다(지방자치법

제141조; 지방재정법 제9조). 상수도 사용료를 주요 수입으로 상수도특별회계를 운영하거나, 교통 관련 과태료나 통행료를 주요 수입으로 하는 교통사업특별회계를 운영하는 경우이다.

특별회계는 다시 공기업특별회계와 기타특별회계로 구분된다. 공기업특별회계란 공무원이 근무하는 지방직영기업(예를 들면, 상·하수도 사업소, 공영개발 사업소 등)의 회계관리를 위한 것이며, 기타특별회계는 공기업특별회계 외에 특정 목적사업을 위하여 설치된다. 기타특별회계의 사례로는 주택사업, 교통사업, 수질 개선사업 등이 있다.

2) 기금

기금이란 특정한 목적을 위하여 예산의 제약에서 벗어나 신축적인 자금운영을 위하여 지방자치단체가 관리하는 특정한 자금이다. 지방자치단체는 행정 목적을 달성하기 위한 경우나 공익상 필요한 경우에는 특정한 자금을 운용하기 위한 기금을 설치할 수 있다(지방자치법 제159조). 결국, 기금은 일반회계나 특별회계로 사업을 하는 것이 곤란한 경우만 설치할 수 있다(지방자치단체 기금관리 기본법 제3조 제3항). 기금은 법률이나 조례로 설치할 수 있다.

지방자치단체에 설치된 기금 사례로는 체육진흥기금, 장학기금, 재난관리기금, 식품진흥기금, 농어촌진흥기금, 지역개발기금, 청사건립기금 등이 있다.[3]

3) 교육비특별회계

교육비특별회계는 광역자치단체에서 교육자치를 위하여 설치·운영하고 있다. 즉, 교육비특별회계는 교육감을 대표기관으로 하는 교육자치에 관한 재정운영을 위한 것이다(지방교육자치에 관한 법률 제38조). 따라서 교육비특별회계의 운영 주체는 시·도 교육청이다.

그런데 시·도 교육청은 교육재원 조달을 위한 과세권을 갖지 못하여, 지방자치

---

3) 지방자치단체의 기금은 크게 법정기금과 자체기금으로 구분됨. 법정기금은 중앙정부의 개별법령에 근거하여 설치된 기금이며, 자체기금은 지방자치단체가 조례로 만든 기금임. 2023년 말 현재 법정기금은 1,747개(전체기금의 66.3%)에 48.7조 원 규모이며, 자체기금은 889개(전체기금의 33.7%)로 10.9조 원 규모임(국회예산정책처, 2024: 59).

단체가 징수한 지방교육세를 전액 받고, 중앙정부로부터는 지방교육재정교부금을 지원받고 있다. 또한, 시·도세의 전입금, 시·도 및 시·군·구의 보조금 등이 교육재정에 지원되고 있다.

3. 통합재정과 지방통합재정

통합재정이란 일반회계, 특별회계, 기금 등 정부의 모든 재정활동을 일괄적으로 표시함으로써 재정이 경제에 미치는 영향을 파악하고자 만들어진 예산제도이다. 이는 사실상 한 나라의 재정 규모를 나타내는 지표라고 할 수 있다. 우리나라의 통합재정에는 중앙정부, 지방자치단체, 일반회계, 특별회계, 기금, 지방교육재정을 포함하여 작성되고 있다.

지방통합재정이란 지방자치단체가 직접 관리하는 일반회계, 특별회계 및 기금과 지방공기업의 공기업특별회계를 포함한 전체 재정활동을 의미한다(국회예산정책처, 2024: 76). 다만, 지방교육자치에 사용되는 지방교육재정은 지방통합재정에서 제외된다(행정안전부, 2021: 15). 지방통합재정은 지방재정의 전체 규모를 일괄하여 파악하기 쉽고 지방재정의 경제적 효과를 분석하는 데 활용된다.

Ⅲ | 지방재정 현황

1. 국가재정과 지방재정 비교

2024년 본예산을 기준으로 보면 우리나라 중앙정부는 총 488.6조 원, 지방자치단체는 310조 원, 지방교육재정은 92.4조 원이다. 그런데 여기에는 중복으로 계상된 재원이 존재한다. 즉, 중앙정부에서 자치단체로 교부하는 지방교부세 66.7조 원과 국고보조금 79.7조 원은 중앙정부 예산에 계상되고, 자치단체에서도 전년도와 유사한 정도의 지방교부세와 국고보조금이 지원되는 것을 전제로 예산을 편성하게 된다. 따라서 중앙정부와 지방자치단체의 예산에 중복 편성된다. 그런데 이렇게 편성된 중앙정부 예산은 지방자치단체에 교부되므로, 중앙정부의 실제 집행액은 지방자치단체에 교부되는 만큼 줄어들게 된다.

▌표 14-2 국가와 지방자치단체의 재정 규모 비교(2024년 기준)

(단위: 조 원)

구분		중앙정부	자치단체	지방교육재정
예산(일반+특별) 규모: 891(100%)		488.6(54.8%)	310(34.8%)	92.4(10.4%)
이전재원	ⓐ 중앙정부→자치단체	• 지방교부세: 66.7 • 국고보조금: 79.7	• 지방교부세: 60.2* • 국고보조금: 83.7	–
	ⓑ 중앙정부→지방교육	• 교육교부금: 73 • 교육보조금: 0.5	–	• 교육교부금: 67* • 교육보조금: 0.5 • 특별회계전입금: 3.2
	ⓒ 자치단체→지방교육	–	• 전출금: 14.8	• 전출금: 14.6*
재정 사용액: 661.7(100%)		268.5(40.6%)	297.7(45.0%)	95.4(14.4%)

* 재원을 이전받는 기관은 예산편성 시에 차년도 이전재원의 액수를 정확히 파악하지 못하여, 예측하여 편성함에 따라 중앙정부와 자치단체 간, 자치단체와 지방교육재정 간 예산 차이 발생.

자료: 행정안전부, 2024: 25(중앙정부는 본예산, 자치단체는 당초예산 순계기준)

<표 14-2>에서 나타난 바와 같이 2024년 예산에 따르면 중앙정부와 지방자치단체를 합쳐 우리나라 전체 예산은 891조 원 규모이며, 이 중 중앙정부는 488.6조 원으로 54.8%, 지방자치단체는 310조 원으로 34.8%, 지방교육재정이 92.4조 원으로 10.4%를 차지하고 있다. 예산을 기준으로 보면 중앙과 지방(자치단체+교육재정)의 비율은 54.8:45.2이다.

그런데 중앙정부 예산 중에서 지방교부세 66.7조 원과 국고보조금 79.7조 원, 그리고 교육교부금, 교육보조금 및 특별회계전입금 등은 지방에서 집행하므로, 실제 사용액은 중앙정부 268.5조 원, 지방자치단체 297.7조 원, 지방교육재정 95.4조 원이 된다. 따라서 실제 연간 재정 사용액을 기준으로 보면 중앙정부, 지방자치단체 및 지방교육재정이 각 40.6:45.0:14.4 비율이다. 지방에서 사용하는 비율이 59.4%로 중앙정부 사용액보다 더 많다.

한편, 우리나라의 국세(367조 원)와 지방세(110.7조 원)의 비율(2024년 당초예산 기준)은 76.8:23.2이다(행정안전부, 2024: 26).

따라서 우리나라의 국가재정과 지방재정의 큰 특징은 전체 재정 수입은 주로 국세(76.8%)를 중심으로 확보하고, 이에 대한 실제 사용액은 지방(59.4%)이 더 많은 형태이다. 그런데 사용액이 아무리 많아도 얼마나 자율적으로 그 재정을 집행하느냐가 중요하다는 측면에서 우리나라 지방재정을 살펴볼 필요가 있다.

2. 우리나라 지방재정의 구조 개관

<그림 14-2>는 우리나라 지방재정의 구조를 개괄적으로 보여주고 있다. 지방자치단체의 주요 수입원은 지방세, 지방세외수입, 지방채, 보전수입 등 및 내부거래 등이 있고, 중앙정부로부터 지방교부세와 국고보조금을 지원받는다. 또한, 광

▼ 그림 14-2 우리나라 지방재정의 구조

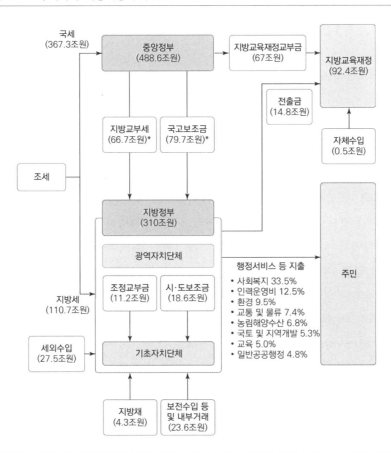

※ 2024년 지방자치단체 당초예산, 중앙정부 본예산 기준(순계기준)

자료: 행정안전부, 2021 지방자치단체 통합재정 개요; 국회예산정책처, 2024 대한민국 지방재정, 7쪽

역자치단체는 기초자치단체에 조정교부금과 시·도비 보조금을 지원한다.

교육자치를 위한 지방교육재정은 별도의 특별회계로 운영되는데 중앙정부로부터 지원받는 지방교육재정 교부금이 주요 수입원이며 지방자치단체의 전출금과 자체수입 등이 있다.

지방자치단체는 주민을 위한 공공 서비스 공급에 재원을 지출하는데 사회복지비(33.5%)와 인력운영비(12.5%)가 전체의 46%를 차지하고 있다.

Ⅳ 지방재정 논의의 두 가지 쟁점

오늘날 지방재정과 관련된 쟁점은 다양하게 제기되고 있지만, 거시적인 측면에서 크게 두 가지로 나누어 볼 수 있다.

하나는 '지방자치단체의 수입과 지출 활동'에 대한 것이다. 이는 지방자치단체가 스스로 민주적이고 효율적으로 재정을 관리하도록 하는 것이므로, 국가재정에서 다룬 내용과 크게 다르지 않다. 다만, 일반 행정학에서 다룬 국회가 지방의회로 바뀌고, 주민참여의 기회가 많아 재정 민주주의를 확보하기 쉽고, 지방자치단체별 다양성이 존재하는 등의 특징이 있다.

다른 하나는 '중앙정부 및 상급자치단체와의 재정 관계'에 대한 것이다. 지방자치단체가 자주적으로 재정을 확보·운영하는 것은 지방자치의 필요조건이다. 재정적으로 독립되지 못한 개인이나 국가가 독립성을 유지하기 어렵듯이, 자치재정이 뒷받침되지 않는 지방자치는 허울뿐인 자치에 그칠 수 있기 때문이다. 그런데 현실에서 지방자치단체 간 재정적 격차가 크게 나타남에 따라 국가나 상급자치단체가 개입하여 국가나 광역자치단체 세금으로 징수하여 지방자치단체에 배분하는 방식을 취하게 된다. 따라서 일부 자치단체에서는 해당 지역에서 받을 수 있는 세금이 국세나 광역자치단체 세금으로 징수되는 불만이 발생하지만, 국가와 광역자치단체 입장에서는 자치단체 간 재정 격차 해소를 위하여 불가피한 선택이라고 볼 수 있다. 결국, 자치단체 간 수평적 형평성을 위한 국가와 광역자치단체의 개입이 지방자치의 본질을 훼손하는 것인지, 아니면 오히려 자치를 잘 하도록 하는 것인지에 대한 논쟁이 지속되고 있다.

이러한 지방재정에 대한 두 가지 쟁점을 간단히 정리하면 지방자치단체 자체 재정활동의 민주성과 효율성을 달성하는 것과 지방자치단체와 중앙정부 및 상급자치단체와의 재정 관계로 나누어진다. 그런데 두 가지 쟁점이 별개의 것이 아니라 서로 얽혀 있다는 것이 지방재정 논의를 어렵고 복잡하게 만드는 원인이 된다. 예를 들면, A 지방자치단체가 재정력이 열악하여 자체 재정수입으로 공무원 인건비의 50%도 채우기 어려운 상황인 경우, 이 문제를 A 지방자치단체 스스로 해결해야 할 것으로 간주한다면 첫 번째 쟁점과 관련되지만, 현실에서 A 지방자치단체가 재정수입을 증대할 방법은 많지 않을 것이다. 따라서 두 번째 쟁점인 중앙정부와 광역자치단체가 어떻게 어느 정도의 재정을 지원하느냐의 문제가 논의될 필요성이 제기된다.

제15장

지방자치단체의 재정수입

제1절 재정수입의 분류 및 현황

I 개요

지방자치단체 재정수입이란 지방자치단체가 공공 서비스 공급을 위하여 마련하는 재원을 의미한다. 재정수입을 1회계연도 기준으로 나타내면, 이를 지방세입이라 한다.

국세 수입에 의존하는 중앙정부와 달리 지방자치단체의 재정수입 구조는 다양하다는 특징이 있다. 중앙정부나 상급자치단체로부터 지원금을 받기도 하고, 지방세 외의 세외수입도 상당한 비중을 차지한다.

현재 우리나라에서는 지방자치단체의 세입을 지방세, 지방세외수입, 지방교부세, 조정교부금, 보조금, 지방채, 보전수입 등 및 내부거래로 구분하고 있다.

II 재정수입의 분류

지방자치단체 재정수입의 분류로 가장 대표적인 것은 자체수입과 이전수입, 일반재원과 특정재원으로 구분하는 것이다.

1. 자체수입[1]과 이전수입(의존수입)

지방자치단체의 재정수입은 수입원에 따라 자체수입과 이전수입으로 구분될 수

---

1) 한편 '자주재원'은 자체수입과 같은 용어로 보는 견해도 있으나(강윤호 외, 2019: 119; 최창호·강형기, 2019: 688), 지방자치단체가 자주적으로 사용할 수 있는 재원이라는 의미에서 지방교부세와 조정교부금을 지칭하기도 함(행정안전부, 2021: 307). 제4편 제16장 제6절 재정자주도 부분 참조.

있다. 자체수입은 지방자치단체가 스스로 벌어들이는 수입을 의미하며, 이전수입은
중앙정부나 상급자치단체로부터 지원되는 수입을 의미하여 이를 의존수입이라고도
한다. 자체수입으로는 지방세와 세외수입이 있으며, 이전수입은 중앙정부로부터 이
전되는 지방교부세와 국고보조금, 상급자치단체로부터 이전되는 조정교부금과 시·
도비 보조금이 있다.[2]

2. 일반재원과 특정재원

일반재원은 지방자치단체가 그 재원의 사용 용도를 자유롭게 정할 수 있는 재
원을 의미하며, 특정재원은 사용 용도가 미리 정해진 재원을 의미한다. 일반재원에
는 지방세 중 보통세, 지방교부세 중 보통교부세와 부동산교부세, 조정교부금 중
일반조정교부금, 지방세외수입 중 일부가 포함된다.

특정재원에는 지방세 중 목적세, 국고보조금 및 시·도비 보조금, 지방교부세 중
특별교부세와 소방안전교부세, 조정교부금 중 특별조정교부금, 지방세외수입 중 일
부(목적 특정 재산매각 대금, 목적이 특정된 사용료나 수수료)가 포함된다.[3]

Ⅲ 재정수입 현황

<표 15-1>에서 나타난 바와 같이, 우리나라 지방자치단체의 연간 재정수입
은 총 312.5조 원 규모이며, 이 중 지방세가 110.7조 원으로 35.4%, 지방세외수입
이 27.5조 원으로 8.8%, 지방교부세가 66.7조 원으로 21.4%, 국고보조금이 79.7조
원으로 25.5%, 지방채가 4.2조 원으로 1.4%, 보전수입 등 및 내부거래가 23.6조 원
으로 7.6%를 차지하고 있다.

---

2) 지방채를 자체수입으로 보기도 하지만(손희준, 2019: 196), 지방채는 앞으로 상환할 자금이므로
   그 비중이 높을수록 자체수입의 비율이 낮아지는 결과를 초래하여 자체수입으로 보기는 어려울
   것으로 생각됨.
3) 지방채의 경우는 재정결손을 보전하기 위한 경우는 일반재원이지만, 특정 용도로 사용하기 위한
   경우는 특정재원임(지방재정법 제11조 제1항)

┃ 표 15-1 지방자치단체 재정수입 현황(2024년 당초예산 순계기준)

(단위: 억 원)

구분	수입액	비율
총 계	3,125,983	100%
자체수입	1,382,444	44.2%
– 지방세	1,107,331	35.4%
– 지방세외수입	275,113	8.8%
이전수입	1,464,752	46.9%
– 지방교부세	667,593	21.4%
– 국고보조금	797,159	25.5%
지방채	42,719	1.4%
보전수입 등 및 내부거래	236,068	7.6%

자료: 행정안전부, 2024: 31
* 이전수입은 2024년 중앙정부 본예산 순계기준이므로 총 수입액이 당초예산과 차이 있음

지방자치단체 연간 재정수입에서 가장 큰 비중을 차지하는 것은 자체수입 (44.2%)이 아닌 이전수입(46.9%)이다. 이는 우리나라 지방자치단체의 수입구조가 자체적으로 조달하기보다는 중앙정부의 재정지원에 의존하고 있음을 나타낸다고 볼 수 있다. 또한, 중앙정부가 지원하는 이전수입 중에서도 일반재원의 성격이 강한 지방교부세(21.4%)보다 지방자치단체에 자금 용도 결정의 자율성이 낮은 국고보조금(25.5%) 비율이 더 높은 것은 중앙의존적 재정수입의 모습이라고 볼 수 있다.

> **보전수입 등 및 내부거래**
> '보전수입 등 및 내부거래'란 지방자치단체의 외부로부터 새로운 수입이 아닌 회계상의 잔액이나 내부 회계 간 자금 이동에 따라 발생하는 수입의 증감을 나타내기 위해 만들어진 수입 분류 항목이다. 2013년까지는 이러한 형태의 수입을 '지방세외수입'에 포함하여 분류하였으나, 2014년부터 별도의 세입항목으로 구분하고 있다. 따라서 2014년부터 지방세외수입의 액수가 큰 폭으로 감소하게 되었다. '보전수업 등 및 내부거래'에는 순세계 잉여금(당초 총 세입 예산에서 총 세출 예산을 뺀 나머지를 의미하며, 세금이 증가하여 재정수입이 초과하거나 예산 집행 후 잔액이 생긴 경우에 발생함), 전년 도 이월금, 융자금 원금 수입, 예치금 회수(금융기관에 예치한 여유자금을 환수), 전입금(지자체 내부의 다른 회계 간 자금의 이동으로 회계 조작상의 수입을 의미하며, 특별회계에서 일반회계로의 전입금, 일반회계에서 특별회계로의 전입금 등으로 표현됨), 예탁금/예수금(회계 내의 계정 간 자금을 예탁·수) 등이 있다.

제2절 **지방세**

I **개념 및 특징**

1. 개념

지방세(local tax)는 지방자치단체가 행정 서비스 공급에 필요한 재원을 확보하기 위하여 지역 내의 주민, 재산 또는 기타 특정 행위에 대하여 개별적 보상 없이 강제적으로 부과·징수하는 재화이다. 지방세는 지방자치단체의 자주적인 수입으로 지방자치단체 수입 중에서 가장 기본적인 자원이다.

2. 특징

유사 개념들과 구별되는 지방세의 특성은 다음과 같다.

첫째, 지방세는 과세 주체가 지방자치단체이다. 따라서 국가가 과세 주체인 국세와 구별된다.[4]

둘째, 지방세는 일반적인 지출 또는 행정 서비스를 위하여 조달되는 일반 보상적 성격을 갖는다. 따라서 개별적인 공공시설의 이용 대가인 사용료, 특정 서비스 이용 대가인 수수료, 사업시행에 따라 부과되는 부담금이나 분담금과도 구별된다.

셋째, 지방세는 지방자치단체의 과세권에 근거하여 강제적으로 부과·징수된다. 따라서 교환 또는 응익 원리에 의하여 발생하는 경영수익사업에 의한 수입이나 지방세외수입과는 구별된다.

넷째, 지방세는 지방자치단체가 부과·징수함으로써 형성되는 재화이다. 따라서 국가로부터 교부·지원되는 지방교부세나 국고보조금과는 구별되며, 단순한 차입으로 이루어진 지방채와도 구별된다.

---

4) 2010년부터 도입된 지방소비세의 경우에는 국세인 부가가치세의 일정 비율을 재원으로 하므로 국가가 과세 주체지만, 이렇게 국가가 거두어들인 세금을 다시 지방자치단체에 배분하므로 지방세에 포함하고 있음.

Ⅱ 지방세의 근거 및 조례와의 관계

1. 지방세의 조세법률주의

국세뿐 아니라 지방세에도 조세의 부과 및 징수는 반드시 법률에 근거해야 한다는 조세법률주의 원칙이 적용된다. 지방세의 주요 근거는 헌법을 비롯하여 지방세 관련 법(지방세기본법, 지방세법, 지방세특례제한법, 지방세징수법)과 조례 등이 있다.

헌법에서는 국민의 납세의무와 조세법률주의를 규정하고 있으며 지방자치단체가 조례를 제정할 수 있는 근거 규정을 두고 있다.

〈지방세 관련 헌법 조문〉

제38조: 모든 국민은 법률이 정하는 바에 의하여 납세의 의무를 진다.

제59조: 조세의 종목과 세율은 법률로 정한다.

제117조: ① 지방자치단체는 주민의 복리에 관한 사무를 처리하고 재산을 관리하며, 법령의 범위안에서 자치에 관한 규정을 제정할 수 있다.

국세[5]에 관한 법률은 1세목 1세법 주의를 원칙으로 하고 있다. 즉, 부가가치세법이나 종합부동산세법과 같이 1개의 세목을 하나의 법률로 규정하고 있다. 그러나 지방세는 다 세목 1세법 주의에 따라 11개의 세목에 관한 구체적인 과세요건, 부과절차 등을 같은 법률에서 함께 규정하고 있다.

지방세를 규정하고 있는 법률은 지방세기본법, 지방세법, 지방세특례제한법 및 지방세징수법 등이 있으며, 이들을 편의상 지방세 관련 4법이라고 부른다. 지방세 관련 4법은 지방자치단체의 과세권에 대한 중요한 근거가 된다. 또한, 지방자치단체는 지방세 관련 법률이 정하는 범위 내에서 조례 및 규칙을 제정하여 지방세를 부과·징수할 수 있다.[6]

---

5) 국세는 중앙정부가 과세권을 가지고 부과·징수하며 내국세(13개)와 관세로 구분됨. 내국세는 다시 5개의 직접세(소득세, 법인세, 상속·증여세, 종합부동산세), 5개의 간접세(부가가치세, 개별소비세, 증권거래세, 인지세, 주세), 3개의 목적세(교통·에너지·환경세, 교육세, 농어촌특별세)로 구성됨.

6) 국세의 주무기관으로 내국세는 국세청, 관세는 관세청임. 그러나 지방세는 각 지방자치단체에서 부과·징수하고 중앙부처의 주무기관은 행정안전부임.

2. 지방세와 조례

지방세는 헌법이 정한 조세법률주의 원칙을 지켜야 한다. 또한, 지방세는 주민에게 의무를 부과하는 침해행정이므로 조례로 정하는 경우, 반드시 법률의 위임이 있어야 한다(지방자치법 제28조 제1항 단서).

따라서 지방세는 법률이 위임한 범위에서 지방자치단체가 조례로 정할 수 있는 자율성이 주어진다. 따라서 지방자치단체의 지방세 관련 자율성의 정도는 법률에서 어느 정도의 자율성을 부여하고 있느냐에 달려 있다고 볼 수 있다.

현행 지방세법에서는 담배소비세, 지방소비세, 면허분 등록면허세, 레저세, 주행분 자동차세를 제외한 세목은 지방자치단체의 조례로 정하는 바에 따라 탄력적(대체로 표준세율의 50% 범위에서 가능)으로 부과할 수 있도록 하고 있다. 또한, 지방세특례제한법(제4조)에서는 지방자치단체가 조례로 지방세 감면을 할 수 있는 구체적인 규정을 두고 있다. 이렇듯 법률에 지방자치단체가 조례로 지방세의 세율을 조정하거나 감면할 수 있는 근거 규정을 두고 있는 경우만 지방자치단체의 자율성이 부여된다. 따라서 우리나라에서 법률의 위임이 없는 법정 외 지방세를 조례로 신설할 수는 없다.

한편, 일본의 경우 지방자치단체는 중앙정부 총무 대신의 동의를 받아 조례로 법정 외 지방세를 신설할 수 있다(김태호, 2014: 93). 일본 지방세법에서는 조례로 만들 수 있는 법정 외 지방세의 조건, 신설 절차 등을 규정하고 있다(국회예산정책처, 2018a: 106).[7]

Ⅲ | 지방세의 분류

1. 보통세와 목적세

보통세는 조세의 징수목적이 일반적인 경비를 충당하기 위하여 부과 · 징수하는

---

7) 2016년 결산기준 일본의 법정 외 보통세는 총 20개 자치단체에서 실시하고 있으며, 416억 엔의 세수입을 얻고 있고, 법정 외 목적세의 경우는 총 39개 자치단체에서 101억 엔의 수입을 얻고 있음. 이러한 일본의 법정 외 지방세는 총지방세의 0.2%를 넘지 못하고 있음(김태호, 2014: 93; 국회예산정책처, 2018a: 106).

세(稅)를 말하고, 목적세는 충당하여야 할 경비를 특별히 정하고 그 경비의 지출로 직접 이익을 받는 자에게 그 부담을 요구하는 세(稅)를 말한다.

현행 우리나라의 지방세 중 보통세는 9개 세목(취득세, 레저세, 자동차세, 지방소득세, 지방소비세, 담배소비세, 주민세, 재산세, 등록면허세)이며, 목적세는 2개 세목(지역자원시설세, 지방교육세)이다.

2. 특별·광역시세와 자치구세, 도세와 시·군세

지방세의 과세 주체에 따른 구분으로 광역과 기초자치단체 간 구분이다. 그런데 이러한 구분은 지방자치단체 재원의 효율적인 배분 측면에서 각 세입실태와 지방자치단체 간 재정 형편을 고려하여 정책적으로 배분한 것이지, 특정 조세이론에 근거하여 구분한 것은 아니다. 한편, 광역시에 속하는 군 지역은 도세와 군세의 세목 구분이 적용된다.

3. 독립세, 부가세 및 공동세

독립세는 하나의 세목을 독자적 과세표준에 의해서 과세하는 것을 말한다. 부가세(surtax)는 다른 세목에 일정한 세율을 추가하여 부과하는 조세를 의미한다. 공동세(shared tax)는 1개의 과세 기관에서 세금을 징수하여 여러 기관이 나누어 사용하는 것을 말한다.

부가세의 경우는 세목이나 세율이 별도로 규정되어 있어 납세의무자가 2개의 세금을 내는 것을 알 수 있지만, 공동세는 같은 세목·세율이지만 거둬들인 세금을 2개 이상의 기관에서 나누어 사용하므로 납세자는 1개의 세금만 내면 된다.

우리나라 지방세는 독립세 중심으로 되어 있다. 그러나 지방교육세(취득세 등 다른 지방세의 부가세)는 부가세 방식으로, 지방소비세(국세인 부가가치세의 일정비율)와 서울특별시의 재산세 공동과세(재산세를 서울시와 자치구가 각각 50%씩 나누어 가짐)는 일종의 공동세 방식이다.[8]

---

8) 지방교부세는 국세로 거두어들인 내국세 총액의 일정 비율을 지방자치단체에 나누어 주는 것으로, 개별 국세의 일정 비율을 나누는 방식과는 다르므로 이를 공동세(shared tax)로 볼 수는 없다는 것이 학자들의 일반적 견해임(강윤호 외, 2019: 139).

부가세 및 공동세는 과세 행정청이 1개 기관으로 이루어져 과세 절차가 간편하고 징세비용이 절감되는 장점이 있다. 그러나 지방세가 국세에 대한 부가세나 공동세 방식으로 운영되면 지방자치단체의 재정수입이 중앙정부의 조세정책에 전적으로 의존하게 되어 조세의 자주성이 약화하는 단점이 있다.

4. 법정세와 법정외세

법정세라 함은 지방세 관련 법에 세목, 과세대상, 세율, 납세의무 등이 명기된 조세를 말한다. 법정외세라 함은 지방자치단체가 조례로서 세목을 설치하여 매기는 조세를 말한다. 이러한 법정외세는 특정 지방자치단체가 지역 내에 존재하는 세원을 포착하여 그 지역에 적합한 세목과 세율로 과세하여 재정수요에 적절히 대처해 가기 위한 것인데, 현재 우리나라는 채택하지 않고 있는 조세이다. 그러나 일본의 경우는 산업폐기물세, 숙박세 등의 법정외세를 인정하고 있다.

5. 종가세와 종량세

과세표준을 과세물건의 가격으로 하느냐 아니면 수량 또는 중량 등으로 하고 있는지에 따라 종가세와 종량세로 구분된다. 종가세는 과세의 공평을 기할 수 있는 장점이 있으나, 과세물건의 가치평가가 어렵다는 단점이 있다. 반면, 종량세는 물건의 수량이나 부피 등으로 표시되어 과세는 비교적 간단하지만, 그 부담이 불공평하게 부과될 수 있다는 문제점이 제기될 수 있다.[9]

6. 정액세와 정률세

과세표준과 관계없이 세율이 일정한 '금액'으로 정해져 있는 조세를 정액세라 하고, 세율이 일정한 '비율'로 정해져 있는 조세를 정률세라 한다. 정률세는 다시 과세표준의 대소와 관계없이 세율이 일정한 비례세와 과세표준이 크기에 따라 세율이 증가하는 누진세로 나누어진다.

---

9) 우리나라 지방세 중에는 담배소비세, 주민세(종업원분 제외), 면허분 등록면허세는 종량세이며, 일부는 종량과 종가를 구분하기 모호한 예도 있지만, 대부분의 지방세는 종가세가 주를 이루고 있음.

현재 지방세 중 재산세, 지방소득세, 소방분 지역자원시설세와 소유분 자동차세 중 승용차에 대한 자동차세는 누진세이고 그 외의 지방세는 비례세이다. 그리고 면허분 등록면허세, 등록분 등록면허세, 균등분 주민세, 소유분 자동차세, 담배소비세, 재산분 주민세, 특정자원분 지역자원시설세(지하자원 제외)는 정액세이다.

7. 소득과세, 재산과세 및 소비과세

과세물건에 대한 납세자의 행위와 소득의 흐름에 따라 소득과세, 재산과세 및 소비과세로 구분된다. 먼저 소득과세는 수입 또는 소득이 발생하는 사실에 담세 능력을 인정하여 과세하는 조세이다. 재산과세는 소득이 재산으로 바뀌어 소유되는 국면에서 발생하는 과세이며, 소비과세는 소득이 지출되는 국면에서 발생하는 과세이다.

현재 지방세 중에 소득과세는 지방소득세가 있고, 재산과세는 취득세, 재산세, 지역자원시설세가 있으며, 소비과세는 지방소비세, 담배소비세, 레저세 등이 있다.

ⅣⅤ 지방세 원칙

지방세는 조세이므로 조세의 일반원칙을 지킬 것이 요구된다. 그러나 국세와 달리 지방세에서 특히 강조되어야 할 원칙을 '지방세 원칙'이라 한다. 그런데 지방세 원칙에 대한 학자들의 일치된 의견은 없으며, 비교적 다수의 학자가 제시한 원칙들은 다음과 같다.

1. 보편성의 원칙

보편성의 원칙은 지방세의 세원이 될 수 있으면서 여러 지방자치단체에 고루 분포하고 있는 세목이 지방세로 적합하다는 것을 의미한다. 만일 지방세의 세원이 특정 지역에 편중된 경우 그 편중도를 완화할 수 있는 광역자치단체의 세원으로 해야 하고, 광역자치단체 수준에서도 편중도를 치유하기 어려우면 국세로 하는 것이 바람직하다. 현재 레저세는 세원이 특정 지역에 편중되어 있어 보편성의 원칙에 대한 문제가 제기된다.

2. 안정성과 신장성의 원칙

안정성의 원칙은 연도에 따라 세수입이 급격하게 증감하지 아니하는 것이 바람직하다는 원칙이다. 만일 지방세 수입이 경기변동에 민감하게 변화한다면 매년 일정 수준의 행정 서비스를 공급해야 할 지방자치단체는 재정적인 어려움을 겪게 된다. 재산세와 같은 보유과세가 비교적 인정적인 세목이라고 볼 수 있다.

그러나 조세의 안정성을 강조하게 되면 경제성장에 대한 조세 탄력성이 낮아 세수가 신장되지 않을 수 있다. 따라서 경제성장에 연동하여 일정한 수준으로 세수 규모가 신장될 필요가 있다. 지방소득세와 지방소비세는 신장성에 충실한 조세라고 볼 수 있다(손희준, 2019: 110).

3. 응익성 또는 편익성의 원칙

조세는 국민이 정부로부터 받는 서비스의 정도에 따라 과세하는 응익 과세의 원칙과 조세를 부담할 능력에 따라 과세하는 응능 과세의 원칙이 있다. 그런데 국세와 비교하면 지방세는 상대적으로 각종 공공 서비스에 대하여 반대급부적인 성격이 강하므로 응익원칙을 더 많이 적용할 필요가 있다고 본다.

4. 부담 분임의 원칙

구성원의 참여의식 고취와 자치의식 함양을 위해서는 지방자치단체의 행정 경비를 가능한 한 많은 구성원이 분담하는 것이 바람직하다는 원칙이다. 즉, 지방자치단체는 주민의 생활과 밀접한 행정을 수행하는 협동체이므로 행정 소요 비용은 그 지방자치단체 내에 거주하는 구성원이 상호 분담하여야 한다는 것이다.

5. 지역성 또는 정착성의 원칙

세원은 될 수 있으면 이동이 적고 어느 하나의 지역에 정착된 것이 적합하다는 원칙이다. 만일 세원이 지방자치단체의 경계를 벗어나 이동한다면 과세 기술적으로 조세를 부과하기에 어려움이 있을 것이다.

6. 귀속성

하나의 세원이 둘 이상 지방자치단체 중 어느 지방자치단체에 귀속하여야 할 것인지 명백히 구분되는 세원을 지방세로 하여야 한다는 원칙이다. 그러나 현실에서 거주지와 직장, 거주지와 실제 활동 영역 간의 차이로 인하여 귀속성의 문제를 해결하기 어려운 경우가 다수 발생한다.[10]

V 현행 지방세

1. 현행 지방세 분류

현행 지방세는 크게 보통세와 목적세로 구분되며 보통세는 9개 세목(취득세, 레저세, 자동차세, 지방소득세, 지방소비세, 담배소비세, 주민세, 재산세, 등록면허세), 목적세는 2개 세목(지역자원시설세, 지방교육세)이다.

<표 15-2>에 나타난 바와 같이 보통세는 광역과 기초자치단체에 구분하여 귀속되지만, 목적세는 모두 광역자치단체인 특별·광역시세와 도세로 하고 있다.

▎표 15-2 현행 지방세의 분류

특별·광역시	특별·광역시세(9)	보통세(7)	취득세, 레저세, 자동차세, 지방소득세, 지방소비세, 담배소비세, 주민세*
		목적세(2)	지역자원시설세, 지방교육세
	자치구세(2)	보통세(2)	재산세**, 등록면허세
도	도세(6)	보통세(4)	취득세, 등록면허세, 레저세, 지방소비세
		목적세(2)	지역자원시설세, 지방교육세
	시·군세(5)	보통세(5)	재산세, 주민세, 자동차세, 담배소비세, 지방소득세

* 광역시 주민세의 일부(재산분 및 종업원분)는 자치구세로 귀속됨(지방세기본법 제8조).

** 서울특별시의 경우에는 재산세를 특별시분 재산세와 구분 재산세로 나누어 50%씩 공동과세 하도록 하고 있음(지방세기본법 제9조). 그런데 이렇게 조성된 특별시분 재산세는 특별시가 전액을 구에 교부하여야 함.

---

10) 예를 들면, 주행분 자동차세를 자동차 소유에 대한 자동차세 징수실적에 따라 나누는 경우임.

제4편 지방재정

2. 보통세

1) 취득세

(1) 의의 및 성격

취득세는 재산권의 이전 과정에서 그 취득자에게 부과하는 조세이다. 여기서 취득이란 매매, 교환, 상속 등에 의한 유상·무상의 모든 취득을 말한다(지방세법 제6조 제1호). 취득세는 재산권의 취득이 있으면 담세력을 지닌 것으로 간주함으로써 소득세와 소비세로 충분히 포착할 수 없는 세수를 흡수하려는 취지에서 부과하는 조세이다.

취득세의 과세표준은 취득 당시의 가액으로 하며, 지방자치단체장은 조례로 정하는 바에 따라 표준세율의 50% 범위에서 가감할 수 있다(지방세법 제10조 및 제14조).

(2) 특징

취득세는 특별·광역시세 및 도세이며, 전체 지방세 수입 중 21.6%(2023년기준)인 24조 3천억 원으로 큰 비중을 차지한다.[11] 취득세는 부동산 거래에서 발생하는 경우가 많아 부동산 경기변동에 영향을 받고, 중앙정부의 부동산 경기 활성화 정책[12]에도 영향을 받는다.

2) 등록면허세

(1) 의의 및 성격

등록면허세는 공적 장부에 '등록' 행위를 하거나 행정관청으로부터 '면허'를 취득할 경우, 그 행정행위에 과세하는 지방세이다. 등록면허세는 공부에 등록하거나 정부로부터 면허를 받음으로 인하여 제삼자로부터 보호를 받거나 편익을 받는 것

---

11) 부동산 가격 변동에 따라 취득세의 비중 변동이 있으며, 2022년까지는 지방세 중 그 비중이 가장 높았으나, 지방소비세의 꾸준한 증가(24.3조 원)로 2023년은 지방소비세의 비중(22.0%)이 지방세 중에서 가장 높게 나타남.

12) 중앙정부에서는 부동산 '경기 활성화' 또는 '경기 과열'을 방지하는 차원에서 취득세의 표준세율을 조정하는 때도 있는데, 세율을 올리는 것은 세수의 증대에 긍정적이지만 세율을 내릴 때는 지방세 수입에 큰 영향을 미쳐 지방자치단체 재정수입에 큰 충격을 줄 수 있음. 실제 이명박 정부인 2011년 3월 22일부터 주택경기 활성화를 위하여 주택분 취등록세 세율을 50% 감면(송상훈, 2013: 8)하면서 광역자치단체의 반발이 강력하게 제기되기도 하였음.

에 대한 응익과세라고 볼 수 있다.

(2) 특징

등록면허세는 도세 및 자치구세이며, 전체 지방세 중에서 1.8%인 2조 원(2023년 기준)으로 그 비중이 매우 낮은 편이다.

▍표 15-3 면허에 대한 등록면허세의 세율

구분	인구 50만 이상 시	그 밖의 시	군
제1종	67,500원	45,000원	27,000원
제2종	54,000원	34,000원	18,000원
제3종	40,500원	22,500원	12,000원
제4종	37,000원	15,000원	9,000원
제5종	18,000원	7,500원	4,500원

자료: 지방세법 제34조 제1항

등록면허세는 인구가 밀집한 지역과 그렇지 않은 지역 간에 세율 또는 세액에 차이를 두고 있는 것이 특징이다. 등록 관련 세금은 대도시 내에 법인 또는 지점 등을 설치하는 경우에는 일반세율의 3배가 적용된다. 면허 관련 세금의 경우에는 위 <표 15-3>에 나타난 바와 같이 인구 50만 명 이상의 시와 그 밖의 시 그리고 군 지역을 구분하여 부과하고 있다. 이러한 등록면허세에 지역별 과세에 차별을 둔 것은 대도시 내 인구와 경제력의 편중을 억제함으로써 지역 간의 균형발전을 도모하고자 하는 정책적 목적이 반영된 것이다(김태완 2013: 170).

3) 레저세

(1) 의의 및 성격

레저세는 경륜(자전거 경주)·경정(모터보트 경주)과 경마 등에 부과하는 조세이다 (지방세법 제40조). 레저세는 소비세와 소득세의 성격이 혼합된 것으로 본다.[13]

레저세의 과세표준은 승자투표권·마권투표권 등의 발매 총액이며 그 세율은

---

13) 레저세는 개별소비세인 주세, 담배소비세와 다르게 소비분과 투자분이 혼합되어 있음. 만일 레저세를 소비행위로 보면 소비 결과 소득, 즉 자본이득이 발생할 수 있는 모순이 생김. 그렇다고 전적으로 투자로 보아 소득세로 간주하면 이를 구매해서 경주를 즐기며 느끼는 쾌감을 설명하기 어렵다는 것임(이희봉, 2011: 418; 배준호, 1997: 85-7).

10%이다. 레저세의 납부 의무자는 과세대상에 해당하는 사업을 영위하는 자이지만, 실제 조세 부담자는 투표권 등을 구매한 사람이다.

(2) 특징

레저세는 특별·광역시세 및 도세이며, 전체 지방세 세목 중에서 0.7%인 8천억 원(2023 기준)으로 그 비중이 가장 낮다.

레저세는 광역자치단체의 수입에 속하지만, 경륜·경정 등의 사업장과 함께 있지 않은 장외발매소가 위치한 기초자치단체들은 도박중독, 교육 문제, 소음 등 각종 사회적 비용에 대한 부담을 호소해 왔다. 이에 따라 2022년 지방재정법(제29조 및 제29조의2)이 개정되면서, 장외발매소에서 징수되는 레저세의 20%를 해당 장외발매소가 있는 기초자치단체에 조정교부금 형태로 배분하도록 하였다.

그러나 보편성의 문제로 지방세로 부적절하다는 견해가 지속해서 제기된다. 레저세는 경기도(과천 경마장이 있음)가 전체 레저세의 50% 이상을 차지하고 있는 반면에 울산, 세종, 강원, 충북, 전북, 전남 등의 경우는 거의 세수가 없기 때문이다. 또한, 경기도는 다른 지역에 비하여 상대적으로 재정자립도가 높은 지역이기도 하다.

4) 담배소비세

(1) 의의 및 성격

담배소비세는 제조 담배의 소비에 대하여 부과하는 조세로서 소비세의 성격을 가진다. 담배소비세는 소비를 억제하고 소비에 대한 처벌 의미를 내포한 일종의 죄악세(sin tax)의 성격도 내포하고 있다.

담배소비세의 과세표준은 제조 담배의 개비 수 또는 중량을 기준으로 한다. 담배소비세의 과세표준은 30% 범위에서 대통령령으로 가감할 수 있다(지방세법 제52조 제2항). 따라서 지방세이지만 세율의 조정은 중앙정부에서만 할 수 있다.

(2) 특징

담배소비세는 특별·광역시세 및 시·군세이며, 전체 지방세 중에서 3.2%인 3조 6천억 원 규모로 비중이 낮은 편이다. 그런데 담배소비세는 재정 상황이 열악한 군에서 그 비중이 상대적으로 크다. 예를 들면, 강원도 화천군의 경우는 군세(118억 원, 2018년 기준) 중에서 담배소비세가 36.2%(42.8억 원)를 차지하고 있다(행정안전부, 2019).

한편, 담배에는 담배소비세 이외에 다양한 부담금이 부과된다.[14] 따라서 담배 가격을 조정할 때 지방세와 국세를 각각 어느 정도로 조정할 것인지의 문제가 지방재정의 자율성이라는 측면에서 쟁점이 될 수 있다.

5) 지방소비세

(1) 의의 및 성격

지방소비세는 국세인 부가가치세의 일정 비율을 재원으로 하는 세목이다. 지방소비세는 국세인 부가가치세를 일정한 기준에 따라 광역자치단체에 이전하는 일종의 공동세이다(강윤호 외, 2019: 139). 즉, 국세인 부가가치세액 중 74.7%를 국세로 하고, 25.3%를 지방소비세로 하는 방식이다.

본래 지방소비세는 그 지역에서 재화와 용역을 소비하는 자에게 과세하는 소비과세이다. 그러나 그 지역에서 소비한 정도를 포착하기 어렵고, 지방자치단체 간 세원의 불균형을 고려하여, 우리나라에서는 국세인 부가가치세의 일정 비율을 재원으로 하는 방식을 채택하고 있다.

지방소비세는 2010년에 도입되어 국세인 부가가치세액의 5%를 세원으로 하였으나, 2014년부터 11%로, 2020년부터는 21%로, 2022년부터는 23.7%로, 2023년부터는 25.3%로 상향되었다. 그런데 지방소비세의 세원이 확대되는 시기별로 그 목적이 달라 지방자치단체에 대한 재원의 배분 방식도 다르다.

① 부가가치세 5% 세원

지방소비세 중에서 부가가치세 5%에 해당하는 세원에 대한 배분 방식은 지방의 소비 수준을 고려하여 배분하는 방식으로 다음과 같다.

$$\text{시도별 배분액} = \text{지방소비세 과세표준} \times 5\% \times \frac{(\text{해당 시·도 소비지수}) \times (\text{해당 시·도가중치})}{\text{시·도별 소비지수와 가중치를 곱한 값의 전국 합계액}}$$

---

14) 담배 가격에 포함된 세금과 부담금 명세.

(단위: 원 / 괄호 안은 세율)

출고가 및 유통이윤	제세·부담금						판매가격
	지방세		건강증진 부담금	국세			
	담배소비세	지방교육세		개별소비세	부가가치세		
1,182(26.2%)	1,007(22.38%)	443(9.84%)	841(18.69%)	594(13.2%)	433(9.62%)		4,500

여기서 '소비지수'란 통계청에서 확정·발표하는 민간최종소비지출(최종생산물에 대한 지역 내 거주자의 가계 소비액과 민간비영리단체의 소비지출)을 백분율로 환산한 각 시·도별 지수를 말한다. 또한 '가중치'란 지역 간 재정 격차를 해소하기 위하여 수도권, 광역시, 수도권 외의 도에 각각 1, 2, 3을 차별적으로 부여한 수치이다. 따라서 지방소비세의 시·도의 소비 수준을 나타내는 민간최종소비지출과 지역 간 재정 격차를 해소하기 위하여 가중치를 적용하고 있다.

② 부가가치세 6% 세원

지방소비세 중에서 부가가치세 6%에 해당하는 세원은 중앙정부가 부동산 경기 활성화를 위하여 취득세를 인하(2011년)함에 따라 감소하는 취득세(취득세에 부과되는 지방교육세도 감소함), 국세인 부가가치세의 감소로 인하여 줄어드는 지방교부세 및 지방교육재정교부금 보전 등에 충당한다(지방세법 제69조 제2항).[15]

③ 부가가치세 10% 세원

지방소비세 중에서 부가가치세 10%에 해당하는 부분은 국가에서 지방으로 전환되는 지역균형발전특별회계 사업 등(이하 '전환사업'이라 함)의 비용에 우선 보전하고, 다음으로 전환사업 보조에 따라 감소[16]하는 조정교부금과 교육비특별회계 전출금을 보전하고, 잔여세액은 광역자치단체에[17] 교부한다. 그런데 전환사업에 우선 지원하는 것은 2026년 12월 31일까지 한시적으로 운영하도록 하였다(지방세법 제71조 및 부칙 제2조).

---

15) 부가가치세 6%를 지방세로 전환하게 됨에 따라 내국세 총액의 일정 비율을 재원으로 하는 지방교부세와 지방교육재정교부금이 감소하게 됨. 따라서 해당 감소분을 지방소비세의 추가 재원으로 보전했던 것임.
16) 전환사업에 우선 배정되는 지방소비세는 조정교부금 재원에서 제외하였기 때문임(지방재정법 제29조 제1항 제2호).
17) 한편, 광역자치단체장에게 납입하는 잔여 세액 중 서울시, 인천시, 경기도의 지방소비세 중 35%는 '지역상생발전기금'의 재원으로 사용됨(지방자치단체 기금관리 기본법 제17조의2 제2항). 지역상생발전기금이란 수도권 규제 합리화에 따른 개발이익을 비수도권에 지원하여 지역상생발전을 도모한다는 목적으로 설치·운영되고 있음. 우리나라 최초의 지방자치단체 상호 간 수평적 재정조정제도라는 데 큰 의의가 있음. 당초 2019년 종료 예정이었으나 지방소비세가 10% 인상됨에 따라 2029년까지 연장됨(같은 법, 부칙 제2조)(국회예산정책처, 2021: 210).

④ 부가가치세 4.3% 세원

2021년 12월 지방세법 등을 개정하여 지방소비세의 세원으로 부가가치세의 4.3%(단, 2022년에는 2.7%)를 추가하였다. 세원을 추가 확보한 목적이나 우선 지원 기한은 위의 부가가치세 10% 세원 부분과 유사하지만, 잔여 세액은 광역과 기초지 자체가 6:4로 배분하도록 하였다.

▍표 15-4 지방소비세 세원 및 배분 방식

부가가치세 비율	도입 목적	배분 방식
5%	• 자치단체의 재정확충	• 민간최종소비지출과 권역별 가중치를 사용하여 배분
6%	• 취득세 세율 인하에 따른 재정 보전	• 취득세, 지방교육세, 지방교부세, 지방교육재정교부금 등에 보전함
10%	• 전환사업의 비용 보전 • 자치단체의 재정확충	• 전환사업 비용 우선 보전 • 감소하는 조정교부금 등 보전 • 광역자치단체에 교부
4.3%	• 위와 같음	• 전환사업 비용 우선 보전 • 감소하는 조정교부금 등 보전 • 광역자치단체와 기초자치단체에 6 : 4 배분

(2) 특징

지방소비세는 특별·광역시세 및 도세이며, 전체 지방세 수입 중 22.0%(24조 7천억 원: 2023년 기준)로 취득세와 함께 큰 비중을 차지하고 있다.

국세인 부가가치세를 세원으로 하는 방식이지만, 지방세에 세수 신장성이 큰 지방소비세를 새롭게 도입한 것은 그 의의가 크다고 볼 수 있다.

그러나 지방소비세는 독립세가 아니므로 중앙정부의 세원 배분에 의존한다는 한계를 가지고 있다(이희봉, 2011: 414). 또한, 지방소비세의 배분 지표로 활용되는 민간최종소비지출은 거주지를 기준으로 집계되는 지표이므로 비거주자에 의한 지역 내 소비가 반영되지 못하는 한계가 있다. 예를 들면, 제주도와 같은 비거주자에 의한 소비가 상대적으로 많은 관광명소이지만 민간최종소비지출을 집계할 때 외국인 및 다른 지역에 거주하는 내국인에 의한 소비지출은 지역 내 소비에 반영되지 않는다(이상훈·김진하, 2013).

6) 주민세

(1) 의의 및 성격

주민세는 지역주민 및 지역에 사업소를 둔 자에게 부과하여, 행정 서비스에 필
요한 비용을 구성원들이 나누어 부담하는 부담 분임의 지방세 원칙을 실현하는 대
표적인 세목이다. 주민세는 개인분, 사업소분, 종업원분이 있다.[18] 이 중 개인분 주
민세는 1만 원을 초과하지 아니하는 범위에서 지방자치단체장이 조례로 정하도록
하고 있으며, 주민의 청구가 있는 경우에는 1만 5천 원을 초과하지 아니하는 범위
에서 읍·면·동별로 달리 정할 수도 있다(지방세법 제78조). 조례로 개인분 주민세
는 국세와 지방세를 통하여 유일하게 일종의 인두세적 성격의 조세이다. 즉, 지방
자치단체의 구성원인 주민으로서 그가 속한 단체에 내는 최소한도의 기본회비로
볼 수 있는 조세이다.

(2) 특징

주민세는 특별·광역시세 및 시·군세로 구분되지만, 특례 규정을 두어 광역시의
주민세 사업소분과 종업원분은 자치구세로 하고 있다(지방세기본법 제8조 및 제11조).
　　주민세가 전체 지방세에서 차지하는 비중은 2.2%인 2.7조 원(2023년 기준) 규모로
낮은 편이다. 주민세 중에서 개인분에 대한 개선이 제기된다. 왜냐하면, 세대별로 1
만 원 미만으로 부과하는 개인분 주민세는 부과 건수 대비 세수가 빈약하고 세원 대
비 징수 업무 및 부담(우편료, 반송료, 체납 우편 고지료, 인건비 등)이 많기 때문이다.

7) 지방소득세

(1) 의의 및 성격

지방소득세는 지역 내 개인 또는 법인의 소득에 부과하는 소득 과세이다. 지방
소득세는 '개인 지방소득세'와 '법인 지방소득세'로 구성된다. 지방소득세는 국세인
소득세와 법인세를 지방세에도 적용하기 위하여 도입된 것이다. 초기에는 국세인
소득세와 법인세의 10%를 추가하여 부가세 형식으로 운영되었으나, 2014년부터
독립세로 운영되지만, 세율은 국세의 10%를 유지하고 있다. 지방자치단체장은 조

---

18) 사업소분 주민세는 사업소와 그 연면적을 기준으로 부과되며, 종업원분 주민세는 종업원에게 지
　　급한 그달의 급여 총액이 과세표준임(지방세법 제80조 및 제84조의2).

례로 정하는 바에 따라 지방소득세 표준세율의 50% 범위에서 탄력 운영을 할 수 있다(지방세법 제92조 제2항).

2) 특징

지방소득세는 특별·광역시세 및 시·군세이며, 전체 지방세 세입 중에서 20.4%인 22조 9천억 원(20213 기준)으로 비중이 높은 편이다.

현행 지방세법에서는 자치단체에서 표준세율 50% 범위에서 탄력세율을 인정하고 있지만, 전국 지방자치단체가 같은 세율을 부과하고 있는 것이 현실이다. 독립세로 운영된다고 하지만, 국세의 10%로 운영되고 있어 독립과세로서의 모습이 확인되지 않는다는 비판이 제기된다(이재원, 2019: 157).

8) 재산세

(1) 의의 및 성격

재산세는 지역 안에 소재하고 있는 재산(토지, 건축물, 주택, 선박, 항공기 등)에 부과되는 지방세이다. 지방자치단체장은 조례로 정하는 바에 따라 표준세율의 50%의 범위에서 가감할 수 있는 탄력세율이 적용된다(지방세법 제111조 제3항).

(2) 특징

재산세는 시·군세 및 자치구세이며, 전체 지방세 수입 중에서 13.3%인 14.9조 원(2023년 기준) 규모로 높은 비중을 차지하는 세목이다. 재산세는 세원의 보편성과 세수 안정성이라는 측면에서 장점이 있는 보유세이다.

한편, 재산세는 자치구세이지만, 서울특별시의 경우는 자치구 상호 간의 재정 격차 해소를 위하여 '특별시분 재산세'와 '자치구분 재산세'로 나누어 50%씩 공동과세하고 있다(지방세기본법 제9조). 그런데 이렇게 조성된 '특별시분 재산세'는 특별시가 전액을 자치구에 교부하며, 이때 교부기준 및 교부방법 등 필요한 사항은 자치구의 지방세수 등을 고려하여 특별시의 조례로 정한다(지방세기본법 제10조). 결국, 서울특별시의 모든 재산세는 자치구에 귀결되지만, 높은 재산 가치를 가진 지역의 자치구 입장에서는 '특별시분 재산세' 만큼의 권한이 축소되었다고 볼 수 있으며, 특별시의 입장에서는 자치구 상호 간 재정 형평화에 기여하였다고 볼 수 있다(강윤호, 2019: 149).

9) 자동차세

(1) 의의 및 성격

자동차세는 '자동차 소유에 대한 자동차세'와 '자동차 주행에 대한 자동차세'로 구성된다. 자동차 소유에 대한 과세는 재산 과세, 자동차 주행에 대한 과세는 소비 과세의 성격을 가진다.[19]

① 자동차 소유에 대한 자동차세

자동차를 소유하고 있는 자가 부담하는 조세이다. 지방자치단체장은 조례로 정하는 바에 따라 자동차세의 세율을 배기량 등을 고려하여 표준세율의 50% '초과'하여 정할 수 있다(지방세법 제127조 제3항).

② 자동차 주행에 대한 자동차세

자동차 주행에 대한 세금은 유류에 부과하고 있다. 즉, 사용자가 구매하는 유류에는 국세인 교통·에너지·환경세, 교육세, 부가가치세가 부과되는데, 여기에 지방세인 자동차세(주행분)가 함께 부과된다.

이렇게 유류 구입 시 징수된 세금은 시·군별 비영업용 승용 자동차의 자동차세 징수실적 등을 고려하여 관련 지방자치단체에 안분한다.

(2) 특징

자동차세는 특별·광역시 및 시·군세이며, 전체 지방세 세입 중 6.5%인 7조 3천억 원(2023년 기준) 규모로 9개 보통세 중에서 중간 정도의 비중을 차지한다.

자동차세와 관련된 정책 쟁점은 다음의 두 가지가 주로 거론된다. 첫째는 자동차 소유에 대한 자동차세의 높은 세율의 문제점과 재산 과세로서의 시대착오라는 주장이다. 아파트나 주택 등 부동산 대비 상대적으로 승용차 보유에 대한 세율이

---

19) 자동차 관련 조세 현황(이재원, 2019: 143).

구분	세목(부가세)	비고
취득	개별소비세(교육세, 농어촌특별세), 부가가치세	국세
	등록면허세, 취득세(농어촌특별세),	지방세(국세)
	도시철도공채/지역개발공채	지방채
보유	자동차세	지방세
주행	교통·에너지·환경세(교육세), 부가가치세	국세
	자동차세	지방세

높다는 것이다. 또한, 과거와 달리 자가용 자동차가 국민 필수품이 된 지금 사치품으로 간주하여 재산세로 분류하는 것은 곤란하다는 것이다(전상경, 2011: 177).

둘째는 주행분 자동차세는 세수 보전 및 유가 보조금 재원의 임무를 수행함에 따라 지방세로 분류함에도 불구하고 지방정부는 전혀 과세권을 행사하지 못하고 있다는 비판이 제기된다(주만수·하능식, 2013: 103).[20]

3. 목적세

1) 지역자원시설세

(1) 의의 및 성격

지역자원시설세는 주민 생활 환경 개선사업, 지역개발 사업 그리고 소방사무에 드는 비용을 충당하기 위하여 부과되는 목적세이다. 지역자원시설세는 '특정자원분', '특정시설분' 그리고 '소방분'으로 구분되며, 그 수입은 당해 시설의 확충이나 유지 등에 사용된다.

① 특정자원분 지역자원시설세

특정자원분 지역자원시설세는 주민 생활환경 개선사업(부존자원 보호·보전, 환경 보호·개선, 안전·생활편의시설 설치 등)에 필요한 재원을 확보하기 위하여 부과된다. 과세대상은 발전용수, 지하수 및 지하자원 등으로 대통령령으로 정하는 것이다.

② 특정시설분 지역자원시설세

특정시설분 지역자원시설세는 지역개발에 필요한 재원을 확보하기 위하여 부과된다. 부과 대상은 컨테이너, 원자력 및 화력발전 등으로 대통령령으로 정하는 것이다.

③ 소방분 지역자원시설세

소방분 지역자원시설세는 소방사무에 드는 제반 비용에 충당하기 위하여 부과

---

20) 본래 주행분 자동차세는 두 가지 목적 수행을 위하여 도입되었음. 하나는 중앙정부가 1998년 한·미 자동차 통상협상의 결과 우리나라의 승용 자동차에 대한 자동차세를 인하함에 따른 지방세 세수 보전 차원에서 도입되었음. 다른 하나는 중앙정부의 에너지 관련 국세 개편 때문에 경유 가격이 상승하여 민간운수업체들이 입은 손실을 보전하는 임무를 수행함. 즉, 중앙정부는 필요한 유가 보조금 재원을 주행세로 조달하고 지방정부에게 민간운수업체에 보조금을 지급하는 역할을 맡긴 것임.

된다. 소방시설로 인하여 이익을 받는 자의 건축물 및 선박이 부과 대상이다.

(2) 특징

지역자원시설세는 광역자치단체의 목적세이며, 전체 지방세 중에서 1.6%인 1조 8천억 원(2023년 기준) 규모이다. 지역자원시설세는 그 지역자원이나 시설로 인하여 이익을 받는 자에게 과세한다는 점에서 응익과세의 성격을 지닌다.

지방세법에서는 지역자원시설세에 관하여 과세대상과 세율만을 규정하고 구체적인 과세권의 행사를 각 지방자치단체의 조례로 결정하도록 위임하고 있어 과세자주권이 높은 세목이다(지방세법 제147조 제3항). 또한, 지방자치단체장은 조례에 정하는 바에 따라 지역자원시설세의 표준세율에서 50% 범위 안에서 탄력세율을 적용할 수 있지만, 원자력·화력발전의 경우는 제외된다(지방세법 146조 제4항).

2) 지방교육세

(1) 의의 및 성격

지방교육세는 지방교육재정 확충에 드는 재원을 확보하기 위한 목적세이다. 광역자치단체의 장이 징수한 지방교육세는 전액 해당 교육청에 전출된다. 지방교육세는 독립적으로 부과하지 않고, 취득세, 등록면허세, 레저세, 주민세 균등분, 재산세, 자동차세(비영업용 승용차), 담배소비세 등에 부가하여 징수된다(지방세법 제150조).[21] 지방자치단체장은 조례로 정하는 바에 따라 지방교육세의 세율을 표준세율의 50% 범위에서 가감할 수 있다. 다만, 레저세분 지방교육세 세율은 조정할 수 없다(지방세법 제151조 제2항).

(2) 특징

지방교육세는 광역자치단체의 목적세이며, 전체 지방세 세목 중에서 6.2%인 7조 원(2023년 기준) 규모이다.

---

21) 지방교육세 과세표준과 세율(지방세법 제151조).

과세표준	표준세율	과세표준	표준세율
취득세액	20%	재산세액	20%
등록면허세액	20%	자동차세액	30%
레저세액	40%	담배소비세액	43.99%
주민세액	10%(50만 이상 25%)		

한편, 지방세의 수입 주체와 부가세인 지방교육세의 수입 주체가 일치하지 않는
다는 문제가 제기된다. 자동차세, 담배소비세, 주민세, 재산세는 시·군세인데, 여기
에 일정 비율을 부가하는 지방교육세는 광역자치단체의 재원이 되기 때문이다. 따
라서 지방교육세를 부가세 방식이 아닌 특별·광역·도의 독립세로 재설계하거나
특별·광역·도세의 부가세로만 한정해야 할 필요가 있다는 견해가 제기된다(이재
원, 2019: 160).

VI 우리나라 지방세 구조의 특징

▌표 15-5 지방세 세목별 세입 추이(2011~2023)

(단위: 조 원, %)

구분		2011년	2015년	2020년	2023년	
					세액	비율
보통세	취득세	13.9	20.8	30.0	24.3	21.6%
	지방소득세	9.5	12.8	16.9	22.9	20.4%
	재산세	7.6	9.3	13.8	14.9	13.3%
	지방소비세	3.0	6.0	16.6	24.7	22.0%
	자동차세	6.5	7.1	8.1	7.3	6.5%
	담배소비세	2.8	3.0	3.6	3.6	3.2%
	주민세	0.3	1.5	2.1	2.7	2.4%
	등록면허세	1.2	1.8	2.1	2.0	1.8%
	레저세	1.1	1.1	0.2	0.8	0.7%
목적세	지방교육세	5.0	5.8	7.1	7.0	6.2%
	지역자원시설세	0.8	1.4	1.8	1.8	1.6%
	기타*	0.7	0.4	0.3	0.4	0.4%
총계		52.4	71.0	102.6	112.4	100.0%

* 과년도 수입분을 의미함.
자료: 국회예산정책처, 2024: 45

우리나라 현행 지방세에는 다음과 같은 특징이 발견된다.

첫째, 세목별 세입의 편차가 매우 크다는 것이다. <표 15-5>에 나타난 바와
같이 지방소비세(22.0%), 취득세(21.6%), 지방소득세(20.4%)의 비중이 전체의 62%를

차지하여 그 비율이 매우 높다. 반면에 레저세(0.7%), 등록면허세(1.8%), 주민세
(2.4%) 등은 세수 조달능력이 매우 낮다.

둘째, 지방자치단체의 연간 전체 세입 중 지방세의 비중이 작다. 2024년 지방자
치단체의 전체 세입 310조 원 중 지방세는 110.7조 원, 수입액의 35.7%로 반액 수
준에도 미달하고 있다.

셋째, 지방자치단체 상호 간, 수도권과 비수도권 간 세수 불균형이 크게 나타난
다(국회예산정책처, 2024: 34). 광역자치단체 중 도(32.9%)와 기초자치단체 중 군
(13.7%)의 지방세 비중이 낮은 편이다. 또한, 수도권(서울, 경기, 인천) 지방자치단체
는 지방세 비중이 48.5%지만, 비수도권 지방자치단체는 27.1%로 수도권과 비수도
권 간의 편차도 작지 않은 편이다.

┃표 15-6 2024년 광역 · 기초자치단체별, 권역별 지방세 세입 현황(순계기준)

(단위: 억 원, %)

지방자치단체		2024년 일반회계 세입 예산액(A)	2024년 지방세 예산액(B)	지방세 비중 (B/A)
광 역 단 체	특별시	394,949	225,625	57.1%
	광역시	560,033	188,114	33.6%
	특별자치시	17,922	8,518	47.5%
	도	992,848	326,768	32.9%
	특별자치도	68,719	18,738	27.3%
	소계	2,034,471	767,763	37.7%
기 초 단 체	시	624,281	218,259	35.0%
	군	284,989	39,111	13.7%
	자치구	157,076	82,197	52.3%
	소계	1,066,347	339,567	31.8%
합계		3,100,818	1,107,330	35.7%
수도권(권역별 비중)		1,250,014(40.3%)	606,573(54.8%)	48.5%
비수도권(권역별 비중)		1,850,804(59.7%	500,757(45.2%)	27.1%

※ 자료: 국회예산정책처, 2024: 34; 행정안전부 지방재정 365(lofin.mois.go.kr)

넷째, 총 조세 중 지방세 비율이 국세 대비 매우 낮다. 2024년 당초예산 기준
총 조세는 478조 원이며, 이 중 국세는 367.3조 원, 지방세는 110.7조 원으로 국세
와 지방세 비율은 76.8:23.2이다(행정안전부, 2024: 26). 이러한 현상은 국세 위주의

자원 배분이 중심을 이루는 모습을 나타내는 것이다. 중앙정부 위주의 세원편중 현상은 지방자치단체의 자율성을 제약하는 요인이 된다.

다섯째, 우리나라 지방세는 전통적으로 재산과세 중심으로 구성되었으나, 최근 지방소비세의 비중이 증가하면서 소비과세의 비중이 확대되었다. 지방세는 과세물건에 대한 납세자의 행위와 소득의 흐름에 따라 소득과세, 소비과세 및 재산과세로 구분되는데, 2015년에는 재산과세가 전체 지방세의 46.9%를 차지했으나, 2023년에는 38.3%로 그 비중이 축소되었다. 반면에 소비과세는 2015년 24.2%에서 2023년 32.4%로 증가하였다.

▎표 15-7 지방세 성질별 징수액

(단위: 조 원, %)

성질별	세목	2015년	2023년
소득과세	지방소득세	12.8(18.0%)	22.9(20.4%)
소비과세	지방소비세, 담배소비세, 레저세, 자동차세	17.2(24.2%)	36.4(32.4%)
재산과세	재산세, 취득세, 등록면허세, 지역자원시설세	33.3(46.9%)	43.0(38.3%)
기타과세	주민세, 지방교육세, 기타 이월 등	7.7(10.8%)	10.1(9.0%)
총계		71.0(100%)	112.4(100%)

자료: 국회예산정책처, 2024: 33; 행정안전부, 각 년도 지방세통계연감

제3절　지방세외수입

Ⅰ　의의

지방세외수입은 국가가 아닌 '지방'의 재원으로, 세금이 아닌 그 외의 수입이라는 뜻에서 '세외(稅外)수입'이다. 좀 더 세부적으로 분류하면 지방재정수입 중 지방세, 지방교부세, 보조금, 조정교부금, 지방채, 보전수입 등 및 내부거래 등을 제외한 일체의 자체수입을 의미한다.

지방세외수입은 지방자치단체의 자주재원이므로 의존재원인 지방교부세, 보조금, 조정교부금 등과 다르다. 또한, 같은 자주재원인 지방세와 비교하여 강제성은

낮지만, 신장성과 다양성이 높다는 특징이 있다.

지방세외수입의 징수 및 체납처분에 대한 체계적인 관리를 위하여 '지방행정제재·부과금의 징수 등에 관한 법률'이 있다.[22]

Ⅱ 특징

지방세외수입의 특징은 다음과 같다.

첫째, 지방세외수입은 지방자치단체의 자율성이 높은 수입원이다. 조세법률주의로 제한된 지방세와 달리, 지방세외수입은 지방자치단체의 노력 정도에 따라 확장이 쉽다. 따라서 지방세외수입은 지방자치단체의 입지, 환경, 사회·경제적 여건, 지역 특수성 등에 따라 수입의 차이가 발생할 수 있다.

둘째, 지방세외수입의 다양성을 들 수 있다. 세외수입은 그 수입근거, 유형 및 징수 방법 등이 매우 다양하다. 우선 수입근거는 법률, 대통령령, 부령, 조례 또는 사법상의 계약을 통하여 부과될 수 있다. 또한, 유형별로 보면 행정 서비스의 반대급부, 사업 활동을 통한 수입, 행정벌에 의한 수입 등 다양하게 구분된다. 징수 방법은 현금뿐 아니라 수입증지 등의 형태를 취하기도 한다.

셋째, 지방세외수입은 수익자 부담의 원칙이 강하다. 즉, 세외수입은 행정 서비스나 공공시설의 사용 등에 혜택을 받는 소비 주체에게 부과되는 것이다. 이러한 반대급부로서의 특징은 세외수입이 지방세와 비교해 상대적으로 조세 저항이 적은 이유가 된다.

넷째, 지방세외수입은 지방세보다 연도별 수입의 안정성이 낮다. 지방세외수입은 지방세처럼 매년 안정적인 수입이 보장되지 않기 때문에 회계연도에 따라 그 수입액이 불균등한 경우가 많다. 예를 들면, 금년도에 구 청사 부지를 매각하여 2,000억 원의 재산매각수입이 있다면, 내년도에 동일 항목의 수입을 얻을 수는 없기 때문이다. 따라서 지방세외수입은 자주재원이기는 하지만, 지방자치단체의 계획

---

22) 지방세와 달리 지방세외수입은 '부과'를 위한 일괄적인 근거법령이 있을 수 없음. 왜냐하면, 총 11개의 세목으로 구성된 지방세와 달리 지방세외수입은 각종 수수료, 사용료, 과징금 및 과태료 등 그 종류가 다양하기 때문임. 다만, 제재 및 부과금의 관리를 명확히 하기 위하여 법률을 제정한 것임.

적인 재정운영을 저해하는 요인으로 작용할 수도 있다.

다섯째, 지방세외수입은 그 지출 용도가 미리 결정된 경우가 많다. 예를 들면, 하천 사용료는 하천의 유지·관리에 관한 비용에 사용되거나, 공원 사용료 수입은 공원의 보전 관리를 위한 비용에 사용되는 경우가 많다.

▌표 15-8 지방세와 지방세외수입 특징 비교

구분	지방세	지방세외수입
법적 근거	• 지방세법, 지방세기본법, 지방세특례 제한법 등	• 지방행정제재·부과금의 징수 등에 관한 법률, 사법상의 계약 등
보상 관계	• 일반적 보상 관계	• 개별적 보상 관계
부담원칙	• 응능부담, 제한적 응익부담	• 응익부담, 원인자 부담
재원의 안정성	• 비교적 높음	• 비교적 낮음(비정기·불규칙수입 다수)
자치단체 자율성	• 조세법률주의에 따라 제한됨	• 비교적 높음(조례·계약 등에 근거)

자료: 곽채기, 2014: 22 참고

Ⅲ 지방세외수입의 종류와 내용

지방세외수입은 회계를 기준으로 일반회계 세외수입과 특별회계 세외수입으로 구분된다. 일반회계 세외수입은 수입의 규칙성·안정성을 기준으로 경상적 세외수입, 임시적 세외수입, 지방행정제재·부과금으로 분류된다. 2021년부터 세외수입 과목 개편에 따라 지방행정제재·부과금이 과거 임시적 세외수입에서 분리되어 독립적으로 분류된다.

여기서 경상적 세외수입은 수입의 계속성과 안정성이 보장되어 회계연도마다 계속·반복적으로 발생하는 세외수입을 말한다. 임시적 세외수입은 수입이 불규칙적으로 발생하는 수입을 말한다. 특별회계 세외수입은 회계의 소속을 기준으로 기타특별회계와 공기업특별회계로 구분된다.

▼ 그림 15-1 지방세외수입의 분류

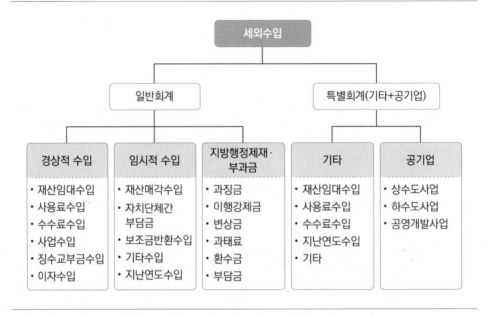

현행 지방자치단체 예산편성기준에서 구분하고 있는 일부 세외수입 항목들을 살펴보면 다음과 같다.

① 사용료

사용료는 공공시설의 사용으로 인하여 얻는 편익에 대한 보상으로 징수하는 것을 말한다. 개별적인 보상원칙에 의거 징수한다는 점에서는 수수료와 같으나, 수수료가 지방자치단체의 '특별한 활동에 의한 이익'을 받는 경우 부과되지만, 사용료는 지방자치단체의 '공공시설을 이용'함으로써 이익을 받는 경우 부과된다는 점이 다르다.

예 도로 사용료, 하천 사용료, 상·하수도 사용료, 시장 사용료, 입장료 수입 등

② 수수료

수수료는 지방자치단체가 특정인에게 제공한 특별한 활동(행정 서비스)에 대하여 그 비용의 전부 또는 일부를 징수하는 것이다. 수수료는 주민 서비스 향상의 요청에 따라 그 종류가 다양화되고 있으며 양적으로도 증가하고 있다.

예 쓰레기 처리 봉투 판매수입, 증명 발급 수수료, 인허가 수수료 등

③ 재산임대수입

재산임대수입이란 지방자치단체가 국·공유재산을 관리·운영하는 과정에서 발생하는 수입이다. 그런데 여기서 국·공유재산을 매각·처분하여 발생하는 수입은 제외되며 국유재산 임대료와 공유재산 임대료로 구분된다.

例 토지·건물의 임대수입, 공유재산의 임대수입 등

④ 사업수입

사업수입에는 지방자치단체에서 직접 운영 및 관리하는 사업장에서 얻어지는 수입이다. 생산물 및 부산물의 매각수입, 주차장법에 따른 주차장 운영수입, 도로 통행료수입 및 기타 사업수입 등이 있다.

例 주차요금수입, 통행료수입, 사업장 생산수입, 보건소 진료수입 등

⑤ 징수교부금 수입

징수교부금은 국가 또는 시·도에서 징수할 시·도세, 사용료(하천 및 도로 사용료 등) 및 수수료[23] 등을 시·군이 위임받아 징수할 경우 그 징수에 드는 경비를 위임 기관이 보상해 주는 것이다. 예를 들면, 양평군에서 경기도의 도세를 징수하는 경우, 도세 징수를 위한 양평군의 행정비용에 대한 대가로 징수된 도세의 3%를 징수교부금으로 양평군에 지급하고 있다.

징수교부금의 비율은 관련 법령에서 정하고 있으며, 지방세징수법(제17조 제2항)과 같은 법 시행령(제24조 제3항)에서는 시·군·구에서 징수한 시·도세에 대한 징수교부금을 3%로 정하고 있다. 이와 같은 징수교부금은 형식적으로는 위임한 세입 징수에 드는 경비를 보상하는 성질의 것이지만, 실질적으로는 시·도와 시·군 간의 재원 배분이라는 의미도 지닌다.

例 시·도세 징수교부금, 국가하천의 사용료 징수에 따른 교부금 등

---

23) 수수료에 대한 징수교부금의 대표적인 사례는 여권발급 관련 징수교부금임. 여권 업무는 외교부의 소관이지만 지방자치단체의 민원실에서 발급하고 있으며, 민원실의 민원업무 중 가장 큰 비중을 차지하고 있음. 따라서 외교부는 민원인이 지방자치단체 민원실에서 여권발급을 위하여 지불하는 수수료의 22%를 지방자치단체에 징수교부금으로 지급하고 있음(여권법 제22조 제3항 및 같은 법 시행령 별표).

⑥ 이자수입

이자수입은 지방자치단체가 각종 수입금을 은행에 예치·관리하는 과정에서 발생하는 수입을 말한다.

> 📖 공공예금 이자수입, 민간 융자금 이자수입 등

⑦ 재산매각수입

재산매각수입은 지방자치단체의 재산매각계획에 따라 공유물건인 일반재산을 매각하여 얻는 수입을 말한다. 여기에는 국가 및 시·도로부터 매각을 위임받은 국유 및 시·도의 재산매각 수입 중 지방자치단체에 귀속되는 수입, 지방자치단체의 재산매각에 따른 공유재산 매각수입 등이 있다.

⑧ 과징금/과태료

과징금은 행정법상의 의무를 위반한 자에게 해당 위반행위로 얻게 된 경제적 이익을 박탈하기 위한 목적으로 과하는 벌과금 수입이다. 과태료는 개별법령과 조례상의 의무에 대하여 의무자가 그 의무나 질서를 이행하지 않거나 위반한 경우에 행정 질서유지 또는 의무 이행을 강제하기 위해 부과하는 금전적 부담을 말한다.

⑨ 부담금(분담금)

부담금 또는 분담금이란 지방자치단체의 재산 또는 공공시설의 설치로 인하여 주민의 일부가 특별한 이익을 받는 경우 그 비용의 일부를 징수하는 공과금으로 수익자 부담금 또는 특별 부담금이라고 한다. 부담금은 개별사업마다 법률로서 그 징수 근거[24]가 정해져 있는 경우가 대부분이며, 법률에 규정이 없어도 지방자치단체는 지방자치법 제155조를 근거로 징수할 수 있을 것이다.

Ⅳ 지방세외수입의 현황 및 과제

지방자치단체의 연간 재정수입 중 지방세외수입 규모는 27.5조 원(2024년 당초예

---

24) 예를 들면, 수도법 제71조에서는 원인자부담금 및 손괴자부담금을 규정하고 있음. 수도사업자는 수도공사를 하는 데에 비용 발생의 원인을 제공한 자 또는 수도시설을 손괴하는 사업이나 행위를 한 자에게 그 수도공사·수도시설의 유지나 손괴 예방을 위하여 필요한 비용의 전부 또는 일부를 부담하게 할 수 있음.

산 순계기준)으로 8.8%를 차지하고 있다.

지방세외수입의 구성비는 경상적 세외수입이 17.8조 원(65.1%)이며, 임시적 세외수입이 5.8조 원(21.2%), 지방행정 제재·부담금이 3.7조 원(13.7%)이다. 경상적 세외수입 중 사용료 수입이 11.1조 원(62.1%)으로 가장 많고, 다음으로 사업수입 2.1조 원(11.9%), 수수료 수입 2.1조 원(11.8%) 순이다. 임시적 세외수입은 기타수입이 3.3조 원으로 57.4%를 차지하고 있다.

지방세외수입과 관련하여 다음의 두 가지 정책과제가 제기된다.

첫째, 사용료 및 수수료 등 사용자 부담의 적정화 문제이다. 지방세외수입은 그 수입의 근거가 특정 공공 서비스에 대한 반대급부인 경우가 대부분이다. 따라서 지방세외수입은 행정 서비스와 개별적인 보상 관계를 이루고 있다고 볼 수 있다. 이러한 측면에서 공공 서비스에 대한 원가보상과 적정가격 산정이 필요하다는 주장이 제기된다. 지방재정을 연구하는 학자들은 대부분 지방세외수입인 사용자 부담을 현실화해야 한다고 주장한다(곽채기, 2014; 임성일, 2014; 김대영 외, 2014; 손희준 외, 2014: 144).

그러나 ⓐ 사용료와 수수료 등은 주민들의 일상 생활비와 밀접하여 지방자치단체장이나 의회 의원들의 정치적 고려, ⓑ 상·하수도 사용료와 쓰레기봉투판매수입 등 필수적 공공 서비스의 요율 인상은 저소득층에게 경제적 부담을 가중할 수 있다는 문제, ⓒ 세외수입이 보통교부세 산정에서 기준재정수입 항목에 포함될 때는 자체 세외수입을 더 확보하기보다는 보통교부세를 더 배정받으려는 도덕적 해이 현상(이재원, 2019: 174) 등의 이유로 원가보상률의 현실화는 여전히 어려운 과제이다.[25]

둘째, 지역 기반 국가부담금의 문제이다. 현행 부담금관리 기본법상 90종의 부담금이 있으며, 이 중 지방자치단체에서 징수하여 중앙정부 세외수입으로 귀속되는 부담금은 10여 종이다. 이들 부담금은 수질 개선이나 생태계 보전 그리고 개발부담금 등으로 지역성이 높아 권한 자체를 지방자치단체로 이양하거나, 징수교부금의 비율을 높일 필요가 있다는 것이다(이재원, 2019: 174).

---

25) 자치단체별로 수수료율의 큰 편차로 인한 문제점이 제기되자, 행정안전부에서는 지방자치법 제156조 단서에 수수료 표준 요율의 제정 근거를 마련(2006년도)하였고, 이에 따라 '지방자치법 제156조 제1항 단서에 따른 전국적 통일이 필요한 수수료의 징수기준에 관한 규정(대통령령)'이 제정됨. 이 규정에 따른 수수료 표준 요율 규정 대상은 182종이며, 지방자치단체는 표준금액의 50% 범위에서 조례로 가감 조정하여 징수할 수 있음.

┃ 표 15-9 지방세외수입 유형별 규모(2024 당초예산 순계규모)

(단위: 억 원)

세목별	회계별	계	
		수입액	비율
총계		275,113	100.0%
경상적 세외수입	소계	178,968	65.1%
	재산임대수입	11,647	6.5%
	사용료 수입	111,142	62.1%
	수수료 수입	21,175	11.8%
	사업수입	21,336	11.9%
	징수교부금 수입	1,245	0.7%
	이자수입	12,423	6.9%
임시적 세외수입	소계	58,434	21.2%
	재산매각수입	13,000	22.2%
	보조금반환수입	2,116	3.6%
	기타수입	33,551	57.4%
	지난 연도 수입	9,768	16.7%
지방행정제재·부담금	소계	37,710	13.7%

자료: 행정안전부, 2024: 38

제4절 **지방채**

Ⅰ 지방채의 개념

지방채란 지방자치단체가 재원마련을 위하여 2회계연도 이상에 걸쳐서 이루어지는 채무 행위를 말한다. 지방자치단체가 이러한 차입을 할 수 있는 것은 과세권이 실질적인 담보의 역할을 하기 때문이다. 지방채는 증서차입이나 증권발행의 형식으로 이루어진다(김범식, 1999: 3; 권오성, 2011: 11).

지방채는 채무이행 기간이 2회계연도 이상에 걸쳐 이루어지므로 해당 연도에 채무상환이 이루어지는 일시차입금(지방재정법 제14조)과 다르다. 또한, 지방채는 교부공채를 제외하고는 발행 시 해당연도에 자금 이동이 수반되므로 채무부담행위[26]

와도 구별된다.

Ⅱ 지방채의 기능

지방채는 지방자치단체가 지방세를 담보로 부담하는 채무이다. 따라서 지방자치단체가 지방채를 어떻게 활용하느냐에 따라서 순기능 또는 역기능이 나타날 수 있다.

1. 지방채의 긍정적 기능

1) 재원조달 기능

지방자치단체는 지역의 사회간접자본(SOC) 등 자본투자사업의 신속한 재원을 조달하기 위하여 지방채를 활용하게 된다. 지방채는 해당 지방자치단체가 원리금 상환 부담의무를 지게 되므로 중앙정부에 의존하지 않고 자기 책임으로 독립적으로 사업을 시행하고 재원을 조달하는 데 그 의의가 있다.

2) 비용부담의 세대 간 공평화 기능

장기간에 걸친 공공투자의 경우에는 사업의 비용부담과 편익 간의 시차가 발생하게 된다. 따라서 소요재원을 조세로만 조달할 경우 현세대만 비용을 부담하고 미래세대는 편익만 누리는 결과를 초래하게 된다. 소요재원을 지방채로 활용할 경우 자본투자의 수혜자인 미래세대가 지방채 상환금의 일부를 부담하여 비용부담의 공평화 기능을 발휘할 수 있다.

3) 연도 간 재정조정을 통한 후생증진

지방채는 재정지출과 수입의 연도 간 조정 기능을 수행한다. 지방자치단체의 재정지출은 해당연도에 조달되는 수입으로 충당되는 것이 원칙이다. 그러나 대규모

---

26) 채무부담행위는 외상사업 시행을 의미함. 지방자치단체가 해당 연도의 세출 예산에 소요경비가 계상되지 않았음에도 별도의 세출 예산 확보 없이 해당 연도 내 사업을 우선 발주하고 사업대금을 다음연도 이후에 지급하는 행위를 말함.

건설사업, 재해복구사업 등은 경상수입으로는 재원조달이 불가능하고 세율의 대폭 인상 등의 조세 마찰을 유발할 수 있다. 따라서 지방채를 통한 사업재원의 조달은 사업연도에 따라 재원을 조정하는 기능을 수행한다. 이처럼 주민들이 부담하는 지 방세수와 재정지출 간의 불일치를 지방채라는 방법으로 조정하여, 주민들의 공공 서비스에 대한 효용을 극대화할 수 있고, 이를 통하여 사회적 후생을 증대시킬 수 도 있다(전상경, 2011; 권오성, 2011: 16).

4) 중앙정부의 재정정책의 보완 기능

중앙정부가 경기조절을 위한 다양한 재정정책을 사용할 경우 지방채 발행의 증 감 정책도 재정정책을 보완하는 수단으로 활용될 수 있다. 즉, 경기 불황기에 지방 채 발행을 증가하여 실업 대책 및 지역경제 활성화를 도모하는 정책으로 활용할 수 있다(권오성, 2011: 17). 지난 2008년 신용경색으로 인한 세계경제위기에 대응하 기 위하여 당시 행정안전부에서 지방채 발행을 장려한 것은 이러한 재정정책의 일 환이라고 볼 수 있다.

2. 지방채의 부정적 기능

1) 전위효과[27] 및 점증주의에 의한 예산 팽창

만일 어떤 사유로 최초의 지방채 발행이 이루어지면, 이것이 경비지출의 전위효 과와 점증주의 예산 결정 방식으로 인하여 또다시 지방채 발행으로 이어지고, 결국 은 지방자치단체의 지방채가 지속해서 팽창할 가능성이 크다.

2) 지방자치단체의 채무부담 증가

지방자치단체의 지방채 발행 증가는 채무부담을 누적시켜 재정운영의 경직화시 키는 결과를 초래한다. 만일 미래 세수가 불안정하게 되면 상환능력 저하로 지방자 치단체 재정을 위협하는 요인이 되기도 한다.

---

27) 어떤 이유로 일단 예산이 증가하면 그 이유가 소멸한 후에도 예산 규모가 이전 수준으로 회귀하 지 않는 현상을 말함.

3) 미래세대에 대한 과도한 상환 부담 전가

지방채가 과도하게 발행되면 현재 세대가 미래 세대에게 과도한 상환 부담을 전가하는 결과를 초래할 수도 있다. 특히 인구감소, 저출산, 노령화 등의 현상이 심각해질 경우 채무부담을 지는 생산가능 인구가 줄어들어 재정압박 요인이 된다.

Ⅲ 지방채의 종류

지방채는 발행형식에 따라 지방채증권과 차입금, 발행 회계에 따라 일반회계채와 특별회계채로 구분된다(김범식, 1999: 6; 손희준 외, 2014: 158; 전상경, 2011: 197).

1. 발행형식에 따른 분류

지방채는 발행형식에 따라 지방채증권과 차입금으로 구분할 수 있으며, 지방재정법 시행령(제7조)에서도 이 분류방법을 따르고 있다.

1) 지방채증권(증권발행채)

지방채증권이란 지방자치단체가 증권발행의 방법으로 차입하는 지방채를 의미하며 증권발행채라고 부르기도 한다. 지방채증권은 다시 발행방법에 따라 모집공채, 매출공채 및 교부공채로 나눌 수 있다.

ⓐ 모집공채는 불특정 다수를 대상으로 투자자를 모집하여 발행하는 것이다.

ⓑ 매출공채는 지방자치단체로부터 인허가나 차량 등록 등 특정 행정 서비스를 받는 주민이나 법인을 대상으로 원인 행위에 첨가하여 강제로 증권을 매입하도록 하는 공채이다. 증권발행채 중에서 가장 많이 활용되는 방법이며, 도시철도공채, 지역개발공채, 상·하수도공채 등이 있다.[28]

---

28) 예를 들면, 자동차를 거주 지방자치단체에 등록(신규 또는 이전등록)할 때 등록면허세와 함께 매출공채로 도시철도채권이나 지역개발채권을 의무적으로 구입하도록 하고 있음. 대체로 취득세 과세표준액의 일정 비율(2~20%)만큼을 사도록 하고 있음. 이렇게 매입된 공채는 5~7년 거치 후 원금에 이자를 더하여 상환할 수 있음. 그러나 차량 등록인(공채 매입자)은 현장에서 할인율(약 15~20% 내외)을 지급하고 증권회사에 공채를 되파는 형식을 선택하는 경우가 대부분임(도시철도채권 매입사무 취급규칙 참조). 실제 사례를 보면, 3천만 원 중형차량을 등록할 경우 차량가액의 12%에 해당하는 360만 원을 공채로 매입해야 함(서울시). 이때 차량 등록인은 7~10년 후 원금＋

ⓒ 교부공채는 지방자치단체가 공사대금을 지급하거나 토지를 매입하는 경우 그 대금을 나중에 지급할 것을 약속하며 발행하는 공채이다. 지방자치단체에 특정 지역개발 사업에 사용할 수 있지만, 현실에서 거의 사용되지 않고 있다.

2) 차입금(증서차입채)

차입금이란 지방자치단체가 증서에 의하여 차입하는 지방채를 말하며, 외국 정부·국제기구 등으로부터 차관(현물차관을 포함한다)을 도입하는 경우를 포함한다. 개인이 은행에서 대출하는 것과 유사한 방식으로, 지방자치단체가 중앙정부, 공공기관 및 금융기관 등과 채무부담 계약을 맺고 차입증서를 제출하여 차입하는 방식이다. 시중은행에서의 대출, 해외 차관 등의 방식이며, 지방자치단체가 가장 손쉽게 자금을 빌릴 수 있는 방식이다.

2. 발행하는 회계에 따른 분류

지방채는 발행하는 회계에 따라 일반회계채와 특별회계채로 구분된다. 이러한 구분은 지방채를 어떠한 회계방식으로 사용하고 상환할 것인가에 대한 지방자치단체의 재정 사정과 연관된다고 볼 수 있다.

1) 일반회계채

일반회계채는 일반회계의 재원으로 조달되는 채무이며, 도로·교량 건설, 청사 정비, 주택·택지, 재해복구 등에 사용된다. 일반회계채의 원리금은 지방세나 지방교부세 등의 일반재원으로 상환된다.

2) 특별회계채

특별회계채는 특별회계의 재원으로 조달되는 채무이며, 기타특별회계채와 공기업특별회계(지방직영기업)채로 구분된다. 주로 주택, 택지개발, 공단조성, 공영개발

이자(약 1.5% 내외)를 지급받는 것과 360만 원에 할인율 20%를 적용하여 72만 원을 비용으로 지급하고 증권회사에 되파는 것을 선택할 수 있음.

사업, 상·하수도 사업 등의 재원으로 사용되며, 지방자치단체의 특별회계 목적에 따라 기타특별회계 또는 공기업특별회계를 따르게 된다.

Ⅳ　우리나라 지방채 발행제도

1. 지방채 발행 주체

　지방자치법에서는 지방채의 발행 주체를 지방자치단체장(특별지방자치단체장을 포함)과 지방자치단체조합의 장으로 한정하고 있다(지방자치법 제139조 제1항, 제210조). 그런데 지방자치단체장이나 지방자치단체조합의 장이 지방채를 발행할 경우 지방의회의 의결을 얻어야 한다(지방재정법 제11조 제2항 및 제4항). 지방공기업 중 지방직영기업은 행정기관에 해당하여 지방자치단체장이 지방채를 발행할 수 있지만, 지방공단과 지방공사는 지방채를 발행할 수 없다.[29]

　지방자치단체조합의 장은 그 조합의 투자사업과 긴급한 재난복구 등을 위한 경비를 조달할 필요가 있을 때 또는 투자사업이나 재난복구사업을 지원할 목적으로 지방채를 발행할 수 있다. 지방자치단체조합의 장이 지방채를 발행하면 행정안전부 장관의 승인을 받은 범위에서 조합의 구성원인 각 지방자치단체 지방의회의 의결을 얻어야 한다(지방재정법 제11조 제4항).

2. 지방채 발행 사업

　지방채를 발행할 수 있는 사업은 ⓐ 공유재산의 조성 등 소관 재정투자사업과 그에 직접 수반되는 경비의 충당, ⓑ 재해 예방 및 복구사업, ⓒ 천재지변으로 발생한 예측할 수 없었던 세입결함의 보전, ⓓ 지방채 차환의 경우에만 가능하다(지방재정법 제11조 제1항).

　따라서 소모성 지출(유지보수비, 일반적 조사 및 연구비, 소모성 기자재 등)이나 인건비는 지방채 발행이 불가능하다. 또한, 투자심사 대상 규모 이하인 소규모의 사업

---

29) 지방공단과 지방공사는 지방자치단체장의 승인을 받아 지방공단채 또는 지방공사채를 발행할 수 있음(지방공기업법 제68조, 제76조). 실무에서는 지방공단채와 지방공사채 모두를 지방공사채로 부름(행정안전부, 2021년도 지방공사채 발행·운영기준)

의 경우는 지방채 발행이 불가능하다. 다만, 청사정비기금을 차입하는 경우에는 그러하지 아니하다(지방재정법 시행령 제10조 제1항).

3. 지방채 발행 총액 한도제

우리나라는 2006년부터 지방채 발행 총액 한도제를 시행하고 있다. 지방채 발행 총액 한도제란 지방자치단체는 총액 한도액의 범위 내에서는 지방의회의 의결을 거쳐 지방채를 발행할 수 있으며, 한도액 범위를 넘으면 행정안전부 장관과 협의를 하도록 하는 제도이다. 다만, 외채의 경우는 한도액 범위 안이라도 외환 위험 관리 차원에서, 지방의회의 의결 전에 행정안전부 장관의 승인을 얻어야 한다.

여기서 지방채 발행 한도액은 행정안전부 장관이 매년 지방자치단체의 채무 규모, 채무상환 일정 등 재정 상황을 고려하여 당해 지방자치단체의 '전전년도 예산액의 10% 범위 내'에서 정하고 있다(지방재정법 시행령, 제10조 제2항). 결국, 지방채 발행 한도액이란 행정안전부 장관과의 협의 없이 지방의회의 의결을 거쳐 지방채를 발행할 수 있는 상한액이다. 개별 지방자치단체의 지방채 발행 총액 한도는 매년 행정안전부에서 발표하는 '지방채발행계획 수립기준'에서 구체적인 산정기준[30]을 제시한다.

4. 지방채 발행 절차

① 한도액 범위 내의 지방채

지방자치단체장은 지방재정법 제11조 제1항에서 정한 지방채를 발행할 수 있는 사업이라면, 지방채 발행 한도액의 범위에서 지방의회의 의결을 얻어 지방채를 발행할 수 있다. 다만, 지방채 발행 한도액 범위 안이라도 외채를 발행하는 경우에는 지방의회의

---

30) 한도액 산정기준은 표와 같음. 기본한도액은 지방자치단체 경상 일반재원에서 실질적인 채무를 제외한 것임. 시·도와 100만 이상 대도시와 정책사업에 대해서는 별도의 한도액을 추가함.

지방채 한도액 산정 기준(행정안전부, 2020 지방채발행계획 수립기준)

구 분		시 · 도(인구 100만 이상의 대도시)	시 · 군 · 구
한도액(A+B)	기본 한도액(A)	[경상일반재원-(채무잔액+BTL 임차료+우발채무 50%)]×10%	
	대도시 특례	기본한도액의 10% 추가	
	별도 한도액(B)	지역개발채권·도시철도채권 발행액+차환액+지역일자리사업+장기미집행 도시계획시설	

의결을 거치기 전에 행정안전부 장관의 승인을 받아야 한다(지방재정법 제11조 제2항).

그러나 제주특별자치도의 경우는 '제주특별법(제126조)'에 따라 제주특별자치도의 발전과 관계가 있는 사업을 위하여 필요한 경우에는 지방재정법(제11조) 규정에도 불구하고, 도의회의 의결을 거쳐 외채 발행 및 지방채 발행 한도액 범위를 초과한 지방채 발행을 할 수 있도록 하였다.

② 한도액을 초과하는 지방채

지방자치단체장은 지방채 발행 한도액을 초과하는 경우는 행정안전부 장관과 협의하고 그 협의한 범위에서 지방의회의 의결을 얻어 지방채를 발행할 수 있다. 2020년부터 지방재정법을 개정하여, 지방자치단체장이 지방채 발행 한도액을 초과하여 지방채를 발행하려는 경우, 행정안전부 장관의 '승인'을 받도록 하던 것을 행정안전부 장관과 '협의'하도록 하여 지방자치단체의 재정 자율성을 확대하였다.

③ 대통령령으로 정하는 일정 범위를 초과하는 지방채

지방채 발행 한도액을 초과하는 경우 행정안전부 장관과 협의하지만, 그 초과의 범위가 일정 수준을 넘어서면 협의가 아니라 행정안전부 장관의 '승인'을 받도록 하고 있다(지방재정법 제11조 제3항). 즉, 지방자치단체의 재정위험 수준, 재정 상황 및 채무 규모 등을 고려하여 대통령령으로 정하는 일정 범위를 초과하는 지방채를 발행하는 경우에는 행정안전부 장관의 '승인'을 받아야 한다(제11조 제3항). 본 제도는 2020년부터 도입되었다. 따라서 2020년부터는 지방채를 발행할 경우 '지방채 발행 한도액'에 추가하여 '대통령령으로 정하는 범위'라는 지방채 발행 한계가 설정되었다.

5. 지방채 현황

우리나라 지방자치단체의 연간 재정수입 중 지방채는 4.27조 원으로 전체의 1.4% 규모(2024년 당초예산 순계기준)이다. 그런데 지방채는 다른 재정수입과 달리 상환하지 않으면 누적되는 것이므로 지방자치단체가 상환해야 할 총 지방채는 38.1조 원(2022년 결산기준)이다. 자치단체별로는 서울특별시가 11.8조 원으로 가장 많고, 다음으로 경기도 3.9조 원, 대구광역시 2.3조 원 수준이다.

▍표 15-10 지방채 현황(2022년 결산기준)

(단위: 억 원)

구분	지방채	구분	지방채
서울특별시	118,980	강원특별자치도	13,517
부산광역시	31,660	충청북도	10,098
대구광역시	23,837	충청남도	13,769
인천광역시	20,496	전북특별자치도	8,981
광주광역시	14,365	전라남도	14,729
대전광역시	10,043	경상북도	16,386
울산광역시	9,741	경상남도	18,735
세종자치시	3,695	제주특별자치도	12,965
경기도	39,674	총 지방채	381,672

※ 시도별 현황=시도본청 + 시군구, 채무부담행위액 및 보증채무이행책임액 제외

자료: 2024년도 지방자치단체 통합재정 개요(상), 90쪽

제16장

지방재정조정제도

제1절   지방재정조정제도 개요

I   의의

지방자치단체의 필요한 경비는 지방세나 지방세외수입 등으로 자체 충당하는 것이 바람직하다. 그러나 현실적으로 발생하는 지방자치단체 간 재정력의 격차, 국세와 지방세 간 세입의 격차 등의 문제를 극복하고, 사무의 위임에 수반되는 재원의 보조를 위하여 만든 제도적 장치가 지방재정조정제도이다.

지방재정조정제도(local fiscal adjustment system)란 중앙정부가 지방자치단체에 그리고 광역자치단체가 기초자치단체에 재정을 이전하는 장치를 포괄하여 이르는 말이다. 즉, 중앙정부와 지방정부, 지방정부 상호 간 재정의 이전을 가져오는 제도를 의미한다.

우리나라에서는 중앙정부와 지방자치단체 간에는 지방교부세와 국고보조금이 있으며, 광역자치단체와 기초자치단체 간에는 조정교부금과 시·도비 보조금이 있다.[1]

II   지방재정조정제도의 목적

지방재정조정제도의 목적은 다음과 같다.

첫째, 지방자치단체에 최소한의 행정 수준을 유지하는 데 필요한 재원을 보장해 주고자 하는 제도이다. 즉, 모든 지방자치단체가 필요한 최소한의 재정력은 확보할

---

1) 지방재정조정제도를 광의로 해석하게 되면, 지방교육재정교부금이나 지방자치단체의 교육청 전출금을 포함하게 됨. 지방교육재정은 본 장 제5절에서 논의함.

수 있도록 하는 일종의 조정 장치이다.

둘째, 지방재정조정제도는 국가와 지방자치단체 간 수직적 재정 불균형을 치유하기 위한 제도적 장치이다. 국가재정과 비교하여 지방자치단체의 재정 역량이 열악한데 이를 수직적 재정 불균형이라고 한다. 결국, 수직적 재정 불균형의 문제는 국가와 지방자치단체 간의 재원과 기능 배분의 문제와 연관된다. 또한, 후술하는 수평적 불균형 문제와 연관되어 있다고 할 수 있다.

셋째, 지방재정조정제도는 지방자치단체 상호 간의 수평적 재정 불균형을 치유하기 위한 제도적 장치이다. 개별 지방자치단체 상호 간에는 세입능력 및 세출 정도의 차이로 인하여 재정력 격차가 발생하는 데 이를 수평적 재정 불균형이라 한다. 만일 수평적 재정 불균형을 내버려 둘 경우, 서로 다른 지방자치단체에 거주하는 주민들 상호 간에 행정 서비스나 재정상 불평등한 대우를 받게 되는 현상이 발생한다.

넷째, 지방재정조정제도는 국가나 광역적 관심사에 대한 지방자치단체의 참여와 관심을 촉구하거나, 국가나 광역자치단체 사무를 지방자치단체에 위임하는 경우에 그 소요 비용을 지원하는 제도적 장치이다. 국고보조금이나 시·도비 보조금이 이에 해당한다.

다섯째, 지방재정조정제도는 재난, 안전관리 등 지방자치단체에 발생하는 예측할 수 없는 재정적 수요에 대응하기 위한 장치이기도 하다.

Ⅲ 지방재정조정제도의 설계 및 운영상의 쟁점

지방재정조정제도의 설계 또는 운영에서 논의되는 가장 큰 쟁점은 재원의 '배분 방법 또는 기준'과 배분되는 재원 '사용의 자율성'이다.

첫째, 국가나 광역자치단체가 지방자치단체나 하급자치단체에 재원을 이전하는 방법 또는 기준은 지방자치단체의 재정력을 고려하는 방법과 모든 지방자치단체를 동일하게 지원하는 방법이 있을 수 있다. 즉, 재정이 열악한 지방자치단체에 더 많은 지원금을 배분하는 방법과 모든 지방자치단체에 일정한 금액을 일률 배분하는 방법이 있을 수 있다. 어떠한 방법이나 기준을 선택하느냐에 따라 지방자치단체에는 지원금의 큰 차이가 발생할 수 있어 민감한 문제이다.

위에서 논의한 지방재정조정제도의 목적에 부합하는 것은 지방자치단체의 재정력을 고려하여 차별적으로 지원하는 것으로 볼 수 있어, 대부분 제도적 장치들이 차별적 지원으로 설계되어 운영되고 있다. 다만, 일정한 금액으로 지원되는 정액 국고보조금이나 정액 시·도비 보조금은 모든 지방자치단체에 같은 액수가 지원되는 지방재정조정제도이다.

또한, 지방자치단체의 재정력 격차를 고려하는 경우, 어떠한 기준을 사용하느냐가 쟁점이 된다. 인구와 면적을 고려할 것인지, 자체 지방세 수입의 정도를 고려할 것인지, 아니면 세입과 세출의 정도를 고려하여 재정 부족분이 큰 지방자치단체를 지원할 것인지가 쟁점이 된다.

두 번째 쟁점은 재원을 이전받는 지방자치단체에 어느 정도의 재정 사용의 자율성을 부여할 것인가의 문제이다. 지방재정조정제도에 의하여 조정되는 재원은 지방자치단체의 의존재원이 된다. 해당 지방자치단체가 자체적으로 충당한 자체재원이 아니기 때문이다. 그러나 비록 의존재원이라 하더라도 그 사용에 있어서 자율성을 부여하게 되면 지방자치단체의 재정자주도가 높아질 수 있을 것이며, 지방자치의 이념에 부합하는 자율적인 시책을 추진하기 용이할 것이다. 이와 관련 하여서는 자율성이 높은 것을 일반재원, 그렇지 않고 자원 사용의 목적을 특정한 재원을 특정재원이라고 부르고 있으며, 주로 지방교부세나 조정교부금은 전자의 특성이 높고, 국고보조금이나 시·도비 보조금은 후자의 성격이 강하다고 볼 수 있다.

IV 우리나라 지방재정조정제도의 기본 구조

1. 중앙정부와 지방자치단체 간의 재정조정제도

우리나라에서 일반회계로 중앙정부가 지방자치단체에 재정 지원을 할 수 있는 방법은 지방교부세와 국고보조금이다. 이 두 방법 모두 지방자치단체의 자체수입이 아닌 중앙정부로부터 지원되는 의존재원이라는 공통점이 있다.

그러나 지방교부세는 일부 사용 용도를 특정한 경우(특별교부세와 소방안전교부세)도 있지만, 대체로 일반재원의 성격이 강하고, 국고보조금은 사용 용도가 한정된 특정재원이다. 따라서 지방교부세 중 보통교부세는 그 사용에 있어서 지방자치단체에 일정한 재량성이 주어지지만, 국고보조금은 중앙부처가 요구하는 국가위임사무나 시책사업에 한정하여 사용되므로 지방자치단체의 재량성은 거의 없다고 볼 수 있다.

2. 광역자치단체와 기초자치단체 간의 재정조정제도

광역자치단체인 시·도에서 시·군·자치구로의 재정조정제도는 조정교부금과 시·도비 보조금이 있다. 이 두 방법은 중앙정부에서 지방자치단체로의 재정조정제도인 지방교부세와 국고보조금과 유사한 형태를 띠고 있다. 따라서 지방교부세와 유사한 조정교부금은 대체로 일반재원의 성격이 강하고, 국고보조금과 유사한 시·도비 보조금은 사용 용도가 정하여진 특정재원이다.

2024년 지방자치단체의 세입 총계(중앙정부 이전재원은 본예산 순계기준, 지자체는 당초예산 순계기준)는 312.5조 원이다. 이 중 중앙정부 이전재원은 총 146.4조 원(지방교부세 66.7조 원, 국고보조금 79.7조 원)으로 전체의 46.9%를 차지한다.

광역자치단체 이전재원은 총 36.5조 원(조정교부금 13.5조 원, 시·도비 보조금 23.1조 원) 규모이다.

▼ 그림 16-1 지방재정조정제도에 따른 재원 이전 현황

자료: 행정안전부, 2024 지방자치단체 통합재정 개요(상): 87
※ 지방교부세와 국고보조금은 2024년도 중앙정부 본예산, 시·도시 보조금과 조정교부금은 자치단체 당초예산임.

제2절　　**지방교부세**

Ⅰ　**의의**

지방교부세는 국가가 지방자치단체의 재정 부족분을 보전하고 지방자치단체 간 재정 불균형을 줄이기 위해 국세의 일부를 지방자치단체에 지원해 주는 제도이다. 지방교부세는 국세의 일부를 이전 받으므로 지방자치단체의 의존재원이다. 또한, 지방교부세는 원칙적으로 용도를 특정하지 않고 지원하는 일반재원의 성격을 가진다. 다만, 특별교부세와 소방안전교부세는 특정재원으로서의 성격을 가진다.

지방교부세 제도는 지방교부세법에 근거를 두고 있다. 지방교부세법(제4조 제1항)은 지방교부세 재원으로, ⓐ 내국세의 19.24%에 해당하는 금액(보통교부세와 특별교부세), ⓑ 종합부동산세 총액(부동산교부세), ⓒ 담배에 부과하는 개별소비세 총액의 100분의 45에 해당하는 금액(소방안전교부세)으로 한다고 규정하고 있다.

지방교부세법의 이러한 규정은 국세 수입 중 일정 비율은 당연히 지방교부세가 된다는 것을 의미하는 것으로 지방교부세가 단순히 국고에서 지원되는 교부금이 아니라 본래 지방자치단체가 국가와 공유하는 고유재원이라는 해석을 하게 만든다. 또한, 지방교부세는 그 명칭에서도 나타나듯이 국가가 교부하는 '세(稅)'이다. 본래 지방자치단체의 세수입인 것을 국가가 대신 징수하여 일정한 기준에 따라 지방자치단체에 재배분하는 일종의 간접 과징 형태의 지방세라고 볼 수 있다. 이렇듯 지방교부세는 형식은 국세의 일정 부분을 지방으로 이전하는 것이지만, 실질은 지방과 국가가 공유하는 지방의 고유재원으로서의 성격을 지닌다.

Ⅱ　**지방교부세의 기능**

1. 재원보전 기능

지방교부세는 지방자치단체가 표준적인 공공 서비스를 공급하기에 필요한 재원을 보장하는 기능을 수행한다. 지방교부세 중에서 가장 큰 비중을 차지하는 보통교부세의 배분은 '개별 지방자치단체에서 필요한 재원(기준재정 수요액)'과 '개별 지방

자치단체의 가용 가능한 자체재원(기준재정 수입액)'의 차액인 부족분을 보전해 주는
방식을 채택하고 있다. 따라서 개별 지방자치단체에는 지방교부세 제도를 통하여
부족한 재원을 보충할 수 있게 된다. 우리나라에 외국의 사례와 같은 지방자치단체
의 파산제도가 도입되지 않는 가장 큰 이유는 이러한 지방교부세 제도가 존재하기
때문이다.

2. 지방자치단체 상호 간의 재정력 형평화 기능

지방교부세는 지방자치단체 간의 재정력 격차를 완화하는 기능을 수행한다. 지
방자치단체들은 각기 세원의 크기나 행정 서비스의 공급비용 등의 차이로 세입과
세출의 수준이 다를 수 있다. 그런데 국민은 전국 어느 지역에서나 표준적인 행정
서비스를 받을 권리를 가진다. 지방교부세는 이러한 지방자치단체 간 재원 수준의
차별성이라는 현실적 조건과 일정 수준의 공공 서비스 공급이라는 목표를 연결하
는 제도적 장치이다. 따라서 자체재원으로 일정 수준의 행정 서비스 공급이 가능한
지방자치단체에는 보통교부세를 지원하지 않고 있다.

3. 지방자치단체에 대한 재정 통제 및 인센티브(incentive) 기능

지방교부세의 부차적 기능으로 지방자치단체에 대한 재정 통제 및 인센티브 기
능을 들 수 있다. 재정 통제 기능이란 지방자치단체가 '법령을 위반한 지출'이나 '수
입 확보를 위한 징수를 게을리 한 경우'에 그만큼의 교부세를 감액하거나 반환하는
제도이다(지방교부세법 제11조 제2항). 이러한 교부세 감액 제도는 중앙정부의 입장에
서는 지방재정 운영의 건전성과 책임성을 확보하기 위한 제도라고 볼 수 있으나, 자
치단체에는 불필요한 재정 통제로 자율성을 침해하는 제도라고 볼 수 있을 것이다.
한편, 건전재정을 위한 지방자치단체의 자체노력에 대해서는 교부세 인센티브
제도를 운영하고 있다(지방교부세법 제8조의3). 기준재정 수요액과 기준재정 수입액
의 산정 때 해당 지방자치단체의 자체노력의 정도를 반영하도록 하고 있으며, 그
항목이나 산정기준은 지방교부세법 시행규칙(제8조)에서 규정하고 있다.

Ⅲ 지방교부세의 종류

지방교부세에는 보통교부세, 특별교부세, 부동산교부세 및 소방안전교부세가 있다. 이들은 각각 그 재원이나 지원 조건 및 용도가 다르다(지방교부세법 제4조).

1. 보통교부세

1) 의의 및 재원

자체재원으로 행정 서비스 비용을 충당하지 못하는 지방자치단체에 지원하는 것으로 가장 큰 액수이면서 가장 기본적인 교부세이다. 보통교부세는 내국세 총액의 19.24%를 그 재원으로 하는 총액에서 97%에 해당하는 금액이다(지방교부세법 제4조). 즉, 내국세 총액의 19.24%를 보통교부세와 특별교부세의 재원으로 하고 이중 97%는 보통교부세, 나머지 3%는 특별교부세의 재원으로 하고 있다.

보통교부세는 지방자치단체의 기본적인 행정 서비스 수준을 유지하기 위해 지원되는 일반재원이다. 지방자치단체가 자체수입으로 충당할 수 없는 재정 부족분을 보전하는 재원이므로 자체수입이 적거나 행정 서비스 수요가 많은 지방자치단체가 상대적으로 많은 보통교부세를 받게 된다.

2) 산정 방법

보통교부세는 지방자치단체의 자체 수입액 대비 행정비용을 계산하여 부족한 부분을 지원하는 방식으로 산정된다. 보통교부세는 서로 대응되는 기준재정 수요액과 기준재정 수입액이라는 개념을 사용한다.

기준재정 수요액은 지방자치단체가 행정 서비스 공급을 위하여 최소한에 필요한 경비를 산출하는 것으로, 기초수요액(인건비, 사회복지비, 지역 경제비 등)＋보정수요액(자치단체의 특수한 여건 반영)±수요 자체노력(인건비 절감, 의회 경비 절감 등)을 기초로 산정된다.

기준재정 수입액은 자치단체 자체수입의 정도를 산출하는 것으로, 기초수입액(지방세 중 보통세)＋보정수입액(경상적 세외수입, 조정교부금 등)±수입 자체노력(징수율 제고, 체납액 축소 노력 등)을 기초로 산정된다.

▼ 그림 16-2 보통교부세 산정방식

그런데 보통교부세 총액은 재정부족액을 충족하지 못한다. 따라서 이를 보정하기 위하여 조정률을 적용한다. 2018년은 91.5%, 2019년은 86.4%의 조정률을 적용하였다.

3) 보통교부세가 지원되지 않는 지방자치단체

보통교부세가 교부되지 않는 지방자치단체는 자치구와 재정부족액이 '0' 이하인 자치단체이다.

(1) 자치구

특별시와 광역시의 자치구는 보통교부세를 지원받지 못한다. 자치구는 특별시와 광역시의 기준재정 수요액과 기준재정 수입액에 합산하여 산정하게 되며, 행정안전부에서는 특별시와 광역시에 교부한다(지방교부세법 제6조 제1항). 자치구는 보통교부세를 교부받지 않는 대신에, 특별시와 광역시로부터 '자치구 조정교부금'을 지원받는다. 자치구에 보통교부세를 직접 지원하지 않는 제도적인 취지는 자치구는 시·군에 비하여 자치권의 범위가 좁고(지방자치법 제2조 제2항 및 시행령 제9조), 지방세나 재정운영에 특례조치가 많기 때문이다. 그러나 최근 복지 재정부담 증가에 따라 자치구의 재정압박이 심화하고 있어, 보통교부세의 교부 대상이 되어야 한다는 주장이 있다(이재원, 2019: 184).

(2) 재정부족액이 '0' 이하인 지방자치단체

위에서 산정한 기준재정 수요액과 기준재정 수입액의 편차인 재정부족액이 '0' 이하인 경우는 보통교부세를 교부하지 않으며, 이러한 지방자치단체를 보통교부세 불교부단체라고 부른다. 재정부족액이 없다는 의미는 중앙정부의 지원이 없이도 자체수입으로 기본적인 행정 서비스를 공급할 수 있는 재정력이 확보된다는 의미이다. 따라서 보통교부세 불교부단체는 다른 지방자치단체에 비하여 상대적으로 부유한 재정력을 가진 일종의 부자 지방자치단체이다. 보통교부세 불교부단체는 연도별로 약간의 변화가 있는데, 2022년에는 서울, 경기, 수원, 성남, 하남, 용인, 이천, 화성 등 8개 자치단체였으나, 2023년과 2024년에는 서울, 경기, 화성, 성남 등 4개 자치단체이다.

4) 제주특별자치도에 대한 특례

제주특별자치도의 경우에는 위와 같은 일반적인 보통교부세 산정방식을 적용하지 않으며, 전체 보통교부세 총액의 3%를 정액으로 우선 교부한다(제주특별법, 제124조). 제주특별자치도의 경우는 기초자치단체를 없애고 특별자치도로 설치되면서 보통교부세 배분에서 불이익이 발생하지 않도록 특례조치를 마련한 것이다.[2] 특례 도입 초기에는 제주특별자치도에 유리하였으나, 재정 부족분이 커지면서 3%의 특례가 반드시 제주도에 유리하게 작용하지 않은 경우도 발생하게 되었다. 제주특별자치도에서는 특례를 폐지하거나 다른 지방자치단체와 같은 방식으로 산정할 것을 주장하고 있다(이재원, 2019: 185).

2. 특별교부세

1) 의의 및 재원

특별교부세란 보통교부세 산정과정에서 파악할 수 없는 지방자치단체의 특별한 행정수요나 재난관리 지원을 위한 재정조정제도이다. 결국, 특별교부세는 보통교부세 산정과정에서 발생하는 획일성과 일회성을 보완하여 지방교부세 제도 전체의 타당성을 확보하기 위한 제도이다. 특별교부세의 재원은 내국세 총액의 19.24% 중 3%에 해당하는 금액이다.

특별교부세는 그 사용에 관하여 조건을 붙이거나 용도를 제한할 수 있어(지방교부세법 제9조), 특정재원으로서의 성격이 강하다. 보통교부세 불교부단체라도 특별교부세는 지원받을 수 있다.

---

2) 3%의 근거는 제주특별자치도 설치 이전(2001~2006년)의 제주지역의 광역 1개, 기초 4개 지방자치단체의 보통교부세가 전국 보통교부세 총액의 약 2.85%였음을 고려한 것임(윤영진, 2016: 182).

2) 교부기준 및 방법

특별교부세는 ⓐ 지역현안에 대한 특별한 재정수요가 있는 경우 그 재원의 40%, ⓑ 재난을 복구하거나 재난 및 안전관리를 위하여 특별한 재정수요에 그 재원의 50%, ⓒ 국가적 장려사업이나 국가와 지방 간 시급한 협력 사업, 재정 우수 지자체에 대한 지원에 재원의 10%로 배분하여 교부한다(지방교부세법 제9조).

교부방법은 지방자치단체장이 행정안전부 장관에게 특별교부세 교부신청을 하면, 이를 심사하여 교부하게 된다. 다만, 행정안전부 장관이 필요하다고 인정하는 경우에는 신청이 없어도, 일정한 기준을 정하여 특별교부세를 교부할 수 있다.

3. 부동산교부세

1) 의의 및 재원

부동산교부세는 국세인 종합부동산세 전액을 재원으로 하여 지방자치단체에 교부된다. 부동산교부세는 지방자치단체에서 자주적인 판단으로 사용할 수 있는 일반재원이다. 부동산교부세는 2005년 도입되었다.[3]

2) 교부방법

부동산교부세의 교부 대상은 기초자치단체인 시·군·구와 세종특별자치시 그리고 제주특별자치도이다. 시·군·구와 세종특별자치시에 대한 교부기준은 재정여건 50%, 사회복지 35%, 지역교육 10%, 부동산 보유세 규모 5%가 적용된다. 제주특별자치도는 부동산교부세 총액의 1.8%에 해당하는 금액을 교부받는다(지방교부세법 시행령 제10조의3).

4. 소방안전교부세

1) 의의 및 재원

소방안전교부세는 지방자치단체의 소방분야(소방시설 확충 및 소방안전관리 강화)

---

3) 당시 부동산제제 개편에 따라 지방세인 종합토지세와 재산세 일부가 지방세인 재산세와 국세인 종합부동산세로 이원화되면서, 지방세원의 부족분을 보충하기 위하여 국세인 종합부동산세 전액을 지방자치단체에 교부하도록 하였음.

와 안전분야(안전시설 확충 및 안전관리 강화)를 지원하기 위하여 교부되는 특정재원
이다. 따라서 일반재원인 보통교부세 및 부동산교부세와 구별된다.

소방안전교부세의 재원은 담배에 부과하는 개별소비세액의 45%에 해당하는 금
액이다(지방교부세법 제4조).

2) 교부방법

소방안전교부세는 광역자치단체인 특별시·광역시·특별자치시·도 및 특별자치
도에 교부되며, 기초자치단체[4]에는 교부되지 않는다. 소방 및 안전시설 현황과 투
자 소요(40%), 재난 예방 및 안전강화 노력(40%), 재정여건(20%)을 기준으로 산정·
교부된다(지방교부세법 시행령 제10조의4).

Ⅳ 지방교부세 현황

현행 지방교부세의 종류, 지원 조건·용도 및 규모 등을 정리하면 <표 16-1>
과 같다.

2024년도 지방교부세 규모는 중앙정부 본예산 기준 66.75조 원이다. 이 중 보통
교부세는 59.8조 원으로 전체의 89.6%를 차지하여 그 비중이 압도적이다. 다음으
로 부동산교부세로 4.1조 원(6.2%), 특별교부세 1.85조 원(2.8%), 소방안전교부세
0.95조 원(1.4%) 순이다(행정안전부, 2024: 74).

---

4) 다만, '지방자치분권 및 지역균형발전에 관한 특별법' 제59조 제4호에 따라 소방사무를 처리하는
  인구 100만 명 이상 대도시를 관할하는 시·도에 대해서는 그 대도시에 지급되는 금액을 별도로
  구분하여 교부됨(지방교부세법 시행령, 제10조의4). 그러나 동법 부칙 제3조 제2항에 따라 해당
  조항은 경상남도 창원시에 한정하여 실시함.

표 16-1 지방교부세의 종류별 재원, 지원 조건 · 용도 및 규모

종류	재원		지원 조건 및 용도	규모 667,593(100%)
보통 교부세	내국세 총액의 19.24%	97%	• 기준재정수입액과 기준재정수요액을 기초로 교부 • 용도를 지정하지 않은 일반재원	598,439 (89.6%)
특별 교부세		3%	• 지역 현안 수요와 재난안전 수요, 국가적 장려 사업 등을 고려하여 배분 • 특정재원	18,508 (2.8%)
부동산 교부세	종합부동산세 전액		• 재정여건, 사회복지 및 지역교육 수요 등을 고 려하여 배분 • 일반재원 • 대상: 시 · 자치구 · 구, 세종특별자치시, 제주 특별자치도	41,098 (6.2%)
소방안전 교부세	담배에 부과되는 개별소비세 총액의 45%		• 소방안전 시설 고려하여 배분 • 특정재원(소방분야와 안전분야에 사용) • 대상: 광역자치단체	9,547 (1.4%)

※ 규모는 2021년도 중앙정부 본예산 기준(단위: 억 원)
자료: 행정안전부(2021: 74)

제3절　**국고보조금**

I　의의 및 근거

　　국고보조금이란 국가가 특정 시책이나 사업을 위하여 지방자치단체에 지원하는 재원이다. 국가가 국가위임사무와 시책사업 등 목적사업의 범위를 한정하여 그 경비의 전부 또는 일부를 지방자치단체에 보조하는 것이다. 따라서 국고보조금은 특정재원이며, 의존재원으로서의 성격을 가진다.

　　국고보조금의 법적 근거로는 지방자치법, 지방재정법, 보조금 관리에 관한 법률 및 개별 법령 등이 있다. 지방자치법에서는 국가사무를 지방자치단체에 위임할 때에는 위임한 국가가 그 경비를 부담하여야 한다(제158조)고 하고, 구체적인 경비의 국고 보조율과 지방비 부담률은 법령으로 정하도록 하고 있다(제138조).

지방재정법(제23조)에서는 "국가는 정책상 필요하다고 인정할 때 또는 지방자치단체의 재정 사정상 특히 필요하다고 인정할 때에는 예산의 범위에서 지방자치단체에 보조금을 교부할 수 있다"라고 국고보조금의 근거를 규정하고 있다. 보조금 관리에 관한 법률에서는 보조금의 대상사업 및 보조율에 대하여 구체적으로 규정하고 있다. 이 외에도 개별 법률에서 국고보조금에 관해 규정하고 있기도 하다.

Ⅱ 국고보조금의 순기능과 역기능

국고보조금은 개별 지방자치단체의 재정에 순기능과 역기능을 동시에 가진다. 순기능으로는 첫째, 지방자치단체의 재정력 보강 및 재정지출의 증가를 들 수 있다. 일반적으로 지방자치단체에 국고보조금이 교부되면 그 사업비의 전액 지원이든 일부 지원이든 지방자치단체의 재정지출이 증가하게 된다. 즉, 국고보조금은 지방자치단체 예산에 계상되었다가 지출되므로 자치단체에는 지출예산의 보강이자 재정력을 증가시키는 효과를 가진다.

둘째, 전 국가의 통일적 행정 수준의 확보나 국가시책 사업의 수행에 유리하다. 국고보조금은 개별 지방자치단체의 행정 수준을 국가적 차원에서 통일하는 데 이바지할 수 있다. 또한, 도로, 교량, 공원이나 운동장 등 사회간접자본의 계획적 정비를 지원하는 데 유리하다.

국고보조금의 역기능으로는 첫째, 지방비 부담의 과중으로 인한 폐해이다. 지방자치단체의 신청에 의하든 중앙부처에서 일방적으로 지원되는 보조금이든 국가시책 수행상 국고보조금이 계상되면 지방비 부담을 수반하는 경우가 대부분이다. 왜냐하면, 하나의 시책사업에 국가와 지방의 이해관계에 따라 비용을 부담하게 되는데, 대부분 사업은 지역적 이해관계가 있기 때문이다. 지방자치단체가 지방비를 부담하는 경우 그만큼 자체사업을 수행하지 못하는 재정 부족 현상을 초래할 수 있다. 특히, 최근 사회복지사업의 증가와 이에 따른 지방비 의무분담 비율이 증가하면서 중앙과 지방정부 간 재정 갈등이 심화하고 있다.

둘째, 지방재정의 자율성 약화 문제이다. 국고보조금은 특정 사업이나 사무의 집행을 위한 재원이므로 그 사용 및 정산 등에 있어서 주무 부처의 감독을 받게 된다. 특히, 국비보조금은 해당 자금을 교부한 중앙부처와 담당 공무원의 감독이나 행정감사 등으로 인하여 지방공무원이 중앙공무원에 예속되는 결과를 초래하는 원인이 되기도 한다.

Ⅲ 국고보조금의 유형

여기에서 논의하는 국고보조금의 유형은 일반적인 보조금의 유형으로 볼 수 있어, 후술하는 시·도비 보조금에도 동일하게 적용된다.

1. 대상사업의 범위에 의한 분류: 개별 보조금과 포괄 보조금

보조금은 대상사업의 범위에 따라 개별 보조금과 포괄 보조금으로 구분될 수 있다. 개별 보조금은 사업의 용도를 구체적으로 정하여 지급하는 것으로, 지방자치단체의 자율권이 제한된다. 포괄 보조금은 사용을 위한 총액과 비용 용도의 범위만을 지정하고 세부적인 사항은 자치단체에서 자율적으로 선택할 수 있도록 하는 것이다.

우리나라의 국고보조금이나 후술하는 시·도비 보조금은 개별 보조금에 해당하며, 국가균형발전특별회계의 지역자율계정은 포괄 보조금으로 볼 수 있다.

2. 보조형태에 따른 분류: 정액 보조금과 정률 보조금

보조금은 보조형태에 따라 정액 보조금과 정률 보조금으로 구분된다. 정액 보조금은 특정한 사업에 대하여 정액으로 지원하는 것이다. 예를 들면, 행정안전부에서 마을 만들기 사업 1개 마을당 8천만 원을 지원하는 경우이다.

정률 보조금은 사업경비의 일정 비율을 국가가 지원하는 것이다. 예를 들면, 119 구조장비 확충에 드는 비용 중 지방이 50% 부담하고 국가가 50%를 지원하는 형태이다(보조금관리에 관한 법률 시행령 제4조 1항 및 별표 1).

Ⅳ 국고보조금의 지원방식 및 운영체계

1. 국고보조금 지원방식

중앙정부가 지방자치단체에 국고보조금을 지원하기 위해서는 ⓐ 법령으로 정하거나 ⓑ 매년 중앙부처의 예산으로 미리 정해야 한다(보조금 관리에 관한 법률 제9조). 이렇게 국고보조금에 대한 예측 가능성을 부여하는 이유는 국고보조금에 대해 중앙부처가 임의로 지방자치단체의 부담률을 결정하지 못하도록 하여 행정의 합리성을 증대시키기 위해서이다.

보조금 관리에 관한 법률에서는 중앙부처가 국고보조금을 지급하지 못하는 사업, 국고보조금을 지급하는 경우 그 보조율 등을 정하고 있다.

1) 국고보조금 지급 제외 사업

국고보조금을 지급하지 못하는 사업은 초·중등학교 학생 중식 지원 등 255개 사업이다(보조금 관리에 관한 법률 시행령 별표 2). 이는 지방자치단체가 자체 예산으로 시행하는 것이 바람직한 사업으로 보조금 관리에 관한 법률 시행령에서 규정하고 있다.

2) 기준보조율과 차등보조율

국고보조금을 지급하는 경우 국가의 부담 비율을 기준보조율로 규정하고, 일부 사업의 경우 지방자치단체 간의 재정 사정을 고려하여 차등보조율을 적용하고 있다.

기준보조율이란 국고보조금을 지급할 때 대상 사업별로 국비와 지방비의 비율을 확정해 놓은 것이다(보조금 관리에 관한 법률 시행령 별표 1). 예를 들면, 보조금 관리에 관한 법률 시행령(별표 1. 66호)에서는 전국체육대회 운영의 경우 국비 지원은 50% 범위 이내로 한정하고 있어, 만일 전국체육대회 운영 총사업비가 100억 원이면, 국비 지원은 50억 원 이내이며 나머지는 대회를 개최하는 지방자치단체가 부담하여야 한다.[5]

---

5) 이렇게 지방자치단체가 부담하여야 하는 자금을 실무에서는 '매칭펀드(matching fund)' 또는 '매칭자금'이라고 부름. 즉, 국가가 일정 자금을 지원하므로 거기에 매칭하여 부담해야 할 지방자치단체의 자금이라는 의미임. 이러한 매칭펀드는 지방자치단체의 재정 자율성을 낮출 뿐 아니라 재정을 더욱 열악하게 만드는 원인으로 작용함. 왜냐하면, 지방자치단체 입장에서는 국가의 더욱 많

대체로 보조사업이 국가사무의 성격을 가지는 경우는 국비 지원 비율이 높고, 지방사무의 성격을 가지는 경우는 국비 지원 비율이 낮지만 명확한 기준이 있는 것은 아니다[6](윤영진, 2016: 197). 보조금 관리에 관한 법률 시행령(별표 1)에서는 약 100여 개 사업을 나열하고 각 사업에 대해 기준보조율을 정하고 있다. 예를 들면, 민방위 교육훈련은 국고보조율 30%, 재해위험지역 정비는 국고보조율 50% 등이다.

한편, 기준보조율을 모든 지방자치단체에 적용했을 때 나타날 수 있는 지방자치단체 간 불균형 문제를 극복하기 위하여 '차등보조율'을 규정하고 있다. '차등보조율'이란 지방자치단체의 재정 사정을 고려하여 '기준보조율'에 20%, 15% 또는 10%를 인상하거나 인하[7]하여 지원하는 것이다(보조금 관리에 관한 법률 시행령 제5조). 예를 들면, 기초생활보장수급자 생계급여의 경우 서울은 50%, 지방은 80%를, 도시철도 건설사업의 경우 서울은 40%, 지방은 60%를 국비로 지원할 수 있도록 하고 있다. 이는 서울시가 다른 지방자치단체에 비하여 재정력이 높은 것을 고려한 것이다.

2. 국고보조금의 운영체계

지방자치단체 국고보조금의 운영체계는 ① 지방자치단체장의 보조금 예산 계상 신청 → ② 국고보조금 예산의 편성 및 통지 → ③ 국고보조금의 교부신청 및 교부 결정 → ④ 사업의 수행 → ⑤ 보조금의 정산 및 반환 단계로 구분할 수 있으며, 이러한 절차들은 보조금 관리에 관한 법률에 규정되어 있다.

① 지방자치단체장의 보조금 예산 계상 신청

지방자치단체장은 중앙관서의 장에게 해당 보조금의 예산 계상을 신청하여야 한다(보조금 관리에 관한 법률 제4조). 중앙관서의 장은 이를 조정하여 기획재정부장

은 지원을 받고 싶어 국비 유치 작업을 하면 할수록, 매칭펀드의 지방비 지출이 발생하여 자체사업을 할 수 있는 재정 여유가 더 적어지는 결과를 초래하기 때문임.

6) 예를 들면, 일반여권발급은 100% 국고보조금을 지원하며, 분뇨처리시설 확충은 50%를 지원하도록 규정하고 있음.

7) '기준보조율'에서 일정 비율을 빼는 '차등보조율'은 보통교부세 불교부단체에만 적용할 수 있음(같은 법 제10조 제1항).

관에게 보조금 예산을 요구하여야 한다(제6조). 그러나 지방자치단체장의 보조금 신청이 없는 경우에도 국가시책 수행상 부득이한 경우에는 보조금을 예산에 계상할 수 있다(제5조).

② 국고보고금 예산편성 및 통지

중앙관서의 장은 편성된 보조금 예산안을 사업별로 회계연도 전년도 9월 15일까지 해당 지방자치단체에 통지하여야 한다(보조금 관리에 관한 법률 제12조). 이러한 규정을 두는 것은 자치단체에서도 다음연도 예산편성 시에 국고보조금이 지원될 것인지를 고려해야 하기 때문이다. 따라서 지방자치단체장은 보조사업에 대한 지방자치단체의 지방비 부담액을 다른 사업에 우선하여 해당 연도 지방자치단체의 예산에 계상하여야 한다(제13조).

③ 국고보조금 교부신청 및 교부 결정

국가 예산이 국회에서 확정되면 지방자치단체장은 보조사업의 목적과 내용 및 경비 등의 서류를 첨부하여 해당 중앙관서의 장에게 보조금 교부신청을 하여야 한다(보조금 관리에 관한 법률 16조). 이러한 지방자치단체의 신청에 대해, 중앙관서의 장은 법령이나 목적의 적합성 등을 검토하여 보조금의 교부 여부를 결정하고 이를 지방자치단체에 통지하여야 한다(제17조 및 제19조).

④ 국고보조사업의 수행

지방자치단체장은 해당 보조금을 다른 용도에 사용하여서는 아니 된다(보조금 관리에 관한 법률 제22조). 지방자치단체장은 사정의 변경으로 보조사업의 내용을 변경하거나 보조사업에 드는 경비의 배분을 변경하려면 중앙관서의 장의 승인을 받아야 한다. 다만, 중앙관서의 장이 정하는 경미한 사항은 그러하지 아니하다(제23조).

⑤ 국고보조금의 정산 및 반환

중앙관서의 장은 지방자치단체장이 보조금을 다른 용도에 사용하거나 법령을 위반한 경우에 보조금 교부 결정의 전부 또는 일부를 취소할 수 있다(보조금 관리에 관한 법률 제30조). 보조금의 금액이 확정되면 지방자치단체장은 이미 교부된 보조금과 이로 인해 발생한 이자의 합계가 확정된 보조금의 금액을 초과하는 경우 이를 반납하여야 한다. 다만, 지방자치단체의 자체노력으로 예산을 절감한 경우에는 초과액을 반납하지 않고 해당 보조사업의 목적과 유사한 사업에 사용할 수 있다(제31조).

V 국고보조금 운영 현황 및 개선 대안 논의

1. 운영 현황

2024년(중앙정부 본예산 순계기준) 지방자치단체 국고보조금 규모는 총 79.7조 원이며, 지방재정 총세입(312조 원) 대비 25.5%를 차지하고 있다. 이는 지방자치단체의 총수입 중 25.5%는 사용 용도가 정해진 국가 자금이라는 의미이다. 그런데 앞에서 보았듯이 국고보조금은 개별사업의 총사업비에서 국가가 일정 금액이나 일정비율을 지원하는 것이므로, 해당 지방자치단체는 나머지 비용을 부담하여야 한다. 2024년 국고보조 사업에 투입되는 지방비 부담(이른바 매칭펀드)은 총 33.4조 원이다(행정안전부, 2024: 82).

따라서 지방자치단체가 지출할 수 있는 총 수입 중 국고보조 사업을 위하여 투입되는 비용(국고보조금 79.7조 원+지방비 부담 33.4조 원)은 36.2%를 차지하게 된다. 결국, 지방자치단체 총 예산액의 36.2%의 재원은 중앙정부와 지자체가 함께 원하는 사업에 투입되고 있다는 의미이다.

2. 개선 대안 논의

이렇듯 현재의 국고보조금제도는 지방정부의 재정 자율성을 저하하고 재정압박을 증대시키는 원인이 되므로 제도의 개편이 필요하다는 논의가 지속해서 제기되고 있다. 학자들이 제시한 해결방안을 종합하면 크게 두 가지 방향으로 요약된다(이재원, 2019; 윤영진, 2016).

하나는 국고보조금제도 자체의 근본적 수정이다. 여기에는, ⓐ 국고보조금 재원을 축소하고 이를 지방세나 지방교부세로 전환하도록 하는 방안, ⓑ 자치단체가 선호하거나 지방사무의 성격이 높은 사업은 지방으로 이양하면서 재원도 동시에 이양하는 방안, ⓒ 현재의 개별 보조금 중심의 보조금에서 포괄 보조금으로 전환하는 방안 등이 제시되고 있다.

다른 하나는 현재의 제도 내에서 더욱 합리적인 대안을 모색하는 것이다. 여기에는

ⓐ 40년 전에 마련된 기준보조율을 합리적으로 재설정하는 방안, ⓑ 차등보조율제도의 지표 산식을 합리적으로 개편하는 방안, ⓒ 기초복지사업과 같은 국가 전체적인 표준적인 복지가 필요한 경우는 전액 국비로 지원하는 방안 등이 제시되고 있다.

참고1　지역균형발전특별회계 ——————————————————————

1. 의의

　　지금까지는 일반회계에서 국가와 지방자치단체 간의 재원 이전 방법으로 지방교부세와 국고보조금을 살펴보았다. 그런데 특별회계에서 국가가 지방자치단체에 재원을 이전하는 방법으로 지역균형발전특별회계가 있다.[8] 지역균형발전특별회계는 앞에서 살펴본 국고보조금의 문제점을 해소하고 지방이 원하는 사업을 국가가 지원하기 위하여 별도로 설치한 특별회계이다. 본 특별회계는 '지방자치분권 및 지역균형발전에 관한 특별법'에 그 법적 근거를 두고 있다.

　　지역균형발전특별회계의 설치 목적은 ⓐ 국고보조금이 가지는 국가 중심적인 사업 수행이라는 문제점을 해소하고, ⓑ 지방이 원하는 사업을 국가가 지원하거나, ⓒ 광역적 협력이 필요한 시·도 간 연계사업에 대한 국가지원, ⓓ 지역별 특성과 비교우위에 따른 지역특화발전 지원 등이다.

2. 구성

　　지역균형발전특별회계는 4개의 계정으로 이루어졌다.[9]

① 지역자율계정: 지방자치단체가 지출 한도 내에서 자율적으로 예산편성

② 지역지원계정: 지방자치단체의 요구를 받아 중앙부처에서 직접 예산편성

③ 세종특별자치시계정: 지방자치단체 자율 예산편성 + 지방자치단체의 요구를 받아 중앙부처에서 직접 편성

④ 제주특별자치도계정: 지방자치단체 자율 예산편성 + 지방자치단체의 요구를 받아 중앙부처에서 직접 편성

　　2024년 기준 지역균형발전특별회계는 총 13.7조 원이며, 이 중 지역자율계정 3.1조 원, 지역지원계정 10.2조 원, 제주특별자치시계정 0.3조 원, 세종특별자치시

계정 0,1조 원이다(국회예산정책처, 2024: 244).

3. 특징

본 제도의 가장 큰 특징은 지역자율계정이 포괄 보조금의 형태로 운영된다는 것이다. 국고보조금이 개별 보조금 형태로 운영되는 데 반하여, 지역균형발전특별회계의 지역자율계정은 총액과 비용 용도의 범위만을 지정하고 세부적인 사항은 자치단체에서 자율적으로 선택할 수 있도록 한다. 또한, 지역지원계정의 경우 중앙부처가 직접 예산을 편성하나, 지방자치단체의 요구사항을 수렴하여 예산에 반영하게 된다.

참고2 **지방소멸대응기금**

1. 개요

지방소멸대응기금은 지역의 인구감소로 인한 지방소멸 위기에 대응하기 위하여 조성된 것으로 기존 국고보조사업이 중앙정부 주도의 획일적 사업 위주로 추진된 것에 대한 문제점을 개선하기 위하여 신설된 것으로 인구감소 지자체에 인프라 개선이 주요 사업이다. 자치단체 입장에서는 지방소멸 대응이라는 목적 달성을 위한 적절한 사업을 발굴하는 것이 중요하다.

---

8) 본 제도는 노무현 정부 시절인 2004년 '국가균형발전특별법'이 시행되고, 2005년에 국가균형발전특별회계를 신설하면서 시작되었고, 이명박 정부에서는 광역·지역발전특별회계, 박근혜 정부에서는 지역발전특별회계, 문재인 정부에서 국가균형발전특별회계로 명칭이 변경되었고, 윤석열 정부에서 '지방자치분권 및 지방행정체제개편에 관한 특별법'과 '국가균형발전특별법'을 각각 폐지하고 '지방자치분권 및 지역균형발전에 관한 특별법'으로 통합·제정하고 회계 명칭을 지역균형발전특별회계로 변경함.

9) 각 계정의 재원으로, 지역자율계정은 국세인 주세의 40%＋개발 및 과밀부담금 등＋일반회계 및 다른 특별회계전입금, 지역지원계정은 주세의 60%＋일반회계 및 다른 특별회계전입금, 제주특별자치도와 세종특별자치시 계정은 일반회계 및 다른 특별회계전입금으로 구성됨.

2. 재원 및 지원 대상

지방소멸대응기금은 중앙정부가 총 10년간(2022~2031년) 매년 1조원씩 출연하여 총 10조 원이 재원이다. 지원 대상 총 122개 지방자치단체이며, 이 중 광역은 서울과 세종을 제외한 15개 자치단체, 기초는 인구감소지역 89개, 관심 지역 18개 자치단체이다.

3. 배분 방식

이 기금은 광역자치단체에 25%, 기초자치단체에 75%를 배분한다. 광역자치단체는 별도의 평가 없이 인구와 재정 여건 등을 고려하여 정액배분하며, 기초자치단체는 자치단체가 수립한 투자계획을 평가하여 등급별로 차등 배분한다.

한편, 2024년부터는 광역계정에서 매년 1,000억 원을 '지역활성화 투자펀드'에 출자하여 민간의 자금을 활용해 지역이 원하는 대규모 개발 프로젝트를 추진할 수 있도록 하고 있다. 현재 충북 단양역 복합 관광단지, 경북 구미 국가산단 고도화사업 등이 이 재원을 활용하여 추진 중이다(국회예산정책처, 2024: 111).

제4절 **광역자치단체와 기초자치단체 간의 재정조정**

I 개요

광역자치단체와 기초자치단체 간에도 중앙정부와 지방자치단체 간의 재정조정과 유사한 제도인 조정교부금과 시·도비 보조금이 있다. 조정교부금은 일반재원으로 지방교부세(보통교부세와 특별교부세)와 유사하며, 시·도비 보조금은 특정재원으로 국고보조금과 유사하다.

Ⅱ 조정교부금

광역자치단체가 기초자치단체의 재정을 조정하는 조정교부금제도는 국가와 지방자치단체 간의 지방교부세와 유사한 성격을 가진다. 즉, 광역자치단체의 보통세 중 일정액을 지역 내 기초자치단체에 일정 비율로 교부하는 것이다.

본 제도의 취지도 지방교부세 제도와 유사하게, ⓐ 기초자치단체에 일정한 수준의 재정력을 보장하고, ⓑ 기초자치단체 상호 간의 재정 불균형을 해소하기 위함이다. 조정교부금은 특별시와 광역시에서의 자치구 조정교부금과 도와 광역시(광역시 내 군 지역)에서의 시·군 조정교부금으로 구분된다.

1. 자치구 조정교부금

1) 개요

자치구 조정교부금이란 특별시와 광역시의 보통세 중 일정액을 자치구에 교부하는 것이다. 그 교부의 비율은 특별시와 광역시의 조례로 정하도록 하고 있다(지방재정법 제29조의2). 자치구 조정교부금은 보통교부세가 교부되지 않는 자치구에 보통교부세에 갈음하는 재정보충을 위하여 운영되는 제도이다. 한편, 광역시 관할 구역 내에 있는 군(郡)[10]은 자치구 조정교부금의 대상이 아니며, 보통교부세와 뒤에서 설명하는 시·군 조정교부금을 받는다.

2) 재원 및 배분 방법

자치구 조정교부금의 재원은 특별시 및 광역시의 시세 중에서 보통세 수입의 일정액이며, 해당 특별·광역시의 조례로 정하는 바에 따라 그 비율이 결정된다. 서울특별시와 6개 광역시는 거두어들인 보통세 수입 총액의 약 20~23% 정도를 자치구 조정교부금의 재원으로 하는 것을 조례로 정하고 있다.[11]

---

10) 부산광역시 기장군, 대구광역시 달성군, 인천광역시 강화군 및 옹진군, 울산광역시 울주군 등이 있음.

11) 2024년 현재 특별·광역시의 조례로 정한 보통세의 비율은 서울 22.6%, 부산 23.0%, 대구 22.29%, 인천 20.0%, 광주 23.9%, 대전 23.0%, 울산 20.0%임.

자치구 조정교부금은 일반조정교부금과 특별조정교부금의 두 종류가 있으며, 중앙정부가 지방자치단체에 교부하는 보통교부세 및 특별교부세와 제도설계의 방식이 유사하다. 일반조정교부금은 자치구의 행정운영에 필요한 재원을 보전하는 등 일반적 재정수요에 충당하기 위한 교부금이고, 특별조정교부금은 자치구 지역개발사업 등 특정한 재정수요에 충당하기 위한 교부금이다(지방재정법 시행령 제36조의2). 자치구 조정교부금 총액의 90%는 일반조정교부금, 10%는 특별조정교부금으로 운영된다.

일반조정교부금은 기준재정수입액이 기준재정수요액에 미달하는 자치구에 대하여 그 미달액(재정부족액)을 기초로 교부된다. 특별조정교부금은 특별한 재정수요가 있을 때 교부되며 구체적인 내용은 조례로 정하도록 하고 있다.

2. 시·군 조정교부금

1) 개요

시·군 조정교부금은 도와 광역시가 관할 시·군이 징수한 도세의 일부를 관내 시·군에 배분하는 방식으로 운영된다.

2) 재원 및 배분 방법

시·군 조정교부금은 도와 광역시의 보통세 중 일정액을 재원으로 한다. 즉, 지역 내 시·군에서 거두어들인 광역시·도세의 27%(인구 50만 명 이상의 시와 자치구가 아닌 구가 설치되어 있는 시의 경우에는 47%)[12]를 재원으로 한다(지방재정법 제49조).

시·군 조정교부금에도 일반조정교부금과 특별조정교부금의 두 종류가 있다. 일반조정교부금은 시·군의 행정운영에 필요한 재원을 보전하는 등 일반적 재정수요에 충당하기 위한 교부금으로 조정교부금 총액의 90%에 해당한다. 특별조정교부금은 시·군의 지역개발사업 등 시책을 추진하는 등 특정한 재정수요에 충당하기 위한 교부금으로 조정교부금 총액의 10%에 해당하는 금액으로 한다(지방재정법 제36

---

12) 시·군에서 도세를 징수함에 따른 비용과 노력에 대한 보상을 '도세 징수교부금(지방세외수입)'이라 하며(본 편 제15장 제3절 지방세외수입, 'Ⅲ. 지방세외수입의 종류와 내용' 부분 참조). 도세 징수교부금을 3%로 일원화하면서, 기존에 30%와 50%로 하던 보통세의 재원을 27%와 47%로 하게 된 것임.

조). 일반조정교부금을 배분할 때에는 인구수(50%), 재정력 지수(30%), 광역시세·도세 징수실적(20%)을 고려한다.[13]

▌표 16-2 자치구 조정교부금과 시·군 조정교부금 비교[14][15]

구분	자치구 조정교부금	시·군 조정교부금
성격	• 특별·광역시가 관할 자치구에 교부	• 광역시·도 관할 시·군에 교부
근거	• 지방재정법 제29조의2 • 지방재정법 시행령 제36조의2	• 지방재정법 제29조 • 지방재정법 시행령 제36조
재원	• 특별·광역시 보통세의 일정률로 조례에 규정	• 시·군에서 징수하는 광역시·도세의 27% (단, 인구 50만 이상의 시는 47%)

종류	• 일반조정교부금: 90%
	  – 보통교부세 교부방식과 유사
	• 특별조정교부금: 10%
		• 일반조정교부금: 90%
		  – 총액의 50%는 인구수, 30%는
		    재정력 지수, 20%는 징수실적
		• 특별조정교부금: 10%

Ⅲ 시·도비 보조금

국가가 지방자치단체에 지원하는 국고보조금과 유사하게 광역자치단체가 기초자치단체에 특정한 시책이나 사업을 위하여 지원하는 것을 시·도비 보조금이라고 한다. 시·도비 보조금은, ⓐ 국고보조 사업에 대한 시·도비 부담으로서 광역단체가 기초단체에 지급하는 시·도비 보조금(지방비 부담금)[16]과 ⓑ 시·도 시책상 사업

---

13) 경기도의 경우는 2015년까지 관내 보통교부세 불교부단체에 조정교부금을 우선 교부하는 특례를 두었으나, 2016년부터 2019년까지 연차적으로 제도를 수정하여 2021년 11월 현재 우선 교부특례는 폐지되었음.

14) 지역자원시설세에 대한 조정교부금 배분은 ⓐ 광역시·도는 화력발전·원자력발전에 대한 각각의 지역자원시설세의 65%를 화력발전소·원자력발전소가 소재한 시·군에 각각 배분하여야 하며, ⓑ 원자력발전에 대한 지역자원시설세의 100분의 20의 범위에서 조례로 정하는 비율에 해당하는 금액은 방사선비상계획구역의 전부 또는 일부를 관할하는 시·군(해당 원자력발전소가 있는 시·군은 제외)에 균등 배분해야 함(지방재정법 제29조 제3항), ⓒ 도는 조정교부금과는 별도로 인구 50만 명 이상 대도시에서 징수하는 도세 중 10% 이하의 범위에서 일정 비율을 추가로 확보하여 해당 시에 직접 교부할 수 있음(지방자치분권 및 지역균형발전에 관한 특별법 제61조 제1항).

15) 광역자치단체는 레저세 수입(장외발매소에서 징수한)의 20%를 조정교부금으로 기초지자체에 배분해야함. 2022년 지방재정법(제29조 및 제29조의2) 개정으로 반영된 것임.

16) 예를 들면, 민방위 교육 및 시설 확충의 경우는 국비와 지방비가 각각 30:70으로 지원(보조금 관리에 관한 법률 시행령 별표 1·3호)되는데, 이 경우 지방비 70% 중 광역시와 자치구는 각각 50%씩,

시행을 위하여 관내 시·군에 지원하는 순수 시·도비 보조금으로 구분될 수 있다(정원식·송병주, 2000: 201).[17]

시·도가 지원하는 시·도비 보조금은 시·도의 일반재원을 지원하는 것이며, 보조금을 지원받는 시·군에게는 국고보조금과 마찬가지로 특정한 사업을 위하여 사용되어야 하는 특정재원이다.

제5절 지방교육재정에 대한 조정제도

I 개요

지방자치단체의 사무 중 교육·과학 및 체육과 관련된 사무는 교육감을 대표기관으로 하는 별도의 기관에서 수행한다. 이를 교육자치라 부르며, 지방교육자치에 관한 법률에서 다룬다. 이러한 교육자치를 수행하기 위한 재정이 지방교육재정이다. 지방교육재정은 광역자치단체에서 별도의 교육비특별회계로 운영한다(지방교육자치에 관한 법률 제38조).

지방교육재정의 주요 재원은 중앙정부가 지원하는 지방교육재정교부금과 지방자치단체로부터의 전입금이다.[18]

도와 시·군은 각각 30:70으로 부담하도록 하는 경우(지방재정법 시행령 제33조 제1항의 규정에 따른 지방자치단체 경비부담의 기준 등에 관한 규칙 별표, 제110호), 시·도비의 부담이 발생함.

17) 국고보조 사업에 대한 시·도비 부담의 합리적 배분을 위하여 '지방재정법 시행령 제33조 제1항의 규정에 따른 지방자치단체 경비부담의 기준 등에 관한 규칙(행정안전부령)' 별표에서 정하고 있음. 시·도 시책사업에 대한 순수 시·도비 보조금은 지원 사업별로 예산의 범위에서 자율적으로 결정됨.

18) 지방교육재정의 재원은 교육에 관한 특별부과금·수수료 및 사용료, 지방교육재정교부금, 지방자치단체의 일반회계로부터의 전입금, 유아교육지원특별회계에서 따른 전입금, 기타 수입금 등으로 구성됨(지방교육자치에 관한 법률 제36조).

Ⅱ 지방교육재정교부금

지방교육재정교부금은 교육기관 및 교육행정기관의 설치·운영에 필요한 재원을 국가가 교부하는 제도이다. 지방교부세의 보통교부세와 특별교부세 제도와 유사한 형태로 운영되며, 지방교육재정교부금법에 근거를 두고 있다.

지방교육재정교부금의 재원은 내국세 총액의 20.79%이다(제3조 제2항).[19] 이 중 97%는 보통교부금, 3%는 특별교부금으로 배분된다. 보통교부금은 보통교부세와 유사하게 시·도교육청별 재정여건의 차이를 고려하여 배분되며, 특별교부금은 특별교부세와 유사하게 국가시책, 지역 현안, 재난 안전관리 등 특별한 재정수요에 대해 교부된다.

최근 학령인구 감소로 인하여 지방교육재정교부금을 줄여야 한다는 논의가 지속적으로 제기되고 있다. 2024년 중앙정부 본예산 기준 지방교육재정교부금은 총 73조 원이다.

Ⅲ 지방자치단체로부터 전입금

지방자치단체가 관할 구역의 교육자치를 위한 교육청으로의 전입금은 법정 전입금과 비법정 전입금으로 구분된다(지방자치단체 예산에서는 이를 '전출금'이라 부름).

법정 전입금은 지방교육세 전액, 담배소비세의 45%, 시·도세의 일정률 등 지방교육재정교부금법 등에 규정된 의무적인 전입금이다.

비법정 전입금은 광역 및 기초자치단체로부터 관할 구역 내 고등학교 이하 각급 학교의 교육경비에 대한 재량적인 지원금 성격의 전입금이다.

2024년 당초예산 기준 지방자치단체의 법정 전입금은 11.8조 원이며, 비법정 전입금은 3.0조 원이다(행정안전부, 2024: 11).

---

19) 2021년 기준이며 이 법정교부율은 잦은 변경을 겪어왔음. 초기 11.8%였으나 2001년에 13.0%, 2005년에 19.4%, 2008년에 20.0%, 2010년에 20.27%, 2019년에 20.46%, 2020년에 20.79%로 인상 조정되어 왔음(국회예산정책처, 2020: 195).

| 제6절 | **재정분권 평가: 재정자립도와 재정자주도** |

I 개요

재정분권 평가는 중앙정부와 지방자치단체 간 재정 권한의 배분 정도를 측정하는 것이다. 즉, 지방자치단체가 중앙정부의 간섭이나 통제를 받지 않고 자율적으로 재정 권한을 행사할 수 있는 수준의 정도를 평가한다. 재정분권은 지방자치단체의 재정력을 평가하는 지표로도 사용된다.

여기서는 재정분권 측정 지표 및 재정력 측정 지표로 주로 활용되는 재정자립도와 재정자주도를 중심으로 살펴본다.[20]

II 재정자립도

재정자립도란 지방자치단체의 전체 재정수입 중 '자체 충당 능력'을 나타내는 분석지표이다. 이는 일반회계의 세입 중 지방세와 지방세외수입의 비율로 측정하며 일반적으로 비율이 높을수록 세입 징수기반이 좋은 것을 의미한다. 재정자립도 산출공식은 다음과 같다.

$$\text{재정자립도} = \frac{\text{(지방세 + 지방세외수입)}}{\text{자치단체 예산규모}} \times 100$$

재정자립도는 지방자치단체 총수입에서 자체수입(지방세＋세외수입)의 비중을 의미하는 것으로, 의존재원(지방교부세, 국고보조금, 조정교부금 등)의 증가율이 자체수입 증가율보다 큰 경우 재정 규모가 증가하더라도 재정자립도는 하락할 수 있다.

그러나 의존재원 중에서 지방교부세와 조정교부금은 자치단체에서 일반재원으로 사용할 수 있어 재정자립에 긍정적 영향을 미친다고 볼 수 있다. 이러한 문제점

---

20) 이 외에도 지방정부 총수입 대비 지방세 비율, 지방정부 총세입 대비 자체 세입 비중 등이 지방분권 수준을 나타내는 지표로 사용됨(국회예산정책처, 2020: 90).

으로 인하여 다음의 재정자주도의 개념을 사용하기도 한다.

Ⅲ 재정자주도

재정자립도가 재원조달 측면에서의 자립 정도를 나타내는 것이라면, 재정자주
도는 재원 '사용' 측면에서의 자주권을 나타내는 지표이다. 다시 말하면, 지방자치
단체가 자주적으로 재량권을 가지고 사용할 수 있는 재원이 전체 세입 중 얼마나
되는가를 나타내는 지표이다. 재정자주도 측정에서는 의존재원으로 분류되었던 지
방교부세(특별교부세 등 특정재원 제외)와 조정교부금을 자주재원으로 고려한다. 왜
냐하면, 지방교부세와 조정교부금은 지방자치단체가 자율적으로 사용할 수 있는
일반재원이기 때문이다. 따라서 재정자주도는 지방자치단체의 실질적인 자율적 재
원 활용 능력을 나타낸다. 재정자주도 산출공식은 다음과 같다.

$$재정자주도 = \frac{〔자체수입(지방세 + 세외수입) + 자주재원(지방교부세 + 조정교부금)〕}{자치단체\ 예산규모} × 100$$

재정자주도는 지방자치단체의 재원 중 어느 정도를 재량권을 가지고 쓸 수 있는가
를 보여주는 지표로 활용된다. 또한, 지방재정조정제도에 의한 재원 재분배 결과를
포함하여 측정하므로 지방재정조정제도의 유효성을 보여주는 지표로도 활용된다.

Ⅳ 우리나라의 재정분권 현황

2024년 현재 우리나라 243개 지방자치단체의 재정자립도를 산술 평균하면
48.6%이다. 우리나라 지방자치단체는 낮은 재정자립도와 자치단체 간 불균형을 특
징으로 한다. 특별·광역시는 57.5%로 양호한 편이지만, 도 및 특별자치도 35.9%,
시 32.7%, 자치구 14.3%로 낮은 수준이며, 군은 25.0%로 열악한 수준이다. 특히,
서울시 본청은 74.6%이지만 전북자치도 본청은 24.3%, 경북 봉화군은 7.8%에 그
치고 있어 자치단체 간 격차가 심한 편이다. 또한, 총 243개 지방자치단체 중
95.0%인 231개 지방자치단체의 재정자립도가 50% 미만이라는 문제도 있다(행정안

전부, 2024: 293). 이는 서울을 비롯한 수도권 지역 일부 지방자치단체를 제외하면 재정자립도가 전반적으로 낮은 수준임을 의미한다.

한편, 재정자주도는 70.1%로 재정자립도보다는 높게 나타나 지방교부세와 조정교부금에 대한 의존도가 높은 것을 알 수 있다. 재정자주도는 중앙정부와 광역자치단체에서 지방자치단체의 재정 수준을 고려하여 지원한 지방교부세와 조정교부금이 반영된 것이므로 특별·광역시와 군 간에 격차도 크지 않은 편이다.

▌표 16-3 지방자치단체 재정자립도 및 재정자주도(2024년 기준)

구분	재정자립도	재정자주도
전국평균	48.6%	70.1%
특별·광역시	57.5%	65.5%
도, 특별자치도	35.9%	46.4%
시	32.7%	59.8%
군	14.3%	59.6%
자치구	25.0%	40.5%

※ 당초예산, 통합재정(기금포함) 기준이며, 전국평균은 순계규모, 지방자치단체는 총계규모.
자료: 행정안전부(2024: 294)

제**17**장

지방자치단체의 재정지출

제1절　지방자치단체 재정지출 운영체계

지방자치단체 재정지출 관리의 목적은 재정의 투명성과 효율성을 확보하는 것이다. 지방자치법, 지방재정법 및 지방회계법 등에서는 지방자치단체가 재정을 건전하고 효율적으로 운영하도록 하기 위한 각종 제도를 규정하고 있다.

지방자치단체 재정지출 관리를 투명하고 효율적으로 수행하기 위하여 마련된 제도의 개략적인 모습은 <그림 17-1>과 같다.

▼ 그림 17-1 지방자치단체 재정지출 운영체계

지방자치단체는 재원을 배분하는 예산편성 이전에 지방재정영향평가, 중기지방재정계획, 사업의 타당성 조사나 지방재정투자심사를 거쳐야 한다. 또한, 예산편성단계에서는 주민참여예산을 반드시 실시해야 하며, 성인지예산서와 성인지결산서를 작성하여야 한다. 마지막으로 이러한 예산과 결산의 내용을 주민에게 공시하여야 한다.

| 제2절 | **지방재정영향평가** |

Ⅰ 의의

지방재정영향평가란 지방자치단체의 대규모 경비부담을 수반하는 사항에 대해 지방자치단체장 또는 중앙관서장이 지방재정에 미치는 영향을 사전에 평가하는 제도이다. 지방자치단체의 대규모 재정사업 계획과정과 중앙부처의 법령 제·개정과 예산안 편성과정에서 지방재정에 영향을 미치는 사항은 사전에 평가하여 지방재정의 건전한 운영을 도모하기 위한 제도이다.

지방재정영향평가는 2014년 도입되었으며, 그 도입 취지로 첫째는 지방자치단체의 선심성 공약이나 축제·국제행사 등 각종 행사성 사업으로 인한 재정손실을 사전에 방지하는 제도적 장치를 만들고자 하는 것이다. 둘째는 중앙정부의 복지 정책이나 각종 계획이 지방자치단체의 재정압박 요인이 되는 것을 사전에 평가하기 위한 것이다. 중앙정부가 기초노령연금 및 기초연금 도입 등 각종 복지지출 확대정책을 결정하면, 지방자치단체에서는 그 소요 비용의 일정 비율을 의무적으로 지출해야 하는 경우가 대부분이므로, 이를 사전에 평가하는 제도적 장치가 필요하였다(손희준, 2019: 498; 윤영진, 2016: 259).

Ⅱ 지방재정영향평가의 대상사업

지방재정영향평가의 주체는 지방자치단체장과 중앙관서의 장이다. 따라서 대상사업도 지방자치단체장이 평가하는 지방사업과 중앙관서의 장이 평가하는 국가사업으로 구분된다.[1]

1. 지방사업

지방자치단체장은 대규모의 재정적 부담을 수반하는 사업의 유치를 신청하거나

---

1) 지방재정영향평가에 대한 상세한 내용은 '지방재정영향평가지침'(행정안전부 장관 훈령)을 참고하기 바람.

응모를 하려면 미리 지방재정영향 평가를 하고 그 결과를 토대로 지방재정투자심사위원회의 심사를 거쳐야 한다(지방재정법 제27조의6 제1조). 구체적으로 대규모 재정부담을 수반하는 대상사업은 ⓐ 투자심사의 대상이 되는 국내·국제경기대회 및 공연·축제 등의 행사성 사업으로서 총사업비가 시·도는 30억 원, 시·군 및 자치구는 10억 원 이상인 사업, ⓑ 공모사업 등 유치를 신청하거나 응모하는 사업으로서 총사업비가 100억 원 이상이고, 지방재정 부담이 50억 원 이상인 사업이다(지방재정법 시행령 제35조의5).

지방자치단체장은 지방재정영향평가를 하고 그 결과를 ⓐ 중기지방재정계획에 반영하며, ⓑ 지방재정투자심사위원회에서 지방재정투자심사를 받도록 하고(지방재정법 제27조의6), ⓒ 국비보조 사업의 경우는 국비 보조신청 서류에 첨부하여 제출하며, ⓓ 자치단체 예산편성에 반영하게 된다.

2. 국가사업

중앙관서장은 대규모 지방재정 부담을 수반하는 '법령 제·개정의 경우' 및 '예산요구안'에 대하여 지방재정영향평가 결과를 행정안전부 장관에게 제출하여야 한다(지방재정법 제27조의6 제2조). 구체적으로 대규모 지방재정 부담이 되는 사업은 '총사업비가 300억 원 이상이고 지방재정 부담이 100억 원 이상인 신규사업' 그리고 '총사업비 및 지방재정 부담금액이 전년 대비 각각 100분의 20 이상 증액되는 사업'이다(지방재정법 시행령 35조의6 제2항).

중앙관서의 장은 지방재정영향평가를 하고 그 결과를 법령 제·개정에 대한 관계부처 의견조회 시 그리고 예산요구서 작성 시에 행정안전부 장관과 기획재정부 장관에게 제출하여야 한다(지방재정법 제27조의6).

| 제3절 | **중기지방재정계획** |

┌─┐
│ I │ 의의
└─┘

1. 개념

중기지방재정계획이란 지방자치단체의 미래 5년간 중요한 재정활동에 관한 일련의 계획이다. 중기지방재정계획에는 지방자치단체의 발전계획과 수요를 중·장기적으로 전망하여 미래 5년간 투입이 필요한 재정사업 내용이 포함된다.

중기지방재정계획은 5년을 단위로 편성하므로 단년도를 단위로 편성하는 예산과 구별되며, 재정활동에 관한 일련의 계획이기 때문에 개별적인 사업계획과 구별된다. 현재 우리나라의 중기지방재정계획은 5년을 단위로 계획을 수립하고, 매년 수정되는 연동화 방식으로 운영된다.

중기지방재정계획은 중앙정부의 국가재정운용계획에 대비된다. 국가재정운용계획은 5회계연도 이상의 기간에 대한 국가 전체의 재정운용계획이다(국가재정법 제7조).

2. 필요성

중기지방재정계획의 필요성은 다음과 같다.

첫째, 중기지방재정계획은 지방정부의 미래 비전, 정책 우선순위 등을 고려한 미래 재정 투입계획이므로 지방재정의 예측 가능성을 높인다. 중·장기적 시각에서 5개년 계획을 수립하고 경제·사회적 여건 변화를 반영한 연동화 계획으로 운영하여 지방자치단체 스스로가 재정 상황을 예측하고 계획하도록 한다.

둘째, 중기지방재정계획은 국가재정운용계획과 상호 연계하여 국가와 지방의 장기적 재정의 연관성을 확보하는 기능을 수행한다. 국가는 국가재정운용계획 수립 시에 중기지방재정계획을 참고하여 지방의 재정수요를 판단하며, 지방자치단체는 국가재정운영계획에서 제시하는 중장기 재원투자 방향이나 주요 사업계획을 지방계획에 반영한다.

셋째, 중기지방재정계획은 지방자치단체가 개별사업 검토 중심의 단년도 예산 편성 과정에서 놓치기 쉬운 전략적 재원배분을 가능하게 한다. 즉, 지방자치단체가 중·장기적인 전망과 투자효율 및 우선순위를 고려한 사업비 배분으로 건전한 재정 관리를 도모하도록 한다. 이러한 전략적 재원배분 기능은 한편으로는 집행부가 의 회나 압력단체로부터 재원 배분에 대한 설득을 합리적으로 할 수 있는 근거가 되 며, 다른 한편으로는 민선 지방자치단체장의 정치적 의사결정에 대한 견제장치가 되기도 한다(이원희·주기완, 2011: 181).

Ⅱ 중기지방재정계획의 수립 절차 및 구속력

1. 수립 절차

중기지방재정계획의 수립 주체는 지방자치단체장이다. 모든 지방자치단체는 중 기지방재정계획을 수립하여 예산안과 함께 지방의회에 제출하고, 회계연도 개시 30일 전까지 행정안전부에 제출하여야 한다. 또한, 행정안전부 장관은 지방자치단 체의 중기지방재정계획을 종합하여 관계부처 협의 후 국무회의에 보고하여야 한 다. 따라서 중기지방재정계획 작성 및 보고에 법적 의무가 있는 기관은 지방자치단 체장과 행정안전부 장관이다.

중기지방재정계획과 관련된 구체적인 절차는 다음 <그림 17-2>와 같다. 우 선 행정안전부에서 매년 8월 31일까지 중기지방재정계획 수립기준을 마련하여 지 방자치단체에 통보한다. 지방자치단체는 행정안전부의 수립기준을 준수하여 중기 지방재정계획을 작성하되 신규 국고보조 사업에 대해서는 미리 관계 중앙부처와 의견조회를 한다. 개별 자치단체에서는 내부적인 작성절차로서 지방재정계획심의 위원회의 자문을 거쳐 매년 11월경 예산안과 함께 계획안을 지방의회에 제출하고 다음 회계연도 개시 30일 전까지 행정안전부 장관에게 제출하여야 한다(지방재정법 제33조).

행정안전부에서는 전국 지방자치단체의 중기지방재정계획을 종합하고 관계부처 와 협의를 거쳐 종합적인 중기지방재정계획을 수립하여야 하며 이를 국무회의에 보고하여야 하며 그 결과를 중앙부처와 지방자치단체에 보낸다.[2]

▼ 그림 17-2 중기지방재정계획 수립 절차

행정안전부	• 중기지방재정계획 수립기준 통보	6월

지방자치단체	• 중기지방재정계획 작성	9월
	• 국고보조사업 관계부처 협의	10월
	• 지방재정계획심의위원회 자문 후 확정 ※ 국고보조사업 가내시 확정(10월 중순)	10월
	• 지방의회 및 행정안전부 제출	11월

| 행정안전부 | • 중기지방재정계획 종합 | 1~2월 |
| | • 중기지방재정계획 관계부처 협의 | 2~3월 |

| 행정안전부 | • 국무회의 보고
• 중앙부처·자치단체 송부 | 4월 |

자료: 행정안전부, 2020~2024년 중기지방재정계획 수립기준

2. 구속력

중기지방재정계획에 없는 사업에 대한 투자심사나 지방채를 발행할 수 있는가에 대한 문제가 제기된다. 이는 중기지방재정계획의 구속력에 대한 문제이다. 중기지방재정계획의 구속력을 인정하지 않으면 본 계획이 유명무실할 수 있으며, 구속력을 인정하면 예측하지 못한 사업의 경우 집행이 어렵다는 한계가 있다. 지방재정법(제33조 제11항)에서는 투자심사 및 지방채 발행을 위해서는 중기지방재정계획에 반영되어 있어야 한다고 하면서도 단서 조항에서 "중기지방재정계획을 수립할 때에 반영하지 못할 불가피한 사유가 있는 경우는 예외로 한다"라고 규정하고 있다.

---

2) 중기지방재정계획에 포함되어야 할 내용은, ⓐ 재정 운용의 기본방향과 목표, ⓑ 중장기 재정여건과 재정 규모전망, ⓒ 관련 국가계획 및 지역계획 중 해당 사항, ⓓ 분야별 재원 배분계획, ⓔ 예산과 기금별 운용 방향, ⓕ 의무지출의 증가율 및 산출내용과 재량지출의 증가율에 대한 분야별 전망과 근거 및 관리계획, ⓖ 지역통합재정통계의 전망과 근거, ⓗ 통합재정수지 전망과 관리방안, ⓘ 투자심사와 지방채 발행 대상사업, ⓙ 그 밖에 대통령령으로 정하는 사항 등 열 가지임(지방재정법 제33조 제3항).

따라서, 지방자치단체는 미래 주요 사업에 대하여 중기지방재정계획에 반영하기 위하여 노력하지만, 불가피한 사유로 예측하지 못한 경우 투자심사나 지방채 발행이 가능하다.

Ⅲ 중기지방재정계획의 정책적 쟁점

1. 중기지방재정계획의 구속력 부족 문제

중기지방재정계획의 작성은 법 규정에 따라 강제적으로 이루어지고 있으나 수립된 계획의 실효성은 약하다는 문제가 제기된다. 즉, 계획의 실효성을 보장하는 법적 구속력이 약하다는 지적이다(이원희 · 주기완, 2011).

그러나 중기지방재정계획에 구속력을 부여하는 것이 합리적인지에 대해서도 논쟁이 없는 것은 아니다. 구속력이 강할 경우 융통성이 부족하여 환경 변화에 유연하게 대응하기 어렵기 때문이다. 특히, 최근 행정환경은 급변하고 있으며 경제적인 여건은 1년을 예측하기 어려운 상황에서 5년의 중장기 계획에 구속력을 부여한다면 지방자치단체의 미래가 5년 전의 결정에 구속되어 환경 변화에 대한 적응성이 떨어질 수 있다는 문제가 제기되기 때문이다.

2. 형식적 작성으로 인한 무용론의 대두

지방자치단체에서 중기지방재정계획을 소홀히 취급하는 경향으로 인하여 그 중요성이 퇴색되고 있다는 지적이다. 즉, 중기지방재정계획의 중요성에 대한 인식 부족, 계획기법의 미숙, 기초통계의 부정확, 장기예산에 대한 무관심 등이 지방자치단체의 현주소라는 것이다. 특히, 지방자치단체가 중기지방재정계획을 작성하면서 재정전망이나 세입 · 세출의 추계가 부정확하여 계획 자체의 신뢰성 문제가 제기된다(이희봉, 2011: 711; 손희준 외, 2014: 345).

그러나 이러한 문제 제기에도 불구하고 중기지방재정계획은 지방자치단체가 미래 재정투입의 우선순위를 미리 검토하는 데 그 의의가 크다고 볼 수 있다. 따라서, 지방재정투자심사, 국고보조금 신청, 지방채 발행, 예산편성, 지방재정공시, 지방재정분석제도 등 각종 재정지출 관리제도들과 중기지방재정계획이 연계될 수 있도록 제도적 장치를 보완하는 노력이 필요할 것으로 보인다.

I   의의

지방재정투자심사란 지방자치단체가 주요 사업에 대하여 예산편성 전에 사업의 타당성·효율성 등을 심사하는 제도이다. 지방재정투자심사는 지방예산의 계획적· 효율적 운영과 각종 투자사업에 대한 무분별한 중복투자 방지를 위하여 도입된 사전적 재정관리제도이다.

지방재정투자심사는 지방재정영향평가, 중기지방재정계획, 예산편성 등 지방자치단체의 주요 재정관리 제도들과 연계하여 운영된다. 우선 지방재정영향평가 대상사업인 경우는 이를 가장 먼저 시행하고, 중기지방재정계획 반영 후에 지방재정투자심사를 거치며, 투자심사를 통과하게 되면 국비나 시·도비 보조금을 신청하고, 자체 예산을 편성하며 사업을 진행하게 된다.

II   목적 및 법 규정

1. 목적

지방재정투자심사는 중앙정부의 국가재정운용계획과 지방자치단체의 중기지방재정계획 그리고 사업별 재정투자계획을 연계함으로써 한정된 투자재원을 계획적으로 운용하는 데 목적이 있다. 또한, 지방자치단체 주요 투자사업의 타당성을 사전에 검증함으로써 무분별한 중복투자를 방지하여 건전한 재정운영을 유도한다.

2. 법 규정

지방재정투자심사제도는 지방재정법 및 같은 법 시행령 그리고 지방재정투자사업규칙(행정안전부령)에 그 근거를 두고 있다. 이러한 법령에서 규정하고 있는 의무적 사항은 다음과 같다.

첫째, 일정한 금액 이상의 신규 투자사업은 반드시 투자심사를 거쳐야 한다(지방재정법 시행령, 제41조). 반드시 거쳐야 할 투자심사 대상사업은 <표 17−1>과 같다.

둘째, 지방자치단체장이 예산을 편성할 때는 투자심사 결과를 기초로 하여야 한다(지방재정법 제36조 제3항).

셋째, 총사업비 500억 원 이상인 신규사업에 대해서는 반드시 사전 타당성 조사를 하여야 한다(지방재정법 제37조의2). 또한, 사전 타당성 조사는 행정안전부 장관이 지정하는 전문기관에서 실시하여야 한다.

넷째, 투자심사에 관한 지방자치단체장의 자문에 응하기 위하여 지방자치단체장 소속으로 지방재정투자심사위원회를 두어야 한다(지방재정법 제37조의3). 투자심사위원회의 위원장은 민간위원 중에서 호선한다.

Ⅲ 사전 타당성 조사

1. 개요

지방자치단체장은 총사업비 500억 원 이상인 신규사업에 대해서는 타당성 조사를 받고 그 결과를 토대로 투자심사를 하여야 한다(지방재정법 제37조의2). 따라서 총사업비 500억 원 이상 신규사업의 경우는 타당성 조사가 투자심사에 대한 선행절차로 이루어져야 한다. 여기서 타당성 조사란 투자심사의 사전절차로 사업의 경제성, 재무성, 정책적 측면에서의 추진 가능성을 객관성과 전문성을 갖춘 기관이 분석하는 절차이다(행정안전부, 2019: 44).

2. 타당성 조사 대상 및 결과 활용

타당성 조사는 총사업비 500억 원 이상인 신규사업이 대상이다. 한편, 지방재정법상 타당성 조사는 국가재정법 제38조에서 규정하고 있는 예비타당성 조사[3]와 유

---

3) 예비타당성 조사의 대상은 '총사업비가 500억 원 이상이고 국가의 재정지원 규모가 300억 원 이상인 신규 사업'임.

사한 제도라고 볼 수 있다. 따라서, 국가재정법(제38조 제1항)에 따른 예비타당성 조사를 실시한 경우는 타당성 조사를 받은 것으로 본다(지방재정법 제37조의2 제1항 제1호).

타당성 조사는 행정안전부 장관이 지정하는 전문기관에 의뢰하여 이루어지며, 현재는 한국지방행정연구원이 전문기관으로 지정되어 있다.

타당성 조사는 투자심사를 받기 위한 사전절차이지만 투자심사에서 반드시 그 타당성 조사 결과를 따라야 하는 것은 아니다. 타당성 조사 결과는 투자심사의 합리적인 결정을 지원하는 참고자료로써 활용된다. 그러나 지방자치단체장이 투자심사를 의뢰하려는 때에는 타당성 조사의 결과 및 그 반영 여부를 제출하여야 한다. 이 경우 타당성 조사 결과를 반영하지 아니할 때는 그 이유를 함께 제출하여야 한다(지방재정법 시행령 제41조 제5항).

Ⅳ 지방재정투자심사 대상사업

지방재정투자심사 대상사업은 사업 성격에 따라 일반투자 사업, 행사성 사업, 홍보관 사업, 청사신축 사업, 문화체육시설 사업, 채무부담행위 등 지방의회 의결 요청 사업 등으로 구분되며, 심사 주체에 따라 자체심사와 의뢰심사로 구별된다. 여기서는 자체심사와 의뢰심사에 대해 살펴보고자 한다.

자체심사는 대상사업을 해당 자치단체에서 직접 심사하는 것을 말하며, 의뢰심사는 대상사업을 기초자치단체는 광역자치단체나 중앙정부에, 광역자치단체는 중앙정부에 의뢰하여 심사하는 것을 말한다.

자체심사와 의뢰심사의 대상 기준은 <표 17-1>과 같다. 그러나 재해 등 관련 법령에 따라 추진하는 사업 및 개별법령에 투자심사 제외 근거 규정이 명시된 사업은 심사대상에서 제외된다.

▌표 17-1 지방재정투자심사 대상사업

구분	심사기관	대상사업
자체 심사	기초자치단체	• 20억 원 이상 60억 원 미만의 신규투자 사업 　(100만이상 대도시는 200억 원 미만) • 3억 원 이상 5억 원 미만 홍보관 사업 • 1억 원 이상 3억 원 미만인 공연·축제 등 행사성 사업
	광역자치단체	• 40억 원 이상 300억 원 미만 신규투자사업 • 5억 원 이상 30억 원 미만의 홍보관 사업 • 3억 원 이상 30억 원 미만 공연·축제 등 행사성 사업
의뢰 심사	기초 → 광역 심사 의뢰	• 60억 원 이상 200억 원 미만 신규투자사업 　(100만 이상 대도시는 제외) • 5억 원 이상 30억 원 미만의 홍보관 사업 • 3억 원 이상 30억 원 미만인 공연·축제 등 행사성 사업 • 전액을 자체재원으로 부담하는 총사업비 20억 원 이상 청사 및 　문화·체육시설 신축사업
	기초·광역 → 중앙심사 의뢰	• 기초자치단체의 200억 원 이상 신규투자 사업 • 광역자치단체의 300억 원 이상 신규투자 사업 • 총사업비 30억 원 이상인 홍보관, 공연·축제 등 행사업 사업 • 광역자치단체의 전액을 자체재원으로 부담하논 총사업비 40억 원 　이상 청사 및 문화·체육시설 신축사업 • 외국의 자본이 도입되는 총사업비 10억 원 이상 신규 투자사업

※ 자료: 지방재정법 시행령 제41조

Ⅴ 지방재정투자심사의 쟁점

1. 논의의 쟁점

　지방재정투자심사의 문제점은 주로 지방자치단체에 설치한 투자심사위원회의 전문성과 투명성의 문제, 관련 지방재정관리제도와의 연계성 문제, 무리한 투자사업 추진, 투자사업의 사후관리 미흡 등이 논의되고 있다(이희봉, 2010: 725; 조기현 외, 2012: 127-30). 이러한 문제점 논의의 핵심은 지방자치단체의 형식적 투자심사에 대한 비판과 지방자치단체의 투자에 대한 자기 결정권 주장과의 충돌이다.

2. 지방자치단체 투자심사의 신뢰도 문제

지방자치단체장, 지방의회 의원이나 지역 정치인 등의 정치적 의도에 따른 선심성 사업을 추진하는 경우 지방재정투자심사, 특히 자체심사에서 투자 불가를 판정하기 어렵다. 또한, 지방자치단체에서 의도하지 않지만, 사업수요 검토 미흡이나 총사업비 추정 미흡 등으로 인하여 투자심사의 신뢰도가 낮다는 지적도 있다(감사원, 2019; 김난영·조형석, 2012).[4]

3. 지방자치단체의 투자 자율권의 문제

그러나 지방자치단체의 자체사업에 대한 엄격한 타당성 조사는 지양하고, 지방자치단체의 사업투자 독립성을 인정해야 한다는 지적도 있다. 지방자치단체는 경제적 효율성보다 주민의 정체성이나 자부심을 고취하기 위하거나 장래 발전 가능성을 고려하여 투자하는 경우, 엄격한 투자심사가 반드시 합리적인 것은 아니라는 주장이다. 또한, 지방자치단체의 사업 선택권을 지나치게 간섭하는 것은 지방자치제도의 취지에 역행한다는 것이다(김난영·조형석, 2012: 34).

| 제5절 | **지방자치단체의 예산과정** |

I 의의

지방자치단체의 예산과정은 예산편성, 예산심의, 예산집행, 결산의 네 단계로 이루어진다. 예산과정은 일정한 시간적 흐름에 따라 반복되는데, 예산이 시작되어 네 단계 과정이 마무리되는 기간을 예산주기 또는 예산순기라고 부른다. 예산은

---

4) 예를 들면, ○○사업의 경우 유사한 사업이 4개 지방자치단체에서 동시에 추진되고 있으며, 이 가운데 한 사업은 2018년 운영비 6억 7,000만 원 가운데 3억 8,000만 원의 수익만 나타나 3억 원에 가까운 적자가 발생하였음(감사원, 2019: 89). 2010년 ○○시가 주최한 세계옹기문화엑스포의 경우 예상 사업비는 99억, 예상 수입금은 124억 원이었으나 실제 사업비는 230억 원이었으며 수입은 23억 원에 불과하였음(김난영·조형석, 2012: 1).

'회계연도 독립의 원칙'에 따라 한 회계연도(1년) 동안만 효력을 갖는 것이 원칙이지만, 예산과정은 한 회계연도를 넘어서 해당 회계연도 전후의 회계연도에 걸쳐 진행된다. 따라서 예산주기는 3년이 소요된다. 예를 들면, 2025년도 예산은 2024년도에 편성과 심의절차를 거치게 되고, 2025년에는 집행을 하게 되며, 2026년에는 집행된 예산을 결산한다.

지방자치단체의 회계연도는 매년 1월 1일에 시작하여 그해 12월 31일에 끝난다. 지방자치단체의 예산은 일반회계예산과 특별회계예산으로 구분된다. 한편, 기금의 편성과 심의·의결, 집행과 결산은 지방자치단체 기금관리 기본법에 따라 예산과는 별도로 예산에 준하여 이루어진다.

지방자치단체의 예산과정은 지방의회와 집행부가 상호 견제와 균형을 이루도록 진행된다. 즉, 예산안 편성권은 집행부에, 심의·확정권은 지방의회에 있고, 예산의 집행권은 집행부에, 결산 승인권은 지방의회에 있다.

II 예산안의 편성

1. 예산편성의 준비 단계

지방자치단체의 예산편성 권한은 지방자치단체장에게 있다. 그런데 지방자치단체장이 예산편성 과정에서 독단적이거나 비효율적인 행태를 방지하고 지방자치단체의 계획적인 재정 배분을 위하여 지방재정법에서는 예산편성의 준비 단계를 규정하고 있다.

우선 지방자치단체의 대규모 경비부담을 수반하는 사항에 대해 지방재정영향평가를 하여야 한다. 또한, 지방자치단체의 발전계획과 행정수요를 중·장기적으로 전망하여 향후 5년간의 중기지방재정계획을 수립하여야 한다. 마지막으로 주요 투자사업이나 행사성 사업에 대해서는 예산편성 이전에 타당성 조사(총사업비 500억 원 이상인 신규사업의 경우)를 거치거나 지방재정투자심사를 거쳐야 한다.

2. 예산편성의 과정

1) 예산편성 기준 통보

행정안전부 장관은 회계연도별로 '지방자치단체 예산편성 운영기준(행정안전부 훈령)'을 지방자치단체에 통보할 수 있다(지방재정법 제38조). 통상 매년 4~5월경에 지방자치단체에 통보된다.

2) 예산편성

행정안전부의 예산편성 운영기준을 참고하여 각 지방자치단체의 예산부서는 자체의 예산편성기준을 작성하여 각 부서에 시달한다. 각 사업부서에서는 예산요구서를 작성하여 예산부서에 제출하면, 예산부서에서는 예산요구서를 심사 및 조정하여 지방자치단체장의 결재를 받아 확정한다.

그런데 예산편성 과정에 반드시 거쳐야 할 법적 과정으로 주민참여예산과 성인지예산이 있다.

(1) 주민참여예산

예산편성 과정에 주민이 참여할 수 있는 제도를 마련하고 시행할 의무가 지방자치단체장에게 주어진다(지방재정법 제39조). 또한, 지방자치단체장은 주민참여예산제도를 통하여 수렴한 주민의 의견서를 예산안에 첨부하여 지방의회에 제출할 의무를 진다(제39조 제3항).

(2) 성인지예산

성인지예산(gender responsive budgeting)이란 당해 예산이 여성과 남성에게 미치는 효과를 예산편성·심의·집행·결산의 전 과정에서 검토함으로써 정책의 성별 형평성과 공정성을 높이려는 제도이다. 예산이 성별에 미치는 영향을 체계적으로 분석하여 재원의 남·여 차별적 배분을 바로잡고 양성평등을 구현하는 데 그 목적이 있다. 현재 성인지예산서뿐 아니라 성인지결산서 작성을 의무화하고 있다(지방재정법 제36조의2; 지방회계법 제18조).

3. 예산안 지방의회 제출

지방자치단체장은 회계연도마다 예산안을 편성하여 시·도는 회계연도 시작 50일 전까지, 시·군 및 자치구는 회계연도 시작 40일 전까지 지방의회에 제출하여야 한다(지방자치법 제142조 제1항).[5]

Ⅲ | 예산안의 심의·확정

1. 지방의회의 예산안 심의

지방의회에 예산안이 제출되면 지방자치단체장은 본회의에서 제안 설명을 한다. 의장은 예산안을 각 상임위원회에 회부하고, 각 상임위는 예비심사를 하여 그 결과를 지방의회 의장에게 보고한다. 지방의회 의장은 상임위의 예비심사보고서를 첨부하여 이를 예산결산특별위원회에 회부하고, 심사가 끝난 후 본회의에 부의한다.

지방의회는 지방자치단체장의 동의 없이 지출예산 각 항의 금액을 증가하거나 새로운 비용항목을 설치할 수 없다(지방자치법 제142조 제3항).

2. 예산안의 의결 및 지방자치단체장에게 이송

예산안에 대해 시·도의회는 회계연도 시작 15일 전까지, 시·군 및 자치구의회는 회계연도 시작 10일 전까지 의결하여야 한다(지방자치법 제142조 제2항). 지방의회의 의장은 예산안이 의결되면 그날부터 3일 이내에 지방자치단체장에게 이송하여야 한다(제149조 제1항).

지방자치단체장은 예산을 이송받으면 바로 시·도에서는 행정안전부 장관에게, 시·군 및 자치구에서는 시·도지사에게 각각 보고하고, 그 내용을 고시하여야 한다(지방자치법 제149조 제2항).

---

5) 예산안 제출 및 지방의회 의결 기한에서 광역과 기초자치단체 간에 며칠 간의 차이가 발생하는 것은 광역자치단체의 예산에서 시·도비 보조금 등의 편성 결과를 기초자치단체의 예산에 반영하기 위해서임.

〈예산안의 제출 및 의결 시한〉
• 국가(국가재정법 제33조, 헌법 제54조)
- 정부는 회계연도 개시 120일 전까지 국회 제출, 국회는 회계연도 개시 30일 전까지 의결
  ※ 헌법: 정부는 회계연도 개시 90일 전까지 국회 제출
• 지방자치단체(지방자치법 제142조)
- 광역: 단체장은 회계연도 시작 50일 전까지 의회 제출, 의회는 회계연도 시작 15일 전까지 의결
- 기초: 단체장은 회계연도 시작 40일 전까지 의회 제출, 의회는 회계연도 시작 10일 전까지 의결

---

3. 지방자치단체장의 재의 요구

지방자치단체장은 지방의회의 의결이 ⓐ 예산상 집행할 수 없는 경비를 포함하고 있다고 인정되거나, ⓑ 법령에 따라 지방자치단체에서 의무적으로 부담하여야 할 경비나 비상재해로 인한 시설의 응급 복구를 위하여 필요한 경비를 줄이는 의결을 할 때, 그 의결사항을 이송받은 날부터 20일 이내에 이유를 붙여 재의를 요구할 수 있다(지방자치법 제121조).

이러한 재의 요구에 대하여 지방의회가 재적의원 과반수의 출석과 출석의원 3분의 2 이상의 찬성으로 전과 같은 의결을 하면 그 의결사항은 확정되고, 지방자치단체장은 재의결된 사항이 법령에 위반된다고 인정되면 대법원에 소를 제기할 수 있다(지방자치법 제121조 제3항).

Ⅳ 예산의 집행

예산집행이란 지방의회가 승인한 예산에 기초하여 수입과 지출을 관리·실행하는 모든 활동을 말한다. 결국, 예산집행은 예산서에서 정한 지방재정 활동을 수행하는 과정이다.

예산집행은 지방의회가 승인한 재정수입과 재정지출 그리고 정책이나 사업의 목적을 달성하는 것이므로 행정부가 의회의 의도를 잘 지키도록 하는 예산 통제가 가장 중요하다. 그러나 의회의 예산 승인 이후에 환경 변화로 인하여 예산의 내용이나 집행 시기를 변경할 필요성에 대비해 행정부의 재량을 인정할 필요성도 제기된다.

이러한 이유로 지방자치단체 예산집행의 경우도 국가 예산의 집행제도인 예산의 배정과 재배정, 이용과 전용, 예산의 이체, 예비비, 추가경정예산, 예산의 이월, 계속비 등의 제도가 운용되고 있다(남재걸, 2019: 355-361; 지방자치법 제143-5조).

V 결산

결산은 1회계연도 예산의 집행실적을 확정된 계수로 표시하는 행위이다. 결산을 심사하고 승인하는 주체는 지방의회이다. 결국, 결산은 집행부가 지방의회에서 심의·의결한 대로 예산을 집행하였는지에 대한 지방의회의 사후적 재정통제수단이다.

지방자치단체의 출납은 회계연도가 마무리되는 그해 12월 31일에 폐쇄된다. 지방자치단체장은 출납 폐쇄 후 80일 이내에 결산서와 증명서류를 작성하고 지방의회가 선임한 검사위원의 검사의견서를 첨부하여 지방의회의 승인을 받아야 한다. 결산 심사 결과 위법하거나 부당한 사항이 있는 경우에 지방의회는 본회의 의결 후 지방자치단체 또는 해당 기관에 변상 및 징계 조치 등 그 시정을 요구하고, 지방자치단체 또는 해당 기관은 시정요구를 받은 사항을 지체 없이 처리하여 그 결과를 지방의회에 보고하여야 한다(지방자치법 제150조 제1항).

한편, 지방자치단체장은 지방의회의 결산 승인을 받으면 그날부터 5일 이내에 시·도에서는 행정안전부 장관에게, 시·군 및 자치구에서는 시·도지사에게 각각 보고하고, 그 내용을 고시하여야 한다(지방자치법 제150조 제2항).

제6절 지방재정공시

I 의의

지방재정공시는 지방자치단체가 매년 재정 운용상황 및 결과와 주민의 관심 사항 등을 객관적인 절차를 통해 주민에게 공개하는 행위를 의미한다(행정안전부, 2017). 본 제도는 지방자치단체 재정 운용상황에 대해 주민의 이해를 돕고, 주민에 대한 책임성과 투명성을 확보하기 위한 것이다. 또한, 지방자치단체 스스로가 재정 운용에 대한 자율통제 기반을 확립하여 자발적인 건전재정 운용 노력을 유도하는 데도 목적이 있다.

지방재정법(제60조)에서는 지방자치단체장은 예산 또는 결산의 확정 또는 승인 후 2개월 이내에 예산서와 결산서를 기준으로 세입·세출 예산의 운용상황, 재무제표, 기금 운용 현황, 중기지방재정계획 등을 주민에게 공시하여야 한다고 규정하고 있다.

Ⅱ 공시 주체: 지방자치단체장과 행정안전부 장관

지방재정공시의 주체는 지방자치단체장과 행정안전부 장관이다. 지방자치단체장은 예산 또는 결산의 확정 또는 승인 후 2개월 이내에 예산서와 결산서를 기준으로 주요 사항을 주민에게 공시하여야 한다. 또한, 지방자치단체장은 공시와 별도로 세입·세출 예산 운용상황을 특별한 사유가 없으면 매일 주민에게 공개하여야 한다. 이 경우 주민이 인터넷 홈페이지를 통하여 세입·세출 예산 운용상황을 세부사업별로 조회할 수 있도록 하여야 한다(지방재정법 제60조 제5항).

한편, 행정안전부 장관은 각 지방자치단체가 공시한 내용을 보고받고, 이를 분석·평가하여 통합공시를 할 수 있다. 행정안전부 장관의 통합공시는 지방자치단체별로 구분하여 공시하되, 지방자치단체 간 비교공시를 할 수 있다(지방재정법 제60조의2).

Ⅲ 공시 방법

지방자치단체장은 공시내용의 적정성 등을 심의하기 위하여 지방자치단체장 소속으로 지방재정공시심의위원회를 둔다.

지방재정공시 자료는 주민들이 항상 보거나 자료를 내려받을 수 있도록 인터넷 홈페이지에는 반드시 공시하여야 한다. 또한, 주민들의 접근성이나 시청률 및 구독률 등을 종합적으로 고려하여 최선의 수단과 방법을 선택할 수 있다.

제18장

지방재정관리제도

제1절 지방재정 분석·진단 및 위기관리

Ⅰ 의의

우리나라는 지방자치단체의 재정파산제도가 없다. 이는 지방재정제도의 설계가 해당 지방자치단체의 독립성과 자율성만큼이나 중앙정부와 지방자치단체 간 상호 의존성을 강조하는 형태로 이루어졌기 때문이다. 특히, 지방재정조정제도 중 보통 교부세의 비중이 높게 설계된 것은 개별 지방자치단체의 재정 상황이나 특수성을 반영한 중앙정부의 재정조정을 강조하고 있기 때문이다.

이와 같은 우리나라 지방재정제도의 특성은 개별 지방자치단체의 도덕적 해이로 인하여 재정 확충이나 예산 절감 노력에 대한 동기부여를 촉진하지 못하고, 장기적으로는 지방재정의 건전성을 저해할 수 있다. 따라서 이를 방지하기 위한 제도적 장치로 지방재정에 대한 분석·진단 그리고 지방재정 위기관리제도를 시행하고 있다.

지방재정 분석·진단 및 위기관리는 지방자치단체의 재정에 대한 사전 분석 및 진단을 통하여 재정위기에 대한 사전경보와 재정건전화계획 수립·이행 등의 과정을 중앙정부와 지방자치단체가 체계적으로 수행하도록 하는 제도이다. 이 제도는 크게 지방재정 분석·진단과 지방재정 위기관리로 구분된다. 지방재정 분석·진단은 재정보고서 제출 → 재정분석 → 재정진단의 절차로 이루어지며, 재정위기관리제도는 재정진단 결과를 토대로 재정주의·위기단체 지정 → 긴급재정관리단체의 지정 및 관리로 구성된다.

Ⅱ 　지방재정 분석 · 진단

1. 재정보고서 제출

　　지방자치단체장은 예산, 결산, 출자, 통합부채, 우발부채, 그 밖의 재정 상황에 관한 재정보고서를 행정안전부 장관에게 제출하여야 한다(지방재정법 제54조). 재정 보고서에는 예산보고서, 결산승인보고서, 지방채발행보고서, 보증채무부담행위보고 서, 중기지방재정계획보고서, 재무제표 등 해당 지방자치단체의 전년도 주요 재정 정보가 총망라되어 있다(지방재정법 시행령 제64조).

2. 재정분석

1) 개요

　　재정분석이란 전국 자치단체에서 제출된 재정보고서를 기초로 재정 현황 및 성 과를 종합적으로 분석 및 평가하는 사후적 재정관리 과정을 의미한다. 행정안전부 장관은 재정분석을 실시한 다음, 분야별 · 지표별 분석결과 및 유사단체별로 재정비 교표를 작성하고 그 결과를 공표하고 있다. 따라서 '재정분석 종합보고서'를 통하여 각 지방자치단체는 재정실태뿐 아니라 유사 자치단체와의 비교 정보를 확인하게 된다. 재정분석의 목적은 지방재정의 건전성, 안정성, 효율성, 투명성을 높이고 지 방자치단체의 재정 확충 및 예산 절감 노력에 대한 유인을 제공하는 것이다.

2) 재정분석 결과 활용

　　재정분석 결과가 우수한 지방자치단체에는 특별교부세를 지원할 수 있다(지방재 정법 제57조). 그러나 재정의 건전성과 효율성 등이 현저히 떨어지는 지방자치단체 의 경우는 지방재정관리위원회의 심의를 거쳐 재정진단을 하게 된다(제55조 제3항).

3. 재정진단

1) 개요

　　재정진단이란 재정분석 결과, 재정의 건전성과 효율성 등이 현저히 떨어지는 지 방자치단체에 대해 더욱 심층적으로 재정 상황을 분석하는 과정이다. 행정안전부

장관은 재정분석 결과에 따라, ⓐ 재정의 건전성과 효율성 등이 현저히 떨어지는 지방자치단체, ⓑ 재정위험 수준이 대통령령으로 정하는 기준을 초과하는 지방자치단체에 대하여, 지방재정위기관리위원회의 심의를 거쳐 재정진단을 할 수 있다(지방재정법 제55조 제3항).

재정진단은 재정 건전성과 효율성이 현저히 저하된 지방자치단체에 대해 그 원인을 파악하고 처방과 치유의 과정을 거쳐 재정위기를 사전 예방하는 것이 목적이다(손희준, 2019: 481).

2) 재정진단 결과 활용

행정안전부 장관은 재정진단 결과를 토대로 해당 지방자치단체에 재정 건전화계획의 수립 및 이행을 권고하거나 재정 건전화를 위해 필요한 사항을 지도할 수 있다. 특히, 재정진단 결과 재정위험 수준이 높은 지방자치단체의 경우는 재정주의단체 또는 재정위기단체로 지정할 수 있다.

Ⅲ 지방재정 위기관리제도

1. 재정주의단체 및 재정위기단체 지정

행정안전부 장관은 재정분석 및 재정진단 결과 등을 토대로 재정위험 수준이 높다고 판단되는 지방자치단체를 지방재정관리위원회의 심의를 거쳐 재정주의단체 또는 재정위기단체로 지정할 수 있다(지방재정법 제55조의2 제1항).

- 재정주의단체: 재정위험 수준이 심각한 수준에 해당되지 아니하나 지방자치단체 재정의 건전성 또는 효율성 등이 현저하게 떨어졌다고 판단되는 지방자치단체
- 재정위기단체: 재정위험 수준이 심각하다고 판단되는 지방자치단체

재정주의단체 또는 재정위기단체 지정 사유가 해소된 경우에는 지방재정관리위원회의 심의를 거쳐 그 지정을 해제할 수 있다(지방재정법 제55조의2 제2항).

2. 재정건전화계획 수립 및 이행

1) 개요

행정안전부 장관은 재정주의단체에 대하여 지방재정관리위원회의 심의를 거쳐 재정건전화계획의 수립 및 이행을 권고하거나 필요한 사항을 지도할 수 있도록 하고 있다(지방재정법 제55조의3 제8항). 재정주의단체로 지정된 지방자치단체에 대하여는 재정위기단체와 같은 엄격한 절차와 과정을 규정하지 않고, 행정안전부 장관에게 재량을 부여하고 있다.

재정위기단체의 장은 지정된 날로부터 60일 이내에 재정건전화계획을 수립하여 행정안전부 장관의 승인을 받고, 지방의회의 의결을 얻어야 한다. 재정건전화계획의 내용에는 조직개편, 채무상환, 세입의 증대, 신규사업의 제한과 그 밖에 행정안전부 장관이 정하는 사항이 포함되어야 한다(지방재정법 시행령 제65조의4). 또한, 재정위기단체의 장은 재정건전화계획의 이행상황을 지방의회 및 행정안전부 장관에게 보고하고 주민에게 공개하여야 한다.

2) 재정위기단체의 의무와 불이익

재정위기단체의 장은 재정건전화계획에 의하지 아니하고는 지방채의 발행, 채무의 보증, 일시차입, 채무부담행위를 할 수 없다(지방재정법 제55조의4). 또한, 재정위기단체의 장은 재정건전화계획을 기초로 예산을 편성하여야 하고, 시·도의 경우 총사업비 40억 원 이상, 시·군·자치구의 경우 총사업비 20억 원 이상의 재정투자사업에 관한 예산을 편성할 수 없다.

특히, 행정안전부 장관은 재정위기단체의 재정건전화계획 수립 및 이행 결과가 현저히 부진하다고 판단하는 경우에는 교부세를 감액하거나 그 밖의 재정상의 불이익을 부여할 수 있다(지방재정법 제55조의5).

3. 긴급재정관리제도

1) 개요

행정안전부 장관은 지방자치단체가 자력으로 재정위기상황을 극복하기 어렵다고 판단되는 경우 해당 지방자치단체장과 지방의회의 의견을 미리 들어 긴급재정

관리단체로 지정할 수 있다(지방재정법 제60조의3 제1항). 행정안전부 장관은 긴급재정관리단체를 지정하려면 지방재정관리위원회의 심의를 거쳐야 하고, 시·도를 긴급재정관리단체로 지정한 경우에는 지정한 날부터 60일 이내에 국무회의에 보고하여야 한다(제3항). 긴급재정관리제도는 2015년 12월 29일 신설되었다.

2) 지정 기준

행정안전부 장관이 긴급재정관리단체로 지정할 수 있는 경우는 다음 세 가지 경우이다(지방재정법 제60조의3 제1항).

- 재정위기단체로 지정된 지방자치단체가 재정건전화계획을 3년간 이행하였음에도 불구하고, 지방자치단체의 재정위험 수준이 재정위기단체로 지정된 때보다 대통령령으로 정하는 수준 이하로 악화된 경우
- 소속 공무원의 인건비를 30일 이상 지급하지 못한 경우
- 상환일이 도래한 채무의 원금 또는 이자에 대한 상환을 60일 이상 이행하지 못한 경우

또한, 해당 지방자치단체장도 위의 요건 중 어느 하나에 해당하거나 그에 준하는 재정위기에 직면하여 긴급재정관리가 필요하다고 판단하는 경우에는 지방의회의 의견을 들은 후 행정안전부 장관에게 긴급재정관리단체의 지정을 신청할 수 있다.

3) 긴급재정관리단체에 대한 관리

긴급재정관리단체에는 긴급재정관리인을 파견하여 해당 지방자치단체에 대한 긴급재정관리 업무를 수행하도록 한다. 긴급재정관리인은 행정안전부 장관이 지방재정관리위원회의 심의·의결을 거쳐 선임·파견한다.

해당 지방자치단체장은 긴급재정관리계획안을 작성하여 긴급재정관리인의 검토를 받아 지방의회의 의결을 거친 후에 행정안전부 장관의 승인을 받아야 한다.

제2절　**지방공기업**

I　의의

지방공기업이란 지방자치단체가 직접 설치·경영하거나 자본금의 50% 이상을 출자한 법인을 설립하여 경영하는 기업을 의미하며, 지방공기업법에서 규정하고 있다. 현행 지방공기업법에 따르면 지방공기업에는 지방직영기업, 지방공단, 지방공사의 세 가지 유형이 있다.

지방직영기업이란 지방자치단체가 직접 설치·경영하고 공무원이 근무하는 지방정부 조직의 하나이지만 일반회계가 아닌 특별회계로 운영된다. 지방공단은 지방자치단체가 자본금의 전액(100%)을 출자하여 설립한 법인이며, 지방공사는 지방자치단체가 자본금의 50%~100%를 출자하고 손익금 자체처리가 가능한 법인이다.

한편, 지방자치단체가 자본금의 10% 이상 50% 미만을 출자·출연하여 법인을 만드는 경우는 '지방자치단체 출자·출연기관의 운영에 관한 법률'(약칭: 지방출자출연법)에서 규정하고 있다. 지방공기업법과 지방출자출연법을 적용받는 기관을 통칭하여 '지방공공기관'[1]으로 불린다(국회예산정책처, 2024: 93).

여기서는 지방공기업법에 규정하고 있는 지방공기업 형태를 중심으로 살펴본다.

II　지방공기업의 특성

1. 지역성

지방공기업은 지역을 기초로 하고 있다는 점에서 국가가 운영하는 공기업과 구별된다. 지방공기업은 일정 지리적 영역을 기초로 하는 상·하수도, 청소, 위생, 교

---

1) 중앙정부가 설립한 공기업은 지방공공기관과 다른 구분 및 관리체계를 두고 있으며, 여기에는 '정부기업'과 '공공기관'이 있음. 지방공공기관은 조례에 따라 설립되지만 '공공기관'은 개별 법률에 따라 설립됨(남재걸, 2013: 341).

- 정부기업: '정부기업 예산법'의 적용을 받으며 직원은 공무원이며, 우편 사업, 우체국예금사업, 양곡관리사업, 조달사업의 4개 사업이 있음.
- 공공기관: '공공기관의 운영에 관한 법률'에 적용을 받으며, 직원은 공무원이 아님. 공공기관은 다시 공기업(자체 수입비율이 50% 이상인 기관), 준정부기관(자체수입 비율이 50% 미만인 기관), 기타 공공기관으로 구분됨.

통사업이나 지역에 독특한 문화·관광·산업과 연관된 사업에 국한되어 운영되는
경우가 많다.[2]

따라서 지방공기업은 지역의 독특한 수요에 부응하고, 지역 경제발전이나 주민
의 일상생활과 필수불가결한 사업 등을 추진하는 데 필요하다. 지방공기업은 지역
주민의 의사를 사업운영에 최대한 반영할 수 있고, 지역 실정에 맞는 각종 공공정
책을 수행하기에 적절하기 때문이다.

2. 공공성

지방공기업은 지역 민간기업과 달리 사적 이윤추구가 아닌 공공복리를 추구하
는 데 그 설치 목적이 있다. 지방공기업도 이윤추구 행위를 하지만 근본적인 목적
은 주민의 공공복리 증진에 있다. 또한, 지방공기업은 수익보다 손실이 더 큰 사업
이라 하더라도 지역주민의 공공성을 위하여 추진되는 예도 있다.

따라서 사기업에 맡기면 공익성을 침해할 우려가 있는 지역 독점적인 사업이나,
주민의 복리 증진을 위하여 필요한 사업이지만 민간자본이 부족하고 시장이 취약
한 영역 등에서 지방공기업의 역할이 요청된다.

3. 기업성

지방공기업의 기업성이란 재화나 용역을 생산하는 주체로서 이를 지속해서 생
산하기 위해서는 어느 정도의 수익성을 가져야 한다는 것을 의미한다. 공기업이 채
택하는 독립채산제[3]나 수익자부담원칙 등은 일반행정기관과 구별되는 기업적 요
소이다.

---

2) 그런데 이처럼 지방공기업은 지방자치단체가 관할하는 행정 구역에 의해 공간적인 제약을 받기는
하지만, 주민의 생활권이 반드시 행정 구역에 따라 나뉘지 않기 때문에 특정 지방자치단체에서
운영하는 것이 어려울 수도 있음. 따라서 여러 개의 행정 구역을 하나의 지방공기업 활동 구역으
로 묶는 광역 지방공기업의 설치 필요성이 제기되고 있음(고재민 외, 2014: 13).

3) 독립채산제란 기업 또는 사업 경영체가 자기의 수지에 의해 단독으로 사업을 성립시킬 수 있도록
하는 경영관리제도임. 지방공기업의 입장에서 독립채산제란 지방공기업의 경영에 필요한 지출은
지방자치단체의 일반회계나 다른 특별회계의 재원으로 보전하는 일 없이 당해 지방공기업의 수입
으로 충당해야 한다는 것을 의미함.

따라서 공기업은 일반 행정기관과 달리, 조세로 그 비용을 충당하기보다는 서비스를 받는 자가 그 수익에 상응한 비용을 부담하도록 하는 사업을 추진할 때 그 필요성이 강하게 요청된다.

Ⅲ 지방공기업의 유형

지방공기업법상 지방공기업은 크게 지방자치단체 내부에 소속되어 있느냐, 지방자치단체가 독립법인으로 설립하여 사업을 수행하느냐에 따라 직접경영방식과 간접경영방식으로 나뉜다. 직접경영방식에는 지방직영기업이 있으며, 간접경영방식은 다시 사업의 성격과 지방자치단체의 출자 비율에 따라 지방공단과 지방공사로 구분된다.

한편, 지방공기업법상 지방공기업은 지방자치단체가 최소 자본금의 50% 이상을 출자하여야 한다. 그런데 지방자치단체가 자본금의 50% 미만을 출자·출연하여 법인을 설립·운영할 필요성이 있는 사업도 있을 수 있다.[4] 이 경우 지방출자출연법을 적용한다. 출자·출연기관은 상법상 주식회사(출자기관) 또는 민법상 재단법인(출연기관)의 형태로 설립된다.[5]

1. 직접경영방식: 지방직영기업

지방직영기업은 지방자치단체가 직접 공기업특별회계를 설치하고 그 소속 공무원과 조직을 통해 운영하는 경영방식이다. 따라서 지방공기업법뿐 아니라 일반행정기관에 적용되는 법령이 그대로 적용된다. 지방직영기업의 조직과 인력은 지방자치단체의 일부 조직이며 소속직원은 공무원 신분이다. 운영자금은 지방자치단체

---

4) 제3섹터란 일반적으로 공공부문(제1섹터)과 민간부문(제2섹터)이 공동으로 출자한 사업체를 의미함. 따라서 정부가 100% 미만을 출자하는 지방공사와 출자·출연법인은 제3섹터로 볼 수 있음(손희준, 2019: 408; 윤영진, 2016: 360).

5) 출자기관이란 지방자치단체가 지역경제의 발전과 주민 소득증대 등의 목적을 위해 개별법령에 따라 설립하고 출자하여 그에 해당하는 지분을 갖는 기관을 말하며, 주로 주식회사로 운영되며, 서울특별시에 금천일자리 주식회사, 부산광역시에 벡스코 주식회사 등이 운영 중임. 출연기관이란 지방자치단체가 문화, 예술, 장학 등의 목적을 위해 개별법령 또는 조례에 따라 지방자치단체의 예산의 출연형식으로 제공하는 기관을 의미하며, 서울시복지재단, 중구문화재단, 서초다산장학재단 등 이 운영 중임(행정안전부, 법령 해설집; 지방자치단체 출자·출연기관 현황).

의 예산이며, 지방의회의 의결을 얻어 특별회계로 운영된다.

지방직영기업의 사업대상은 공공성이 높고 지역주민의 일상생활과 밀접한 사업으로, 상·하수도, 공영개발, 지역개발기금 등이 그 예이다.

지방직영기업은 지방자치단체가 직접 경영하므로 낮은 요금을 책정하기에 유리하고, 채산성이 맞지 않아도 운영할 수 있다는 장점이 있다. 그러나 간부와 직원들의 전문성 확보가 어려우며, 조직과 운영이 관료제의 병리 현상을 그대로 내포하고 있다는 한계도 있다.

지방직영기업은 주로 지방자치단체의 상수도와 하수도 그리고 공영개발을 위하여 설립·운영하고 있다. 예를 들면, 서울특별시 상·하수도사업, 세종특별자치시 공영개발, 목포시 공영개발 등이다.

2. 간접경영방식: 지방공단 및 지방공사

간접경영이란 지방자치단체가 법인을 설립하여 간접적으로 기업활동을 하는 방식이다. 지방자치단체가 전액 또는 일부를 출자한 독립법인으로 지방자치단체와 별도로 독립적으로 운영된다.

지방공단은 민간 출자가 허용되지 않고 지방자치단체가 전액(100%) 출자하지만, 지방공사는 자본금의 50%를 넘지 않는 범위 내에서 지방자치단체 이외의 자가 출자할 수 있다. 결국, 지방자치단체가 100% 출자한 경우에는 지방공단과 지방공사가 모두 가능하다.

그러나 지방공사는 독립적인 경영사업이 가능하고 손익금의 자체처리가 가능하지만, 지방공단은 지방자치단체의 특정 사무의 대행만이 가능하고 손익금의 자체처리가 불가능하다는 차이점이 있다.

따라서 지방공사는 지방공단보다 수익성 성격이 좀 더 강하다고 볼 수 있다. 기업성이 강한 지방공사 관리책임자의 명칭은 사장이며, 일종의 지방자치단체의 공공업무대행기관인 지방공단 관리책임자의 명칭은 이사장이다.

지방공사는 도시개발, 도시철도, 교통·항만·관광 등의 사업을 수행하며, 서울교통공사, 서울주택도시공사, 경기교통공사 등이 이에 속한다. 지방공단은 시설공단, 환경공단 등의 이름으로 설립되며, 서울시설공단, 종로구시설관리공단, 부산환경공단 등이 이에 속한다.

▌표 18-1 지방공기업 및 출자 · 출연법인 비교

구분	지방공기업			출자 · 출연기관
	지방직영기업	지방공단	지방공사	
법률	지방공기업법 지방자치법 지방재정법	지방공기업법	지방공기업법 상법(일부 준용)	지방출자출연법 상법, 민법 등
사업성격	필수주민 생활서비스	공공성	공공성 〉 수익성	공공성 〈 수익성
설립	자치단체 조직 ※ 조례제정	자치단체 단독 (자치단체 100%) ※ 조례제정	자치단체 단독 민관공동 출자 (자치단체 50~100%) ※ 조례제정	민관공동 출자 (자치단체 10~50% 미만) ※ 조례제정
손익금 처리	가능	불가	가능	가능
대표자	관리자 (공무원)	이사장	사장	대표이사

자료: 행정안전부, 2016 지방공기업 현황; 행정안전부, 2017 지방공기업 설립 운영 기준; 행정안전부, 2017 지방 출자 · 출연기관 설립기준

Ⅳ 지방공기업의 대상사업

1. 당연적용 사업

지방공기업법(제2조 제1항)에서는 지방공기업 당연적용 사업으로, ⓐ 수도 사업 (마을 상수도 사업은 제외), ⓑ 공업 용수도 사업, ⓒ 궤도 사업(도시철도 사업을 포함), ⓓ 자동차 운송 사업, ⓔ 지방도로 사업(유료도로 사업만 해당), ⓕ 하수도 사업 ⓖ 주택 사업, ⓗ 토지개발 사업, ⓘ 주택 · 토지 또는 공용 · 공공용 건축물의 관리 등의 수탁 등 9개 사업을 규정하고 있다.

2. 임의적용 사업

경상경비의 50% 이상을 자체 경상수입으로 충당할 수 있는 사업으로 조례가 정하는 바에 의하여 임의적용 사업으로 운영할 수 있다(지방공기업법 제2조 제2항). 이러한 임의적용 사업에는 ⓐ 민간인의 경영 참여가 어려운 사업으로서 주민 복리의

증진에 이바지할 수 있고, 지역경제 활성화나 지역개발 촉진에 이바지할 수 있다고 인정되는 사업, ⓑ 당연적용 사업 중 대통령령으로 정하는 기준에 미달하는 사업, ⓒ 체육시설업, ⓔ 관광사업(여행업 및 카지노업은 제외한다) 등이 포함된다.

V 지방공기업 현황

우리나라 지방공기업 수는 총 416개이며, 지방직영기업은 252개로 60.7%, 지방 공단은 88개로 21.2%, 지방공사가 76개로 18.3%를 차지하고 있다(2024년 9월 30일 기준). 전체 지방공기업 중에서 상수도와 하수도 관련 지방직업기업이 226개로 가장 큰 비중을 차지하고 있다.

한편, 지방출자출연법의 적용을 받는 출자기관(98개)과 출연기관(754개)의 수는 총 852개로 지방공기업 수보다 2배가 많다. 우리나라 지방자치단체가 운영 중인 지방공공기관은 총 1,268개이며, 이를 지방자치단체의 수(광역과 기초자치단체를 합하여 총 243개)와 비교하면 개별 지방자치단체별로 평균 1.71개의 지방공기업, 평균 3.51개의 지방공공기관을 설치·운영하고 있는 것으로 나타난다.

▍표 18-2 지방공공기관 현황

(단위: 개 / 2024. 9. 30. 기준)

구분			개수	비율
지방공기업	지방직영기업	상수도(122), 하수도(104), 공영개발 등(26)	252	60.7%
	지방공단	시설관리공단(83), 환경공단 등(5)	88	21.2%
	지방공사	도시개발(16), 도시철도(6), 기타(54, 관광, 도시 등)	76	18.3%
	소계		416	33%
출자출연기관	출자기관	○○주식회사	98	12%
	출연기관	문화재단, 복지재단, 장학재단 등	754	88%
	소계		852	67%
총 계			1,268	100%

자료: 행정안전부(2024). 2024 지방공공기관 현황

지방자치단체의 민간투자제도

Ⅰ 개요

민간투자제도란 도로나 항만 등 사회기반시설을 민간 자금으로 건설하고 민간이 운영하는 제도를 의미한다(윤영진, 2016: 378). 이 제도는 사회기반시설에 대한 민간의 투자를 촉진하여 사회기반시설의 확충을 목적으로 하며, '사회기반시설에 대한 민간투자법'(약칭: 민간투자법)에 근거를 두고 있다.

Ⅱ 민간투자 사업의 유형

민간투자법(제4조)에서는 민간투자사업의 추진 방식으로 여섯 가지를 규정하고 있다. 그러나 실제 우리나라 민간투자사업의 추진 방식은 수익형 민간투자사업(BTO: Build Transfer Operate)과 임대형 민간투자사업(BTL: Build Transfer Lease) 형태가 대부분이다. 정부가 BTO 방식과 BTL 방식 중에서 어떤 것을 선택할 것인가는 '최종 사용자의 사용료로 투자비 회수 가능 여부'가 주요 판단 기준이 된다.

1. BTO 방식

BTO(수익형 민간투자사업) 방식은 민간이 건설(Build)하고, 정부에게 소유권을 넘기(Transfer)지만, 그 운영(Operate)권은 민간이 가지고 일정 기간 시설의 최종 사용자로부터 사용료를 징수하여 투자금을 회수하는 방식이다. 예를 들면, 신분당선 지하철이나 서울 지하철 9호선이 이와 유사한 방식이다.

이 방식은 도로, 항만, 철도 등 사회기반시설을 민간의 자금으로 건설하여 정부의 부족한 재정부담을 보완하기 위하여 도입되었다. 정부와 민간 사업자 간에는 해당 사회기반시설의 건설과 운영으로 최소한의 민간회사의 수입이 보전될 수 있도록 계약이 이루어진다.

2. BTL 방식

　　BTL(임대형 민간투자사업) 방식은 민간이 시설을 건설(Build)하고, 그 시설의 소유권은 정부 소유로 이전(Transfer)하는 대신에 민간은 관리운영권을 가지고, 정부는 일정 기간 해당 시설을 임차하고 임대료(Lease)를 민간에게 지급하는 형식이다. 주로 자체적으로 수익창출이 어려운 공공시설을 대상으로 이 방식이 활용된다. 예를 들면, 학교, 기숙사, 노인요양시설, 박물관, 미술관 등 정부가 국민의 기초적인 서비스 제공을 위해 건설이 필요하지만, 정부의 재정투입이 한 번에 이루어지기 어려운 사업들이 이에 해당한다.

05편

정부 상호 간
관계

제**19**장

지방자치단체에 대한 통제

제1절 **지방자치단체에 대한 통제의 의의와 유형**

Ⅰ 의의

국가는 하나의 중앙정부와 여러 개의 지방자치단체로 나누어진다. 지방자치단체는 국가의 한 부분임과 동시에 일정한 공간을 독자적으로 운영하는 자치권을 가진 독립된 법인이다. 중앙정부는 전체 국가의 입장에서 통일성을 강조하지만, 지방자치단체는 반대로 독립성과 다양성을 강조한다. 따라서 중앙정부와 지방자치단체 상호 간에는 긴장 관계가 형성되며, 이를 적절히 조화시키는 작업이 지방자치제도 설계에 중요한 부분이다.

본 절에서 다루는 지방자치단체에 대한 통제는 국가나 광역자치단체의 입장에서 통일성을 보장하기 위한 제도적 장치에 대한 논의이다. 그런데 국가나 광역자치단체의 감독은 헌법이 보장하는 지방자치제도의 취지에 위배되지 않아야 한다. 특히, 이러한 감독은 통일성을 위하여 지방자치단체를 억압하거나 통제하기보다는 지방자치단체가 스스로 책임성을 가지고 자치 역량을 발휘할 수 있도록 지원하는 것이 필요하다.

Ⅱ 지방자치단체에 대한 통제의 유형

1. 통제 주체별 분류

1) 입법적 통제

입법적 통제란 국회나 광역지방의회가 법률이나 조례를 통하여 지방자치단체를

통제하는 것이다. 헌법 제117조와 제118조에서는 지방자치단체의 종류, 지방의회
및 지방자치단체의 조직과 운영에 관한 사항은 법률로 정하도록 하고 있다. 지방자
치법 제24조에서는 "시·군 및 자치구의 조례나 규칙은 시·도의 조례나 규칙을 위
반하여서는 아니 된다"라고 규정하고 있어, 광역지방의회의 조례에 기초자치단체
의 조례와 규칙이 위배되어서는 안 된다.

2) 사법적 통제

사법적 통제란 법원이나 헌법재판소에 의한 통제를 의미한다. 법원은 구체적 사
건에 관한 소송 및 판결을 통하여 지방자치단체에 대한 통제의 효과를 나타낸다.
헌법재판소는 권한쟁의심판이나 헌법소원심판을 통하여 지방자치단체에 대한 통제
에 관여하게 된다.

3) 행정적 통제

행정적 통제란 국가 행정기관에 의한 지방자치단체의 감독과 광역자치단체에
의한 기초자치단체에 대한 감독을 의미한다.

국가기관에 의한 행정적 통제에는 감사원의 지방자치단체에 대한 감사를 살펴
볼 필요가 있다. 감사원은 국가의 세입 세출의 결산, 국가 및 법률이 정한 단체의
회계검사와 행정기관 및 공무원의 직무에 관한 감찰을 하기 위하여 설치된 대통령
소속 기관이다(헌법 제97조). 감사원의 직무범위와 감사대상 기관 등을 규정한 감사
원법에서는 '지방자치단체의 회계'를 감사원의 필요적 검사사항으로 하고 있고(감사
원법 제22조 제1항 제2호), '지방자치단체의 사무와 그에 소속한 지방공무원의 직무'
에 관한 사항을 감찰할 수 있다(감사원법 제24조 제1항 제2호)고 규정하고 있다.

그런데 감사원의 감사 대상인 '지방자치단체의 사무'는 위임사무를 의미하는 것
인지 아니면 자치사무까지 포함한 것인지가 명확하지 않다. 지방자치법의 논리로
보면 자치사무는 법령위반 사항에 한정하는 것으로 보아야 할 것이다. 그러나 헌법
재판소(헌법재판소 2008. 5. 29. 2005헌라3)는 위임사무나 자치사무의 구별 없이 합법
성 감사뿐 아니라 합목적성에 대한 감사도 가능하다고 보고 있다.[1]

---

1) 헌법재판소의 결정 논리의 배경은 입법자가 결정한 감사원법의 법조문상 사무의 구분이 없으며,

2. 대상 사무별 분류

1) 위임사무에 대한 통제

위임사무에 대한 통제는 위임에 관한 일반규정(행정권한의 위임 및 위탁에 관한 규정 등 참조)에 의해 감독이 가능할 것이다. 그러나 지방자치법(제185조)에서는 위임사무의 감독에 대한 일반적인 규정을 두고 있다. 이는 단체위임 및 기관위임사무를 수임받은 지방자치단체와 위임기관인 국가 또는 상급자치단체와의 불필요한 논쟁을 피하고, 위임사무에 대한 상호 간의 관계를 명확히 하기 위한 입법자의 의도인 것으로 보인다.

지방자치법 제185조 규정을 살펴보면, 지방자치단체(단체위임사무)나 그 장(기관위임사무)이 위임받아 처리하는 국가사무에 관하여 시·도에서는 주무부장관, 시·군 및 자치구에서는 1차로 시·도지사, 2차로 주무부 장관의 지도·감독을 받는다(지방자치법 제185조 제1항). 시·군 및 자치구나 그 장이 위임받아 처리하는 시·도의 사무에 관하여는 시·도지사의 지도·감독을 받는다(제2항).

한편, 감사권한은 일반적 감독권에 포함되는 것이기 때문에 동 조항을 근거로 위임사무에 대한 감사를 시행할 수 있다(이진수, 2018: 268).[2]

2) 자치사무에 대한 통제

지방자치단체의 자치사무에 대한 국가나 광역자치단체의 감독은 적법성 감독에 한정된다. 자치사무는 지방자치단체가 자신의 재원으로 자기 책임으로 수행되는 자치행정의 본질이기 때문이다.

자치사무에 대한 적법성 감독을 명시한 지방자치법 규정은 전술한 제192조 법령을 위반한 지방의회 의결의 재의 요구, 제188조 지방자치단체장의 위법한 명령·처분에 대한 시정명령·취소·정지 등이 있다.

감사원법 제33조에서는 감사원의 감사는 감사결과에 대해 합법성뿐 아니라 합목적성(부당성)에 대한 통제도 인정하고 있다는 것임. 이러한 결정은 법률 조문에 지나치게 의존적인 결정으로 보임. 이는 헌법상 보장된 지방자치의 본질에 정면으로 배치된다고 보여짐. 헌법재판소의 결정은 궁극적으로는 지방자치를 헌법에 따른 것이 아닌, 법률에 따른 제도로 전락시키는 결과를 초래하였다는 비판을 받음(조성규, 2016: 362).

2) 지방자치법 제191조 제2항 제1호에서 위임사무의 감사에 대한 관련 규정을 확인할 수 있음.

또한, 지방자치법 제190조에서는 자치사무에 대한 감사는 법령위반 사항에 한정됨을 규정하고 있다(제1항). 즉, 이 조항에서는 "행정안전부 장관이나 시·도지사는 지방자치단체의 자치사무에 관하여 보고를 받거나 서류·장부 또는 회계를 감사할 수 있다. 이 경우 감사는 법령 위반사항에 대해서만 한다"라고 규정하고 있다. 따라서 자치사무에 대해 보고3)를 받는 것은 가능하지만 감사는 법령위반 사항에 한정된다. 또한, 행정안전부 장관 또는 시·도지사는 자치사무에 대해 감사를 하기 전에 해당 사무의 처리가 법령에 위반되는지 등을 확인하여야 한다(제190조 제2항).4)

한편, 행정안전부 장관이 지방자치법 제190조에 따라 서울특별시의 자치사무에 관한 감사를 하려는 경우에는 국무총리의 조정을 거쳐야 한다(서울특별시법 제4조 제2항).

3. 대상 기관별 분류

1) 지방의회에 대한 통제

지방의회는 주민의 대표기관으로 지방자치단체의 최고 의사결정 기관이다. 지방의회에 대한 통제는 지방자치의 이념과 부합하지 않는다고 볼 수 있다. 따라서 지방의회에 대한 국가와 광역자치단체의 통제는 최소한에 그쳐야 하며, 지방자치법에서는 지방의회의 의결이 법령에 위반되거나 공익을 현저히 해치는 경우 감독기관의 재의 요구와 대법원에의 제소 등을 허용하고 있다(지방자치법 제192조).

---

3) 여기에서 '보고'는 지방자치법 전반에 있는 감독기관에 보고토록 된 규정(제7조, 제21조 제12항, 제35조, 제149조, 제150조)의 일반규정으로 보는 견해(홍정선, 2018: 674), 감사와 관련되어 한정된 보고를 받을 권리로 보는 견해(김남철, 2018: 276)가 있음. 어느 입장에서나 자치사무에 대한 보고는 행정의 통일성이나 광역적 처리를 위하여 필요한 수준에서 이루어져야 하며 자치사무 전반에 대한 보고 요구는 자치권을 침해할 수 있음.

4) 헌법재판소는 서울특별시와 정부 간의 권한쟁의 사건(2009. 5. 28. 선고 2006헌라6 결정)에서 자치사무에 대한 법령위반 사항에 대한 감사권은 사전적 일반적인 포괄 감사권이 아니라 그 대상과 범위가 한정적인 제한된 감사권으로 보았음. 따라서 안전행정부 장관이 자치사무에 대한 법령위반 사항 감사에 착수하기 위해서는 자치사무에 관하여 특정한 법령위반 행위가 확인되었거나 위법행위가 있었으리라는 합리적 의심이 가능한 경우이어야 하고, 그 감사대상을 특정해야 한다고 보았음. 자치사무에 대한 합목적성 감사를 하는 결과를 초래하는 포괄적 사전적 일반감사나 위법 사항을 특정하지 않은 감사 또는 법령위반 사항을 적발하기 위한 감사는 허용될 수 없다고 판단함.

2) 지방자치단체장에 대한 통제

지방자치단체장은 지방자치단체를 대표하고 집행부의 최고 책임자이다. 또한, 국가나 광역자치단체의 하급행정기관 역할도 수행한다. 따라서 국가나 광역자치단체와의 행정 통일성이라는 측면에서 감독기관(감독관청)의 지도·감독이 요구되는 경우가 발생할 수 있다. 이를 대비하여 지방자치법에서는 지방자치단체장의 위법·부당한 명령이나 처분뿐 아니라 부작위에 대한 감독기관의 통제를 규정하고 있다(제188조 및 제189조).

제2절 지방의회 의결에 대한 통제

I 의의

지방의회의 의결에 대한 국가나 광역자치단체의 통제는 최소한에 그치는 것이 바람직하다. 왜냐하면, 해당 지역주민의 대표기관으로 구성된 지방의회의 결정은 그 지역주민 전체의 공감대가 형성된 결정으로 보아야 하기 때문이다. 그러나 지방의회의 의결도 일국의 지방자치제도 내에서 이루어지는 것이므로 국가 전체나 광역적 차원에서 법질서의 통일성을 확보하기 위한 통제가 필요할 수 있다.

이러한 이유로 지방자치법 제192조는 지방의회의 의결이 법령에 위반되거나 공익을 현저히 해치는 경우 감독기관의 재의 요구 명령과 지방자치단체장의 재의 요구5)(제1항), 재의결된 사항에 대한 지방자치단체장의 제소(제1항, 제4항) 그리고 감독기관의 제소 지시와 직접 제소(제5항, 제7항)를 규정하고 있다.

---

5) 지방의회 의결에 대한 지방자치단체장의 재의 요구는 제3편 제12장 제2절 의결기관과 집행기관의 비일상적 관계를 참고 바람.

Ⅱ 재의 요구 명령권자 및 사유

1. 재의 요구 명령권자

시·도에 대해서는 주무부 장관[6]이, 시·군 및 자치구에 대해서는 시·도지사가 해당 지방자치단체장에게 재의를 요구하게 할 수 있다(지방자치법 제192조 제1항). 만일 시·군 및 자치구 의회 의결이 법령에 위반된다고 판단됨에도 불구하고 시·도지사가 재의를 요구하게 하지 아니한 경우 주무부 장관이 직접 시장·군수 및 자치구의 구청장에게 재의 요구 명령을 할 수 있다(제2항).[7]

2. 재의 요구 명령 사유

재의 요구 사유는 지방의회의 의결이 법령에 위반되거나 공익을 현저히 해친다고 판단되는 경우이다(지방자치법 제192조 제1항 전단). 지방의회 의결사항이면 대상에 포함되므로 조례안이나 예산과 관련된 내용도 당연히 포함된다. 여기서 공익을 현저히 해친다는 의미는 비록 법령에는 위반되지 않으나, 행정적인 타당성이나 합리성을 충족하고 있지 않은 부당한 경우로 해석된다(김남철, 2004: 440). 법령에 위반되는 경우란 자치사무와 단체위임사무가 모두 포함되지만, 공익을 현저히 해치는 경우 자치사무는 제외되고 단체위임사무만 적용된다(홍정선, 2018: 681).[8] 자치사무에 대한 부당성까지 감독하게 되면 자치권을 지나치게 통제하는 결과를 초래하기 때문이다.

그런데 직속 상급기관에서 1차 재의 요구 명령의 사유에는 '공익을 현저히 해친

---

6) 중앙부처의 경우는 해당 의결내용이나 법령을 관장하는 주무 부처의 장관이 재의 요구 명령권자가 됨. 그러나 둘 이상의 부처가 관련되거나 주무부 장관이 불분명하면 행정안전부 장관이 재의 요구 또는 제소를 지시하거나 직접 제소 및 집행정지 결정을 신청할 수 있음(지방자치법 제192조 제9항).

7) 이 조항은 2021년 1월 지방자치법 전부개정으로 추가되었는데, 기초지방의회에 대한 광역자치단체장의 감독이 제대로 이루어지지 않는 경우 주무부 장관의 직접 재의 요구가 가능하도록 한 것임. 그러나 기초자치단체장이 지방의회에 재의 요구를 할 수 있는 기간이 '의결사항을 이송받은 날부터 20일 이내'임. 따라서 제192조 제1항과 제2항이 모두 20일 이내에 이루어지게 되어 현실적으로 제2항이 적용될 시간적 여유가 있을지는 의문임.

8) 기관위임사무는 원칙적으로 지방의회가 관여할 수 없으므로 논의 대상에서 제외됨.

다고 판단'되는 경우도 가능하지만, 기초자치단체에 대한 주무부 장관의 직접 재의 요구 명령의 경우와 상급기관의 재의 요구 명령에 지방자치단체장이 불응하는 경우 그리고 지방의회의 재의결에 대한 대응 등은 '법령에 위반'되는 사유에 한정된다.

Ⅲ 지방자치단체장의 재의 요구와 지방의회의 재의결

1. 지방자치단체장의 재의 요구

주무부 장관 또는 시·도지사로부터 재의 요구 명령을 받은 지방자치단체장은 지방의회의 의결사항을 이송받은 날부터 20일 이내에 지방의회에 이유를 붙여 재의를 요구하여야 한다(지방자치법 제192조 제1항). 지방자치단체장의 재의 요구는 재량적이라기보다는 반드시 수행하여야 하는 의무적인 행위로 보아야 한다.

2. 지방의회의 재의결

지방자치단체장의 재의 요구에 대하여 지방의회에서 재적의원 과반수의 출석과 출석의원 3분의 2 이상의 찬성으로 전과 같이 의결하면 그 의결사항은 확정된다(지방자치법 제192조 제3항). 지방의회의 특별의결정족수가 적용된 것이다.

Ⅳ 대법원에 제소와 집행정지 신청

1. 지방자치단체장이 재의 요구 명령에 불응하는 경우: 상급기관의 대법원에 직접 제소 및 집행정지 신청

지방자치단체장이 재의 요구 명령에 불응하는 경우에 대한 상급기관의 통제방법이 필요할 것이다. 지방자치법은 이에 관해서도 비교적 상세한 대응을 규정하고 있다. 즉, 지방의회의 의결이 법령에 위반된다고 판단되어 주무부 장관이나 시·도지사로부터 재의 요구 지시를 받은 해당 지방자치단체장이 재의 요구에 불응할 경우(법령에 위반되는 지방의회의 의결사항이 조례안인 경우로서 재의 요구 지시를 받기 전에 그 조례안을 공포한 경우를 포함), 주무부 장관이나 시·도지사는 지방자치단체장이 지방의회로부터 의결사항을 이송받은 날부터 20일이 지난날부터 7일 이내에 대법원에 직접 제소 및 집행정지 결정을 신청할 수 있다(지방자치법 제192조 제8항).

2. 지방자치단체장의 대법원에 제소와 집행정지 신청

지방자치단체장은 재의결된 사항이 법령에 위반된다고 판단되면 재의결된 날부터 20일 이내에 대법원에 소를 제기할 수 있다. 이 경우 필요하다고 인정되면 그 의결의 집행을 정지하게 하는 집행정지 결정을 신청할 수 있다(지방자치법 제192조 제4항).

3. 지방자치단체장이 제소지시에 불응하는 경우

지방자치단체장이 재의결된 날부터 20일이 지나도 대법원에 소를 제기하지 아니하면, 20일이 지난날부터 7일 이내에 시·도에 대해서는 주무부 장관이, 시·군 및 자치구에 대해서는 시·도지사(주무부장관이 직접 재의 요구 지시를 한 경우에는 주무부장관)가 그 지방자치단체장에게 제소를 지시할 수 있다. 이러한 제소지시에 지방자치단체장이 불응하여 7일 이내에 대법원에 소를 제기하지 아니하면, 7일이 지난날부터 7일 이내에 시·도에 대해서는 주무부 장관이, 시·군 및 자치구에 대해서는 시·도지사가 직접 제소 및 집행정지 결정을 신청할 수 있다(지방자치법 제192조 제5항, 제6항 및 제7항).

제3절 **지방자치단체장의 명령·처분에 대한 통제**

Ⅰ 의의

지방자치단체장이 위법하거나 부당한 명령이나 처분을 하는 경우에 대비하여 이에 대한 통제 제도가 필요할 수 있다. 왜냐하면, 지방자치단체장의 명령이나 처분은 일국의 지방자치제도 내에서 이루어지는 것이므로 국가 전체나 광역적 차원에서 법질서의 통일성을 확보할 필요성이 제기되기 때문이다.

이러한 이유로 지방자치법 제188조에서는 지방자치단체장의 위법·부당한 명령이나 처분에 대하여 국가나 광역자치단체에서 시정명령이나 직접 취소·정지할 수 있는 제도를 규정하고 있다. 그런데 지방자치단체의 자치권 보장을 위하여 자치사무에 대한 상급기관의 감독에 이의가 있으면 지방자치단체장은 대법원에 소를 제기할 수 있도록 하고 있다(지방자치법 제188조 제6항).

Ⅱ 대상 사무

1. 감독 대상 사무

지방자치단체장의 위법·부당한 명령·처분에 대한 상급기관의 감독 대상이 되는 사무는 '지방자치단체의 사무'이다(제188조 제1항 전단). 그런데 지방자치단체의 사무에 자치사무와 단체위임사무가 포함된다는 것에는 학자들의 의견이 일치하지만, 기관위임사무를 포함할 것인가에 대해 논란이 있다.

지방자치법 제188조 제1항부터 제4항의 규정을 자치사무와 단체위임사무에는 해당하고 기관위임사무에는 해당하지 않는다고 보는 견해(김남철, 2018: 274; 홍정선, 2018: 702; 조성규, 2019: 89; 이진수, 2018: 264)와 기관위임사무도 포함된다는 견해(정남철, 2016: 319; 김남진·김연태, 2015: 190; 김동희, 2019: 129; 정하중, 2014: 954)가 대립된다. 기관위임사무 제외 입장은 기관위임사무에는 일반적 감독권이 인정되므로 포함하는 것은 적절치 않다는 것이다. 그 반대 주장은 기관위임사무도 성질상 지방자치단체의 사무에 포함될 수 있어 제외할 이유가 없다는 것이다. 판례는 명확하지 않으나 동 조항에 따른 기관위임사무에 대한 상급기관의 시정명령을 인정하고 있는 것으로 보인다(대법원 2013. 5. 23. 선고 2011추56[9]; 대법원 2014. 2. 27. 선고 2012추183). 생각건대, 기관위임사무는 다른 규정에 근거한 감독이 가능하다 하더라도 동 조항에서 기관위임사무를 배제할 이유는 없다고 판단된다.

---

9) 동 판례는 감독기관이 기관위임사무에 대한 시정명령을 하였고, 이에 대해 해당 자치단체에서 그 시정명령에 대한 제소를 한 사례이며, 대법원은 기관위임사무에 대한 시정명령이므로 자치사무만을 대상으로 한 제188조 제6항에 위배되어 소송을 각하한 사례임.

제5편 정부 상호 간 관계

2. 지방자치단체장의 소송 대상 사무

감독기관의 명령이나 처분의 취소 또는 정지에 대하여 이의가 있으면 지방자치단체장은 대법원에 소를 제기할 수 있다. 그런데 대법원에 소를 제기할 수 있는 대상사무는 자치사무에 한정된다(지방자치법 제188조 제6항). 위임사무는 국가 또는 광역자치단체의 사무이지만 해당 지방자치단체에 위임된 것이다. 따라서 위임사무에 대한 감독기관의 취소·정지 처분은 내부적인 행위이기 때문이다.

Ⅲ 사유

주무부 장관이나 시·도지사가 감독권을 행사하는 사유는 지방자치단체장의 명령이나 처분이 법령에 위반되거나 현저히 부당하여 공익을 해친다고 인정되는 경우이다(지방자치법 제188조 제1항).

첫째, 지방자치단체장의 적극적인 명령이나 처분이 있어야 한다. 여기서 감독기관의 통제 대상은 지방자치단체장의 적극적인 명령이나 처분에 대한 것이다. 따라서 지방자치단체장의 부작위[10]에 대한 감독은 제외된다. 부작위에 대한 통제는 뒤에서 논하는 지방자치법 제189조의 직무이행명령의 대상 사무이다.

둘째, 법령에 위반되거나 현저히 부당하여 공익을 해친다고 인정되어야 한다. 이는 앞에서 논의한 지방의회 의결에 대한 재의 요구에서의 사유와 유사하다. 자치사무에 관한 명령이나 처분에 대한 감독은 법령을 위반한 것에 한정한다(지방자치법 제188조 제5항). 따라서 '현저히 부당하여 공익을 해친다고 인정'되는 경우는 위임사무에만 해당한다. 위임사무에 대해서는 감독기관의 타당성이나 합목적성에 대한 통제가 가능하기 때문이다.

---

10) 예를 들면, 법령에서 관련 사무를 집행하기에 필요한 규칙을 지방자치단체장에게 제정하여 시행토록 하였는데 이를 제정하지 아니한 경우, 법령상 지방자치단체장의 행정적인 조치가 필요한데 이에 대해 아무런 행정행위를 하지 아니한 경우 등이 부작위에 해당함.

IV 감독기관의 시정명령과 취소 · 정지

1. 직속 상급기관의 시정명령과 취소 · 정지

해당 지방자치단체장의 위법 · 부당한 명령 · 처분에 대한 직접적인 감독기관은 원칙적으로 직속 상급기관이다. 따라서 기초자치단체장의 행위에는 광역자치단체 장이, 광역자치단체장의 행위에는 주무부 장관이 이를 취소하거나 정지하는 것이 원칙이다(지방자치법 제188조 제1항). 그러나 뒤에서 논의하는 바와 같이 국가가 직접 기초자치단체장의 행위를 감독할 수 있는 장치를 마련하였다.

감독기관은 '기간'을 정하여 '서면'으로 시정할 것을 명해야 한다. 감독기관의 시정명령에서 정해진 기간 내에 해당 지방자치단체장이 이행하지 않으면 감독기관이 직접 이를 취소하거나 정지할 수 있다. 이 경우에도 자치사무에 관해서는 법령에 위반되는 것에 한정된다(지방자치법 제188조 제5항).

2. 주무부 장관의 기초자치단체장에 대한 시정명령과 취소 · 정지

기존 지방자치법에서는 기초자치단체에 대한 감독은 광역자치단체가 수행하고, 광역자치단체에 대한 감독은 국가가 수행하도록 규정하였다. 그러나 국가와 광역 자치단체 간에 의견을 달리하는 경우 법질서의 통일성을 위한 조치가 필요하였다. 이에 2021년 1월 지방자치법 전부개정에서 국가가 기초자치단체를 직접 감독할 수 있는 조항을 추가하였다(지방자치법 제188조 제2항, 제3항 및 제4항).

즉, 기초자치단체장의 명령이나 처분이 법령에 위반되거나 현저히 부당하여 공익을 해침에도 불구하고, 시 · 도지사가 시정명령이나 취소 · 정지권을 행사하지 아니하면, 주무부 장관이 시 · 도지사에게 이를 행사할 것을 명하거나, 주무부 장관이 직접 기초자치단체장에게 시정명령이나 취소 · 정지권을 행사할 수 있다.

V 대법원에 제소

지방자치단체장은 자치사무에 관한 명령이나 처분의 취소 또는 정지에 대하여 이의가 있으면 그 취소처분 또는 정지 처분을 통보받은 날부터 15일 이내에 대법원에 소를 제기할 수 있다(제188조 제6항). 앞에서 논의한 바와 같이 대법원에 소를 제기할 수 있는 사무는 자치사무에 한정된다.[11] 그 논리는 위임사무를 수행하는 지방자치단체장은 하급기관의 지위에 있으므로 취소·정지 처분에 대하여 소송을 제기하는 것은 하급기관이 상급기관을 상대로 상급기관의 사무에 대하여 다투는 것이므로 합리적이지 않다는 것이다(박균성, 2014: 202; 홍정선, 2018: 705).

제4절 지방자치단체장의 부작위에 대한 통제

I 의의

지방자치단체장의 적극적인 행정행위인 명령·처분에 대한 감독기관의 시정명령이나 취소·정지는 지방자치법 제188조에서 규정하고 있다. 그런데 지방자치단체장의 소극적인 부작위에 대한 감독기관의 통제도 필요할 것이다. 즉, 위임기관에서 지방자치단체장에게 사무를 위임하였으나 지방자치단체장이 필요한 행위를 하지 않고 있다면, 위임기관에서 이를 통제하는 제도적 장치가 필요할 것이다.

지방자치법 제189조에서는 지방자치단체장이 기관위임사무의 집행을 명백히 게을리하고 있다고 인정되면 주무부 장관이나 광역자치단체장이 그 이행을 명할 수 있고, 그 기간에 이행명령을 이행하지 않으면 그 지방자치단체의 비용으로 대집행할 수 있는 직무이행명령제도를 규정하고 있다.

II 대상 사무 및 사유

1. 대상 사무

직무이행명령은 국가나 광역사무를 불이행하는 지방자치단체장에 대한 통제수단이다. 따라서 국가나 광역자치단체가 지방자치단체장에게 위임한 기관위임사무

---

11) 판례도 일관된 태도를 보임(대법원 2013. 5. 23. 선고 2011추56; 대법원 2014. 2. 27. 선고 2012추183).

가 그 대상이 된다(정남철, 2016: 325; 김남진·김연태, 2015: 195; 홍정선, 2018: 702). 자치사무나 단체위임사무는 지방자치법 제189조의 적용에서 제외된다.

2. 사유

주무부 장관이나 시·도지사가 직무이행명령을 발하기 위해서는 지방자치단체장이 법령에 따라 그 의무에 속하는 국가위임사무나 시·도위임사무의 관리와 집행을 명백히 게을리하고 있다고 인정되어야 한다.

첫째, 해당 사무가 법령에 따라 그 의무에 속하는 기관위임사무이어야 한다. 지방자치단체장에게 직접 그 이행을 명하기 위해서는 법령에 따라 지방자치단체장에게 위임된 사무이어야 하기 때문이다.

둘째, 지방자치단체장이 그 사무의 관리와 집행을 명백히 게을리해야 한다. 여기서 '명백히 게을리'한다는 의미는 집행해야 하는 조건이 형성되어 있는데도 불구하고 정당한 사유 없이 집행하지 않는 경우이다.[12]

한편, 직무이행명령은 기간을 정하여 서면으로 하여야 한다.

Ⅲ 감독기관의 직무이행명령 및 대집행

1. 직속 상급기관의 직무이행명령 및 대집행

지방자치단체장이 법령에 따라 그 의무에 속하는 국가위임사무나 시·도위임사무의 관리와 집행을 명백히 게을리하고 있다고 인정되면 시·도에 대해서는 주무부 장관이, 시·군 및 자치구에 대해서는 시·도지사가 기간을 정하여 서면으로 이행할 사항을 명령할 수 있다(지방자치법 제189조 제1항).

주무부 장관이나 시·도지사는 해당 지방자치단체장이 기간 내에 이행명령을 이행하지 아니하면 그 지방자치단체의 비용부담으로 대집행 또는 행정상·재정상 필요한 조치를 할 수 있다. 이 경우 행정대집행에 관하여는 행정대집행법을 준용한다

---

12) 판례는 지방자치단체장이 특별한 사정이 없이 그 의무를 이행하지 아니하는 때에는 명백히 게을리했다고 보고 있으며, 여기서 특별한 사정은 재정 능력이나 여건의 미비, 인력 부족 등 사실상의 장애 사유가 있는 경우를 의미함(대법원 2013. 6. 27. 2009추206).

(지방자치법 제189조 제2항).

2. 주무부 장관의 기초자치단체장에 대한 직무이행명령 및 대집행

기존 지방자치법에서는 기초자치단체에 대한 감독은 광역자치단체가 수행하고, 광역자치단체에 대한 감독은 국가가 수행하도록 규정하였으나, 2021년 1월 지방자치법 전부개정에서 국가가 기초자치단체를 직접 감독할 수 있는 조항을 추가하였다(지방자치법 제189조 제3항, 제4항 및 제5항).

주무부 장관은 기초자치단체장이 법령에 따라 그 의무에 속하는 국가위임사무의 관리와 집행을 명백히 게을리하고 있다고 인정됨에도 불구하고 시·도지사가 직무이행명령을 하지 아니하는 경우에는 시·도지사에게 기간을 정하여 이행명령을 하도록 명할 수 있다(지방자치법 제189조 제3항). 만일, 시·도지사가 직무이행명령을 하지 아니하면 주무부 장관이 직접 기초자치단체장에게 직무이행명령을 할 수 있다(제4항). 또한, 시·도지사가 대집행 등을 하지 아니할 때는 주무부 장관은 이를 명할 수 있고, 시·도지사가 이행하지 아니하면 주무부 장관이 직접 대집행 등을 할 수 있다(제5항).

Ⅳ 대법원에 제소

지방자치단체장은 감독기관의 이행명령에 이의가 있으면 이행명령서를 접수한 날부터 15일 이내에 대법원에 소를 제기할 수 있다. 이 경우 지방자치단체장은 이행명령의 집행을 정지하게 하는 집행정지 결정을 신청할 수 있다(지방자치법 제189조 제6항).

앞에서 논의한 지방자치단체장의 위법·부당한 명령·처분에 대한 취소·정지의 경우에는 자치사무에 대한 소송은 인정하고 위임사무에 대한 소송은 인정하지 않았다. 그런데 직무이행명령은 기관위임사무에 해당하는 경우인데 지방자치법은 이에 대한 소송을 인정하고 있다. 이는 입법 정책적인 문제로 볼 수 있을 것이다.[13]

---

13) 직무이행명령에 대한 대법원의 소송에 대하여 항고소송설, 기관소송설, 특수소송설이 있으며, 국회가 입법정책적으로 인정한 특수소송으로 보는 것이 학자들의 다수의견으로 보임(김희진, 2017: 231).

제20장

국가 및 지방자치단체 상호 간의 협력과 갈등 조정

제1절   지방자치단체 상호 간의 협력

I   의의

개별 지방자치단체는 고유한 구역, 주민, 자치권을 가지고 있는 독립된 공법인이다. 이러한 지방자치단체들이 함께 협력하고 공동으로 문제를 해결할 경우 그 방식은 다양할 수 있다. 새로운 법인을 만들 수도 있으며, 단순히 협의체를 형성하는 방법도 있을 수 있다. 지방자치단체 상호 간의 협력 방식은 특정 지방자치단체의 행정 구역에 한정되지 않으므로 이를 '광역행정' 방식으로 불리기도 한다.[1]

지방자치단체 상호 간의 협력 유형은 다양한 방법이 동원될 수 있어, 이를 특정하여 설명하기는 매우 어렵다. 현행 지방자치법 제8장 및 제12장(특별지방자치단체)에서는 지방자치단체 상호 간의 협력 방식을 규정하고 있어, 여기서는 지방자치법에 규정된 협력 방식을 중심으로 살펴보고자 한다.

II   협력 유형

1. 사무의 위탁

1) 의의

지방자치단체 간 사무의 위탁은 당해 지방자치단체의 사무 일부를 다른 지방자

---

1) 광역행정이란 지방자치단체의 법정 행정 구역을 초월하여 발생하는 행정수요를 처리하기 위한 행정방식이라고 정의될 수 있음. 광역행정의 필요성으로는 교통과 통신의 발달로 인한 생활권의 확대, 도시화의 급속한 진전으로 인한 도시의 양적 및 질적 확대, 계획 행정을 위한 필요성, 지방분권과 중앙집권의 조화 등을 들 수 있음(박종화 외, 2013: 244).

치단체에 위탁하여 처리하는 것을 의미한다. 이는 인근 지방자치단체의 시설이나 행정력을 활용하여 기능과 조직의 중복을 피하고 효율적인 업무 수행을 위하여 활용될 수 있다. 예를 들면, 경상북도 청송군은 인근 안동시 고용·복지 플러스 센터에 군 주민의 맞춤형 복지 상담업무를 위탁(2017년)하였으며, 세종특별자치시는 지방공무원 공채 필기시험문제 출제를 충청남도에 위탁(2013년)한 사례 등이 있다(행정안전부, 2019a: 17).[2]

지방자치법 제168조에서는 "지방자치단체나 그 장은 소관 사무의 일부를 다른 지방자치단체나 그 장에게 위탁하여 처리하게 할 수 있다"라고 사무의 위탁을 규정하고 있다.[3]

2) 내용

사무의 위탁을 통한 상호협력을 위해서는 우선 ⓐ 협의를 통하여 상호협력 대상 사무를 결정하고, ⓑ 사무 위탁과 관련된 규약[4]을 정하고, ⓒ 작성된 규약의 내용을 일반 주민들이 알 수 있도록 고시하여야 한다.[5]

사무가 위탁된 경우 위탁된 사무의 관리와 처리에 관한 조례나 규칙은 규약에 다르게 정해진 경우 외에는 사무를 위탁받은 지방자치단체에도 적용한다(지방자치법 제168조 제5항).

---

2) 위탁은 위임과 구별할 필요가 있음. '행정권한의 위임 및 위탁에 관한 규정(대통령령)' 제2조에서는 "위탁"이란 법률에 규정된 행정기관의 장의 권한 중 일부를 다른 행정기관의 장에게 맡겨 그의 권한과 책임 아래 행사하도록 하는 것을 의미하고, "위임"이란 법률에 규정된 행정기관의 장의 권한 중 일부를 그 보조기관 또는 하급행정기관의 장이나 지방자치단체장에게 맡겨 그의 권한과 책임 아래 행사하도록 하는 것을 의미한다고 규정하고 있음. 따라서, 본 규정에 따르면 위탁은 수평적 계약 관계에서, 위임은 수직적 상하 관계에서 이루어지는 것으로 볼 수 있음.

3) 지방자치법 제117조 제2항에서는 지방자치단체장의 사무위탁에 관한 규정이 있는데, 이는 지방자치단체장이 관내 기관(관할 자치단체, 공공기관 등)에 사무를 위탁할 수 있는 법적 근거임. 그러나 제168조의 사무의 위탁은 다른 지방자치단체나 그 장에게 위탁할 수 있도록 만든 규정임.

4) 사무 위탁 규약에는 다음 각호의 사항이 포함되어야 한다(지방자치법 제168조 제3항).
1. 사무를 위탁하는 지방자치단체와 사무를 위탁받는 지방자치단체 / 2. 위탁사무의 내용과 범위 / 3. 위탁사무의 관리와 처리방법 / 4. 위탁사무의 관리와 처리에 드는 경비의 부담과 지출방법 / 5. 그 밖에 사무위탁에 필요한 사항

5) 기존 지방자치법에서는 사무 위탁에 대해 감독기관에 의무적으로 보고해야 하는 규정이 있었으나, 2021년 1월 지방자치법 전부개정에서 삭제됨.

2. 행정협의회

1) 의의

행정협의회란 2개 이상의 지방자치단체와 관련된 특정 사무 일부를 공동으로 처리하기 위하여 설치되는 협의기구이다. 행정협의회는 광역계획 및 그 집행, 특수 행정수요의 충족, 공공시설의 공동설치 등 특정의 사무를 공동으로 처리하는 것이 목적이며, 법인격을 갖지는 않는다. 예를 들면, 울산광역시, 포항시 및 경주시가 각종 광역적 지역문제 해결을 위하여 '동해 남부권 해 오름 동맹 상생 협의회'를 구성 (2017년)하였으며, 인구감소로 소멸위기에 처한 전국 24개 군이 '특례군 법제화 추진 협의회'를 구성(2019년)한 것은 행정협의회 사례이다.

지방자치법 제169조(제1항)에서는 "지방자치단체는 2개 이상의 지방자치단체에 관련된 사무의 일부를 공동으로 처리하기 위하여 관계 지방자치단체 간의 행정협의회를 구성할 수 있다"라고 규정하고 있다. 행정협의회를 구성한 지방자치단체장은 시·도가 구성원이면 행정안전부 장관과 관계 중앙행정기관의 장에게, 시·군 또는 자치구가 구성원이면 시·도지사에게 이를 보고하여야 한다(제169조 제2항).

2) 구성 절차

행정협의회의 구성 절차는 ⓐ 특정 사무의 일부를 공동으로 처리하기 위한 관계 지방자치단체 간 협의를 진행하며, ⓑ 협의 사항에 대하여 규약을 제정하게 되며, ⓒ 규약[6]을 관계 지방의회에 보고[7]하며, ⓓ 일반 주민들이 알 수 있도록 고시하는 과정으로 이루어진다. 행정안전부 장관이나 시·도지사는 공익상 필요하면 관계 지방자치단체에 대하여 협의회를 구성하도록 권고할 수 있다(지방자치법 제169조 제3항).

3) 조직 및 협의 사항의 조정

협의회는 회장과 위원으로 구성되며, 회장과 위원은 규약으로 정하는 바에 따라

---

6) 협의회의 규약에는 다음 각호의 사항이 포함되어야 한다(지방자치법 제171조)
   1. 협의회의 명칭 / 2. 협의회를 구성하는 지방자치단체 / 3. 협의회가 처리하는 사무 / 4. 협의회의 조직과 회장 및 위원의 선임방법 / 5. 협의회의 운영과 사무처리에 필요한 경비의 부담이나 지출방법 / 6. 그 밖에 협의회의 구성과 운영에 필요한 사항

7) 기존 지방자치법에서는 '관계 지방의회 의결'을 거치도록 하였으나, 2021년 1월 지방자치법 전부개정 시 개정된 것임.

관계 지방자치단체의 직원 중에서 선임한다. 회장은 협의회를 대표하며 회의를 소
집하고 협의회의 사무를 총괄한다(지방자치법 제170조).

협의회에서 합의가 이루어지지 아니한 사항에 대하여 관계 지방자치단체장이
조정을 요청하면 시·도 간의 협의 사항에 대해서는 행정안전부 장관이, 시·군 및
자치구 간의 협의 사항에 대해서는 시·도지사가 조정할 수 있다. 다만, 관계되는
시·군 및 자치구가 2개 이상의 시·도에 걸쳐 있는 경우에는 행정안전부 장관이
조정할 수 있다(지방자치법 제173조 제1항). 행정안전부 장관이나 시·도지사가 조정
을 하려면 관계 중앙행정기관의 장과 협의를 거쳐 분쟁조정위원회의 의결에 따라
조정하여야 한다(제2항).

4) 결정의 구속력과 사무처리의 효력

지방자치법에서는 행정협의회에서 결정된 사항에 대해 구속력을 인정하고 있
다. 즉, 지방자치법은 "협의회를 구성한 관계 지방자치단체는 협의회가 결정한 사
항이 있으면 그 결정에 따라 사무를 처리하여야 한다"(제174조 제1항)라고 규정하고
있다. 따라서 관계 지방자치단체는 행정협의회의 결정과 모순되는 결정을 할 수 없
다(김명연, 2005: 236). 협의회는 당사자 간 자유로운 토론과 의견 교환의 과정을 거
쳐 합의를 통한 결정이 이루어짐을 고려하면 그 결정에 구속력을 부여하는 것은
바람직하다고 본다.[8]

협의회는 독립된 법인이 아니므로 협의회 명의로 사무처리를 하지 못한다. 따라
서 협의회는 관계 지방자치단체나 그 장의 명의로 사무를 처리하게 되며, 그 결과
는 해당 지방자치단체나 그 장이 한 것으로 본다(지방자치법 제174조 제3항).

3. 지방자치단체장 및 지방의회 의장 등의 협의체

1) 의의

지방자치단체장 및 지방의회 의장 등의 협의체는 광역자치단체장, 광역지방의회

---

8) 그러나 협의회가 결정하는 모든 사항에 구속력을 부여할 것인지, 아니면 특정 결정에 구속력을 인
정할 것인가에 대해 상호 간에 사전합의나 규약으로 정할 필요가 있으며, 입법론적으로 구속력이
인정되는 결정의 요건이나 형식 등에 관한 사항을 법률에서 명확히 규정하는 방법도 있을 수 있
음(김명연, 2005: 236).

의장, 기초자치단체장, 기초지방의회 의장 등 지방자치단체장이나 지방의회 의장 상호 간의 교류와 협력을 증진하고 공동의 문제를 협의하기 위하여 구성된 협의체이다(지방자치법 제182조 제1항). 통상 '지방 4대 협의체'로 불리운다. 본 협의체는 지방의 부분적인 이익을 국가적으로 통합한다는 의미와 국가적인 의사결정 과정에 효율성 증대의 수단이 된다는 데에 그 의의가 있다(김명연, 2005: 245). 현재 지방 4대 협의체가 모두 설립·운영 중이다.[9] 지방자치법에서는 4개 협의체는 그들 모두가 참가하는 지방자치단체 연합체를 설립할 수 있도록 하고 있다(제182조 제2항).

2) 내용

협의체나 연합체를 설립하였을 때에는 그 대표자는 지체 없이 행정안전부 장관에게 신고하여야 한다(지방자치법 제182조 제3항). 협의체나 연합체는 지방자치에 직접적인 영향을 미치는 법령 등에 관한 의견을 행정안전부 장관에게 제출할 수 있으며, 행정안전부 장관은 제출된 의견을 관계 중앙행정기관의 장에게 통보하여야 한다(제4항). 관계 중앙행정기관의 장은 타당성을 검토하여 행정안전부 장관에게 결과를 통보하여야 하고, 행정안전부 장관은 이를 해당 협의체나 연합체에 지체 없이 통보하여야 한다. 관계 중앙행정기관의 장은 검토 결과 타당성이 없다고 인정하면 구체적인 사유 및 내용을 밝혀 통보하여야 하며, 타당하다고 인정하면 관계 법령에 그 내용이 반영될 수 있도록 적극적으로 협력하여야 한다(제5항).

한편, 협의체나 연합체는 지방자치와 관련된 법률의 제정·개정 또는 폐지가 필요하다고 인정하는 경우에는 국회에 서면으로 의견을 제출할 수 있다(제6항).

4. 지방자치단체조합

1) 의의

지방자치단체조합이란 2개 이상의 지방자치단체가 사무를 공동으로 처리하기 위하여 설립한 독립된 법인이다. 지방자치단체조합은 주로 개발사업의 공동추진이나 행정업무의 효율적인 추진을 위하여 결성된다. 예를 들면, 지리산 인근 7개

---

9) 지방 4대 협의체는 대한민국 시·도지사 협의회, 전국 시장·군수·구청장 협의회, 전국 시·도의회 의장 협의회, 전국 시·군·자치구의회 의장 협의회 등임.

시·군에서 관광 개발사업 공동추진을 위하여 지리산권 관광개발조합을 설립(2008년)하거나, 대구·경북 경제자유구역 내 각종 인허가사무 및 외자 유치 등의 업무지원을 위하여 대구·경북 경제자유구역청을 설립(2008년)한 것은 지방자치단체조합 사례이다.10)

지방자치단체조합은 법인으로 한다(지방자치법 제176조 제2항). 따라서 지방자치단체조합은 자신의 명칭으로 독자적인 사무처리가 가능하다. 지방자치단체조합은 특정한 사무의 공동처리를 위한 지방자치단체 상호 간의 협력 방식이라는 점에서는 행정협의회와 같다. 그러나 행정협의회는 집행능력이 없고 법인격을 갖지 못하는 데 반하여, 지방자치단체조합은 집행력을 갖는 법인이기 때문에 행정협의회의 경우보다 실효성이 높다고 볼 수 있다.

2) 설립 절차

지방자치단체조합의 설립 절차는 ⓐ 2개 이상의 지방자치단체가 하나 또는 둘 이상의 공동으로 처리할 사무에 대해 상호 협의의 과정을 거치고, ⓑ 규약11)을 정하여, ⓒ 참여 지방의회의 의결을 거쳐, ⓓ 시·도는 행정안전부 장관의 승인, 시·군 및 자치구는 시·도지사의 승인을 받아야 하는데, 만일, 지방자치단체조합의 구성원인 시·군 및 자치구가 2개 이상의 시·도에 걸쳐 있는 지방자치단체조합은 행정안전부 장관의 승인을 받는 과정을 거쳐야 한다(지방자치법 제176조 제1항).

앞에서 다룬 행정협의회와 달리 지방의회의 의결과 감독기관의 승인을 설립 요건으로 하고 있다.

---

10) 2023년 12월 31일 현재 운영 중인 지방자치단체조합은 총 9개이며, ① 부산·진해경제자유구역청, ② 광양만권경제자유구역청, ③ 대구·경북자유구역청, ④ 지리산권 관광개발조합, ⑤ 지역 상생발전기금조합, ⑥ 천안·아산 상생협력 센터 관리조합, ⑦ 대전환경사업 지방자치단체조합, ⑧ 충남혁신도시조합, ⑨ 동작·관악 공동자원순환센터 건립조합 등임(행정안전부, 2024a: 48).

11) 지방자치단체조합의 규약에는 다음 각호의 사항이 포함되어야 함(지방자치법 제179조).
    1. 지방자치단체조합의 명칭/2. 지방자치단체조합을 구성하는 지방자치단체/3. 사무소의 위치/4. 지방자치단체조합의 사무/5. 지방자치단체조합회의의 조직과 위원의 선임방법/6. 집행기관의 조직과 선임방법/7. 지방자치단체조합의 운영 및 사무처리에 필요한 경비의 부담과 지출방법/8. 그 밖에 지방자치단체조합의 구성과 운영에 관한 사항

3) 조직

지방자치단체조합에는 지방자치단체조합 회의와 지방자치단체조합장 및 사무직원을 둔다(지방자치법 제177조 제1항). 지방자치단체조합 회의의 위원과 지방자치단체조합장 및 사무직원은 지방자치단체 조합 규약으로 정하는 바에 따라 선임한다(제2항). 관계 지방의회 의원과 관계 지방자치단체장은 지방자치단체조합 회의의 위원이나 지방자치단체조합장을 겸할 수 있다(제3항). 지방의회 의원과 지방자치단체장이 조합과 관련된 겸직을 허용하는 것은 조합과 해당 지방자치단체와의 사무 연계성을 고려하고, 별도의 직원을 고용함에 따른 비효율성을 극복하기 위한 것으로 볼 수 있다.

지방자치단체조합 회의는 조합의 최고 의결기관으로 규약으로 정하는 바에 따라 지방자치단체조합의 주요 사무를 심의·의결하며, 조례로 정한 범위에서 조합에서 제공하는 서비스의 사용료, 수수료 또는 분담금을 정할 수 있다(지방자치법 제178조 제1항 및 제2항). 지방자치단체조합장은 지방자치단체조합을 대표하며 지방자치단체조합의 사무를 총괄한다(제3항).

4) 지도 및 감독

지방자치단체조합은 하나의 독립된 법인이므로 행정이나 법질서의 통일성을 위하여 상급기관의 감독이 필요하다. 지방자치법에서는 감독기관의 지도 및 감독에 대해 명확히 규정하고 있다.

지방자치법 제180조(제1항)에서는 "시·도가 구성원인 지방자치단체조합은 행정안전부 장관, 시·군 및 자치구가 구성원인 지방자치단체조합은 1차로 시·도지사, 2차로 행정안전부 장관의 지도·감독을 받는다. 다만, 지방자치단체조합의 구성원인 시·군 및 자치구가 2개 이상의 시·도에 걸쳐 있는 지방자치단체조합은 행정안전부 장관의 지도·감독을 받는다"라고 규정하고 있다. 또한, 행정안전부 장관은 공익상 필요하면 지방자치단체조합의 설립이나 해산 또는 규약 변경을 명할 수 있도록 하고 있다(제2항).

5) 규약 변경 및 해산

지방자치단체조합의 규약을 변경하거나 지방자치단체조합을 해산하려는 경우에

는 설립 절차와 동일한 과정을 진행하여야 한다(지방자치법 제181조 제1항). 지방자
치단체조합을 해산한 경우에 그 재산의 처분은 관계 지방자치단체의 협의에 따른
다(제2항).

5. 특별지방자치단체 설립

1) 개요

지방자치단체 상호 간 협력의 방식으로 별도의 특별지방자치단체를 설립하는
것도 가능하다. 지방자치법(제199조 제1항)에서는 2개 이상의 지방자치단체가 공동
으로 특정한 목적을 위하여 광역적으로 사무를 처리할 필요가 있을 때는 특별지방
자치단체를 설치할 수 있도록 하고 있다.

특별지방자치단체는 법인으로 설치되며, 그 설립 절차는 ⓐ 2개 이상의 구성 지
방자치단체가 상호 협의 과정을 통하여 규약을 정하고, ⓑ 구성 지방자치단체의 지
방의회 의결을 거치고, ⓒ 행정안전부 장관의 승인을 받아야 한다(지방자치법 제199
조 제1항, 제3항).

특별지방자치단체의 의회 의원은 구성 지방자치단체의 의회 의원으로 구성되
며, 특별지방자치단체의 장은 규약으로 정하는 바에 따라 특별지방자치단체의 의
회에서 선출된다(지방자치법 제204조 제2항, 제205조 제1항). 특별지방자치단체의 의회
와 장은 규약에서 정하는 사무 범위 내에서 각각 조례와 규칙을 제정할 수 있다(제
210조). 특별지방자치단체는 소속 공무원을 채용할 수 있으며, 구성 지방자치단체
로부터 파견된 공무원이 근무할 수도 있다(제205조 제3항).

한편, 특별지방자치단체는 하나의 독립된 법인이고 특수한 형태의 지방자치단
체이지만, 지방자치법상 지방자치단체 상호 간의 협력 방식 중에서 사무의 위탁(지
방자치법 제168조)은 가능하지만, 행정협의회, 지방자치단체조합 그리고 지방자치단
체장 및 지방의회 의장 등의 협의체 규정 등은 그 적용이 배제되어 참여가 불가능
하다(제210조).

2025년 1월 현재 대전광역시, 세종특별자치시, 충청북도, 충청남도 등 4개 충청권
광역자치단체가 연합하여 구성한 '충청광역연합'이 2024년 5월 행정안전부장관의 승
인을 받아 운영 중이다. '충청광역연합'은 우리나라 최초의 특별지방자치단체이다.

특별지방자치단체는 제7편 제7장에서 별도로 다루었으므로, 여기서는 상세한 논의를 생략하고자 한다.

2) 지방자치단체조합과 비교

2021년 지방자치법 전부개정으로 특별지방자치단체 설립이 가능하기 이전에는 지방자치단체조합으로만 독립된 법인을 설치할 수 있었다. 특별지방자치단체는 지방자치단체조합보다는 더 강력한 형태의 협력체로 볼 수 있다. 특별지방자치단체와 지방자치단체조합의 특징을 비교하면 <표 20-1>과 같다.

▌표 20-1 지방자치단체조합과 특별지방자치단체 비교

구분		지방자치단체조합	특별지방자치단체
법적 성격		법인	지방자치단체로서 법인
구성 단체		2개 이상 지방자치단체	
설치 목적		하나 또는 둘 이상의 사무를 공동으로 처리	2개 이상의 지방자치단체가 공동으로 특정한 목적을 위하여 광역적으로 사무를 처리
국가의 사무위임 등		-	구성 지방자치단체장이 관계 중앙행정기관의 장 또는 시·도지사에게 그 사무의 위임 요청 가능
설치 절차		구성 지방자치단체가 규약을 정하여 지방의회 의결을 거쳐, 기초는 광역, 광역은 행정안전부장관의 승인	구성 지방자치단체가 상호협의에 따라 규약을 정하여 지방의회 의결을 거쳐, 행정안전부 장관의 승인
의결 기관		조합회의	의회
	위원 선임	규약으로 정하는 바에 따라 선임 (관계 지방의회 의원과 지방자치단체장은 조합위원 겸직 가능)	규약으로 정하는 바에 따라 구성 자치단체 지방의원이 됨
	조례 제정	×	○
집행기관		조합장	특별지방자치단체장
	長의 임용	규약이 정하는 바에 따라 선임 (관계 지방의회 의원과 지방자치단체장이 조합장 겸직 가능)	규약이 정하는 바에 따라 의회에서 선출 (구성 지방자치단체장이 특별지방자치단체장 겸직 가능)
	직원 구성	파견직원	소속직원 + 파견직원

구분	지방자치단체조합	특별지방자치단체
주민 참여	-	조례제정 및 개폐 청구, 감사청구, 주민투표 등 관련 규정 준용 단, 주민소환 조항은 배제

자료: 국회행정안전위원회 지방자치법 전부개정안 검토보고서, 2019: 121

제2절　국가와 지방자치단체 간의 협력

I　의의

국가와 지방자치단체는 국정의 통합성을 위하여 서로 협력할 필요가 있다. 그런데 통일성을 강조하는 중앙정부와 다양성을 강조하는 지방자치단체들의 의견을 서로 조정하여 합의에 이르는 과정은 쉽지 않다.

2021년 1월 지방자치법 전부개정을 통하여 지방자치법 제9장의 제목을 '국가의 지도·감독'에서 '국가와 지방자치단체 간의 관계'로 변경한 것은 상호 간의 관계에 대한 진일보한 시각을 보여 준다고 할 수 있다. 또한, 국가와 지방자치단체 간의 협력 의무를 규정하거나(지방자치법 제183조), 중앙지방협력회의에 관한 법률 제정의 근거를 마련(제186조)하기도 하였다.

행정현장에서 국가와 지방자치단체 간에는 다양한 협력 방식이 운영되고 있다. 대표적인 것은 '중앙행정기관·지방자치단체 정책협의회'이다. 이는 중앙행정기관과 지방자치단체 간의 정책 협의를 통하여 중요 정책을 효율적으로 추진할 수 있도록 행정안전부에서 운영하고 있다. 의장은 행정안전부 장관이며, 안건과 관련된 중앙부처의 차관이나 고위공무원단 그리고 광역자치단체의 부단체장이 구성원이 된다. '중앙행정기관·지방자치단체 정책협의회 운영 규정(대통령령)'이 2015년 제정·시행되고 있다. 또한, 대통령주재 시·도지사 간담회 방식도 자주 이용되고 있다. 비정기적인 간담회이지만 대통령이 직접 광역자치단체장과의 간담회를 통하여 국가와 지방자치단체 간의 협력 방안을 논의하는 것도 중요한 협력체계로 볼 수 있을 것이다.

여기서는 지방자치법에 나타난 법적 협력 방식을 중심으로 살펴보고자 한다.

Ⅱ 국가와 지방자치단체 간 협력 의무

2021년 1월 전부개정된 지방자치법에서는 국가와 지방자치단체 간 협력 의무규정을 신설하였다. 즉, 지방자치법 제183조 "국가와 지방자치단체는 주민에 대한 균형적인 공공 서비스 제공과 지역 간 균형발전을 위하여 협력하여야 한다"라고 상호협력의 의무를 규정하고 있다. 이 조항은 국가와 지방자치단체의 국정 통합성 제고를 위하여 신설된 것이다(최철호, 2019: 3).[12]

Ⅲ 중앙지방협력회의

1. 개요

국가와 지방자치단체 간 간헐적으로 열리던 소통의 창구를 법적으로 제도화할 필요가 있다는 요구가 지방자치단체로부터 지속해서 제기되었다. 지방의 입장에서는 국가의 중요 정책을 심의하는 과정에 적극적으로 참여하여 의견을 제시하고 정보를 공유하는 것이 필요하였기 때문이다.

이에 2021년 1월 지방자치법 전부개정 시에 국가와 지방자치단체에 관련되는 중요 정책을 심의하기 위한 회의체를 제도적으로 마련하고, 이에 관련한 사항을 따로 법률로 정하기 위한 근거를 규정하였다. 그리고 그 협의체의 명칭은 중앙지방협력회의로 하고 있다.

개정 지방자치법 제186조 제1항에서는 "국가와 지방자치단체 간의 협력을 도모

---

12) 그러나 이 조항은 국가와 지방자치단체 간의 협력을 위한 선언적 규정으로서의 가치는 있지만, 다음과 같은 의문이 제기될 수 있음(최철호, 2019: 7). 첫째, 지방자치단체의 입장에서는 협력 의무의 중요 대상 사무는 자치사무인데, 자치사무를 수립·시행하면서 국가와 협력 의무를 규정한 것은 자치권의 침해가 있을 수 있다는 것임. 둘째, 국가의 입장에서도 각종 정책 수립·시행 과정에서 지방자치단체와 갈등이 유발되는 경우가 많은데, 만일 사전 협력이 없었다면, 이 조항에 위배되는 결과가 초래될 수 있다는 것임. 따라서 셋째, 어느 정도의 협력이 구체적으로 협력으로 볼 수 있는지에 대한 의문이 있을 수 있음. 즉, 양자의 협의 노력 정도를 협력으로 볼 것인지, 양자 모두 동의를 협력으로 볼 것인지 등에 대한 정리도 필요할 것임. 일본 지방자치법(제245조 제2호, 제245조의3 제3항)이 참조가 됨(최철호, 2019: 6).

하고 지방자치 발전과 지역 간 균형발전에 관련되는 중요 정책을 심의하기 위하여 중앙지방협력회의를 둔다"라고 규정하고, 제2항에서 중앙지방협력회의 구성과 운영에 관한 사항은 따로 법률로 정하도록 하고 있다. 이에 '중앙지방협력회의의 구성 및 운영에 관한 법률'(약칭: 중앙지방협력회의법)이 제정되었다.

2. 기능 및 심의 결과의 활용

중앙지방협력회의는 ⓐ 국가와 지방자치단체 간 협력에 관한 사항, ⓑ 국가와 지방자치단체의 권한, 사무 및 재원의 배분에 관한 사항, ⓒ 지역 간 균형발전에 관한 사항, ⓓ 지방자치단체의 재정 및 세제에 영향을 미치는 국가 정책에 관한 사항, ⓔ 그 밖에 지방자치 발전에 관한 사항을 심의한다(중앙지방협력회의법 제2조).

중앙지방협력회의법(제4조 제1항)에서는 "국가와 지방자치단체는 협력회의의 심의 결과를 존중하고 성실히 이행하여야 한다"와 같이 성실한 수행 의무를 규정하고 있다. 또한, 국가 및 지방자치단체는 심의 결과에 따른 조치 계획 및 이행 결과를 협력회의에 보고하여야 한다(제2항). 국가 또는 지방자치단체는 심의 결과를 이행하기 어려운 특별한 사유가 있는 경우에는 그 사유와 향후 조치 계획을 협력회의에 보고하여야 한다(제3항).

3. 구성 및 운영

중앙지방협력회의는 대통령, 국무총리, 기획재정부 장관, 교육부 장관, 행정안전부 장관, 국무조정실장, 법제처장, 광역자치단체장, 시·도지사 협의체를 제외한 지방 3대 협의체의 대표자 및 그 밖에 대통령령으로 정하는 사람으로 구성된다(중앙지방협력회의법 제3조 제1항). 협력회의의 의장은 대통령이 되며, 부의장은 국무총리와 시·도지사 협의체의 대표자가 공동으로 한다(제2항 및 제3항).

한편, 협력회의에 상정할 안건을 사전에 조정하고 의장으로부터 지시받은 사항을 처리하기 위하여 실무협의회를 두고 있다. 실무협의회는 협력회의 참여 부처의 차관급, 광역자치단체 부단체장, 시·도지사 협의체를 제외한 지방 3대 협의체의 대표자가 그 구성원 중에서 지명하는 각 1명 그리고 그 밖에 대통령령으로 정하는 사람으로 구성된다(중앙지방협력회의법 제6조).

IV 행정협의조정위원회

행정협의조정위원회란 중앙행정기관의 장과 지방자치단체장이 사무를 처리할 때 의견을 달리하는 경우 이를 협의·조정하기 위한 국무총리 소속의 위원회이다(지방자치법 제187조 제1항). 행정협의조정위원회에는 기획재정부장관, 행정안전부장관, 국무조정실장과 법제처장은 당연직 위원이 되며, 안건과 관련된 중앙행정기관의 장과 시·도지사 중 위원장이 지명하는 사람, 그리고 지방자치에 관한 학식과 경험이 풍부한 사람 중에서 국무총리가 위촉하는 사람 4명이 위원이 된다. 위원장은 위촉위원 중에서 국무총리가 위촉한다.

한편, 본 위원회 결정에 구속력을 부여하기 위하여 지방자치법 시행령(제106조 제6항)에 "관계 중앙행정기관의 장과 그 지방자치단체장은 그 협의·조정 결정사항을 이행해야 한다"라고 명시하고 있다.

V 지방자치단체 사무에 대한 지도·지원 등

중앙행정기관의 장이나 시·도지사는 지방자치단체의 사무에 관하여 조언 또는 권고하거나 지도할 수 있으며, 이를 위하여 필요하면 지방자치단체에 자료 제출을 요구할 수 있다(지방자치법 제184조 제1항). 국가나 시·도는 지방자치단체가 그 지방자치단체의 사무를 처리하는 데 필요하다고 인정하면 재정 지원이나 기술지원을 할 수 있다(제2항). 국가는 지방자치단체보다 더 많은 정보, 기술 및 자원을 보유하고 있는 것이 현실이다. 따라서 이러한 국가의 조언이나 권고 그리고 지원은 지방의 역량을 강화하여 지방자치제도를 더 강화하는 작용을 하게 된다.

그러나 중앙행정기관의 조언·권고·지도·지원 그리고 자료 제출의 요구 등은 중앙행정기관 주도적이고 일방적인 정보의 흐름을 나타내고 있어 상호 간에 협력적인 차원에서의 접근이 부족하다는 지적이 제기되었다(최철호, 2019: 9). 이에 2021년 1월 지방자치법 전부개정을 통하여 지방자치단체장은 중앙행정기관의 조언·권고 또는 지도와 관련하여 중앙행정기관의 장이나 시·도지사에게 의견을 제출할 수 있도록 하는 규정을 추가하였다(지방자치법 제184조 제3항).

제3절 국가 및 지방자치단체 상호 간의 갈등 조정

I 의의

지방자치단체는 일정한 구역과 주민 그리고 자치권을 가진 독립적인 공법인이다. 독립적인 지방자치단체가 그 스스로 정체성을 확립하여 갈수록 지방자치는 더욱 견고해질 수 있을 것이다. 그러나 한편으로는 독자적이고 정체성이 강한 지방자치단체는 국가 및 다른 자치단체와 갈등의 가능성을 내포하고 있다.

지방자치단체와 관계된 갈등의 가장 큰 특징은 다극적이라는 것이다. 여기서 다극적이란 갈등의 주체가 다수일 뿐 아니라 관련된 가치 또는 이익이 통일된 기준에 의해 옳고 그름을 가리기 어려운 경우를 의미한다. 갈등의 주체는 중앙정부, 주민, 시민단체, 지방자치단체(광역과 기초), 지방자치단체장, 지방의회 등 다양하게 나타난다. 또한, 하나의 지방자치단체 내에서도 집행부나 지방의회 그리고 주민들 상호 간에 의견을 달리할 수 있어 갈등의 양상이 복잡하다. 따라서 문제의 해결방식도 일방적 결정보다는 대화와 합의의 과정이 필요하며, 양자택일의 접근보다는 문제해결 방식 그리고 정치적 합의나 주민투표의 방식 등 다양한 해결 수단을 마련할 필요가 있다(이희정, 2005: 256).

II 갈등의 유형

중앙정부와 지방자치단체 그리고 지방자치단체 상호 간 갈등의 유형은 크게 주체, 내용 및 원인으로 구분할 수 있다(한국지방행정연구원, 1994).

첫째, 갈등의 주체에 의한 분류이다. 중앙부처, 지방자치단체(광역 및 기초), 지방자치단체장, 지역주민이라는 4개 그룹의 주체들 상호 간에 다면적인 갈등이 발생할 수 있다.

둘째, 갈등의 내용에 따라, 권한갈등과 이익갈등으로 분류할 수 있다. 권한갈등이란 관련된 주체 상호 간에 권한의 존재 여부나 그 범위 등에 관한 것이며, 이익갈등이란 관련 주체 스스로 이익을 추구하는 과정에서 발생한 것이다.

셋째, 갈등의 원인에 따라, 유치갈등과 기피갈등으로 분류할 수 있다. 유치갈등 (PIMFY: Please In My Front Yard)은 지역에 이익이 되는 시설이나 기관을 유치하고자 할 때 발생하는 갈등이며, 기피갈등(NIMBY: Not In My Back Yard)은 지역에 손실이나 피해를 가져오는 시설이나 기관 유치를 기피하는 과정에서 발생하는 갈등이다.

Ⅲ 갈등해결 제도

1. 중앙정부와 지방자치단체 간의 갈등과 조정

1) 행정협의조정위원회의 조정

중앙행정기관의 장과 지방자치단체장이 사무를 처리할 때 의견을 달리하는 경우 이를 협의·조정하기 위하여 국무총리 소속으로 행정협의조정위원회를 두도록 하고 있다(지방자치법 제187조 제1항). 행정협의조정위원회의 결정에 대한 구속력을 부여하기 위하여 지방자치법 시행령(제106조 제6항)에 "관계 중앙행정기관의 장과 그 지방자치단체장은 그 협의·조정 결정사항을 이행해야 한다"라고 명시하고 있다.

2) 행정소송

국가기관의 행정행위가 위법·부당한 경우에 취소소송, 행정청의 처분 등의 효력 유무 또는 존재 여부를 확인하는 무효등 확인소송, 행정청의 부작위가 위법이라는 것을 확인하는 부작위 위법확인소송을 제기할 수 있다(행정소송법 제4조).

3) 대법원에 제소

자치단체장(광역＋기초)의 자치사무에 관한 명령이나 처분이 법령에 위반되었을 경우에 주무부 장관은 이를 취소하거나 정지할 수 있다. 이러한 주무부 장관의 취소 및 정지 처분에 대하여 자치단체장은 대법원에 소송을 제기할 수 있다(지방자치법 제188조 제6항). 또한, 자치단체장은 주무부 장관의 직무이행명령에 이의가 있으면 대법원에 소를 제기할 수 있다(제189조 제6항).

4) 헌법재판소의 분쟁심판

헌법 제111조에는 "국가기관 상호 간, 국가기관과 지방자치단체 간 및 지방자치단체 상호 간의 권한 분쟁에 관한 심판"에 관한 사항을 헌법재판소의 소관 사항으로 규정하고 있다(제1항 제4호). 또한 헌법재판소법(제2조 제4호)에서는 국가와 지방자치단체 간의 권한쟁의를 헌법재판소 심판 사항으로 규정하고 있다.

2. 지방자치단체 상호 간의 갈등과 조정

1) 행정안전부 장관이나 시·도지사의 조정

(1) 당사자의 신청 및 직권 조정

행정안전부 장관이나 시·도지사가 당사자의 신청을 받아 당사자 간의 다툼을 조정할 수 있다. 여기서 당사자 간의 다툼이란 지방자치단체 상호 간 또는 지방자치단체장 상호 간에 사무를 처리할 때 의견이 달라 갈등이 생기는 경우이다.

그런데 행정안전부 장관이나 시·도지사는 그 갈등이나 분쟁이 공익을 현저히 해쳐 조속한 조정이 필요하다고 인정되면 당사자의 신청이 없어도 직권으로 조정할 수 있다(지방자치법 제165조 제1항).

(2) 조정의 절차

행정안전부 장관이나 시·도지사는 당사자 신청 및 직권으로 분쟁조정을 하기 위해서는 반드시 ⓐ 관계 중앙행정기관의 장과 협의를 거치고, ⓑ 지방자치단체 중앙분쟁조정위원회(이를 중앙분쟁조정위원회라 부름)나 지방자치단체 지방분쟁조정위원회(이를 지방분쟁조정위원회라 부름)의 의결에 따라 조정을 결정하여야 한다(지방자치법 제165조 제3항).

중앙분쟁조정위원회와 지방분쟁조정위원회란 분쟁의 조정과 행정협의회의 협의 사항의 조정에 필요한 사항을 심의·의결하기 위하여, 각각 행정안전부와 시·도에 두는 법적 기구이다.

행정안전부에 두는 중앙분쟁조정위원회는 시·도 간 또는 그 장 간의 분쟁이나 시·도를 달리하는 시·군 및 자치구 간 또는 그 장 간의 분쟁, 시·도와 시·군 및 자치구 간 또는 그 장 간의 분쟁 등 광역적인 분쟁 사항을 심의·의결하고, 지방분쟁조정위원회는 시·도 내에 기초자치단체 간의 분쟁 사항을 심의·의결한다.

2) 행정소송

기초자치단체의 경우에는 상급 광역자치단체의 행정행위가 위법·부당한 경우에 취소소송, 행정청의 처분 등의 효력 유무 또는 존재 여부를 확인하는 무효등 확인소송, 행정청의 부작위가 위법하다는 것을 확인하는 부작위 위법확인소송을 제기할 수 있다(행정소송법 제4조).

3) 대법원에 제소

기초자치단체장의 자치사무에 관한 명령이나 처분이 법령에 위반되었을 경우에 광역자치단체장은 이를 취소하거나 정지할 수 있다. 이러한 상급 광역자치단체장의 취소 및 정지 처분에 대하여 기초자치단체장은 대법원에 소송을 제기할 수 있다(지방자치법 제188조). 또한, 기초자치단체장은 상급 광역자치단체장의 직무이행명령에 이의가 있으면 대법원에 소를 제기할 수 있다(제189조).

4) 헌법재판소의 분쟁심판

헌법재판소법(제62조 제1항)에서는 광역자치단체 상호 간의 권한쟁의심판, 기초자치단체 상호 간의 권한쟁의심판 그리고 광역자치단체와 기초자치단체 상호 간의 권한쟁의심판을 헌법재판소에서 담당하도록 하고 있다.

제4절 지방자치단체의 국제교류 및 협력

I 의의

지방자치단체의 국제교류와 협력 활동은 국내적으로 지방분권 그리고 세계화의 흐름과 함께 가속화되고 있다. 2020년 12월 현재 우리나라 광역자치단체는 41개국 183개 도시와 기초자치단체는 43개국 505개 도시와 자매결연을 체결하고 있다(시도지사협의회 홈페이지).

지방자치단체의 대외적 활동은 ⓐ 다양한 문화와 행정 사례를 접할 기회를 제공하여 행정의 자치 역량과 경쟁력을 강화하고, ⓑ 국제사회와의 협력을 통하여 기후변화, 환경문제 등 각종 지구촌 문제 해결에 참여하고, ⓒ 타국의 문화, 관습, 제도 등에 대한 이해도를 높여 지역주민들이 세계시민으로 성장하는 데 이바지하며, ⓓ 외국기업이나 국외자본의 국내 투자, 해외 관광객의 유치 등을 통하여 지역경제 및 산업 발전에 도움이 될 수 있으며, ⓔ 국가외교의 한계를 보완하는 기능을 수행한다(시도지사협의회, 2015: 30).

한편, 지방자치단체의 국제교류 및 협력 업무 중 일부는 지방자치법상 국가사무에 해당하여 이와 관련된 지출이 지방재정법(제17조 및 제32조의2) 등 실정법 위반이라는 지적이 제기되기도 하였다(전훈, 2020: 28). 이에 2021년 1월 전부개정된 지방자치법에서는 관련 규정을 신설하여 불필요한 논란을 방지하고 있다. 개정 지방자치법 제13조 제2항 제7호에서는 국제교류 및 협력사무(국제기구·행사·대회의 유치·지원, 외국 지방자치단체와의 교류·협력)를 지방자치단체의 사무로 예시하고 있다. 또한, 같은 법 제10장에 '지방자치단체의 국제교류 및 협력'을 신설하였다.

Ⅱ 지방자치단체의 국제교류 및 협력 권한 범위에 관한 논의

글로벌 환경에서 지방자치단체는 국제기구 그리고 외국의 도시와 다양한 형태의 교류와 협력 사업을 하고 있다. 그런데 지방자치단체의 사무 범위 및 자치권이라는 측면에서 지방자치단체가 어느 정도 교류와 협력의 권한을 가지는지에 대한 논의가 필요하다.

국가외교 사무는 중앙정부의 권한에 속하는 사무이다. 헌법 제117조 제1항에서는 지방자치단체는 법령의 범위안에서 자치에 관한 규정을 제정할 수 있도록 하고 있으며, 지방자치법 제15조 제1호에서는 "외교, 국방, 사법(司法), 국세 등 국가의 존립에 필요한 사무"는 국가사무이며, 지방자치단체가 처리할 수 없도록 하고 있다. 결국, 지방자치단체는 국가로부터 독립하여 독자적인 국가 외교권을 가지거나, 국가를 기속하는 조약 체결권은 인정될 수 없다(전훈, 2020: 30).

그러나 지방자치단체는 자치권의 범위 내에서는 국제교류 및 협력사무의 수행은 가능하다고 보아야 할 것이다. 통상 지방자치단체의 국제교류 및 협력과 관련하여 쟁점이 되는 사항은 지방자치단체가 국제기구나 외국의 도시와 맺은 협약서, 합의문 등의 효력과 관련되는데, 이는 지방자치단체의 자치입법권의 범위 안에서 가능하다고 본다.[13] 따라서 지방자치단체는 '법령에 위반되지 않는 범위'에서 국제기구나 외국의 도시와의 협약서, 합의문 등은 가능하다고 보아야 할 것이다(시도지사협의회, 2015: 77; 전훈, 2020: 30). 다만, 주민의 권리 제한 또는 의무 부과가 수반되는 경우에는 법률의 위임이 있어야 한다(지방자치법 제28조).

또한, 지방자치단체의 국제교류 및 협력은 지방의회의 의결사항이기도 하다. 지방자치법 제47조(제1항 제10호)에서는 '외국 지방자치단체와의 교류·협력'을 지방의회 의결사항으로 규정하고 있기 때문이다.

2021년 1월 전부개정된 현행 지방자치법에서는 지방자치단체의 국제교류 및 협력사무가 국가외교 사무와 충돌되지 않게 하려고, "지방자치단체는 국가의 외교·통상 정책과 배치되지 아니하는 범위에서 국제교류·협력, 통상·투자유치를 위하여 외국의 지방자치단체, 민간기관, 국제기구와 협력을 추진할 수 있다"라고 명확히 규정하고 있다(제193조). 또한, 지방자치단체가 국제기구와 관련된 지원 활동을 하기 위하여 공무원을 파견하거나 그 운영비용을 보조할 수 있도록 하였으며(제194조), 지방자치단체가 해외사무소를 설치할 수 있는 근거 규정도 신설하였다(제195조).

---

13) 이렇듯 지방자치단체가 자치권의 범위 내에서 가지는 국제교류 및 협력을 '지방외교 사무'라고 부르기도 함(시도지사협의회, 2015: 66).

부록

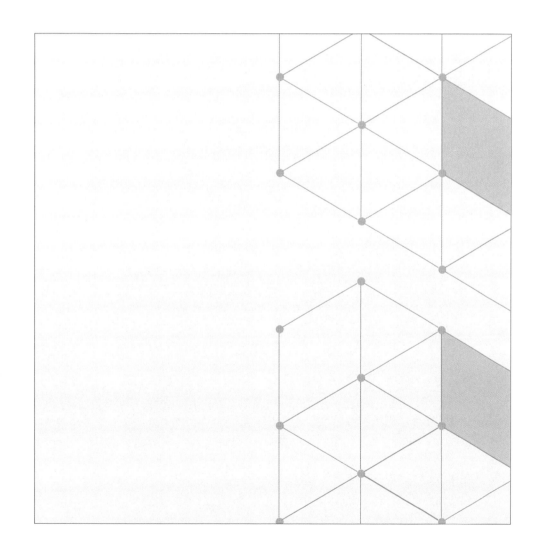

대한민국헌법

[시행 1988. 2. 25.] [헌법 제10호, 1987. 10. 29., 전부개정]

제8장 지방자치

제117조 ① 지방자치단체는 주민의 복리에 관한 사무를 처리하고 재산을 관리하며, 법령의 범위 안에서 자치에 관한 규정을 제정할 수 있다.

② 지방자치단체의 종류는 법률로 정한다.

제118조 ① 지방자치단체에 의회를 둔다.

② 지방의회의 조직·권한·의원선거와 지방자치단체의 장의 선임방법 기타 지방자치단체의 조직과 운영에 관한 사항은 법률로 정한다.

지방자치법

[시행 2024. 5. 17.] [법률 제19951호, 2024. 1. 9., 타법개정]

제1장 총강(總綱)

제1절 총칙

제1조(목적) 이 법은 지방자치단체의 종류와 조직 및 운영, 주민의 지방자치행정 참여에 관한 사항과 국가와 지방자치단체 사이의 기본적인 관계를 정함으로써 지방자치행정을 민주적이고 능률적으로 수행하고, 지방을 균형 있게 발전시키며, 대한민국을 민주적으로 발전시키려는 것을 목적으로 한다.

제2조(지방자치단체의 종류) ① 지방자치단체는 다음의 두 가지 종류로 구분한다.

> 1. 특별시, 광역시, 특별자치시, 도, 특별자치도
>
> 2. 시, 군, 구

② 지방자치단체인 구(이하 "자치구"라 한다)는 특별시와 광역시의 관할 구역의 구만을 말하며, 자치구의 자치권의 범위는 법령으로 정하는 바에 따라 시·군과 다르게 할 수 있다.

③ 제1항의 지방자치단체 외에 특정한 목적을 수행하기 위하여 필요하면 따로 특별지방자치단체를 설치할 수 있다. 이 경우 특별지방자치단체의 설치 등에 관하여는 제12장에서 정하는 바에 따른다.

제3조(지방자치단체의 법인격과 관할) ① 지방자치단체는 법인으로 한다.

② 특별시, 광역시, 특별자치시, 도, 특별자치도(이하 "시·도"라 한다)는 정부의 직할(直轄)로 두고, 시는 도 또는 특별자치도의 관할 구역 안에, 군은 광역시·도 또는 특별자치도의 관할 구역 안에 두며, 자치구는 특별시와 광역시의 관할 구역 안에 둔다. 다만, 특별자치도의 경우에는 법률이 정하는 바에 따라 관할 구역 안에 시 또는 군을 두지 아니할 수 있다. <개정 2023. 6. 7.>

③ 특별시·광역시 또는 특별자치시가 아닌 인구 50만 이상의 시에는 자치구가 아닌 구를 둘 수 있고, 군에는 읍·면을 두며, 시와 구(자치구를 포함한다)에는 동을, 읍·면에는 리를 둔다.

④ 제10조제2항에 따라 설치된 시에는 도시의 형태를 갖춘 지역에는 동을, 그 밖의 지역에는 읍·면을 두되, 자치구가 아닌 구를 둘 경우에는 그 구에 읍·면·동을 둘 수 있다.

⑤ 특별자치시와 관할 구역 안에 시 또는 군을 두지 아니하는 특별자치도의 하부행정기관에 관한 사항은 따로 법률로 정한다. <개정 2023. 6. 7.>

제4조(지방자치단체의 기관구성 형태의 특례) ① 지방자치단체의 의회(이하 "지방의회"라 한다)와 집행기관에 관한 이 법의 규정에도 불구하고 따로 법률로 정하는 바에 따라 지방자치단체의 장의 선임방법을 포함한 지방자치단체의 기관구성 형태를 달리 할 수 있다.

② 제1항에 따라 지방의회와 집행기관의 구성을 달리하려는 경우에는 「주민투표법」에 따른 주민투표를 거쳐야 한다.

제2절 지방자치단체의 관할 구역

제5조(지방자치단체의 명칭과 구역) ① 지방자치단

체의 명칭과 구역은 종전과 같이 하고, 명칭과 구역을 바꾸거나 지방자치단체를 폐지하거나 설치하거나 나누거나 합칠 때에는 법률로 정한다.

② 제1항에도 불구하고 지방자치단체의 구역 변경 중 관할 구역 경계변경(이하 "경계변경"이라 한다)과 지방자치단체의 한자 명칭의 변경은 대통령령으로 정한다. 이 경우 경계변경의 절차는 제6조에서 정한 절차에 따른다.

③ 다음 각 호의 어느 하나에 해당할 때에는 관계 지방의회의 의견을 들어야 한다. 다만, 「주민투표법」 제8조에 따라 주민투표를 한 경우에는 그러하지 아니하다.

 1. 지방자치단체를 폐지하거나 설치하거나 나누거나 합칠 때
 2. 지방자치단체의 구역을 변경할 때(경계변경을 할 때는 제외한다)
 3. 지방자치단체의 명칭을 변경할 때(한자 명칭을 변경할 때를 포함한다)

④ 제1항 및 제2항에도 불구하고 다음 각 호의 지역이 속할 지방자치단체는 제5항부터 제8항까지의 규정에 따라 행정안전부장관이 결정한다.

 1. 「공유수면 관리 및 매립에 관한 법률」에 따른 매립지
 2. 「공간정보의 구축 및 관리 등에 관한 법률」 제2조제19호의 지적공부(이하 "지적공부"라 한다)에 등록이 누락된 토지

⑤ 제4항제1호의 경우에는 「공유수면 관리 및 매립에 관한 법률」 제28조에 따른 매립면허관청(이하 이 조에서 "면허관청"이라 한다) 또는 관련 지방자치단체의 장이 같은 법 제45조에 따른 준공검사를 하기 전에, 제4항제2호의 경우에는 「공간정보의 구축 및 관리 등에 관한 법률」 제2조제18호에 따른 지적소관청(이하 이 조에서 "지적소관청"이라 한다)이 지적공부에 등록하기 전에 각각 해당 지역의 위치, 귀속희망 지방자치단체(복수인 경우를 포함한다) 등을 명시하여 행정안전부장관에게 그 지역이 속할 지방자치단체의 결정을 신청하여야 한다. 이 경우 제4항제1호에 따른 매립지의 매립면허를 받은 자는 면허관청에 해당 매립지가 속할 지방자치단체의 결정 신청을 요구할 수 있다.

⑥ 행정안전부장관은 제5항에 따른 신청을 받은 후 지체 없이 제5항에 따른 신청내용을 20일 이상 관보나 인터넷 홈페이지에 게재하는 등의 방법으로 널리 알려야 한다. 이 경우 알리는 방법, 의견 제출 등에 관하여는 「행정절차법」 제42조·제44조 및 제45조를 준용한다.

⑦ 행정안전부장관은 제6항에 따른 기간이 끝나면 다음 각 호에서 정하는 바에 따라 결정하고, 그 결과를 면허관청이나 지적소관청, 관계 지방자치단체의 장 등에게 통보하고 공고하여야 한다.

 1. 제6항에 따른 기간 내에 신청내용에 대하여 이의가 제기된 경우: 제166조에 따른 지방자치단체중앙분쟁조정위원회(이하 이 조 및 제6조에서 "위원회"라 한다)의 심의·의결에 따라 제4항 각 호의 지역이 속할 지방자치단체를 결정
 2. 제6항에 따른 기간 내에 신청내용에 대하여 이의가 제기되지 아니한 경우: 위원회의 심의·의결을 거치지 아니하고 신청내용에 따라 제4항 각 호의 지역이 속할 지방자치단체를 결정

⑧ 위원회의 위원장은 제7항제1호에 따른 심의과정에서 필요하다고 인정되면 관계 중앙행정기관 및 지방자치단체의 공무원 또

는 관련 전문가를 출석시켜 의견을 듣거나 관계 기관이나 단체에 자료 및 의견 제출 등을 요구할 수 있다. 이 경우 관계 지방자치단체의 장에게는 의견을 진술할 기회를 주어야 한다.

⑨ 관계 지방자치단체의 장은 제4항부터 제7항까지의 규정에 따른 행정안전부장관의 결정에 이의가 있으면 그 결과를 통보받은 날부터 15일 이내에 대법원에 소송을 제기할 수 있다.

⑩ 행정안전부장관은 제9항에 따른 소송 결과 대법원의 인용결정이 있으면 그 취지에 따라 다시 결정하여야 한다.

⑪ 행정안전부장관은 제4항 각 호의 지역이 속할 지방자치단체 결정과 관련하여 제7항제1호에 따라 위원회의 심의를 할 때 같은 시·도 안에 있는 관계 시·군 및 자치구 상호 간 매립지 조성 비용 및 관리 비용 부담 등에 관한 조정(調整)이 필요한 경우 제165조제1항부터 제3항까지의 규정에도 불구하고 당사자의 신청 또는 직권으로 위원회의 심의·의결에 따라 조정할 수 있다. 이 경우 그 조정 결과의 통보 및 조정 결정 사항의 이행은 제165조제4항부터 제7항까지의 규정에 따른다.

제6조(지방자치단체의 관할 구역 경계변경 등) ① 지방자치단체의 장은 관할 구역과 생활권과의 불일치 등으로 인하여 주민생활에 불편이 큰 경우 등 대통령령으로 정하는 사유가 있는 경우에는 행정안전부장관에게 경계변경이 필요한 지역 등을 명시하여 경계변경에 대한 조정을 신청할 수 있다. 이 경우 지방자치단체의 장은 지방의회 재적의원 과반수의 출석과 출석의원 3분의 2 이상의 동의를 받아야 한다.

② 관계 중앙행정기관의 장 또는 둘 이상의 지방자치단체에 걸친 개발사업 등의 시행자

는 대통령령으로 정하는 바에 따라 관계 지방자치단체의 장에게 제1항에 따른 경계변경에 대한 조정을 신청하여 줄 것을 요구할 수 있다.

③ 행정안전부장관은 제1항에 따른 경계변경에 대한 조정 신청을 받으면 지체 없이 그 신청 내용을 관계 지방자치단체의 장에게 통지하고, 20일 이상 관보나 인터넷 홈페이지에 게재하는 등의 방법으로 널리 알려야 한다. 이 경우 알리는 방법, 의견의 제출 등에 관하여는 「행정절차법」 제42조·제44조 및 제45조를 준용한다.

④ 행정안전부장관은 제3항에 따른 기간이 끝난 후 지체 없이 대통령령으로 정하는 바에 따라 관계 지방자치단체 등 당사자 간 경계변경에 관한 사항을 효율적으로 협의할 수 있도록 경계변경자율협의체(이하 이 조에서 "협의체"라 한다)를 구성·운영할 것을 관계 지방자치단체의 장에게 요청하여야 한다.

⑤ 관계 지방자치단체는 제4항에 따른 협의체 구성·운영 요청을 받은 후 지체 없이 협의체를 구성하고, 경계변경 여부 및 대상 등에 대하여 같은 항에 따른 행정안전부장관의 요청을 받은 날부터 120일 이내에 협의를 하여야 한다. 다만, 대통령령으로 정하는 부득이한 사유가 있는 경우에는 30일의 범위에서 그 기간을 연장할 수 있다.

⑥ 제5항에 따라 협의체를 구성한 지방자치단체의 장은 같은 항에 따른 협의 기간 이내에 협의체의 협의 결과를 행정안전부장관에게 알려야 한다.

⑦ 행정안전부장관은 다음 각 호의 어느 하나에 해당하는 경우에는 위원회의 심의·의결을 거쳐 경계변경에 대하여 조정할 수 있다.
1. 관계 지방자치단체가 제4항에 따른 행정

안전부장관의 요청을 받은 날부터 120일 이내에 협의체를 구성하지 못한 경우

2. 관계 지방자치단체가 제5항에 따른 협의 기간 이내에 경계변경 여부 및 대상 등에 대하여 합의를 하지 못한 경우

⑧ 위원회는 제7항에 따라 경계변경에 대한 사항을 심의할 때에는 관계 지방의회의 의견을 들어야 하며, 관련 전문가 및 지방자치단체의 장의 의견 청취 등에 관하여는 제5조제8항을 준용한다.

⑨ 행정안전부장관은 다음 각 호의 어느 하나에 해당하는 경우 지체 없이 그 내용을 검토한 후 이를 반영하여 경계변경에 관한 대통령령안을 입안하여야 한다.

1. 제5항에 따른 협의체의 협의 결과 관계 지방자치단체 간 경계변경에 합의를 하고, 관계 지방자치단체의 장이 제6항에 따라 그 내용을 각각 알린 경우

2. 위원회가 제7항에 따른 심의 결과 경계변경이 필요하다고 의결한 경우

⑩ 행정안전부장관은 경계변경의 조정과 관련하여 제7항에 따라 위원회의 심의를 할 때 같은 시·도 안에 있는 관계 시·군 및 자치구 상호 간 경계변경에 관련된 비용 부담, 행정적·재정적 사항 등에 관하여 조정이 필요한 경우 제165조제1항부터 제3항까지의 규정에도 불구하고 당사자의 신청 또는 직권으로 위원회의 심의·의결에 따라 조정할 수 있다. 이 경우 그 조정 결과의 통보 및 조정 결정 사항의 이행은 제165조제4항부터 제7항까지의 규정에 따른다.

제7조(자치구가 아닌 구와 읍·면·동 등의 명칭과 구역) ① 자치구가 아닌 구와 읍·면·동의 명칭과 구역은 종전과 같이 하고, 자치구가 아닌 구와 읍·면·동을 폐지하거나 설치하거나 나누거나 합칠 때에는 행정안전부장관의 승인을 받아 그 지방자치단체의 조례로 정한다. 다만, 명칭과 구역의 변경은 그 지방자치단체의 조례로 정하고, 그 결과를 특별시장·광역시장·도지사에게 보고하여야 한다.

② 리의 구역은 자연 촌락을 기준으로 하되, 그 명칭과 구역은 종전과 같이 하고, 명칭과 구역을 변경하거나 리를 폐지하거나 설치하거나 나누거나 합칠 때에는 그 지방자치단체의 조례로 정한다.

③ 인구 감소 등 행정여건 변화로 인하여 필요한 경우 그 지방자치단체의 조례로 정하는 바에 따라 2개 이상의 면을 하나의 면으로 운영하는 등 행정 운영상 면[이하 "행정면"(行政面)이라 한다]을 따로 둘 수 있다.

④ 동·리에서는 행정 능률과 주민의 편의를 위하여 그 지방자치단체의 조례로 정하는 바에 따라 하나의 동·리를 2개 이상의 동·리로 운영하거나 2개 이상의 동·리를 하나의 동·리로 운영하는 등 행정 운영상 동(이하 "행정동"이라 한다)·리(이하 "행정리"라 한다)를 따로 둘 수 있다. <개정 2021. 4. 20.>

⑤ 행정동에 그 지방자치단체의 조례로 정하는 바에 따라 통 등 하부 조직을 둘 수 있다. <개정 2021. 4. 20.>

⑥ 행정리에 그 지방자치단체의 조례로 정하는 바에 따라 하부 조직을 둘 수 있다. <신설 2021. 4. 20.>

제8조(구역의 변경 또는 폐지·설치·분리·합병 시의 사무와 재산의 승계) ① 지방자치단체의 구역을 변경하거나 지방자치단체를 폐지하거나 설치하거나 나누거나 합칠 때에는 새로 그 지역을 관할하게 된 지방자치단체가 그 사무와 재산을 승계한다.

② 제1항의 경우에 지역으로 지방자치단체의 사무와 재산을 구분하기 곤란하면 시·도에

서는 행정안전부장관이, 시·군 및 자치구에서는 특별시장·광역시장·특별자치시장·도지사·특별자치도지사(이하 "시·도지사"라 한다)가 그 사무와 재산의 한계 및 승계할 지방자치단체를 지정한다.

제9조(사무소의 소재지) ① 지방자치단체의 사무소 소재지와 자치구가 아닌 구 및 읍·면·동의 사무소 소재지는 종전과 같이 하고, 이를 변경하거나 새로 설정하려면 지방자치단체의 조례로 정한다. 이 경우 면·동은 행정면·행정동(行政洞)을 말한다.

② 제1항의 사항을 조례로 정할 때에는 그 지방의회의 재적의원 과반수의 찬성이 있어야 한다.

제10조(시·읍의 설치기준 등) ① 시는 그 대부분이 도시의 형태를 갖추고 인구 5만 이상이 되어야 한다.

② 다음 각 호의 어느 하나에 해당하는 지역은 도농(都農) 복합형태의 시로 할 수 있다.
  1. 제1항에 따라 설치된 시와 군을 통합한 지역
  2. 인구 5만 이상의 도시 형태를 갖춘 지역이 있는 군
  3. 인구 2만 이상의 도시 형태를 갖춘 2개 이상의 지역 인구가 5만 이상인 군. 이 경우 군의 인구는 15만 이상으로서 대통령령으로 정하는 요건을 갖추어야 한다.
  4. 국가의 정책으로 인하여 도시가 형성되고, 제128조에 따라 도의 출장소가 설치된 지역으로서 그 지역의 인구가 3만 이상이며, 인구 15만 이상의 도농 복합형태의 시의 일부인 지역

③ 읍은 그 대부분이 도시의 형태를 갖추고 인구 2만 이상이 되어야 한다. 다만, 다음 각 호의 어느 하나에 해당하면 인구 2만 미만인 경우에도 읍으로 할 수 있다.

  1. 군사무소 소재지의 면
  2. 읍이 없는 도농 복합형태의 시에서 그 시에 있는 면 중 1개 면

④ 시·읍의 설치에 관한 세부기준은 대통령령으로 정한다.

제3절 지방자치단체의 기능과 사무

제11조(사무배분의 기본원칙) ① 국가는 지방자치단체가 사무를 종합적·자율적으로 수행할 수 있도록 국가와 지방자치단체 간 또는 지방자치단체 상호 간의 사무를 주민의 편익증진, 집행의 효과 등을 고려하여 서로 중복되지 아니하도록 배분하여야 한다.

② 국가는 제1항에 따라 사무를 배분하는 경우 지역주민생활과 밀접한 관련이 있는 사무는 원칙적으로 시·군 및 자치구의 사무로, 시·군 및 자치구가 처리하기 어려운 사무는 시·도의 사무로, 시·도가 처리하기 어려운 사무는 국가의 사무로 각각 배분하여야 한다.

③ 국가가 지방자치단체에 사무를 배분하거나 지방자치단체가 사무를 다른 지방자치단체에 재배분할 때에는 사무를 배분받거나 재배분받는 지방자치단체가 그 사무를 자기의 책임하에 종합적으로 처리할 수 있도록 관련 사무를 포괄적으로 배분하여야 한다.

제12조(사무처리의 기본원칙) ① 지방자치단체는 사무를 처리할 때 주민의 편의와 복리증진을 위하여 노력하여야 한다.

② 지방자치단체는 조직과 운영을 합리적으로 하고 규모를 적절하게 유지하여야 한다.

③ 지방자치단체는 법령을 위반하여 사무를 처리할 수 없으며, 시·군 및 자치구는 해당 구역을 관할하는 시·도의 조례를 위반하여 사무를 처리할 수 없다.

제13조(지방자치단체의 사무 범위) ① 지방자치단체는 관할 구역의 자치사무와 법령에 따라 지방자치단체에 속하는 사무를 처리한다.

② 제1항에 따른 지방자치단체의 사무를 예시하면 다음 각 호와 같다. 다만, 법률에 이와 다른 규정이 있으면 그러하지 아니하다.

1. 지방자치단체의 구역, 조직, 행정관리 등
   가. 관할 구역 안 행정구역의 명칭·위치 및 구역의 조정
   나. 조례·규칙의 제정·개정·폐지 및 그 운영·관리
   다. 산하(傘下) 행정기관의 조직관리
   라. 산하 행정기관 및 단체의 지도·감독
   마. 소속 공무원의 인사·후생복지 및 교육
   바. 지방세 및 지방세 외 수입의 부과 및 징수
   사. 예산의 편성·집행 및 회계감사와 재산관리
   아. 행정장비관리, 행정전산화 및 행정관리개선
   자. 공유재산(公有財産) 관리
   차. 주민등록 관리
   카. 지방자치단체에 필요한 각종 조사 및 통계의 작성

2. 주민의 복지증진
   가. 주민복지에 관한 사업
   나. 사회복지시설의 설치·운영 및 관리
   다. 생활이 어려운 사람의 보호 및 지원
   라. 노인·아동·장애인·청소년 및 여성의 보호와 복지증진
   마. 공공보건의료기관의 설립·운영
   바. 감염병과 그 밖의 질병의 예방과 방역
   사. 묘지·화장장(火葬場) 및 봉안당의 운영·관리
   아. 공중접객업소의 위생을 개선하기 위한 지도
   자. 청소, 생활폐기물의 수거 및 처리
   차. 지방공기업의 설치 및 운영

3. 농림·수산·상공업 등 산업 진흥
   가. 못·늪지·보(洑) 등 농업용수시설의 설치 및 관리
   나. 농산물·임산물·축산물·수산물의 생산 및 유통 지원
   다. 농업자재의 관리
   라. 복합영농의 운영·지도
   마. 농업 외 소득사업의 육성·지도
   바. 농가 부업의 장려
   사. 공유림 관리
   아. 소규모 축산 개발사업 및 낙농 진흥사업
   자. 가축전염병 예방
   차. 지역산업의 육성·지원
   카. 소비자 보호 및 저축 장려
   타. 중소기업의 육성
   파. 지역특화산업의 개발과 육성·지원
   하. 우수지역특산품 개발과 관광민예품 개발

4. 지역개발과 자연환경보전 및 생활환경시설의 설치·관리
   가. 지역개발사업
   나. 지방 토목·건설사업의 시행
   다. 도시·군계획사업의 시행
   라. 지방도(地方道), 시도(市道)·군도(郡道)·구도(區道)의 신설·개선·보수 및 유지
   마. 주거생활환경 개선의 장려 및 지원
   바. 농어촌주택 개량 및 취락구조 개선
   사. 자연보호활동
   아. 지방하천 및 소하천의 관리
   자. 상수도·하수도의 설치 및 관리
   차. 소규모급수시설의 설치 및 관리
   카. 도립공원, 광역시립공원, 군립공원,

시립공원 및 구립공원 등의 지정 및
관리

타. 도시공원 및 공원시설, 녹지, 유원지
등과 그 휴양시설의 설치 및 관리

파. 관광지, 관광단지 및 관광시설의 설
치 및 관리

하. 지방 궤도사업의 경영

거. 주차장·교통표지 등 교통편의시설
의 설치 및 관리

너. 재해대책의 수립 및 집행

더. 지역경제의 육성 및 지원

5. 교육·체육·문화·예술의 진흥

가. 어린이집·유치원·초등학교·중
학교·고등학교 및 이에 준하는 각
종 학교의 설치·운영·지도

나. 도서관·운동장·광장·체육관·
박물관·공연장·미술관·음악당
등 공공교육·체육·문화시설의 설
치 및 관리

다. 시·도 유산의 지정·등록·보존 및
관리

라. 지방문화·예술의 진흥

마. 지방문화·예술단체의 육성

6. 지역민방위 및 지방소방

가. 지역 및 직장 민방위조직(의용소방
대를 포함한다)의 편성과 운영 및 지
도·감독

나. 지역의 화재예방·경계·진압·조사
및 구조·구급

7. 국제교류 및 협력

가. 국제기구·행사·대회의 유치·지원

나. 외국 지방자치단체와의 교류·협력

제14조(지방자치단체의 종류별 사무배분기준) ① 제
13조에 따른 지방자치단체의 사무를 지방자치
단체의 종류별로 배분하는 기준은 다음 각 호
와 같다. 다만, 제13조제2항제1호의 사무는 각

지방자치단체에 공통된 사무로 한다.

1. 시·도

가. 행정처리 결과가 2개 이상의 시·군
및 자치구에 미치는 광역적 사무

나. 시·도 단위로 동일한 기준에 따라
처리되어야 할 성질의 사무

다. 지역적 특성을 살리면서 시·도 단
위로 통일성을 유지할 필요가 있는
사무

라. 국가와 시·군 및 자치구 사이의 연
락·조정 등의 사무

마. 시·군 및 자치구가 독자적으로 처리
하기 어려운 사무

바. 2개 이상의 시·군 및 자치구가 공동
으로 설치하는 것이 적당하다고 인
정되는 규모의 시설을 설치하고 관
리하는 사무

2. 시·군 및 자치구

제1호에서 시·도가 처리하는 것으로 되
어 있는 사무를 제외한 사무. 다만, 인구
50만 이상의 시에 대해서는 도가 처리하
는 사무의 일부를 직접 처리하게 할 수
있다.

② 제1항의 배분기준에 따른 지방자치단체의
종류별 사무는 대통령령으로 정한다.

③ 시·도와 시·군 및 자치구는 사무를 처리할
때 서로 겹치지 아니하도록 하여야 하며, 사
무가 서로 겹치면 시·군 및 자치구에서 먼
저 처리한다.

제15조(국가사무의 처리 제한) 지방자치단체는 다
음 각 호의 국가사무를 처리할 수 없다. 다만,
법률에 이와 다른 규정이 있는 경우에는 국가
사무를 처리할 수 있다.

1. 외교, 국방, 사법(司法), 국세 등 국가의
존립에 필요한 사무

2. 물가정책, 금융정책, 수출입정책 등 전

국적으로 통일적 처리를 할 필요가 있는
사무

3. 농산물·임산물·축산물·수산물 및 양
곡의 수급조절과 수출입 등 전국적 규모
의 사무

4. 국가종합경제개발계획, 국가하천, 국유
림, 국토종합개발계획, 지정항만, 고속
국도·일반국도, 국립공원 등 전국적 규
모나 이와 비슷한 규모의 사무

5. 근로기준, 측량단위 등 전국적으로 기준
을 통일하고 조정하여야 할 필요가 있는
사무

6. 우편, 철도 등 전국적 규모나 이와 비슷한
규모의 사무

7. 고도의 기술이 필요한 검사·시험·연
구, 항공관리, 기상행정, 원자력개발 등
지방자치단체의 기술과 재정능력으로
감당하기 어려운 사무

제2장 주민

제16조(주민의 자격) 지방자치단체의 구역에 주소
를 가진 자는 그 지방자치단체의 주민이 된다.

제17조(주민의 권리) ① 주민은 법령으로 정하는
바에 따라 주민생활에 영향을 미치는 지방자치
단체의 정책의 결정 및 집행 과정에 참여할 권
리를 가진다.

② 주민은 법령으로 정하는 바에 따라 소속 지
방자치단체의 재산과 공공시설을 이용할
권리와 그 지방자치단체로부터 균등하게
행정의 혜택을 받을 권리를 가진다.

③ 주민은 법령으로 정하는 바에 따라 그 지방
자치단체에서 실시하는 지방의회의원과
지방자치단체의 장의 선거(이하 "지방선
거"라 한다)에 참여할 권리를 가진다.

제18조(주민투표) ① 지방자치단체의 장은 주민

에게 과도한 부담을 주거나 중대한 영향을 미
치는 지방자치단체의 주요 결정사항 등에 대하
여 주민투표에 부칠 수 있다.

② 주민투표의 대상·발의자·발의요건, 그 밖
에 투표절차 등에 관한 사항은 따로 법률로
정한다.

제19조(조례의 제정과 개정·폐지 청구) ① 주민
은 지방자치단체의 조례를 제정하거나 개정하
거나 폐지할 것을 청구할 수 있다.

② 조례의 제정·개정 또는 폐지 청구의 청구
권자·청구대상·청구요건 및 절차 등에 관
한 사항은 따로 법률로 정한다.

제20조(규칙의 제정과 개정·폐지 의견 제출) ① 주
민은 제29조에 따른 규칙(권리·의무와 직접
관련되는 사항으로 한정한다)의 제정, 개정 또
는 폐지와 관련된 의견을 해당 지방자치단체의
장에게 제출할 수 있다.

② 법령이나 조례를 위반하거나 법령이나 조
례에서 위임한 범위를 벗어나는 사항은 제1
항에 따른 의견 제출 대상에서 제외한다.

③ 지방자치단체의 장은 제1항에 따라 제출된
의견에 대하여 의견이 제출된 날부터 30일
이내에 검토 결과를 그 의견을 제출한 주민
에게 통보하여야 한다.

④ 제1항에 따른 의견 제출, 제3항에 따른 의견
의 검토와 결과 통보의 방법 및 절차는 해당
지방자치단체의 조례로 정한다.

제21조(주민의 감사 청구) ① 지방자치단체의 18세
이상의 주민으로서 다음 각 호의 어느 하나에
해당하는 사람(「공직선거법」 제18조에 따른
선거권이 없는 사람은 제외한다. 이하 이 조에
서 "18세 이상의 주민"이라 한다)은 시·도는
300명, 제198조에 따른 인구 50만 이상 대도시
는 200명, 그 밖의 시·군 및 자치구는 150명
이내에서 그 지방자치단체의 조례로 정하는 수
이상의 18세 이상의 주민이 연대 서명하여 그

지방자치단체와 그 장의 권한에 속하는 사무의 처리가 법령에 위반되거나 공익을 현저히 해친다고 인정되면 시·도의 경우에는 주무부장관에게, 시·군 및 자치구의 경우에는 시·도지사에게 감사를 청구할 수 있다.

　　1. 해당 지방자치단체의 관할 구역에 주민등록이 되어 있는 사람

　　2. 「출입국관리법」 제10조에 따른 영주(永住)할 수 있는 체류자격 취득일 후 3년이 경과한 외국인으로서 같은 법 제34조에 따라 해당 지방자치단체의 외국인등록대장에 올라 있는 사람

② 다음 각 호의 사항은 감사 청구의 대상에서 제외한다.

　　1. 수사나 재판에 관여하게 되는 사항

　　2. 개인의 사생활을 침해할 우려가 있는 사항

　　3. 다른 기관에서 감사하였거나 감사 중인 사항. 다만, 다른 기관에서 감사한 사항이라도 새로운 사항이 발견되거나 중요 사항이 감사에서 누락된 경우와 제22조제1항에 따라 주민소송의 대상이 되는 경우에는 그러하지 아니하다.

　　4. 동일한 사항에 대하여 제22조제2항 각 호의 어느 하나에 해당하는 소송이 진행 중이거나 그 판결이 확정된 사항

③ 제1항에 따른 청구는 사무처리가 있었던 날이나 끝난 날부터 3년이 지나면 제기할 수 없다.

④ 지방자치단체의 18세 이상의 주민이 제1항에 따라 감사를 청구하려면 청구인의 대표자를 선정하여 청구인명부에 적어야 하며, 청구인의 대표자는 감사청구서를 작성하여 주무부장관 또는 시·도지사에게 제출하여야 한다.

⑤ 주무부장관이나 시·도지사는 제1항에 따른 청구를 받으면 청구를 받은 날부터 5일 이내에 그 내용을 공표하여야 하며, 청구를 공표한 날부터 10일간 청구인명부나 그 사본을 공개된 장소에 갖추어 두어 열람할 수 있도록 하여야 한다.

⑥ 청구인명부의 서명에 관하여 이의가 있는 사람은 제5항에 따른 열람기간에 해당 주무부장관이나 시·도지사에게 이의를 신청할 수 있다.

⑦ 주무부장관이나 시·도지사는 제6항에 따른 이의신청을 받으면 제5항에 따른 열람기간이 끝난 날부터 14일 이내에 심사·결정하되, 그 신청이 이유 있다고 결정한 경우에는 청구인명부를 수정하고, 그 사실을 이의신청을 한 사람과 제4항에 따른 청구인의 대표자에게 알려야 하며, 그 이의신청이 이유 없다고 결정한 경우에는 그 사실을 즉시 이의신청을 한 사람에게 알려야 한다.

⑧ 주무부장관이나 시·도지사는 제6항에 따른 이의신청이 없는 경우 또는 제6항에 따라 제기된 모든 이의신청에 대하여 제7항에 따른 결정이 끝난 경우로서 제1항부터 제3항까지의 규정에 따른 요건을 갖춘 경우에는 청구를 수리하고, 그러하지 아니한 경우에는 청구를 각하하되, 수리 또는 각하 사실을 청구인의 대표자에게 알려야 한다.

⑨ 주무부장관이나 시·도지사는 감사 청구를 수리한 날부터 60일 이내에 감사 청구된 사항에 대하여 감사를 끝내야 하며, 감사 결과를 청구인의 대표자와 해당 지방자치단체의 장에게 서면으로 알리고, 공표하여야 한다. 다만, 그 기간에 감사를 끝내기가 어려운 정당한 사유가 있으면 그 기간을 연장할 수 있으며, 기간을 연장할 때에는 미리 청구인의 대표자와 해당 지방자치단체의 장에게 알리고, 공표하여야 한다.

⑩ 주무부장관이나 시·도지사는 주민이 감사를 청구한 사항이 다른 기관에서 이미 감사한 사항이거나 감사 중인 사항이면 그 기관에서 한 감사 결과 또는 감사 중인 사실과 감사가 끝난 후 그 결과를 알리겠다는 사실을 청구인의 대표자와 해당 기관에 지체 없이 알려야 한다.

⑪ 주무부장관이나 시·도지사는 주민 감사 청구를 처리(각하를 포함한다)할 때 청구인의 대표자에게 반드시 증거 제출 및 의견 진술의 기회를 주어야 한다.

⑫ 주무부장관이나 시·도지사는 제9항에 따른 감사 결과에 따라 기간을 정하여 해당 지방자치단체의 장에게 필요한 조치를 요구할 수 있다. 이 경우 그 지방자치단체의 장은 이를 성실히 이행하여야 하고, 그 조치 결과를 지방의회와 주무부장관 또는 시·도지사에게 보고하여야 한다.

⑬ 주무부장관이나 시·도지사는 제12항에 따른 조치 요구 내용과 지방자치단체의 장의 조치 결과를 청구인의 대표자에게 서면으로 알리고, 공표하여야 한다.

⑭ 제1항부터 제13항까지에서 규정한 사항 외에 18세 이상의 주민의 감사 청구에 필요한 사항은 대통령령으로 정한다.

제22조(주민소송) ① 제21조제1항에 따라 공금의 지출에 관한 사항, 재산의 취득·관리·처분에 관한 사항, 해당 지방자치단체를 당사자로 하는 매매·임차·도급 계약이나 그 밖의 계약의 체결·이행에 관한 사항 또는 지방세·사용료·수수료·과태료 등 공금의 부과·징수를 게을리한 사항을 감사 청구한 주민은 다음 각 호의 어느 하나에 해당하는 경우에 그 감사 청구한 사항과 관련이 있는 위법한 행위나 업무를 게을리한 사실에 대하여 해당 지방자치단체의 장(해당 사항의 사무처리에 관한 권한을 소속 기관의 장에게 위임한 경우에는 그 소속 기관의 장을 말한다. 이하 이 조에서 같다)을 상대방으로 하여 소송을 제기할 수 있다.

1. 주무부장관이나 시·도지사가 감사 청구를 수리한 날부터 60일(제21조제9항 단서에 따라 감사기간이 연장된 경우에는 연장된 기간이 끝난 날을 말한다)이 지나도 감사를 끝내지 아니한 경우
2. 제21조제9항 및 제10항에 따른 감사 결과 또는 같은 조 제12항에 따른 조치 요구에 불복하는 경우
3. 제21조제12항에 따른 주무부장관이나 시·도지사의 조치 요구를 지방자치단체의 장이 이행하지 아니한 경우
4. 제21조제12항에 따른 지방자치단체의 장의 이행 조치에 불복하는 경우

② 제1항에 따라 주민이 제기할 수 있는 소송은 다음 각 호와 같다.

1. 해당 행위를 계속하면 회복하기 어려운 손해를 발생시킬 우려가 있는 경우에는 그 행위의 전부나 일부를 중지할 것을 요구하는 소송
2. 행정처분인 해당 행위의 취소 또는 변경을 요구하거나 그 행위의 효력 유무 또는 존재 여부의 확인을 요구하는 소송
3. 게을리한 사실의 위법 확인을 요구하는 소송
4. 해당 지방자치단체의 장 및 직원, 지방의회의원, 해당 행위와 관련이 있는 상대방에게 손해배상청구 또는 부당이득반환청구를 할 것을 요구하는 소송. 다만, 그 지방자치단체의 직원이 「회계관계직원 등의 책임에 관한 법률」 제4조에 따른 변상책임을 져야 하는 경우에는 변상명령을 할 것을 요구하는 소송을 말한다.

③ 제2항제1호의 중지청구소송은 해당 행위

를 중지할 경우 생명이나 신체에 중대한 위해가 생길 우려가 있거나 그 밖에 공공복리를 현저하게 해칠 우려가 있으면 제기할 수 없다.

④ 제2항에 따른 소송은 다음 각 호의 구분에 따른 날부터 90일 이내에 제기하여야 한다.

   1. 제1항제1호: 해당 60일이 끝난 날(제21조제9항 단서에 따라 감사기간이 연장된 경우에는 연장기간이 끝난 날을 말한다)

   2. 제1항제2호: 해당 감사 결과나 조치 요구 내용에 대한 통지를 받은 날

   3. 제1항제3호: 해당 조치를 요구할 때에 지정한 처리기간이 끝난 날

   4. 제1항제4호: 해당 이행 조치 결과에 대한 통지를 받은 날

⑤ 제2항 각 호의 소송이 진행 중이면 다른 주민은 같은 사항에 대하여 별도의 소송을 제기할 수 없다.

⑥ 소송의 계속(繫屬) 중에 소송을 제기한 주민이 사망하거나 제16조에 따른 주민의 자격을 잃으면 소송절차는 중단된다. 소송대리인이 있는 경우에도 또한 같다.

⑦ 감사 청구에 연대 서명한 다른 주민은 제6항에 따른 사유가 발생한 사실을 안 날부터 6개월 이내에 소송절차를 수계(受繼)할 수 있다. 이 기간에 수계절차가 이루어지지 아니할 경우 그 소송절차는 종료된다.

⑧ 법원은 제6항에 따라 소송이 중단되면 감사 청구에 연대 서명한 다른 주민에게 소송절차를 중단한 사유와 소송절차 수계방법을 지체 없이 알려야 한다. 이 경우 법원은 감사 청구에 적힌 주소로 통지서를 우편으로 보낼 수 있고, 우편물이 통상 도달할 수 있을 때에 감사 청구에 연대 서명한 다른 주민은 제6항의 사유가 발생한 사실을 안 것으로 본다.

⑨ 제2항에 따른 소송은 해당 지방자치단체의 사무소 소재지를 관할하는 행정법원(행정법원이 설치되지 아니한 지역에서는 행정법원의 권한에 속하는 사건을 관할하는 지방법원 본원을 말한다)의 관할로 한다.

⑩ 해당 지방자치단체의 장은 제2항제1호부터 제3호까지의 규정에 따른 소송이 제기된 경우 그 소송 결과에 따라 권리나 이익의 침해를 받을 제3자가 있으면 그 제3자에 대하여, 제2항제4호에 따른 소송이 제기된 경우 그 직원, 지방의회의원 또는 상대방에 대하여 소송고지를 해 줄 것을 법원에 신청하여야 한다.

⑪ 제2항제4호에 따른 소송이 제기된 경우에 지방자치단체의 장이 한 소송고지신청은 그 소송에 관한 손해배상청구권 또는 부당이득반환청구권의 시효중단에 관하여 「민법」 제168조제1호에 따른 청구로 본다.

⑫ 제11항에 따른 시효중단의 효력은 그 소송이 끝난 날부터 6개월 이내에 재판상 청구, 파산절차참가, 압류 또는 가압류, 가처분을 하지 아니하면 효력이 생기지 아니한다.

⑬ 국가, 상급 지방자치단체 및 감사 청구에 연대 서명한 다른 주민과 제10항에 따라 소송고지를 받은 자는 법원에서 계속 중인 소송에 참가할 수 있다.

⑭ 제2항에 따른 소송에서 당사자는 법원의 허가를 받지 아니하고는 소의 취하, 소송의 화해 또는 청구의 포기를 할 수 없다.

⑮ 법원은 제14항에 따른 허가를 하기 전에 감사 청구에 연대 서명한 다른 주민에게 그 사실을 알려야 하며, 알린 때부터 1개월 이내에 허가 여부를 결정하여야 한다. 이 경우 통지방법 등에 관하여는 제8항 후단을 준용한다.

⑯ 제2항에 따른 소송은 「민사소송 등 인지법」 제2조제4항에 따른 비재산권을 목적으로 하는 소송으로 본다.

⑰ 소송을 제기한 주민은 승소(일부 승소를 포함한다)한 경우 그 지방자치단체에 대하여 변호사 보수 등의 소송비용, 감사 청구절차의 진행 등을 위하여 사용된 여비, 그 밖에 실제로 든 비용을 보상할 것을 청구할 수 있다. 이 경우 지방자치단체는 청구된 금액의 범위에서 그 소송을 진행하는 데 객관적으로 사용된 것으로 인정되는 금액을 지급하여야 한다.

⑱ 제1항에 따른 소송에 관하여 이 법에 규정된 것 외에는 「행정소송법」에 따른다.

제23조(손해배상금 등의 지급청구 등) ① 지방자치단체의 장(해당 사항의 사무처리에 관한 권한을 소속 기관의 장에게 위임한 경우에는 그 소속 기관의 장을 말한다. 이하 이 조에서 같다)은 제22조제2항제4호 본문에 따른 소송에 대하여 손해배상청구나 부당이득반환청구를 명하는 판결이 확정되면 판결이 확정된 날부터 60일 이내를 기한으로 하여 당사자에게 그 판결에 따라 결정된 손해배상금이나 부당이득반환금의 지급을 청구하여야 한다. 다만, 손해배상금이나 부당이득반환금을 지급하여야 할 당사자가 지방자치단체의 장이면 지방의회의 의장이 지급을 청구하여야 한다.

② 지방자치단체는 제1항에 따라 지급청구를 받은 자가 같은 항의 기한까지 손해배상금이나 부당이득반환금을 지급하지 아니하면 손해배상·부당이득반환의 청구를 목적으로 하는 소송을 제기하여야 한다. 이 경우 그 소송의 상대방이 지방자치단체의 장이면 그 지방의회의 의장이 그 지방자치단체를 대표한다.

제24조(변상명령 등) ① 지방자치단체의 장은 제22조제2항제4호 단서에 따른 소송에 대하여 변상할 것을 명하는 판결이 확정되면 판결이 확정된 날부터 60일 이내를 기한으로 하여 당사자에게 그 판결에 따라 결정된 금액을 변상할 것을 명령하여야 한다.

② 제1항에 따라 변상할 것을 명령받은 자가 같은 항의 기한까지 변상금을 지급하지 아니하면 지방세 체납처분의 예에 따라 징수할 수 있다. <개정 2021. 10. 19.>

③ 제1항에 따라 변상할 것을 명령받은 자는 그 명령에 불복하는 경우 행정소송을 제기할 수 있다. 다만, 「행정심판법」에 따른 행정심판청구는 제기할 수 없다.

제25조(주민소환) ① 주민은 그 지방자치단체의 장 및 지방의회의원(비례대표 지방의회의원은 제외한다)을 소환할 권리를 가진다.

② 주민소환의 투표 청구권자·청구요건·절차 및 효력 등에 관한 사항은 따로 법률로 정한다.

제26조(주민에 대한 정보공개) ① 지방자치단체는 사무처리의 투명성을 높이기 위하여 「공공기관의 정보공개에 관한 법률」에서 정하는 바에 따라 지방의회의 의정활동, 집행기관의 조직, 재무 등 지방자치에 관한 정보(이하 "지방자치정보"라 한다)를 주민에게 공개하여야 한다.

② 행정안전부장관은 주민의 지방자치정보에 대한 접근성을 높이기 위하여 이 법 또는 다른 법령에 따라 공개된 지방자치정보를 체계적으로 수집하고 주민에게 제공하기 위한 정보공개시스템을 구축·운영할 수 있다.

제27조(주민의 의무) 주민은 법령으로 정하는 바에 따라 소속 지방자치단체의 비용을 분담하여야 하는 의무를 진다.

제3장 조례와 규칙

제28조(조례) ① 지방자치단체는 법령의 범위에서 그 사무에 관하여 조례를 제정할 수 있다. 다만, 주민의 권리 제한 또는 의무 부과에 관한 사항이나 벌칙을 정할 때에는 법률의 위임이 있어야 한다.

② 법령에서 조례로 정하도록 위임한 사항은 그 법령의 하위 법령에서 그 위임의 내용과 범위를 제한하거나 직접 규정할 수 없다.

제29조(규칙) 지방자치단체의 장은 법령 또는 조례의 범위에서 그 권한에 속하는 사무에 관하여 규칙을 제정할 수 있다.

제30조(조례와 규칙의 입법한계) 시·군 및 자치구의 조례나 규칙은 시·도의 조례나 규칙을 위반해서는 아니 된다.

제31조(지방자치단체를 신설하거나 격을 변경할 때의 조례·규칙 시행) 지방자치단체를 나누거나 합하여 새로운 지방자치단체가 설치되거나 지방자치단체의 격이 변경되면 그 지방자치단체의 장은 필요한 사항에 관하여 새로운 조례나 규칙이 제정·시행될 때까지 종래 그 지역에 시행되던 조례나 규칙을 계속 시행할 수 있다.

제32조(조례와 규칙의 제정 절차 등) ① 조례안이 지방의회에서 의결되면 지방의회의 의장은 의결된 날부터 5일 이내에 그 지방자치단체의 장에게 이송하여야 한다.

② 지방자치단체의 장은 제1항의 조례안을 이송받으면 20일 이내에 공포하여야 한다.

③ 지방자치단체의 장은 이송받은 조례안에 대하여 이의가 있으면 제2항의 기간에 이유를 붙여 지방의회로 환부(還付)하고, 재의(再議)를 요구할 수 있다. 이 경우 지방자치단체의 장은 조례안의 일부에 대하여 또는 조례안을 수정하여 재의를 요구할 수 없다.

④ 지방의회는 제3항에 따라 재의 요구를 받으면 조례안을 재의에 부치고 재적의원 과반수의 출석과 출석의원 3분의 2 이상의 찬성으로 전(前)과 같은 의결을 하면 그 조례안은 조례로서 확정된다.

⑤ 지방자치단체의 장이 제2항의 기간에 공포하지 아니하거나 재의 요구를 하지 아니하더라도 그 조례안은 조례로서 확정된다.

⑥ 지방자치단체의 장은 제4항 또는 제5항에 따라 확정된 조례를 지체 없이 공포하여야 한다. 이 경우 제5항에 따라 조례가 확정된 후 또는 제4항에 따라 확정된 조례가 지방자치단체의 장에게 이송된 후 5일 이내에 지방자치단체의 장이 공포하지 아니하면 지방의회의 의장이 공포한다.

⑦ 제2항 및 제6항 전단에 따라 지방자치단체의 장이 조례를 공포하였을 때에는 즉시 해당 지방의회의 의장에게 통지하여야 하며, 제6항 후단에 따라 지방의회의 의장이 조례를 공포하였을 때에는 그 사실을 즉시 해당 지방자치단체의 장에게 통지하여야 한다.

⑧ 조례와 규칙은 특별한 규정이 없으면 공포한 날부터 20일이 지나면 효력을 발생한다.

제33조(조례와 규칙의 공포 방법 등) ① 조례와 규칙의 공포는 해당 지방자치단체의 공보에 게재하는 방법으로 한다. 다만, 제32조제6항 후단에 따라 지방의회의 의장이 조례를 공포하는 경우에는 공보나 일간신문에 게재하거나 게시판에 게시한다.

② 제1항에 따른 공보는 종이로 발행되는 공보(이하 이 조에서 "종이공보"라 한다) 또는 전자적인 형태로 발행되는 공보(이하 이 조에서 "전자공보"라 한다)로 운영한다.

③ 공보의 내용 해석 및 적용 시기 등에 대하여 종이공보와 전자공보는 동일한 효력을 가진다.

④ 조례와 규칙의 공포에 관하여 그 밖에 필요

한 사항은 대통령령으로 정한다.

제34조(조례 위반에 대한 과태료) ① 지방자치단체는 조례를 위반한 행위에 대하여 조례로써 1천만원 이하의 과태료를 정할 수 있다.

② 제1항에 따른 과태료는 해당 지방자치단체의 장이나 그 관할 구역의 지방자치단체의 장이 부과·징수한다.

제35조(보고) 조례나 규칙을 제정하거나 개정하거나 폐지할 경우 조례는 지방의회에서 이송된 날부터 5일 이내에, 규칙은 공포 예정일 15일 전에 시·도지사는 행정안전부장관에게, 시장·군수 및 자치구의 구청장은 시·도지사에게 그 전문(全文)을 첨부하여 각각 보고하여야 하며, 보고를 받은 행정안전부장관은 그 내용을 관계 중앙행정기관의 장에게 통보하여야 한다.

제4장 선거

제36조(지방선거에 관한 법률의 제정) 지방선거에 관하여 이 법에서 정한 것 외에 필요한 사항은 따로 법률로 정한다.

제5장 지방의회

제1절 조직

제37조(의회의 설치) 지방자치단체에 주민의 대의기관인 의회를 둔다.

제38조(지방의회의원의 선거) 지방의회의원은 주민이 보통·평등·직접·비밀선거로 선출한다.

제2절 지방의회의원

제39조(의원의 임기) 지방의회의원의 임기는 4년으로 한다.

제40조(의원의 의정활동비 등) ① 지방의회의원에게는 다음 각 호의 비용을 지급한다.

1. 의정(議政) 자료를 수집하고 연구하거나 이를 위한 보조 활동에 사용되는 비용을 보전(補塡)하기 위하여 매월 지급하는 의정활동비
2. 지방의회의원의 직무활동에 대하여 지급하는 월정수당
3. 본회의 의결, 위원회 의결 또는 지방의회의 의장의 명에 따라 공무로 여행할 때 지급하는 여비

② 제1항 각 호에 규정된 비용은 대통령령으로 정하는 기준을 고려하여 해당 지방자치단체의 의정비심의위원회에서 결정하는 금액 이내에서 지방자치단체의 조례로 정한다. 다만, 제1항제3호에 따른 비용은 의정비심의위원회 결정 대상에서 제외한다.

③ 의정비심의위원회의 구성·운영 등에 필요한 사항은 대통령령으로 정한다.

제41조(의원의 정책지원 전문인력) ① 지방의회의원의 의정활동을 지원하기 위하여 지방의회의원 정수의 2분의 1 범위에서 해당 지방자치단체의 조례로 정하는 바에 따라 지방의회에 정책지원 전문인력을 둘 수 있다.

② 정책지원 전문인력은 지방공무원으로 보하며, 직급·직무 및 임용절차 등 운영에 필요한 사항은 대통령령으로 정한다.

제42조(상해·사망 등의 보상) ① 지방의회의원이 직무로 인하여 신체에 상해를 입거나 사망한 경우와 그 상해나 직무로 인한 질병으로 사망한 경우에는 보상금을 지급할 수 있다.

② 제1항의 보상금의 지급기준은 대통령령으로 정하는 범위에서 해당 지방자치단체의 조례로 정한다.

제43조(겸직 등 금지) ① 지방의회의원은 다음 각 호의 어느 하나에 해당하는 직(職)을 겸할 수

없다.
 1. 국회의원, 다른 지방의회의원
 2. 헌법재판소 재판관, 각급 선거관리위원
    회 위원
 3. 「국가공무원법」 제2조에 따른 국가공무
    원과 「지방공무원법」 제2조에 따른 지
    방공무원(「정당법」 제22조에 따라 정당
    의 당원이 될 수 있는 교원은 제외한다)
 4. 「공공기관의 운영에 관한 법률」 제4조에
    따른 공공기관(한국방송공사, 한국교육
    방송공사 및 한국은행을 포함한다)의 임
    직원
 5. 「지방공기업법」 제2조에 따른 지방공사
    와 지방공단의 임직원
 6. 농업협동조합, 수산업협동조합, 산림조
    합, 엽연초생산협동조합, 신용협동조
    합, 새마을금고(이들 조합·금고의 중
    앙회와 연합회를 포함한다)의 임직원과
    이들 조합·금고의 중앙회장이나 연합
    회장
 7. 「정당법」 제22조에 따라 정당의 당원이
    될 수 없는 교원
 8. 다른 법령에 따라 공무원의 신분을 가지
    는 직
 9. 그 밖에 다른 법률에서 겸임할 수 없도록
    정하는 직
② 「정당법」 제22조에 따라 정당의 당원이 될
 수 있는 교원이 지방의회의원으로 당선되
 면 임기 중 그 교원의 직은 휴직된다.
③ 지방의회의원이 당선 전부터 제1항 각 호의
 직을 제외한 다른 직을 가진 경우에는 임기
 개시 후 1개월 이내에, 임기 중 그 다른 직에
 취임한 경우에는 취임 후 15일 이내에 지방
 의회의 의장에게 서면으로 신고하여야 하
 며, 그 방법과 절차는 해당 지방자치단체의
 조례로 정한다.

④ 지방의회의 의장은 제3항에 따라 지방의회
 의원의 겸직신고를 받으면 그 내용을 연 1회
 이상 해당 지방의회의 인터넷 홈페이지에
 게시하거나 지방자치단체의 조례로 정하
 는 방법에 따라 공개하여야 한다.
⑤ 지방의회의원이 다음 각 호의 기관·단체
 및 그 기관·단체가 설립·운영하는 시설의
 대표, 임원, 상근직원 또는 그 소속 위원회
 (자문위원회는 제외한다)의 위원이 된 경우
 에는 그 겸한 직을 사임하여야 한다.
 1. 해당 지방자치단체가 출자·출연(재출
    자·재출연을 포함한다)한 기관·단체
 2. 해당 지방자치단체의 사무를 위탁받아
    수행하고 있는 기관·단체
 3. 해당 지방자치단체로부터 운영비, 사업
    비 등을 지원받고 있는 기관·단체
 4. 법령에 따라 해당 지방자치단체의 장의
    인가를 받아 설립된 조합(조합설립을 위
    한 추진위원회 등 준비단체를 포함한다)
    의 임직원
⑥ 지방의회의 의장은 지방의회의원이 다음
 각 호의 어느 하나에 해당하는 경우에는 그
 겸한 직을 사임할 것을 권고하여야 한다. 이
 경우 지방의회의 의장은 제66조에 따른 윤
 리심사자문위원회의 의견을 들어야 하며
 그 의견을 존중하여야 한다.
 1. 제5항에 해당하는 데도 불구하고 겸한
    직을 사임하지 아니할 때
 2. 다른 직을 겸하는 것이 제44조제2항에
    위반된다고 인정될 때
⑦ 지방의회의 의장은 지방의회의원의 행위
 또는 양수인이나 관리인의 지위가 제5항 또
 는 제6항에 따라 제한되는지와 관련하여 제
 66조에 따른 윤리심사자문위원회의 의견
 을 들을 수 있다.

제44조(의원의 의무) ① 지방의회의원은 공공의

이익을 우선하여 양심에 따라 그 직무를 성실히 수행하여야 한다.

② 지방의회의원은 청렴의 의무를 지며, 지방의회의원으로서의 품위를 유지하여야 한다.

③ 지방의회의원은 지위를 남용하여 재산상의 권리·이익 또는 직위를 취득하거나 다른 사람을 위하여 그 취득을 알선해서는 아니 된다.

④ 지방의회의원은 해당 지방자치단체, 제43조제5항 각 호의 어느 하나에 해당하는 기관·단체 및 그 기관·단체가 설립·운영하는 시설과 영리를 목적으로 하는 거래를 하여서는 아니 된다.

⑤ 지방의회의원은 소관 상임위원회의 직무와 관련된 영리행위를 할 수 없으며, 그 범위는 해당 지방자치단체의 조례로 정한다.

제45조(의원체포 및 확정판결의 통지) ① 수사기관의 장은 체포되거나 구금된 지방의회의원이 있으면 지체 없이 해당 지방의회의 의장에게 영장의 사본을 첨부하여 그 사실을 알려야 한다.

② 각급 법원장은 지방의회의원이 형사사건으로 공소(公訴)가 제기되어 판결이 확정되면 지체 없이 해당 지방의회의 의장에게 그 사실을 알려야 한다.

제46조(지방의회의 의무 등) ① 지방의회는 지방의회의원이 준수하여야 할 지방의회의원의 윤리강령과 윤리실천규범을 조례로 정하여야 한다.

② 지방의회는 소속 의원(「공직선거법」 제190조 및 제190조의2에 따라 지방의회의원 당선인으로 결정된 사람을 포함한다)들이 의정활동에 필요한 전문성을 확보하도록 노력하여야 한다. <개정 2023. 9. 14.>

제3절 권한

제47조(지방의회의 의결사항) ① 지방의회는 다음 각 호의 사항을 의결한다.

1. 조례의 제정·개정 및 폐지
2. 예산의 심의·확정
3. 결산의 승인
4. 법령에 규정된 것을 제외한 사용료·수수료·분담금·지방세 또는 가입금의 부과와 징수
5. 기금의 설치·운용
6. 대통령령으로 정하는 중요 재산의 취득·처분
7. 대통령령으로 정하는 공공시설의 설치·처분
8. 법령과 조례에 규정된 것을 제외한 예산 외의 의무부담이나 권리의 포기
9. 청원의 수리와 처리
10. 외국 지방자치단체와의 교류·협력
11. 그 밖에 법령에 따라 그 권한에 속하는 사항

② 지방자치단체는 제1항 각 호의 사항 외에 조례로 정하는 바에 따라 지방의회에서 의결되어야 할 사항을 따로 정할 수 있다.

제47조의2(인사청문회) ① 지방자치단체의 장은 다음 각 호의 어느 하나에 해당하는 직위 중 조례로 정하는 직위의 후보자에 대하여 지방의회에 인사청문을 요청할 수 있다.

1. 제123조제2항에 따라 정무직 국가공무원으로 보하는 부시장·부지사
2. 「제주특별자치도 설치 및 국제자유도시 조성을 위한 특별법」 제11조에 따른 행정시장
3. 「지방공기업법」 제49조에 따른 지방공사의 사장과 같은 법 제76조에 따른 지방공단의 이사장
4. 「지방자치단체 출자·출연 기관의 운영에 관한 법률」 제2조제1항 전단에 따른 출자·출연 기관의 기관장

② 지방의회의 의장은 제1항에 따른 인사청문 요청이 있는 경우 인사청문회를 실시한 후 그 경과를 지방자치단체의 장에게 송부하여야 한다.

③ 그 밖에 인사청문회의 절차 및 운영 등에 필요한 사항은 조례로 정한다.[본조신설 2023. 3. 21.]

제48조(서류제출 요구) ① 본회의나 위원회는 그 의결로 안건의 심의와 직접 관련된 서류의 제출을 해당 지방자치단체의 장에게 요구할 수 있다.

② 위원회가 제1항의 요구를 할 때에는 지방의회의 의장에게 그 사실을 보고하여야 한다.

③ 제1항에도 불구하고 폐회 중에는 지방의회의 의장이 서류의 제출을 해당 지방자치단체의 장에게 요구할 수 있다.

④ 제1항 또는 제3항에 따라 서류제출을 요구할 때에는 서면, 전자문서 또는 컴퓨터의 자기테이프·자기디스크, 그 밖에 이와 유사한 매체에 기록된 상태 등 제출 형식을 지정할 수 있다.

제49조(행정사무 감사권 및 조사권) ① 지방의회는 매년 1회 그 지방자치단체의 사무에 대하여 시·도에서는 14일의 범위에서, 시·군 및 자치구에서는 9일의 범위에서 감사를 실시하고, 지방자치단체의 사무 중 특정 사안에 관하여 본회의 의결로 본회의나 위원회에서 조사하게 할 수 있다.

② 제1항의 조사를 발의할 때에는 이유를 밝힌 서면으로 하여야 하며, 재적의원 3분의 1 이상의 찬성이 있어야 한다.

③ 지방자치단체 및 그 장이 위임받아 처리하는 국가사무와 시·도의 사무에 대하여 국회와 시·도의회가 직접 감사하기로 한 사무 외에는 그 감사를 각각 해당 시·도의회와 시·군 및 자치구의회가 할 수 있다. 이 경우 국회와

시·도의회는 그 감사 결과에 대하여 그 지방의회에 필요한 자료를 요구할 수 있다.

④ 제1항의 감사 또는 조사와 제3항의 감사를 위하여 필요하면 현지확인을 하거나 서류제출을 요구할 수 있으며, 지방자치단체의 장 또는 관계 공무원이나 그 사무에 관계되는 사람을 출석하게 하여 증인으로서 선서한 후 증언하게 하거나 참고인으로서 의견을 진술하도록 요구할 수 있다.

⑤ 제4항에 따른 증언에서 거짓증언을 한 사람은 고발할 수 있으며, 제4항에 따라 서류제출을 요구받은 자가 정당한 사유 없이 서류를 정해진 기한까지 제출하지 아니한 경우, 같은 항에 따라 출석요구를 받은 증인이 정당한 사유 없이 출석하지 아니하거나 선서 또는 증언을 거부한 경우에는 500만원 이하의 과태료를 부과할 수 있다.

⑥ 제5항에 따른 과태료 부과절차는 제34조를 따른다.

⑦ 제1항의 감사 또는 조사와 제3항의 감사를 위하여 필요한 사항은 「국정감사 및 조사에 관한 법률」에 준하여 대통령령으로 정하고, 제4항과 제5항의 선서·증언·감정 등에 관한 절차는 「국회에서의 증언·감정 등에 관한 법률」에 준하여 대통령령으로 정한다.

제50조(행정사무 감사 또는 조사 보고의 처리)

① 지방의회는 본회의의 의결로 감사 또는 조사 결과를 처리한다.

② 지방의회는 감사 또는 조사 결과 해당 지방자치단체나 기관의 시정이 필요한 사유가 있을 때에는 시정을 요구하고, 지방자치단체나 기관에서 처리함이 타당하다고 인정되는 사항은 그 지방자치단체나 기관으로 이송한다.

③ 지방자치단체나 기관은 제2항에 따라 시정 요구를 받거나 이송받은 사항을 지체 없이

처리하고 그 결과를 지방의회에 보고하여 야 한다.

제51조(행정사무처리상황의 보고와 질의응답) ① 지방자치단체의 장이나 관계 공무원은 지방의회나 그 위원회에 출석하여 행정사무의 처리상황을 보고하거나 의견을 진술하고 질문에 답변할 수 있다.

② 지방자치단체의 장이나 관계 공무원은 지방의회나 그 위원회가 요구하면 출석·답변하여야 한다. 다만, 특별한 이유가 있으면 지방자치단체의 장은 관계 공무원에게 출석·답변하게 할 수 있다.

③ 제1항이나 제2항에 따라 지방의회나 그 위원회에 출석하여 답변할 수 있는 관계 공무원은 조례로 정한다.

제52조(의회규칙) 지방의회는 내부운영에 관하여 이 법에서 정한 것 외에 필요한 사항을 규칙으로 정할 수 있다.

제4절 소집과 회기

제53조(정례회) ① 지방의회는 매년 2회 정례회를 개최한다.

② 정례회의 집회일, 그 밖에 정례회 운영에 필요한 사항은 해당 지방자치단체의 조례로 정한다.

제54조(임시회) ① 지방의회의원 총선거 후 최초로 집회되는 임시회는 지방의회 사무처장·사무국장·사무과장이 지방의회의원 임기 개시일부터 25일 이내에 소집한다.

② 지방자치단체를 폐지하거나 설치하거나 나누거나 합쳐 새로운 지방자치단체가 설치된 경우에 최초의 임시회는 지방의회 사무처장·사무국장·사무과장이 해당 지방자치단체가 설치되는 날에 소집한다.

③ 지방의회의 의장은 지방자치단체의 장이나 조례로 정하는 수 이상의 지방의회의원

이 요구하면 15일 이내에 임시회를 소집하여야 한다. 다만, 지방의회의 의장과 부의장이 부득이한 사유로 임시회를 소집할 수 없을 때에는 지방의회의원 중 최다선의원이, 최다선의원이 2명 이상인 경우에는 그 중 연장자의 순으로 소집할 수 있다.

④ 임시회 소집은 집회일 3일 전에 공고하여야 한다. 다만, 긴급할 때에는 그러하지 아니하다.

제55조(제출안건의 공고) 지방자치단체의 장이 지방의회에 제출할 안건은 지방자치단체의 장이 미리 공고하여야 한다. 다만, 회의 중 긴급한 안건을 제출할 때에는 그러하지 아니하다. <개정 2021. 10. 19.>
[제목개정 2021. 10. 19.]

제56조(개회·휴회·폐회와 회의일수) ① 지방의회의 개회·휴회·폐회와 회기는 지방의회가 의결로 정한다.

② 연간 회의 총일수와 정례회 및 임시회의 회기는 해당 지방자치단체의 조례로 정한다.

제5절 의장과 부의장

제57조(의장·부의장의 선거와 임기) ① 지방의회는 지방의회의원 중에서 시·도의 경우 의장 1명과 부의장 2명을, 시·군 및 자치구의 경우 의장과 부의장 각 1명을 무기명투표로 선출하여야 한다.

② 지방의회의원 총선거 후 처음으로 선출하는 의장·부의장 선거는 최초집회일에 실시한다.

③ 의장과 부의장의 임기는 2년으로 한다.

제58조(의장의 직무) 지방의회의 의장은 의회를 대표하고 의사(議事)를 정리하며, 회의장 내의 질서를 유지하고 의회의 사무를 감독한다.

제59조(의장 직무대리) 지방의회의 의장이 부득이

한 사유로 직무를 수행할 수 없을 때에는 부의
장이 그 직무를 대리한다.

제60조(임시의장) 지방의회의 의장과 부의장이 모
두 부득이한 사유로 직무를 수행할 수 없을 때
에는 임시의장을 선출하여 의장의 직무를 대행
하게 한다.

제61조(보궐선거) ① 지방의회의 의장이나 부의
장이 궐위(闕位)된 경우에는 보궐선거를 실시
한다.

② 보궐선거로 당선된 의장이나 부의장의 임
기는 전임자 임기의 남은 기간으로 한다.

제62조(의장·부의장 불신임의 의결) ① 지방의회
의 의장이나 부의장이 법령을 위반하거나 정당
한 사유 없이 직무를 수행하지 아니하면 지방
의회는 불신임을 의결할 수 있다.

② 제1항의 불신임 의결은 재적의원 4분의 1
이상의 발의와 재적의원 과반수의 찬성으
로 한다.

③ 제2항의 불신임 의결이 있으면 지방의회의
의장이나 부의장은 그 직에서 해임된다.

제63조(의장 등을 선거할 때의 의장 직무 대행) 제57
조제1항, 제60조 또는 제61조제1항에 따른 선
거(이하 이 조에서 "의장등의 선거"라 한다)를
실시할 때 의장의 직무를 수행할 사람이 없으
면 출석의원 중 최다선의원이, 최다선의원이
2명 이상이면 그 중 연장자가 그 직무를 대행한
다. 이 경우 직무를 대행하는 지방의회의원이
정당한 사유 없이 의장등의 선거를 실시할 직
무를 이행하지 아니할 때에는 다음 순위의 지
방의회의원이 그 직무를 대행한다.

제63조의2(교섭단체) ① 지방의회에 교섭단체를
둘 수 있다. 이 경우 조례로 정하는 수 이상의
소속의원을 가진 정당은 하나의 교섭단체가 된
다.

② 제1항 후단에도 불구하고 다른 교섭단체에

속하지 아니하는 의원 중 조례로 정하는 수
이상의 의원은 따로 교섭단체를 구성할 수
있다.

③ 그 밖에 교섭단체의 구성 및 운영 등에 필요
한 사항은 조례로 정한다.[본조신설 2023.
3. 21.]

제6절 위원회

제64조(위원회의 설치) ① 지방의회는 조례로 정하
는 바에 따라 위원회를 둘 수 있다.

② 위원회의 종류는 다음 각 호와 같다.

　1. 소관 의안(議案)과 청원 등을 심사·처리
　하는 상임위원회

　2. 특정한 안건을 심사·처리하는 특별위
　원회

③ 위원회의 위원은 본회의에서 선임한다.

제65조(윤리특별위원회) ① 지방의회의원의 윤리
강령과 윤리실천규범 준수 여부 및 징계에 관
한 사항을 심사하기 위하여 윤리특별위원회를
둔다.

② 제1항에 따른 윤리특별위원회(이하 "윤리
특별위원회"라 한다)는 지방의회의원의 윤
리강령과 윤리실천규범 준수 여부 및 지방
의회의원의 징계에 관한 사항을 심사하기
전에 제66조에 따른 윤리심사자문위원회
의 의견을 들어야 하며 그 의견을 존중하여
야 한다.

제66조(윤리심사자문위원회) ① 지방의회의원의
겸직 및 영리행위 등에 관한 지방의회의 의장
의 자문과 지방의회의원의 윤리강령과 윤리실
천규범 준수 여부 및 징계에 관한 윤리특별위
원회의 자문에 응하기 위하여 윤리특별위원회
에 윤리심사자문위원회를 둔다.

② 윤리심사자문위원회의 위원은 민간전문가
중에서 지방의회의 의장이 위촉한다.

③ 제1항 및 제2항에서 규정한 사항 외에 윤리

심사자문위원회의 구성 및 운영에 필요한 사항은 회의규칙으로 정한다.

제67조(위원회의 권한) 위원회는 그 소관에 속하는 의안과 청원 등 또는 지방의회가 위임한 특정한 안건을 심사한다.

제68조(전문위원) ① 위원회에는 위원장과 위원의 자치입법활동을 지원하기 위하여 지방의회의원이 아닌 전문지식을 가진 위원(이하 "전문위원"이라 한다)을 둔다.

② 전문위원은 위원회에서 의안과 청원 등의 심사, 행정사무감사 및 조사, 그 밖의 소관 사항과 관련하여 검토보고 및 관련 자료의 수집·조사·연구를 한다.

③ 위원회에 두는 전문위원의 직급과 수 등에 관하여 필요한 사항은 대통령령으로 정한다.

제69조(위원회에서의 방청 등) ① 위원회에서 해당 지방의회의원이 아닌 사람은 위원회의 위원장(이하 이 장에서 "위원장"이라 한다)의 허가를 받아 방청할 수 있다.

② 위원장은 질서를 유지하기 위하여 필요할 때에는 방청인의 퇴장을 명할 수 있다.

제70조(위원회의 개회) ① 위원회는 본회의의 의결이 있거나 지방의회의 의장 또는 위원장이 필요하다고 인정할 때, 재적위원 3분의 1 이상이 요구할 때에 개회한다.

② 폐회 중에는 지방자치단체의 장도 지방의회의 의장 또는 위원장에게 이유서를 붙여 위원회 개회를 요구할 수 있다.

제71조(위원회에 관한 조례) 위원회에 관하여 이 법에서 정한 것 외에 필요한 사항은 조례로 정한다.

제7절 회의

제72조(의사정족수) ① 지방의회는 재적의원 3분의 1 이상의 출석으로 개의(開議)한다.

② 회의 참석 인원이 제1항의 정족수에 미치지

못할 때에는 지방의회의 의장은 회의를 중지하거나 산회(散會)를 선포한다.

제73조(의결정족수) ① 회의는 이 법에 특별히 규정된 경우 외에는 재적의원 과반수의 출석과 출석의원 과반수의 찬성으로 의결한다.

② 지방의회의 의장은 의결에서 표결권을 가지며, 찬성과 반대가 같으면 부결된 것으로 본다.

제74조(표결방법) 본회의에서 표결할 때에는 조례 또는 회의규칙으로 정하는 표결방식에 의한 기록표결로 가부(可否)를 결정한다. 다만, 다음 각 호의 어느 하나에 해당하는 경우에는 무기명투표로 표결한다.

1. 제57조에 따른 의장·부의장 선거
2. 제60조에 따른 임시의장 선출
3. 제62조에 따른 의장·부의장 불신임 의결
4. 제92조에 따른 자격상실 의결
5. 제100조에 따른 징계 의결
6. 제32조, 제120조 또는 제121조, 제192조에 따른 재의 요구에 관한 의결
7. 그 밖에 지방의회에서 하는 각종 선거 및 인사에 관한 사항

제75조(회의의 공개 등) ① 지방의회의 회의는 공개한다. 다만, 지방의회의원 3명 이상이 발의하고 출석의원 3분의 2 이상이 찬성한 경우 또는 지방의회의 의장이 사회의 안녕질서 유지를 위하여 필요하다고 인정하는 경우에는 공개하지 아니할 수 있다.

② 지방의회의 의장은 공개된 회의의 방청 허가를 받은 장애인에게 정당한 편의를 제공하여야 한다.

제76조(의안의 발의) ① 지방의회에서 의결할 의안은 지방자치단체의 장이나 조례로 정하는 수 이상의 지방의회의원의 찬성으로 발의한다.

② 위원회는 그 직무에 속하는 사항에 관하여 의안을 제출할 수 있다.

③ 제1항 및 제2항의 의안은 그 안을 갖추어 지방의회의 의장에게 제출하여야 한다.

④ 제1항에 따라 지방의회의원이 조례안을 발의하는 경우에는 발의 의원과 찬성 의원을 구분하되, 해당 조례안의 제명의 부제로 발의 의원의 성명을 기재하여야 한다. 다만, 발의 의원이 2명 이상인 경우에는 대표발의 의원 1명을 명시하여야 한다.

⑤ 지방의회의원이 발의한 제정조례안 또는 전부개정조례안 중 지방의회에서 의결된 조례안을 공표하거나 홍보하는 경우에는 해당 조례안의 부제를 함께 표기할 수 있다.

제77조(조례안 예고) ① 지방의회는 심사대상인 조례안에 대하여 5일 이상의 기간을 정하여 그 취지, 주요 내용, 전문을 공보나 인터넷 홈페이지 등에 게재하는 방법으로 예고할 수 있다.

② 조례안 예고의 방법, 절차, 그 밖에 필요한 사항은 회의규칙으로 정한다.

제78조(의안에 대한 비용추계 자료 등의 제출)

① 지방자치단체의 장이 예산상 또는 기금상의 조치가 필요한 의안을 제출할 경우에는 그 의안의 시행에 필요할 것으로 예상되는 비용에 대한 추계서와 그에 따른 재원조달방안에 관한 자료를 의안에 첨부하여야 한다. <개정 2021. 10. 19.>

② 제1항에 따른 비용의 추계 및 재원조달방안에 관한 자료의 작성 및 제출절차 등에 관하여 필요한 사항은 해당 지방자치단체의 조례로 정한다.

제79조(회기계속의 원칙) 지방의회에 제출된 의안은 회기 중에 의결되지 못한 것 때문에 폐기되지 아니한다. 다만, 지방의회의원의 임기가 끝나는 경우에는 그러하지 아니하다.

제80조(일사부재의 원칙) 지방의회에서 부결된 의안은 같은 회기 중에 다시 발의하거나 제출할 수 없다.

제81조(위원회에서 폐기된 의안) ① 위원회에서 본회의에 부칠 필요가 없다고 결정된 의안은 본회의에 부칠 수 없다. 다만, 위원회의 결정이 본회의에 보고된 날부터 폐회나 휴회 중의 기간을 제외한 7일 이내에 지방의회의 의장이나 재적의원 3분의 1 이상이 요구하면 그 의안을 본회의에 부쳐야 한다.

② 제1항 단서의 요구가 없으면 그 의안은 폐기된다.

제82조(의장이나 의원의 제척) 지방의회의 의장이나 지방의회의원은 본인·배우자·직계존비속(直系尊卑屬) 또는 형제자매와 직접 이해관계가 있는 안건에 관하여는 그 의사에 참여할 수 없다. 다만, 의회의 동의가 있으면 의회에 출석하여 발언할 수 있다.

제83조(회의규칙) 지방의회는 회의 운영에 관하여 이 법에서 정한 것 외에 필요한 사항을 회의규칙으로 정한다.

제84조(회의록) ① 지방의회는 회의록을 작성하고 회의의 진행내용 및 결과와 출석의원의 성명을 적어야 한다.

② 회의록에는 지방의회의 의장과 지방의회에서 선출한 지방의회의원 2명 이상이 서명하여야 한다.

③ 지방의회의 의장은 회의록 사본을 첨부하여 회의 결과를 그 지방자치단체의 장에게 알려야 한다.

④ 지방의회의 의장은 회의록을 지방의회의원에게 배부하고, 주민에게 공개한다. 다만, 비밀로 할 필요가 있다고 지방의회의 의장이 인정하거나 지방의회에서 의결한 사항은 공개하지 아니한다.

제8절 청원

제85조(청원서의 제출) ① 지방의회에 청원을 하려는 자는 지방의회의원의 소개를 받아 청원서를 제출하여야 한다.

② 청원서에는 청원자의 성명(법인인 경우에는 그 명칭과 대표자의 성명을 말한다) 및 주소를 적고 서명·날인하여야 한다.

제86조(청원의 불수리) 재판에 간섭하거나 법령에 위배되는 내용의 청원은 수리하지 아니한다.

제87조(청원의 심사·처리) ① 지방의회의 의장은 청원서를 접수하면 소관 위원회나 본회의에 회부하여 심사를 하게 한다.

② 청원을 소개한 지방의회의원은 소관 위원회나 본회의가 요구하면 청원의 취지를 설명하여야 한다.

③ 위원회가 청원을 심사하여 본회의에 부칠 필요가 없다고 결정하면 그 처리 결과를 지방의회의 의장에게 보고하고, 지방의회의 의장은 청원한 자에게 알려야 한다.

제88조(청원의 이송과 처리보고) ① 지방의회가 채택한 청원으로서 그 지방자치단체의 장이 처리하는 것이 타당하다고 인정되는 청원은 의견서를 첨부하여 지방자치단체의 장에게 이송한다.

② 지방자치단체의 장은 제1항의 청원을 처리하고 그 처리결과를 지체 없이 지방의회에 보고하여야 한다.

제9절 의원의 사직·퇴직과 자격심사

제89조(의원의 사직) 지방의회는 그 의결로 소속 지방의회의원의 사직을 허가할 수 있다. 다만, 폐회 중에는 지방의회의 의장이 허가할 수 있다.

제90조(의원의 퇴직) 지방의회의원이 다음 각 호의 어느 하나에 해당될 때에는 지방의회의원의 직에서 퇴직한다.

1. 제43조제1항 각 호의 어느 하나에 해당하는 직에 취임할 때

2. 피선거권이 없게 될 때(지방자치단체의 구역변경이나 없어지거나 합한 것 외의 다른 사유로 그 지방자치단체의 구역 밖으로 주민등록을 이전하였을 때를 포함한다)

3. 징계에 따라 제명될 때

제91조(의원의 자격심사) ① 지방의회의원은 다른 의원의 자격에 대하여 이의가 있으면 재적의원 4분의 1 이상의 찬성으로 지방의회의 의장에게 자격심사를 청구할 수 있다.

② 심사 대상인 지방의회의원은 자기의 자격심사에 관한 회의에 출석하여 의견을 진술할 수 있으나, 의결에는 참가할 수 없다.

제92조(자격상실 의결) ① 제91조제1항의 심사 대상인 지방의회의원에 대한 자격상실 의결은 재적의원 3분의 2 이상의 찬성이 있어야 한다.

② 심사 대상인 지방의회의원은 제1항에 따라 자격상실이 확정될 때까지는 그 직을 상실하지 아니한다.

제93조(결원의 통지) 지방의회의 의장은 지방의회의원의 결원이 생겼을 때에는 15일 이내에 그 지방자치단체의 장과 관할 선거관리위원회에 알려야 한다.

제10절 질서

제94조(회의의 질서유지) ① 지방의회의 의장이나 위원장은 지방의회의원이 본회의나 위원회의 회의장에서 이 법이나 회의규칙에 위배되는 발언이나 행위를 하여 회의장의 질서를 어지럽히면 경고 또는 제지를 하거나 발언의 취소를 명할 수 있다.

② 지방의회의 의장이나 위원장은 제1항의 명에 따르지 아니한 지방의회의원이 있으면 그 지방의회의원에 대하여 당일의 회의에서 발

언하는 것을 금지하거나 퇴장시킬 수 있다.

③ 지방의회의 의장이나 위원장은 회의장이 소란하여 질서를 유지하기 어려우면 회의를 중지하거나 산회를 선포할 수 있다.

제95조(모욕 등 발언의 금지) ① 지방의회의원은 본회의나 위원회에서 다른 사람을 모욕하거나 다른 사람의 사생활에 대하여 발언해서는 아니 된다.

② 본회의나 위원회에서 모욕을 당한 지방의회의원은 모욕을 한 지방의회의원에 대하여 지방의회에 징계를 요구할 수 있다.

제96조(발언 방해 등의 금지) 지방의회의원은 회의 중에 폭력을 행사하거나 소란한 행위를 하여 다른 사람의 발언을 방해할 수 없으며, 지방의회의 의장이나 위원장의 허가 없이 연단(演壇)이나 단상(壇上)에 올라가서는 아니 된다.

제97조(방청인의 단속) ① 방청인은 의안에 대하여 찬성 · 반대를 표명하거나 소란한 행위를 하여서는 아니 된다.

② 지방의회의 의장은 회의장의 질서를 방해하는 방청인의 퇴장을 명할 수 있으며, 필요하면 경찰관서에 인도할 수 있다.

③ 지방의회의 의장은 방청석이 소란하면 모든 방청인을 퇴장시킬 수 있다.

④ 제1항부터 제3항까지에서 규정한 사항 외에 방청인 단속에 필요한 사항은 회의규칙으로 정한다.

제11절 징계

제98조(징계의 사유) 지방의회는 지방의회의원이 이 법이나 자치법규에 위배되는 행위를 하면 윤리특별위원회의 심사를 거쳐 의결로써 징계할 수 있다.

제99조(징계의 요구) ① 지방의회의 의장은 제98조에 따른 징계대상 지방의회의원이 있어 징계요구를 받으면 윤리특별위원회에 회부한다.

② 제95조제1항을 위반한 지방의회의원에 대

하여 모욕을 당한 지방의회의원이 징계를 요구하려면 징계사유를 적은 요구서를 지방의회의 의장에게 제출하여야 한다.

③ 지방의회의 의장은 제2항의 징계 요구를 받으면 윤리특별위원회에 회부한다.

제100조(징계의 종류와 의결) ① 징계의 종류는 다음과 같다.

1. 공개회의에서의 경고
2. 공개회의에서의 사과
3. 30일 이내의 출석정지
4. 제명

② 제1항제4호에 따른 제명 의결에는 재적의원 3분의 2 이상의 찬성이 있어야 한다.

제101조(징계에 관한 회의규칙) 징계에 관하여 이 법에서 정한 사항 외에 필요한 사항은 회의규칙으로 정한다.

제12절 사무기구와 직원

제102조(사무처 등의 설치) ① 시 · 도의회에는 사무를 처리하기 위하여 조례로 정하는 바에 따라 사무처를 둘 수 있으며, 사무처에는 사무처장과 직원을 둔다.

② 시 · 군 및 자치구의회에는 사무를 처리하기 위하여 조례로 정하는 바에 따라 사무국이나 사무과를 둘 수 있으며, 사무국 · 사무과에는 사무국장 또는 사무과장과 직원을 둘 수 있다.

③ 제1항과 제2항에 따른 사무처장 · 사무국장 · 사무과장 및 직원(이하 제103조, 제104조 및 제118조에서 "사무직원"이라 한다)은 지방공무원으로 보한다.

제103조(사무직원의 정원과 임면 등) ① 지방의회에 두는 사무직원의 수는 인건비 등 대통령령으로 정하는 기준에 따라 조례로 정한다.

② 지방의회의 의장은 지방의회 사무직원을 지휘 · 감독하고 법령과 조례 · 의회규칙으

로 정하는 바에 따라 그 임면·교육·훈련·복무·징계 등에 관한 사항을 처리한다.

제104조(사무직원의 직무와 신분보장 등) ① 사무처장·사무국장 또는 사무과장은 지방의회의 의장의 명을 받아 의회의 사무를 처리한다.

② 사무직원의 임용·보수·복무·신분보장·징계 등에 관하여는 이 법에서 정한 것 외에는 「지방공무원법」을 적용한다.

제6장 집행기관

제1절 지방자치단체의 장
제1관 지방자치단체의 장의 직 인수위원회

제105조(지방자치단체의 장의 직 인수위원회)
① 「공직선거법」 제191조에 따른 지방자치단체의 장의 당선인(같은 법 제14조제3항 단서에 따라 당선이 결정된 사람을 포함하며, 이하 이 조에서 "당선인"이라 한다)은 이 법에서 정하는 바에 따라 지방자치단체의 장의 직 인수를 위하여 필요한 권한을 갖는다.

② 당선인을 보좌하여 지방자치단체의 장의 직 인수와 관련된 업무를 담당하기 위하여 당선이 결정된 때부터 해당 지방자치단체에 지방자치단체의 장의 직 인수위원회(이하 이 조에서 "인수위원회"라 한다)를 설치할 수 있다.

③ 인수위원회는 당선인으로 결정된 때부터 지방자치단체의 장의 임기 시작일 이후 20일의 범위에서 존속한다.

④ 인수위원회는 다음 각 호의 업무를 수행한다.
1. 해당 지방자치단체의 조직·기능 및 예산현황의 파악
2. 해당 지방자치단체의 정책기조를 설정하기 위한 준비
3. 그 밖에 지방자치단체의 장의 직 인수에

필요한 사항
⑤ 인수위원회는 위원장 1명 및 부위원장 1명을 포함하여 다음 각 호의 구분에 따른 위원으로 구성한다.
1. 시·도: 20명 이내
2. 시·군 및 자치구: 15명 이내

⑥ 위원장·부위원장 및 위원은 명예직으로 하고, 당선인이 임명하거나 위촉한다.

⑦ 「지방공무원법」 제31조 각 호의 어느 하나에 해당하는 사람은 인수위원회의 위원장·부위원장 및 위원이 될 수 없다.

⑧ 인수위원회의 위원장·부위원장 및 위원과 그 직에 있었던 사람은 그 직무와 관련하여 알게 된 비밀을 다른 사람에게 누설하거나 지방자치단체의 장의 직 인수 업무 외의 다른 목적으로 이용할 수 없으며, 직권을 남용해서는 아니 된다.

⑨ 인수위원회의 위원장·부위원장 및 위원과 그 직에 있었던 사람 중 공무원이 아닌 사람은 인수위원회의 업무와 관련하여 「형법」이나 그 밖의 법률에 따른 벌칙을 적용할 때에는 공무원으로 본다.

⑩ 제1항부터 제9항까지에서 규정한 사항 외에 인수위원회의 구성·운영 및 인력·예산 지원 등에 필요한 사항은 해당 지방자치단체의 조례로 정한다.

제2관 지방자치단체의 장의 지위

제106조(지방자치단체의 장) 특별시에 특별시장, 광역시에 광역시장, 특별자치시에 특별자치시장, 도와 특별자치도에 도지사를 두고, 시에 시장, 군에 군수, 자치구에 구청장을 둔다.

제107조(지방자치단체의 장의 선거) 지방자치단체의 장은 주민이 보통·평등·직접·비밀선거로 선출한다.

제108조(지방자치단체의 장의 임기) 지방자치단체

의 장의 임기는 4년으로 하며, 3기 내에서만 계속 재임(在任)할 수 있다.

제109조(겸임 등의 제한) ① 지방자치단체의 장은 다음 각 호의 어느 하나에 해당하는 직을 겸임할 수 없다.

1. 대통령, 국회의원, 헌법재판소 재판관, 각급 선거관리위원회 위원, 지방의회 의원
2. 「국가공무원법」 제2조에 따른 국가공무원과 「지방공무원법」 제2조에 따른 지방공무원
3. 다른 법령에 따라 공무원의 신분을 가지는 직
4. 「공공기관의 운영에 관한 법률」 제4조에 따른 공공기관(한국방송공사, 한국교육방송공사 및 한국은행을 포함한다)의 임직원
5. 농업협동조합, 수산업협동조합, 산림조합, 엽연초생산협동조합, 신용협동조합 및 새마을금고(이들 조합·금고의 중앙회와 연합회를 포함한다)의 임직원
6. 교원
7. 「지방공기업법」 제2조에 따른 지방공사와 지방공단의 임직원
8. 그 밖에 다른 법률에서 겸임할 수 없도록 정하는 직

② 지방자치단체의 장은 재임 중 그 지방자치단체와 영리를 목적으로 하는 거래를 하거나 그 지방자치단체와 관계있는 영리사업에 종사할 수 없다.

제110조(지방자치단체의 폐지·설치·분리·합병과 지방자치단체의 장) 지방자치단체를 폐지하거나 설치하거나 나누거나 합쳐 새로 지방자치단체의 장을 선출하여야 하는 경우에는 그 지방자치단체의 장이 선출될 때까지 시·도지사는 행정안전부장관이, 시장·군수 및 자치구의

구청장은 시·도지사가 각각 그 직무를 대행할 사람을 지정하여야 한다. 다만, 둘 이상의 동격의 지방자치단체를 통폐합하여 새로운 지방자치단체를 설치하는 경우에는 종전의 지방자치단체의 장 중에서 해당 지방자치단체의 장의 직무를 대행할 사람을 지정한다.

제111조(지방자치단체의 장의 사임) ① 지방자치단체의 장은 그 직을 사임하려면 지방의회의 의장에게 미리 사임일을 적은 서면(이하 "사임통지서"라 한다)으로 알려야 한다.

② 지방자치단체의 장은 사임통지서에 적힌 사임일에 사임한다. 다만, 사임통지서에 적힌 사임일까지 지방의회의 의장에게 사임통지가 되지 아니하면 지방의회의 의장에게 사임통지가 된 날에 사임한다.

제112조(지방자치단체의 장의 퇴직) 지방자치단체의 장이 다음 각 호의 어느 하나에 해당될 때에는 그 직에서 퇴직한다.

1. 지방자치단체의 장이 겸임할 수 없는 직에 취임할 때
2. 피선거권이 없게 될 때. 이 경우 지방자치단체의 구역이 변경되거나 없어지거나 합한 것 외의 다른 사유로 그 지방자치단체의 구역 밖으로 주민등록을 이전하였을 때를 포함한다.
3. 제110조에 따라 지방자치단체의 장의 직을 상실할 때

제113조(지방자치단체의 장의 체포 및 확정판결의 통지) ① 수사기관의 장은 체포되거나 구금된 지방자치단체의 장이 있으면 지체 없이 영장의 사본을 첨부하여 해당 지방자치단체에 알려야 한다. 이 경우 통지를 받은 지방자치단체는 그 사실을 즉시 행정안전부장관에게 보고하여야 하며, 시·군 및 자치구가 행정안전부장관에게 보고할 때에는 시·도지사를 거쳐야 한다.

② 각급 법원장은 지방자치단체의 장이 형사

사건으로 공소가 제기되어 판결이 확정되면 지체 없이 해당 지방자치단체에 알려야 한다. 이 경우 통지를 받은 지방자치단체는 그 사실을 즉시 행정안전부장관에게 보고하여야 하며, 시·군 및 자치구가 행정안전부장관에게 보고할 때에는 시·도지사를 거쳐야 한다.

제3관 지방자치단체의 장의 권한

제114조(지방자치단체의 통할대표권) 지방자치단체의 장은 지방자치단체를 대표하고, 그 사무를 총괄한다.

제115조(국가사무의 위임) 시·도와 시·군 및 자치구에서 시행하는 국가사무는 시·도지사와 시장·군수 및 자치구의 구청장에게 위임하여 수행하는 것을 원칙으로 한다. 다만, 법령에 다른 규정이 있는 경우에는 그러하지 아니하다.

제116조(사무의 관리 및 집행권) 지방자치단체의 장은 그 지방자치단체의 사무와 법령에 따라 그 지방자치단체의 장에게 위임된 사무를 관리하고 집행한다.

제117조(사무의 위임 등) ① 지방자치단체의 장은 조례나 규칙으로 정하는 바에 따라 그 권한에 속하는 사무의 일부를 보조기관, 소속 행정기관 또는 하부행정기관에 위임할 수 있다.

② 지방자치단체의 장은 조례나 규칙으로 정하는 바에 따라 그 권한에 속하는 사무의 일부를 관할 지방자치단체나 공공단체 또는 그 기관(사업소·출장소를 포함한다)에 위임하거나 위탁할 수 있다.

③ 지방자치단체의 장은 조례나 규칙으로 정하는 바에 따라 그 권한에 속하는 사무 중 조사·검사·검정·관리업무 등 주민의 권리·의무와 직접 관련되지 아니하는 사무를 법인·단체 또는 그 기관이나 개인에게 위탁할 수 있다.

④ 지방자치단체의 장이 위임받거나 위탁받은 사무의 일부를 제1항부터 제3항까지의 규정에 따라 다시 위임하거나 위탁하려면 미리 그 사무를 위임하거나 위탁한 기관의 장의 승인을 받아야 한다.

제118조(직원에 대한 임면권 등) 지방자치단체의 장은 소속 직원(지방의회의 사무직원은 제외한다)을 지휘·감독하고 법령과 조례·규칙으로 정하는 바에 따라 그 임면·교육훈련·복무·징계 등에 관한 사항을 처리한다.

제119조(사무인계) 지방자치단체의 장이 퇴직할 때에는 소관 사무 일체를 후임자에게 인계하여야 한다.

제4관 지방의회와의 관계

제120조(지방의회의 의결에 대한 재의 요구와 제소)
① 지방자치단체의 장은 지방의회의 의결이 월권이거나 법령에 위반되거나 공익을 현저히 해친다고 인정되면 그 의결사항을 이송받은 날부터 20일 이내에 이유를 붙여 재의를 요구할 수 있다.

② 제1항의 요구에 대하여 재의한 결과 재적의원 과반수의 출석과 출석의원 3분의 2 이상의 찬성으로 전과 같은 의결을 하면 그 의결사항은 확정된다.

③ 지방자치단체의 장은 제2항에 따라 재의결된 사항이 법령에 위반된다고 인정되면 대법원에 소(訴)를 제기할 수 있다. 이 경우에는 제192조제4항을 준용한다.

제121조(예산상 집행 불가능한 의결의 재의 요구)
① 지방자치단체의 장은 지방의회의 의결이 예산상 집행할 수 없는 경비를 포함하고 있다고 인정되면 그 의결사항을 이송받은 날부터 20일 이내에 이유를 붙여 재의를 요구할 수 있다.

② 지방의회가 다음 각 호의 어느 하나에 해당

하는 경비를 줄이는 의결을 할 때에도 제1항과 같다.

　1. 법령에 따라 지방자치단체에서 의무적으로 부담하여야 할 경비

　2. 비상재해로 인한 시설의 응급 복구를 위하여 필요한 경비

③ 제1항과 제2항의 경우에는 제120조제2항을 준용한다.

제122조(지방자치단체의 장의 선결처분) ① 지방자치단체의 장은 지방의회가 지방의회의원이 구속되는 등의 사유로 제73조에 따른 의결정족수에 미달될 때와 지방의회의 의결사항 중 주민의 생명과 재산 보호를 위하여 긴급하게 필요한 사항으로서 지방의회를 소집할 시간적 여유가 없거나 지방의회에서 의결이 지체되어 의결되지 아니할 때에는 선결처분(先決處分)을 할 수 있다.

② 제1항에 따른 선결처분은 지체 없이 지방의회에 보고하여 승인을 받아야 한다.

③ 지방의회에서 제2항의 승인을 받지 못하면 그 선결처분은 그때부터 효력을 상실한다.

④ 지방자치단체의 장은 제2항이나 제3항에 관한 사항을 지체 없이 공고하여야 한다.

제2절 보조기관

제123조(부지사 · 부시장 · 부군수 · 부구청장) ① 특별시 · 광역시 및 특별자치시에 부시장, 도와 특별자치도에 부지사, 시에 부시장, 군에 부군수, 자치구에 부구청장을 두며, 그 수는 다음 각 호의 구분과 같다.

　1. 특별시의 부시장의 수: 3명을 넘지 아니하는 범위에서 대통령령으로 정한다.

　2. 광역시와 특별자치시의 부시장 및 도와 특별자치도의 부지사의 수: 2명(인구 800만 이상의 광역시나 도는 3명)을 넘지 아니하는 범위에서 대통령령으로 정

한다.

　3. 시의 부시장, 군의 부군수 및 자치구의 부구청장의 수: 1명으로 한다.

② 특별시 · 광역시 및 특별자치시의 부시장, 도와 특별자치도의 부지사는 대통령령으로 정하는 바에 따라 정무직 또는 일반직 국가공무원으로 보한다. 다만, 제1항제1호 및 제2호에 따라 특별시 · 광역시 및 특별자치시의 부시장, 도와 특별자치도의 부지사를 2명이나 3명 두는 경우에 1명은 대통령령으로 정하는 바에 따라 정무직 · 일반직 또는 별정직 지방공무원으로 보하되, 정무직과 별정직 지방공무원으로 보할 때의 자격기준은 해당 지방자치단체의 조례로 정한다.

③ 제2항의 정무직 또는 일반직 국가공무원으로 보하는 부시장 · 부지사는 시 · 도지사의 제청으로 행정안전부장관을 거쳐 대통령이 임명한다. 이 경우 제청된 사람에게 법적 결격사유가 없으면 시 · 도지사가 제청한 날부터 30일 이내에 임명절차를 마쳐야 한다.

④ 시의 부시장, 군의 부군수, 자치구의 부구청장은 일반직 지방공무원으로 보하되, 그 직급은 대통령령으로 정하며 시장 · 군수 · 구청장이 임명한다.

⑤ 시 · 도의 부시장과 부지사, 시의 부시장 · 부군수 · 부구청장은 해당 지방자치단체의 장을 보좌하여 사무를 총괄하고, 소속 직원을 지휘 · 감독한다.

⑥ 제1항제1호 및 제2호에 따라 시 · 도의 부시장과 부지사를 2명이나 3명 두는 경우에 그 사무 분장은 대통령령으로 정한다. 이 경우 부시장 · 부지사를 3명 두는 시 · 도에서는 그중 1명에게 특정지역의 사무를 담당하게 할 수 있다.

제124조(지방자치단체의 장의 권한대행 등) ① 지방자치단체의 장이 다음 각 호의 어느 하나에 해

당되면 부지사·부시장·부군수·부구청장
(이하 이 조에서 "부단체장"이라 한다)이 그 권
한을 대행한다.

    1. 궐위된 경우

    2. 공소 제기된 후 구금상태에 있는 경우

    3. 「의료법」에 따른 의료기관에 60일 이상
       계속하여 입원한 경우

② 지방자치단체의 장이 그 직을 가지고 그 지
  방자치단체의 장 선거에 입후보하면 예비
  후보자 또는 후보자로 등록한 날부터 선거
  일까지 부단체장이 그 지방자치단체의 장
  의 권한을 대행한다.

③ 지방자치단체의 장이 출장·휴가 등 일시적
  사유로 직무를 수행할 수 없으면 부단체장
  이 그 직무를 대리한다.

④ 제1항부터 제3항까지의 경우에 부지사나
  부시장이 2명 이상인 시·도에서는 대통령
  령으로 정하는 순서에 따라 그 권한을 대행
  하거나 직무를 대리한다.

⑤ 제1항부터 제3항까지의 규정에 따라 권한
  을 대행하거나 직무를 대리할 부단체장이
  부득이한 사유로 직무를 수행할 수 없으면
  그 지방자치단체의 규칙에 정해진 직제 순
  서에 따른 공무원이 그 권한을 대행하거나
  직무를 대리한다.

제125조(행정기구와 공무원) ① 지방자치단체는
그 사무를 분장하기 위하여 필요한 행정기구와
지방공무원을 둔다.

② 제1항에 따른 행정기구의 설치와 지방공무원
  의 정원은 인건비 등 대통령령으로 정하는 기
  준에 따라 그 지방자치단체의 조례로 정한다.

③ 행정안전부장관은 지방자치단체의 행정기
  구와 지방공무원의 정원이 적절하게 운영되
  고 다른 지방자치단체와의 균형이 유지되도
  록 하기 위하여 필요한 사항을 권고할 수 있다.

④ 지방공무원의 임용과 시험·자격·보수·

복무·신분보장·징계·교육·훈련 등에
관한 사항은 따로 법률로 정한다.

⑤ 지방자치단체에는 제1항에도 불구하고 법
  률로 정하는 바에 따라 국가공무원을 둘 수
  있다.

⑥ 제5항에 규정된 국가공무원의 경우 「국가
  공무원법」 제32조제1항부터 제3항까지의
  규정에도 불구하고 5급 이상의 국가공무원
  이나 고위공무원단에 속하는 공무원은 해
  당 지방자치단체의 장의 제청으로 소속 장
  관을 거쳐 대통령이 임명하고, 6급 이하의
  국가공무원은 그 지방자치단체의 장의 제
  청으로 소속 장관이 임명한다.

제3절 소속 행정기관

제126조(직속기관) 지방자치단체는 소관 사무의
범위에서 필요하면 대통령령이나 대통령령으
로 정하는 범위에서 그 지방자치단체의 조례로
자치경찰기관(제주특별자치도만 해당한다),
소방기관, 교육훈련기관, 보건진료기관, 시험
연구기관 및 중소기업지도기관 등을 직속기관
으로 설치할 수 있다.

제127조(사업소) 지방자치단체는 특정 업무를 효
율적으로 수행하기 위하여 필요하면 대통령령
으로 정하는 범위에서 그 지방자치단체의 조례
로 사업소를 설치할 수 있다.

제128조(출장소) 지방자치단체는 외진 곳의 주민
의 편의와 특정지역의 개발 촉진을 위하여 필
요하면 대통령령으로 정하는 범위에서 그 지방
자치단체의 조례로 출장소를 설치할 수 있다.

제129조(합의제행정기관) ① 지방자치단체는 소
관 사무의 일부를 독립하여 수행할 필요가 있으
면 법령이나 그 지방자치단체의 조례로 정하는
바에 따라 합의제행정기관을 설치할 수 있다.

② 제1항의 합의제행정기관의 설치·운영에
  필요한 사항은 대통령령이나 그 지방자치

단체의 조례로 정한다.

제130조(자문기관의 설치 등) ① 지방자치단체는 소관 사무의 범위에서 법령이나 그 지방자치단체의 조례로 정하는 바에 따라 자문기관(소관 사무에 대한 자문에 응하거나 협의, 심의 등을 목적으로 하는 심의회, 위원회 등을 말한다. 이하 같다)을 설치·운영할 수 있다.

② 자문기관은 법령이나 조례에 규정된 기능과 권한을 넘어서 주민의 권리를 제한하거나 의무를 부과하는 내용으로 자문 또는 심의 등을 하여서는 아니 된다.

③ 자문기관의 설치 요건·절차, 구성 및 운영 등에 관한 사항은 대통령령으로 정한다. 다만, 다른 법령에서 지방자치단체에 둘 수 있는 자문기관의 설치 요건·절차, 구성 및 운영 등을 따로 정한 경우에는 그 법령에서 정하는 바에 따른다.

④ 지방자치단체는 자문기관 운영의 효율성 향상을 위하여 해당 지방자치단체에 설치된 다른 자문기관과 성격·기능이 중복되는 자문기관을 설치·운영해서는 아니 되며, 지방자치단체의 조례로 정하는 바에 따라 성격과 기능이 유사한 다른 자문기관의 기능을 포함하여 운영할 수 있다.

⑤ 지방자치단체의 장은 자문기관 운영의 효율성 향상을 위한 자문기관 정비계획 및 조치 결과 등을 종합하여 작성한 자문기관 운영현황을 매년 해당 지방의회에 보고하여야 한다.

제4절 하부행정기관

제131조(하부행정기관의 장) 자치구가 아닌 구에 구청장, 읍에 읍장, 면에 면장, 동에 동장을 둔다. 이 경우 면·동은 행정면·행정동을 말한다.

제132조(하부행정기관의 장의 임명) ① 자치구가 아닌 구의 구청장은 일반직 지방공무원으로 보하되, 시장이 임명한다.

② 읍장·면장·동장은 일반직 지방공무원으로 보하되, 시장·군수 또는 자치구의 구청장이 임명한다.

제133조(하부행정기관의 장의 직무권한) 자치구가 아닌 구의 구청장은 시장, 읍장·면장은 시장이나 군수, 동장은 시장(구가 없는 시의 시장을 말한다)이나 구청장(자치구의 구청장을 포함한다)의 지휘·감독을 받아 소관 국가사무와 지방자치단체의 사무를 맡아 처리하고 소속 직원을 지휘·감독한다.

제134조(하부행정기구) 지방자치단체는 조례로 정하는 바에 따라 자치구가 아닌 구와 읍·면·동에 소관 행정사무를 분장하기 위하여 필요한 행정기구를 둘 수 있다. 이 경우 면·동은 행정면·행정동을 말한다.

제5절 교육·과학 및 체육에 관한 기관

제135조(교육·과학 및 체육에 관한 기관) ① 지방자치단체의 교육·과학 및 체육에 관한 사무를 분장하기 위하여 별도의 기관을 둔다.

② 제1항에 따른 기관의 조직과 운영에 필요한 사항은 따로 법률로 정한다.

제7장 재무

제1절 재정 운영의 기본원칙

제136조(지방재정의 조정) 국가와 지방자치단체는 지역 간 재정불균형을 해소하기 위하여 국가와 지방자치단체 간, 지방자치단체 상호 간에 적절한 재정 조정을 하도록 노력하여야 한다.

제137조(건전재정의 운영) ① 지방자치단체는 그 재정을 수지균형의 원칙에 따라 건전하게 운영하여야 한다.

② 국가는 지방재정의 자주성과 건전한 운영을 장려하여야 하며, 국가의 부담을 지방자

치단체에 넘겨서는 아니 된다.

③ 국가는 다음 각 호의 어느 하나에 해당하는 기관의 신설·확장·이전·운영과 관련된 비용을 지방자치단체에 부담시켜서는 아니 된다.

1. 「정부조직법」과 다른 법률에 따라 설치된 국가행정기관 및 그 소속 기관
2. 「공공기관의 운영에 관한 법률」제4조에 따른 공공기관
3. 국가가 출자·출연한 기관(재단법인, 사단법인 등을 포함한다)
4. 국가가 설립·조성·관리하는 시설 또는 단지 등을 지원하기 위하여 설치된 기관(재단법인, 사단법인 등을 포함한다)

④ 국가는 제3항 각 호의 기관을 신설하거나 확장하거나 이전하는 위치를 선정할 경우 지방자치단체의 재정적 부담을 입지 선정의 조건으로 하거나 입지 적합성의 선정항목으로 이용해서는 아니 된다.

제138조(국가시책의 구현) ① 지방자치단체는 국가시책을 달성하기 위하여 노력하여야 한다.
② 제1항에 따라 국가시책을 달성하기 위하여 필요한 경비의 국고보조율과 지방비부담률은 법령으로 정한다.

제139조(지방채무 및 지방채권의 관리) ① 지방자치단체의 장이나 지방자치단체조합은 따로 법률로 정하는 바에 따라 지방채를 발행할 수 있다.
② 지방자치단체의 장은 따로 법률로 정하는 바에 따라 지방자치단체의 채무부담의 원인이 될 계약의 체결이나 그 밖의 행위를 할 수 있다.
③ 지방자치단체의 장은 공익을 위하여 필요하다고 인정하면 미리 지방의회의 의결을 받아 보증채무부담행위를 할 수 있다.
④ 지방자치단체는 조례나 계약에 의하지 아니하고는 채무의 이행을 지체할 수 없다.

⑤ 지방자치단체는 법령이나 조례의 규정에 따르거나 지방의회의 의결을 받지 아니하고는 채권에 관하여 채무를 면제하거나 그 효력을 변경할 수 없다.

제2절 예산과 결산

제140조(회계연도) 지방자치단체의 회계연도는 매년 1월 1일에 시작하여 그 해 12월 31일에 끝난다.

제141조(회계의 구분) ① 지방자치단체의 회계는 일반회계와 특별회계로 구분한다.
② 특별회계는 법률이나 지방자치단체의 조례로 설치할 수 있다.

제142조(예산의 편성 및 의결) ① 지방자치단체의 장은 회계연도마다 예산안을 편성하여 시·도는 회계연도 시작 50일 전까지, 시·군 및 자치구는 회계연도 시작 40일 전까지 지방의회에 제출하여야 한다.
② 시·도의회는 제1항의 예산안을 회계연도 시작 15일 전까지, 시·군 및 자치구의회는 회계연도 시작 10일 전까지 의결하여야 한다.
③ 지방의회는 지방자치단체의 장의 동의 없이 지출예산 각 항의 금액을 증가시키거나 새로운 비용항목을 설치할 수 없다.
④ 지방자치단체의 장은 제1항의 예산안을 제출한 후 부득이한 사유로 그 내용의 일부를 수정하려면 수정예산안을 작성하여 지방의회에 다시 제출할 수 있다.

제143조(계속비) 지방자치단체의 장은 한 회계연도를 넘어 계속하여 경비를 지출할 필요가 있으면 그 총액과 연도별 금액을 정하여 계속비로서 지방의회의 의결을 받아야 한다.

제144조(예비비) ① 지방자치단체는 예측할 수 없는 예산 외의 지출이나 예산초과지출에 충당하기 위하여 세입·세출예산에 예비비를 계상하여야 한다.

② 예비비의 지출은 다음 해 지방의회의 승인을 받아야 한다.

제145조(추가경정예산) ① 지방자치단체의 장은 예산을 변경할 필요가 있으면 추가경정예산안을 편성하여 지방의회의 의결을 받아야 한다.

② 제1항의 경우에는 제142조제3항 및 제4항을 준용한다.

제146조(예산이 성립하지 아니할 때의 예산 집행) 지방의회에서 새로운 회계연도가 시작될 때까지 예산안이 의결되지 못하면 지방자치단체의 장은 지방의회에서 예산안이 의결될 때까지 다음 각 호의 목적을 위한 경비를 전년도 예산에 준하여 집행할 수 있다.

　　1. 법령이나 조례에 따라 설치된 기관이나 시설의 유지·운영

　　2. 법령상 또는 조례상 지출의무의 이행

　　3. 이미 예산으로 승인된 사업의 계속

제147조(지방자치단체를 신설할 때의 예산) ① 지방자치단체를 폐지하거나 설치하거나 나누거나 합쳐 새로운 지방자치단체가 설치된 경우에는 지체 없이 그 지방자치단체의 예산을 편성하여야 한다.

② 제1항의 경우에 해당 지방자치단체의 장은 예산이 성립될 때까지 필요한 경상적 수입과 지출을 할 수 있다. 이 경우 수입과 지출은 새로 성립될 예산에 포함시켜야 한다.

제148조(재정부담이 따르는 조례 제정 등) 지방의회는 새로운 재정부담이 따르는 조례나 안건을 의결하려면 미리 지방자치단체의 장의 의견을 들어야 한다.

제149조(예산의 이송·고시 등) ① 지방의회의 의장은 예산안이 의결되면 그날부터 3일 이내에 지방자치단체의 장에게 이송하여야 한다.

② 지방자치단체의 장은 제1항에 따라 예산을 이송받으면 지체 없이 시·도에서는 행정안전부장관에게, 시·군 및 자치구에서는 시·도지사에게 각각 보고하고, 그 내용을 고시하여야 한다. 다만, 제121조에 따른 재의 요구를 할 때에는 그러하지 아니하다.

제150조(결산) ① 지방자치단체의 장은 출납 폐쇄 후 80일 이내에 결산서와 증명서류를 작성하고 지방의회가 선임한 검사위원의 검사의견서를 첨부하여 다음 해 지방의회의 승인을 받아야 한다. 결산의 심사 결과 위법하거나 부당한 사항이 있는 경우에 지방의회는 본회의 의결 후 지방자치단체 또는 해당 기관에 변상 및 징계 조치 등 그 시정을 요구하고, 지방자치단체 또는 해당 기관은 시정 요구를 받은 사항을 지체 없이 처리하여 그 결과를 지방의회에 보고하여야 한다.

② 지방자치단체의 장은 제1항에 따른 승인을 받으면 그날부터 5일 이내에 시·도에서는 행정안전부장관에게, 시·군 및 자치구에서는 시·도지사에게 각각 보고하고, 그 내용을 고시하여야 한다.

③ 제1항에 따른 검사위원의 선임과 운영에 필요한 사항은 대통령령으로 정한다.

제151조(지방자치단체가 없어졌을 때의 결산)

① 지방자치단체를 폐지하거나 설치하거나 나누거나 합쳐 없어진 지방자치단체의 수입과 지출은 없어진 날로 마감하되, 그 지방자치단체의 장이었던 사람이 결산하여야 한다.

② 제1항의 결산은 제150조제1항에 따라 사무를 인수한 지방자치단체의 의회의 승인을 받아야 한다.

제3절 수입과 지출

제152조(지방세) 지방자치단체는 법률로 정하는 바에 따라 지방세를 부과·징수할 수 있다.

제153조(사용료) 지방자치단체는 공공시설의 이

용 또는 재산의 사용에 대하여 사용료를 징수할 수 있다.

제154조(수수료) ① 지방자치단체는 그 지방자치단체의 사무가 특정인을 위한 것이면 그 사무에 대하여 수수료를 징수할 수 있다.

② 지방자치단체는 국가나 다른 지방자치단체의 위임사무가 특정인을 위한 것이면 그 사무에 대하여 수수료를 징수할 수 있다.

③ 제2항에 따른 수수료는 그 지방자치단체의 수입으로 한다. 다만, 법령에 달리 정해진 경우에는 그러하지 아니하다.

제155조(분담금) 지방자치단체는 그 재산 또는 공공시설의 설치로 주민의 일부가 특히 이익을 받으면 이익을 받는 자로부터 그 이익의 범위에서 분담금을 징수할 수 있다.

제156조(사용료의 징수조례 등) ① 사용료·수수료 또는 분담금의 징수에 관한 사항은 조례로 정한다. 다만, 국가가 지방자치단체나 그 기관에 위임한 사무와 자치사무의 수수료 중 전국적으로 통일할 필요가 있는 수수료는 다른 법령의 규정에도 불구하고 대통령령으로 정하는 표준금액으로 징수하되, 지방자치단체가 다른 금액으로 징수하려는 경우에는 표준금액의 50퍼센트 범위에서 조례로 가감 조정하여 징수할 수 있다.

② 사기나 그 밖의 부정한 방법으로 사용료·수수료 또는 분담금의 징수를 면한 자에게는 그 징수를 면한 금액의 5배 이내의 과태료를, 공공시설을 부정사용한 자에게는 50만원 이하의 과태료를 부과하는 규정을 조례로 정할 수 있다.

③ 제2항에 따른 과태료의 부과·징수, 재판 및 집행 등의 절차에 관한 사항은 「질서위반행위규제법」에 따른다.

제157조(사용료 등의 부과·징수, 이의신청) ① 사용료·수수료 또는 분담금은 공평한 방법으로 부과하거나 징수하여야 한다.

② 사용료·수수료 또는 분담금의 부과나 징수에 대하여 이의가 있는 자는 그 처분을 통지받은 날부터 90일 이내에 그 지방자치단체의 장에게 이의신청할 수 있다.

③ 지방자치단체의 장은 제2항의 이의신청을 받은 날부터 60일 이내에 결정을 하여 알려야 한다.

④ 사용료·수수료 또는 분담금의 부과나 징수에 대하여 행정소송을 제기하려면 제3항에 따른 결정을 통지받은 날부터 90일 이내에 처분청을 당사자로 하여 소를 제기하여야 한다.

⑤ 제3항에 따른 결정기간에 결정의 통지를 받지 못하면 제4항에도 불구하고 그 결정기간이 지난 날부터 90일 이내에 소를 제기할 수 있다.

⑥ 제2항과 제3항에 따른 이의신청의 방법과 절차 등에 관하여는 「지방세기본법」 제90조와 제94조부터 제100조까지의 규정을 준용한다.

⑦ 지방자치단체의 장은 사용료·수수료 또는 분담금을 내야 할 자가 납부기한까지 그 사용료·수수료 또는 분담금을 내지 아니하면 지방세 체납처분의 예에 따라 징수할 수 있다.

제158조(경비의 지출) 지방자치단체는 자치사무 수행에 필요한 경비와 위임된 사무에 필요한 경비를 지출할 의무를 진다. 다만, 국가사무나 지방자치단체사무를 위임할 때에는 사무를 위임한 국가나 지방자치단체에서 그 경비를 부담하여야 한다.

제4절 재산 및 공공시설

제159조(재산과 기금의 설치) ① 지방자치단체는 행정목적을 달성하기 위한 경우나 공익상 필요한 경우에는 재산(현금 외의 모든 재산적 가치

가 있는 물건과 권리를 말한다)을 보유하거나 특정한 자금을 운용하기 위한 기금을 설치할 수 있다.

② 제1항의 재산의 보유, 기금의 설치·운용에 필요한 사항은 조례로 정한다.

제160조(재산의 관리와 처분) 지방자치단체의 재산은 법령이나 조례에 따르지 아니하고는 교환·양여(讓與)·대여하거나 출자 수단 또는 지급 수단으로 사용할 수 없다.

제161조(공공시설) ① 지방자치단체는 주민의 복지를 증진하기 위하여 공공시설을 설치할 수 있다.

② 제1항의 공공시설의 설치와 관리에 관하여 다른 법령에 규정이 없으면 조례로 정한다.

③ 제1항의 공공시설은 관계 지방자치단체의 동의를 받아 그 지방자치단체의 구역 밖에 설치할 수 있다.

제5절 보칙

제162조(지방재정 운영에 관한 법률의 제정) 지방자치단체의 재정에 관하여 이 법에서 정한 것 외에 필요한 사항은 따로 법률로 정한다.

제163조(지방공기업의 설치·운영) ① 지방자치단체는 주민의 복리증진과 사업의 효율적 수행을 위하여 지방공기업을 설치·운영할 수 있다.

② 지방공기업의 설치·운영에 필요한 사항은 따로 법률로 정한다.

제8장 지방자치단체 상호 간의 관계

제1절 지방자치단체 간의 협력과 분쟁조정

제164조(지방자치단체 상호 간의 협력) ① 지방자치단체는 다른 지방자치단체로부터 사무의 공동처리에 관한 요청이나 사무처리에 관한 협의·조정·승인 또는 지원의 요청을 받으면 법령의 범위에서 협력하여야 한다.

② 관계 중앙행정기관의 장은 지방자치단체 간의 협력 활성화를 위하여 필요한 지원을 할 수 있다.

제165조(지방자치단체 상호 간의 분쟁조정) ① 지방자치단체 상호 간 또는 지방자치단체의 장 상호 간에 사무를 처리할 때 의견이 달라 다툼(이하 "분쟁"이라 한다)이 생기면 다른 법률에 특별한 규정이 없으면 행정안전부장관이나 시·도지사가 당사자의 신청을 받아 조정할 수 있다. 다만, 그 분쟁이 공익을 현저히 해쳐 조속한 조정이 필요하다고 인정되면 당사자의 신청이 없어도 직권으로 조정할 수 있다.

② 제1항 단서에 따라 행정안전부장관이나 시·도지사가 분쟁을 조정하는 경우에는 그 취지를 미리 당사자에게 알려야 한다.

③ 행정안전부장관이나 시·도지사가 제1항의 분쟁을 조정하려는 경우에는 관계 중앙행정기관의 장과의 협의를 거쳐 제166조에 따른 지방자치단체중앙분쟁조정위원회나 지방자치단체지방분쟁조정위원회의 의결에 따라 조정을 결정하여야 한다.

④ 행정안전부장관이나 시·도지사는 제3항에 따라 조정을 결정하면 서면으로 지체 없이 관계 지방자치단체의 장에게 통보하여야 하며, 통보를 받은 지방자치단체의 장은 그 조정 결정 사항을 이행하여야 한다.

⑤ 제3항에 따른 조정 결정 사항 중 예산이 필요한 사항에 대해서는 관계 지방자치단체는 필요한 예산을 우선적으로 편성하여야 한다. 이 경우 연차적으로 추진하여야 할 사항은 연도별 추진계획을 행정안전부장관이나 시·도지사에게 보고하여야 한다.

⑥ 행정안전부장관이나 시·도지사는 제3항의 조정 결정에 따른 시설의 설치 또는 서비스의 제공으로 이익을 얻거나 그 원인을 일

으켰다고 인정되는 지방자치단체에 대해서는 그 시설비나 운영비 등의 전부나 일부를 행정안전부장관이 정하는 기준에 따라 부담하게 할 수 있다.

⑦ 행정안전부장관이나 시·도지사는 제4항부터 제6항까지의 규정에 따른 조정 결정 사항이 성실히 이행되지 아니하면 그 지방자치단체에 대하여 제189조를 준용하여 이행하게 할 수 있다.

제166조(지방자치단체중앙분쟁조정위원회 등의 설치와 구성 등) ① 제165조제1항에 따른 분쟁의 조정과 제173조제1항에 따른 협의사항의 조정에 필요한 사항을 심의·의결하기 위하여 행정안전부에 지방자치단체중앙분쟁조정위원회(이하 "중앙분쟁조정위원회"라 한다)를, 시·도에 지방자치단체지방분쟁조정위원회(이하 "지방분쟁조정위원회"라 한다)를 둔다.

② 중앙분쟁조정위원회는 다음 각 호의 분쟁을 심의·의결한다.

1. 시·도 간 또는 그 장 간의 분쟁
2. 시·도를 달리하는 시·군 및 자치구 간 또는 그 장 간의 분쟁
3. 시·도와 시·군 및 자치구 간 또는 그 장 간의 분쟁
4. 시·도와 지방자치단체조합 간 또는 그 장 간의 분쟁
5. 시·도를 달리하는 시·군 및 자치구와 지방자치단체조합 간 또는 그 장 간의 분쟁
6. 시·도를 달리하는 지방자치단체조합 간 또는 그 장 간의 분쟁

③ 지방분쟁조정위원회는 제2항 각 호에 해당하지 아니하는 지방자치단체·지방자치단체조합 간 또는 그 장 간의 분쟁을 심의·의결한다.

④ 중앙분쟁조정위원회와 지방분쟁조정위원회(이하 "분쟁조정위원회"라 한다)는 각각 위원장 1명을 포함하여 11명 이내의 위원으로 구성한다.

⑤ 중앙분쟁조정위원회의 위원장과 위원 중 5명은 다음 각 호의 사람 중에서 행정안전부장관의 제청으로 대통령이 임명하거나 위촉하고, 대통령령으로 정하는 중앙행정기관 소속 공무원은 당연직위원이 된다.

1. 대학에서 부교수 이상으로 3년 이상 재직 중이거나 재직한 사람
2. 판사·검사 또는 변호사의 직에 6년 이상 재직 중이거나 재직한 사람
3. 그 밖에 지방자치사무에 관한 학식과 경험이 풍부한 사람

⑥ 지방분쟁조정위원회의 위원장과 위원 중 5명은 제5항 각 호의 사람 중에서 시·도지사가 임명하거나 위촉하고, 조례로 정하는 해당 지방자치단체 소속 공무원은 당연직위원이 된다.

⑦ 공무원이 아닌 위원장 및 위원의 임기는 3년으로 하며, 연임할 수 있다. 다만, 보궐위원의 임기는 전임자 임기의 남은 기간으로 한다.

제167조(분쟁조정위원회의 운영 등) ① 분쟁조정위원회는 위원장을 포함한 위원 7명 이상의 출석으로 개의하고, 출석위원 3분의 2 이상의 찬성으로 의결한다.

② 분쟁조정위원회의 위원장은 분쟁의 조정과 관련하여 필요하다고 인정하면 관계 공무원, 지방자치단체조합의 직원 또는 관계 전문가를 출석시켜 의견을 듣거나 관계 기관이나 단체에 대하여 자료 및 의견 제출 등을 요구할 수 있다. 이 경우 분쟁의 당사자에게는 의견을 진술할 기회를 주어야 한다.

③ 이 법에서 정한 사항 외에 분쟁조정위원회의 구성과 운영 등에 필요한 사항은 대통령령으로 정한다.

제168조(사무의 위탁) ① 지방자치단체나 그 장은 소관 사무의 일부를 다른 지방자치단체나 그 장에게 위탁하여 처리하게 할 수 있다.

② 지방자치단체나 그 장은 제1항에 따라 사무를 위탁하려면 관계 지방자치단체와의 협의에 따라 규약을 정하여 고시하여야 한다.

③ 제2항의 사무위탁에 관한 규약에는 다음 각 호의 사항이 포함되어야 한다.

  1. 사무를 위탁하는 지방자치단체와 사무를 위탁받는 지방자치단체

  2. 위탁사무의 내용과 범위

  3. 위탁사무의 관리와 처리방법

  4. 위탁사무의 관리와 처리에 드는 경비의 부담과 지출방법

  5. 그 밖에 사무위탁에 필요한 사항

④ 지방자치단체나 그 장은 사무위탁을 변경하거나 해지하려면 관계 지방자치단체나 그 장과 협의하여 그 사실을 고시하여야 한다.

⑤ 사무가 위탁된 경우 위탁된 사무의 관리와 처리에 관한 조례나 규칙은 규약에 다르게 정해진 경우 외에는 사무를 위탁받은 지방자치단체에 대해서도 적용한다.

제2절 행정협의회

제169조(행정협의회의 구성) ① 지방자치단체는 2개 이상의 지방자치단체에 관련된 사무의 일부를 공동으로 처리하기 위하여 관계 지방자치단체 간의 행정협의회(이하 "협의회"라 한다)를 구성할 수 있다. 이 경우 지방자치단체의 장은 시·도가 구성원이면 행정안전부장관과 관계 중앙행정기관의 장에게, 시·군 또는 자치구가 구성원이면 시·도지사에게 이를 보고하여야 한다.

② 지방자치단체는 협의회를 구성하려면 관계 지방자치단체 간의 협의에 따라 규약을 정하여 관계 지방의회에 각각 보고한 다음 고시하여야 한다.

③ 행정안전부장관이나 시·도지사는 공익상 필요하면 관계 지방자치단체에 대하여 협의회를 구성하도록 권고할 수 있다.

제170조(협의회의 조직) ① 협의회는 회장과 위원으로 구성한다.

② 회장과 위원은 규약으로 정하는 바에 따라 관계 지방자치단체의 직원 중에서 선임한다.

③ 회장은 협의회를 대표하며 회의를 소집하고 협의회의 사무를 총괄한다.

제171조(협의회의 규약) 협의회의 규약에는 다음 각 호의 사항이 포함되어야 한다.

  1. 협의회의 명칭

  2. 협의회를 구성하는 지방자치단체

  3. 협의회가 처리하는 사무

  4. 협의회의 조직과 회장 및 위원의 선임방법

  5. 협의회의 운영과 사무처리에 필요한 경비의 부담이나 지출방법

  6. 그 밖에 협의회의 구성과 운영에 필요한 사항

제172조(협의회의 자료제출 요구 등) 협의회는 사무를 처리하기 위하여 필요하다고 인정하면 관계 지방자치단체의 장에게 자료 제출, 의견 제시, 그 밖에 필요한 협조를 요구할 수 있다.

제173조(협의사항의 조정) ① 협의회에서 합의가 이루어지지 아니한 사항에 대하여 관계 지방자치단체의 장이 조정을 요청하면 시·도 간의 협의사항에 대해서는 행정안전부장관이, 시·군 및 자치구 간의 협의사항에 대해서는 시·도지사가 조정할 수 있다. 다만, 관계되는 시·군 및 자치구가 2개 이상의 시·도에 걸쳐 있는 경우에는 행정안전부장관이 조정할 수 있다.

② 행정안전부장관이나 시·도지사가 제1항

에 따라 조정을 하려면 관계 중앙행정기관의 장과의 협의를 거쳐 분쟁조정위원회의 의결에 따라 조정하여야 한다.

제174조(협의회의 협의 및 사무처리의 효력) ① 협의회를 구성한 관계 지방자치단체는 협의회가 결정한 사항이 있으면 그 결정에 따라 사무를 처리하여야 한다.

② 제173조제1항에 따라 행정안전부장관이나 시·도지사가 조정한 사항에 관하여는 제165조제3항부터 제6항까지의 규정을 준용한다.

③ 협의회가 관계 지방자치단체나 그 장의 명의로 한 사무의 처리는 관계 지방자치단체나 그 장이 한 것으로 본다.

제175조(협의회의 규약변경 및 폐지) 지방자치단체가 협의회의 규약을 변경하거나 협의회를 없애려는 경우에는 제169조제1항 및 제2항을 준용한다.

제3절 지방자치단체조합

제176조(지방자치단체조합의 설립) ① 2개 이상의 지방자치단체가 하나 또는 둘 이상의 사무를 공동으로 처리할 필요가 있을 때에는 규약을 정하여 지방의회의 의결을 거쳐 시·도는 행정안전부장관의 승인, 시·군 및 자치구는 시·도지사의 승인을 받아 지방자치단체조합을 설립할 수 있다. 다만, 지방자치단체조합의 구성원인 시·군 및 자치구가 2개 이상의 시·도에 걸쳐 있는 지방자치단체조합은 행정안전부장관의 승인을 받아야 한다.

② 지방자치단체조합은 법인으로 한다.

제177조(지방자치단체조합의 조직) ① 지방자치단체조합에는 지방자치단체조합회의와 지방자치단체조합장 및 사무직원을 둔다.

② 지방자치단체조합회의의 위원과 지방자치단체조합장 및 사무직원은 지방자치단체조

합규약으로 정하는 바에 따라 선임한다.

③ 관계 지방의회의원과 관계 지방자치단체의 장은 제43조제1항과 제109조제1항에도 불구하고 지방자치단체조합회의의 위원이나 지방자치단체조합장을 겸할 수 있다.

제178조(지방자치단체조합회의와 지방자치단체조합장의 권한) ① 지방자치단체조합회의는 지방자치단체조합의 규약으로 정하는 바에 따라 지방자치단체조합의 중요 사무를 심의·의결한다.

② 지방자치단체조합회의는 지방자치단체조합이 제공하는 서비스에 대한 사용료·수수료 또는 분담금을 제156조제1항에 따른 조례로 정한 범위에서 정할 수 있다.

③ 지방자치단체조합장은 지방자치단체조합을 대표하며 지방자치단체조합의 사무를 총괄한다.

제179조(지방자치단체조합의 규약) 지방자치단체조합의 규약에는 다음 각 호의 사항이 포함되어야 한다.

1. 지방자치단체조합의 명칭
2. 지방자치단체조합을 구성하는 지방자치단체
3. 사무소의 위치
4. 지방자치단체조합의 사무
5. 지방자치단체조합회의의 조직과 위원의 선임방법
6. 집행기관의 조직과 선임방법
7. 지방자치단체조합의 운영 및 사무처리에 필요한 경비의 부담과 지출방법
8. 그 밖에 지방자치단체조합의 구성과 운영에 관한 사항

제180조(지방자치단체조합의 지도·감독) ① 시·도가 구성원인 지방자치단체조합은 행정안전부장관, 시·군 및 자치구가 구성원인 지방자치단체조합은 1차로 시·도지사, 2차로 행정

안전부장관의 지도·감독을 받는다. 다만, 지방자치단체조합의 구성원인 시·군 및 자치구가 2개 이상의 시·도에 걸쳐 있는 지방자치단체조합은 행정안전부장관의 지도·감독을 받는다.

② 행정안전부장관은 공익상 필요하면 지방자치단체조합의 설립이나 해산 또는 규약 변경을 명할 수 있다.

제181조(지방자치단체조합의 규약 변경 및 해산)

① 지방자치단체조합의 규약을 변경하거나 지방자치단체조합을 해산하려는 경우에는 제176조제1항을 준용한다.

② 지방자치단체조합을 해산한 경우에 그 재산의 처분은 관계 지방자치단체의 협의에 따른다.

제4절 지방자치단체의 장 등의 협의체

제182조(지방자치단체의 장 등의 협의체) ① 지방자치단체의 장이나 지방의회의 의장은 상호 간의 교류와 협력을 증진하고, 공동의 문제를 협의하기 위하여 다음 각 호의 구분에 따라 각각 전국적 협의체를 설립할 수 있다.

    1. 시·도지사

    2. 시·도의회의 의장

    3. 시장·군수 및 자치구의 구청장

    4. 시·군 및 자치구의회의 의장

② 제1항 각 호의 전국적 협의체는 그들 모두가 참가하는 지방자치단체 연합체를 설립할 수 있다.

③ 제1항에 따른 협의체나 제2항에 따른 연합체를 설립하였을 때에는 그 협의체·연합체의 대표자는 지체 없이 행정안전부장관에게 신고하여야 한다.

④ 제1항에 따른 협의체나 제2항에 따른 연합체는 지방자치에 직접적인 영향을 미치는 법령 등에 관한 의견을 행정안전부장관에게 제출할 수 있으며, 행정안전부장관은 제출된 의견을 관계 중앙행정기관의 장에게 통보하여야 한다.

⑤ 관계 중앙행정기관의 장은 제4항에 따라 통보된 내용에 대하여 통보를 받은 날부터 2개월 이내에 타당성을 검토하여 행정안전부장관에게 결과를 통보하여야 하고, 행정안전부장관은 통보받은 검토 결과를 해당 협의체나 연합체에 지체 없이 통보하여야 한다. 이 경우 관계 중앙행정기관의 장은 검토 결과 타당성이 없다고 인정하면 구체적인 사유 및 내용을 밝혀 통보하여야 하며, 타당하다고 인정하면 관계 법령에 그 내용이 반영될 수 있도록 적극 협력하여야 한다.

⑥ 제1항에 따른 협의체나 제2항에 따른 연합체는 지방자치와 관련된 법률의 제정·개정 또는 폐지가 필요하다고 인정하는 경우에는 국회에 서면으로 의견을 제출할 수 있다.

⑦ 제1항에 따른 협의체나 제2항에 따른 연합체의 설립신고와 운영, 그 밖에 필요한 사항은 대통령령으로 정한다.

제9장 국가와 지방자치단체 간의 관계

제183조(국가와 지방자치단체의 협력 의무) 국가와 지방자치단체는 주민에 대한 균형적인 공공서비스 제공과 지역 간 균형발전을 위하여 협력하여야 한다.

제184조(지방자치단체의 사무에 대한 지도와 지원)

① 중앙행정기관의 장이나 시·도지사는 지방자치단체의 사무에 관하여 조언 또는 권고하거나 지도할 수 있으며, 이를 위하여 필요하면 지방자치단체에 자료 제출을 요구할 수 있다.

② 국가나 시·도는 지방자치단체가 그 지방자치단체의 사무를 처리하는 데 필요하다고 인정하면 재정지원이나 기술지원을 할 수

있다.

③ 지방자치단체의 장은 제1항의 조언·권고 또는 지도와 관련하여 중앙행정기관의 장이나 시·도지사에게 의견을 제출할 수 있다.

제185조(국가사무나 시·도 사무 처리의 지도·감독) ① 지방자치단체나 그 장이 위임받아 처리하는 국가사무에 관하여 시·도에서는 주무부장관, 시·군 및 자치구에서는 1차로 시·도지사, 2차로 주무부장관의 지도·감독을 받는다.

② 시·군 및 자치구나 그 장이 위임받아 처리하는 시·도의 사무에 관하여는 시·도지사의 지도·감독을 받는다.

제186조(중앙지방협력회의의 설치) ① 국가와 지방자치단체 간의 협력을 도모하고 지방자치발전과 지역 간 균형발전에 관련되는 중요 정책을 심의하기 위하여 중앙지방협력회의를 둔다.

② 제1항에 따른 중앙지방협력회의의 구성과 운영에 관한 사항은 따로 법률로 정한다.

제187조(중앙행정기관과 지방자치단체 간 협의·조정) ① 중앙행정기관의 장과 지방자치단체의 장이 사무를 처리할 때 의견을 달리하는 경우 이를 협의·조정하기 위하여 국무총리 소속으로 행정협의조정위원회를 둔다.

② 행정협의조정위원회는 위원장 1명을 포함하여 13명 이내의 위원으로 구성한다.

③ 행정협의조정위원회의 위원은 다음 각 호의 사람이 되고, 위원장은 제3호의 위촉위원 중에서 국무총리가 위촉한다.

1. 기획재정부장관, 행정안전부장관, 국무조정실장 및 법제처장

2. 안건과 관련된 중앙행정기관의 장과 시·도지사 중 위원장이 지명하는 사람

3. 그 밖에 지방자치에 관한 학식과 경험이 풍부한 사람 중에서 국무총리가 위촉하는 사람 4명

④ 제1항부터 제3항까지에서 규정한 사항 외에 행정협의조정위원회의 구성과 운영 등에 필요한 사항은 대통령령으로 정한다.

제188조(위법·부당한 명령이나 처분의 시정) ① 지방자치단체의 사무에 관한 지방자치단체의 장(제103조제2항에 따른 사무의 경우에는 지방의회의 의장을 말한다. 이하 이 조에서 같다)의 명령이나 처분이 법령에 위반되거나 현저히 부당하여 공익을 해친다고 인정되면 시·도에 대해서는 주무부장관이, 시·군 및 자치구에 대해서는 시·도지사가 기간을 정하여 서면으로 시정할 것을 명하고, 그 기간에 이행하지 아니하면 이를 취소하거나 정지할 수 있다.

② 주무부장관은 지방자치단체의 사무에 관한 시장·군수 및 자치구의 구청장의 명령이나 처분이 법령에 위반되거나 현저히 부당하여 공익을 해침에도 불구하고 시·도지사가 제1항에 따른 시정명령을 하지 아니하면 시·도지사에게 기간을 정하여 시정명령을 하도록 명할 수 있다.

③ 주무부장관은 시·도지사가 제2항에 따른 기간에 시정명령을 하지 아니하면 제2항에 따른 기간이 지난 날부터 7일 이내에 직접 시장·군수 및 자치구의 구청장에게 기간을 정하여 서면으로 시정할 것을 명하고, 그 기간에 이행하지 아니하면 주무부장관이 시장·군수 및 자치구의 구청장의 명령이나 처분을 취소하거나 정지할 수 있다.

④ 주무부장관은 시·도지사가 시장·군수 및 자치구의 구청장에게 제1항에 따라 시정명령을 하였으나 이를 이행하지 아니한 데 따른 취소·정지를 하지 아니하는 경우에는 시·도지사에게 기간을 정하여 시장·군수 및 자치구의 구청장의 명령이나 처분을 취소하거나 정지할 것을 명하고, 그 기간에 이행하지 아니하면 주무부장관이 이를 직접

취소하거나 정지할 수 있다.

⑤ 제1항부터 제4항까지의 규정에 따른 자치사무에 관한 명령이나 처분에 대한 주무부장관 또는 시·도지사의 시정명령, 취소 또는 정지는 법령을 위반한 것에 한정한다.

⑥ 지방자치단체의 장은 제1항, 제3항 또는 제4항에 따른 자치사무에 관한 명령이나 처분의 취소 또는 정지에 대하여 이의가 있으면 그 취소처분 또는 정지처분을 통보받은 날부터 15일 이내에 대법원에 소를 제기할 수 있다.

제189조(지방자치단체의 장에 대한 직무이행명령)

① 지방자치단체의 장이 법령에 따라 그 의무에 속하는 국가위임사무나 시·도위임사무의 관리와 집행을 명백히 게을리하고 있다고 인정되면 시·도에 대해서는 주무부장관이, 시·군 및 자치구에 대해서는 시·도지사가 기간을 정하여 서면으로 이행할 사항을 명령할 수 있다.

② 주무부장관이나 시·도지사는 해당 지방자치단체의 장이 제1항의 기간에 이행명령을 이행하지 아니하면 그 지방자치단체의 비용부담으로 대집행 또는 행정상·재정상 필요한 조치(이하 이 조에서 "대집행등"이라 한다)를 할 수 있다. 이 경우 행정대집행에 관하여는 「행정대집행법」을 준용한다.

③ 주무부장관은 시장·군수 및 자치구의 구청장이 법령에 따라 그 의무에 속하는 국가위임사무의 관리와 집행을 명백히 게을리하고 있다고 인정됨에도 불구하고 시·도지사가 제1항에 따른 이행명령을 하지 아니하는 경우 시·도지사에게 기간을 정하여 이행명령을 하도록 명할 수 있다.

④ 주무부장관은 시·도지사가 제3항에 따른 기간에 이행명령을 하지 아니하면 제3항에 따른 기간이 지난 날부터 7일 이내에 직접 시장·군수 및 자치구의 구청장에게 기간을 정하여 이행명령을 하고, 그 기간에 이행하지 아니하

면 주무부장관이 직접 대집행등을 할 수 있다.

⑤ 주무부장관은 시·도지사가 시장·군수 및 자치구의 구청장에게 제1항에 따라 이행명령을 하였으나 이를 이행하지 아니한 데 따른 대집행등을 하지 아니하는 경우에는 시·도지사에게 기간을 정하여 대집행등을 하도록 명하고, 그 기간에 대집행등을 하지 아니하면 주무부장관이 직접 대집행등을 할 수 있다.

⑥ 지방자치단체의 장은 제1항 또는 제4항에 따른 이행명령에 이의가 있으면 이행명령서를 접수한 날부터 15일 이내에 대법원에 소를 제기할 수 있다. 이 경우 지방자치단체의 장은 이행명령의 집행을 정지하게 하는 집행정지결정을 신청할 수 있다.

제190조(지방자치단체의 자치사무에 대한 감사)

① 행정안전부장관이나 시·도지사는 지방자치단체의 자치사무에 관하여 보고를 받거나 서류·장부 또는 회계를 감사할 수 있다. 이 경우 감사는 법령 위반사항에 대해서만 한다.

② 행정안전부장관 또는 시·도지사는 제1항에 따라 감사를 하기 전에 해당 사무의 처리가 법령에 위반되는지 등을 확인하여야 한다.

제191조(지방자치단체에 대한 감사 절차 등) ① 주무부장관, 행정안전부장관 또는 시·도지사는 이미 감사원 감사 등이 실시된 사안에 대해서는 새로운 사실이 발견되거나 중요한 사항이 누락된 경우 등 대통령령으로 정하는 경우를 제외하고는 감사 대상에서 제외하고 종전의 감사 결과를 활용하여야 한다.

② 주무부장관과 행정안전부장관은 다음 각호의 어느 하나에 해당하는 감사를 하려고 할 때에는 지방자치단체의 수감부담을 줄이고 감사의 효율성을 높이기 위하여 같은 기간 동안 함께 감사를 할 수 있다.

1. 제185조에 따른 주무부장관의 위임사무 감사

2. 제190조에 따른 행정안전부장관의 자치
사무 감사

③ 제185조, 제190조 및 이 조 제2항에 따른 감
사의 절차·방법 등에 관하여 필요한 사항
은 대통령령으로 정한다.

제192조(지방의회 의결의 재의와 제소) ① 지방의
회의 의결이 법령에 위반되거나 공익을 현저히
해친다고 판단되면 시·도에 대해서는 주무부
장관이, 시·군 및 자치구에 대해서는 시·도지
사가 해당 지방자치단체의 장에게 재의를 요구
하게 할 수 있고, 재의 요구 지시를 받은 지방자
치단체의 장은 의결사항을 이송받은 날부터 20
일 이내에 지방의회에 이유를 붙여 재의를 요구
하여야 한다.

② 시·군 및 자치구의회의 의결이 법령에 위
반된다고 판단됨에도 불구하고 시·도지사
가 제1항에 따라 재의를 요구하게 하지 아니
한 경우 주무부장관이 직접 시장·군수 및
자치구의 구청장에게 재의를 요구하게 할
수 있고, 재의 요구 지시를 받은 시장·군수
및 자치구의 구청장은 의결사항을 이송받
은 날부터 20일 이내에 지방의회에 이유를
붙여 재의를 요구하여야 한다.

③ 제1항 또는 제2항의 요구에 대하여 재의한
결과 재적의원 과반수의 출석과 출석의원
3분의 2 이상의 찬성으로 전과 같은 의결을
하면 그 의결사항은 확정된다.

④ 지방자치단체의 장은 제3항에 따라 재의결
된 사항이 법령에 위반된다고 판단되면 재
의결된 날부터 20일 이내에 대법원에 소를
제기할 수 있다. 이 경우 필요하다고 인정되
면 그 의결의 집행을 정지하게 하는 집행정
지결정을 신청할 수 있다.

⑤ 주무부장관이나 시·도지사는 재의결된 사
항이 법령에 위반된다고 판단됨에도 불구
하고 해당 지방자치단체의 장이 소를 제기

하지 아니하면 시·도에 대해서는 주무부장
관이, 시·군 및 자치구에 대해서는 시·도
지사(제2항에 따라 주무부장관이 직접 재
의 요구 지시를 한 경우에는 주무부장관을
말한다. 이하 이 조에서 같다)가 그 지방자
치단체의 장에게 제소를 지시하거나 직접
제소 및 집행정지결정을 신청할 수 있다.

⑥ 제5항에 따른 제소의 지시는 제4항의 기간
이 지난 날부터 7일 이내에 하고, 해당 지방
자치단체의 장은 제소 지시를 받은 날부터
7일 이내에 제소하여야 한다.

⑦ 주무부장관이나 시·도지사는 제6항의
기간이 지난 날부터 7일 이내에 제5항에
따른 직접 제소 및 집행정지결정을 신청할
수 있다.

⑧ 제1항 또는 제2항에 따라 지방의회의 의결
이 법령에 위반된다고 판단되어 주무부장
관이나 시·도지사로부터 재의 요구 지시를
받은 해당 지방자치단체의 장이 재의를 요
구하지 아니하는 경우(법령에 위반되는 지
방의회의 의결사항이 조례안인 경우로서
재의 요구 지시를 받기 전에 그 조례안을 공
포한 경우를 포함한다)에는 주무부장관이
나 시·도지사는 제1항 또는 제2항에 따른
기간이 지난 날부터 7일 이내에 대법원에 직
접 제소 및 집행정지 결정을 신청할 수 있다.

⑨ 제1항 또는 제2항에 따른 지방의회의 의결
이나 제3항에 따라 재의결된 사항이 둘 이상
의 부처와 관련되거나 주무부장관이 불분
명하면 행정안전부장관이 재의 요구 또는
제소를 지시하거나 직접 제소 및 집행정지
결정을 신청할 수 있다.

제10장 국제교류 · 협력

제193조(지방자치단체의 역할) 지방자치단체는 국
가의 외교·통상 정책과 배치되지 아니하는 범

위에서 국제교류·협력, 통상·투자유치를 위하여 외국의 지방자치단체, 민간기관, 국제기구(국제연합과 그 산하기구·전문기구를 포함한 정부 간 기구, 지방자치단체 간 기구를 포함한 준정부 간 기구, 국제 비정부기구 등을 포함한다. 이하 같다)와 협력을 추진할 수 있다.

제194조(지방자치단체의 국제기구 지원) 지방자치단체는 국제기구 설립·유치 또는 활동 지원을 위하여 국제기구에 공무원을 파견하거나 운영비용 등 필요한 비용을 보조할 수 있다.

제195조(해외사무소 설치·운영) ① 지방자치단체는 국제교류·협력 등의 업무를 원활히 수행하기 위하여 필요한 곳에 단독 또는 지방자치단체 간 협력을 통해 공동으로 해외사무소를 설치할 수 있다.

② 지방자치단체는 해외사무소가 효율적으로 운영될 수 있도록 노력해야 한다.

제11장 서울특별시 및 대도시 등과 세종특별자치시 및 제주특별자치도의 행정특례

제196조(자치구의 재원) 특별시장이나 광역시장은 「지방재정법」에서 정하는 바에 따라 해당 지방자치단체의 관할 구역의 자치구 상호 간의 재원을 조정하여야 한다.

제197조(특례의 인정) ① 서울특별시의 지위·조직 및 운영에 대해서는 수도로서의 특수성을 고려하여 법률로 정하는 바에 따라 특례를 둘 수 있다.

② 세종특별자치시와 제주특별자치도의 지위·조직 및 행정·재정 등의 운영에 대해서는 행정체제의 특수성을 고려하여 법률로 정하는 바에 따라 특례를 둘 수 있다.

제198조(대도시 등에 대한 특례 인정) ① 서울특별시·광역시 및 특별자치시를 제외한 인구 50만 이상 대도시의 행정, 재정 운영 및 국가의 지도·감독에 대해서는 그 특성을 고려하여 관계 법률로 정하는 바에 따라 특례를 둘 수 있다.

② 제1항에도 불구하고 서울특별시·광역시 및 특별자치시를 제외한 다음 각 호의 어느 하나에 해당하는 대도시 및 시·군·구의 행정, 재정 운영 및 국가의 지도·감독에 대해서는 그 특성을 고려하여 관계 법률로 정하는 바에 따라 추가로 특례를 둘 수 있다. <개정 2023. 6. 9.>

1. 인구 100만 이상 대도시(이하 "특례시"라 한다)
2. 실질적인 행정수요, 지역균형발전 및 지방소멸위기 등을 고려하여 대통령령으로 정하는 기준과 절차에 따라 행정안전부장관이 지정하는 시·군·구

③ 제1항에 따른 인구 50만 이상 대도시와 제2항제1호에 따른 특례시의 인구 인정기준은 대통령령으로 정한다.

제12장 특별지방자치단체

제1절 설치

제199조(설치) ① 2개 이상의 지방자치단체가 공동으로 특정한 목적을 위하여 광역적으로 사무를 처리할 필요가 있을 때에는 특별지방자치단체를 설치할 수 있다. 이 경우 특별지방자치단체를 구성하는 지방자치단체(이하 "구성 지방자치단체"라 한다)는 상호 협의에 따른 규약을 정하여 구성 지방자치단체의 지방의회 의결을 거쳐 행정안전부장관의 승인을 받아야 한다.

② 행정안전부장관은 제1항 후단에 따라 규약에 대하여 승인하는 경우 관계 중앙행정기관의 장 또는 시·도지사에게 그 사실을 알려야 한다.

③ 특별지방자치단체는 법인으로 한다.

④ 특별지방자치단체를 설치하기 위하여 국가 또는 시·도 사무의 위임이 필요할 때에는 구성 지방자치단체의 장이 관계 중앙행정기관의 장 또는 시·도지사에게 그 사무의 위임을 요청할 수 있다.

⑤ 행정안전부장관이 국가 또는 시·도 사무의 위임이 포함된 규약에 대하여 승인할 때에는 사전에 관계 중앙행정기관의 장 또는 시·도지사와 협의하여야 한다.

⑥ 구성 지방자치단체의 장이 제1항 후단에 따라 행정안전부장관의 승인을 받았을 때에는 규약의 내용을 지체 없이 고시하여야 한다. 이 경우 구성 지방자치단체의 장이 시장·군수 및 자치구의 구청장일 때에는 그 승인사항을 시·도지사에게 알려야 한다.

제200조(설치 권고 등) 행정안전부장관은 공익상 필요하다고 인정할 때에는 관계 지방자치단체에 대하여 특별지방자치단체의 설치, 해산 또는 규약 변경을 권고할 수 있다. 이 경우 행정안전부장관의 권고가 국가 또는 시·도 사무의 위임을 포함하고 있을 때에는 사전에 관계 중앙행정기관의 장 또는 시·도지사와 협의하여야 한다.

제201조(구역) 특별지방자치단체의 구역은 구성 지방자치단체의 구역을 합한 것으로 한다. 다만, 특별지방자치단체의 사무가 구성 지방자치단체 구역의 일부에만 관계되는 등 특별한 사정이 있을 때에는 해당 지방자치단체 구역의 일부만을 구역으로 할 수 있다.

제2절 규약과 기관 구성

제202조(규약 등) ① 특별지방자치단체의 규약에는 법령의 범위에서 다음 각 호의 사항이 포함되어야 한다.

1. 특별지방자치단체의 목적
2. 특별지방자치단체의 명칭

3. 구성 지방자치단체
4. 특별지방자치단체의 관할 구역
5. 특별지방자치단체의 사무소의 위치
6. 특별지방자치단체의 사무
7. 특별지방자치단체의 사무처리를 위한 기본계획에 포함되어야 할 사항
8. 특별지방자치단체의 지방의회의 조직, 운영 및 의원의 선임방법
9. 특별지방자치단체의 집행기관의 조직, 운영 및 장의 선임방법
10. 특별지방자치단체의 운영 및 사무처리에 필요한 경비의 부담 및 지출방법
11. 특별지방자치단체의 사무처리 개시일
12. 그 밖에 특별지방자치단체의 구성 및 운영에 필요한 사항

② 구성 지방자치단체의 장은 제1항의 규약을 변경하려는 경우에는 구성 지방자치단체의 지방의회 의결을 거쳐 행정안전부장관의 승인을 받아야 한다. 이 경우 국가 또는 시·도 사무의 위임에 관하여는 제199조제4항 및 제5항을 준용한다.

③ 구성 지방자치단체의 장은 제2항에 따라 행정안전부장관의 승인을 받았을 때에는 지체 없이 그 사실을 고시하여야 한다. 이 경우 구성 지방자치단체의 장이 시장·군수 및 자치구의 구청장일 때에는 그 승인사항을 시·도지사에게 알려야 한다.

제203조(기본계획 등) ① 특별지방자치단체의 장은 소관 사무를 처리하기 위한 기본계획(이하 "기본계획"이라 한다)을 수립하여 특별지방자치단체 의회의 의결을 받아야 한다. 기본계획을 변경하는 경우에도 또한 같다.

② 특별지방자치단체는 기본계획에 따라 사무를 처리하여야 한다.

③ 특별지방자치단체의 장은 구성 지방자치단체의 사무처리가 기본계획의 시행에 지

장을 주거나 지장을 줄 우려가 있을 때에는 특별지방자치단체의 의회 의결을 거쳐 구성 지방자치단체의 장에게 필요한 조치를 요청할 수 있다.

제204조(의회의 조직 등) ① 특별지방자치단체의 의회는 규약으로 정하는 바에 따라 구성 지방자치단체의 의회 의원으로 구성한다.

② 제1항의 지방의회의원은 제43조제1항에도 불구하고 특별지방자치단체의 의회 의원을 겸할 수 있다.

③ 특별지방자치단체의 의회가 의결하여야 할 안건 중 대통령령으로 정하는 중요한 사항에 대해서는 특별지방자치단체의 장에게 미리 통지하고, 특별지방자치단체의 장은 그 내용을 구성 지방자치단체의 장에게 통지하여야 한다. 그 의결의 결과에 대해서도 또한 같다.

제205조(집행기관의 조직 등) ① 특별지방자치단체의 장은 규약으로 정하는 바에 따라 특별지방자치단체의 의회에서 선출한다.

② 구성 지방자치단체의 장은 제109조에도 불구하고 특별지방자치단체의 장을 겸할 수 있다.

③ 특별지방자치단체의 의회 및 집행기관의 직원은 규약으로 정하는 바에 따라 특별지방자치단체 소속인 지방공무원과 구성 지방자치단체의 지방공무원 중에서 파견된 사람으로 구성한다.

제3절 운영

제206조(경비의 부담) ① 특별지방자치단체의 운영 및 사무처리에 필요한 경비는 구성 지방자치단체의 인구, 사무처리의 수혜범위 등을 고려하여 규약으로 정하는 바에 따라 구성 지방자치단체가 분담한다.

② 구성 지방자치단체는 제1항의 경비에 대하여 특별회계를 설치하여 운영하여야 한다.

③ 국가 또는 시·도가 사무를 위임하는 경우에는 사무를 위임한 국가 또는 시·도가 그 사무를 수행하는 데 필요한 경비를 부담하여야 한다.<개정 2023. 9. 14.>

제207조(사무처리상황 등의 통지) 특별지방자치단체의 장은 대통령령으로 정하는 바에 따라 사무처리 상황 등을 구성 지방자치단체의 장 및 행정안전부장관(시·군 및 자치구만으로 구성하는 경우에는 시·도지사를 포함한다)에게 통지하여야 한다.

제208조(가입 및 탈퇴) ① 특별지방자치단체에 가입하거나 특별지방자치단체에서 탈퇴하려는 지방자치단체의 장은 해당 지방의회의 의결을 거쳐 특별지방자치단체의 장에게 가입 또는 탈퇴를 신청하여야 한다.

② 제1항에 따른 가입 또는 탈퇴의 신청을 받은 특별지방자치단체의 장은 특별지방자치단체 의회의 동의를 받아 신청의 수용 여부를 결정하되, 특별한 사유가 없으면 가입하거나 탈퇴하려는 지방자치단체의 의견을 존중하여야 한다.

③ 제2항에 따른 가입 및 탈퇴에 관하여는 제199조를 준용한다.

제209조(해산) ① 구성 지방자치단체는 특별지방자치단체가 그 설치 목적을 달성하는 등 해산의 사유가 있을 때에는 해당 지방의회의 의결을 거쳐 행정안전부장관의 승인을 받아 특별지방자치단체를 해산하여야 한다.

② 구성 지방자치단체는 제1항에 따라 특별지방자치단체를 해산할 경우에는 상호 협의에 따라 그 재산을 처분하고 사무와 직원의 재배치를 하여야 하며, 국가 또는 시·도 사무를 위임받았을 때에는 관계 중앙행정기관의 장 또는 시·도지사와 협의하여야 한다. 다만, 협의가 성립하지 아니할 때에는 당사자의 신청을 받아 행정안전부장관이

조정할 수 있다.

제210조(지방자치단체에 관한 규정의 준용) 시·도, 시·도와 시·군 및 자치구 또는 2개 이상의 시·도에 걸쳐 있는 시·군 및 자치구로 구성되는 특별지방자치단체는 시·도에 관한 규정을, 시·군 및 자치구로 구성하는 특별지방자치단체는 시·군 및 자치구에 관한 규정을 준용한다. 다만, 제3조, 제1장제2절, 제11조부터 제14조까지, 제17조제3항, 제25조, 제4장, 제38조, 제39조, 제40조제1항제1호 및 제2호, 같은 조 제3항, 제41조, 제6장제1절제1관, 제106조부터 제108조까지, 제110조, 제112조제2호 후단, 같은 조 제3호, 제123조, 제124조, 제6장제3절(제130조는 제외한다)부터 제5절까지, 제152조, 제166조, 제167조 및 제8장제2절부터 제4절까지, 제11장에 관하여는 그러하지 아니하다.

제211조(다른 법률과의 관계) ① 다른 법률에서 지방자치단체 또는 지방자치단체의 장을 인용하고 있는 경우에는 제202조제1항에 따른 규약으로 정하는 사무를 처리하기 위한 범위에서는 특별지방자치단체 또는 특별지방자치단체의 장을 인용한 것으로 본다.

② 다른 법률에서 시·도 또는 시·도지사를 인용하고 있는 경우에는 제202조제1항에 따른 규약으로 정하는 사무를 처리하기 위한 범위에서는 시·도, 시·도와 시·군 및 자치구 또는 2개 이상의 시·도에 걸쳐 있는 시·군 및 자치구로 구성하는 특별지방자치단체 또는 특별지방자치단체의 장을 인용한 것으로 본다.

③ 다른 법률에서 시·군 및 자치구 또는 시장·군수 및 자치구의 구청장을 인용하고 있는 경우에는 제202조제1항에 따른 규약으로 정하는 사무를 처리하기 위한 범위에서는 동일한 시·도 관할 구역의 시·군 및 자치구로 구성하는 특별지방자치단체 또는 특별지방자치단체의 장을 인용한 것으로 본다.

참고문헌

1. 국내문헌

감사원. (2019). 지방재정투자사업의 추진실태 및 관리위험 분석. 연구보고서(2019-007)

강기홍. (2013). 필수위임조례의 법령 적합성. 공법학연구. 14(4): 245-273

강명구. (1993). 지방자치와 지방정치구조. 호남정치학회보. 5: 19-35

_____. (2002). 지방자치 10년의 회고와 대안 모색-신 지방분권 소고. 사회연구. 3(1): 11-38

_____. (2009). 한국의 분권과 자치: 발전론적 해석. 지방행정연구. 23(3): 3-23

강용기. (2014). 현대지방자치론(3정판). 대영문화사

강윤호·민기·전상경. (2019). 현대지방재정론. 박영사

강인호. (2019). 지방자치단체 간 연계·협력 촉진을 위한 특별지방자치단체 활용 방안. 국토. 제453호: 20-25

강재규. (2006). 지방외교의 법·이론적 근거. 지방자치법연구. 6(1): 211-271

_____. (2011). 지방자치구현과 지역정당. 지방자치법연구. 11(2): 207-247

강지은. (2016). 지방자치단체의 명칭권에 관한 小考. 공법학연구. 17(2): 269-290

경건. (2004). 지방자치법주해. 한국지방자치법학회 편. 박영사

고문현. (2006). 주민소환제의 바람직한 방향-'주민소환에 관한 법률'의 평가를 겸하여. 지방자치법연구. 6(1): 151-177

곽채기. (2014). 지방자치단체 세입원으로서 지방세외 수입의 위상과 역할 및 과제. 한국지방세연구원. 지방세포럼. 18: 19-44

곽현근. (2015). 주민자치 개념화를 통한 모형 설계와 제도화 방향. 한국행정학보. 49(3): 279-302

_____. (2017). 지방자치 원리로서의 '주민자치' 재해석을 통한 생활자치 개념화와 제도모형 구성. 현대사회와 행정. 27(2): 1-29

국민권익위원회. (2019). 지방옴부즈만의 역할 강화 방안 연구 용역

국회 예산정책처. (2018). 대한민국 지방재정 2018

_____. (2018a). 지방세제의 현황과 이해

_____. (2020). 2020 대한민국 지방재정

_____. (2024). 2024 대한민국 지방재정

국회 행정안전위원회. (2011). 지방자치법 일부개정법률안 검토보고서(2011.10.31 정부 제출 법률안에 대한 검토보고서)

_____. (2019). 지방자치법 전부개정법률안 검토보고서

권경선. (2017). 보장국가에서 지방자치권의 의미와 보장방향. 지방자치법연구. 17(2): 47–77

권병욱 · 이준우(2014). 마을의 자치조직과 공공성: 한나 아렌트의 이론을 중심으로. 사회과학
    연구. 25(1): 149–166

권영성. (2002). 헌법학 원론

금창호 외. (2005). 경제자유구역청의 특별지방자치단체화 방안. 한국행정학회

＿＿＿. (2018). 광역연합제도의 도입방안 연구. 한국지방행정연구원

기든스 앤소니. (1997a). 권기돈 옮김. 현대성과 자아정체성: 후기 현대의 자아와 사회. 새물결

＿＿＿＿＿. (1997b). Beyond Left and Right: The Future of Radical Politics, Cambridge:
    Polity. 좌파와 우파를 넘어서. 김현옥 옮김. 한울

기획재정부. (2024). 2024 나라살림. 예산개요

김기진. (2017). 지방자치의 본질-신고유권설의 관점에서. 연세법학. 29: 45–64

김난영 · 조형석. (2012). 지방재정 투 · 융자사업 심사 및 타당성조사 운영실태. 감사연구원 자
    체분석보고서

김남진 · 김연태. (2015). 행정법 II, 제19판. 법문사

김남철. (2004). 지방자치법 주해. 지방자치법학회 편. 박영사

＿＿＿. (2018). 지방자치단체에 대한 행정적 감독의 공법적 문제와 개선방안—독일 지방자치
    법상 자치사무에 대한 감독수단을 중심으로. 공법연구. 47(2): 269–297

＿＿＿. (2019). 실질적인 자치권 확대 및 책임성 확보를 위한 지방자치법 개정과 공법적 평
    가. 한국지방자치법학회 학술대회 자료집

＿＿＿. (2021). 지방자치법 전부개정에 대한 평가와 과제. 국가법연구. 17(1): 117–151

김대영 · 강민구 · 김민정. (2014). 지방세외수입 징수체계 효율화 방안. 한국지방세연구원. 기
    본연구보고서. 6권

김동건. (2006). 주민투표에 관한 일고찰. 지방자치법연구. 6(1): 103–136

＿＿＿. (2008). 지방자치단체의 조직 · 인사권의 과제와 전망. 지방자치법연구. 8(1): 3–28

＿＿＿. (2014). 한국의 지방자치에서 법률과 조례의 갈등관계. 지방자치법연구. 14(3):
    283–305

김동노. (2012). 국가와 사회의 권력관계의 양면성: 국가 자율성과 국가 역량의 재검토. 사회
    와 역사. 96: 261–292.

김동희. (2014). 행정법 II. 박영사

＿＿＿. (2019). 행정법 II (제25판). 박영사

김명식. (2015). 지방자치의 본질과 자치입법권에 관한 재고찰. 공법학연구. 16(4): 69–94

김명연. (1999). 지방자치법의 개정내용과 법적 제문제. 법제연구. 제17호

＿＿＿. (2005). 지방자치단체 상호간 협력체제의 강화를 위한 법제정비방향. 지방자치법연구.
    5(1): 218–251

김명용. (2004). 지방자치법주해. 한국지방자치법학회 편. 박영사

김민호. (2004). 지방자치법주해, 한국지방자치법학회 편. 박영사

김배원. (2008). 헌법적 관점에서의 지방자치의 본질. 공법학연구. 9(1): 223 - 224

김병기. (2011). 주민소송·주민투표·주민소환을 중심으로 한 주민참여법제 小考. 지방자치법
    연구. 11(3): 33 - 71

김병준. (2010). 지방자치론. 법문사

김봉철. (2011). 지방자치단체 주민의 권리적 측면에서 고찰한 지방의회 회의공개원칙. 지방
    자치법연구. 11(3): 229 - 254

김부찬. (2006). 제주특별자치도의 의의 및 자치입법권에 관한 고찰. 지방자치법연구. 6(1):
    13 - 47

김삼룡. (2011). 포스트-모던 시대의 국가와 사회의 2 분법적 구성의 변화. 사회과학연구.
    50(1): 1 - 36

김상준. (2004). 부르디외, 콜만, 퍼트남의 사회적 자본 개념 비판. 한국사회학. 38(6):
    63 - 95

김상태. (2013). 조례에 의한 벌칙제정권의 허용성. 지방자치법연구. 13(2): 219 - 245

김상호. (2013). 비교적 관점에서 현행 주민감사청구제도의 문제점과 개선방안. 지방정부연구.
    17(2): 211 - 232

김석태. (2005). 지방분권의 근거로서 보충성 원칙의 한국적 적용. 지방정부연구. 9(4):
    95 - 110

_____. (2012). 지방자치 구역개편의 정치경제학. 파주: 한국학술정보(주)

_____. (2016). 지방분권 사상과 한국의 지방자치. 지방정부연구. 19(4): 1 - 24

김성호. (2002). 지방의회의 활성화를 위한 법제개선방안. 법제연구원 연구보고서. 2002 - 20

김수진. (2002). 독일과 한국의 지방의사결정과정에의 주민참여제도. 공법연구. 30(3): 309 - 329

_____. (2009). 지방자치단체의 명칭권에 관한 연구. 지방자치법연구. 9(4): 169 - 189

_____. (2010). 지방자치단체의 구역변경에 관한 소고. 지방자치법연구. 10(4): 255 - 282

김순은. (2016). 지방정부 기관구성의 다양성 확보 방안. 지방자치단체 기관구성 형태다양화
    를 위한 자치현장 토론회자료. 11 - 30

김시윤. (1991). 이중국가론. 한국행정논집. 3: 15 - 25

김영일 (2009) 자치 이념으로서의 공동체주의: 지방화 시대의 새로운 패러다임, 한국시민윤리
    학회보. 22(2): 99 - 121

김영정. (2006). 지역사회 공동체의 재발견: 공동체 복원 및 활성화 정책의 방향과 과제. 한국
    사회학회 기획학술심포지엄 발표자료

김영조. (2008). 개정 주민감사청구제도의 문제점 검토 - 일본 지방자치법과의 비교를 중심으
    로. 토지공법연구. 39: 257 - 287

김유환. (2001). 지방자치단체의 행정사무에 대한 감사체계. 지방자치법연구. 1(2): 1 – 27

_____. (2004). 지방자치법주해. 한국지방자치법학회 편. 박영사

김윤태. (2006). 앤서니 기든스의 정치사회학. 사회와 이론. 8: 37 – 67

김익식·정형덕·유희숙. (1990). 서울특별시 법적지위 및 특례범위에 관한 연구. 한국지방행
    정연구원 연구보고서 제87권

김인룡·김용민. (2006). 지방의회의 행정사무감사 개선방안에 관한 연구, 한국거버넌스학회
    보. 13(1): 83 – 115

김재광. (2016). 지방자치단체 경계조정에 관한 법적 고찰. 지방자치법연구. 16(3): 129 – 157

김재한. (2021). 자치경찰제의 시행과 발전방안에 관한 연구. 법이론실무연구. 9(1): 265 – 289

김지수·박재희. (2020). 지방자치단체 기관구성 형태 다양화 모델 설계 및 법제화 방안 연구.
    한국지방행정연구원 정책연구과제. 2020: 1 – 141

_____·이재용. (2019). 자치단체 기관구성 형태 최신 해외사례 연구. 한국지방행정연원. 정
    책연구 2019 – 3

김찬동. (2015). 일본생활자치정책과 시사점. 서울행정학회 춘계학술대회 발표논문집

_____. (2017). 자치분권개헌과 주민자치. 충남발전연구원. 열린충남. 78: 4 – 8

김창남·김선혁. (2009). 행정학적 시민사회론의 심화와 확장을 위한 소고: 공동생산과 이익매
    개. 정부학연구. 15(3): 241 – 278

김철수. (2013). 헌법학신론(제21전정신판). 박영사

김태룡. (2014). 행정이론. 서울: 대영문화사

김태수. (2002). 에반스의 국가자율성 개념에 대한 연구. 한국사회와 행정연구. 13(3): 27 – 45

김태완. (2013). 대도시 내 등록면허세 중과에 대한 개선방안. 경영컨설팅연구. 13(2): 165 – 89

김태운·남재걸. (2011). 지방자치단체 자율통합과정에서의 행위자간 갈등 분석: Giddens의
    구조화이론을 중심으로. 한국행정학보. 45(3): 149 – 172

김태호. (2014). 지방정부의 과세자주권 강화를 위한 지방세 관련법 개편방안. 한국지방세연
    구원. 기본연구보고서. 4권

김필두. (2012). 근린자치 강화를 위한 주민자치회의 바람직한 역할. 한국지방행정연구원

_____. (2013). 읍면동의 근린자치기능 강화방안. 한국지방행정연구원 기본연구과제. 2013:
    1 – 174.

_____. (2017). 생활자치의 이론적 근거. 자치발전. 111 – 115

_____·한부영. (2016). 생활자치의 개념과 접근방법에 관한 연구. 한국지방행정연구원. 연구
    보고서 2016 – 07

김필헌. (2012). 기획논단: 담배소비세 이렇게 고치자. 지방세포럼. 3: 53 – 64

김학실. (2017). 공동체 기반 서비스 공동생산(co – production)에 관한 연구. 한국정책학회보.
    26(2): 79 – 105

김현조. (2009). 지방자치론. 대영문화사

김훈 · 정회근. (2016). 조례의 사법적 통제에 관한 소고. 지방자치법연구. 16(4): 217 – 249

김희곤. (2004). 지방자치법주해. 한국지방자치법학회 편. 박영사

_____. (2006). 지방의회의원의 유급제화의 의의 및 과제. 지방자치법연구. 6(1): 411 – 483

김희진. (2017). 지방자치단체의 자치고권 보장을 위한 직무이행명령의 개선에 관한 연구. 지방자치법연구. 17(4): 219 – 244

나민주 · 고전 · 이현국 · 차지철 · 유호준. (2018). 지방교육자치 법령 연구. 충북대학교 한국지방교육연구소 연구보고서. 1 – 164

남재걸. (2012). 지방행정체제 개편의 경로진화 연구: 역사적 제도주의 관점에서 우리나라 시 설치 정책을 중심으로. 지방행정연구. 26(2): 55 – 88.

_____. (2013). 수도권 대도시 일반구 운영 사례 분석: 경기도 용인시를 중심으로. 한국정부학회. 25(4): 1 – 27

_____. (2014). 우리나라와 일본의 근린자치 제도의 경로진화 비교 연구. 지방행정연구. 28(3): 87 – 127

_____. (2015). 트리플 힐릭스 모형(Triple Helix Model)을 활용한 주민자치위원회와 이해관계자 집단 간 상호작용 분석: 경기도 A기초지방자치단체를 중심으로. 한국지방행정연구원. 29(4): 125 – 159

_____. (2015a). 생활자치의 과제와 발전방안. 자치발전. 7: 33 – 39

_____. (2016). 지방자치단체 사회정책의 협력적 로컬거버넌스 분석. 도시행정학보. 29(3): 199 – 230

_____. (2017). 자치개념 재정립을 위한 시론적 고찰. 한국지방자치학회 하계학술대회

_____. (2017a). 생활자치 활성화 방안. 지방행정. 66(759): 30 – 33

_____. (2018). 생활자치 개념 정립을 위한 시론적 고찰. 한국지방행정연구원. 32(3): 3 – 34

_____. (2019). 행정학. 박영사

_____. (2021). 영국 맨체스터 지방정부 연합기구(GMCA). 지방자치 이슈와 포럼(2021년 8월호). 한국지방행정연구원.

_____ 외. (2012). 생활자치 합시다. 한국생활자치연구원편: 대영문화사

_____ · 김태운. (2013). 인구 50만명 이상 대도시 행정계층구조에 대한 적정성 분석. 한국지방자치학회. 25(1): 63 – 90

_____ · 김필두 · 김재일. (2015). 읍, 면, 동 단위 근린자치의 주요 행위자간 인식 비교 분석. 사회과학연구. 41(3): 195 – 228

노진철. (2019). 사회 위기의 극복 전략으로서 지방분권과 보충성 원리. 지역사회학. 20(3): 65 – 102

대통령소속 자치분권위원회. (2019). 2019 자치분권 시행계획

대통령소속 지방자치발전위원회. (2017). 지방자치발전백서

라휘문. (2013). 취득세 감면정책이 지방재정에 미치는 영향과 정책방향. 한국정책연구. 13(2): 93−112

_____. (2014). 지방재정론. 서울: 한국행정DB센터

류민정·김용우. (2009). 지방교육세의 문제점 및 개선방안에 관한 연구. 지방정부연구. 13(3): 159−177

류지태. (2004). 제3장 조례와 규칙. 지방자치법주해. 한국지방자치법학회

류춘호. (2017). 지방의회의 전문위원제도와 정책보좌관제 도입에 관한 연구. 한국지방정부학회 학술대회 논문집. 2017(2): 1−39

무페·샹탈. (2006). 민주주의의 역설. 이행 역. 인간사랑

문상덕. (2004). 지방자치단체의 사무구분체계. 지방자치법연구. 4(2): 381−410

_____. (2012). 국가와 지방자치단체 간 입법권 배분−자치입법권의 해석론과 입법론. 지방자치법연구. 12(4): 49−74

_____. (2019). 지방자치단체 연계·협력 강화를 위한 지방자치법의 개정과 공법적 평가−정부의 특별지방자치단체 도입안을 중심으로. 한국지방자치법학회 학술대회 자료집

문재태. (2018). 지방의회의 전문성 제고방안. 한국지방정부학회 학술대회 논문집. 2018: 313−326

민현정. (2006). 일본에 있어서의 공공성 재편 논의와 지역협동에 관한 연구. 지방정부연구. 10(3): 81−103

박균성. (2011). 행정법론(하). 박영사

_____. (2019). 행정법론(하) 제17판. 박영사

박배균. (2009). 한국에서 토건국가 출현의 배경−정치적 영역화가 토건지향성에 미친 영향에 대한 시론적 연구. 공간과 사회. 31: 49−87

박병희·박완규·임병인. (2011) 지방재정투융자심사제도의 문제점과 개선방안 모색. 재정정책논집. 13(4): 153−185

박상수·임민영. (2011). 지방소득세 확대개편방안. 한국지방세연구원 창립기념 학술 세미나.

박응격. (2011). 지방자치론. 신조사

박재욱. (2016). 지방정치와 로컬거버넌스. 강원택 편. 지방정치의 이해 2. 35−66. 서울: 박영사

박정순. (1999). 공동체주의 정의관의 본질과 그 한계. 철학. 61: 267−292

박종화·윤대식·이종열. (2013). 도시행정론(제4판). 대영문화사

박해육·하동현·이세진. (2012). 지방자치단체 부단체장제도의 다양화 방안. 한국지방행정연구원 기본연구과제 2012−04: 1−183

박형우. (2014). 지방세외수입금의 징수 등에 관한 법률제정·시행의 의의와 발전 방향. 한국지방세연구원. 지방세포럼. 제17권: 44−52

박호성. (2009). 공동체론. 효형출판: 파주

박훈. (2014). 재산세 주요 개선방안에 관한 연구. 한국지방세연구원

박희숙. (2009). 일본의 생활정치의 과제와 전망. 시민사회와 NGO. 7(2): 73−109

방동희. (2016). 지방자치의 헌법적 보장과 자치권 제한의 한계. 지방자치법연구. 16(3): 105−128

방승주. (2006). 중앙정부와 지방자치단체와의 관계-지방자치에 대한 헌법적 보장의 내용과 한계를 중심으로. 한국공법학회. 공법연구. 35(1): 55−112

배인명. (2014). 지방재정 국정과제의 실천방안에 대한 소고. 사회과학논총. Vol. 21

_____. (2014a). 특집 : 지방소비세 확대에 따른 보조금 제도의 개선방안. 한국지방재정공제회 지방재정. 제4호: 8−25

배준구. (2000). 프랑스 대도시의 특수 지위와 조직. 한국지방정부학회 학술대회자료집. 2000(2): 43−54

_____. (2011). 특집 : 프랑스의 근린주민자치. 지방행정. 60(696): 26−29

_____. (2012). 프랑스의 중앙과 지방간 사무 및 재원배분 체계와 특징. 한국지방정부학회 학술대회 논문집. 2012(1): 204−228

배준호. (1997). 경주·마권세의 특성 분석을 통한 도박과세의 재검토. 한국재정학회. 12(1): 84−103

백윤철. (2016). 일본 헌법상 지방자치의 본질에 관한 논의와 함의. 세계헌법연구. 22(2): 159−181

백종국. (2006). "공동체주의" 의 개념적 유용성에 대하여. 한국정치연구. 15(1): 141−161

백종인. (2003). 지방분권강화를 위한 법적 과제. 한국지방자치법학회 학술대회 자료집: 22−59

법제처. (2018). 2018 자치법규 입안 길라잡이

복문수. (2013). 담배소비세와 지방소비세의 비교분석- 신 세제 도입과 충분성 · 형평성 및 책임성의 비교. 한국거버넌스학회보. 20(3): 167−198

서도식. (2001). 하버마스의 사회이론적 생활세계 개념. 한국철학회. 69: 203−230

서보건. (2006). 경상대학교 국제학술세미나 : 지방분권화시대에서의 지방자치단체와 국제협력; 지방자치단체의 국제적 합의와 국제협력. 법학연구. 14(1): 1−15

서울대학교 산학협력단. (2014). 자치단체 기관구성 다양화를 위한 입법사례 연구. 행정안전부 연구용역 최종보고서

서창훈. (2009). 서구의 생활정치 사상과 독일의 현실. 시민사화와 NGO. 7(2): 111−149

설한. (2000). 공동체주의운동: 협동, 책임, 참여의 정치사회학. 국제정치연구. 3: 199−238

성기환. (2013). 지자체칼럼: 자동차세제 개선방안의 모색−자동차 관련 민원사항을 중심으로. 지방세포럼. 9: 58−74

성낙인. (2009). 헌법학(제9판). 법문사

손봉숙. (1985). 한국지방자치연구. 삼영사

손상식. (2017). 지방자치의 헌법적 보장의 의미 – 지방자치의 기존 시각에 대한 비판적 검토를 중심으로. 서울법학. 24(4): 91 – 133

손준희·강인재·장노순·최근열. (2014). 지방재정론. 대영문화사

손철성. (2007). 자유주의와 공동체주의의 주요 논쟁점에 대한 검토. 동서사상. 3: 17 – 32

손호철. (1991). 국가자율성, 국가능력, 국가 强度, 국가硬度: 개념 및 용법에 대한 비판적 고찰. 한국정치학회보. 24(S): 213 – 244

손희준. (2014). 지방재정조정제도의 전개과정과 향후 과제. 한국지방세연구원. 지방세포럼. 16: 30 – 44

송경재. (2006). 자발적 시민참여 사이버 공동체의 사회적 자본에 관한 사례연구. 사이버커뮤니케이션 학보. 19: 221 – 255

송상훈. (2013). 부동산세제 개편과 지방재정. 이슈 & 진단. 106: 1 – 26

_____·류민정. (2012). 취득세 세율인하에 대응한 제도개편. 정책연구. 1 – 97

_____·류민정. (2014). 레저세 감소 원인과 대책에 대한 연구. 정책연구. 1 – 42

송정기. (1995). 공공성의 구조전환과 주민자치. 주민자치, 삶의 정치. 크리스찬아카데미. 대화출판사

신봉기. (2001). 자치입법권의 범위와 실효성 확보방안. 한국지방자치법학회 학술대회 자료집. 2: 75 – 101

신용인. (2018). 마을공화국의 제도화 방안. 법학논총. 30(3): 275 – 314

신환철. (2015). 지방정부 기관구성형태의 전환에 대한 논의. 한국자치행정학보. 29(4): 23 – 48

아키즈키 겐고. (2008). 행정과 지방자치. 하정봉·길종백 역. 논형

안용식·강동식·원구환. (2007). 지방행정론. 대영문화사

안재헌. (2016). 자치사무와 국가사무의 구분체계 정비. 한국지방자치 발전과제와 미래. 지방자치발전위원회 엮음. 박영사

안전행정부. (2013). 현대적 지역공동체 모델정립 및 활성화 방안 연구. 안전행정부.

양영철. (2016). 자치경찰제 도입. 지방자치발전위원회 편. 한국지방자치 발전과제와 미래. 박영사

오동석. (2000). 지방자치의 제도적 보장론 비판. 공법연구. 29(1): 219 – 234

오은주·남재걸. (2017). 고등학생의 사회불안과 학교적응의 관계에서 공감능력의 매개효과. 학습자중심교과교육연구. 17(7): 105 – 128

오재일. (2014). 지방자치론. 도서출판 오래

왕승혜. (2018). 프랑스법상 국가와 지방자치단체 간의 사무위임에 관한 연구. 행정법연구. 53: 103 – 130

외교부. (2018). 프랑스 개황

육동일. (2009). 지방선거 정당공천제의 평가와 과제. 한국지방자치학회 정책토론회 논문집

_____. (2017). 한국지방자치행정론. 충남대학교출판문화원

이경운. (2004). 지방자치법 주해. 박영사

이경훈. (2001). 민선 지방자치단체에 있어서 부단체장 역할에 관한 고찰. 지방행정. 통권 576호. 102–111

이관행. (2007). 지방의회의원의 유급화에 관한 고찰. 한국정책논집. 7: 9–24

이기우. (1997). 지방교육자치제도의 개선방향. 사회와 교육. 24: 33–48

_____·하승수. (2007) 지방자치법. 대영문화사

이달곤. (1998). 재정연방론적 관점에서 본 지방정부의 경제적 기능과 재정의 역할. 강신택 (편) 한국의 재정과 재무행정. 박영사: 139–162

_____·하혜수·정정화·전주상·김철회. (2012). 지방자치론. 박영사

이상봉. (2011). 대안적 공공공간과 민주적 공공성의 모색. 대한정치학회보. 19(1): 23–45

이상훈·김진하. (2012). 지역자원시설세 과세대상 확대방안. 한국지방세연구원 정책연구보고서. 2012(3): 1–90

_____·김진하. (2013). 지방소비세 배분지표의 평가와 대안 모색. 한국지방세연구원 정책연구보고서. 2016(29): 1–129

이승종. (2014). 지방자치론(제3판). 박영사

이시재. (1995). 시민권력의 창출을 위하여. 주민자치, 삶의 정치. 크리스찬아카데미. 대화출판사

이용환·송상훈·김진덕. (2008). 지방재정 재원감소 대응방안. 경기개발연구원. 정책연구 2008–64

이우권. (2019). 대도시 특례제도 현황분석과 발전방안에 관한 연구. 동의대학교 지방자치연구소. 공공정책연구. 36(2): 23–51

이유선. (2012). 공공성과 민주주의의 가능성. 사회와 철학. 24: 51–78

이이범. (2016). 집행부: 단체장의 권한과 리더십–관료제(공무원). 지방정치의 이해 1. 강원택 편. 박영사

이재삼. (2014). 현행 지방자치법상 자치사무의 쟁점사항 연구. 법학연구 56: 51–75

이종수. (1993). 논문 : 지방정부와 국가이론–영국에서의 발전과정을 중심으로. 한국행정학보. 27(3): 847–862

_____. (2010). 공동체주의의 이론적 전개와 자유주의와의 논쟁 고찰. 지방정부연구. 14(3): 5–22

_____. (2015). 공동체–유토피아에서 마을만들기 까지. 박영사

이진수. (2015). 지방의회가 의결한 예산안에 대한 지방자치단체장의 재의요구. 지방자치법연구. 15(3): 73–108

_____. (2018). 지방자치단체에 대한 국가의 감독과 그에 대한 사법적 통제. 서울법학. 26(2): 259–291

이청수. (2014). 지방의회론. 백산출판사

_____. (2016). 지방의회 의원 지역 선거구 획정과 의원 정수에 관한 논의. 자치발전. 2016(4): 58−63

이혜영. (2016). 지방자치단체 예산안 재의요구에 대한 법적고찰. 토지공법연구. 73(2): 449−465

_____. (2016a). 자치조례의 범위와 한계. 지방자치법연구. 16(4): 115−135

이희봉. (2011). 거버넌스 지방재정. 사회문화사

이희정. (2005). 지방자치단체 상호간의 분쟁조정기능 강화를 위한 법제정비방향. 지방자치법연구. 5(1): 252−275

_____. (2007). 국가정책에 관한 주민투표의 의의와 법적 규율. 행정법연구. (17): 111−135

이희창·박희봉. (2005). 사회자본과 지역발전. 한국행정논집. 17(4): 1183−1206

임두택. (2016). 지방자치단체 기관구성 형태 다양화, 지방자치발전위원회 편. 한국지방자치 발전과제와 미래. 박영사

임성일. (2014). 세외수입 확충을 위한 이론적 토대와 방향. 한국지방세연구원. 지방세포럼. 18: 4−17

임승빈. (2014). 지방자치론. 법문사

_____. (2019). 자치, 그리고 공동체주의 논거와 실천모색. 한국자치행정학보. 33(3): 23−39

_____·안영훈·김순은·안성호·이기우·정순관·하동현. (2019). 비교지방정부론. 대영문화사

임의영. (2010). 공공성의 유형화. 한국행정학보. 44(2): 1−21

_____. (2017). 공공성의 철학적 기초. 한국정책학회 춘계학술대회: 1−23

임현진. (2005). 전환기 한국의 정치와 사회: 지식, 권력, 운동. 집문당

_____. (2009). 한국의 사회운동과 진보정당. 서울대학교출판부

_____. (2015). 한국의 국가와 시민사회 관계. 학술원논문집(인문·사회과학편). 54(2): 117−152

장명숙. (2007). 지방자치단체 국제협력 사무에 관한 연구, 지방자치법연구. 5: 123−154

장명학. (2003). 하버마스의 공론장 이론과 토의민주주의. 한국정치연구. 12(2): 1−35

장미경. (2002). 생활정치와 페미니즘−생활자치운동 사례분석을 중심으로. 동향과 전망. 52: 182−196

장일식·강용길. (2020). 자치경찰제도의 성공적인 정착을 위한 쟁점과 논의. 한국지방자치연구. 22(4): 97−119

전국시도의회의장협의회. (2014). 주요 선진국 지방자치제도 및 지방의회 운영제도 사례수집: 영국

전국시도지사협의회. (2015). 지방자치단체 국제교류 매뉴얼

_____. (2016). 광역자치단체 자치역량 강화방안 연구

_____. (2018). 영국 분권형 지역균형발전 정책과 지역 적용사례(1)

전동훈. (2013). 지방세실무해설. ㈜영화조세통람

전상경. (2009). 오츠의 재정연방주의에 관한 소고. 신무섭·유금록 외. 현대지방재정의 주요
　　이론. 대영문화사

＿＿＿. (2011). 현대 지방재정론. 박영사

전지훈·강현철. (2015). 지역기반 사회적경제를 위한 이론적 기반의 탐색적 연구: 공동체주의
　　(Communitarianism)사상을 중심으로. 지역과 세계(구 사회과학연구). 39(1): 201－238

전훈. (2020). 지방자치단체의 국제협력. 지방자치법연구. 20(1): 27－46

정극원. (2006). 헌법상 보충성의 원리. 헌법학연구. 12(3): 187－213

정남철. (2016). 지방자치단체에 대한 국가 감독 및 사법적 통제. 지방자치법연구. 16(3):
　　313－340

＿＿＿. (2018). 주요 외국의 지방자치제도 연구－독일. 한국법제연구원

정명은·김미현. (2014). 한국 지방정부의 가치지향성 분석. 한국정책학회보. 23(3): 27－56

정상호. (2009). 정치담론으로서 생활정치 연구의 현황과 과제. 시민사화와 NGO. 7(2): 5－38

＿＿＿. (2016). 공동체주의 공동체의 한계와 현대적 조건에서 현실적인 공동체. 도시인문학연
　　구. 8(2): 133－154

정원식·송병주. (2000). 도비보조금의 실태분석: 경상남도를 중심으로. 한국행정학보. 34(2)

정재욱·안성수. (2013). 한국지방자치의 이해(제4판). 피앤씨미디어

정정길 외. (2014). 정책학 원론. 대명출판사

정준현. (2004). 지방자치단체의 조직 및 인사에 관한 자치권의 개선방향. 지방자치법연구 4
　　(2): 234－248

정창수. (2019). 지방의회 발전과제로서 전문위원 역량 강화 방안 연구. 한국지방행정학보.
　　16(1): 199－225

정하중. (2014). 행정법개론. 법문사

조기현·이창균·김성주. (2012). 지방투자사업의 효율적 추진을 위한 지방투융자심사제도 발
　　전방안. 한국지방행정연구원. 연구보고서 2012－07(제464권)

조대엽. (2014). 생활정치 패러다임과 공공성의 재구성. 현상과 인식. 38(4): 131－155

＿＿＿. (2015). 생활민주주의 시대. 나남

＿＿＿·홍성태. (2013). 공공성의 사회적 구성과 공공성 프레임의 역사적 유형. 아세아연구.
　　56(2): 7－41

조선일. (2004). 기초자치단체 인사위원회제도 운영에 관한 실증적 연구. 한국행정학보.
　　38(3): 139－160

조성규. (2011). 지방자치와 지방교육자치의 규범적 관계. 지방자치법연구. 11(2): 35－67

＿＿＿. (2014). 지방재정과 자치조직권. 지방자치법연구. 14(4): 65－96

＿＿＿. (2016). 지방자치단체에 대한 국가감독의 법적 쟁점. 지방자치법연구. 16(3): 341－378

_____. (2019). 지방자치법제의 발전과정과 지방자치법 개정안의 평가. 지방자치법연구. 19(2): 45 − 79

_____. (2019). 판례를 통해 본 지방자치단체에 대한 국가감독의 법적 쟁점. 행정법연구. (58): 77 − 105

_____. (2019a). 지방자치단체 사무, 입법 및 재정의 자치고권 보장을 위한 지방자치법의 개정과 공법적 평가. 한국지방자치법학회 학술대회 자료집

조정찬. (2004). 委任條例 위주의 條例立法 극복방안. 지방자치법연구. 4(2): 33 − 47

조한상. (2009). 공공성이란 무엇인가. 책세상

조한익 · 이미화. (2010). 공감능력과 심리적 안녕감의 관계에서 친사회적 행동의 매개효과. 청소년학연구. 17(11): 139 − 156

주만수. (2014). 우리나라 지방세제에 대한 평가와 발전방향: 2010~2014년 지방세제 개편을 중심으로. 한국지방재정논집. 19(1): 1 − 32

_____ · 하능식. (2013). 주행세에 의한 지방재정 왜곡현상과 정상화 방안. 한국지방재정논집. 18(1): 101 − 130

차재권 외. (2012). 정치적 경기순환과 지방자치단체 재정운용 관계에 관한 연구. 국회예산정책처

_____. (2018). 지방정부와 국제정치: 다층거버넌스 시대 지방정부의 대외관계. 한국과국제정치(KWP). 34(1): 171 − 209

채원호. (2016). 기관 구성 다양화: 외국 사례. 지방행정. 65(754): 24 − 27

_____. (2019). [보충성의 원리와 주민자치] 보충성 원리는 정부의 주민주권 구현 담보. 월간 주민자치. 87: 23 − 27

최근열. (2014). 주민자치회 시범실시와 향후 정책과제. 한국지방정부학회 춘계학술대회 논문집

최기영. (2001). 집단게임에 나타난 유치원 아동의 경쟁성에 관한 연구. 열린유아교육연구. l6(4): 153 − 172

최기조. (2008). 사회적 자본의 지역발전 기여도에 대한 실증연구. 한국행정연구. 17(3): 249 − 279

최명민 · 김기덕. (2013). 기든스(Giddens)의 성찰성 이론을 통한 임파워먼트의 재해석 −통합적 사회복지실천 패러다임에 대한 탐색. 한국사회복지학. 65(2): 103 − 130

최병두. (2007). 지역공동체와 지역정체성을 통한 지역발전 방안과 과제. 지역문화발전과 지역공동체 형성전략 모색 토론회 자료집. 국토연구원

최병호 · 이근재. (2013). 담배소비세제의 합리적 개편방안. 한국경제포럼. 6(1): 81 − 107

최봉석. (2006). 주민발안의 법리와 법제. 지방자치법연구. 6(1): 179 − 210

최승원. (2012). 분권과 자치의 입법 방향. 지방자치법연구. 36(12 − 4): 195 − 215

최영출. (2018). 지방행정계층 및 구역분야의 연구경향 분석. 한국지방자치학회보. 30(1): 57 − 79

최우용. (2004). 특집 : 주민투표제도의 운용과 과제 ; 국가사무 결정의 주민투표 활용과 법적 문제점. 지방행정. 53(610): 38−45

_____. (2011). 지방자치단체의 구역 및 경계에 관한 법적 과제. 지방자치법연구. 11(3): 91−120

_____. (2011). 지방자치사무배분 개혁의 현황과 과제. 공법학연구. 12(4): 35−60

최재식. (1999). 하버마스의 "생활 세계"와 "체계" 이론 및 이에 관한 사회·문화 현상학적 비판 : "'문화주의적'으로 왜소화된 현상학적 생활 세계"에 대한 현상학적 재비판. 철학과 현상학 연구. 13: 184−220

최창호. (1981). 지방행정구역론. 법문사

_____·강형기. (2014). 지방자치학(제2판). 삼영사

_____·강형기. (2019). 지방자치학(제3판). 삼영사

최철호. (2020). 지방이양일괄법의 제정의 의의와 과제. 지방자치법연구. 68(20−4): 1−25

최현재. (2019). 지방의회 교섭단체 개선방안 연구. 한국지방정부학회 학술대회 논문집. 2019(3): 1−19

최호철. (2019). 국가와 지방자치단체의 관계정립 및 협력을 위한 지방자치법의 개정과 공법적 평가. 한국지방자치법학회 학술대회 자료집

하능식. (2014). 정액분 지방세 과세체계 개편방안 연구-담배소비세와 주민세를 중심으로. 한국지방세연구원. 기본연구보고서. Vol. 9

하버마스 위르겐. (1987). 의사소통행위이론 1·2. 장춘익 옮김. 나남출판

하상우. (2014). 지방자주재원 확충을 위한 지방세외수입 발전방향. 한국지방세연구원. 지방세포럼. 16: 47−55

_____. (2011). 생활정치와 로컬 거버넌스의 민주적 재구성. 경제와 사회. 90: 12−38

하연섭. (2015). 재정학의 이해. 다산출판사

하혜영. (2020). 지방자치단체 특례시 제도 도입 현황과 주요 쟁점. 국회입법조사처. 이슈와 논점. 제1731호

한국교육학술정보원. (2006). 사회자본의 개념과 교육적 시사점(이슈리포트). 연구자료 RM 2006−82

한국지방행정연구원. (1994). 지방자치단체간 분쟁조정방안

_____. (2013). 지방자치단체 주도의 지역공동체 활성화 방안

한귀현. (2012). 지방자치법상 보충성의 원칙에 관한 연구. 공법학연구. 13(3): 245−274

한수웅. (2002). 의회청원 소개절차의 위헌여부. 저스티스. 5−31

한순기. (2016). 생활자치시대, 읍·면·동이 행정·복지서비스 중심지로!. 자치발전. 2016(2): 21−27

행정안전부. (2010). 지방자치법 해설집

_____. (2011). 지방자치법 일부개정법률안

_____. (2019). 2019 지방세통계연감

_____. (2019a). 지방자치단체 협력갈등 관리 업무편람

_____. (2020). 2019 지방자치단체 조례·규칙 현황

_____. (2021). 2021년도 지방자치단체 통합재정 개요(상)

_____. (2021a). 2021년도 지방자치단체 통합재정 개요(하)

_____·한국지방행정연구원. (2019). FY2018 지방자치단체 재정분석 종합보고서.

_____. (2024). 2024년도 지방자치단체 예산 및 기금 개요(상)

_____. (2024a). 지방자치단체 협력·분쟁조정 업무편람

행정자치부. (2008). 자치경찰제 추진 중간보고서(2004－2007)

_____. (2016). 2016 자치법규 입법실무

허영. (1985). 地方自治에 관한 憲法理論的 照明. 공법연구. 13: 119－134

____. (2019). 한국헌법론(전정15판). 박영사

허전. (2014). 국가와 지방자치단체 간의 갈등구조 및 그 해결시스템 모색. 헌법학연구. 20(1): 467－502

____. (2015). 지방의회에 있어서 교섭단체. 법학연구. 26(2): 1－27

허준기·김정식·신유리·조현연. (2017). 생활정치로 바라본 생활협동조합. 경제와 사회. 114: 296－326

헌법재판소. (2019). 지방분권에 대한 헌법적 검토. 헌법재판연구원. 헌법이론과 실무 2019－A－3

홍성방. (2007). 헌법상 보충성의 원리. 공법연구. 36(1): 601－623

홍성태. (2012). 공공성의 사회적 구성과 정치과정의 동학. 한국사회학회 사회학 대회 논문집: 873－891

홍정선. (2009). 지방자치단체 계층구조 개편의 공법적 문제. 지방자치법연구. 9(1): 39－61

_____. (2018). 신지방자치법(제4판). 박영사

_____. (2019). 기조발표문: 지방자치 70년, 회고와 과제. 한국지방자치법학회 학술대회 자료집: 69－104

홍정우. (2011). 자유주의와 공동체주의 윤리학. 선학사

홍준형. (2004). 지방자치법 주해. 지방자치법학회. 박영사

_____. (2011). 행정사무감사 실효성 확보방안에 관한 연구. 지방자치법연구. 11(3): 151－174

황수영·윤미선. (2016). 경쟁과 비경쟁 상황에서 공감의 신경학적 기제. 한국인지과학회. 27(3): 441－467

황아란. (2016). 지방선거. 지방자치발전위원회 편. 한국지방자치 발전과제와 미래. 박영사

2. 국외문헌

Abeysekera, Ruwan. (2015). Concepts and Implications of Theory of Co−operation. *International Journal of Theory & Practice*. 6(2): 22−38

Arendt, Hannah. (1989). *The Human Condition*. Chicago: University of Chicago Press

Arnstein, Sherry R. (1969). A Ladder of Citizen Participation. *Journal of the American Institute of Planners*. 35(4): 216−224

Becker, Carl. L. (1941). *Modern Democracy*. Yale University: New Haven

Ben−Ami Bartal I, Decety J, and Mason P (2011). Empathy and pro−social behavior in rats. *Science*. 334: 1427−30

Benson G. C. S. (1941). *The New Centralization*. New York: Rinehart

Bourdieu, Pierre. (1986). *The Forms of Capital*. In J. G. Richardson (ed.). *Handbook of Theory and Research for the Sociology of Education*. Westport. CT: Greenwood Press

Cikara, M., Jenkins, A. C., Dufour, N., & Saxe, R. (2014). Reduced self−referential neural response during intergroup competition predicts competitor harm. *NeuroImage*. 96: 36−43

Cockburn Cynthia. (1997). *The Local State*. London: Pluto Press

Coleman, James. (1988). Social Capital in the Creation of Human Capital. *American Journal of Sociology*. 94: S95−120.

_____. (1990). *Foundations of Social Theory*. Cambridge: Harvard University Press.

Duncan Simon & Goodwin Mark. (1988). *The Local State and Uneven Development*. Cambridge: Polity Press

Dunleavy, P. (1984). The limits to local government. *In Local Socialism?* (pp. 49−81). Palgrave, London.

Feder, A., Nestler, E. J., & Charney, D. S. (2009). Psychobiology and molecular genetics of resilience. *Nature Reviews Neuroscience*. 10(6): 446−457

Fesler, James W. (1964). *Area and Administration*. Alabama University Press

Fine, Ben. (2001). *Social Capital versus Social Theory*. London: Routledge.

Franzen, A. (2003). Social Capital and the Internet: Evidence from Swiss Panel Data. *Kyklos*. 56(3): 341−360

Fukuyama, Francis. (1995). *Trust: the Social Virtues and the Creation of Prosperity*. New York: Free Press

_____. (1999). *The Great Disruption*. New York: The Free Press

Giddens, A., (1979). *Central Problems in Social Theory: Action, Structure and   Contradiction in Social Analysis*, Berkeley: University of California Press

_____, (1984), *The Constitution of Society: Outline of Theory of Structuration*. Berkeley :University of California Press

Giddens, A., (1991). *Modernity and Self−Identity: Self and Society in the Late Modern Age*. Polity Press: Cambridge

_____, (1994). *Beyond Left and Right: The Future of Radical Politics*, Cambridge. UK: Polity

Granovetter, Mark. (1973). The Strength of Weak Ties. *American Journal of Sociology*. 78: 1360−1380

Gruber, J. and Köszegi, B. (2008). A Modern Economic View of Tobacco Taxation, *International Union Against Tuberculosis and Lung Disease*

Hamton, K. & Wellman, B. (2003). Neighboring in Netville: How the Internet Supports Community and Social Capital in a Wired Suburb. American Sociological Association. *City & Community*. 2(4): 277−311

Hillery, George. (1955). Definitions of Community: Areas of Agreement. *Rural Society*. 20(2): 111−125

House of Commons Select Committee. (2007). Communities and local government committee. *Fifth report*. London: House of Commons.

House of Lords. (2016). The Union and devolution. Selected Committee on the Constitution: *10th Report of Session 2015−16*

King, Roger. (1986). *The State in Modern Society*. Palgrave: London

Langrod Georges. (1953). Local Government and Democracy. *Public Aministration*. Vol(31): 26−31

Lin, Nan. (2001). Building a Network Theory of Social Capital. In Nan Lin, Karen Cook & Ronald Burt (eds.). *Social Capital Theory and Research*. New York: Aldine de Gruyter

Local Government Association. (2016). *Combined Authorities: A Plain English Guide*

Manuel Barrera, Jr., Irwin N. Sandier, and Thomas B. Ramsay. (1981). Preliminary Development of a Scale of Social Support: Studies on College Students. *American Journal of Community Psychology*. 9(4): 435−447

Marks, Gary. (1992). Structural Policy in the European Community, Alberta Sbragia (ed.), *Euro−Politics: Institutions and Policymaking in the 'New' European Community* (Washington D.C.: The Brookings Institution): 191−224

Millspaugh, Arthur C. (1936). *Local Democracy and Crime Control*. Washington D.C:

Brookings

Musgrave. Richard A. (1959). *The Theory of Public Finance: A Study in Public Economy*. New York: McGraw—Hill

National Audit Office. (2016). English devolution deals

_____. (2016). Overview 2015—16 Local Government

_____. (2017). Devolving responsibilities to cities in England: Wave 1 City Deals

_____. (2017). Progress in setting up Combined Authorities

North London Waste Authority. (2017). Annual Report for 2016—/17

Oates, Wallace. E. (1972). *Fiscal Federalism*. New York: Harcourt Brace Jovanovich

_____. (1993). Fiscal Decentralism and Economic Development. *National Tax Journal*. Vol. 46: 237—43

O'Connor, J. (1973). *The Fiscal Crisis of the State*. N.Y: St. Martin's Press

Onyx, Jenny & Paul Bullen. (2000). Measuring Social Capital in Five Communities. *The Journal of Applied Behavioral Science*. 36(1): 23—42

Panter—Brick Keith. (1954). Local Government and Democracy— A Rejoinder. *Public Aministration*. 32: 438—440

Preston, S. D., & De Waal, F. B. (2002). Empathy: Its ultimate and proximate bases. *Behavioral and Brain Sciences*, 25(01): 1—20

Putnam, Robert. (1993). *Making Democracy Work*. Princeton: Princeton University Press

_____. (1993a). The Prosperous Community. *American Prospect*. 13: 35—42

_____. (1993b). *Making Democracy Work: Civic Traditions in Modern Italy*, N.J.:Princeton University Press

_____. (1996). Turning In, Turning Out: The Strange Disappearance of Civic America. *American Prospect*. 24: 34—48

_____. (2000). *Bowling Alone*. New York: Simon and Schuster

_____. (2000). *Bowling Alone: The Collapse and Revival of American Community*. New York: Simon & Schuster

Richards, David and Martin J. Smith. (2002). *Governance and Public Policy in the United Kingdom*. New York, NY: Oxford University Press

Rosa Hartmut, Gertenbach Lars, Laux Henning & Strecker David. (2017). *Theorien der Gemeinschaft. Zur Einfuhrung*. 곽노완·한상원 옮김. 공동체의 이론들. 서울시립대학교 도시인문학번역총서 06

Russel, Bertrand. (1949). *Authority and the Individual*. Allen & Unwin: London

Sandel, Michael J., (2008). *공동체주의와 공공성*. 김선욱 외 옮김. 다산기념 철학 강좌 9. 철학과 현실사: 서울

Sandford Mark. (2019). Money talks: The finances of English Combined Authorities. *Local Economy*. 34(2): 106－122

Saunders, Peter. (1981). Notes on the specificity of the Local State in Boddy M., Fudge C. (eds). *The Local State: Theory and Practice Working Paper 20*. University of Bristol: School for Advanced Urban Studies

＿＿＿＿＿＿＿. (1981). *Social Theory and the Urban Question*

＿＿＿＿＿＿＿. (1984). Rethinking Local Politics. In: Boddy M., Fudge C. (eds) *Local Socialism?*. Palgrave, London

Sorrentino, M., Sicilia, M., & Howlett, M. (2018). Understanding co－production as a new public governance tool. *Policy and Society*. 37(3): 277－293

Stoker Gerry. (1991). *The Politics of Local Government*. Second Edition. Macmillan: London

Tiebout, Charles M. (1956). A Pure Theory of Local Expenditures. *Journal of political Economy*. 64(5): 416－424

Tocqueville, Alexis de. (2000). *Democracy in America*. Translated by Harvey C. Mansfield & Delba Winthrop. The University of Chicago Press: Chicago

Western Riverside Waste Authority. (2017). Annual Report for 2016－2017

색인

저자 약력

남재걸

학력 및 주요 경력

현재 단국대학교 사회과학대학 행정학과 교수

영국 Sheffield 대학교 도시 및 지역계획학과(박사)
경북대학교 행정대학원 지방자치전공(석사)
단국대학교 사회과학대학 행정학과(학사)

5급 공채 합격
행정안전부 서기관
9·7·5급 공채 및 입법고시 시험위원
사단법인 한국생활자치연구원 원장
대통령소속 지방시대위원회 전문위원회 위원
행정협의조정위원회 위원
행정안전부 정책자문위원
통일부 정책자문위원
자치분권 사전협의 자문위원

한국지방자치학회 부회장
한국정부학회 부회장
경인행정학회 부회장

주요 저서

행정학(박영사, 2023)
매일 같이 밥먹는 동네(이담북스, 2019): 2019 세종도서 교양부문 우수도서 선정
생활자치 합시다(대영문화사, 2013): 2014 세종도서 교양부문 우수도서 선정

e-mail: south68@daum.net

제2판
지방자치론

초판발행	2022년 2월 25일
제2판발행	2025년 2월 28일
지은이	남재걸
펴낸이	안종만 · 안상준
편 집	박세연
기획/마케팅	장규식
표지디자인	BEN STORY
제 작	고철민 · 김원표
펴낸곳	(주)박영사
	서울특별시 금천구 가산디지털2로 53, 210호(가산동, 한라시그마밸리)
	등록 1959. 3. 11. 제300-1959-1호(倫)
전 화	02)733-6771
f a x	02)736-4818
e-mail	pys@pybook.co.kr
homepage	www.pybook.co.kr
ISBN	979-11-303-2241-4 93350

정 가   32,000원